AF830291

IS Informations-Systeme

Herausgegeben von S. Dworatschek

Informationssysteme für Hochschulverwaltung und -politik

Theorie und Praxis politisch-administrativer Informationssysteme

von

Ehrhard Mundhenke
Harry M. Sneed
Uwe Zöllner

Walter de Gruyter · Berlin · New York 1975

Dr. *Ehrhard Mundhenke*
Dipl.-Kfm., Projekt- und Außenstellenleiter bei der Hochschul-Informations-System (HIS) GmbH, Bonn; seit 1974 Ressortleiter bei der Unternehmensberatung ADV-ORGA F. A. Meyer KG, Wilhelmshaven.

Harry M. Sneed
M. P. A., Chefprogrammierer und Instruktor bei der Hochschul-Informations-System (HIS) GmbH, Hannover; seit 1973 Programmierer von Datenbanksystemen bei der Siemens AG, München.

Uwe Zöllner
Dipl.-Volkswirt, Projektleiter und seit 1974 Außenstellenleiter bei der Hochschul-Informations-System (HIS) GmbH, Bonn.

© Copyright 1974 by Walter de Gruyter & Co., vormals G. J. Göschen'sche Verlagshandlung, J. Guttentag, Verlagsbuchhandlung Georg Reimer, Karl J. Trübner, Veit & Comp., Berlin 30. Alle Rechte, insbesondere das Recht der Vervielfältigung und Verbreitung sowie der Übersetzung, vorbehalten. Kein Teil des Werkes darf in irgendeiner Form (durch Photokopie, Mikrofilm oder ein anderes Verfahren) ohne schriftliche Genehmigung des Verlages reproduziert oder unter Verwendung elektronischer Systeme verarbeitet, vervielfältigt oder verbreitet werden. – Satz und Druck: Saladruck, Berlin; Bindearbeiten: Dieter Mikolai. –
Printed in Germany

Library of Congress Card Number 73-90258
ISBN 3 11 004209 6

Geleitwort

Weniger als ein Jahrzehnt ist vergangen, seit – gekennzeichnet und ausgelöst durch das Schlagwort von der sogenannten „Bildungskatastrophe" – das veränderte Bewußtsein in der Öffentlichkeit gegenüber Bildungsproblemen die Konzentration erheblicher politischer und finanzieller Anstrengungen auf diesen Bereich möglich gemacht hat. Besonders die finanziellen Leistungen des Staates für den Ausbau und den Betrieb der Hochschulen konnten seitdem absolut wie auch in Relation zu den gesamten Staatsausgaben außerordentlich gesteigert werden. Der persönliche Einsatz all derer, die innerhalb und außerhalb der Hochschulen auf allen Ebenen um angemessene Lösungen für die mit dem Ausbau und der Reform zusammenhängenden Fragen gerungen haben, darf daneben nicht geringer bewertet werden.
Gleichwohl sind die Probleme, vor denen die Hochschulen heute stehen, keineswegs kleiner geworden. Dies gilt besonders für die strukturelle Neugestaltung der Studiengänge und für die rationelle und wirksame Organisation der Hochschultätigkeiten. Die Hochschulen müssen dabei im Rahmen des erforderlichen Zusammenwirkens mit dem Staat z. T. neue Aufgaben übernehmen, die zwar ihrer fachlichen Kompetenz und Verantwortung entsprechen, aber in den vergangenen Jahren weitgehend unberücksichtigt geblieben sind und auch noch nicht immer die jeweils erforderlichen verwaltungsmäßigen bzw. betriebswirtschaftlichen Umsetzungen gefunden haben.
Dies gilt vor allem auch für den eigenen Planungsbereich der einzelnen Hochschulen, die zunehmend hinsichtlich Personalbestand und finanzieller Ausstattung industriellen Großunternehmen vergleichbar sind. Beispiele aus der Praxis der Hochschulverwaltung machen deutlich, daß die informatorischen und instrumentellen Voraussetzungen hierfür an den Hochschulen gegenwärtig noch kaum vorhanden sind. Die Arbeit von E. Mundhenke, H. M. Sneed und U. Zöllner kann diese Lücke sicherlich nicht schließen. Sie kann jedoch allen, die in den Hochschulen mit Planungs- und Verwaltungsaufgaben befaßt sind, hinreichend konkret aufzeigen, in welcher Weise ein den Aufgaben und Gegebenheiten der Hochschule angemessenes Informationssystem zu konzipieren wäre.
Ich möchte vor allem auf zwei Problembereiche hinweisen, die für Theoretiker und Praktiker gleichermaßen von Interesse sind, in ihrer Bedeutung über den Rahmen der Hochschulen hinausgehen und für Informationssysteme im weiteren Bereich der politischen Planung Beachtung verdienen.
Zwar ist heute die Anwendung automatisierter Datenverarbeitungs- und -speicherungssysteme, z. B. bei der Unternehmensplanung oder in der quantitativen empirischen Forschung, zur Selbstverständlichkeit geworden. Informationssysteme im politisch-administrativen Kontext müssen aber zusätzlich speziellen Anforderungen genügen, die schwer zu erfüllen sind. Diese ergeben sich u. a. aus der verstärkten Notwendigkeit der Textdokumentation und -verarbeitung, insbesondere jedoch aus der Kontroversität der Wertsetzung für Parameter, die bei modellgestützten Analysen und Prognosen Verwendung finden. Die Ausführungen der Autoren hierzu und

dem damit verbundenen Problem der „Datenkontrolle" werden das Interesse derjenigen finden, die mit wertbesetzten Informationen arbeiten, für die keine Konvention existiert oder Konsensus herzustellen ist.
Rationeller Mitteleinsatz und die Notwendigkeit, die einzelne Hochschule in den gesamten Hochschulbereich auch von der Seite der Planung und Verwaltung her einzubeziehen, erfordert die Übertragbarkeit des planungstechnischen Instrumentariums: Die Autoren zielen zu Recht auf ein herstellerunabhängiges Datenbanksystem, das die Verknüpfung gleicher Anwenderprogramme mit verschiedenen Betriebs- und Hardwaresystemen ermöglicht und dadurch das Ziel der Kostensenkung belegt.
Der Wert der vorliegenden Arbeit liegt in dem engen Bezug von theoretischen Überlegungen und praxisnahem Wissen. Die im letzten Teil dargestellten Beispiele aus dem In- und Ausland mögen dabei dem Praktiker für eine Anwendung automatisierter Datenverarbeitung in der Hochschulverwaltung gute Hinweise geben. Der Bezug zur Planungsarbeit auf der Bund-Länder-Ebene wird von den Autoren, die in der HIS-GmbH tätig sind bzw. waren, zwar nur an einigen Stellen dargestellt. Aber auch unabhängig davon ist die Veröffentlichung als eine wichtige Arbeitsgrundlage für diejenigen anzusehen, die mit dem Komplex der Planung und Verwaltung befaßt sind.
Ich wünsche ihr daher eine weite Verbreitung.
Bonn, im Oktober 1974

Prof. Dr. Reimut Jochimsen
Staatssekretär im Bundesministerium
für Bildung und Wissenschaft

Inhaltsverzeichnis

Abbildungsverzeichnis

I Grundlagen und Abgrenzungen

1. Grundzüge der Hochschulverwaltung und -politik

1.1 Allgemeine Merkmale der Hochschulverwaltung und -politik

Der Begriff Hochschulverwaltung und -politik (im folgenden kurz: HVP) steht seit einiger Zeit im Mittelpunkt teilweise heftiger Auseinandersetzungen über die „richtige" Gestaltung der Hochschulen. Diese Auseinandersetzungen haben allerdings nicht dazu beitragen können, das Vorverständnis von dem, was mit Hochschulverwaltung und -politik gemeint ist, soweit zu konsolidieren, daß man sich ohne weiteres darauf beziehen könnte. Um möglichen irreführenden Assoziationen bei den späteren Sachaussagen vorzubeugen, erscheint es deswegen sinnvoll, zunächst eine auf diese Sachaussagen abgestellte Sprachregelung zu entwickeln. Sie wird sich weitgehend an der von N. Luhmann für den Bereich der Politik und öffentlichen Verwaltung auf der Basis der Systemtheorie entwickelten Begriffsstruktur orientieren.[1]

1.1.1 Hochschulverwaltung und -politik als politisch-administratives System

Unter einem politisch-administrativen System ist ein Handlungssystem zur Anfertigung bindender, im Prinzip gegen jedermann richtbarer (öffentlicher) Entscheidungen zu verstehen [146, S. 73].

Ein Handlungssystem ist eine gegenüber seiner Umwelt abgegrenzte Einheit, die sich aktiv und/oder reaktiv mit der Umwelt auseinandersetzt. Diese Auseinandersetzung beinhaltet stets Entscheidungen darüber, ob und wie die Aktionen bzw. Reaktionen erfolgen sollen. Bei Tieren und Automaten sind die Entscheidungen weitgehend in den Instinkten bzw. Programmen vorherbestimmt. Dagegen verfügen Menschen, als die instinktärmsten Lebewesen, über erhebliche Entscheidungsspielräume. Entsprechendes gilt für die von Menschen gebildeten Gemeinschaften, zu denen auch die politisch-administrativen Systeme gehören.

Diese Entscheidungsfreiheit bedeutet allerdings unter dem von der Umwelt ständig ausgeübten Entscheidungsdruck zugleich den Zwang, Entscheidungen zu fällen, die nicht vorherbestimmt sind und dennoch „richtig" sein müssen. Die Menschen müssen deshalb sich und den von ihnen gebildeten Systemen Orientierungspunkte setzen, an denen sie die „Richtigkeit" ihrer Entscheidungen messen können. Diese üblicher-

[1] Luhmanns Begriffsstruktur erschien uns am ergiebigsten, weil sie mit relativ wenigen aber eindeutig definierten Begriffen die wesentlichen Zusammenhänge von Politik und Verwaltung aufzuzeigen gestattet. Allerdings wird der Zugang zu dieser Begriffsstruktur dadurch erschwert, daß Luhmann Bezeichnungen verwendet, die man nicht ohne weiteres in umgangssprachliche Ausdrücke übersetzen kann. Man kann sich jedoch in diese Terminologie mit Gewinn einlesen.

weise als Zwecke und in ihrer sozial vermittelten und verinnerlichten Form als Konvention und Ethos bezeichneten Orientierungspunkte sind ihrerseits Ergebnisse von Entscheidungen. Für sie stellt sich deshalb genau wie für die an ihnen orientierten Entscheidungen das zentrale menschliche Problem, einer übermäßig komplexen Umwelt mit einer daran gemessen relativ geringen Entscheidungskapazität zu begegnen. Dieses Problem wirft zunächst die Frage nach der Rationalität der Entscheidungen auf, denn angesichts der unzulänglichen menschlichen Entscheidungskapazität gilt es, diese so effizient wie möglich einzusetzen. Entscheidungen sollen vor diesem Hintergrund als rational bezeichnet werden, wenn sie mit der jeweils vorhandenen Entscheidungskapazität ein Maximum an situationsgerechtem Verhalten bewirken oder für ein bestimmtes Verhalten ein Minimum an Entscheidungskapazität beanspruchen [93, S. 182].

Dieser Rationalitätsbegriff weicht von dem üblichen Verständnis von Rationalität als zweckgerechtem Verhalten ab, da er nicht nur die Ausrichtung des Verhaltens auf Zwecke sondern auch die Setzung der Zwecke selbst dem Rationalitätskriterium unterwirft. Er begreift also die Zwecksetzung und die daran orientierten Entscheidungen als einander bedingende Tätigkeiten zur Auseinandersetzung mit der Umwelt, die letztlich dem gleichen Maßstab für „Richtigkeit" unterliegen. Anders ausgedrückt: Er begreift zweckgerechtes Verhalten und verhaltensgerechte Zwecke als zwei Seiten derselben Medaille und beläßt die Zwecksetzung nicht wie der übliche Rationalitätsbegriff im „Reich des reinen Wollens" [92, S. 69ff][2].

Dieses Spannungsverhältnis zwischen den Zwecken und dem daran orientierten Verhalten wirft in Systemen, in denen Entscheider und Betroffene nicht identisch sind, das Problem der Bindungswirkung der Entscheidungen auf. Das gilt insbesondere für die politisch-administrativen Systeme, in denen die Entscheider und Betroffenen überwiegend nur sehr abstrakte Beziehungen zueinander unterhalten. Sie müssen deshalb entsprechende Vorkehrungen treffen, die sicherstellen, daß die jeweils festgelegten Entscheidungskonsequenzen auch tatsächlich herbeigeführt und/oder ertragen werden [92, S. 66]. Dabei steht die Annahme der Bindungswirkung durch die Entscheider (Selbstbindung) in einem Wechselverhältnis zur Annahme der Bindungswirkung durch die Betroffenen (Fremdbindung), das dem oben beschriebenen Wechselverhältnis zwischen Zwecksetzung und daran orientiertem Verhalten sehr ähnlich ist. Hierauf wird im folgenden näher einzugehen sein.

1.1.2 Eigenarten politisch-administrativer Entscheidungen

Wegen der großen Komplexität ihres Wirkungsbereichs können politisch-administrative Systeme, auch wenn sie – wie die Hochschulverwaltung und -politik – nur einen

[2] Der hier entwickelte Rationalitätsbegriff ist allerdings umstritten, weil er von der Existenzerhaltung als oberstem Systemzweck ausgeht und nicht hinreichend berücksichtigt, daß die als Ausgangspunkt gesetzte Umweltherausforderung von den Machtverhältnissen in der Vergangenheit abhängig ist. Der Begriff hat insoweit einen konservativen Grundzug. Siehe hierzu die sehr lesenswerte Kontroverse zwischen N. Luhmann und J. Habermas in [57, S. 60 ff, 298 ff]. Weitere Ausführungen zum Rationalitätsproblem findet der Leser in [2, S. 158 ff; 15, S. 26 ff; 56, S. 60 ff].

relativ kleinen Teilbereich des öffentlichen Lebens gestalten, die erforderlichen Entscheidungen in der Regel nur dann treffen, wenn sie eine entsprechend hohe Vielfalt spezialisierter Verhaltensweisen beherrschen. Zu diesem Zweck bilden sie gewöhnlich zwei einander ergänzende Teilsysteme mit je verschiedenen Organisationen und Verhaltensstilen, Sprachen und Relevanzgesichtspunkten aus:

- die öffentliche Verwaltung und
- die Politik[3] [92, S. 66].

Die öffentliche Verwaltung dient der Anfertigung bindender, öffentlicher Entscheidungen zur Regelung konkreter, individueller Fälle [93, S. 182]. Nach der Art ihrer Bindungswirkung unterscheidet man zwischen

- Eingriffsentscheidungen und
- Leistungsentscheidungen [91, S. 165, 174].

Eingriffsentscheidungen schränken den Handlungsbereich der Betroffenen durch Ausübung legitimer Macht in bestimmter Weise ein. Im Rahmen dieser Legitimation kann ihre Gültigkeit im Konfliktsfall durch Zwangsgewalt hergestellt werden. Die hinter den Eingriffsentscheidungen stehende Macht ist in diesem Sinne „. . . stets Übermacht, kann sich jedenfalls durchsetzen und bleibt sich daher über ihre Grenzen im unklaren. . . An der Aufnahme einzelner Entscheidungen lassen die Schranken der Befehlsgewalt sich nicht testen: sie werden erst sichtbar, wenn die Legitimität zerfällt und es zum Aufstand kommt" [91, S. 176]. Eingriffsentscheidungen bedürfen deshalb in besonderem Maße der Regulierung durch Entscheidungsprämissen, die ihre Bindungswirkung sicherstellen. Sie stellen damit sehr hohe Anforderungen an die Politik, die genau dies zu gewährleisten hat.

Leistungsentscheidungen erweitern dagegen den Handlungsspielraum der durch sie Begünstigten in bestimmter Weise mit Hilfe von Geld-, Sach- und/oder Dienstleistungen auf Kosten anderer. „Akzeptiert werden sie vom Begünstigten als Vorteil und von den anderen, weil die Belastung sie nicht direkt als Folge einer Einzelentscheidung trifft" [91, S. 176]. Im Unterschied zu den Eingriffsentscheidungen, die stets vor dem Hintergrund der gesamten im Prinzip unbegrenzten und nur durch ihre Legitimation regulierbaren Macht des politisch-administrativen Systems erfolgt, sind Leistungsentscheidungen durch die prinzipielle Knappheit und beliebige Teilbarkeit ihrer Mittel sehr viel einfacher und differenzierter zu regulieren. So kann die Teilung der Leistungssumme „. . . weil es (nur) eine Summe ist, ohne sachliche oder gar rangmäßige Abstimmung der geforderten Werte erfolgen und bedeutet doch wechselseitige Rücksicht in dem Sinne, daß nicht jeder Wert mit maximalem Einsatz, sondern aus Rücksicht auf andere nur mit begrenzten Mitteln gefordert wird. . . Eine zuteilende Verwaltung hat deshalb hohe Toleranz für Sinnwidersprüche in den Zwecken und Werten. . ." [91, S. 176]. Leistungsentscheidungen sind dementsprechend besonders für die Gestaltung solcher Fälle geeignet, bei denen die Reduktion der gesellschaftli-

[3] Die öffentliche Verwaltung und die Politik werden hier funktional begriffen. Diese funktionale Einteilung deckt sich nicht vollständig mit der im Abschnitt 1.1.2.2 dargestellten Einteilung in die Verwaltungs- und Politikorgane. So wird z. B. in den „oberen Etagen" der Verwaltungsorgane auch Politik gemacht und die politischen Organe müssen in einem gewissen Umfang auch Verwaltung betreiben [44, S. 27].

chen Komplexität durch die politischen Prozesse nicht ausreicht, um die Verwaltung gegen stark divergierende Anforderungen abzuschirmen [92, S. 80].
Die öffentliche Verwaltung fällt ihre Entscheidungen im Rahmen von politisch gesetzten Strukturen, die sie nicht mehr zu problematisieren braucht.[4] Sie entscheidet also stets innerhalb einer durch die Politik bereits erheblich reduzierten Komplexität [91, S. 165 f]. Wesentliche Komponenten dieser Strukturen sind

- die personellen (maschinellen) Entscheidungsprämissen,
- die organisatorischen Entscheidungsprämissen und
- die programmatischen Entscheidungsprämissen [93, S. 188 ff].

Die personellen (maschinellen) Entscheidungsprämissen bestehen in der Fähigkeit der personellen (maschinellen) Entscheidungsträger, rational zu entscheiden. Maschinen besitzen diese Fähigkeit durch ihre fest verdrahteten Routinen und ihre Programme und Dateien. Bei Personen ist sie das Ergebnis allgemeiner Lebenserfahrung, einer mehr oder weniger spezifischen Ausbildung und konkreter Entscheidungserfahrung. Als solche kann sie durch latente, d. h. außerhalb des Rechts- und Zweckbewußtseins der Akteure liegende Entscheidungsprämissen unterstützt oder beeinträchtigt werden [93, S. 189].
Die organisatorischen Entscheidungsprämissen regeln die Aufgaben, die Sach- und Kompetenzausstattungen sowie die Kommunikationswege der Entscheidungsträger. Sie beziehen sich vor allem auf die Verteilung politisch legitimierter, formalisierter Macht, die Ausstattung mit Leistungsmitteln sowie die daraus resultierenden Verantwortlichkeiten [44, S. 182 ff; 93, S. 188].
Die programmatischen Entscheidungsprämissen regeln individuelle, konkrete Entscheidungen in genereller, abstrakter Form. Sie zeichnen „. . . für eine Vielzahl von Fallentscheidungen inhaltliche Bedingungen der Richtigkeit. . ." vor. Dadurch leisten sie „. . . eine Vorsortierung derjenigen Relevanzgesichtspunkte. . ., bei deren Beachtung eine Entscheidung Aussicht hat, abgenommen zu werden, und. . . (entlasten) damit den Entscheidungsprozeß von unbestimmten darüber hinausgehenden Rücksichtnahmen". Sie laufen dabei jedoch zugleich „. . . das Risiko einer Verengung des Blickfeldes, die möglicherweise wichtiges außer acht läßt und sich nicht bewährt oder, ohne es zu merken, im Laufe der Zeit inadäquat wird dadurch, daß die vorausgesetzte Umwelt sich ändert" [91, S. 165]. Deshalb bedürfen sie unbedingt einer entsprechenden politischen Kontrolle.
Die programmatischen Entscheidungsprämissen können in zwei Grundformen auftreten: als

- Zweckprogramme und als
- Konditionalprogramme.[5]

Als Zweckprogramme schreiben sie vor, welche Zwecke, d. h. welche Wirkungen in welcher konkreten zeitlichen Situation realisiert werden sollen, wobei sie die Auswahl der dafür geeigneten Mittel in mehr oder weniger engen Grenzen offenlassen [90,

[4] Dies gilt allerdings nur für die öffentliche Verwaltung als Funktion und nicht als Organisation.
[5] Der Programmbegriff umfaßt hier alle dauerhaften (systemresidenten) Anweisungen, unabhängig davon, ob sie Menschen oder Maschinen „programmieren". Siehe hierzu auch die entsprechenden Ausführungen in den Abschnitten 2.3.5 und 2.6.1.2

S. 173; 91, S. 118 f; 92, S. 72]. Sie programmieren also das Verhalten als dispositive Aktionen in konkreten zeitlichen Situationen. Zweckprogrammierte Entscheidungen können deshalb auch als dispositive Entscheidungen bezeichnet werden [148 a, S. 222]. In ihrem Kern sind sie Optimierungskalküle, wie sie insbesondere der Wissenschaftszweig des Operations Research entwickelt hat.

Konditionalprogramme schreiben dagegen vor, welche Wirkungen mit welchen Mitteln aus welchen inhaltlich bestimmten aber zeitlich mehr oder weniger unbestimmten Anlässen realisiert werden sollen. Sie programmieren also das Verhalten als operative Reaktionen auf zeitlich mehr oder weniger unbestimmte Anlässe. Dabei haben sie stets die Form von ,,Wenn – Dann" -Anweisungen, in denen sowohl für das ,,Wenn" als auch für das ,,Dann" ein gewisser Interpretations- bzw. Ermessensspielraum vorgesehen sein kann [90, S. 119 ff; 92, S. 72]. Konditionalprogrammierte Entscheidungen können auch als operative Entscheidungen bezeichnet werden [148 a, S. 222]. Sie bestehen im wesentlichen im richtigen Erkennen und Interpretieren von handlungsauslösenden Sachverhalten. Diese Übersetzungsleistung ermöglicht es der Verwaltung, eine große Vielfalt von an sie herangetragenen Ereignissen mit einer begrenzten Zahl von Reaktionsmustern zu bewältigen.

Zweck- und Konditionalprogramme lassen sich so miteinander verschachteln, daß sich ihre spezifischen Vorteile ergänzen und ihre Nachteile gegenseitig abschwächen. Dies kann einmal dadurch geschehen, daß Konditionalprogramme als Mittel im Rahmen von Zweckprogrammen vorgesehen werden (zweckgerichtete Konditionalprogramme). Auf diese Weise lassen sich die Konditionalprogramme, die wegen ihrer zeitlichen Unbestimmtheit weitgehend unsensibel für Schwankungen in den Wertvorstellungen der Systemumwelt sind, über die Zweckprogramme auf die darin berücksichtigte jeweilige Wertkonstellation ausrichten. Zum anderen können Zweckprogramme in das ,,Dann" von Konditionalprogrammen eingebaut werden (konditionierte Zweckprogramme). Dadurch werden die zeitlichen Situationen, in denen die in den Zweckprogrammen vorgesehenen Wirkungen realisiert werden sollen, nicht absolut sondern relativ zu den in den Konditionalprogrammen zeitlich mehr oder weniger unbestimmt vorgesehenen Anlässen festgelegt und damit die Zweckprogramme in zeitlicher Hinsicht flexibel gemacht [90, S. 121 ff].

Die Verschachtelung von Zweck- und Konditionalprogrammen bietet vielfältige Möglichkeiten, durch die sich die Verwaltung als ein differenziertes System umweltabhängig und doch elastisch organisieren läßt, und zwar sowohl gegenüber den Veranlassern als auch gegenüber den Adressaten der Entscheidungen. Verbunden mit der Differenzierungsmöglichkeit nach Eingriffs- und Leistungsentscheidungen erweist sich die öffentliche Verwaltung damit als ein Handlungssystem mit sehr hoher Eigenkomplexität, das allerdings unbedingt auf die Reduktionsvorleistungen eines anderen Handlungssystems angewiesen ist: die Politik.

Aufgabe der Politik ist es, die übermäßige Komplexität des durch das jeweilige politisch-administrative System zu gestaltenden Gesellschaftsbereichs soweit zu reduzieren, daß eine sinnvolle Verwaltung möglich wird. Dazu muß sie sowohl die genannten Entscheidungsprämissen der Verwaltung als auch – im Unterschied zur Verwaltung – ihre eigenen Entscheidungsprämissen festlegen. Sie muß also

– Personalpolitik,

- Organisationspolitik und
- Programmpolitik

betreiben [93, S. 188 ff].

Im Mittelpunkt der Personalpolitik stehen „Rekrutierungs"-, Versetzungs- und Ausbildungsentscheidungen, wohingegen die Organisationspolitik vor allem auf die Gestaltung von Laufbahn-, Mitbestimmungs-, Kompetenz-, Verantwortungs- und Haushaltsstrukturen zielt. Der Programmpolitik obliegt es schließlich, latent und/oder bewußt vorhandene Wünsche und Interessen zu politischen Forderungen zu verdichten, diese durch Konsensbildung, Dissensklärung und abschließende Abstimmung zu entscheiden und sie dann zu Zweck- und/oder Konditionalprogrammen auszuformen.

Dabei kommt der Festlegung des Entscheidungsspielraums der Programme sowie der Bestimmung der Relation zwischen Zweck- und Konditionalprogrammen und der Verschachtelung dieser Programme eine große Bedeutung zu. „Der Politiker wird die für ihn wichtigen Werte in den. . . (Zweck- und/oder Konditionalprogrammen) zementieren wollen und nicht erst in den programmierten Entscheidungen, wo er sie in jedem Einzelfall verfolgen und durchsetzen müßte" [91, S. 174]. Hierfür kann er die bereits angedeuteten spezifischen Leistungsfähigkeiten der beiden Programmtypen und deren Verschachtelungsmöglichkeiten ausnutzen. Er muß dabei allerdings berücksichtigen, daß er mit Zweckprogrammen wegen deren mehr oder weniger großen Dispositionsspielraums die mögliche Beeinträchtigung nicht programmierter Werte durch Nebenwirkungen schlechter regeln kann als mit Konditionalprogrammen, bei denen die Mittelwahl eindeutig vorgeschrieben wird. Zweckprogrammierung setzt also eine intensivere Kommunikation zwischen Politik und Verwaltung voraus als Konditionalprogrammierung.

Von maßgeblicher Bedeutung für den Erfolg der Politik ist auch die Abstimmung der einzelnen Teilpolitiken aufeinander. „(Diese). . . können sich als Mechanismen der Problemlösung wechselseitig stützen und entlasten – aber auch belasten. Man kann in Arbeitsbereichen, wo keine hinreichend detaillierten Programme aufgestellt werden können, auf Strukturierung durch Personalentscheidungen ausweichen; und man kann, wo Personalentscheidungen zu riskant sind, sich mit organisatorischen Mitteln, etwa Kompetenzbegrenzungen, Mitzeichnungserfordernissen oder Kontrollen helfen" [93, S. 189]. Dabei wird der Politiker darauf achten, daß er die Durchführung seiner Programme möglichst denjenigen Entscheidern überträgt, deren Hände er mit Hilfe seiner Personal- und Organisationspolitik fassen kann [91, S. 174]. Allerdings ist dies wegen des unterschiedlichen Beharrungsvermögens des Gegenstands der einzelnen Teilpolitiken und der Gegensteuerung politischer Gegner in der Regel nur sehr unzureichend zu verwirklichen.

Je dynamischer die Vorgänge in der Umwelt der politisch-administrativen Systeme sind, um so bedeutungsvoller wird deren Fähigkeit zu rechtzeitigen strukturellen Änderungen. Dies sicherzustellen ist eine der wesentlichen Aufgaben der Politik. Die Möglichkeiten dazu sind allerdings gewöhnlich sehr unterschiedlich verteilt. Die Personal- und Organisationsstrukturen der öffentlichen Verwaltung lassen sich z. B. nur in sehr langwierigen Prozessen ändern, so daß hier die Anpassung vor allem über die Programmpolitik erfolgen muß, die jedoch in der Anpassungsfähigkeit der administrativen Entscheidungsträger und des Publikums ebenfalls eine sehr enge Grenze haben kann. Demgegenüber sind die Organisationsstrukturen und insbesondere die Personalstrukturen in der Politik sehr viel flexibler an wechselnde Umweltbedingungen anzupassen [44, S. 182 ff].

Die zentrale Aufgabe der Politik besteht schließlich darin, daß sie für den Wechsel von Wertpräferenzen Leitlinien schafft und die Verbindlichkeit der darauf ausgerichteten Entscheidungen sicherstellt. Diese Aufgabe wird in dem Maße bedeutender aber auch schwieriger, in dem die Komplexität der zu berücksichtigenden Werte zunimmt. „Je mehr Werte vorstellbar und aktualisierbar, je mehr Werte für ein System relevant werden, desto weniger wird es möglich, sie in eine dauerhafte und transitive Ordnung zu bringen, die allgemein gültige und durchgehende Vorrangrelationen festlegt; desto notwendiger wird es, sich an laufend wechselnden Präferenzen zu orientieren, und sich das legitimieren zu lassen. Die Vernunft einer Entscheidung beruht dann nicht auf richtiger Einsicht in eine natürliche oder moralische Rangordnung unter Werten, sondern auf einem situationsbezogenen Vergleich von Möglichkeiten der Verbesserung oder Verschlechterung einer Lage in bezug auf unvergleichbare Werte. Und die Identität eines Wertes findet ihren Halt dann nicht durch eine hierarchische Stelle im Wertsystem, sondern gerade durch die Variabilität der Werterfüllungen, die sicherstellen, daß er im Wechsel von Verzichten und Bevorzugungen immer wieder einmal an die Reihe kommt" [91, S. 166]. Politik ist also vor allem die Kunst, den Entscheidungen des politisch-administrativen Systems Bindungskraft zu verleihen, ohne dabei die erforderliche Freiheit für unbestimmte zukünftige Entscheidungen in unzuträglicher Weise einzuschränken.

Politik und öffentliche Verwaltung sind mit ihren spezifischen Fähigkeiten zur Reduktion von Komplexität aufeinander angewiesen. Denn nur, wenn die gesellschaftliche Komplexität durch die Politik auf ein „verwaltbares" Maß reduziert wird, können die verwaltungsspezifischen Verhaltensmuster ihre volle Leistungsfähigkeit entwickeln, und nur mit Hilfe dieser spezifischen Leistungsfähigkeit der öffentlichen Verwaltung kann die Politik ihre Entscheidungen in effizienter und kontrollierter Weise zur Wirkung bringen.

Dazu muß sie allerdings die Kommunikation zwischen der öffentlichen Verwaltung und deren Publikum so kanalisieren, daß unprogrammierte Einflüsse auf die Verwaltungsentscheidungen weitgehend ausgeschlossen werden. „In dem Maße (nämlich), als solch ein direkter und persönlicher Zugriff auf die Verwaltung für die politisch potenten Kräfte der Gesellschaft möglich ist, verlieren die eigentlich politischen Prozesse an Interesse. Ihre Funktion, Macht zu generalisieren und zu legitimieren, wird nicht in Anspruch genommen und verkümmert. Die indirekte Form der Interessendurchsetzung auf dem Umwege über die Politik bricht durch einen Kurzschluß zusammen" [92, S. 77].

Außerdem sollte die Politik sich nicht dazu verleiten lassen, mit ihren Verhaltensmustern selbst öffentliche Verwaltung zu „spielen", sondern sich darauf beschränken, das Verwaltungshandeln in der beschriebenen Weise zu programmieren. „Denn, da sich notwendige Staatsfunktionen zwar organisatorisch verlagern, nicht aber organisatorisch beseitigen lassen, bleibt ihr zu tun, was sie der Verwaltung nimmt, nämlich selbst zweckabhängige und dem Wandel der Situationen unterworfene provisorische

Regelungen (sog. Maßnahme-Gesetze) zu treffen" [146, S. 71]. Dadurch wird sie von ihren eigentlichen Aufgaben abgedrängt. Sie sollte also dafür sorgen, daß nicht zu viele Einzelfälle ein Politikum werden. Ihre spezifische Leistungsfähigkeit kann sie nur zur Geltung bringen, wenn sie in der Verwaltung eigene Prozesse der Reduktion von Komplexität, unter Anwendung von konditionalen und zweckbezogenen Entscheidungstechniken, zum Zuge kommen läßt [92, S. 76].
Das ,,Aufeinander-angewiesen-sein" von Politik und öffentlicher Verwaltung bedingt,daß sich die Leistungsfähigkeit politisch-administrativer Systeme nur so weit durch Ausdifferenzierung von politik- und verwaltungsspezifischen Sprachen und Verhaltensmustern steigern läßt, als die Verständigungsschwierigkeiten zwischen den ausdifferenzierten Sphären nicht die dadurch erzielten Spezialisierungsgewinne überkompensieren. Je kritischer diese Ausdifferenzierung wird, desto notwendiger ist jene Gruppen von Personen, ,,. . . die für politische Rationalität und für Verwaltungsrationalität in gleicher Weise und ohne Vorurteil für die eine oder andere aufgeschlossen ist und deshalb zwischen beiden vermitteln kann". Dabei ist deren organisatorischer Standort relativ gleichgültig. Sie müssen nur ,,. . . hinreichenden Status, Zugang zu Informationen haben und über persönliche Beziehungen verfügen . . . Anlässe für Kontakt und Erfahrungsaustausch müssen hinreichend dicht gesät sein" [92, S. 82]. Ihre ,,Übersetzungstätigkeit wird dabei solange im wesentlichen informell bleiben, als die Wissenschaft noch keine in die Praxis umsetzbaren Modelle für die formale Lösung dieses Problems entwickelt hat. Solange dürfte auch die Nahtstelle zwischen Politik und öffentlicher Verwaltung die anfälligste Komponente politisch-administrativer Systeme sein" [44, S. 39 ff; 93, S. 197].

1.1.3 Entscheidungsorganisation politisch-administrativer Systeme

In Gesellschaftsordnungen wie der der BRD werden die dargestellten politisch-administrativen Entscheidungen nach Regeln gefällt, die mehr oder weniger ausgeprägt vom Prinzip der Gewaltengliederung bestimmt sind. Dieses Prinzip soll der Tatsache Rechnung tragen, daß politisch-administrative Entscheidungen stets auf Gewaltausübung zielen und deshalb auch immer zu Mißbrauch und Willkür führen können.[6]
Die Gewaltengliederung beinhaltet, daß die Gewaltausübung ,,. . . organisatorisch und personell getrennt (Prinzip der Gewaltentrennung), auf verschiedene politische Mächte verteilt (Prinzip der Gewaltenteilung) und die mit ihr jeweils betrauten Organe zugleich in ein Verhältnis gegenseitiger Hemmung und Balancierung. . . gebracht werden (Prinzip der Gewaltenhemmung)" [146, S. 65].
Das Prinzip der Gewaltentrennung beinhaltet, daß keinem politisch-administrativen Organ die legale Verfügung über die gesamte Gewalt zugestanden werden sollte. Die-

[6] Dabei ist seit einiger Zeit eine Verlagerung der politisch-administrativen Tätigkeit von der Gewaltausübung zur Begünstigung mit all ihren Konsequenzen für die Entscheidungsregeln – insbesondere die ,,Entscheidungsmoral" – zu beobachten [44, S. 210 ff].

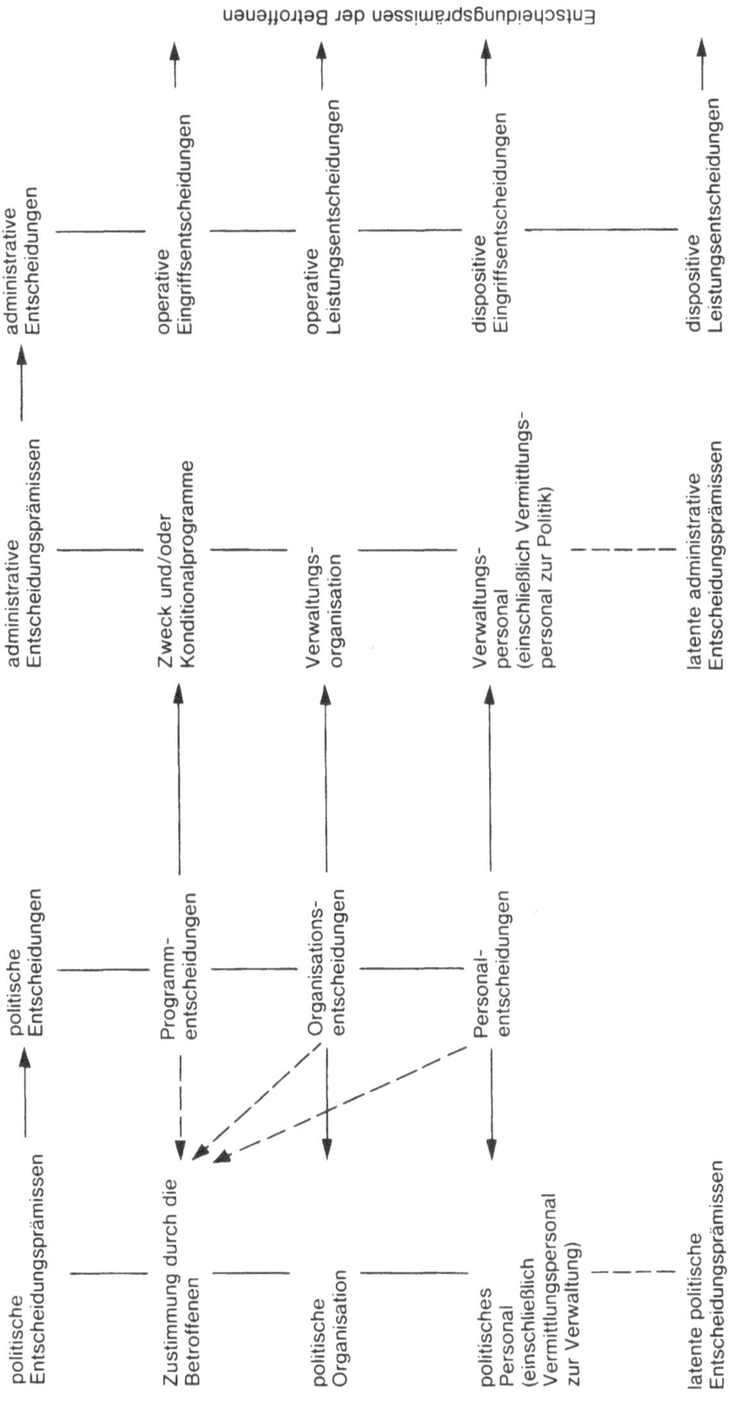

Abb. 1–1. *Begriffsfeld „politisch-administrative Entscheidungen"*

ses Prinzip schlägt sich insbesondere in der funktionalen Differenzierung der Gewalt nach Gesetzgebung, Regierung, Verwaltung und Rechtssprechung und in der Dezentralisierung der Gewalt auf Gliedstaaten, Selbstverwaltungskörperschaften und ähnliche Organe, die ihrerseits wieder Gemeinschaftsorgane bilden können, nieder.

Das Prinzip der Gewaltenteilung bedeutet, daß „. . . die Besetzung aller oder einiger Organe der so getrennten Gewalten je verschiedenen der tatsächlich bestehenden politisch-sozialen Mächte. . . überlassen wird, um deren Teilnahme an der Staatsgewalt durch Legalisierung zu befriedigen und zugleich zu beschränken" [146, S. 68]. Dieses Prinzip schlägt sich in den zweckgerechten Besetzungsregeln für die betreffenden Organe und in der daran orientierten Strukturierung der politisch-sozialen Mächte in Interessengruppen nieder. Dabei besteht tendenziell die Gefahr, daß alle wesentlichen Entscheidungen in diesen den verfassungsgemäßen Organen vorgelagerten Gruppen fallen und die verfassungsgemäßen Organe nur noch legalisierende Fassade sind. Das Prinzip der Gewaltenhemmung soll schließlich bewirken, daß die Gewaltausübung der politisch-administrativen Entscheidungsträger ausbalanciert erfolgt. Dies drückt sich in Beteiligungs-, Veto- und Kontrollbeziehungen zwischen ihnen aus, die sowohl in horizontaler als auch in vertikaler Richtung verlaufen können.

Politisch-administrative Systeme, die nach dem dargestellten Prinzip der Gewaltengliederung organisiert sind, bestehen aus einer oder mehreren Einheiten, die gewöhnlich die in Abb. 1–2 skizzierte Struktur aufweisen, wobei das eine oder andere Strukturelement besonders betont oder auch vernachlässigt sein kann.

Die systeminternen Beziehungen zwischen diesen Strukturelementen sowie deren Beziehungen zu systemexternen Institutionen konkretisieren sich in ihren

- Entscheidungen
- Entscheidungsvorbereitungen und
- Entscheidungskontrollen (siehe auch Abschnitt 4.1)

Die politischen Entscheidungen bestehen in den erläuterten Personal-, Organisations- und/oder Programmentscheidungen und die administrativen Entscheidungen in den dargestellten operativen und/oder dispositiven Eingriffs- und/oder Leistungsentscheidungen.

Die Vorbereitung der politischen Entscheidungen läßt sich begreifen als Antizipation zukünftiger Entwicklungsmöglichkeiten und -bedingungen durch den Entwurf und die ständige Anpassung von Handlungsalternativen, in denen die beabsichtigten Handlungswirkungen (Zwecke), die Handlungsmittel und die unerwünschten, aber unvermeidbaren Handlungsnebenwirkungen wechselseitig aufeinander bezogen sind (politische Handlungsalternativen) [67, S. 951 ff; 68, S. 1241 ff; 103, S. 65 ff]. Dabei ist in demokratischen Systemen eine breit angelegte politische Willensbildung bei der Formulierung der Handlungszwecke eine entscheidende Voraussetzung für die erforderliche Bindungswirkung der späteren Entscheidungen. Die Vorbereitung politi-

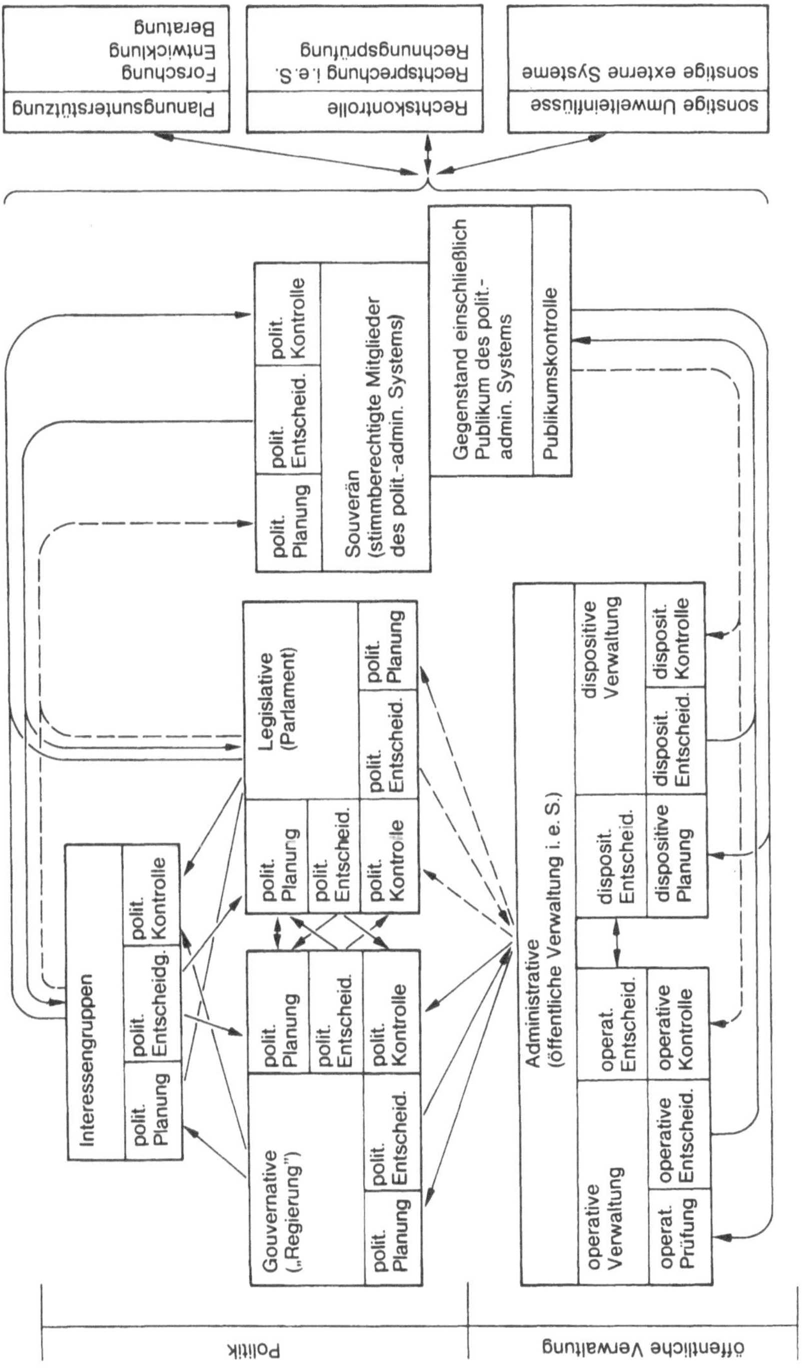

Abb. 1–2. *Organisationsschema eines politisch-administrativen Systems**

* Mit den Merkmalen: pluralistisch, parlamentarisch-demokratisch, rechtsstaatlich

scher Entscheidungen soll im folgenden als politische Planung bezeichnet werden.[7] Die Vorbereitung dispositiver Entscheidungen besteht vor allem in dem Entwurf und der ständigen Verbesserung von Handlungsalternativen durch Handhabung von Kalkülen zur Strukturierung des dispositiven Entscheidungsspielraumes (dispositive Handlungsalternativen). Im Vergleich zu den politischen Handlungsalternativen sind dispositive Handlungsalternativen sehr viel weniger komplex, da bei ihnen die Handlungszwecke und das Niveau der Handlungsmittel durch die vorgelagerten Programmentscheidungen bereits festgelegt sind. Die Vorbereitung dispositiver Entscheidungen besteht also überwiegend in der Lösung planungstechnischer Probleme, insbesondere der Verwertung geeigneter Operations-Research-Methoden [75]. Sie soll im folgenden als dispositive Planung bezeichnet werden [45, S. 51].

Die politische und/oder dispositive Planung kann durch die Tätigkeit systemexterner Institutionen in Forschung, Entwicklung und/oder Beratung unterstützt werden. Dabei stellt sich vor allem für die Wissenschaft das Problem, ihre Doppelfunktion als Vermittlerin von „Herrschaftswissen" über Natur und Menschen (technischer Wissenschaftsaspekt) und von herrschaftskritischem Bewußtsein (emanzipatorischer Wissenschaftsaspekt) ausbalanciert zur Geltung zu bringen und sich nicht durch die Herrschenden korrumpieren, aber auch nicht durch „Chaoten" radikalisieren zu lassen [56, S. 120 ff].

Die Vorbereitung operativer Entscheidungen besteht im wesentlichen in der Klärung des Sachverhalts von Verwaltungsanlässen und der Auswahl der dafür zutreffenden Konditionalprogramme. Je nach der Art der Konditionalprogramme ist dabei mehr oder weniger Interpretationsaufwand erforderlich. In der Vorbereitung operativer Entscheidungen brauchen also keine Handlungsalternativen im eigentlichen Sinne entworfen zu werden, da die allein möglichen Alternativen „Konditionalprogramm x trifft zu" bzw. „Kein Konditionalprogramm trifft zu" (operative Handlungsalternativen) immer schon vorgezeichnet sind. Dementsprechend sollte man diese Art von Entscheidungsvorbereitung auch nicht operative Planung sondern besser operative Prüfung nennen.

Entscheidungskontrollen können als Selbst- und/oder Fremdkontrollen erfolgen. Die Entscheidungsselbstkontrollen beinhalten die Beobachtung der tatsächlichen Entscheidungswirkungen und deren Vergleich mit den beabsichtigten Entscheidungswirkungen sowie die Veranlassung von eventuell notwendigen Entscheidungsmodifikationen und/oder -ergänzungen durch die Entscheider selbst. Die Entscheidungsfremdkontrollen bestehen dagegen in der Überprüfung der Entscheidungen durch andere (Betroffene, übergeordnete Instanzen, etc.) auf ihre Angemessenheit im Sinne der Vorstellungen dieser Kontrolleure sowie die Veranlassung eventuell notwendiger Entscheidungsmodifikationen und/oder -änderungen durch diese.

[7] Durch die zunehmende Bedeutung und Komplexität der Planung und des hierfür erforderlichen „Unterbaus" zeichnet sich gegenwärtig eine Verlagerung des politischen Gewichts vom Parlament auf die Regierung ab. Denn im Unterschied zum Parlament verfügt die Regierung über einen leistungsfähigen administrativen Unterbau. Diese Entwicklung wird noch durch den zunehmenden Einsatz der elektronischen Datenverarbeitung in der Regierungs- und Verwaltungstätigkeit verstärkt [70, S. 23 ff; 95, S. 46 f; 128, S. 177 ff].

Die Entscheidungsfremdkontrolle administrativer und/oder politischer Entscheidungsträger durch politische Entscheidungsträger soll als politische Kontrolle bezeichnet werden. Wesentlicher Bestandteil dieser Tätigkeit ist die Verwertung von Tätigkeitsberichten der jeweils zu kontrollierenden Entscheidungsträger, die diese ihren Kontrolleuren periodisch oder aus besonderem Anlaß zu erstatten haben.

Die Entscheidungsselbstkontrolle administrativer Entscheidungsträger soll als administrative Kontrolle bezeichnet werden. Sie erfolgt im wesentlichen als Selbstkontrolle der dispositiven Entscheidungen. Dabei orientiert sie sich an den tatsächlichen Wirkungen auf den betreffenden Verwaltungsgegenstand, vor allem aber an den Nebenwirkungen auf andere Sachverhalte, soweit sich diese den Verwaltungseingaben und sonstigen der Verwaltung zugehenden Nachrichten entnehmen lassen.

Die Entscheidungsfremdkontrolle der politisch-administrativen Entscheidungsträger durch die von den Entscheidungen Betroffenen soll als Publikumskontrolle bezeichnet werden. Sie geht im wesentlichen von dem „Gerechtigkeitsempfinden" der Betroffenen aus, an dem diese die Entscheidungen messen. Dabei erhält die Publikumskontrolle je nach Art der Entscheidung einen mehr politischen oder rechtlichen Charakter.

Die Entscheidungsfremdkontrolle der politisch-administrativen Entscheidungsträger durch die Rechtsprechung soll als Rechtskontrolle bezeichnet werden. Sie kann in der BRD nur auf Antrag mindestens eines an der zu kontrollierenden Entscheidung Beteiligten erfolgen. Dies kann der Entscheider selbst, eine der ihm übergeordneten politischen Instanzen und/oder einer der von der Entscheidung Betroffenen sein. Wesentlicher Bestandteil dieser Tätigkeit ist die Zuordnung der Vorgänge beim Zustandekommen der strittigen Entscheidung zu den dafür geltenden Rechtsnormen durch das jeweils autorisierte Gericht [146, S. 77 ff].

Zur Rechtskontrolle gehört auch die an den Haushaltsplänen und -gesetzen orientierte Rechnungsprüfung durch den Bundesrechnungshof und die Landesrechnungshöfe. Denn diese Tätigkeit unterliegt wie die Rechtsprechung i. e. S. auch nur dem Gesetz, und die Mitglieder dieser Organe besitzen ebenfalls richterliche Unabhängigkeit. Allerdings werden die Rechnungsprüfungsverfahren im Unterschied zur Rechtsprechung i. e. S. von den Prüfungsorganen selbst eingeleitet und in ihrem Ausmaß festgelegt [158, § 88 ff; 160, § 5].

Die Hochschulverwaltung und -politik weist über die bisher dargestellten Merkmale hinaus noch spezifische Merkmale auf, die sie von anderen politisch-administrativen Systemen unterscheidet. Diese ergeben sich vor allem aus den Besonderheiten ihres Gestaltungsgegenstandes, die durch die Eigengesetzlichkeit des Hochschulbetriebs geprägt werden. Hierauf wird im Abschnitt 1.2 näher einzugehen sein. Außerdem hat das Prinzip der Gewaltengliederung zu einer besonderen institutionalen Form der Hochschulverwaltung und -politik in der BRD geführt, die durch die Determinanten „Hochschulautonomie", „Kulturföderalismus" und „Rahmenkompetenz des Bundes in der Bildungsplanung" bestimmt wird. Hierzu wird in den Abschnitten 1.3 und 1.4 weiteres ausgeführt werden.

1.2 Gegenstand der Hochschulverwaltung und -politik

1.2.1 Aufgaben der Hochschule

Den Hochschulen ist von der Gesellschaft eine spezielle Sachaufgabe gestellt: die optimale Erfüllung des Wissenschaftsvollzuges in Forschung, Lehre/Studium und externen Diensten und damit die Wahrnehmung der kritischen Funktion gegenüber der Gesellschaft und sich selbst. Dafür hat die Gesellschaft den Hochschulen die sachlich gebotene, institutionelle und materielle Ausstattung zu gewährleisten [66, S. 27]. Wissenschaft ist umfassend zu begreifen, das heißt, daß sie sich durch die technische Rationalität hindurch zur kritischen Rationalität erweitert hat. Dann begreift Wissenschaft in der Beschreibung und Erklärung dessen, was ist, auch die Erkenntnis dessen, was sein soll, als ihre Aufgabe [20, S. 12].

Das Grundgesetz garantiert „Freiheit von Wissenschaft und Kunst, Forschung und Lehre" Art. 5 (3); nur so kann die Wissenschaft ihre gesellschaftliche Funktion, wonach sie Grundlage und Kritik der gesellschaftlichen Praxis ist, wahrnehmen. Angesichts der Unberechenbarkeit und grundsätzlichen Nichtplanbarkeit des für die Gesellschaft lebensnotwendigen wissenschaftlichen Fortschritts ist die Wissenschaftsfreiheit für die optimale Organisation des Wissenschaftsbetriebes und für die optimale Einwirkung auf die demokratische Gesellschaft unentbehrlich [66, S. 20]. Wissenschaftsfreiheit soll verhindern, daß an Stelle der Verantwortlichen für die Wissenschaft in der Hochschule der Staat oder andere gesellschaftliche Gruppen wissenschaftsrelevante Entscheidungen, z. B. Auswahl und Durchführung von Forschungsprojekten, treffen.

Zur Erfüllung dieser unmittelbaren[8] Aufgaben der Hochschule[9] – Lehre/Studium, Forschung und externe Dienste – müssen die Hochschulen auch mittelbare[8] Aufgaben wahrnehmen: – interne Dienste, Selbstverwaltung und staatliche (Auftrags)verwaltung. Abb. 1–3 gibt einen Überblick über den Aufgabenkatalog der Hochschulen.[10]

[8] Unmittelbare Aufgaben dienen direkt dem Zweck einer Institution, mittelbare Aufgaben dienen lediglich als Voraussetzung zur Erfüllung der unmittelbaren Aufgaben, sie dienen der internen Handlungsvorbereitung. Mittelbare Aufgaben sind vorwiegend politische (einschließlich Planung) und Verwaltungsaufgaben. Die mittelbaren Aufgaben bleiben im Gegensatz zu den von „Branche" zu „Branche" variierenden unmittelbaren Aufgaben ziemlich gleich. Der Begriff der unmittelbaren und mittelbaren Aufgaben geht zurück auf [107].

[9] Der letzte Entwurf zu einem Hochschulrahmengesetz [152 a] bestimmt in § 2: „Die Hochschulen dienen der Pflege und Entwicklung der Wissenschaften und der Künste durch Forschung, Lehre und Studium. Sie bereiten auf berufliche Tätigkeiten vor, die die Anwendung wissenschaftlicher Erkenntnisse und wissenschaftlicher Methoden oder die Fähigkeit zu künstlerischer Gestaltung erfordern. . ."

[10] Die Feingliederung der Hochschulaufgaben in Programme, Subprogramme, Programmsektoren, -subsektoren und schließlich in Programmelemente leistet in den USA die Program Classification Structure – eine Voraussetzung für die Anwendung von Planning-, Programming- and Budgeting-Methoden. Siehe [54].

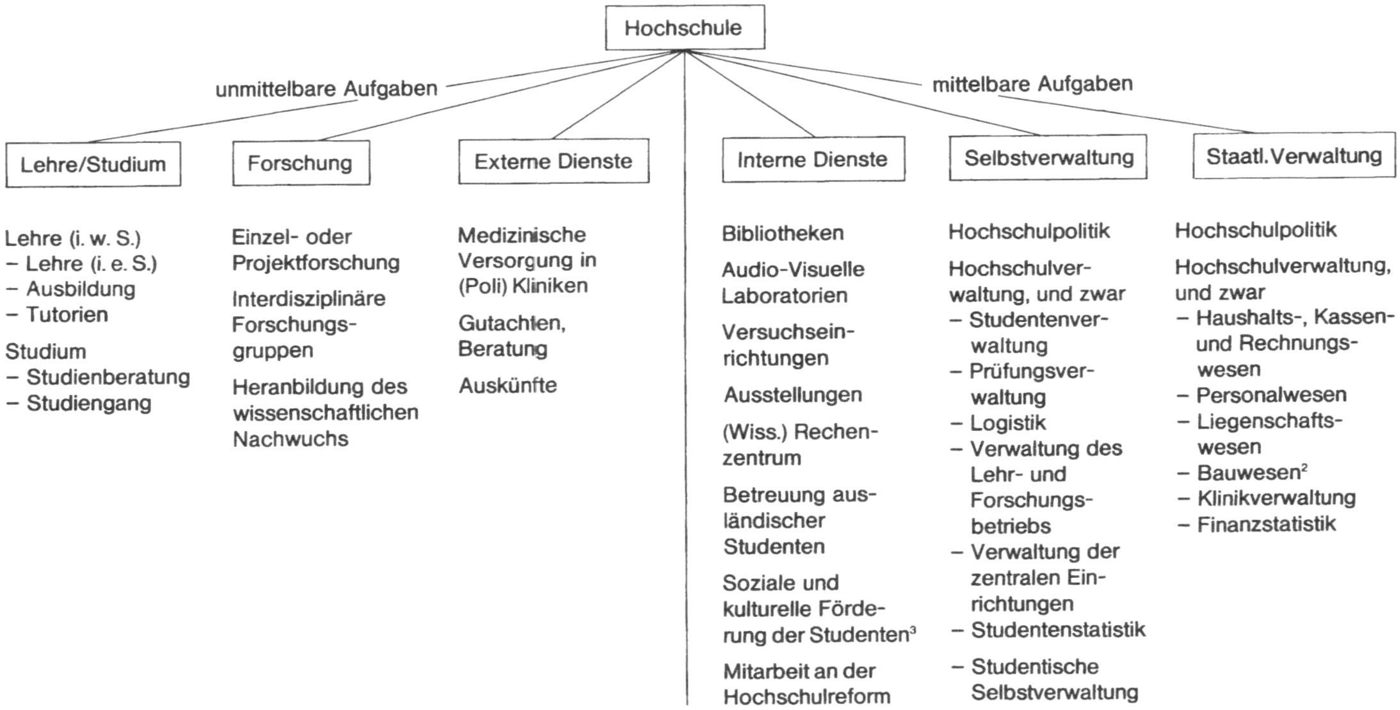

[1] (152a, § 2) nennt die Aufgaben der Hochschulen in anderer Systematik. Er nennt außerdem die Internationale Zusammenarbeit, die öffentliche Rechenschaftslegung.
[2] Diese Aufgabe wird direkt vom Finanz- oder Kultusminister wahrgenommen.
[3] Diese Dienste werden von dem rechtlich selbständigen Studentenwerk, das eine öffentliche oder private Rechtsform hat, wahrgenommen. Dabei handelt es sich vor allem um Krankenversicherung, Wohnheimvermittlung, Mensaverwaltung, Studienförderung (Stipendien).

Abb. 1–3. *Aufgaben der Hochschulen*[1]

1.2.1.1 Lehre/Studium

„Lehre und Studium sollen den Studenten auf ein berufliches Tätigkeitsfeld vorbereiten und ihm die dafür erforderlichen fachlichen Kenntnisse, Fähigkeiten und Methoden so vermitteln, daß er zu wissenschaftlicher oder künstlerischer Arbeit, zu wissenschaftlich-kritischem Denken und zu verantwortlichem Handeln in einem freiheitlichen, demokratischen und sozialen Rechtsstaat befähigt wird [152 a, § 8]. Die Studiengänge sollen nicht auf starre Berufsbilder fixiert werden, sie müssen sich vielmehr an breiteren beruflichen Tätigkeitsfeldern orientieren.

Im Aufgabenbereich Lehre/Studium ist zwischen dem Angebot der Hochschule („Lehre") und der Nachfrage des Studierenden („Studium") zu unterscheiden. Die Hochschule bietet den Studierenden Lehre (i. e. S.) und Ausbildung an. Beides wird im allgemeinen als Lehre (i. w. S.) bezeichnet. Die Lehre (i. e. S.) ist in der Regel unmittelbarer Ausfluß der Forschung. Sie ist die systematische Vermittlung des aktuellen Lehrgebäudes, d. h. die Erkenntnis theoretischer und methodischer Grundlagen und die Zusammenfassung und Verknüpfung der wissenschaftlichen Erkenntnisse einschließlich der Darstellung und Diskussion noch nicht gelöster Probleme [66, S. 20]. Die Ausbildung bezieht sich auf bereits konsolidierte Erkenntnisse. Ausbildung führt in die erkenntnistheoretischen und methodischen Grundlagen eines Fachgebietes ein und vermittelt daraus die wesentlichen, anerkannten Ergebnisse in einem geordneten Studiengang mit Studienberatung und Studienplan [66, S. 20].

Während Lehre (i. e. S.) von Dozenten geleistet wird, kann die Ausbildungsfunktion auch teilweise von Studenten übernommen werden, vor allem in Tutorien. Der Studierende lernt intensiver, indem er andere „ausbildet" [1, S. 5]. Zur Lehre im weitesten Sinne gehört prinzipiell auch die Bereitstellung von Fachwissen und -methodik durch Literatur, audio-visuelle Hilfsmittel usw., auch wenn sie den Internen Diensten (1.2.1.4) zugerechnet wird.

Der Student wählt aus dem Angebot der Hochschule einen Studiengang aus, der schwerpunktmäßig auf ein Studienfach bezogen ist. Dieser führt zu einem berufsqualifizierenden Abschluß aufgrund von nachgewiesenen Studienleistungen. Studium (aus lat. studio = mit Eifer) bedeutet, daß der Studierende aus den Angeboten der Lehre auswählt und sich um Erkenntnis bemüht, also nicht nur passiv den dargebotenen Stoff rezipiert. Zum Studium gehört neben der Lehre als fremdorganisiertem Teil auch der vom Studierenden selbst organisierte Teil des Studiums.

Aufgrund der Fortschritte in der Wissenschaft und den Veränderungen in der Berufswelt veralten einmal erworbene Fach- und Methodenkenntnisse rasch.[11] Jedes Studium muß daher auf Weiterstudium ausgerichtet sein („lebenslanges Lernen"), was Änderungen der bisherigen Lehrformen bedingen wird (vgl. [39]).

Lehre/Studium ist mit dem Bildungsbereich und der Berufswelt verknüpft, wobei die Hochschulen keine „Fabriken" für staatlich vorgeprägte Berufsvorstellungen sind. Diese Beziehung kann mit dem bildungsökonomischen Phasenschema dargestellt werden (Abb. 1–4).

[11] Die Vorstellung, man könne in der Jugend lernen, was man im Leben braucht, ist nicht mehr zeitgemäß [z. B. 115]. Jede Ausbildung ist nach spätestens zehn Jahren überholt. Die Pädagogen sprechen vom „Halbzeitwert" einer beruflichen Ausbildung; der Halbzeitwert bezeichnet den Abschnitt, nach dessen Ablauf das Gelernte überholt ist.

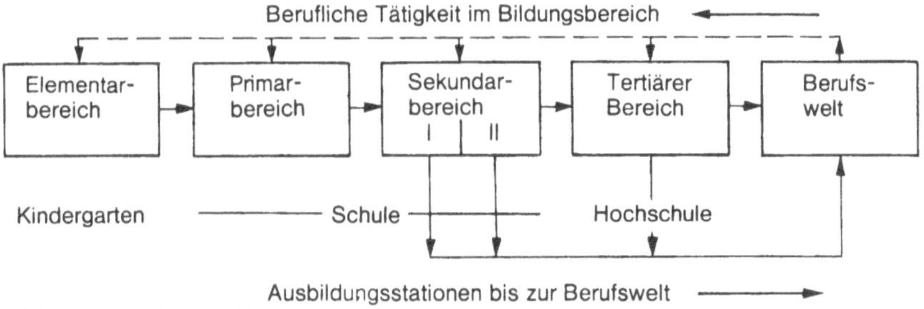

Abb. 1-4. *Bildungsökonomisches Phasenschema*

Die Sekundarbereiche I und II geben einen Teil der Schulabsolventen unmittelbar an die Berufswelt weiter, den anderen Teil an den sog. tertiären Bereich. Die Absolventen des Sekundarbereichs II – die zu mehr als 90 % ein Hochschulstudium aufnehmen – bestimmen die Studentenzugänge an den Hochschulen. Die stark angewachsene Zahl der Zugänge hat in den Hochschulen zu Kapazitätsengpässen und damit zum Numerus clausus[12] geführt.

Studenten mit Studienabschluß oder -abbruch bestimmen die Übergänge vom tertiären Bereich zur Berufswelt. Eine wechselseitige Beziehung zwischen dem Hochschulbereich und der Berufswelt besteht in zwei Fällen: für kürzere Zeit im Rahmen der Weiterbildung („Quartärbereich") und für längere Zeit im Fall der beruflichen Tätigkeit in Lehre/Studium und Forschung.

Für die Berufswelt ergibt sich das Problem, den Hochschulabsolventen ihren Fähigkeiten und Interessen entsprechende Arbeitsplätze bereitzustellen. Bislang haben sich Angebot (Zahl der Hochschulabsolventen) und Nachfrage (Zahl der verfügbaren Arbeitsplätze) im großen und ganzen selbst reguliert. Angesichts der sprunghaft gestiegenen Studentenzahlen wird befürchtet, daß in Zukunft eine Selbstregulierung nicht mehr möglich sein wird. Zur Steuerung der Beziehungen zwischen Hochschule und Berufswelt gibt es zwei Auffassungen, wie die „Produktion" der Hochschulen zu steuern ist [86; 14]: nach

- dem Bedarf der Gesellschaft an Hochschulabsolventen
- der Nachfrage des Individuums nach Hochschulbildung.

Verfechter der ersten Auffassung sehen die Gefahr einer Über- bzw. auch Unterversorgung der Gesellschaft mit Hochschulabsolventen. In der gegenwärtigen Situation fürchten sie das Heranwachsen eines „akademischen Proletariats". Für Anhänger der zweiten Auffassung ist dagegen das „Bürgerrecht auf Bildung" [32] als Grundrecht[13]

[12] Siehe hierzu das Urteil des Bundesverfassungsgerichts vom 18. 7. 72. Es hat zu organisatorischen Überlegungen, zu Gesetzesinitiativen und zu einem Entwurf eines Staatsvertrages der Länder zur zentralen Verteilung von Studienplätzen geführt. Vgl. u. a. [161; 53; 119] und die Bundestagsdrucksache 7/1340 vom 4. 12. 1973.

[13] Vgl. dazu Dahrendorfs [32, S. 23] Auslegung dieses Grundrechts gemäß Art. 12 GG:
„1. Jeder Mensch hat ein Recht auf eine intensive Grundausbildung, die ihn befähigt, von seinen staatsbürgerlichen Rechten und Pflichten wirksamen Gebrauch zu machen.
2. Jeder Mensch hat ein Recht auf eine seiner Leistungsfähigkeit entsprechende, weiterführende Ausbildung.
3. Es ist die Pflicht der staatlichen Instanzen, dafür Sorge zu tragen, daß diese Rechte ausgeübt werden können."

des Individuums dominierend. Sie verweisen auch auf die beträchtlichen Schwierigkeiten in der Ermittlung des gesellschaftlichen Bedarfs an Hochschulabsolventen, die vor allem durch die sich wandelnden Berufsbilder bedingt sind. Das betrifft z. B. das Phänomen der „Sickerquote": Nicht jeder Hochschulabsolvent wird später in dem Beruf tätig, für den er eigentlich ausgebildet wurde.

Für beide Auffassungen sind bildungsökonomische Modelle entwickelt worden, die im allgemeinen mit statistischen Methoden in die Zukunft extrapolieren:

- der sog. manpower requirement approach [17; 113; 132; 59][14]
- der sog. social demand approach [82; 145]

1.2.1.2 Forschung

Forschung ist eine in methodischer, systematischer und intersubjektiv nachprüfbarer Weise auf die Gewinnung wissenschaftlicher Erkenntnisse gerichtete Tätigkeit. Neben ihrem gesellschaftlichen Bezug dient sie außerdem der eigenen Fortentwicklung des Forschers, insbesondere der Förderung des wissenschaftlichen Nachwuchses [60]. „Gegenstand der Forschung in den Hochschulen sind alle wissenschaftlichen Bereiche sowie die Anwendung wissenschaftlicher Erkenntnisse in der Praxis einschließlich der Folgen, die sich aus der Anwendung wissenschaftlicher Ergebnisse ergeben können." [152 a, § 23 (1)].

Der Forschungsbegriff hat in jüngster Zeit einen neuen Akzent erhalten, der vor allem von den Assistenten und Studenten angestrebt wurde. Danach sei auch dann von Forschung zu sprechen, wenn die Erkenntnisse für den Einzelnen neu sind und in wissenschaftlicher Weise gewonnen werden und damit auch eine Verbreitung in der Gesellschaft erfahren. Die Studenten nehmen entsprechend der erreichten Studienphase an der Forschung teil. Das „forschende Lernen" [22] (im Sinne eines selbständigen kritischen Erarbeitens von Lehrgegenständen oder im Sinne eines Nachvollzuges des Forschungsablaufs) ist selbstverständlicher Bestandteil eines jeden Hochschulstudiums.

Forschungsarbeit kann als Einzel- oder Projektforschung (z. B. in einem Fachbereich), aber auch als interdisziplinäre Forschung in größeren Gruppen organisiert sein. Alle an einem Forschungsvorhaben wissenschaftlich Arbeitenden wirken an der Planung dieser Forschungsvorhaben mit. Forschung verlangt, daß neue Erkenntnisse allen Interessierten zugänglich gemacht werden.

Zwischen Forschung und Lehre besteht eine Wechselwirkung, die seit Wilhelm von Humboldt als Einheit von Forschung und Lehre bezeichnet wird [64, S. 133]: Durch Forschung soll die Lehre stets auf den neuesten Stand der Wissenschaft sein, umgekehrt sollen von der Lehre Anstöße für Forschungsaktivitäten ausgehen. Die Verbindung von Forschung und Lehre/Studium stellt den Wissenschaftsbezug des Studiums und der Lehre sicher. Die Verknüpfung von Forschung und Lehre/Studium bietet eine gute Möglichkeit der interpersonellen Überprüfung und Bewährung. Das gewährleistet eine universitätsinterne Öffentlichkeit des Forschungsprozesses [66, S. 24].

Die Einheit von Forschung und Lehre ist heute nicht in der von Humboldt konzipierten idealen Weise zu erreichen. Die Gründe sind die zunehmende Arbeitsteiligkeit und die unterschiedlichen Tätigkeitsprofile des Lehrenden und Forschenden:

[14] Die Studie [59] ist weniger bedarfsorientiert, sondern vielmehr „arbeitsmarktorientiert".

- Die zunehmende Expansion und Spezialisierung, steigende Kosten und Personalengpässe gestatten es nicht mehr, daß an jeder Hochschule in allen Fächern Voraussetzungen für Forschung geschaffen werden können [27, S. 84]. Hinzu kommt, daß die Hochschule ihre ursprüngliche Monopolstellung in der Forschung verloren hat, vor allem weil die Industrie im zunehmenden Maße selbst Forschung betreibt. Beispielsweise wird die empirische Wirtschafts- und sozialwissenschaftliche Forschung zu 95 % außerhalb der Hochschule betrieben, und zwar mit dem doppelten negativen Aspekt, daß die meisten Forschungsergebnisse aus Konkurrenzgründen geheimgehalten werden und damit außerhalb des Informationshorizontes vieler Hochschullehrer bleiben [97, S. 281].
- Die Tätigkeitsprofile des Lehrenden und Forschenden sind sehr heterogen. Es wird nur wenige Hochschullehrer geben, die den Erfordernissen der Lehre und der Forschung in vollem Maße gerecht werden können.[15]

Für Forschung und Lehre sind je nach den sachlichen Notwendigkeiten und personellen Gegebenheiten differenzierte Formen der Zusammenarbeit und Aufgabenteilung zu entwickeln. Ein Beispiel ist die vom Wissenschaftsrat angeregte Einrichtung von Sonderforschungsbereichen [144, S. 126 ff; 27, S. 120 ff], die von Bund und Ländern finanziert werden. Dieses Mittel der Forschungsförderung will durch Zusammenfassung von Forschungseinrichtungen und Forschern an Hochschulen und durch Bildung von Schwerpunkten interdisziplinärer Forschung die Voraussetzung für eine wirksame Förderung auch aufwendiger Forschungsvorhaben an den Hochschulen schaffen. Diese Maßnahme soll auch verhindern, daß die Forschung aus den Hochschulen auswandert.

Die Forschung an den Hochschulen hat Beziehungen zu den sie finanzierenden Stellen, das sind Bund, Länder, Deutsche Forschungsgemeinschaft (DFG), Stiftungen und die gewerbliche Wirtschaft (sog. Drittmittel- oder Vertragsforschung).[16] Ein Beispiel neben der Finanzierung der Sonderforschungsbereiche durch Bund und Länder ist das 2. Datenverarbeitungsprogramm der Bundesrepublik Deutschland (1971–1975), in dem die Förderung der datenverarbeitungsbezogenen Ausbildung und Anwendung Priorität haben. Mehrere Projekte aus dem 2. DV-Programm werden an Hochschulen bearbeitet [26]. Schließlich bestehen unter anderem Beziehungen zu Forschungseinrichtungen außerhalb der Hochschule wie z. B. Großforschungs-

[15] [97, S. 281]. Eigenartigerweise wurden bislang gleich zwei Nachweise für die Forscherqualifikation (Dissertation, Habilitation) verlangt, aber kein Nachweis für die Lehrqualifikation. Bei der Erweiterung der Hochschulen dominiert indessen die Lehrqualifikation zur Erhöhung des Lehrangebots, um den Numerus clausus abzubauen.

[16] Die Drittmittelforschung ist umstritten. Während die Forscher mit Recht auf die notwendige Rückkoppelung zur Praxis verweisen, sehen Assistenten/Studenten die Gefahr eines Mißbrauchs darin, daß der Hochschule durch Drittmittelforschung Ressourcen entzogen werden, während der Empfänger des Forschungsauftrags das Honorar privatisiert. Ackoff [1, S. 15] schlägt vor, Einnahmen aus Drittmittelforschung sollen einem Fonds zugeführt werden, aus dem Forschung bezahlt wird, die nicht anders finanziert werden kann. Die unterschiedlichen Auffassungen zur Drittmittelforschung kommen auch in dem Bericht des Bundestagsausschusses für Bildung und Wissenschaft zum § 24 (5) [156] zum Ausdruck, vgl. dazu Abb. 1.8. Das Volumen der Drittmittelforschung ist sehr schwierig zu ermitteln. Zu den Aufwendungen der Privatwirtschaft für Hochschulforschung siehe [37].

einrichtungen, Bundesforschungsanstalten, Institute der Max-Planck-Gesellschaft, Fraunhofer-Gesellschaft, privaten Forschungsinstituten.

1.2.1.3 Externe Dienste

Die externen Dienste, die „Dienste für die Gesellschaft", im Ausland deutlicher als „public services" bezeichnet, werden häufig bei der Nennung der Aufgaben der Hochschulen vergessen. Dabei handelt es sich um Dienste für Gruppen oder Einzelpersonen, die nicht zur Hochschule gehören. Diese Dienste werden geleistet, damit die verschiedenen außergewöhnlichen Ressourcen und Möglichkeiten von Hochschulen auch der hochschulexternen Öffentlichkeit zugute kommen [54, S. 16].
Beispiele für diese Dienste gibt es vor allem im medizinischen Bereich, wie Versorgung in (Poli)Kliniken, Gutachten der verschiedenen Institute im Fachbereich Medizin (Hygiene, Pathologie, Gerichtsmedizin). Andere Beispiele dieser zunehmenden Dienste sind Gutachten anderer Fachbereiche, die bei Hochschulangehörigen von staatlicher (z. B. Materialprüfungen) oder privater Seite in Auftrag gegeben werden. Auch die zahlreichen Auskünfte sind Dienste der Hochschule für die Öffentlichkeit. Bei diesen externen Diensten handelt es sich häufig um Dienste aufgrund von Routinetätigkeiten, teilweise gibt es Überschneidungen mit der Forschung (z. B. bei Gutachten).
Der medizinische Bereich ist ein Musterbeispiel für Arbeiten, die gleichzeitig Lehre/Studium, Forschung und Dienste betreffen: In der Universitätsklinik wird gelehrt und geforscht, gleichzeitig werden Patienten medizinisch versorgt.

1.2.1.4 Interne Dienste

Die Internen Dienste unterstützen Lehre/Studium, Forschung und Externe Dienste, teils durch Bereitstellung von Mitteln (z. B. Bibliotheken, Audio-Visuelle Laboratorien), teils durch andere Hilfsfunktionen (z. B. das Rechenzentrum für wissenschaftliche Zwecke). Dazu zählt auch die Mitarbeit der Hochschule an der Hochschulreform.
Eine andere Gruppe von Internen Diensten gilt der sozialen und kulturellen Förderung der Studenten (z. B. Bildungsangebote außerhalb von Lehre/Studium, psychologische Beratung), Betreuung ausländischer Studenten durch das Akademische Auslandsamt. Die meisten dieser Dienste werden nicht von den Hochschulen selbst, sondern von den rechtlich selbständigen Studentenwerken in privater und öffentlicher Rechtsform wahrgenommen.
Aufgrund des unterstützenden Charakters der Internen Dienste bestehen vor allem Beziehungen zu Lehre/Studium, Forschung und Externe Dienste.

1.2.1.5 Selbstverwaltung

Hochschulen sind Körperschaften des öffentlichen Rechts und zugleich staatliche Einrichtungen des jeweiligen Bundeslandes. Daher gibt es im Bereich der Hochschulverwaltung und -politik Aufgaben der Selbstverwaltung und der staatlichen Verwaltung. Diese Trennung von Selbst- und staatlicher Verwaltung besagt jedoch nicht, daß zwei verschiedene Blöcke nebeneinander existieren, sie dient lediglich dazu, die verschiedenen Formen der staatlichen Aufsicht bzw. Mitwirkung zu verwirklichen.

Denn das Hauptproblem ist nicht die Abgrenzung von Selbst- und staatlicher Verwaltung, sondern die Überwindung vermeintlicher Zuständigkeitsgrenzen im Wege partnerschaftlicher Zusammenarbeit [123, S. 32].
Zur Selbstverwaltung gehören die Aufgaben der Hochschulverwaltung und -politik, die lediglich der Rechtsaufsicht des Staates unterliegen. Diese Aufgaben ergeben sich im einzelnen durch Negativabgrenzung aufgrund der Bestimmungen des jeweiligen Landeshochschulgesetzes über die staatlichen Mitwirkungsrechte. Bei der Hochschulverwaltung zählen zu den Selbstverwaltungsaufgaben die Studentenverwaltung (Einschreiben, Rückmelden, Belegen, Beurlauben, Exmatrikulieren), die Studentenstatistik, die Prüfungsverwaltung, insbesondere in den Prüfungsämtern und die sonstige Verwaltung im Lehr- und Forschungsbetrieb wie Aufstellung von Vorlesungsverzeichnissen, Gestaltung der Lehrpläne, Aufstellung von Berufungslisten, Aufstellung von Raumbelegungsplänen, Wartung von Geräten, administrative Durchführung von Forschungsprojekten usw. Hinzu kommen die Bereitstellung von Richtlinien für die dispositive Planung und Realisierung von Logikdiensten, die Verwaltung der zentralen Einrichtungen, zu denen auch ein Rechenzentrum für Verwaltungszwecke gehören kann. Schließlich sind die Pflege der Beziehungen zu den Behörden im Kultusbereich, zur Berufswelt, zum Ausland im Rahmen der internationalen Zusammenarbeit [48] und die Betreuung des Hochschulpersonals zu nennen.
Zur Hochschulselbstverwaltung gehört auch die studentische Selbstverwaltung als eigenverantwortliche, d. h. fachweisungsfreie Erledigung von Hochschulaufgaben durch die Studentenschaft, da Landesrecht und Hochschulsatzung im allgemeinen eine körperschaftlich organisierte Studentenschaft vorsehen, („verfaßte Studentenschaft").

1.2.1.6 Staatliche Verwaltung

Zur staatlichen Verwaltung, die im wesentlichen von Hochschulangehörigen geleistet wird, gehören Aufgaben der Hochschulverwaltung und -politik, die Mitwirkungsrechten bzw. der Fachaufsicht des Landes unterliegen. Dazu können aus dem Bereich der Hochschulpolitik Hochschul- und Fachbereichssatzungen, Einschreibungsordnungen, Prüfungsordnungen, Ordnungsvorschriften gehören. Aus dem Bereich der Verwaltung zählen das Haushalts-, Kassen- und Rechnungswesen, inclusive Gebührenwesen und Finanzstatistik, das Personalwesen und das Liegenschaftswesen zu den staatlichen Angelegenheiten, denn der Hochschulhaushalt ist Teil des Landeshaushalts, das Hochschulpersonal zählt zu den Landesbediensteten, die Liegenschaften sind Landeseigentum. Hinzu kommt die Bauverwaltung, die auch nicht dem Kompetenzbereich des Kanzlers zugeordnet ist, sondern in der Regel direkt dem Finanzministerium untersteht. Bei Hochschulen mit angegliederten Kliniken gehört auch die Kliniksverwaltung zur staatlichen Verwaltung.
Neben einer Fülle von Wechselbeziehungen zwischen Selbst- und staatlicher Verwaltung sowie zwischen beiden Verwaltungsformen und dem unmittelbaren Aufgabenbereich der Hochschule sind vor allem die Kompetenz-, Finanzierungs- und Informationsbeziehungen zum jeweiligen Kultus-/Wissenschaftsminister bedeutsam (vgl. dazu 1.3).

1.2.2 Organisation der Hochschulen

1.2.2.1 Ableitung der Organisation aus den Aufgaben

Der vorangehende Abschnitt analysierte, welche Aufgaben die Hochschule wahrzunehmen hat. Dieser Aufgabenkatalog könnte in einem Aufgabengliederungsplan dargestellt werden [73]. Erst durch Übertragung eines Aufgabengliederungsplans auf die konkreten Verhältnisse einer Hochschule entsteht der Organisationsplan, der im wesentlichen das Organigramm einer Hochschule darstellt. Neben dem Organisationsplan existieren andere Pläne, die die Verteilungsbeziehungen regeln: Geschäftsverteilungsplan (Zuordnung der Personen zu den Einzelaufgaben), Stellenplan (Zuordnung der Stellen zu den Einzelaufgaben), Aktenplan (Zuordnung der Akten zu Aufgabenfeldern bzw. Einzelaufgaben) und vor allem der Haushaltsplan (Zuordnung der Finanzen zu Aufgabenfeldern bzw. Einzelaufgaben).

Das Organigramm einer Hochschule (siehe Abb. 1–5) geht von einer Gliederung der Hochschule in drei Bereichen aus:

- Bereich der Kollegialorgane vor allem für Aufgaben der Selbstverwaltung, in dem insbesondere politische, d. h. Personal-, Organisations- und Programmentscheidungen getroffen werden
- Bereich von Lehre/Studium, Forschung und Externer Dienste zur Verrichtung der unmittelbaren Aufgaben der Hochschule und der meisten Internen Dienste
- Bereich der Hochschulverwaltung für Aufgaben der staatlichen und Selbstverwaltung, in dem vor allem Leistungs-, aber auch Eingriffsentscheidungen im Rahmen gegebener Personal-, Organisations- und Programmstrukturen getroffen werden. Zu diesem Bereich zählen auch die in den Fachbereichen geleisteten Verwaltungsaufgaben.

Alle drei Bereiche können prinzipiell Gegenstand als auch Träger der HVP sein. So sind beispielsweise die Kollegialorgane und die Hochschulverwaltung auch Objekt der HVP (z. B. Festlegung von Paritäten der Kollegialorgane bzw. neuer Organisationsformen der Verwaltung); sie sind aber vorwiegend Subjekt, also Träger der HVP (z. B. der Hochschulplanung). Organisatorische Fragen dieser beiden Bereiche werden daher in 1.3 dargestellt.

Die Organisation einer Hochschule ist in gleicher Weise wie die öffentliche Verwaltung insgesamt – sowohl in tradierter Ausprägung als auch in den Reformansätzen – auf das Leitbild der rechtmäßigen und sparsamen Aufgabenerfüllung ausgerichtet. Da Aufbau und Abläufe in ihren grundlegenden Elementen durch Gesetze, Verordnungen und autonom verfaßten Satzungen häufig vorbestimmt sind, bietet sich in den Hochschulen das Bild einer Organisation mit einer ,,erheblichen Einschränkung in der freien Wahl der organisatorischen Gestaltungsmöglichkeiten" [106, S. 131]. Innerhalb des Systems Hochschule zeigen sich jedoch Abstufungen der extern determinierten organisatorischen Vorgaben: Der Freiheitsgrad steigt tendenziell mit zunehmender Arbeitsdetaillierung vom Aufgabenkomplex zur Einzelverrichtung im allgemeinen und im Bereich der Lehre/Studium und Forschung im besonderen.

1.2.2.2 Bereich der unmittelbaren Aufgaben

Der Fachbereich ist die organisatorische Grundeinheit im Bereich Lehre/Studium und Forschung. Aufgrund der Vermehrung der Fachdisziplinen und der gestiegenen

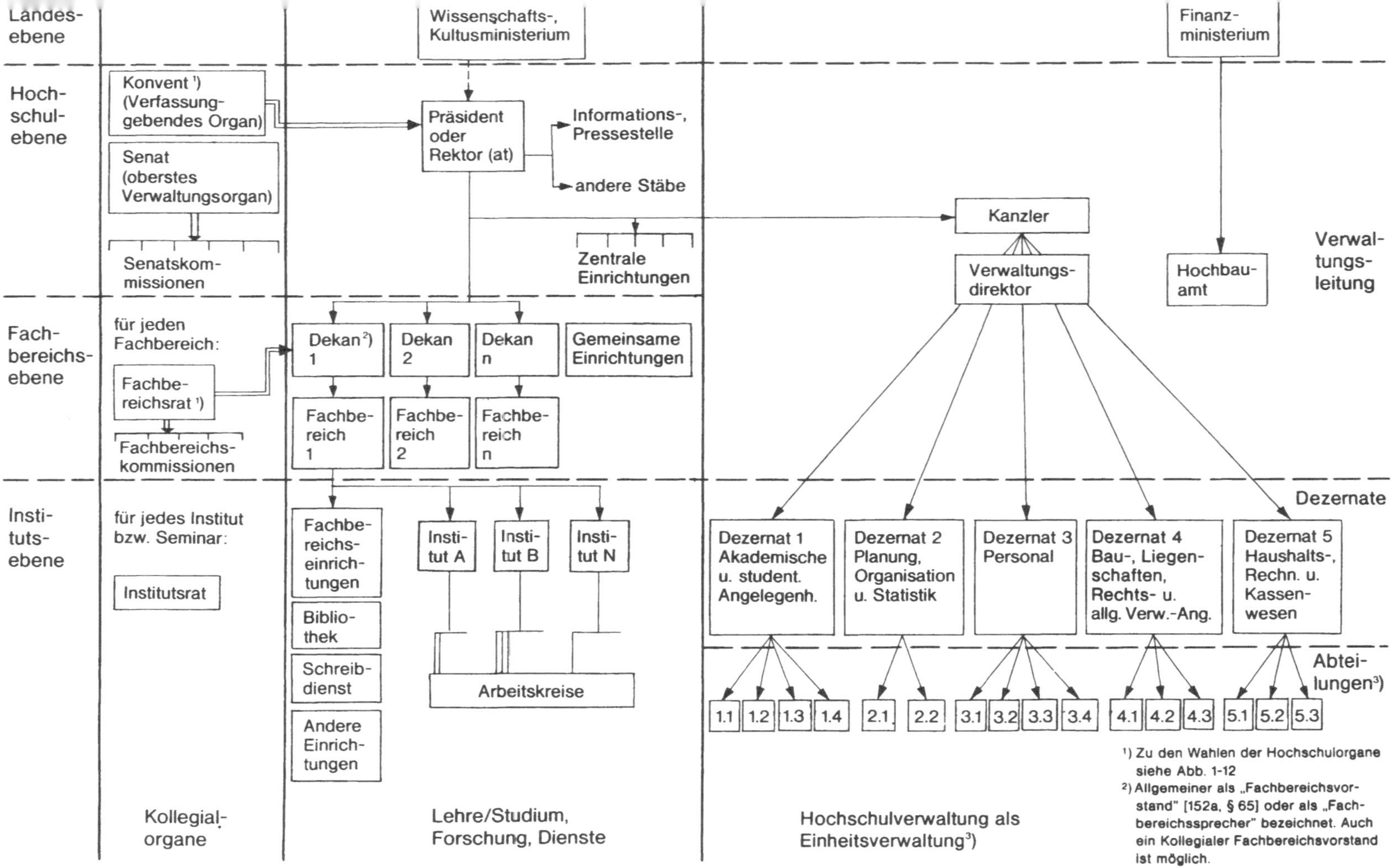

Abb. 1–5. *Beispiel eines Organigramms der Hochschule*

Studentenzahlen sind die Fakultäten in vielen Fällen zu groß und zu heterogen geworden. Die Fachbereiche bedeuten einerseits eine Auflösung der alten Fakultäten in arbeitsfähige Einheiten, andererseits eine Zusammenfassung der Lehrstühle bzw. Institute/Seminare, deren Zuständigkeiten auf die Fachbereiche übergehen.
[152 a] nennt mit Rücksicht auf die jeweiligen Gegebenheiten keine Kriterien für die Größe und Abgrenzung der Fachbereiche. Denkbar sind auch Zwischenebenen oberhalb des Fachbereichs (sog. neue Fakultäten) und unterhalb des Fachbereichs (Institute, Seminare), insbesondere, wenn die Zahl der Fachbereiche bzw. Institute so groß ist, daß eine Zwischenebene sinnvoll erscheint. Der organisatorische Aufbau im Bereich Lehre/Studium, Forschung muß/kann sich aus folgenden Elementen zusammensetzen:

Hochschule
↓
evtl.: neue Fakultäten
↓
Fachbereiche
↓
evtl.: Institute/Seminare

Die Bildung und Abgrenzung von Fachbereichen ist problematisch, insbesondere hinsichtlich Größe, damit Zahl der Fachbereiche [58, S. 20 ff], Zuordnung der Institute zu den Fachbereichen, Auflösen der Fakultäten in Fachbereiche. War früher die Forschung (z. B. bei Lehrstühlen) oder das Erkenntnisobjekt (bei Fakultäten) strukturbildend, so soll sich die Bildung der Fachbereiche offenbar im besonderen Maße an den Bedürfnissen von Lehre/Studium orientieren, worauf im Hochschulgesetz von Rheinland/Pfalz § 45 (1) deutlich hingewiesen wird. Abb. 1–6 versucht, die Organisation von Lehre/Studium und Prüfungen aufzuzeigen.

Eine optimale Abgrenzung der Fachbereiche kann nur erreicht werden, wenn neben Umfang und zeitlichem Ablauf des Studiums auch die Lehrinhalte festgelegt werden. Die zeitlich-inhaltliche Struktur des Studiums wird als Studiengang bezeichnet (vgl. Abb. 1–6). Die Abgrenzung der Fachbereiche untereinander soll nicht zu einer autarken Abwicklung von Studiengängen führen, d. h. daß nur ein Fachbereich (als Angebotseinheit) nur einem Studiengang (als Nachfrageeinheit) gegenübersteht. Ein Fachbereich sollte vielmehr Lernmittel für mehrere Studiengänge bereitstellen, damit Mehrfachleistungen von Funktionen ausgeschlossen und die Einrichtungen möglichst effektiv genutzt werden können. Die Fachbereiche haben sich somit gegenseitig Servicefunktionen zu erfüllen, was auch der Interdisziplinarität in Lehre/Studium und Forschung gerecht wird.
Kriterien für die Abgrenzung der Fachbereiche untereinander sind Studiengang einerseits sowie die Kommunikation zwischen Instituten und Lehrstühlen andererseits, die für die Koordination von Studiengang und Lehrinhalt erforderlich ist. Die Systemgrenze zwischen einzelnen Fachbereichen ist so zu ziehen, daß die Intensität der Kommunikationsbeziehungen zwischen den Instituten eines Fachbereichs größer ist

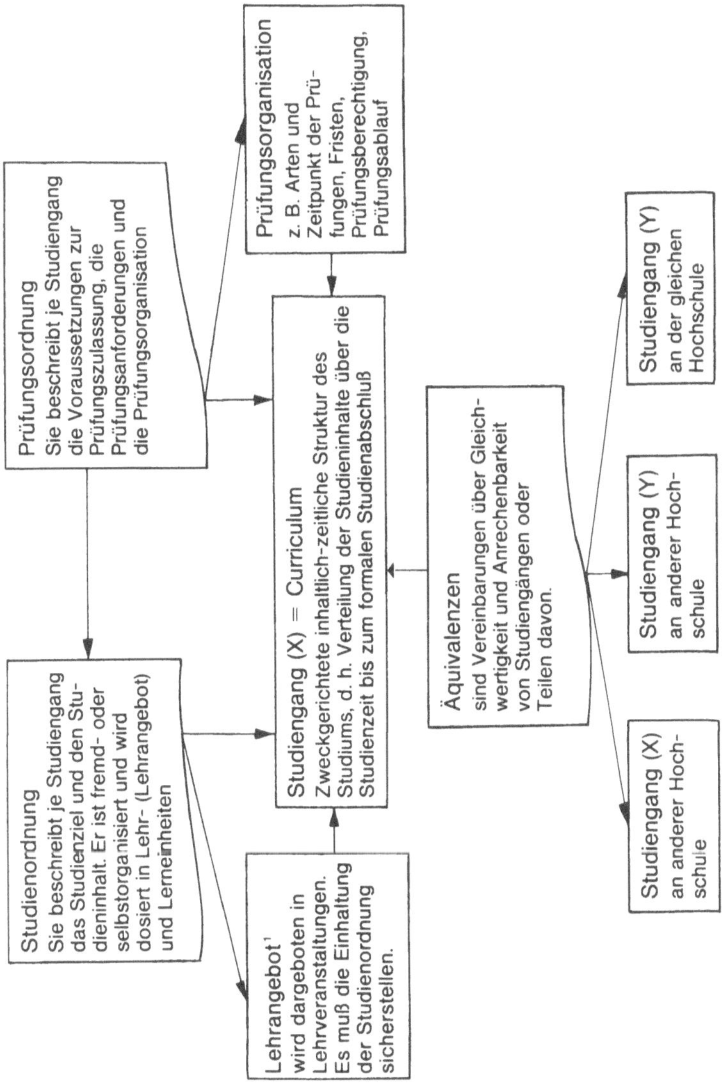

[1]) Das Lehrangebot bezieht sich auf mehrere Studiengänge. Beispiel: die Vorlesung „Allgemeine Betriebswirtschaftslehre I" würde von Studierenden z. B. der Studiengänge „Diplomkaufmann", „Diplomvolkswirt", „Diplomhandelslehrer", „graduierter Betriebswirt" gehört.

Abb. 1–6. *Organisation von Lehre/Studium (incl. Prüfungen)*

als zu Instituten außerhalb dieses Fachbereichs. Das gleiche Prinzip gilt auch für die Abgrenzung der Institute untereinander [58, S. 26].
Innerhalb eines Fachbereiches können auch Forschungseinrichtungen und Betriebseinheiten gebildet werden. Dabei handelt es sich um die Zusammenfassung von wissenschaftlichen, technischen und sonstigen Ressourcen, die nach betriebswirtschaftlichen Grundsätzen verwaltet werden müssen.

1.2.3 Reform der Hochschule

1.2.3.1 Grundzüge der Bildungsreform

Kaum ein Thema ist von so vielen verschiedenen Personen und Institutionen aufgrund unterschiedlicher Ziele mit so unterschiedlichen Ergebnissen erörtert worden wie die Bildungsreform. Auf diese Diskussion kann im einzelnen nicht eingegangen werden. Wir beziehen uns im folgenden auf das Konzept des Bundesministers für Bildung und Wissenschaft, wie es im Bildungsbericht '70 vorgelegt wurde. Dieser Bericht formuliert folgende allgemeinen Grundsätze für die Reform des Bildungswesens [25, S. 9 ff]:

- offenes Bildungssystem
  Demokratisches, leistungs- und wandlungsfähiges Bildungssystem, das jedem Bürger von der Vorschulerziehung bis zur Weiterbildung zu seiner persönlichen, beruflichen und politischen Bildung offensteht.
- Chancengleichheit und Selbstbestimmung
  Verwirklichung der Chancengleichheit. Bildung soll den Menschen befähigen, sein Leben selbst zu gestalten, soll eine dauerhafte Grundlage für freiheitliches Zusammenleben schaffen und soll Freude an selbständiger schöpferischer Arbeit wecken.
- Gesamtschule und Gesamthochschule
  Abbau der Trennung einerseits zwischen den Schularten und andererseits zwischen den Hochschularten, dafür Entwicklung eines umfassenden differenzierten Gesamtschul- und Gesamthochschulsystems.
- Allgemeine und berufliche Bildung
  Bessere und gründlichere Vermittlung von Bildung durch die Schule der Zukunft. Berufliche Bildung soll als integrierter Teil des Bildungssystems entwickelt werden.
- Hochschulreform
  Umgestaltung der Hochschule durch eine Studienreform, Ausbau der Hochschule zu einer integrierten Gesamthochschule, Beteiligung aller Angehörigen der Hochschule an den Entscheidungsprozessen.
- Lebenslang lernen
  Entwicklung eines selbständigen vierten Bereichs des Bildungswesens, in dem Bildung und Ausbildung nachgeholt und Fortbildung aller Art betrieben werden kann.

Diese allgemeinen Grundsätze für die Reform des Bildungswesens waren gleichzeitig der Beitrag der Bundesregierung zur gemeinsamen Bildungsplanung mit den Ländern, die erst nach der Grundgesetzänderung (Art. 91 b) möglich geworden war. Zwar ist sich die Bund-Länder-Kommission für Bildungsplanung (vergl. 1.3.2.2) in dem Hauptziel – Chancengleichheit und Leistungsfähigkeit – einig, aber nicht über die Wege und nicht über das Zeitmaß. Darüber ist die Kommission zeitweise in eine Krise geraten. In ihrem Zwischenbericht [23] wurde ein Kompromiß mit einer Reihe abweichender Sondervoten der CDU/CSU-regierten Länder (5 Länder gegenüber 6 SPD-regierten Ländern und dem Bund) vorgelegt, und zwar hinsichtlich der Gesamtschule, der Orientierungsstufe und der Lehrerbildung. Diese Sondervoten sind auch in dem am 15. 6. 73 vorgelegten Bildungsgesamtplan [24] enthalten, so daß die Einheitlichkeit stark eingeschränkt ist.[17] Einig sind sich der Bund und die elf Länder darin, daß

- 70 % aller Drei- bis Vierjährigen 1980 einen Kindergartenplatz haben sollen (1970 waren es 27 %)
- alle Fünfjährigen 1980 in eine Vorschule gehen können
- in den Grundschulen die Klassengrößen erheblich reduziert werden sollen
- es 1985 für 30 % aller Schüler Ganztagsschulen gibt
- bis 1985 alle Schüler 10 Jahre zur Schule gehen
- die „Herstellung der Gleichwertigkeit von beruflicher und allgemeiner Bildung" in der Sekundarstufe II (Oberstufe) „eine vordringliche bildungspolitische Aufgabe" ist
- 1980 20–22 % eines Jahrgangs zur Hochschule zugelassen werden sollen.

1.2.3.2 Notwendigkeit der Neuordnung des Hochschulwesens

Die Struktur der deutschen Hochschule Humboldtscher Prägung [64] fußt auf der Gesellschaftsordnung des beginnenden 19. Jahrhunderts. Diese Hochschulstruktur war für diese Gesellschaftsordnung sehr leistungsfähig, daher für lange Zeit Vorbild für viele ausländische Hochschulsysteme und kann auf eine glanzvolle Tradition zurückblicken. Sie war und ist jedoch auf die wissenschaftliche Ausbildung einer verhältnismäßig geringen Zahl von Studenten ausgerichtet und mußte daher infolge des starken Anwachsens der Studentenzahlen in eine Krise geraten. Aus einer kleinen Schülerschar, die beim „Meister" des Faches studieren will, ist Mitte des 20. Jahrhunderts die bekannte Studentenlawine geworden, die Bildung wie eine Ware mit Marktwert (= Abschlußzeugnis) konsumieren will.

Dieser starke Anstieg begann nach 1953 (bis dahin hielt sich die Studentenzahl stabil bei 115.000) als Folge der Zunahme der Schülerzahlen im weiterführenden Schulwesen sowie aufgrund der Tatsache, daß heute fast alle Abiturienten ein Hochschulstudium aufnehmen.

Die wissenschaftlichen Hochschulen waren auf diese Expansion im Hochschulwesen und ihre Folgen nicht vorbereitet. Die überlieferte Struktur der deutschen Hochschulen konnte trotz beträchtlicher Anstrengungen des Bundes und der Länder (Hochschulbau, Personal- und Sachausstattung) bisher nicht gemeistert werden, wodurch sich die Studienzeiten verlängerten. Damit reproduzierte sich die Krise des Hochschulwesens selbst.

[17] Die Frankfurter Allgemeine Zeitung kommentiert am 16. 6. 73, die Kommission habe „ein paar Richtpfähle in ein Gebiet voller Nebel eingeschlagen. Man wird an jedem Pfosten neu prüfen müssen, ob der nächste überhaupt stimmen kann".

Die derzeitige Struktur des Hochschulwesens wird den gegenwärtigen gesellschaftlichen Entwicklungen trotz mancher Teilreformen und vieler Einzelkorrekturen nicht mehr gerecht. Ursachen der gegenwärtigen Krise der Universität sind ferner der utopische Charakter der übernommenen Universitätskonzeption (Einheit von Lehrenden und Lernenden), die ineffiziente Praktikabilität des jetzigen Institutssystems, die Gefahr der Verstaatlichung des Wissenschaftsvollzuges und die fehlende Integration von Wissenschaft und Gesellschaft [66, S. 10 ff]. Die gegenwärtige Struktur des Hochschulwesens trägt nicht dazu bei, das Recht auf Bildung zu verwirklichen, es erfüllt auch nicht die Forderung nach Modernisierung und Demokratisierung. Die Hochschulen wurden weitgehend als „Gelehrtenrepublik" organisiert, deren oberstes Organ ein fast ausschließlich mit ordentlichen Professoren besetzter Senat ist.

1.2.3.3 Schwerpunkte der Neuordnung des Hochschulwesens

Das Problem, das Hochschulwesen neu zu ordnen, gleicht einem magischen Viereck, wobei vier sich teilweise widersprechende Forderungen gleichzeitig verwirklicht werden müssen:

- Recht der Studenten auf einen Studienplatz ohne Wartezeit
- Recht der Gesellschaft auf Ausbildung qualifizierter Arbeitskräfte und neue Erkenntnisse durch Forschung
- Recht der Hochschulangehörigen auf Freiheit der Wissenschaft
- Recht der Gesellschaft, d. h. des Steuerzahlers, auf wirtschaftliche Verwendung der eingesetzten öffentlichen Mittel.

Als Ziel der Neuordnung nennt der Entwurf eines Hochschulrahmengesetzes [152 a, § 4 (3), Nr. 1–9], daß die Hochschulaufgaben von *Gesamthochschulen* erfüllt werden sollen. Durch diese Neuordnung sind vor allem zu gewährleisten:

„1. ein Angebot von inhaltlich und zeitlich gestuften integrierten und aufeinander bezogenen Studiengängen mit entsprechenden Abschlüssen in allen dafür geeigneten Bereichen; soweit es der Inhalt der Studiengänge zuläßt, sind gemeinsame Studienabschnitte oder aufeinander folgende Studiengänge zu schaffen;

2. ein Aufbau der Studiengänge, der bei einem Übergang in Studiengänge gleicher oder verwandter Fachrichtungen eine weitgehende Anrechnung erbrachter Studien- und Prüfungsleistungen ermöglicht;

3. eine dem jeweiligen Studiengang entsprechende Verbindung von Wissenschaft und Praxis . . ."

Neben dem Aspekt der Studienreform nennt [152 a, § 4 (3), Nr. 4 ff] fachbereichs- und hochschulübergreifende Forschungs- und Lehrprogramme sowie Schwerpunktbildung in Forschung und Lehre; Förderung der Hochschuldidaktik; eine wirksame Studienberatung; bestmögliche Nutzung der Hochschuleinrichtungen; Zugang zu Forschungseinrichtungen für Hochschullehrer aus Hochschuleinrichtungen ohne Forschungsmöglichkeiten; Planung, die den Zusammenhang aller Hochschuleinrichtungen berücksichtigt.

Als Folge der Neuordnung der Studiengänge sollen bislang voneinander getrennte Hochschularten in Gesamthochschulen zusammengefaßt werden, z. B. die Verbindung der Studiengänge in der Lehrerbildung, die bisher für jeweils unterschiedliche Lehrerkategorien in der Universität und der Pädagogischen Hochschule angeboten wurden. Stattdessen sollen mehrere Studiengänge schwerpunktmäßig auf ein Studienfach bezogen werden, die sich dann nach Inhalt, Dauer und Abschluß unterscheiden, so daß eine Durchlässigkeit erreicht wird. In der dadurch erzielten Verbesserung des Studiensystems sieht der Gesetzentwurf den entscheidenden Aspekt der Gesamthochschule.

Kernstück der Neuordnung des Hochschulwesens ist die *Reform von Studium und Prüfungen* [152 a, § 4 (3), Nr. 1, 2, 3]. Die Studienreform ist eine ständige Aufgabe der Hochschule („permanente Studienreform").

Das gegenwärtige Studiensystem wird trotz langwieriger Reformbemühungen weder dem Stand der wissenschaftlichen Entwicklung noch den Anforderungen der Berufspraxis gerecht, es ist gleichwohl durch häufig unangemessene Studienzeiten gekennzeichnet.

Für die Reform des Studiums und der Prüfungen (vgl. [152 a, § 9]) gelten folgende Grundsätze: ständige Anpassung von Lehre und Studium an die Entwicklung der Wissenschaften und der Berufswelt; Vermittlung der Fähigkeit zu wissenschaftlich-kritischem Denken oder zu künstlerischer Arbeit; Befähigung selbständiger Erarbeitung der Lehrgegenstände in aktiver Beteiligung am Wissenschaftsprozeß; Eröffnung breiter beruflicher Entwicklungsmöglichkeiten durch das Studium; Korrekturmöglichkeiten für die früher getroffenen Studienentscheidungen; Möglichkeit der Bestimmung von Schwerpunkten nach eigener Wahl des Studenten und der Teilnahme an fachübergreifenden Veranstaltungen; Einrichtung eines weiterbildenden Studiums für in der Berufspraxis stehende Hochschulabsolventen sowie geeignete Interessenten.

Studienreform ist auch im Hinblick auf die gesellschaftliche Funktion der Hochschulbildung nur im Zusammenwirken von Hochschule und Staat möglich. Das gilt nicht nur für Studiengänge mit Hochschulabschluß; gerade die Studiengänge mit staatlichem Abschluß sind wegen der großen Zahl von entsprechenden Absolventen und wegen der besonders in diesem Bereich ausgeprägten Mängel des Studiensystem von besonderer Bedeutung für einen Erfolg der Studienreform.

Maßnahmen zur Studienreform müssen in erster Linie von den Hochschulen selbst getroffen werden, z. B. die Förderung der Hochschuldidaktik, die Entwicklung und Erprobung neuer Studiengänge und neuer Studienmethoden. Bund und Länder müssen die Reformarbeit der Hochschulen im Rahmen ihrer Möglichkeiten fördern. [152 a] schafft mit den in § 10 vorgesehenen Studienreformkommissionen ein Instrumentarium dafür.

Die Studienreform-Kommissionen haben den Auftrag, Empfehlungen zur Überprüfung von Studiengängen und zur Entwicklung eines Angebots von Studiengängen zu erarbeiten, das den Anforderungen von [152 a, § 4 (3), Nr. 1, 2 und 3] entspricht. Die Empfehlungen sollen sich auf Ziel und wesentlichen Inhalt eines Studiengangs, der ihn abschließenden Prüfung und auf jeweils angemessene Studiendauer („Regelstudienzeit") beziehen [§ 10 (4), Nr. 1–3].

Die Regelstudienzeit ist ein Novum des vorläufigen Entwurfs vom 29. 6. 73 [150] und wurde von [152 a] beibehalten. § 11 (4) bestimmt, daß Studiengänge anzubieten seien, die in einer Regelstudienzeit von drei Jahren zu einem ersten berufsqualifizierenden Abschluß führen; im übrigen solle die Regelstudienzeit vier Jahre nicht über-

schreiten. Mit den dreijährigen Regelstudienzeiten will man eine Verkürzung des Studiums, damit auch eine Linderung des Kapazitätsengpasses in mehreren Studiengängen erreichen.
Neu in dem HRG-Entwurf [152 a] sind außerdem die Vorschriften zur *Mitbestimmung* und zum *Zugang zur Hochschule,* die auf den beiden Urteilen des Bundesverfassungsgerichts vom 18. 7. 72 und vom 29. 5. 73 basieren.
Bezüglich der Zusammensetzung der Kollegialorgane hat das am 29. 6. 73 ergangene Urteil des Bundesverfassungsgerichtes [137] eine Grundsatzentscheidung getroffen: alle Mitglieder der Hochschule sind in den Hochschulgremien durch Mitgliedergruppen vertreten („Gruppenuniversität"). In einigen Gremien (das werden im allgemeinen Konvent und Fachbereichsrat sein) müssen alle Mitgliedergruppen vertreten sein, keine Mitgliedergruppe darf mehr als die Hälfte der gewählten Mitglieder stellen. Dagegen müssen in Gremien mit Entscheidungsbefugnissen in Lehre bzw. Forschung und Berufungen die Hochschullehrer über die Mehrheit bzw. ausschlaggebende Mehrheit der Stimmen verfügen (das sind im allgemeinen der Senat und der Fachbereichsvorstand). Ob zu der Gruppe der Hochschullehrer nur die Professoren oder auch die Assistenzprofessoren zu zählen sind, hat das Bundesverfassungsgericht nicht dezidiert entschieden. Der HRG-Entwurf [152 a] zählt die Assistenzprofessoren zu den Hochschullehrern, wobei gemäß § 41 (2) die Professoren und die Assistenzprofessoren im allgemeinen je eine Mitgliedergruppe bilden.
Zulassungsbeschränkungen zum Studium dürfen nur für einzelne Studiengänge und jeweils nur für die Dauer eines Jahres angeordnet werden [152 a, § 30 (2)]. Im Interesse einer einheitlichen Zulassungspraxis sollen gemeinsam von Hochschulen, Länder und Bund einheitliche Grundsätze für die Ermittlung und Feststellung der Ausbildungskapazität entwickelt werden [152 a, § 29 (1)]). Wenn Zulassungsbeschränkungen an mehreren Hochschulen vorliegen, dann vergibt eine Zentralstelle (vgl. ZVS [161]) die Studienplätze. Die Verfahren und Maßstäbe der Verteilung von Studienplätzen sind in [152 a, § 32 ff] geregelt.
Die *Personalstrukturreform,* Schwerpunkt der Entwürfe der 6. Legislaturperiode [152], ist verändert worden. Geblieben sind vor allem die Einführung des Assistenzprofessors, die öffentliche Ausschreibung der Hochschullehrerstellen und die Vorschrift, daß eine Habilitation nicht als Voraussetzung für die Einstellung als (Assistenz-)Professor verlangt werden darf.

1.2.3.4 Neuordnung des Hochschulrechts

Bundes-, Landesregierung und die Kollegialorgane der Hochschule erlassen Gesetze bzw. Ordnungen über das Hochschulsystem (Abb. 1–7). Viele Gesetze oder Ordnungen enthalten Setzungen, die bei der Konzeption eines Informationssystems für Hochschulverwaltung und -politik beachtet werden müssen, das gilt vor allem für Hochschulrahmengesetz und das Hochschulstatistikgesetz.

A Hochschulgesetze des Bundes

Bezeichnung	Fundstelle
Hochschulrahmengesetz-Entwurf	[152a] · Vorläufer: [150; 156; 152]
Gesetz über die Gemeinschaftsaufgabe „Ausbau und Neubau von Hochschulen" (Hochschulbauförderungsgesetz)[2]	vom 1. 9. 1969 (BGBl. I S. 1556) geändert durch Gesetze vom 3. 9. 1970 (BGBl. I S. 1301) und vom 23. 12. 1971 (BGBl. I S. 2140)
Bundesgesetz über individuelle Förderung der Ausbildung (Bundesausbildungsförderungsgesetz – BAföG)[3]	vom 26. 8. 1971 (BGBl. I, S. 1409) geändert durch Gesetz vom 14. 11. 1973 (BGBl. I S. 1637)
Gesetz über die Förderung des wissenschaftlichen Nachwuchses an den Hochschulen (Graduiertenförderungsgesetz – GFG)[4]	vom 2. 9. 1971 (BGBl. I, S. 1465)
Gesetz über eine Bundesstatistik für das Hochschulwesen (Hochschulstatistikgesetz – HStatG)[5]	vom 31. 8. 1971 (BGBl. I, S. 1473)
Rahmengesetz zur Vereinheitlichung des Beamtenrechts (Beamtenrechtsrahmengesetz – BRRG) – Auszug –	in der Fassung vom 17. 7. 1971 (BGBl. I, S. 1025, ber. S. 1591), geändert durch 4 Gesetze (zuletzt: 12. 12. 1973)
B Hochschulgesetze der Länder	
Baden-Württemberg	
Hochschulgesetz	vom 19. 3. 1968 (GBl. S. 81, ber. S. 146), in der Fassung vom 27. 7. 1973 (GBl. S. 246, ber. S. 376 und 487)
Gesetz über die Rechtsstellung der Pädagogischen Hochschulen und der Berufspädagogischen Hochschule	vom 26. 7. 1971 (GBl. S. 301) geändert durch Gesetz vom 19. 7. 1973 (GBl. S. 229)
Gesetz über die Fachhochschulen im Lande Baden-Württemberg (Fachhochschulgesetz – FHG)	vom 21. 12. 1971 (GBl., 1972, S. 7) geändert durch Gesetz vom 10. 4. 1973 (GBl. S. 85)
Bayern	
Bayrisches Hochschulgesetz (BayHSchG)	vom 21. 12. 1973 (GVBl. S. 679)
Gesetz über die Hochschule für Politik München	vom 27. 10. 1970 (GVBl. S. 495)

Abb. 1-7. *Hochschulgesetze des Bundes und der Länder*[1] *(Stand: 31. 12. 1973)*

Bezeichnung	Fundstelle
Gesetz zur Eingliederung der Pädagogischen Hochschulen in die Landesuniversitäten und die Gesamthochschule Bamberg (Eingliederungsgesetz)	vom 25. 7. 1972 (GVBl. S. 292)
Bayerisches Fachhochschulgesetz (FHG)	vom 27. 10. 1970 (GVBl. S. 481) (geändert durch zwei Gesetze)
Berlin	
Gesetz über die Universitäten des Landes Berlin (Universitätsgesetz)	in der Fassung vom 16. 7. 1969 (GVBl. S. 909) (geändert durch Gesetze vom 27. 11. 1970 GVBl. S. 1915), vom 22. 3. 1973 (GVBl. S. 518) und vom 19. 11. 1973 (GVBl. S. 1956)
Gesetz über die Pädagogische Hochschule Berlin	vom 13. 11. 1958 (GVBl. S. 1073) in der Fassung der Bekanntmachung vom 12. 1. 1967 (GVBl. S. 91) geändert durch Gesetz vom 22. 12. 1970 (GVBl. S. 2075)
Gesetz über die Fachhochschulen im Lande Berlin (Fachhochschulgesetz – FHSG)	vom 27. 11. 1970 (GVBl. S. 1915) geändert durch zwei Gesetze
Gesetz über die künstlerischen und wissenschaftlichen Hochschulen des Landes Berlin	vom 15. 7. 1965 (GVBl. S. 893) geändert durch zwei Gesetze
Bremen	
Gesetz über die Errichtung einer Universität in Bremen	vom 8. 9. 1970 (GBl. S. 101)
Gesetz über den Zusammenschluß der Pädagogischen Hochschule der Freien Hansestadt Bremen und der Universität Bremen (Integrationsgesetz)	vom 3. 4. 1973 (GBl. S. 29)
Gesetz über die Fachhochschulen der Freien Hansestadt Bremen	vom 30. 6. 1970 (GBl. S. 75) geändert durch Gesetz vom 3. 4. 1973 (GBl. S. 30)
Hamburg	
Gesetz über die Universität Hamburg (Universitätsgesetz – UniG)	vom 25. 4. 1969 (GVBl. S. 61), in der Fassung vom 24. 4. 1973 (GVBl. S. 127), geändert durch Gesetz vom 10. 7. 1973 (GVBl. S. 284)
Gesetz über die Hochschule für Wirtschaft und Politik (HWPG)	vom 19. 2. 1970 (GVBl. S. 76), in der Fassung vom 24. 4. 1973 (GVBl. S. 161)

Abb. 1-7. (Fortsetzung)

Bezeichnung	Fundstelle
Gesetz über die Fachhochschule Hamburg (Fachhochschulgesetz)	vom 18. 2. 1970 (GVBl. S. 61) in der Fassung vom 24. 4. 1973 (GVBl. S. 147)
Gesetz über die künstlerischen Hochschulen (Kunsthochschulgesetz – KHG)	vom 28. 9. 1972 (GVBl. S. 181) geändert durch Gesetz vom 4. 12. 1972 (GVBl. S. 235)
Gesetz über die Entwicklung der Hochschule Hamburg (Hochschulentwicklungsgesetz – HEG)	vom 18. 12. 1972 (GVBl. S. 249)
Hessen	
Gesetz über die Hochschulen des Landes Hessen (Hochschulgesetz)	vom 12. 5. 1970 (GVBl. I, S. 315) geändert durch Gesetze vom 9. 3. 1971 (GVBl. I, S. 59), vom 18. 5. 1971 (GVBl. I, S. 109) und vom 12. 6. 1973 (GVBl. I, S. 202)
Gesetz über die Universitäten des Landes Hessen (Universitätsgesetz)	vom 12. 5. 1970 (GVBl. I, S. 324)
Gesetz über die Fachhochschulen im Lande Hessen (Fachhochschulgesetz – FHG)	vom 15. 7. 1970 (GVBl. I, S. 415) geändert durch drei Gesetze
Gesetz über die Kunsthochschulen des Landes Hessen (Kunsthochschulgesetz)	vom 15. 7. 1970 (GVBl. I, S. 431)
Niedersachsen	
Vorschaltgesetz für ein Niedersächsisches Gesamthochschulgesetz	vom 26. 10. 1971 (GVBl. S. 317), in der Fassung vom 12. 11. 1973 (GVBl. S. 430)
Nordrhein-Westfalen	
Gesetz über die wissenschaftlichen Hochschulen des Landes Nordrhein-Westfalen (Hochschulgesetz – HSchG)[6]	vom 7. 4. 1970 (GVBl. S. 254) geändert durch das Gesamthochschulentwicklungsgesetz (s. u.)
Gesetz über die Errichtung und Entwicklung von Gesamthochschulen im Lande Nordrhein-Westfalen (Gesamthochschulentwicklungsgesetz – GEHG)[7]	vom 30. 5. 1972 (GVBl. S. 134, ber. S. 179)
Gesetz über die Fachhochschulen im Lande Nordrhein-Westfalen (Fachhochschulgesetz – FHG).	vom 29. 7. 1959 (GVBl. S. 572) geändert durch Gesetz vom 8. 6. 1971 (GVBl. S. 158) und durch das GEHG (s. o.)

Abb. 1-7. (Fortsetzung)

Bezeichnung	Fundstelle
Rheinland-Pfalz	
Landesgesetz über die wissenschaftlichen Hochschulen in Rheinland-Pfalz (Hochschulgesetz – HochSchG)	vom 22. 12. 1970 (GBl. 1971 S. 5) geändert durch Gesetz vom 27. 2. 1973 (GVBl. S. 44)
Landesgesetz über die Fachhochschulen in Rheinland-Pfalz (Fachhochschulgesetz – FachHSchG)	vom 1. 6. 1970 (GVBl. S. 187) geändert durch zwei Gesetze
Saarland	
Gesetz Nr. 917 über die Hochschule des Saarlandes	vom 29. 4. 1970 (ABl. S. 510) geändert durch Gesetz vom 7. 7. 1971 (ABl. S. 506)
Gesetz Nr. 934 „Saarländisches Universitätsgesetz"	vom 7. 7. 1971 (ABl. S. 506)
Gesetz Nr. 898 über die Pädagogische Hochschule des Saarlandes	vom 17. 12. 1969 (ABl. 1970 S. 27) geändert durch Gesetz vom 28. 2. 1973 (ABl. S. 192)
Gesetz Nr. 903 über die Fachhochschule des Saarlandes	vom 25. 2. 1970 (ABl. S. 263)
Gesetz Nr. 918 über die Musikhochschule des Saarlandes	vom 29. 4. 1970 (ABl. S. 512)
Schleswig-Holstein	
Gesetz über die Hochschulen im Lande Schleswig-Holstein	vom 2. 5. 1973 (GVBl. S. 153)
Gesetz über die Pädagogischen Hochschulen des Landes Schleswig-Holstein	vom 30. 3. 1967 (GVBl. S. 115), geändert durch vier Gesetze
Gesetz über Fachhochschulen im Lande Schleswig-Holstein	vom 26. 6. 1969 (GVBl. S. 114), geändert durch Gesetz vom 6. 11. 1972 (GVBl. S. 181)

[1] zusammengestellt nach [40]. Außer den hier genannten Gesetzen gibt es in jedem Land ein Gesetz zum Staatsvertrag über die Vergabe von Studienplätzen vom 20. 10. 1972 [161] und Rechtsverordnungen zur Durchführung von [161] sowie Beamtengesetze.

[2] Kommentar: [88]
[3] Informationsschrift: [8]
[4] Kommentar: [60]
[5] Kommentar: [47]
[6] Kommentare: [33; 11]
[7] Stellungnahmen: [98]

Abb. 1-7. (Fortsetzung)

Ziel des Entwurfs eines Hochschulrahmengesetzes (EHRG) ist die Herstellung der funktionalen Einheit des Hochschulwesens. In der Hochschulgesetzgebung sollen hinreichende Voraussetzungen zur Wahrung der für einen Bundesstaat notwendigen einheitlichen Rechtsverhältnisse (Art. 72 GG) geschaffen werden. Es sollen außerdem Grundsätze für die künftige Entwicklung des Hochschulwesens festgelegt werden, die die Wahrung bzw. Wiederherstellung der Rechtseinheit bezwecken. Die grundsätzlichen kontroversen Auffassungen zwischen Regierung und Opposition finden in [156] ihren deutlichsten Niederschlag und sind danach in Abb. 1–8 gegenübergestellt[18].

Das Hochschulstatistikgesetz [47] soll die Erhebung, Aufbereitung und Speicherung von Daten ermöglichen, die für die Hochschulplanung bedeutsam sind. Es nimmt Studenten wie Lehrpersonen für Auskünfte zur Person, zum Studium bzw. zur wissenschaftlichen Tätigkeit in Anspruch und fordert von den Hochschulen selbst zahlreiche Aufgaben, quantitativer, qualitativer und finanzieller Art. All diese Daten – Personalangaben anonymisiert – sollen einer zentralen Hochschul-Datenbank zugeführt werden und damit allen Parlamenten, Verwaltungen und Selbstverwaltungen, die mit Hochschulpolitik und -planung befaßt sind, zur Verfügung stehen. Die Bildung eines Ausschusses, dem ein weitgehendes Vorschlagsrecht im Hinblick auf die Erhebung und Aufbereitung der Daten eingeräumt wird, ist ein Novum in der Statistikgesetzgebung. Damit soll die Problemorientierung der Hochschulstatistik gewahrt bleiben.[19]

Die Landesgesetze für den Hochschulbereich, einschließlich Fachhochschulen, sind ebenfalls in Abb. 1–7 aufgeführt – ohne Beamtengesetze. Sie stützen sich auf Art. 30 GG und auf die Landesverfassung. Diese Gesetze müssen innerhalb von zwei Jahren novelliert werden, wenn das Hochschulrahmengesetz des Bundes verabschiedet worden ist, weil einzelne Bestimmungen in den Landesgesetzen den Rahmenvorschriften des Bundes widersprechen werden. Die in Kraft getretenen Hochschulgesetze der Länder sowie die bekannt gewordenen Entwürfe unterscheiden sich teilweise erheblich, vor allem in den auch auf Bundesebene kontroversen Punkten (vgl. Abb. 1–8).

[18] Ausgangspunkt der Entwürfe eines Hochschulrahmengesetzes (HRG) waren die 14 Thesen [149], die Gegenstand intensiver Diskussionen wurden. In mehreren Hearings des Bundestagsausschusses für Bildung und Wissenschaft wurden die verschiedensten Organisationen gehört. Der Ausschuß fertigte für die weiteren Beratungen mehrere Synopsen an [153; 154; 155], die auch den Regierungsentwurf [152], den CDU-Entwurf [157] und die Stellungnahme des Bundesrats [151] enthielten; zu weiteren Synopsen siehe auch die Stellungnahmen der Hochschulvertreter [136] (WRK, BAK, Hochschulverband, VDS) sowie die von der Friedrich-Ebert-Stiftung herausgegebene Synopse [51].
Der Bundestagsausschuß für Bildung und Wissenschaft verabschiedete am 8. 6. 1972 mit der Mehrheit der SPD/FDP-Stimmen den Entwurf eines HRG in der Fassung [156]. Die 2. und 3. Lesung fand in der VI. Legislaturperiode nicht mehr statt.]150] ist der erste Entwurf der 7. Legislaturperiode, der offenbar auf eine „mittlere Linie", auf der sich die meisten Abgeordneten von Koalition und Opposition treffen können, ausgelegt ist. Der Gesetzentwurf eines HRG, EHRG, [152 a] wurde am 30. 11. 73 auf der Grundlage von [150] vorgelegt.

[19] Zum Gang des Gesetzgebungsverfahrens siehe [47, S. 27 ff.]. Zur Rolle des von der WRK in der Zusammenarbeit mit HIS vorgelegten Alternativentwurfs und den daraus übernommenen Vorschlägen siehe [47, S. 28 f und 101]. Als Folge des § 18 Hochschulstatistikgesetz war das Verhältnis von HIS zur Amtlichen Statistik neu zu bestimmen, siehe dazu [77, 78]. Zur Kritik dieses Gesetzes siehe Abschnitt *W. Krönig*.

Strittige Fragen	Auffassung der Regierung	Auffassung der Opposition
1. Sicherung der Freiheit von Forschung, Lehre und Lernen	Die Hochschulmitglieder sind gehalten, die durch Artikel 5, Abs. 2 verbürgten Grundrechte „im Bewußtsein ihrer Verantwortung vor der Gesellschaft wahrzunehmen". Dieser Bezug soll auf die Tatsache hinweisen, daß die Hochschulen und ihre Mitglieder ihre Aufgaben im Dienst an der Gesellschaft wahrzunehmen haben.	Ablehnung, da eine solche Formulierung die Möglichkeit einer Fehldeutung eröffnet und eine unannehmbare Umdeutung der grundgesetzlichen Freiheitsgarantie von Forschung und Lehre sei.
2. Gesamthochschule	Zusammenfassung von Hochschulen mit bisher unterschiedlicher Rechtsstellung zu integrierten Gesamthochschulen, andere Modelle sind jedoch nicht ausgeschlossen (z. B. kooperative Gesamthochschule).	Durch die von der Koalition beschlossene Fassung ist die in der Bund-Länder-Kommission einstimmig beschlossene inhaltliche und organisatorische Neuordnung des Hochschulbereichs, bei der ausdrücklich die Gleichrangigkeit aller Hochschulstrukturen gefordert wird, nicht voll eingehalten worden.
3. Verhältnis zwischen Hochschulen u. Staat	Alle drei Fraktionen gehen davon aus, daß die Hochschulen Körperschaften des öffentlichen Rechts und zugleich Einrichtungen des Staates sind.	
3.1 Fachaufsicht	Über die Rechtsaufsicht hinausgehende Aufsicht über die Hochschule in staatlichen Angelegenheiten als Kann-Vorschrift. Die Mittel der Fachaufsicht im herkömmlichen Sinne werden der künftigen Struktur der Hochschule nicht mehr gerecht.	Forderung einer eindeutig definierten begrenzten und obligatorischen Fachaufsicht in staatlichen Angelegenheiten. Hochschulen haben sich als unfähig erwiesen (angesichts der gesellschaftlich bedingten stärkeren Politisierung und Polarisierung der in ihr wirkenden Gruppen), von sich aus Leistungsfähigkeit und Freiheit von Forschung und Lehre zu gewährleisten und eine sachgerechte Hochschulreform durchzuführen, daher müsse der Staat klar umgrenzte Kompetenzen erhalten, die es ihm erlauben, in die Selbstverwaltung der Hoch-

Abb. 1-8. *Kontroverse Meinungen zum Entwurf eines Hochschulrahmengesetzes [152] zwischen Regierung und Opposition nach [156]*

Strittige Fragen	Auffassung der Regierung	Auffassung der Opposition
		schulen subsidiär zugunsten der Garantie eines die Wissenschaftsfreiheit verbürgenden wissenschaftlichen Pluralismus einzugreifen.
3.2 Dienstherrneigenschaft	Dienstherrneigenschaft der Hochschule soll nach Landesrecht nicht ausgeschlossen werden.	Die Bediensteten der Hochschulen sollen in einem unmittelbaren Dienstverhältnis zum jeweiligen Land stehen.
3.3 Globalhaushalt	Möglichkeit eines Globalhaushalts ist durch Landesrecht zu regeln.	Möglichkeit eines Globalhaushaltes soll ausgeschlossen werden.
3.4 Leitung der Hochschule	Aufstellung der Kandidatenliste nicht ohne Konsultation mit den staatlichen Stellen.	Im Einvernehmen mit dem zuständigen Landesminister (Senator).
3.5 Bildung von Studienreformkommissionen	Initiativen durch Hochschulen oder Länder	nur von Ländern zu bilden
3.6 Beteiligung der Sachverständigen der Sozialpartner sowie der Fachverbände und Berufsorganisationen	mit beratender Stimme	als gleichberechtigte Mitglieder
4. Art und Umfang der Selbstverwaltung		
4.1 Mitbestimmung	Partnerschaftliche Zusammenarbeit aller Gruppen. Keine Mitgliedergruppe darf Mehrheit der Mitglieder in einem Kollegialorgan stellen. Beschlüsse in Forschungs- und Berufungsfragen sowie in Prüfungsfragen kommen jedoch nur dann zustande, wenn in der Mehrheit der Stimmen aller mindestens die Hälfte der Stimmen der Hochschullehrer enthalten ist.	Diese Zweistufigkeit kann den Konflikt in den Hochschulgremien institutionalisieren, wenn zwar die einfache Mehrheit, nicht aber die Mehrheit der Hochschullehrer erreicht wird. Die Hochschullehrer auf Lebenszeit, also die Professoren, sollen die Mehrheit in den Beschlußorganen haben. In Forschungsfragen soll die Mehrheit der Hochschullehrer entscheiden, in Berufungsfragen bei den Professoren nur die

Abb. 1-8. (Fortsetzung)

Strittige Fragen	Auffassung der Regierung	Auffassung der Opposition
		Mehrheit der Professoren, bei Assistenz-Professoren nur die Mehrheit von Professoren und Assistenz-Professoren.
4.2 Drittmittelforschung – Anzeigepflicht an den Fachbereich	zwingend, da diese einen Überblick haben soll, welche Forschungsvorhaben an der Hochschule durchgeführt werden. Der Forschungsbetrieb darf nicht durch Drittmittelprojekte behindert werden. Fachbereich hat ein Widerspruchsrecht gegen Inanspruchnahme von Personal oder Einrichtungen des Fachbereichs, wenn Drittmittelforschung die Inanspruchnahme des Lehr- und Forschungsbetriebs beeinträchtigt.	nicht zwingend, und zwar aus Geheimhaltungsgründen und um die Forschung durch zahllose politische Diskussionen über den Wert eines aus anderen Mitteln finanzierten Forschungsvorhabens nicht aus der Hochschule zu vertreiben.

Abb. 1-8. (Fortsetzung)

Rechtsnormen auf Hochschulebene, vor allem die Hochschulsatzung, auch als Grundordnung oder Verfassung bezeichnet, konkretisieren die Vorschriften des jeweiligen Landesgesetzes, z. B. Namen der Hochschule, Organisationseinheiten, wie Zahl und Art der an der Hochschule vertretenen Fachbereiche, der Ständigen Kommissionen und Ausschüsse. Die Hochschulsatzung wird vom Konvent mit qualifizierter Mehrheit beschlossen und vom zuständigen Wissenschafts-/Kultusminister genehmigt.[20]

Neben der Grundordnung bzw. Hochschulsatzung gibt es Ordnungen, die nur bestimmte Teilaufgaben der Hochschule regeln, insbesondere für den Bereich Lehre/-Studium. Immatrikulations- bzw. Einschreibungsordnungen regeln die Voraussetzungen zur Einschreibung, sie nennen beispielsweise auch die Einschreib- und Rückmeldetermine, nach denen sich eine automatisierte Studentenverwaltung richten muß. Studien- und Prüfungsordnungen regeln die inhaltliche und zeitliche Struktur von Studiengängen. Weitere Ordnungen sind Promotions- und Habilitationsordnungen und über den Bereich Lehre/Studium hinausgehende Ordnungen wie z. B. Wahl- und Bibliotheksordnungen.

Der Spielraum in der Rechtssetzung nimmt von der Bundes- zur Hochschulebene hin ab, die Konkretisierung in der Rechtssetzung nimmt dagegen zu (Abb. 1–9).

[20] In Nordrhein-Westfalen, das beispielhaft als ein Bundesland herausgegriffen wird, sind bislang nur die Universität Dortmund und die Sporthochschule Köln der Aufforderung des Landeshochschulgesetzes (siehe [11, 33]) – die Hochschulen haben sich binnen zwei Jahren eine neue Satzung zu geben – nachgekommen. Die Satzungskonvente der anderen Hochschulen erreichten nicht die erforderliche qualifizierte Mehrheit, ein Satzungsoktroi des Wissenschaftsministers scheint unvermeidlich zu sein. Für die neu zu errichtenden fünf Gesamthochschulen in Nordrhein-Westfalen hat der Wissenschaftsminister vorläufige Grundordnungen erlassen [162].

	Ebene	Inhalt	Beispiele	
zunehmende	Hochschulrahmengesetz des Bundes	Allgemeine Grundsätze des Hochschulwesens zwecks Wahrung bzw. Herstellung einheitlicher Rechtsverhältnisse im Bundesstaat (Art. 72 GG)	Grundsätze über Fachbereichsgliederung; Aufgaben der zentralen Kollegialorgane	abnehmender
Konkretisierung	Hochschulgesetze der Länder	Grundsätze des Hochschulwesens zwecks Einheitlichkeit im Bundesland (Landesverfassung)	Nähere Bestimmungen zur Fachbereichsgliederung; Zuordnung der Aufgaben zu beiden zentralen Kollegialorganen	Spielraum für Rechtssetzung
↓	Grundordnungen der Hochschulen*)	Spezifische Regelungen der einzelnen Hochschule	welche Fachbereiche sind vertreten? Wahlordnung für Kollegialorgane gemäß vorgegebenem Paritätenrahmen	↓

*) Unterhalb der Grundordnung existieren die einzelnen Fachbereichsordnungen

Abb. 1-9. *Rechtssetzung im Hochschulwesen*

1.2.4 Quantitative Angaben zum Hochschulbereich

Hochschulen sind aufgrund des Anwachsens der Studentenzahlen längst zu Großverbrauchern von Haushaltsmitteln geworden. Die Hochschulen – außer Kunst- und Fachhochschulen – hatten 1973 ein Budget von rund 10 Mrd. DM, sie beschäftigten fast 200.000 Personen (vgl. Abb. 1–10). Eine der großen Hochschulen, die Universität zu Köln mit rund 21.000 Studenten beschäftigt 6.000 Personen und hat ein Budget von rund 440 Mio. DM.[21] Damit bewegen sich die großen Hochschulen in quantitativer Hinsicht in der Größenordnung mittlerer Industriebetriebe bzw. Städte.

[21] Zahlen von 1973, incl. Hochschulkliniken. Diese beschäftigen fast 3.000 Personen und haben ein Budget von 255 Mio. DM. Sie erzielen 60 Mio. DM Einnahmen (die Universität nur 6,7 Mio. DM), so daß sich für Universität und Kliniken ein Zuschußbedarf von rund 370 Mio. DM ergibt (Universität zu Köln).

	Arten der Hochschulen / Arten der Grunddaten	Universitäten		Pädagogische Hochschulen		Kunsthochschulen		Fachhochschulen		Insgesamt	
1	Zahl der Hochschulen[2] (HS)	63		36		26		110		235	
2	Zahl der Studenten[2] (abgerundet)	468.000		72.000		16.000		114.000		670.000[2]	
	Davon entfallen auf die einzelnen Bundesländer	HS	Studenten	HS	Studenten	HS	Studenten	HS	Studenten	HS	Studenten
	Baden-Württemb.	9	74.340	10	18.970	7	2.750	29	14.960	55	111.020
	Bayern	11[3]	75.700	–[4]	–	4	1.740	15	16.310	30	93.750
	Berlin	3	37.540	1	4.900	2	2.470	5	6.620	11	51.530
	Bremen	1	1.350	–	–	–	–	5	3.210	6	4.560
	Hamburg	2	25.550	–	–	2	1.590	2	6.000	6	33.140
	Hessen	9[3]	54.950	–[4]	–	2	450	9	12.150	20	67.550
	Niedersachsen	6	35.200	8	14.540	2	1.040	10	6.960	26	57.740
	Nordrhein-Westf.	16[3]	124.340	10	24.350	5	5.530	21	35.760	52	189.980
	Rheinland-Pfalz	3	16.700	4	4.690	–	–	9	5.980	16	27.370
	Saarland	1	10.270	1	1.080	1	220	1	1.610	4	13.180
	Schleswig-Holst.	2	11.690	2	3.460	1	220	4	4.680	9	20.050
3	Zahl des Hochschulpersonals[5] davon:									190.000	
	– wissenschaftl. Personal	Prof. Doz. 19.000 Ass-Pr. Assist. 27.000 Sonst. wiss. Person. 13.000		5.000		1.000		8.000		73.000	
	– weiteres Personal	106.000		11.000						117.000	
4	Haushaltsmittel[6]	ca. 10,3 Mrd. DM (mit Kliniken) ca. 7 Mrd. DM (ohne Kliniken)									

1 Zur detaillierteren Information über Ausgaben für Wissenschaft und ihrem Anwachsen von 1950 bis 1967 siehe [3]; über Studiengänge an wissenschaftlichen Hochschulen und an Fachhochschulen u. a. mit den jüngsten Studentenzahlen je Studiengang und je Hochschule siehe [24a, S. 85ff].

2 Nach [27a S. 68ff] (Wintersemester 1972/1973). Infolge unterschiedlicher Zuordnung der Studenten an Pädagogischen Hochschulen variieren die Studentenzahlen für Universitäten und Pädagogische Hochschulen. Von den Studierenden sind ca. ⅔ Studenten, ca. ⅓ Studentinnen. Knapp 6% aller Studierenden sind Ausländer. Für 1974 wird die gesamte Studentenzahl auf 780.000 geschätzt.

3 incl. Gesamthochschulen (3 in Bayern, 1 in Hessen, 5 in Nordrhein-Westfalen)

4 den Universitäten bzw. Gesamthochschulen eingegliedert

5 Detaillierte Angaben bis 1970 enthält [85].
Eine weitere Fortschreibung ist nicht mehr vorgesehen, weil nach dem Hochschulstatistikgesetz der Personalstand von der amtlichen Statistik erhoben werden soll.
Nach [127] waren 1971 an Universitäten 138.569 (davon 57.270 in Kliniken) und an Pädagogischen Hochschulen 9.783 Personen; an sonstigen Hochschulen und Fachhochschulen 8.811 Personen tätig. Es entfielen auf Beamte 47.069, auf Angestellte 84.659, auf Arbeiter 26.514 Personen; insgesamt also 157.233 Personen.

6 hochgerechnet. Zu einer detaillierten Ermittlung der hochschulbezogenen Ausgaben auf der Basis der Haushaltspläne 1970 siehe [5].

Abb. 1-10. *Hochschulen im Zahlenspiegel (1973)*[1]

1.3 Institutionen der Hochschulverwaltung und -politik (HVP)

Institutionen der HVP gibt es einerseits als Institutionen der Hochschulen, der Länder und des Bundes und andererseits auf Hochschul-, Landes-, Bundes- und internationaler Ebene. So können HVP-Institutionen der Hochschulen auf allen vier Ebenen vertreten sein, wie die Matrix-Darstellung in Abb. 1–11 zeigt. Die im folgenden darzustellenden Institutionen betreiben Hochschulverwaltung und -politik mit unterschiedlichen Kompetenzen und im unterschiedlichen Umfang.

Institutionen (Träger) der HVP / Ebenen der HVP		Institutionen des Bundes	Institutionen des Bundes und der Länder	Institutionen der Länder	Institutionen der Hochschulen und ihrer Mitglieder	Für HVP relevante externe Bereiche
Internationale Ebene		– Europarat – OECD – UNESCO – Europäische Gemeinschaften		– Europäische Erziehungsministerkonferenz	– Europäische Rektorenkonferenz (ERK) – International Association of Universities	Rechtsprechung (z. B. Bundesverfassungsgericht)
Bundesebene		– Parteien – Bundestag – Bundesrat – Ministerien, ibs. – BMBW – BMFT – Statistisches Bundesamt	– Wissenschaftsrat – Bund-Länder-Kommission für Bildungsplanung – Planungsausschuß – Interparlamentarische Arbeitsgemeischaft	– Ständige Konferenz der Kultusminister (KMK) – Finanzministerkonferenz (FMK) – Ministerpräsidentenkonferenz (MPK) – Verwaltungsausschuß Königsteiner Abkommen – Gemeinsame Einrichtungen z. B. Zentralarchiv für Hochschulbau	– Westdeutsche Rektorenkonferenz (WRK) – DFG, DAAD, DSW – BAK, Hochschulverband, VDS – BFW, BdW (GEW, ÖTV)	Beratung (z. B. HIS)
Landesebene				– Parteien – Landtag – Wissenschafts- bzw. Kultusministerium – Statistisches Landesamt	– Landesrektorenkonferenz – Landesassistentenkonferenz – ggf. Landeshochschulkonferenz	Forschung und Entwicklung (z. B. Hochschulforschung)
Hochschulebene	Zentralbereich				– Hochschulgruppen – Präsident/Rektor – Senat – Konvent – Hochschulverwaltung (Zentralverwaltung)	
	Fachbereich				– Fachbereichsgruppen bzw. Fachbereichsversammlung – Fachbereichsvorstand – Fachbereichsrat – Fachbereichsverwaltung	

Gegenstand der Hochschulverwaltung und -politik

Abb. 1-11. *Institutionen der Hochschulverwaltung und -politik (HVP) auf den verschiedenen Ebenen*

1.3.1 Institutionen der HVP auf örtlicher Ebene

1.3.1.1 Fachbereiche

Organe des Fachbereichs sind der Fachbereichsrat und der Fachbereichsvorstand [152 a, § 65 (2)].

Der Fachbereichsrat ist im allgemeinen das satzungsgebende Organ des Fachbereichs und wählt den Fachbereichsvorstand. Der Fachbereichsrat ist in allen Forschung und Lehre betreffenden Angelegenheiten des Fachbereichs zuständig, sofern nicht die Zuständigkeit des Fachbereichsvorstands dafür gesetzlich bestimmt ist [152 a, § 65 (3)]. Für die Zusammensetzung des Fachbereichsrats gilt, daß keine Mitgliedergruppe mehr als die Hälfte der gewählten Mitglieder stellen darf.

Die Mitglieder des Fachbereichsrats werden vom Fachbereichssouverän gewählt. Für den Fall, daß eine Fachbereichsversammlung eingerichtet wird, gibt es folgende Wahlordnung: der Fachbereichssouverän wählt die Fachbereichsversammlung, diese wählt die Mitglieder des Fachbereichsrates und der Fachbereichskommissionen sowie den Fachbereichsvorstand. Abb. 1–12 gibt ein Beispiel, das jedoch die Erfordernisse des neuen Regierungsentwurfs [152 a] noch nicht beachten konnte.

Zum Fachbereichsvorstand ist ein dem Fachbereich angehörender Hochschullehrer [152 a, § 65 (4)] zu wählen. Auch bei einem kollegialen Fachbereichsvorstand muß der Vorsitzende gem. § 65 (5) EHRG ein Hochschullehrer sein. In § 65 (4) wird weiter bestimmt: „Der Fachbereichsvorstand vollzieht die Beschlüsse des Fachbereichsrates und führt die Geschäfte des Fachbereichs in eigener Zuständigkeit. Er entscheidet nach Maßgabe der Ausstattungspläne über die Verwendung der wissenschaftlichen, künstlerischen und sonstigen Mitarbeiter des Fachbereichs, soweit diese nicht einer wissenschaftlichen Einrichtung oder Betriebseinheit des Fachbereichs zugewiesen sind."

Ein Fachbereich oder mehrere Fachbereiche können wissenschaftliche Einrichtungen und Betriebseinheiten bilden, z. B. klinische Einrichtungen [152 a, § 67]. Gemäß § 66 können für Aufgaben, die die Belange mehrerer Fachbereiche berühren, mit Zustimmung des zentralen Kollegialorgans gemeinsame Kommissionen eingerichtet werden.

Zur Entlastung des Fachbereichsrates sehen die Hochschulgesetze der Länder die Einrichtung von Ausschüssen vor. Dabei handelt es sich in der Regel um Kommissionen für Lehre/Studium, für Forschung, für integrierte Einrichtungen, ferner für Ausschüsse von zeitlich begrenzter Dauer.

Die politisch-administrativen Aufgaben des Fachbereichs, die vom Fachbereichsrat, vom Fachbereichsvorstand und von der Fachbereichsverwaltung wahrgenommen werden, sind vor allem [81, S. 190 f]:

- Beschlußfassung über die Fachbereichssatzung
- Genehmigung der Ordnungen der dem Fachbereich zugeordneten Institute/Seminare oder sonstiger Betriebseinheiten.
- Beschlußfassung über Studienordnungen, -pläne, Prüfungsordnungen und Empfehlungen für staatliche Studien- und Prüfungsordnungen (unbeschadet der Befugnisse des Senats)
- Beschlußfassung über Habilitationen und Promotionen aufgrund der Habilitations- und Promotionsordnung

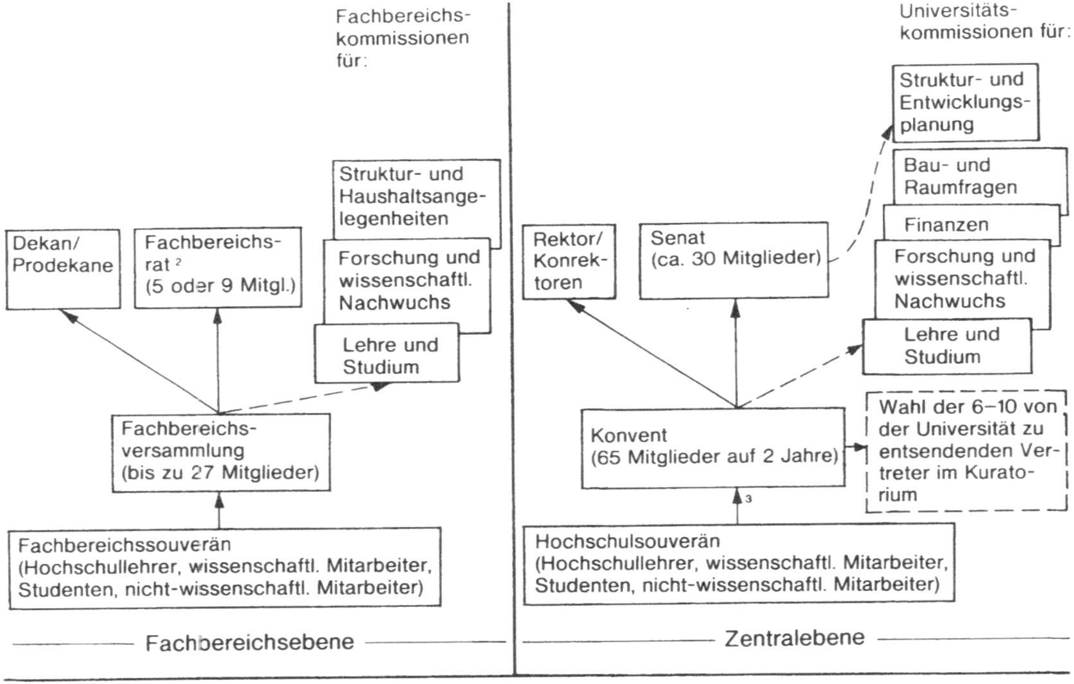

[1] Beispiel der Universität Dortmund – nach: Mitteilungen der Universität Dortmund 1/73. (Sie hat am 16. 2. 73 neben der Sporthochschule Köln als einzige Hochschule in Nordrhein-Westfalen eine Grundordnung verabschiedet – die allerdings vom Wissenschaftsminister noch zu genehmigen ist)

[2] in Dortmund nur Kannvorschrift (wenn Fachbereichsversammlung mehr als 14 Mitglieder umfaßt)

[3] also zentrale Wahl. (Denkbar wäre auch Wahl der Konventsmitglieder durch Fachbereiche)

——→ Wahl von Mitgliedern des wählenden Gremiums

– – – → Wahl von anderen Mitgliedern z. B. des Fachbereichs oder der Hochschule

Abb. 1–12. *Wahl der Hochschulorgane – ein Beispiel*[1]

- Vorschläge für die Besetzung der Planstellen der Hochschullehrer und Dauerstellen der wissenschaftlichen Mitarbeiter
- Entscheidung über die Vorschläge auf Ernennung zum Honorarprofessor sowie über die Beantragung von Lehraufträgen
- Beschlußfassung über die Forschungsschwerpunkte des Fachbereichs sowie über die Beantragung von Sonderforschungsbereichen für die im Fachbereich zusammengefaßten Fachgebiete
- Stellungnahme zur Übernahme von Forschungsaufträgen
- Sorge für ein entsprechendes Lehrangebot und für die Koordinierung der Lehrveranstaltungen
- Koordinierung der Zuweisung von Personal- und Sachmitteln, die dem Fachbereich und den ihm zugeordneten Betriebseinheiten von der Hochschule zur Verfügung gestellt werden
- Stellungnahme zu Anträgen auf Zulassungsbeschränkungen und zu Vorschlägen für Zulassungskriterien.

1.3.1.2 Zentralbereich

Organe des Zentralbereichs sind im allgemeinen Präsident bzw. Rektor, Senat und Konvent. Senat und Konvent zählen zu den zentralen Kollegialorganen, die vom Hochschulsouverän gewählt werden (vgl. Abb. 1–12). Die zentralen Kollegialorgane sind neben den beiden Fachbereichsorganen die einzigen Organe mit Entscheidungsbefugnissen der Hochschule. Mit dieser Bestimmung schließt [152 a] Organe mit eigener Beschlußkompetenz zwischen der Zentral- und Fachbereichsebene aus, weil er sonst eine klare Zuordnung der Verantwortung gefährdet sieht.
Der Gesetzentwurf läßt die Zahl der zentralen Kollegialorgane offen. Die Hochschulgesetze der Länder sehen durchweg zwei Kollegialorgane vor: den Senat und ein anderes Organ, das im allgemeinen als Konvent oder Konzil bezeichnet wird. Dem Konvent gehören neben Hochschullehrern wissenschaftliche Mitarbeiter und Studenten, auch immer nicht-wissenschaftliche Mitarbeiter an.
Die Zuordnung der im folgenden genannten Aufgaben zentraler Kollegialorgane überläßt [152 a] dem Landesgesetzgeber. In der Regel sind die Aufgaben nach Nr. 1 und 2 vom Konvent, die Aufgaben nach Nr. 3–8 vom Senat wahrzunehmen. Die Aufgaben nach Nr. 5–9 können auch Kommissionen der zentralen Kollegialorgane übertragen werden. [152 a, § 64] nennt folgende von zentralen Kollegialorganen wahrzunehmende Aufgaben:

„1. Beschlußfassung über die Grundordnung
2. Wahl und Abwahl der Leitung der Hochschule
3. Beschlußfassung über den Hochschulentwicklungsplan und die Ausstattungspläne
4. Beschlußfassung über den Haushaltsvoranschlag
5. Beschlußfassung im Zusammenhang mit Zulassungsbeschränkungen
6. Beschlußfassung im Zusammenhang mit der Errichtung, Änderung, Aufhebung von Fachbereichen, Studienbereichen, wissenschaftlichen Einrichtungen, Betriebseinheiten und gemeinsamen Kommissionen

7. Entscheidungen von grundsätzlicher Bedeutung in Fragen der Forschung und der Förderung des wissenschaftlichen und künstlerischen Nachwuchses
8. Beschlußfassung über oder Stellungnahme zu Ordnungen für Hochschulprüfungen
9. Beschlußfassung über oder Stellungnahme zu Vorschlägen für die Berufung von Hochschullehrern."

Die Hochschulgesetze der Länder sehen im allgemeinen vor, daß der Senat zu seiner Entlastung Ausschüsse einsetzen kann, z. B. Ausschüsse für Planung, Haushalt, Forschung und wissenschaftlichen Nachwuchs, Lehre/Studium, Bibliothek.

Als drittes zentrales Kollegialorgan kann ein sog. Kuratorium aus Vertretern des Staates und der Hochschule gebildet werden. Bei dienstherrenfähigen Hochschulen ist ein Kuratorium als oberste Dienstbehörde zu bilden [152 a, § 61 (2)].

Als Leitung der Hochschule sieht [152 a, § 63 (1)] einen gewählten hauptberuflichen Leiter bzw. alternativ ein gewähltes Leitungsgremium mit mindestens einem hauptberuflichen Leiter, in beiden Fällen mit einer Amtszeit von mindestens vier Jahren, vor. Man verspricht sich von dieser neuen Regelung eine größere Effektivität, Entscheidungsbefugnis und Kontinuität der Leitung [66, S. 34 f; 152 a, S. 75]. Auch im Hinblick auf die Einführung der Einheitsverwaltung kann die Leitung der Hochschule nicht mehr im Nebenberuf ausgeübt und nicht mehr auf eine relativ kurze Amtszeit beschränkt werden.

Die Leitung der Hochschule wird aufgrund eines Wahlvorschlages, der nach Erörterung mit der zuständigen Landesbehörde von der Hochschule aufgestellt worden ist, von einem zentralen Kollegialorgan (im allgemeinen: Konvent) auf Zeit gewählt und von der zuständigen Landesbehörde bestellt.

Die Hochschulverwaltung ist als Einheitsverwaltung zu führen, d. h. die Wahrnehmung als der Selbstverwaltungs- und staatlichen Aufgaben ist institutionell in einer einheitlichen Hochschulverwaltung integriert.

Der HRG-Entwurf [152 a, S. 75] und die meisten Hochschulgesetze der Länder bestimmen, daß der „leitende Verwaltungsbeamte" unter der Verantwortung des Präsidenten oder Rektors die Geschäfte der Hochschulverwaltung führt und bei der Verwaltung der Fachbereiche und der Einrichtungen im Rahmen seines Aufgabenbereichs mitwirkt. Er ist Mitglied des Leitungsgremiums der Hochschule. Eine seiner wesentlichsten Funktionen ist die Verantwortung für den Haushalt, denn er ist „Beauftragter" des Haushalts[22]. Der leitende Verwaltungsbeamte, meistens Kanzler genannt, ist unmittelbarer Vorgesetzter der Verwaltungsdienststellen, also auch des Verwaltungspersonals in den Fachbereichen. Er wird vom Verwaltungsdirektor, dem meistens die Büroleitung obliegt, vertreten. Der Kanzler selbst vertritt nach den Ländergesetzen den Rektor, bei der Präsidialverfassung vertritt er den Präsidenten in Rechts- und Verwaltungsangelegenheiten. Er wird in der Regel aufgrund eines Dreier-Vorschlags der Hochschule von der Landesregierung ernannt.

[22] Diese Formulierung löst gemäß § 9 der Landeshaushaltsordnung (LHO) Nordrhein-Westfalen [160] in Verbindung mit § 117, Abs. 3 LHO den älteren, noch im Hochschulgesetz genannten Begriff „Sachbearbeiter des Haushalts" ab. Auch [150] spricht von „Beauftragten für den Haushalt" (§ 65).

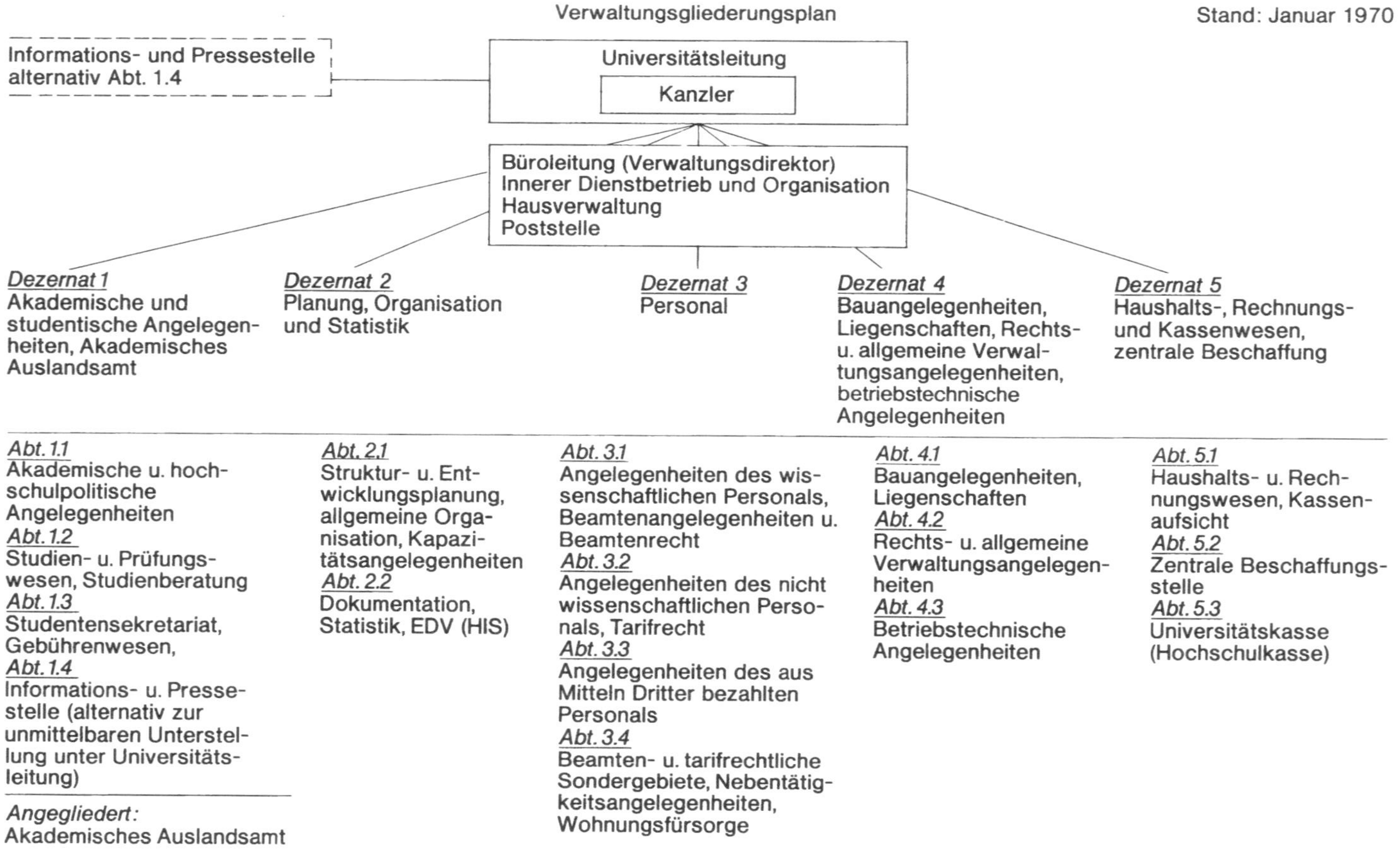

Die Abteilungen sind jeweils in Sachgebiete untergliedert, nachfolgend sind Beispiele für die Sachgebiete der Abteilungen 1.1. und 5.1. aufgeführt.

Abb. 1–13. *Beispiel eines Organigramms der Hochschulverwaltung* [81. S. 183 ff]

Abt. 1.1 Akademische und hochschulpolitische Angelegenheiten

Sachgebiet 1.11 Allgemeine Angelegenheiten des Rektors, Konvents, Senats, der Ausschüsse, Kommissionen und sonstigen Einrichtungen, hochschulpolitische Angelegenheiten

Sachgebiet 1.12 Angelegenheiten der ERK, WRK, LRK, Partnerschaftsverhältnisse, Hochschulverbände, studentische Vereinigungen

Sachgebiet 1.13 Stiftungen für Lehrkörper und Studierende, allgemeine Stiftungen, Einsatzstipendien, Tutorenvergütungen, Landesjugendplan, Zuschüsse für Studentenwerk, -heime, AStA

Sachgebiet 1.14 Vorlesungsverzeichnis

Sachgebiet 1.15 Repräsentative Veranstaltungen, akademische Feiern und Sonstiges

Abt. 5.1 Haushalts- und Rechnungswesen, Kassenaufsicht

Sachgebiet 5.11 Haushaltsplan, Haushaltsabrechnung

Sachgebiet 5.12 Haushaltsüberwachung, Beiträge Dritter und sonstige Fremdmittel

Sachgebiet 5.13 Rechnungsprüfungsangelegenheiten, Kassenaufsicht

Sachgebiet 5.14 Rechnungsangelegenheiten einschließlich Einnahmen

Ein Beispiel für den organisatorischen Aufbau der Hochschulverwaltung gibt Abb. 1–13 [81, S. 183 ff]. Die Verwaltungshierarchie führt vom Kanzler, über Verwaltungsdirektor, Dezernenten, Abteilungen bis zu den Sachgebieten. Im Grundprinzip sind die Organigramme der Hochschulverwaltung ähnlich, in den Ausprägungen variieren sie teilweise erheblich von Hochschule zu Hochschule[23].

1.3.2 Institutionen der HVP auf überörtlicher Ebene

1.3.2.1 Landesebene

Auf Landesebene gibt es HVP-Institutionen
- der Hochschulen und
- der Länder.

Als *HVP-Institutionen der Hochschulen auf Landesebene* sind die Zusammenschlüsse der Rektoren (Landesrektorenkonferenz) und der Hochschulassistenten (Landesassistentenkonferenz) zu nennen. Die Landesrektorenkonferenz nehmen zur Zeit noch durch Beratung in der Regel der Kultusbehörden an der Hochschulplanung teil, doch schreiben mehrere Hochschulgesetze der Bundesländer die Errichtung von Planungsorganisationen auf Landesebene vor. Ähnliches gilt für die Landesassistentenkonferenz.

Ein Beispiel für die Kooperation verschiedener Hochschulgruppen auf Landesebene ist der „Hochschulverband", der nach dem Hochschulgesetz des Landes Hessen zu errichten ist. Der Landeshochschulverband soll die Zusammenarbeit der hessischen

[23] [81, S. 183 ff]. Die Organisation der Hochschulverwaltung muß vor allem unter dem Gesichtspunkt der Gesamthochschule sowie der integrierten Datenverarbeitung (vgl. Abschnitt 7–1) neu durchdacht werden. Mit diesem Thema befaßt sich die vom Bundesminister für Bildung und Wissenschaft geförderte Studie [119 a], die von Vertretern der Wissenschaft und Verwaltung bearbeitet wird.

Hochschulen in Lehre und Forschung sichern und fördern. Seine wesentlichen Aufgaben sind die Abstimmung der Haushaltsvoranschläge der einzelnen Hochschulen und Beschlußfassung darüber, Aufstellung und Fortschreibung des Landeshochschulgesamtplans auf der Grundlage der aufeinander abzustimmenden Hochschulentwicklungspläne der einzelnen Hochschulen, die Ziele der Hochschulreform beachtende Abstimmung der Studiengänge und -programme der Hochschulen einschließlich der Prüfungsordnungen.

In anderen Bundesländern gibt es Überlegungen, nach denen sog. Landeshochschulkonferenzen errichtet werden sollen. Diese Pläne sind jedoch noch nicht konkretisiert worden.

Als *HVP-Institutionen der Länder auf Landesebene* sind vor allem der Landtag, die Ministerien, insbesondere Wissenschafts- bzw. Kultusminister sowie das Statistische Landesamt zu nennen.

Der Landtag, aber auch die Fraktionen und Parteien betreiben Hochschulpolitik und benötigen Informationen aus dem Hochschulbereich für Gesetzgebung(sinitiativen). Ähnliches gilt für die Hochschulpolitik der einzelnen Ministerien, z. B. durch Rechtsverordnungen, Erlasse. (Neben den Wissenschafts- bzw. Kultusministerium vor allem das Finanzministerium und die Staatskanzlei).

Für Parlament und Ministerien ist auch das Statistische Landesamt tätig, eine Landesoberbehörde, die in der Regel der Dienstaufsicht des Innenministers oder der Staatskanzlei untersteht. Die Aufgaben des Statistischen Landesamtes sind abhängig davon, ob es sich um eine Bundes- oder Landesstatistik handelt: Für Bundesstatistiken (z. B. Statistiken nach dem Hochschulstatistikgesetz) hat das Statistische Landesamt die Daten zu erheben und aufzubereiten, wofür das Statistische Bundesamt die technischen und methodischen Vorbereitungen zum Zwecke der Einheitlichkeit und Vergleichbarkeit übernimmt. Für vom Land verlangte Statistiken obliegt dem Statistischen Landesamt die technische und methodische Vorbereitung sowie das Sammeln, Zusammenstellen und die Darstellung der Statistiken.

Die derzeit vom Statistischen Landesamt zu erbringenden Statistiken im Hochschulbereich betreffen Studenten, Prüfungen, Finanzen, Personal und Räume. Die vom Hochschulstatistikgesetz geforderten Erhebungseinheiten gehen darüber hinaus (§ 3 HStatG).

1.3.2.2 Bundesebene

Auf Bundesebene gibt es HVP-Institutionen
- der Hochschulen
- der Länder
- des Bundes
- der Länder und des Bundes

Die bedeutendste *HVP-Institution der Hochschulen auf Bundesebene* ist die Westdeutsche Rektorenkonferenz (WRK). Sie vereinigt deutsche durch ihre Rektoren (bzw. Präsidenten) vertretene Hochschulen [134; 135; 138]. Sie ist die Repräsentation der Hochschulen auf Bundesebene. Ihre Aufgabe ist die Beratung und Wahrnehmung von Angelegenheiten der Forschung, Lehre und wissenschaftlichen Bildung, die die Mitglieder gemeinsam angehen, z. B. Verhandlungen über Fragen grundsätzlicher

Bedeutung mit dem Deutschen Bundestag, den Fraktionen, der Bundesregierung, Behörden, mit dem Ausland usw. Die WRK nimmt mit Mitglieds-, Gast- oder Expertenstatus an der Hochschulpolitik teil:
- im Hochschul-Bauausschuß nach dem Hochschulbauförderungsgesetz
- im Hochschul-Ausbauausschuß des Wissenschaftsrates
- im Hochschul-Ausschuß nach dem HStatG und seinen Unterausschüssen
- im Kuratorium der HIS GmbH
- in den Organen der ZVS (Zentrale Verteilung von Studienplätzen).

Die Teilnahme der WRK dient im wesentlichen der aktiven und passiven Information zwischen Hochschulen und Planungsgremien. Die WRK unterhält ein Referat Planung und Statistik. Aktive Planungsarbeit vollzieht die WRK in einigen Ausschüssen, z. B. der Ständigen Kommission gegen den Numerus Clausus und der Arbeitsgemeinschaft Effizienzkontrolle, die sich mit den Fragen des Studienjahres und seiner Voraussetzungen befaßt.

Die Deutsche Forschungsgemeinschaft (DFG) ist eine überregionale Selbstverwaltungsorganisation der deutschen Wissenschaft [34]. Mitglieder der DFG sind die Wissenschaftlichen Hochschulen, Akademien der Wissenschaften, Wissenschaftliche Gesellschaften und Anstalten. Gemäß § 1 ihrer Satzung dient die DFG der ,,Wissenschaft in allen ihren Zweigen durch finanzielle Unterstützung von Forschungsaufgaben und durch die Förderung der Zusammenarbeit unter den Forschern. Sie berät Parlamente und Behörden in wissenschaftlichen Fragen und pflegt die Verbindungen der Forschung zur Wirtschaft und zur ausländischen Wissenschaft".

Der Deutsche Akademische Austauschdient (DAAD) dient "der Pflege der akademischen Beziehungen zum Ausland. Er vermittelt und fördert den Austausch von Lehrenden und Lernenden, insbesondere von Forschern und Studenten. Er unterstützt die den gleichen Aufgaben dienende Tätigkeit der Hochschulen und sonstiger Bildungseinrichtungen". Ordentliche Mitglieder sind vor allem die der WRK angeschlossenen Hochschulen sowie deren Studentenschaften.

Das Deutsche Studentenwerk e. V. (DSW) ist eine Vereinigung der an den deutschen wissenschaftlichen Hochschulen bestehenden Studentenwerke. § 2 Abs. 1 der Satzung bestimmt als Zweck des Vereins: ,,Das Deutsche Studentenwerk erfüllt unter Achtung der Selbständigkeit und Unabhängigkeit der Mitglieder deren gemeinsame Aufgaben in der Sozialarbeit, die der akademischen Jugend ein Studium frei von Not ermöglichen soll." Die Hauptarbeitsgebiete des Deutschen Studentenwerks sind die allgemeine Studienförderung, die Gesundheitspflege und Krankenversorgung, die Ernährung der Studenten und der Bau von Studentenwohnheimen.

Vertretungen von Berufsgruppen auf Bundesebene sind die Bundesassistentenkonferenz (BAK) für die Assistenten, der Hochschulverband für die Hochschullehrer und der Verband Deutscher Studentenschaften (VDS) als Vertretung der Studenten. Diese Gruppen sind nicht als reine Interessenvertretungen ihrer Mitglieder anzusehen. Es zeigt sich vielmehr die Tendenz, hochschulpolitische Fragen voranzutreiben, z. B. Studienreform, wie es am Beispiel der BAK besonders deutlich wurde [20;21;22].

Nicht vorwiegend berufsständisch organisierte Interessengruppen sind der Bund demokratischer Wissenschaftler und der Bund Freiheit der Wissenschaft. Im Gegensatz zur BAK, zum Hochschulverband und zum VDS vereinigen sie prinzipiell mehrere

Berufsgruppen, wobei einzelne Berufsgruppen besonders stark vertreten sind, z. B. Professoren im Bund Freiheit der Wissenschaft.[24]

Zu den Interessenvertretungen auf Bundesebene zählen außerdem die Gewerkschaften, und zwar die Gewerkschaft Erziehung und Wissenschaft (GEW), ihre Mitglieder sind Lehrer, Erzieher und Wissenschaftler, und die Gewerkschaft Öffentliche Dienste, Transport und Verkehr (ÖTV).

Als nicht-staatliche Institutionen, die auch im Bereich der HVP tätig werden, sind die Stiftungen anzusprechen. Sie dienen alle der Förderung der Wissenschaft. Die größten Stiftungen sind:

- Stiftung Volkswagenwerk mit Sitz in Hannover (Förderung der Wissenschaften in Forschung und Lehre). Sie hat 1968 die in der Beratung der Hochschulen tätige Hochschul-Informations-System GmbH (vgl. Abschnitt *W. Krönig*) gegründet
- Thyssen-Stiftung in Köln (unmittelbare Förderung der Wissenschaft an wissenschaftlichen Hochschulen und Forschungsstätten, vornehmlich in Deutschland, unter besonderer Berücksichtigung des wissenschaftlichen Nachwuchses)
- Stifterverband in Essen (Förderung der Wissenschaft und Technik in Forschung und Lehre und Förderung des wissenschaftlichen und technischen Nachwuchses)
- Alexander-von-Humboldt-Stiftung in Bonn (Gewährung von Forschungsstipendien an wissenschaftlich hochqualifizierte junge Akademiker fremder Nationalität, um diesen die Möglichkeiten zu Forschungsvorhaben in der Bundesrepublik Deutschland zu geben).

Weitere Stiftungen sind: Studienstiftung des deutschen Volkes, Cusanuswerk, Evangelisches Studienwerk, Stiftung Mitbestimmung, Friedrich-Ebert-Stiftung, Friedrich-Naumann-Stiftung, Konrad-Adenauer-Stiftung. Deren Ziel ist zumeist die Hochbegabtenförderung.

Die Max-Planck-Gesellschaft zur Förderung der Wissenschaften e. V. will die Wissenschaft vor allem durch Unterhaltung von Forschungsinstituten fördern. Eines davon ist das Institut für Bildungsforschung in Berlin. Seine Aufgabe ist, durch interdisziplinäre Forschung „die wissenschaftlich feststellbaren Voraussetzungen des Bildungswesens zu klären", dabei soll das Institut Methoden und Theorien der interdisziplinären Arbeit auf dem Gebiet der Bildungsforschung entwickeln.

Die bedeutendste *HVP-Institution der Länder auf Bundesebene* ist die Ständige Konferenz der Kultusminister der Länder in der Bundesrepublik (Kultusministerkonferenz, KMK) [83; 84]. Zum Zwecke einer Selbstkoordinierung der Länder soll die KMK nach ihrer Geschäftsordnung „Angelegenheiten der Kulturpolitik von überregionaler Bedeutung mit dem Ziel einer gemeinsamen Willensbildung und der Vertretung gemeinsamer Anliegen" behandeln. Beschlüsse zur Sacharbeit kommen in der KMK nur bei Einstimmigkeit zustande. Diese Beschlüsse stellen gegenüber den Ländern Empfehlungen dar, dabei bleiben deren verfassungs- und verwaltungsrechtliche Zuständigkeiten im übrigen unberührt. Beschlüsse der KMK sind de facto Vereinba-

[24] Das sind Ansätze zu einer Parteibildung im Hochschulbereich, wo im Gegensatz zu übrigen Bereichen der Gesellschaft die Vertretung in Gremien berufsständisch orientiert ist. Ein Beispiel für eine hochschulpolitische Partei sind die JUSO-Hochschulgruppen, die Studenten, Assistenten und Hochschullehrer sowie nichtwissenschaftliches Personal umfassen. Im Juni 1973 wurde der Verband „Hochschule und Wissenschaft" (VHW) gegründet, der sich zur „liberalen Mitte" orientiert.

rungen, an die sich jedes Land hält. Vier Ständige Ausschüsse leisten Vorarbeiten für Entscheidungen des KMK-Plenums.

An der Hochschulpolitik ist vor allem der Hochschulausschuß beteiligt mit den fünf Unterausschüssen für studentische Angelegenheiten, Beamten- und Besoldungsrecht, Prüfungs- und Studienordnungen, qualitative Berechnungen im Hochschulbereich, Fachhochschulen. Für bestimmte Zwecke oder aus bestimmtem Anlaß werden Arbeitsgemeinschaften des Hochschulausschusses tätig, z. B. zur Zeit für Strukturfragen im Gesamthochschulbereich, Forschung und Hochschuldidaktik.

Dem KMK-Sekretariat „mit Sitz am Sitz der Bundesregierung" obliegt die Vorbereitung der Ausschuß- und Plenarsitzungen und die Auswertung und Durchführung der jeweiligen Beratungsergebnisse. Das Sekretariat hat außerdem die gegenseitige Information aller Mitglieder der KMK wie auch die Information der Bundesministerien zu gewährleisten.

Gemeinsam mit der WRK hat die KMK eine Kommission für Prüfungs- und Studienordnungen errichtet, die allgemeine Bestimmungen und in über zwanzig Fächern Rahmenbestimmungen für Diplom-Prüfungsordnungen mit empfehlendem Charakter erarbeitet hat.

Mit Fragen der Hochschulpolitik sind teilweise auch die Ministerpräsidenten in der Ministerpräsidentenkonferenz (Vorgänge von besonderer Bedeutung), deren Stellvertreter in der Amtschefkonferenz (Vorgänge von mehr routinemäßiger Bedeutung, teilweise auch Vorbereitung von Entschließungen der Ministerpräsidentenkonferenz) befaßt, ferner die Finanzministerkonferenz (finanzielle Fragen im Kultusbereich). Außerdem gibt es eine ständige Arbeitsgruppe von Finanz- und Kultusministerkonferenz. Im Zusammenwirken der Länder untereinander gibt es außerdem einen Verwaltungsausschuß Königsteiner Staatsabkommen, sowie einen Sonderausschuß für gemeinsame Finanzierungen außerhalb des Königsteiner Staatsabkommens.

Die Länder haben gemeinsam mehrere Einrichtungen gegründet, davon im Hochschulbereich das Zentralarchiv für Hochschulbau in Stuttgart (1962). Seine Aufgabe ist die Sammlung und Auswertung der Planunterlagen sowie der Raum-, Personal- und Ausstattungsprogramme vergleichbarer Hochschulen im In- und Ausland; die Auswertung dieser Unterlagen sowie der gesamten einschlägigen Fachliteratur zum Zwecke der Information und Beratung der staatlichen Verwaltungen. Im Laufe der Jahre hat sich der Arbeitsschwerpunkt auf die Grundlagenarbeit und die Auswertung auf dem Gebiet der Hochschulbauplanung verlagert.

Als Folge der Bemühungen um eine bundesweite Koordination der Hochschulplanung wurden auf *Bundesebene Institutionen der HVP* ins Leben gerufen, die gemeinsam von *Bund und Ländern* getragen werden. Die folgenden Ausführungen beschränken sich auf den Wissenschaftsrat, die Bund-Länder-Kommission für Bildungsplanung, den Planungsausschuß nach dem Hochschulbauförderungsgesetz und die Interparlamentarische Arbeitsgemeinschaft.

Der Wissenschaftsrat wurde in dem Abkommen zwischen Bund und Ländern vom 5. 9. 1957[25] errichtet und soll folgende Aufgaben wahrnehmen (Art. 2):

[25] GMBl. 1957, S. 553, zuletzt verlängert durch das Abkommen vom 26. 8. 1968, GMBl. 1969, S. 133. Zum Text dieses Abkommens, zur Geschäftsordnung, zu den Ausschüssen, zu den Mitgliedern und zum Groborganigramm des Wissenschaftrates siehe [88, S. 187 ff].

„(1) Auf der Grundlage der von Bund und Ländern im Rahmen ihrer Zuständigkeit aufgestellten Pläne einen Gesamtplan für die Förderung der Wissenschaften zu erarbeiten und hierbei die Pläne des Bundes und der Länder aufeinander abzustimmen. Hierbei sind die Schwerpunkte und Dringlichkeitsstufen zu bezeichnen,
(2) jährlich ein Dringlichkeitsprogramm aufzustellen,
(3) Empfehlungen für die Verwendung derjenigen Mittel zu geben, die in den Haushaltsplänen des Bundes und der Länder für die Förderung der Wissenschaft verfügbar sind."
Die Beschlüsse der Vollversammlung des Wissenschaftsrates (39 Mitglieder) werden von der Wissenschaftlichen Kommission unter fachlichen und wissenschaftlichen und von der Verwaltungskommission unter verwaltungsmäßigen und finanziellen Gesichtspunkten vorbereitet. Die 22 Mitglieder der wissenschaftlichen Kommission werden von der Hochschulseite (16) und von Bundes- und Landesregierung(en) (6) nominiert, die 17 Mitglieder der Verwaltungskommission werden von Bundes- und Landesregierung(en) entsandt. Den beiden Kommissionen sind acht verschiedene Ausschüsse zugeordnet. Sitz der Geschäftsstelle des Wissenschaftsrats ist „einstweilen" Köln.
Die Bund-Länder-Kommission für Bildungsplanung wurde im Verwaltungsabkommen zwischen Bund und Ländern vom 25. 6. 1970 auf der Grundlage des Artikels 91 b GG errichtet.[26] „Sie ist das ständige Gesprächsforum für alle Bund und Länder gemeinsam berührenden Fragen des Bildungswesens und der Forschungsförderung" (Art. 1). Die Kommission, die von fünf Ausschüssen unterstützt wird, soll folgende Aufgaben wahrnehmen:[27]

- Vorbereitung eines umfassenden Bildungsplans auf der Grundlage gemeinsam festzulegender Zielvorstellungen, und zwar Vorbereitung eines langfristigen Rahmenplans und mittelfristiger Stufenpläne sowie Empfehlungen zur Koordinierung vollzugsreifer Teilpläne des Bundes und der Länder
- Vorbereitung von Programmen für die Durchführung vordringlicher Maßnahmen
- Ausarbeitung eines gemeinsamen Bildungsbudgets
- Einbeziehen der allgemeinen Forschungsförderung in den Bildungsgesamtplan und in das Bildungsbudget
- Vorschläge für die gemeinsame Errichtung und Fortentwicklung überregionaler Informationssysteme für das Bildungswesen und für die Forschungsförderung.

Der Bildungsgesamtplan wurde inzwischen vorgelegt (vgl. 1.2.3.1) [24].
Der Planungsausschuß nach dem Hochschulbauförderungsgesetz ist ein verfassungsrechtlich neuartiges gemeinsames Organ von Bund und Ländern mit selbständiger Entscheidungsbefugnis [88, S. 171 ff]. In diesem gemeinsamen Gremium von Bund

[26] Bulletin Nr. 90 vom 3. 7. 1970, S. 891. Zum Text dieses Abkommens, zu den Mitgliedern, zur Geschäftsordnung und zum Groborganigramm siehe [88, S. 177 ff].
[27] Zwischen dem Wissenschaftsrat und der Bund-Länder-Kommission gibt es inhaltliche Überschneidungen, wobei sich die Zielrichtung der Planung weitgehend unterscheidet: Vorwiegend „Konzeptplanung" beim Wissenschaftsrat (Ausnahme: Vorbereitung des Rahmenplans, s. u.) und vorwiegend „Entscheidungsplanung" bei der Bund-Länder-Kommission. Derzeit wird über einen Antrag der Ministerpräsidentenkonferenz beraten, die Geschäftsstellen von Wissenschaftsrat, Bildungsrat (etwa analog dem Wissenschaftsrat für den Schulbereich) und der Bund-Länder-Kommission für Bildungsplanung zusammenzulegen.

und Ländern vollzieht sich im Bereich der Exekutive die gemeinsame Willensbildung des Bundes und aller Länder. Dem Ausschuß gehören der Bundesminister für Bildung und Wissenschaft (als Vorsitzender), der Bundesfinanzminister und je ein Minister jedes Bundeslandes an (§ 7 Hochschulbauförderungsgesetz). Aufgabe dieses Planungsausschusses, dem neun verschiedene Bund-Länder-Arbeitsgruppen zuarbeiten, ist die Erarbeitung und Aufstellung des Rahmenplans, der gemäß § 6 des Hochschulbauförderungsgesetzes folgende Angaben liefern soll:

„1. den gegenwärtigen Ausbaustand und die dem Rahmenplan zugrunde liegenden Zielvorstellungen;
2. die Bauvorhaben und die Beschaffungsvorhaben (wissenschaftliche Großgeräte, vorsorglicher Grunderwerb), jeweils nebst Kosten;
3. die zunächst zur Planung vorgesehenen Vorhaben und die für die Erfüllung der Gemeinschaftsaufgaben erforderlichen Vorstudien jeweils nebst Kosten;
4. die von Bund und von jedem Land für die Erfüllung der Gemeinschaftsaufgabe im nächsten Jahr bereitzustellenden und für die folgenden Jahre des Planungszeitraums jeweils vorzusehenden Mittel".

Inzwischen wurde der vierte Rahmenplan vorgelegt [116].

Die Interparlamentarische Arbeitsgemeinschaft ist eine Vereinigung von Abgeordneten des Bundestages und der Landtage mit Sitz in Bonn. Sie befaßt sich mit Themen, die sowohl für Bundes- als auch für Landtagsparlamente relevant sind und erarbeitet dafür Gesetzesvorlagen. Die Interparlamentarische Arbeitsgemeinschaft hat u. a. Kommissionen für Bildung, Wissenschaft und Forschung, ferner für Datenverarbeitung und für Umweltfragen.

Institutionen der HVP des Bundes auf Bundesebene sind der Bundestag, der Bundesrat, die Fraktionen und Parteien einerseits sowie die verschiedenen Bundesministerien: für Bildung und Wissenschaft, für Forschung und Technologie, für Jugend und Familie, für wirtschaftliche Zusammenarbeit, Bundesministerien des Inneren, der Finanzen und das Auswärtige Amt.

Der Deutsche Bundestag ist unter anderem auch mit hochschulpolitischen Fragen befaßt, und zwar das Parlament, dessen Ausschüsse und die Bundestagsverwaltung. Das Parlament wird von der Bundesregierung über hochschulpolitische Fragen unterrichtet (z. B. Berichte der Bundesregierung, Antworten der Bundesregierung auf Anfragen), als Legislative verabschiedet es Gesetze zur Hochschulpolitik (vgl. 1.2.3.4.). Von den Parlamentsausschüssen befassen sich vor allem die Ausschüsse für Bildung und Wissenschaft und der Ausschuß für Forschung und Technologie mit Hochschulpolitik. Der Wissenschaftliche Dienst der Bundestagsverwaltung ist in einem Fachbereich unter anderem mit hochschulpolitischen Fragen befaßt.

Im Vorfeld der Legislative sind schließlich auch die Fraktionen und Parteien zu nennen, die Vorbereitungen für die Gesetzgebung treffen oder selbst Gesetzesinitiativen starten.

Der Deutsche Bundesrat befaßt sich bei zustimmungsbedürftigen Gesetzen – in der Bildungspolitik der Regelfall – mit Hochschulpolitik, ebenso einige Bundesratsausschüsse, vor allem der Kulturausschuß.

Auf der Seite der Goubernative sind vor allem die Bundesministerien für Bildung und Wissenschaft und für Forschung und Technologie in der Hochschulpolitik tätig. Das

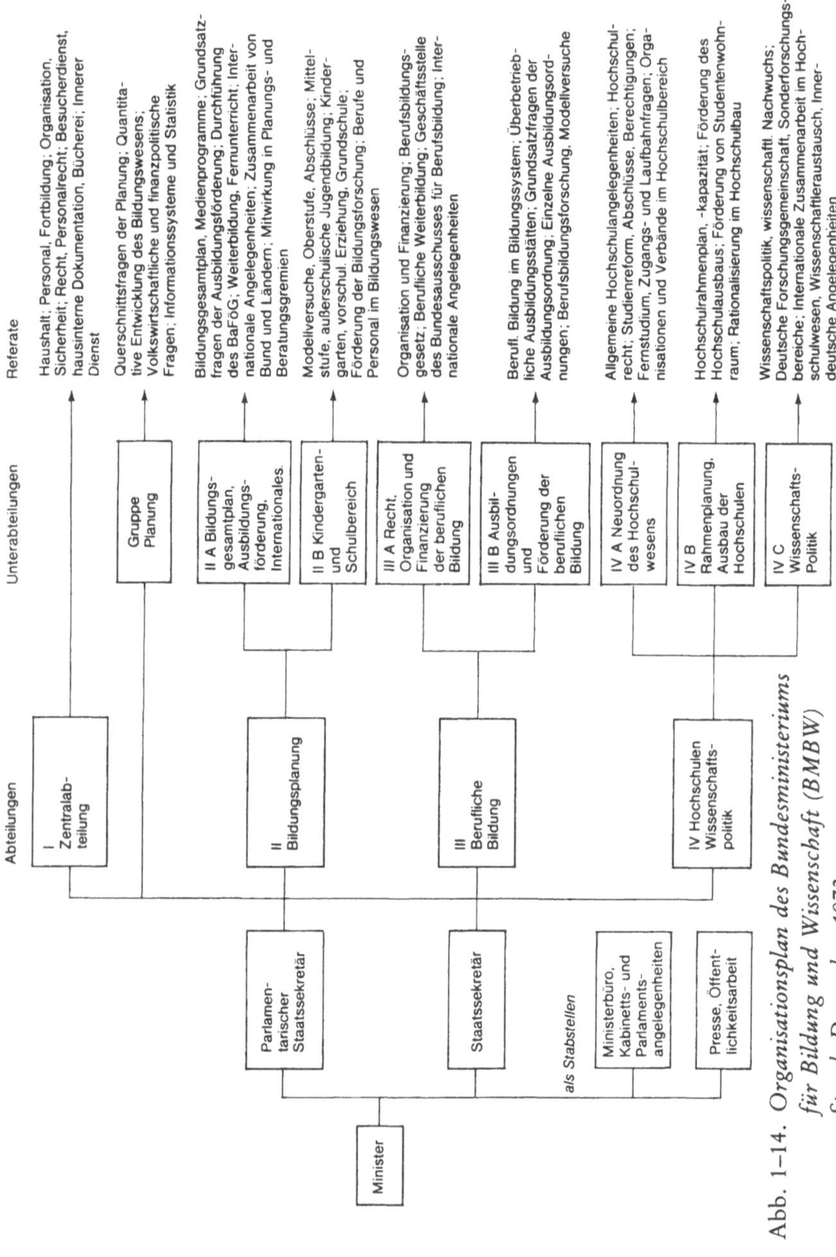

Abb. 1–14. *Organisationsplan des Bundesministeriums für Bildung und Wissenschaft (BMBW) Stand: Dezember 1973*

Bundesministerium für Bildung und Wissenschaft (BMBW) gliedert sich in eine Zentral- und drei Fachabteilungen: Bildungsplanung, Berufliche Bildung sowie Hochschule und Wissenschaftspolitik, außerdem gibt es die Gruppe Planung (Abb. 1–14). Mit Hochschulpolitik sind vor allem die Abteilung IV ,,Hochschulen, Wissenschaftspolitik", ferner die Gruppe Planung (z. B. Informationssysteme und Statistik, quantitative Entwicklung des Bildungswesens) befaßt.
Das Bundesministerium für Forschung und Technologie (BMFT) gliedert sich ebenfalls in eine Zentral- und drei Fachabteilungen: Forschungsplanung, technologische Forschung und Entwicklung; Kerntechnik, Datenverarbeitung; Weltraumforschung und -technik, Luftfahrtforschung. Die Unterabteilung Forschungsplanung und Koordinierung ist auch im Bereich der Hochschulpolitik tätig, soweit es sich um die Hochschulforschung handelt.
Nur teilweise mit Hochschulpolitik befaßt sich das Bundesministerium für Jugend und Familie (in seiner Beziehung zum Deutschen Studentenwerk), das Bundesministerium für Wirtschaftliche Zusammenarbeit (in seiner Beziehung zum Deutschen Akademischen Austauschdienst), das Auswärtige Amt (in seiner Beziehung zum Deutschen Akademischen Austauschdienst und zur Alexander-vom-Humboldt-Stiftung).
Das Statistische Bundesamt ist (analog zu den Statistischen Landesämtern auf Landesebene) eine selbständige Bundesoberbehörde im Geschäftsbereich des Bundesministeriums des Inneren. Seine Aufgabe ist es gemäß § 2 des Bundesstatistikgesetzes [159] ,,Statistiken für Bundeszwecke (Bundesstatistiken) technisch und methodisch vorzubereiten, auf ihre Einheitlichkeit und Vergleichbarkeit hinzuwirken, ihre Ergebnisse für den Bund zu sammeln, zusammenzustellen und für allgemeine Zwecke darzustellen" und ,,Bundesstatistiken zu erheben und aufzubereiten, wenn es in einem Bundesgesetz bestimmt ist oder soweit die beteiligten Länder zustimmen", außerdem nach Auftrag der zuständigen Ministerien Statistiken anzufertigen sowie Statistiken des Auslands und der internationalen Organisationen zu sammeln und darzulegen.[28]

Nach dem Hochschulstatistikgesetz wird beim Statistischen Bundesamt ein Ausschuß für die Hochschulstatistik errichtet, der die Problemorientierung der Hochschulstatistik sichern soll. Er berät das Statistische Bundesamt bei der Erfüllung seiner ihm nach dem Hochschulstatistikgesetz obliegenden Aufgaben, insbesondere bei der Erstellung des Erhebungs- und Aufbereitungsprogramms und dessen jährliche Anpassung an die Bedürfnisse der Hochschulplanung (§ 21 HStatG). Dieser Ausschuß hat mehrere Arbeitsgruppen/Unterausschüsse gebildet, und zwar die Programmarbeitsgruppe und die Arbeitsgruppe zur Feststellung des Arbeitsaufwandes sowie folgende Ausschüsse: Normung und Koordination, Kosten und Finanzen im Hochschulbereich, Hochschulzugangstatistik, Studentenstatistik, Baubestand, Personal, Hochschulstatistische Datenbank und Sozialbereich [47, S. 151 ff].
Das Hochschulstatistikgesetz bestimmt ferner in § 18: ,,Im Statistischen Bundesamt wird eine hochschulspezifische Datenbank als unselbständige Einrichtung errichtet. Das Statistische Bundesamt ist verpflichtet, die bei ihm gespeicherten Daten im Rahmen eines arbeitsteiligen Verbundsystems den Statistischen Landesämtern im vollen

[28] Zur Statistik im Hochschulbereich siehe [80; 52].

Umfang zur Verfügung zu stellen. Den übrigen interessierten Stellen stehen die gespeicherten Daten unter Beachtung der Geheimhaltungsvorschriften zur Verfügung. Für die Hochschulplanung von Bund, Ländern und Hochschulen sind die Daten vorrangig bereitzustellen."

1.3.2.3 Internationale Ebene

Auch auf der internationalen Ebene lassen sich Institutionen der Hochschulen, der Länder und des Bundes unterscheiden, es gibt noch keine supranationalen Institutionen der HVP.

Institutionen der Hochschulen auf internationaler Ebene sind die Europäische Rektorenkonferenz (Conférence permanente des recteurs et vice-chanceliers des universités européennes, Standing Conference of Rectors and Vice-Chancellors of the European Universities), eine außerstaatliche, autonome Organisation der europäischen Universitäten (incl. Ostblockländer wie Ungarn und Polen). Gemäß Art. II der Verfassung will die Ständige Konferenz in Europa die Zusammenarbeit der Rektoren und Vizekanzler ihrer Universitäten und deren Lehrer, Forscher und Studenten sichern und fördern. Sie will sich gegenseitig über Fragen von gemeinsamen Interesse informieren und den Regierungen und den staatlichen, zwischenstaatlichen und überstaatlichen Behörden über universitätsrelevante Fragen Gutachten erstatten und Empfehlungen vorlegen. Sitz der Europäischen Rektorenkonferenz (ERK) ist Genf. Mitglieder sind die Rektoren und Vizekanzler (in Großbritannien ist der Vice-Chancellor der ranghöchste Amtsträger in der Universität, der ,,Chancellor" nimmt nur repräsentative Funktionen wahr), die der Europäischen Rektorenkonferenz beigetreten sind.

Die Association internationale des universités (International Association of Universities) mit Sitz in Paris ist – vereinfacht ausgedrückt – die Weltorganisation der Universitäten, Mitglieder sind die Institutionen, vertreten durch ihre Leiter.

Als *Institution der Länder auf internationaler Ebene* ist die Europäische Erziehungsministerkonferenz, die alle zwei Jahre tagt, anzusprechen. Sie unterhält ein ständiges Büro beim Europarat in Straßburg. Deutscher Vertreter und Delegationsführer ist der jeweilige Präsident der Kultusministerkonferenz.

Die zahlreichen anderen Institutionen im Bereich des Bildungswesens auf *internationaler Ebene* sind als *Institutionen der nationalen Regierungen bzw. des Bundes* anzusprechen. Sie verfolgen ebenso wie die oben genannten Institutionen meistens als Ziele die internationale Zusammenarbeit, Erfahrungsaustausch und Veranstaltung von Seminaren und Kongressen. Diese Institutionen sind:

- Europarat in Straßburg; insbesondere der Rat für kulturelle Zusammenarbeit (CCC) mit mehreren Fachausschüssen, vor allem der Ausschuß für Hochschulwesen und Forschung (CESR) und die Studiengruppe für Fragen der Bildungsforschung [96];
- Organisation for Economic Co-Operation and Development (OECD) in Paris, insbesondere die Ministerkonferenzen zu Spezialthemen, auch zu internationalen Hochschulfragen, Bildungsausschuß der OECD sowie das der OECD zugeordnete Zentrum für Bildungsforschung und -reform (CERI), siehe Abschnitt 9.2.1;
- United Nations Educational, Scientific and Cultural Organization (UNESCO) in Paris; insbesondere die Generalkonferenzen über Hochschulfragen. Zur UNES-

CO gehört auch das Bureau International d'Education in Genf, das internationale Konferenzen über Themen aus dem Bildungswesen ausrichtet;
- Europäische Gemeinschaften, die ein Europäisches Entwicklungszentrum für das Bildungswesen planen. Als Hauptaufgaben zeichnen sich pädagogische Information und Dokumentation sowie die Förderung der Mobilität und der Niederlassungsfreiheit im Rahmen der Europäischen Gemeinschaften ab [96];
- Weitere Institutionen wie z. B. das Institute of International Education in New York, das Institut International d'Etudes sur l'Education in Brüssel, der NATO-Wissenschaftsausschuß.

1.4 Beziehungen zwischen den Institutionen der Hochschulverwaltung und -politik

Es ist nicht möglich, im Rahmen einer Einführung jede einzelne Aufgaben-, Kompetenz-, Informations- und Finanzierungsbeziehung zwischen den einzelnen Institutionen der HVP zu beschreiben. Im folgenden können wir uns nur auf den Versuch beschränken, das vielfach verknüpfte Netz von Beziehungen zwischen den Institutionen der HVP transparenter zu machen. Neben den formalen Beziehungen spielen vor allem im Bereich der Hochschulpolitik die informalen Beziehungen eine bedeutende Rolle.

1.4.1 Grundzüge der formalen Beziehungen

Das Gerüst der Aufgaben- und Kompetenzbeziehungen zwischen den Institutionen der HVP ist vor allem durch mehrere Artikel des Grundgesetzes festgelegt, grundlegend durch die Artikel 5 und 30. Artikel 5 (3) bestimmt: „Kunst und Wissenschaft, Forschung und Lehre sind frei. Die Freiheit der Lehre entbindet nicht von der Treue zur Verfassung." Die Freiheitsgarantie ist in erster Linie ein Abwehrrecht gegen Übergriffe des Staates aufgrund der Erfahrungen von 1933–1945. Aus der Negativabgrenzung des Artikels 30 für die Ausübung staatlicher Befugnisse und die Erfüllung staatlicher Aufgaben leitet sich die Kulturhoheit der Länder ab.
Die Kulturhoheit der Länder wird eingeschränkt durch die Vorschriften über die konkurrierende Gesetzgebung des Bundes (Art. 72), insbesondere Absatz (2) Nr. 3, der den Bund zur „Wahrung der Rechts- oder Wirtschaftseinheit, insbesondere die Wahrung der Einheitlichkeit der Lebensverhältnisse über das Gebiet eines Landes hinaus" Gesetzgebungsrecht gibt.
Darauf basierend erhielt der Bund das Recht zur Rahmengesetzgebung über „die allgemeinen Grundsätze des Hochschulwesens" (Art. 75 (1), Nr. 1 a). Außerdem wirkt der Bund bei der Erfüllung von Aufgaben der Länder mit, und zwar bei den sog. Gemeinschaftsaufgaben gemäß Art. 91 a (1), Nr. 1 bei „Ausbau und Neubau von wissenschaftlichen Hochschulen einschließlich der Hochschulkliniken" und gemäß Art. 91 b beim Zusammenwirken von Bund und Ländern bei der Bildungsplanung und Forschung. Auf der Bestimmung des Artikel 75 (1), Nr. 1 a beruht das zukünftige Hochschulrahmengesetz (siehe 1.2.3), das zusammen mit der jeweiligen Landesverfassung den Rahmen für die Landeshochschulgesetze festlegt.

Auf der Grundlage des Landeshochschulgesetzes geben sich die Hochschulen Satzungen, auch als Verfassung oder Grundordnung bezeichnet (vgl. Abb. 1–9). Die Kompetenzbeziehungen innerhalb der Hochschule sind durch die Hochschulsatzung geregelt, so z. B. die unterschiedlichen Aufgaben und Kompetenzen der Kollegialorgane auf Zentral- und auf Fachbereichsebene (vgl. 1.3.1). Der Senat hat in bestimmten Fällen, z. B. Fachbereichssatzung, neue Studien- und Prüfungsordnungen, Entscheidungen der Fachbereichsräte zu genehmigen.
Dem Fachbereich obliegt die Entwicklungsplanung seines Bereiches, der Senat koordiniert die Entwicklungspläne der Fachbereiche zu einem Hochschulentwicklungsplan. Das Wissenschafts- bzw. Kultusministerium des jeweiligen Landes wiederum koordiniert die einzelnen Hochschulentwicklungspläne zu einem Landesentwicklungsplan (vgl. [152 a, § 69]).
Die Kompetenzbeziehungen zwischen der einzelnen Hochschule und dem jeweiligen Wissenschafts- bzw. Kultusministerium des Landes sind einerseits durch die aus Artikel 5 (3) GG abgeleitete Hochschulautonomie, andererseits durch eine Rechtsaufsicht des Landes gegenüber der Hochschule gekennzeichnet. Über die generelle Rechtsaufsicht hinaus behält sich das Land in der Regel staatliche Mitwirkungsrechte vor, sie betreffen insbesondere die ministerielle Genehmigung der Hochschulsatzung, der Fachbereichssatzungen, der Einschreibungsordnung, der Prüfungsordnungen und der Ordnungsvorschriften. Die Einführung und Änderung von Studiengängen ist in den meisten Ländern nur im Einvernehmen mit dem zuständigen Minister zulässig.

Die Beziehungen zwischen dem Land und den Organen der Hochschule sind am nachhaltigsten im Finanzbereich geregelt: der Hochschulhaushalt ist Teil des Landeshaushalts[29]. Im Bereich der staatlichen Verwaltung (insbesondere Haushalt) gelten somit für wissenschaftliche Hochschulen die einschlägigen haushaltsrechtlichen Bestimmungen. Dabei sind Schwierigkeiten mit den häufig in eigenen Bahnen verlaufenden Formen effizienter wissenschaftlicher Arbeit nicht zu übersehen [111, S. 351].
Die Aufgaben- und Kompetenzbeziehungen sind zwar in ihrem Grundgerüst transparent, das gilt jedoch nicht mehr bei höherem Auflösungsgrad, z. B. bei den dauernd umstrittenen Schnittstellen zwischen Hochschulautonomie und staatlicher Mitwirkung[30]. Von dem komplizierten Beziehungsnetz vermittelt Abb. 1–15 einen Ausschnitt, indem sie sich auf grundsätzliche Verteilungs- (d. h. Organisations-) und Finanzierungsbeziehungen der meisten Institutionen der HVP auf Bundes- und Hochschulebene beschränkt.

[29] Die Hochschulen haben abgesehen von den Universitäten in Berlin und Saarbrücken keine eigene Etathoheit, sie haben keine „Finanzautonomie" (Globalhaushalt). So besteht die Gefahr, daß über die Bewilligung von Haushaltsmitteln wissenschaftliche Prioritätensetzungen von den zuständigen Landesministerien beeinflußt werden können. Die Haushaltsreform umfaßt eine neue Haushaltssystematik, die Finanzplanung sowie die Neuordnung des Kassen- und Rechnungswesens (Kassenkonzentration). Das kameralistische Rechnungsziel wurde beibehalten. Zum Haushaltswesen der Hochschulen siehe [102; 6].
[30] Jüngste Beispiele sind die von einigen Landesregierungen geforderte „Fachaufsicht" und die einphasige Juristenausbildung z. B. in Bremen und Bielefeld. Die Hochschulen befürchten, die Fachaufsicht diene dem Staat zum Einschränken der Hochschulautonomie.

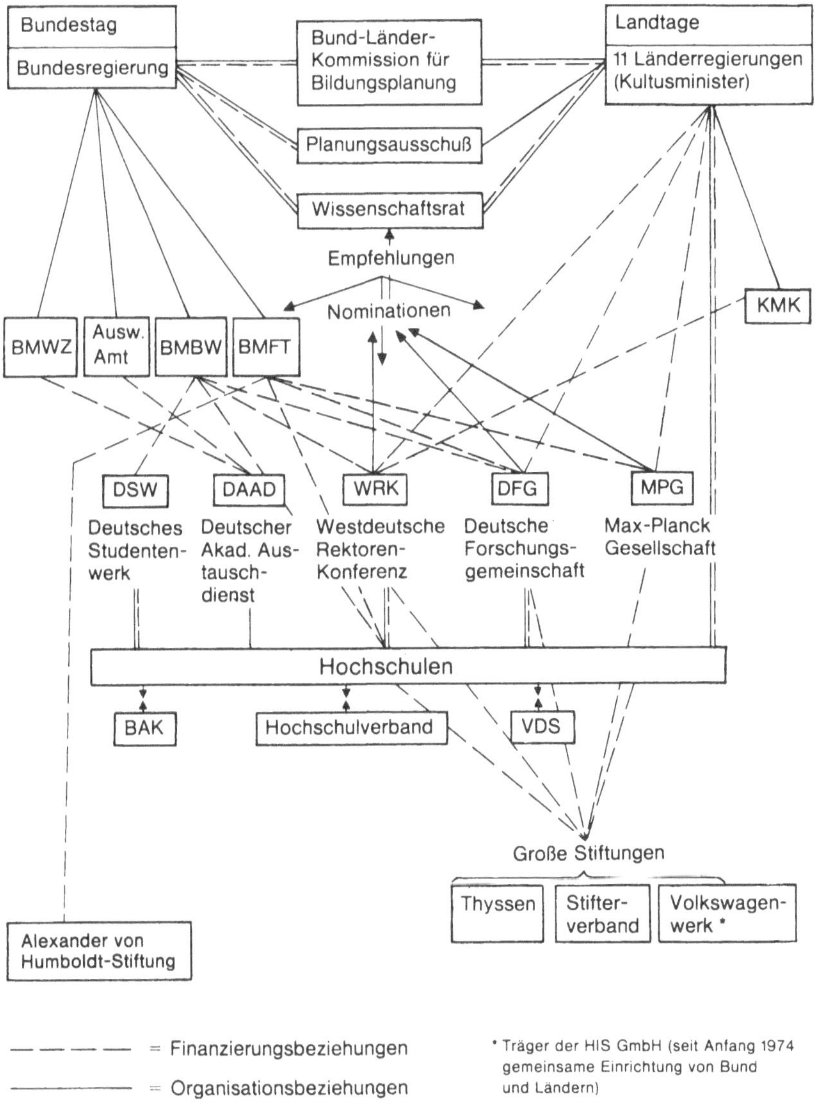

Abb. 1–15. *Organisations- und Finanzierungsbeziehungen zwischen Institutionen der HVP*

1.4.2 Grundzüge der informalen Beziehungen

Der sogenannten informalen Organisation, insbesondere den informalen Informationsbeziehungen kommt im Hochschulbereich eine besondere Bedeutung zu, und zwar um so mehr, je komplexer das jeweilige System ist. Beispiele dafür gibt es vor allem innerhalb der Hochschulen, ferner in den Beziehungen zwischen Land und Hochschule und den Beziehungen der Institutionen auf Bundesebene.
Die Wahl eines Rektors wird beispielsweise durch informelle Absprachen vor dem Zeitpunkt der Wahl vorentschieden. Laut formaler Organisation wird der Rektor in den meisten Ländern zwar vom Konvent gewählt, die Wahl ist in der Regel aber bereits entschieden, wenn der Konvent zur Wahl schreitet.
Ein anderes Beispiel ist die Aufstellung des Haushaltsvoranschlages. Laut formaler Organisation werden die Haushaltsmittel von jedem Fachbereich beantragt, dann vom Senat beschlossen und dem zuständigen Fachministerium weitergeleitet. Würde der Kanzler nur entlang diesen Linien der formalen Organisation den Universitätshaushalt aufstellen, so wäre ein Scheitern gewiß. Er wird zunächst versuchen, in informellen Kontakten mit Vertretern des Landtags, der Regierung usw. herauszufinden, welchen Zuwachs er aufgrund der Haushaltslage des Landes für das nächste Haushaltsjahr einplanen kann. Danach bestimmt er die Bandbreite für den Haushaltsvoranschlag seiner Hochschule. Dann erst wird er die Anträge der Fachbereiche vor dem Hintergrund dieser Bandbreite überprüfen. Das formal zuständige Kollegialorgan, der Senat, wird die Vorschläge des Kanzlers im Haushaltsvoranschlag beraten und ggbfs. korrigieren. Jedoch sind die wichtigsten Entscheidungen bereits außerhalb der formalen Organisation gefallen, ohne daß der zuständige Senat damit befaßt werden konnte.
Viele Beispiele liefern die Auseinandersetzungen bei hochschulpolitischen Tagesfragen. Noch bevor die zur Stellungnahme aufgeforderten Organe ihr Votum abgeben können, haben Gruppen an der Hochschule bereits „Politik gemacht", z. B. durch Demonstrationen bis hin zu grenz- oder illegalen Formen informaler Kompetenzbeziehungen wie Sprengung von Sitzungen.
Mehrere Institutionen der HVP auf Bundesebene sind so organisiert, daß sie neben einem Plenum eine Geschäftsstelle bzw. ein Sekretariat eingerichtet haben. Das Plenum ist stets von Fluktuationen betroffen, denn es findet immer irgendwo eine Wahl statt. Demgegenüber amtieren die Verantwortlichen der Sekretariate längere Zeit, sie übernehmen damit die Rolle von Kontinuitätswahrern – ähnlich wie die Kanzler gegenüber den Rektoren. Diese Sekretariate stehen deshalb in dauernden informellen Kontakten miteinander. Diese informalen Informationsbeziehungen führen dazu, daß zu möglichen Entscheidungen des jeweiligen Plenums die Reaktionen des jeweiligen Partners bekannt sein können, so daß unnötige Provokationen vermieden werden können.
Auf Bundesebene bestehen informelle, stark von Personen getragene Beziehungen zwischen Vertretern der meisten in Abb. 1–15 genannten Institutionen („Domkreis"). Daneben existiert ein starkes institutionell geprägtes informales Beziehungsnetz zwischen Wissenschaftsrat, WRK, DFG, Max-Planck-Gesellschaft („Allianz"). Schließlich sind manche anderen informellen Kreise zu erwähnen wie z. B. zwischen WRK, LRK, KMK und den entsprechenden Wissenschafts- bzw. Kultusministerien.

Es gibt außerdem eine Menge informaler Kanäle, die z. B. der Vermittlung zwischen verschiedenen Auffassungen von Parteienvertretern dienen: bei manchen Anlässen wendet sich eine Bundestagsfraktion nicht direkt an die andere Fraktion, um deren Vorstellung zu erfahren, sondern sie hält es für opportun, sich an einen Dritten zu wenden, oft einer von beiden Fraktionen ins Vertrauen gezogenen Person der Wissenschaftsverwaltung, um die Reaktion des politischen Gegners abzutasten.

1.5 Beziehungen der Institutionen der HVP zur Wissenschaft und Beratung

1.5.1 Beziehungen der Institutionen der HVP zur Wissenschaft

Die wesentlichsten Beziehungen der HVP zur Wissenschaft bestehen zur Hochschuldidaktik und zur Ökonomie des Wissenschaftsbetriebes. Denn auch der ,,Bildungsaufwand unterliegt den Konsequenzen, die sich aus der Knappheit der Mittel ergeben" [38, S. 291].

Die Hochschuldidaktik kann allgemein als ,,Wissenschaft von Zielen und Bedingungen des Lehrens und Lernens im Hochschulbereich" [125, S. II] definiert werden. Zur Hochschuldidaktik gibt es bereits ein stattliches Schrifttum, darunter eine Schriftenreihe des Arbeitskreises für Hochschuldidaktik[31], kürzlich erschien eine ,,Bestandsaufnahme" zur Hochschuldidaktik [63], daher kann auf weitere Ausführungen zur Hochschuldidaktik verzichtet werden.

Statt dessen soll der bislang vernachlässigte ökonomische Aspekt erörtert werden. Ausgehend von der Tatsache, daß sich jedes soziale System mit einem ökonomischen Problem konfrontiert sieht, weil es zur Sicherung seiner Existenz und zur Wahrnehmung seiner Aufgaben Ressourcen benötigt [114], sollen einige bildungsökonomische Fragestellungen im Makro- und vor allem im Mikrobereich dargestellt werden, wobei wir Ansätze zu einer Betriebswirtschaftslehre der Hochschule aufzeigen.

1.5.1.1 Bildungsökonomie

Bildungsökonomische Ansätze thematisieren das ökonomische Problem im Hinblick auf die soziale Organisation von Lehr- und Lernprozessen. Diese Ansätze unterscheiden sich dadurch, daß jeweils unterschiedlich allgemeine und umfassende Sozialsysteme Gegenstand der bildungsökonomischen Analyse sind. Es lassen sich vier Ebenen der Allgemeinheit sozialer Systeme charakterisieren.[32] Dabei ist auf jeder Ebene zwischen der internen (interne Aufteilung von Ressourcen) und der externen Dimension (Austauschbeziehungen eines sozialen Systems mit seiner Umwelt, insbesondere die Begründung und Rechtfertigung der Inanspruchnahme von Ressourcen) zu unterscheiden. Abb. 1–16 gibt eine Übersicht über die vier Ebenen mit Beispielen.

Am bekanntesten aus der gesamtgesellschaftlichen Ebene sind die wachstumstheoretischen Analysen der späten 50er und der frühen 60er Jahre. Sie versuchen, mit Hilfe

[31] ,,Blickpunkt Hochschuldidaktik" und ,,hochschuldidaktische Materialien", Hamburg.
[32] Diese Ausführungen folgen [105, S. 5 ff].

<table>
<tr><th>Ebene</th><th>Kennzeichnung der Ebene</th><th>Externe Dimension</th><th>Interne Dimension</th></tr>
<tr><td>Gesamtgesellschaftliche Ebene</td><td>Gesamtgesellschaftliche Voraussetzungen und Folgen von Bildungsbemühungen</td><td>Sozio-ökonomische Folgen von Austauschbeziehungen zwischen verschiedenen Gesellschaften</td><td>Wachstumstheoretische Analysen einer Gesellschaft</td></tr>
<tr><td>Institutionelle Ebene</td><td>Eingegrenzte, aber noch umfassende gesellschaftliche Teilsysteme z. B. Bildungswesen</td><td>„Manpower"-Analysen,[33] „Social Demand"-Analysen,[33] Ertragsraten-Analysen [12;13] „Bildungsbilanz" [140; 142] „Systemansatz" [139]</td><td>z. B. brancheninterne Finanzierung eines Weiterbildungssystems</td></tr>
<tr><td>Administrative Ebene</td><td>Noch stärker eingegrenzte Teilsysteme, z. B. Schulträger, Gesamthochschule</td><td colspan="2" rowspan="2">Betriebswirtschaftslehre z. B. der Hochschule, Schule</td></tr>
<tr><td>Primäre Ebene</td><td>Kleinstes Sozialsystem, z. B. Schule, Fachbereich</td></tr>
</table>

Abb. 1-16. *Vier Ebenen der Allgemeinheit sozialer Systeme*

globaler statistischer Größen Aufschluß über den Beitrag der Bildung zum gesamtgesellschaftlichen Wirtschaftswachstum zu gewinnen [36]. Die interne Dimension steht häufig im Mittelpunkt: Im oben genannten Beispiel ist es eine Gesellschaft (die USA). Andere bildungsökonomische Ansätze dieser Ebene befassen sich explizit mit dem externen Aspekt: den sozialökonomischen Folgen von Austauschbeziehungen zwischen verschiedenen Gesellschaften (vgl. dazu die Begriffe ,,Humankapitalwanderung", ,,Brain Drain" (zwischenstaatliche Wanderungen hochqualifizierter Menschen)).

Die bekanntesten bildungsökonomischen Fragestellungen auf institutioneller Ebene sind die zahlreichen Manpower-Analysen, die der externen Dimension zuzurechnen sind. Sie versuchen, die Bildungserfordernisse der ,,Institution" Wirtschaft (bez. einzelner Branchen) dem Output der ,,Institution" Bildungswesen (bzw. bestimmter Teile) gegenüber zu stellen. Für die interne Dimension lassen sich brancheninterne Finanzierung eines Weiterbildungssystems oder Finanzierungsfragen des öffentlichen Bildungswesen anführen.

Die verschiedenen bildungsökonomischen Forschungsrichtungen und Studien sind nicht allgemein anerkannt. Es gab und gibt zahlreiche und teilweise harte Auseinandersetzungen um die ,,Relevanz" und die Aussagefähigkeit unterschiedlicher Ansätze. Ein großer Teil dieser Auseinandersetzungen ist damit zu erklären, daß die Kontrahenten sich gegenseitig die Vorzüge und Nachteile der jeweils von ihr vertretenen,

[33] siehe 1.2.1.1

aber unterschiedlichen Ebene entgegenhalten. Diese Art der Kontroversen sind nicht lösbar, denn die Frage, welcher analytischer Schwerpunkt mit welchen Beschränkungen wissenschaftlicher Fragestellungen der richtige ist, wird immer umstritten bleiben.

Das Vorverständnis der Öffentlichkeit und benachbarter wissenschaftlicher Disziplinen ist eingeschränkt, wie am Vergleich des Vorverständnisses einerseits mit den vier möglichen Ebenen und den jeweils zwei Dimensionen andererseits deutlich wird. Dieses Vorverständnis interpretiert Bildungsökonomie vorwiegend in drei Richtungen [105, S. 8]:

- als Analyse der gesamtgesellschaftlichen Voraussetzungen und Folgen organisierter Bildungsbemühungen (Prototyp: Empirische Wachstumsforschung)
- als Kritik daran mit Argumenten aus der institutionellen Perspektive (Prototyp: Neo-Marxistische Bildungsökonomie; „bürgerliche" Planungstheorie)
- als Analyse der wechselseitigen Abhängigkeit zwischen Institutionen, vor allem zwischen „Bildungswesen" und „Wirtschaft" (Prototyp: Manpower-Forschung)

Gegenüber der Popularität von bildungsökonomischen Fragestellungen auf der gesamtgesellschaftlichen und institutionellen Ebene sind Fragestellungen, die ökonomische Probleme von der institutionellen Ebene an abwärts thematisieren, vor allem wegen ihrer zunehmenden Spezialisierung von geringerem Interesse.

Diese beiden Ebenen sind als Einzugsbereich einer Betriebswirtschaftslehre der Hochschule aufzufassen, die in Ansätzen im nächsten Abschnitt dargestellt wird.

1.5.1.2 Betriebswirtschaftslehre der Hochschule

Die in der Hochschule beheimateten Wissenschaften haben die Hochschule selbst bislang kaum als Gegenstand wissenschaftlicher Forschung gewürdigt.[34] So hat auch die Betriebswirtschaftslehre [55], die als Wissenschaft von der kaufmännisch geführten Unternehmung entstanden und es im Grunde bis heute geblieben ist [108, S. 241], bislang keine Beiträge zur HVP geleistet. „Überraschenderweise haben bislang die Wirtschaftswissenschaften die Universität als sakrosankt betrachtet und haben ihre Energien damit verbraucht, durch deren Fenster auf den Rest der Welt zu blicken, anstatt ihre eigene Umgebung zu betrachten. Möglicherweise fürchten sie, daß sie beim näheren Hinsehen einen Augiasstall vorfinden könnten. Daher verbringen sie Tausende von Mannjahren damit, das Verhalten von Industriebetrieben, des Finanzgewerbes, der Regierungen, der Haushalte, der Gewerkschaften und manch anderer Spielart von Institutionen zu analysieren und haben kaum einen Gedanken auf diejenige Institution verschwendet, mit der sie am engsten und abhängigsten verknüpft sind [28, S. 481 f]. Ackoff fordert, die Erkenntnisse der Wissenschaften sollten zunächst in der Hochschule selbst realisiert werden, die Hochschule sollte mit gutem Beispiel vorangehen [1, S. 24].

Die Hochschule gehört zu den Betriebstypen der Öffentlichen Verwaltung (Abb. 1–17). Auch diejenigen betriebswirtschaftlichen Forscher, die „Betrieb" umfassend, also einschließlich Öffentlicher Verwaltung definieren, haben kaum Beiträge zu einer

[34] Auch heute noch ist die schon 20 Jahre alte Aussage von G. Tellenbach noch weitgehend gültig, wonach die deutsche Universität alles auf, über und unter der Erde erforsche, nur sich selber nicht [87, S. 2903 A].

Betriebswirtschaftslehre der Öffentlichen Verwaltung allgemein (Ausnahmen: [69; 143; 122; 148; 30; 109]) oder zu einer Betriebswirtschaftslehre einzelner Betriebstypen der Öffentlichen Verwaltung, z. B. Kommunalverwaltung, Schule, Hochschule (Ausnahmen: [38; 28; 110; 1; 18; 29; 112]) geleistet, auch nicht zu einer Verwaltungslehre[35].

Finanzierung / Zielsetzung	Erst Ausgaben, dann Einnahmen aus wirtschaftlicher Tätigkeit „Produktivbetriebe"	Erst Einnahmen, dann Ausgaben (Haushalte) „Konsumtivbetriebe"
privat-wirtschaftlich	Unternehmungen (Private Betriebe)	Private Haushalte
öffentlich-wirtschaftlich	Öffentliche Betriebe	Öffentliche Haushalte (Öffentliche Verwaltung)

Abb. 1–17. *Typen der Einzelwirtschaften* [*100, S. 707*].

Kennzeichnend für Betriebe der Öffentlichen Verwaltung ist, daß sie als Wertschöpfung öffentliche Dienste hervorbringen. Demgegenüber müssen die Betriebe der Privatwirtschaft – die in der Wahl ihrer Aufgaben frei sind – die durch die Wertschöpfung entstandenen Kosten über Verkaufserlöse vom Markt „hereinholen". In der Öffentlichen Verwaltung – ihr sind die Aufgaben vorgegeben – gibt es keinen Ausgleich der Einnahmen und Ausgaben durch eine marktwirtschaftliche Leistung, daher besteht auch kein immanenter Zwang zum wirtschaftlichen Handeln. Der Öffentlichen Verwaltung fallen Aufgaben zu, die die Privatwirtschaft nicht übernimmt, weil sie diese ohne kostendeckendes Entgelt erfüllen müßte, damit der notwendige gesellschaftliche Zweck erreicht wird [130, S. 281]. Die Öffentliche Verwaltung hat den Rückhalt in der Leistungskraft der Steuerzahler; sie kann nicht in Konkurs geraten. An die Stelle des Ausgleichs von Leistungen und Gegenleistungen tritt in der Öffentlichen Verwaltung das Gleichgewicht des Haushalts, an die Stelle der Dimension des Marktes tritt in Betrieben der Öffentlichen Verwaltung die Dimension der Politik. Die Betriebe der Privatwirtschaft können den Erfolg ihrer wirtschaftlichen Tätigkeit auf einen Nenner bringen – Geld. Dagegen gibt es für den Erfolg der Betriebe der Öffentlichen Verwaltung keine quantifizierbare Meßeinheit, er ist somit kaum meßbar [131].
Die Hochschule kann als ein Dienstleistungsbetrieb definiert werden, der verschiedene, häufig sogar miteinander verbundene Dienstleistungen bereitstellt, die in unterschiedlicher Form erbracht und verwertet werden. Sie ist keinesfalls ein Sachleistungsbetrieb, in dem als „betriebliche Leistungserstellung" das „Werkstück" Abiturient „einem mehrsemestrigen Transformationsprozeß" unterzogen wird und nach überstandener „Endkontrolle" den Betrieb im Rahmen der „betrieblichen Leistungsverwertung" verläßt.

[35] Die Verwaltungslehre als einheitliche Grundwissenschaft der öffentlichen Verwaltung hat das fehlende „ordnend, gliedernd überwölbende System" für die beteiligten Fachwissenschaften zu liefern [50, S. 55]. Die Grundbegriffe der beteiligten Fachwissenschaften sind noch nicht zu kontaktfähigen und integrierbaren Begriffen umgearbeitet worden [89, S. 308]. Zur Verwaltungslehre siehe u. a. [99; 130].

Aussagen einer Betriebswirtschaftslehre der Hochschule haben sich an den konstituierenden Merkmalen eines Betriebs zu orientieren. Charakteristisch für einen Betrieb ist die Existenz dreier Bereiche:

a) Leistungsbereich
b) Finanzbereich als monetäres Äquivalent zu a)
c) Informationsbereich als informationelles Äquivalent zu a)

Zum *Leistungsbereich* gehören vor allem:

- Leistungsprogramm, also die Aufgaben der Hochschule
- Organisation der Hochschule, also die Übertragung abstrakt formulierter Aufgaben in konkrete Verhältnisse der Hochschule
- Art der Bereitstellung von Leistungen, und zwar getrennt für Lehre/Studium, Forschung und Externe Dienste.

Das Leistungsprogramm der Hochschule wurde einschließlich der mittelbaren Aufgaben in Abschnitt 1.2.1 ausführlich dargestellt, ebenso einzelne Fragen der Organisation in den Abschnitten 1.2.2 und 1.3.1. Die von einer Betriebswirtschaftslehre der Hochschule zu erforschenden organisatorischen Fragen sollen im folgenden an zwei Aspekten der Hochschulkapazität aufgerissen werden: der Zeitstruktur der Leistungsbereitstellung sowie der optimalen Betriebsgröße der Hochschule.

Die zeitliche Struktur der Bereitstellung von Leistungen ist seit Jahrhunderten überliefert: drei Monate Sommersemester von Mai bis Juli, vier Monate Wintersemester von November bis Februar. Nachteilig dürfte die Unterbrechung Ende Dezember („Weihnachtsflaute") und das arbeitsreiche Semesterende des Sommersemesters im Juli, dem heißesten Monat des Jahres, sein[36]. Neben dieser ungünstigen zeitlichen Verteilung der Arbeits- und Freiperioden auf das Jahr ist das ebenso überlieferte Verhältnis von Semesterzeit (sieben Monate) zu Ferienzeit (5 Monate) zu nennen.

Man kritisiert häufig, insbesondere von politischer Seite, daß Hochschuleinrichtungen während der Semesterferien brach lägen – wogegen die Hochschulen einwenden, die wirklich knappen Ressourcen werden de facto das ganze Jahr über genützt. Man erhofft von einem Ganzjahresbetrieb an den Hochschulen eine Erhöhung der Kapazität für Lehre/Studium. Die Vorschläge dazu lassen sich in vier Typen zusammenfassen [129, I, S. 20 f]:

- ganzjähriger Lehrbetrieb als Schichtbetrieb:
  Einteilung des akademischen Jahres in mehrere gleichlange Studienperioden, Anwesenheit der Studenten und Dozenten mindestens in der Hälfte der Zeit. Sonderfall: der sog. überlappende Schichtbetrieb, d. h. Anwesenheit in zwei von drei Trimestern oder drei von vier Quartalen.
- ganzjähriger obligatorischer Lehrbetrieb:
  unterbrochen durch ca. 10 bis 15 Wochen Ferien, entweder als durchgehendes Studienjahr oder Aufteilung in mehrere Perioden mit deutlichen Zäsuren
- ganzjähriger Lehrbetrieb:
  aufgeteilt in relativ kurze Perioden für ein Kompaktstudium. Einteilung in Arbeits- und Freiperioden im Ermessen des Studenten bzw. Dozenten.

[36] „Es ist nicht einzusehen, daß sich der Hochschulbetrieb noch an Aussaat- und Erntezyklen der Landwirtschaft orientiert; der allergeringste Prozentsatz der Hochschulbetroffenen ist an der landwirtschaftlichen Produktion beteiligt" [129, III, 9 D].

– Tradierte obligatorische Semestereinteilung + zusätzliche Studienperioden: Ein oder zwei Studienperiode(n) mit Sonderstatus z. B. für Engpaßfächer oder für Zusatzprogramme.

Ein anderer bislang nicht erforschter Problemkreis ist die „optimale" Betriebsgröße der Hochschule und ihrer Einflußgrößen. Es gibt eine gewisse Mindestgröße, um bestimmte Aufgaben, z. B. eine interdisziplinäre Arbeit überhaupt erfüllen zu können. Eine gewisse Mindestgröße ist ferner Voraussetzung dafür, daß Kosten-Degressionseffekte auftreten können. Andererseits dürfte es auch eine bestimmte Maximalgröße geben, weil eine zu große Hochschule unübersichtlich werden kann, z. B. auch durch eine starke räumliche Dezentralisierung. Neben betriebswirtschaftlichen Gründen kann eine Maximalgröße auch durch soziologische Aspekte begrenzt werden, z. B. dem Verhältnis Bevölkerungszahl zu Studentenzahl am Hochschulort. Mit der Betriebsgröße ist auch die Ausbildungskapazität [46] angesprochen, mit der sich die Wissenschaft erst befaßt, seitdem es Zulassungsbeschränkungen gibt. Dann mußte man sich oft unter Zeitdruck mit Verfahren zur Feststellung von Kapazitäten beschäftigen. Die HVP konnte nicht auf eine Unterstützung durch die Betriebswirtschaftslehre zurückgreifen.

Das Problem der optimalen Größe stellt sich nicht nur für eine Gesamthochschule oder Gliedhochschule, sondern auch für die einzelnen Betriebseinheiten, z. B. die Fachbereiche. So kann eine zu starke Aufgliederung der ehemaligen Fakultäten in Fachbereichen zu Kompetenz- und Koordinationsschwierigkeiten zwischen den einzelnen Fachbereichen führen. Zur Aufbau- und Ablauforganisation der Hochschulen hat die betriebswirtschaftliche Organisationslehre kaum beigetragen, Organisationsentscheidungen wurden teilweise entgegen betriebswirtschaftlichen Erkenntnissen getroffen; z. B. die lange Beibehaltung des jährlich wechselnden, ehrenamtlichen Rektors, die Abgrenzung von Kollegialorganen. Kollegialorgane müssen aber, um zu funktionieren, in einer klar gegliederten Beziehung zueinander stehen. Erforderlich ist eine „komplizierte Systemschaltung" von Kollegien, die teils übereinander, teils nebeneinander stehen, soweit das sinnvoll ist. Die Universität bietet eine Menge Beispiele dafür, wenn die Systemschaltung einer unübersichtlich gewordenen Anzahl von Kommissionen und Ausschüssen dem Zufall überlassen wird: Gremien werden ins Leben gerufen, die nie tagen, andere tagen, ohne daß die Ergebnisse den richtigen Adressaten finden, viele wertvolle Ansätze verlaufen im Sande [18, S. 2].

Im Bereich Lehre/Studium stellt die Hochschule Dienstleistungen, nämlich Lehre (in Lehrveranstaltungen) und Hilfsmittel für das Studium (z. B. Bibliotheken, Computer, audio-visuelle Hilfsmittel, Studienberatung) zur Verfügung, die der Studierende nach eigenem Ermessen in Anspruch nehmen kann. Mit Hilfe dieser Dienstleistungen kann der Studierende im hohen Maße sein Studium selbst organisieren. Er ist also nicht nur das „Produkt" in einem „Produktionsprozeß", sondern darin gleichzeitig „Produktionsfaktor"[37].

Der Studierende erhält aufgrund der Abschlußprüfung ein Zeugnis, daß ihm bestimmte Kenntnisse bescheinigt. Unabhängig von seinen tatsächlichen Fähigkeiten

[37] Olivera [110, S. 56 f] unterscheidet drei Rollen des Studenten: er tritt als „Käufer eines Konsumgutes" (geistiges Bedürfnis) auf, er ist zweitens mit dem Erwerber eines Kapitalguts zu vergleichen (Erhöhung der Verdienstfähigkeit infolge des Studiums) und er ist drittens „Produktionsmittel im Prozeß seiner eigenen Ausbildung".

(Fach- und Methodenkenntnisse sowie Fähigkeit zur wissenschaftlichen Arbeit, d. h. Erkennen und Lösen neuer Probleme), hat dieses Zeugnis einen eigenen Marktwert; es eröffnet von vornherein den Zugang zu einer höheren Gehaltsgruppe. Somit hat Lehre/Studium einen doppelten Aspekt: Neben der Nutzung der angebotenen Dienstleistungen durch das selbstorganisierte Studium die Ausstellung eines Zeugnisses als Voraussetzung für eine ausbildungsgerechte „Leistungsverwertung".

Im Bereich der Forschung werden Erkenntnisse hervorgebracht – auch die Erkenntnis, daß auf dem betreffenden Forschungsgebiet keine Erkenntnisse greifbar sind. Die Erkenntnisse werden entweder für Lehre/Studium bereitgestellt und/oder direkt z. B. durch Publikationen, Vorträge verwertet. Forschung ist – schon wegen des Verbundes zu Lehre/Studium und seiner gesellschaftlichen Relevanz – im weiteren Rahmen zu sehen als nur für den Eigenbedarf des Forschers. Forschung kann somit gleichzeitig die Bereitstellung einer Dienstleistung, aber auch die Verwertung einer Dienstleistung sein.

Der Bereich der externen Dienste kommt der gewerblichen „Auftragsproduktion" am nächsten: nach speziellem (z. B. ein Gutachten, eine Untersuchung) oder allgemeinem Auftrag (Krankenversorgung) werden Dienstleistungen bereitgestellt und teilweise auch verwertet. Diese externen Dienste haben entweder Forschungs- (z. B. Gutachten) oder Routinecharakter (z. B. Blutalkoholuntersuchungen der Gerichtsmedizinischen Institute).

Das Schwergewicht des *finanziellen Bereichs* liegt im Rechnungswesen der Hochschule, also in der internen Dimension. Das Rechnungswesen der Hochschule ist das in der Öffentlichen Verwaltung vorgeschriebene Kameralistische Rechnungswesen [72; 147], das lediglich die rein kassenmäßige Abrechnung von Einnahmen und Ausgaben leistet. Rechnungsziel im Kameralistischen Rechnungswesen ist die laufende Kontrolle der Geldbewegungen: „Aus den Aufzeichnungen müssen Herkunft und Verbleib der Mittel sowie etwaige Überschüsse und Fehlbeträge, das sog. finanzwirtschaftliche Ergebnis, klar hervorgehen . . . Die Kontrolle sparsamer Wirtschaftsführung kann leider nur ein sekundäres Ziel sein" [122, S. 80]. Außerdem ist aus betriebswirtschaftlicher Sicht die mangelnde periodische Abgrenzung bzw. Verteilung von Ausgaben und Einnahmen zu kritisieren, z. B. im Fall der Ausgabenreste und bei Investitionen.

Das Kameralistische Rechnungswesen ist prinzipiell kein betriebliches, sondern ein nach der Haushaltskontrolle ausgerichtetes Rechnungswesen des Staates. Inzwischen aber verbrauchen die Hochschulen wesentlich mehr Mittel als in den 20er Jahren, trotz steigender Haushalte ist das Rechnungswesen der Hochschule aber nicht ausgebaut worden. Vorschläge zur Verbesserung des Rechnungswesens gehen in drei Richtungen: Verbesserung der Haushaltsplanung, z. B. durch Programmbudgets [10; 74; 118], Einführung einer pretialen Lenkung bzw. „internal pricing", also marktwirtschaftliche Allokationsverfahren [19; 117] und Einführung einer Kostenrechnung.[38]

[38] Theoretisch wäre auch eine betriebswirtschaftliche Einnahmen-/Ausgabenrechnung denkbar, jedoch verhindern die örtlichen und föderalen Unterschiede in der Haushaltswirtschaft eine überregional brauchbare Auswertung [7, S. 17 ff].

Eine Hochschulkostenrechnung[39] – zentrale Aufgabe einer Betriebswirtschaftslehre der Hochschule – soll die Wirtschaftlichkeit verbessern und bessere Informationen für Entscheidungen liefern; es soll der Hochschulleitung als Lenkungs- und Kontrollinstrument dienen. Ein verbessertes Rechnungswesen nützt aber auch der staatlichen Ebene, indem es ,,Betriebsvergleiche" zwischen mehreren Hochschulen ermöglicht [104]. Die Ergebnisse solcher Vergleiche stellen jedoch nur Hinweise für gezielte Untersuchungen dar, denn Kostenunterschiede sind häufig auch durch qualitative Unterschiede bedingt.
Das grundsätzliche Problem einer Kostenrechnung als Lenkungs- und Kontrollinstrument im Bildungswesen ist die Tatsache, daß die Leistung der Hochschule nicht hinreichend quantifizierbar ist, denn aufgrund der fehlenden Marktpreise kann man nicht zu einer Gleichnamigkeit weder der Leistungen noch der Kosten- und Leistungsseite untereinander zum Zwecke der Bewertung von Alternativen in monetären Größen gelangen. Außerdem ist es derzeit nicht möglich, kausale Zusammenhänge zwischen marginalen Leistungszuwächsen und einzelnen Einflußfaktoren der Kostenseite herzustellen.
Eine Hochschulkostenrechnung sollte so ,,modular" aufgebaut sein, daß sie je nach Fragestellung Kosten auf Teilkostenbasis, gegebenenfalls auf Vollkostenbasis ausweisen kann. Sie bringt Aussagen auf der Grundlage einer Kostenarten- und -stellenrechnung sowie eines sinnvollen Systems von Kostenkennzahlen und ggf. einer Kostenträgerrechnung. Eine Kostenrechnung erfordert zunächst, daß die Ausgaben (der Haushaltswirtschaft) und die Kosten voneinander abzugrenzen sind [7, S. 56 ff]. Ausgaben sind in Kostenarten zu transformieren, außerdem müssen diejenigen Kosten zusätzlich erfaßt werden, die keine Ausgaben sind [7, S. 124 ff; 61, S. 27 ff]. Die Kostenarten sind dann den nach Verantwortungsbereichen zu gliedernden Kostenstellen zuzuordnen. Als weitere Kostenauswertung kommt ein System von Kostenkennzahlen [7, S. 283 ff] bzw. eine Art Kostenträgerrechnung mit je nach Empfängergruppe gestuften Berichtsblättern [61, S. 48 ff] infrage. Problematisch bei einer Kostenträgerrechnung im Hochschulbereich sind vor allem der fehlende Markt (keine Quantifizierung der Leistungen), der Leistungsverbund (eine Lehrveranstaltung gibt Leistungen für mehrere Studiengänge ab) und die ,,Kuppelproduktion" (Kosten lassen sich nicht immer allein der Lehre, der Forschung, den Externen Diensten zurechnen). Abzulehnen ist die Ermittlung von Kosten, die aufgrund einer Umlage von Blockkosten zustandegekommen sind (z. B. Umlage der Kosten des Rektorats auf die einzelnen Fachrichtungen [141]). Solche Umlagen bringen keine zusätzlichen Informationen, sondern vielmehr einen Informationsverlust. ,,Richtige" Kostendaten erhöhen auch die Aussagefähigkeit von Simulationsmodellen.
Neben dem Leistungs- und Finanzbereich wurde der *Informationsbereich* als drit-

[39] Zu einer Kostenrechnung im Hochschulbereich liegen folgende Untersuchungen vor [61; 141; 7 a; 47 a]. [124] befaßt sich mit einer Kostenrechnung im Schulbereich. Bei allen Untersuchungen handelt es sich um Konzepte, die in der Praxis noch erprobt werden müssen. Ein Kostenrechnungs-Symposion der HIS GmbH Ende Juni 1974 ergab u. a., daß insbes. für den überbetrieblichen Aspekt einer Kostenrechnung noch eine erhebliche Strukturierungsarbeit (,,Strukturmodell Hochschule") zu leisten ist und daß im Hochschulbereich ein flexibles System von Kostenkennzahlen wesentlich leistungsfähiger ist als eine Kostenträgerrechnung. Ein Kurzbericht über dieses Symposion erscheint in den HIS-Kurzinformaionen.

tes konstituierendes Merkmal eines Betriebes genannt. Dieses Buch, insbesondere Teil II, liefert einen Beitrag zur Informationssphäre der Hochschule, damit auch zu einer Betriebswirtschaftslehre der Hochschule.
Für ein rationales Entscheiden und Handeln braucht die HVP die Unterstützung durch Erkenntnisse einer betriebswirtschaftlichen Erforschung der Hochschule. Diese Unterstützung wird immer notwendiger, weil angesichts der größer werdenden und mehr öffentliche Mittel verbrauchenden Hochschulen in zunehmenden Maße nach einer die wissenschaftlichen Leistungen nicht beeinträchtigenden wirtschaftlichen Führung des Hochschulbetriebs verlangt wird.

1.5.2 Beziehungen der Institutionen der HVP zu externen Beratungsorganisationen

Für die Hochschulverwaltung und -politik fehlen Rationalisierungshilfen und Entscheidungsgrundlagen in alarmierendem Umfang. Daher entschloß sich 1968 die Stiftung Volkswagenwerk zur Gründung der Hochschul-Informations-System GmbH (siehe Abschnitt *W. Krönig*)[40]. Als Zweck von HIS bestimmt § 2 der Satzung der HIS GmbH ,,. . . der Aufbau und Betrieb eines Informationssystems zur Schaffung von Entscheidungsgrundlagen im und für den Bereich des Hochschulwesens und angrenzender Gebiete sowie die Entwicklung von dazu geeigneten Methoden und Hilfsmitteln". Damit ist HIS als eine Hilfsinstitution für die verschiedenen Planungsinstanzen und Planungsebenen zu betrachten: vom Fachbereich bis zum Bund. HIS geht von den konkreten Problemstellungen auf Hochschulebene aus, um methodisch darauf aufbauend den unterschiedlichen Informationsbedürfnissen der Hochschulen, der Landes- und Bundesebene zu genügen. HIS hat an mehreren Hochschulen Planungszentren errichtet und unterstützt.
Ausgangspunkt für die Arbeit von HIS ist die Tatsache, daß durch Verwaltungsrationalisierung mit Hilfe der ADV gleichzeitig Informationen für die amtliche Statistik anfallen (so enthält das Programm für das Studentenoperationssystem einen Statistikteil, der die von dem Statistischen Landesamt benötigten Studentendaten enthält) und daß gleichzeitig auch der überwiegende Teil der für Planung notwendigen Daten anfällt. Die Kopplung sowohl der für die Planung als auch für die amtliche Statistik notwendigen Daten mit einer Automatisierung der Verwaltungsvorgänge in den Hochschulen hat den Vorteil, daß die Verläßlichkeit der ,,integriert" gewonnenen Daten erheblich größer ist als bei Erhebungen. Denn diese werden nicht durch Verwaltungsvorgänge unterstützt und müssen außerdem mehrfach geprüft werden.
Auch im Hochschulbereich leisten professionelle Beratungsfirmen in Einzelfragen Beratungsdienste – mit wechselndem Erfolg. Dabei handelt es sich beispielsweise um Organisationsuntersuchungen [141 a], Untersuchungen zur Raumnutzung [71; 129], Klinikplanung, Entwicklung eines Kostenrechnungsmodells [141].

[40] Nach Ablauf der Bewilligung der Stiftung Volkswagenwerk an die HIS GmbH wird diese seit Anfang 1974 gemeinsam von Bund und Ländern weitergeführt.

Literatur

A Bücher und Zeitschriftenbeiträge

[1] Ackoff, R. L.: Toward an Idealized University, fourth version, Philadelphia Juli 1968.
[2] Albert, H.: Traktat über kritische Vernunft. 2. Aufl., Tübingen 1969.
[3] Albert, W. u. C. Oehler: Die Kulturausgaben des Bundes, der Länder und der Gemeinden 1950 bis 1967, Hochschulforschung. 10, hrsg. von der HIS GmbH. Weinheim 1972.
[4] Alex, L.; H. Heuser; M. Herrmann, H.-W. Thissen, G. Welbers: Angebot und Bedarf an hochqualifizierten Arbeitskräften in der BRD bis 1980. Arbeitskräftebilanz und Intensivanalyse. Hrs. vom Bundesminister für Bildung und Wissenschaft Bonn 1972. (Hochschule 8).
[5] Angermann, A. u. H. G. Bartels: Haushaltssynopsen der wissenschaftlichen Hochschulen der Bundesrepublik für das Haushaltsjahr 1970; Hochschulforschung 5, hrsg. von der HIS GmbH. Weinheim, Berlin, Basel 1970.
[6] –: Haushaltskonsolidierung und Finanzierungsrechnung, Redundanz von Gruppierungs- und Funktionenplan; Hochschulplanung 11, hrsg. von der HIS GmbH. Weinheim und Basel 1972.
[7] Angermann, A. u. U. Blechschmidt: Hochschulkostenrechnung, Hochschulplanung 12, hrsg. von der HIS GmbH. Weinheim und Basel 1972.
[7 a] Babeau, A., C. Cossu, S. Cuenin: Méthode de Calcul des coûts d'activités et de produits dans les universités françaises. Zwischenbericht. o. O. März 1974.
[8] Bachmann, H.: Die Förderung nach dem Berufsausbildungsförderungsgesetz, 4. Aufl. Bad Honnef 1972.
[9] Bahr, K.: Zusammenfassende Darstellung verschiedener Ansätze zur Bildungsplanung. In: Internationales Seminar über Bildungsplanung, hrsg. vom Institut für Bildungsforschung in der Max-Planck-Gesellschaft. Berlin 1967.
[10] Balderston, F. E. u. G. B. Weathersby: PPBS in Higher Education Planning and Management – from PPBS to Policy Analysis, Paper P-31 des von der Ford-Stiftung finanzierten Projekts an der University of California. Berkeley May 1972.
[11] Besch, F.: Das Hochschulgesetz des Landes Nordrhein-Westfalen, mit Erläuterungen, Nebenbestimmungen und ergänzenden Vorschriften; mit einer Einführung von L. Giesecke, 2. erw. Aufl. Bad Honnef 1973.
[12] Billerbeck, K.: Kosten-Ertrags-Analyse. Ein Instrument zur Rationalisierung der administrativen Allokation bei Bildungs- und Gesundheitsinstitutionen. Berlin 1968.
[13] Blaug, M.: Cost-benefit and Cost-effectiveness Analysis of Education. In: Budgeting programme analysis and cost-effectiveness in educational planning. Paris 1968.
[14] Boberg, G. u. K. Ebeling: Bibliografie, Akademikerbedarf, HIS-Brief 26. Hannover August 1972.
[15] Böhret, C.: Entscheidungshilfen für die Regierung. Modelle, Instrumente, Probleme. Opladen 1970.
[16] Bolsenkötter, H.: Brauchen wir eine Betriebswirtschaftslehre der Hochschule? Zeitschrift für betriebswirtschaftliche Forschung 20/1968, S. 215 ff.
[17] Bombach: Long-Term Requirements for Qualified Manpower in Relation to Economic Growth. In: L. S. E. Harris (Hrsg.), Economic Aspects of Higher Education. Paris: OECD 1964.
[18] Bonheim, H.: Gedanken über Organisationswissenschaft und Universitätsbetrieb, Deutsche Universitätszeitung/Hochschuldienst, 15–16/1969, S. 1 ff.
[19] Breneman, D. W. (Hrsg.): Internal Pricing within the University – A Conference Report, Paper P-24 des von der Ford-Stiftung finanzierten Projektes an der University of California. Berkeley 1971.
[20] Bundesassistentenkonferenz: Kreuznacher Hochschulkonzept; Schriften der Bundesassistentenkonferenz 1, 2. Aufl. Bonn 1968.

[21] –: Reform der Lehrkörper- und Personalstruktur, 2. überarb. Aufl. mit Personalstruktur im Bereich der Medizin; Schriften der Bundesassistentenkonferenz 3. Bonn 1970.
[22] –: Forschendes Lernen – wissenschaftliches Prüfen; Schriften der Bundesassistentenkonferenz 5, 2. Aufl. Bonn 1970.
[23] Bund-Länder-Kommission für Bildungsplanung (Hrsg): Zwischenbericht der Bund-Länder-Kommission für Bildungsplanung an die Regierungschefs des Bundes und der Länder über den Bildungsgesamtplan und ein Bildungsbudget, K 11/71. Bonn 1971.
[24] –: Bildungsgesamtplan. Bonn 1973 (K 50/73 als Gesamtausgabe, K 51/73 als Kurzfassung) (auch als Bundestagsdrucksache 7/1474 vom 20. 12. 1973 erschienen).
[24 a] Bund-Länder-Kommission für Bildungsplanung und Bundesanstalt für Arbeit (Hrsg.): 1974: Studien- und Berufswahl. Entscheidungshilfe für Abiturienten und Absolventen der Fachoberschulen. Bad Honnef 1973
[25] Bundesminister für Bildung und Wissenschaft: Bildungsbericht '70. Bericht der Bundesregierung zur Bildungspolitik. Bonn 1970 (auch als Bundestagsdrucksache VI/925 erschienen).
[26] –: Zweites Datenverarbeitungsprogramm der Bundesregierung. Bonn 1971.
[27] –: Forschungsbericht (IV) der Bundesregierung. Bonn 1972 (auch als Bundestagsdrucksache VI/3251 erschienen).
[27 a] –: Grunddaten. Bonn März 1974.
[28] Cartter, A. M.: Economics of the University, American Economic Review, P. P. 55/1965 (2), S. 481 ff.
[29] Caspar, R.: Ökonomische Konzeption einer rationalen Hochschulplanung, Steuerung und Regelung als Planungsstrategie für eine Wissenschaftliche Hochschule; Hochschulplanung 3, hrsg. von der HIS GmbH. Weinheim, Berlin, Basel 1970.
[30] Chmielewicz, K.: Überlegungen zu einer Betriebswirtschaftslehre der öffentlichen Verwaltung. Zeitschrift für Betriebswirtschaft 41/1971, S. 583 ff.
[31] Curtius, C. F.: Universitätsverwaltung Düsseldorf 1973. In: Von der medizinischen Akademie zur Universität Düsseldorf 1923 – 1973, Festschrift. Berlin 1973, S. 98 ff.
[32] Dahrendorf, R.: Bildung ist Bürgerrecht, Plädoyer für eine aktive Bildungspolitik. Hamburg 1965.
[33] Deumeland, K. D.: Hochschulgesetz Nordrhein-Westfalen mit ergänzenden Vorschriften, Opladen 1970.
[34] Deutsche Forschungsgemeinschaft (DFG): Aufbau und Aufgaben der Deutschen Forschungsgemeinschaft. 8. Aufl., Wiesbaden 1970.
[35] Deutscher Bundestag: Debatte über den Zwischenbericht zum Bildungsgesamtplan (Bundestagsdrucksache VI/2992) in der 180. Sitzung am 12. 4. 1972.
[36] Denison, E. F.: The Sources of Economic Growth in the United States and the Alternatives Before Us. Supplementary Paper No. 13, Committee for Economic Development. New York 1962.
[37] Echterhoff-Severitt, H.: Wissenschaftsausgaben der Wirtschaft. Essen 1964; fortgeschrieben unter dem Titel „Wissenschaftsaufwendungen in der BRD" in mehreren Folgen. In: Wirtschaft und Wissenschaft ab Heft 1/1969
[38] Edding, F.: Ökonomie des Bildungswesens. Lehren und Lernen als Haushalt und Investition. Freiburg/Br. 1963.
[39] –: Lebenslanges Intervall-Lernen, Deutsche Universitätszeitung/Hochschuldienst 12/1973, S. 482 ff.
[40] Eggers, P., P. Lichtenberg, u. J. Burckhardt (Hrsg.): Hochschulgesetze des Bundes und der Länder. Textausgabe (als Loseblattwerk), Bad Honnef 1972.
[41] Ehmke, H.: Planen ist keine Sünde. In: Die Zeit Nr. 50, 10. Dez. 1971; Nr. 51, 17. Dez. 1971.
[42] –: Planung im Regierungsbereich – Aufgaben und Widerstände. In: Bulletin des Presse- und Informationsamtes der Bundesregierung Nr. 187, 16. Dez. 1971, S. 2026 ff.
[43] Eichhorn, P.: Was die Ökonomen ignorieren. Wirtschaftswoche 22/1973, S. 36 ff.
[44] Ellwein, Th.: Regierung und Verwaltung. 1. Teil, Regierung als politische Führung. Stuttgart, Berlin, Köln, Mainz 1970.

[45] –: Politische Planung. Viel aneinander vorbeigeredet. Wirtschaftswoche Nr. 50/1972. S. 31 ff.

[46] Elstermann, J. (Hrsg.): Ausbildungskapazität – Eine Zwischenbilanz. Schriften des Hochschulverbandes, Heft 24. Göttingen 1971.

[47] Erhardt, M.: Hochschulstatistikgesetz – Kommentar. Bad Honnef 1972; in der Reihe Hochschulrecht des Bundes, Band 4, hrsg. von P. Lichtenberg, J. Burckhardt u. D. Elchlepp.

[47 a] Farmer, J.: Why Cost Analysis for Higher Education? hrs. von CERI, Paris Oktober 1973.

[48] Fischer, J.: Bemerkungen zur Internationalität der Universitäten und Hochschulen; Referat auf der ersten Konferenz der CERI-Mitgliedsländer in Paris, Januar 1973; hrsg. von der OECD (in englischer Sprache) Nr. E 58 271.

[49] Forrester, J.: Planung unter dem dynamischen Einfluß komplexer sozialer Systeme. In: Politische Planung in Theorie und Praxis. Hrsg. V. Ronge u. G. Schmieg. München 1971.

[50] Forsthoff, E.: Anrecht und Aufgabe einer Verwaltungslehre (Nachwort zu „Rechtsfragen der leistenden Verwaltung"), Schriftenreihe res publica. Stuttgart 1959.

[51] Friedrich-Ebert-Stiftung (Hrsg.): Hochschulrahmengesetz, Synopse, Stellungnahmen, Dokumente; Studentische Politik 5/6/7. Bonn 1972.

[52] Freund, E. u. R. R. Reum: Bildung und Wissenschaft als finanzstatistisches Problem, Wirtschaft und Statistik 1971/6, S. 335 ff.

[53] Freytag, H. L. u. W. Krönig: Überlegungen zur zentralen Verteilung von Studienplätzen, HIS-Brief 30. Hannover, Oktober 1972.

[54] Gulko, W. W.: Program Classification Structure, Boulder/Colorado 1972, hrsg. vom National Center for Higher Education and Management Systems, Technical Report 27.

[55] Gutenberg, E.: Grundlagen der Betriebswirtschaftslehre. Band 1. Die Produktion, 20. Aufl. 1973; Band 2 Der Absatz, 14. Aufl. 1973; Band 3 Die Finanzen, 6. Aufl. 1973. Berlin, Heidelberg, New York.

[56] Habermas, J.: Technik und Wissenschaft als Ideologie. Frankfurt a. M. 1969.

[57] Habermas, J. u. N. Luhmann: Theorie der Gesellschaft oder Sozialtechnologie. Frankfurt a. M. 1971.

[58] Hehner, K., E. Moeller, W. Sämann, D. Thöne u. R. Vieten: Entwicklung einer Organisationskonzeption für einen Naturwissenschaftlichen Fachbereich. In: Hochschulforschung 8, hrsg. von der HIS GmbH. Weinheim, Basel, Wien 1972.

[59] Heindlmeyer, P., U. Heine, H. J. Möbes u. H. Riese: Berufsausbildung und Hochschulbereich; Hochschulplanung 13, hrsg. von der HIS GmbH. Pullach 1973.

[60] Hempel, W.: Förderung des wissenschaftlichen Nachwuchses an Hochschulen. Erläuterungen zum Graduiertenförderungsgesetz und zur Durchführungsordnung. Bad Honnef 1973; in der Reihe Hochschulrecht des Bundes, Band 3, hrs. von P. Lichtenberg, J. Burckhardt u. D. Elchlepp.

[61] HIS (Hrsg.): HIS-Brief 9, Informationssysteme für die Universität Erlangen–Nürnberg. Bericht der Projektgruppe in Erlangen. Hannover, November 1970

[62] HIS: Jahresbericht 1972/73. Hannover 1973.

[63] Hochschuldidaktik – Bestandsaufnahme 1973. Beiträge mehrerer Autoren in der Deutschen Universitätszeitung/Hochschuldienst 13, 14 und 15/1973, S. 530 ff, S. 578 ff und S. 626 ff.

[64] von Humboldt, W.: Die Idee der Deutschen Universität, insb. der Abschnitt „Über die innere und äußere Organisation der höheren Wissenschaftlichen Anstalten in Berlin". Fischer-Bücherei des Wissens, Studienausgabe 2, Oktober 1971.

[65] Jantzsch, E.: Von Prognose und Planung zu den 'Policy Sciences'. In: Politische Planung in Theorie und Praxis. Hrsg.: V. Ronge u. G. Schmieg. München 1971.

[66] Jochimsen, R.: Ziele und Strukturen der Universität – Überlegungen zur Hochschulreform; in der Schriftenreihe Gegenwartsfragen, hrsg. vom Kultusminister des Landes Schleswig-Holstein. Kiel 1968.

[67] –: Zum Aufbau und Ausbau eines integrierten Aufgabenplanungssystems und Koordinationssystems der Bundesregierung. In: Bulletin des Presse- und Informationsamtes der Bundesregierung. Nr. 97, 16. Juli 1970. S. 949 ff.

[68] –: Planung im staatlichen Bereich. In: Bulletin des Presse- und Informationsamtes der Bundesregierung. Nr. 113, 23. Juli 1971. S. 1236 ff.

[69] Johns, R.: Das Problem der öffentlichen Vermögensrechnung und seine Lösung. Würzburg 1943.

[70] Kewenig, A.: Zur Revision des Grundgesetzes: Planung im Spannungsverhältnis von Regierung und Parlament. In: Die Öffentliche Verwaltung Heft 1/2, Januar 1973, S. 23 ff.

[71] Kienbaum Unternehmensberatung: Bericht über die Entwicklung eines Systemmodells zur Raumdispostion im Hochschulbetrieb. Bonn/Gummersbach. Oktober 1972.

[72] König E. u. E. Wobser: Öffentliches Rechnungswesen im Fortschritt der Automation. AWV-Schriftenreihe 123. Berlin, Köln, Frankfurt 1967.

[73] Kommunale Gemeinschaftsstelle für Verwaltungsvereinfachung, Verwaltungsorganisation der Gemeinden, Teil I Aufgabengliederungsplan, 4. Aufl. Köln 1967.

[74] Kommunalwissenschaftliches Dokumentationszentrum (KDZ) (Hrsg.). Materialien zum Seminar „Programmbudget – Techniken", veranstaltet vom KDZ am 27. 11. 69.

[75] Kontakt-Studium „Operations Research". Wirtschaftswoche Nr. 12/1972, Nr. 14/1972 und Nr. 15/1972.

[76] Krauch, H.: Computer Demokratie. Düsseldorf 1972.

[77] Krönig, W.: Die Rolle eines Hochschul-Informationssystems in der Hochschulplanung, Deutsche Universitätszeitung/Hochschuldienst 17/1971, S. 549 ff.

[78] –: Die Hochschul-Informations-System GmbH (HIS) und ihre Zusammenarbeit mit der amtlichen Statistik. In: [47].

[79] –: Schwierigkeiten mit der Planung in der Bundesrepublik. HIS-Kurzinformationen Nr. 4/1972.

[80] Kullmer, H.: Die Hochschulstatistik im Rahmen der Bildungsstatistik in der Bundesrepublik Deutschland, Geschichte, Stand, Problematik, Zukunft. In: Statistische Informationen Nr. 2/1971; Hrsg.: Statistisches Amt der Europäischen Gemeinschaften.

[81] Kultusminister des Landes Nordrhein-Westfalen: Empfehlungen II des Planungsbeirats für das Hochschulwesen. In: Strukturförderung im Bildungswesen des Landes Nordrhein-Westfalen, Schriftenreihe des Kultusministeriums Nr. 14, November 1970, S. 183 ff.

[82] Kultusministerkonferenz: Die Entwicklung der Studierendenzahlen und der Bedarf an Studienplätzen bis 1980 im gesamten Hochschulbereich. Bonn 1969.

[83] –: (Hrsg.): Handbuch für die Kultusministerkonferenz 1971. Bonn 1971.

[84] –: Kulturpolitik der Länder 1969 und 1970. Bonn 1971.

[85] –: (Hrsg.): Der personelle Ausbau der Universitäten 1960–1970, Statistisches Material II B-1/73. o. O. o. J.

[86] Landesregierung Nordrhein-Westfalen: Bedarf an Arbeitskräften im Hinblick auf deren Qualifikationsniveau. Landtagsdrucksache 7/1162 vom 19. 10. 1971, in den Anlagen 43 und 44, Seite A 93 ff.

[87] Landtag Nordrhein-Westfalen: Plenarprotokoll 7/76 vom 7. 6. 1973.

[88] Lichtenberg, P., J. Burckhardt u. D. Elchlepp: Gemeinschaftsaufgabe Hochschulbau, Erläuterungen und Materialien zum Hochschulbauförderungsgesetz sowie Entwicklungen im Hochschulbereich mit einem Überblick über parlamentarische Institutionen sowie Organisationen für den Bereich von Bildung und Wissenschaft. Bad Honnef 1971.

[89] Luhmann, N.: Die Grenzen einer betriebswirtschaftlichen Verwaltungslehre. Verwaltungsarchiv 56/1965, S. 303 ff.

[90] –: Lob der Routine. In: Politische Planung. Aufsätze zur Soziologie von Politik und Verwaltung. Opladen 1971.

[91] –: Opportunismus und Programmatik. In: Politische Planung . . . a. a. O.

[92] –: Politische Planung. In: Politische Planung. . . a. a. O.

[93] –: Reform und Information. In: Politische Planung. . . a. a. O.

[94] –: Sinn als Grundbegriff der Soziologie. In: [57].

[95] –: Verfassungsmäßige Auswirkungen der elektronischen Datenverarbeitung. Öffentliche Verwaltung und Datenverarbeitung 2/1972. S. 44 ff.
[96] Maaß, K. J.: Brauchen wir den Europarat noch? Die Europäischen Gemeinschaften arbeiten an einem Konkurrenz-Programm im Hochschulbereich. Deutsche Universitätszeitung/Hochschuldienst 7/1973, S. 274 ff.
[97] Meyer, P. W.: Einheit von Forschung und Lehre – ein Trugbild? Zum Auszug der empirischen wirtschafts- und sozialwissenschaftlichen Forschung aus den Universitäten. Deutsche Universitätszeitung/Hochschuldienst 7/1973, S. 281 ff.
[98] Minister für Wissenschaft und Forschung des Landes Nordrhein-Westfalen (Hrsg.): Stellungnahmen zum Entwurf eines Gesamthochschulentwicklungsgesetzes. Düsseldorf 1972.
[99] Morstein-Marx, F. (Hrsg.): Verwaltung – eine einführende Darstellung. Berlin 1965.
[100] Mundhenke, E.: Automatisierung der Datenverarbeitung in der Kommunalverwaltung. Betriebswirtschaftliche Forschung und Praxis 12/1968, S. 706 ff.
[101] –: Hochschulstatistikgesetz am 18. 6. 71 einstimmig vom Bundestag verabschiedet. HIS-Kurzinformationen 10/71, S. 2 ff.
[102] –: Haushaltswesen der Hochschulen – Haushaltsanalyse und Automatisierung des Haushalts-, Kassen- und Rechnungswesen, HIS-Brief 17. Hannover August 1971.
[103] Myrdal, G.: Objektivität der Sozialforschung. Frankfurt a. M. 1971.
[104] National Science Foundation (Hrsg.): Systems for Measuring and Reporting, The Resources and Activities of Colleges and Universities. NSF 67–15 ("Henle-Report"). Washington D. C. 1967.
[105] Naumann, J. u. P. Siewert: Bildungsökonomische Aspekte der Curriculumrevision am Beispiel der Arbeitslehre. Fernstudienlehrgang Arbeitslehre. Studienbrief der Reihe B: Einführung in die Bezugswissenschaften. Deutsches Institut für Fernstudien an der Universität Tübingen. Weinheim 1973.
[106] Nehter, J.: Die Bedeutung der Organisationstheorie für die Öffentliche Verwaltung. Zeitschrift für Organisation 3/1970, S. 129 ff.
[107] Nordsieck, F.: Organisation und Aktenführung der Gemeinden, Grundlagen und Voraussetzung der Rationalisierung, 4. neubearb. Aufl., Stuttgart und Köln 1949.
[108] Oettle, K.: Über den Charakter öffentlich-wirtschaftlicher Zielsetzungen, Zeitschrift für betriebswirtschaftliche Forschung 18/1966, S. 241 ff.
[109] –: Öffentliche Verwaltung und Betriebswirtschaftslehre, Sonderdruck. Köln 1971.
[110] Olivera, J. H. G.: Die Universität als Produktionseinheit, Weltwirtschaftliches Archiv 98/1, 1967, S. 50 ff.
[111] Oppermann, T.: Kulturverwaltungsrecht. Tübingen 1969.
[112] Ortner, G. E.: Bildungs-Betriebslehre. Problemaufriß zu einer Theorie der Bildungsorganisation im Spannungsfeld zwischen Leitungs- und Verwaltungsfunktionen. Paderborn 1973.
[113] Parnes, H. S.: Forecasting Educational Needs for Economic and Social Development. Paris: OECD 1962.
[114] Parson, T.: Das System moderner Gesellschaften. München 1972.
[115] Picht, G.: Die deutsche Bildungskatastrophe. Olten und Freiburg i. Brg. 1964.
[116] Planungsausschuß für den Hochschulbau: Vierter Rahmenplan für den Hochschulbau nach dem Hochschulbauförderungsgesetz vom 12. 7. 1974. Bonn 1974.
[117] Protzen, J. P.: Internal Pricing – Ein Konzept zur Verteilung von Ressourcen im Hochschulwesen. In: [129, Teil II].
[118] Recktenwald, H. C. (Hrsg.): Nutzen-Kosten-Analyse und Programmbudget. Grundlagen staatlicher Entscheidungen und Planung. Tübingen 1970.
[119] Rotter, H.: Numerus Clausus nach neuem Recht. Bad Honnef 1973.
[119 a] Rühl, G. u. W. Hartenberg: Organisationsstruktur einer rationellen Hochschulverwaltung bei Computerunterstützung und integrierter Gesamthochschule. Vorbericht. Karlsruhe Februar 1974.
[120] Rumpf, H.: Credo zur Reform. Die Rolle der WRK. In: Die Zeit, Nr. 7 vom 12. 2. 1971.
[121] Schelsky, H.: Abschied von der Hochschulpolitik oder Die Universität im Fadenkreuz des Versagens. Gütersloh 1970.

[122] Schnettler, A.: Betriebe, Öffentliche Haushalte und Staat. Berlin 1964.

[123] Schuster, H. J. u. F. Graf Stenbock-Fermor: Überlegungen zur Eigenart der Hochschulverwaltung. Wissenschaftsrecht, Wissenschaftsverwaltung, Wissenschaftsförderung 1/1968, S. 28 ff.

[124] Siewert, P.: Grundzüge einer Kostenrechnung in Schulen. (unveröff. Manuskript), Berlin 1974.

[125] Spindler D. u. M. Walther: Zur Lage der Hochschuldidaktik-Materialien zu Funktion, Planung und Organisation hochschuldidaktischer Zentren in der BRD. Blickpunkt Hochschuldidaktik, Heft 18. Hamburg 1971.

[126] Statistisches Bundesamt: Fachserie A. Bevölkerung und Kultur, Reihe 10 Bildungswesen, V. Hochschulen, Hochschulbesuch (Kleine Hochschulstatistik) Wintersemester 1971/72 Stuttgart und Mainz.

[127] –: Fachserie L, Reihe 4, Personal von Bund, Ländern und Gemeinden vom 2. 10. 1971.

[128] Steinmüller, W. u. a.: Grundfragen des Datenschutzes. Gutachten im Auftrag des Bundesministeriums des Innern. Bonn Juli 1971.

[129] Studiengruppe für Systemforschung: Intensive Nutzung der räumlichen Kapazität im Hochschulbereich. Heidelberg Januar 1972.

[130] Thieme, W.: Verwaltungslehre. 2. Aufl. Köln, Berlin, Bonn, München 1967.

[131] Thiemeyer, T.: Von „Messen" keine Rede. Wirtschaftswoche 23/1973, S. 35 ff.

[132] Tinbergen, J. u. H. C. Bos: A Planning Model for the Educational Requirements of Economic Development. In: OECD (Hrsg.) The Residual Factor and Economic Growth. Paris 1965.

[133] Wedekind, J.: Kostenermittlung und Kostenauswertung im Hochschulbereich. Opladen 1971.

[134] Westdeutsche Rektorenkonferenz: Die WRK-Empfehlungen zur Reform der Hochschule Februar 1968 – Mai 1969 aufgrund der Godesberger Rektorenerklärung; Dokumente zur Hochschulreform IX/1969. Bad Godesberg 1969.

[135] –: Die Verfassungsgarantie der freien Wissenschaft als Schranke der Gestaltungsfreiheit des Hochschulgesetzgebers (Rechtsgutachten Mallmann/Strauch); Dokumente zur Hochschulreform XIV/1970. Bad Godesberg 1970.

[136] – (Hrsg.): Hochschulrahmengesetzentwurf und Begründung der Bundesregierung. Stellungnahmen von WRK, BAK, HV, VDS, Bonn 1971.

[137] –: Urteil des Bundesverfassungsgerichts vom 29. Mai 1973 zum niedersächsischen Vorschaltgesetz; Dokumente zur Hochschulreform XXI/1973, Bonn 1973.

[138] –: Jahresbericht 1971/72. Bonn 1973.

[139] von Weizsäcker, C. C.: Ein quantitatives Modell des Bildungswesens in der BRD. In: Internationales Seminar über Bildungsplanung, hrsg. vom Institut für Bildungsforschung in der Max-Planck-Gesellschaft. Berlin 1967, S. 215 ff.

[140] Weizsäcker, C. C. von u. H. L. Freytag: Plan eines Projektes. Ein quantitatives Modell des Bildungswesens in der BRD. In: Statistische Hefte 1967, S. 32 ff.

[141] Wibera AG: Kostenrechnung in Hochschulen, hrsg. vom Minister für Wissenschaft und Forschung des Landes Nordrhein-Westfalen. Düsseldorf 1972.

[141 a] –: Gutachten über Organisation und Wirtschaftlichkeit der Universität Hohenheim. Düsseldorf 1973.

[142] Widmaier, H. P. u. K. Bahr: Bildungsplanung. Stuttgart 1966.

[143] Winckelmann, H.: Begriff und Aufgaben einer Betriebswirtschaftslehre der öffentlichen Verwaltung. Zeitschrift für handelswissenschaftliche Forschung NF 15/1963, S. 321 ff.

[144] Wissenschaftsrat (Hrsg.): Empfehlungen zum Ausbau der wissenschaftlichen Hochschulen bis 1970. Köln 1967.

[145] – (Hrsg.): Empfehlungen des Wissenschaftsrats zur Struktur und zum Ausbau des Bildungswesens im Hochschulbereich nach 1970 – Zusammenfassung. Bonn 1970.

[146] Wolff, H.-J.: Verwaltungsrecht I. 7. Aufl. München 1968.

[147] Wysocki, K. v.: Kameralistisches Rechnungswesen. Stuttgart 1965.

[148] –: Betriebswirtschaftslehre und Staat. Zeitschrift für betriebswirtschaftliche Forschung 18/1966, S. 198 ff.

[148 a] Zangemeister, Chr.: Werturteil und formalisierte Planungsprozesse. Zeitschrift für Organisation 4/73, S. 217 ff.

B Gesetze, Gesetzesentwürfe u. ä.

Diese Übersicht nennt alle Gesetze und Gesetzesentwürfe außer den in Abb. 1–7 aufgeführten Hochschulgesetzen des Bundes und der Länder.

[149] Bundesminister für Bildung und Wissenschaft: Thesen zum Hochschulrahmengesetz. Bonn 1970.

[150] –: Entwurf zur Vorbereitung des Regierungsentwurfs eines Hochschulrahmengesetzes vom 29. Juni 1973.

[151] Bundesregierung: Regierungsentwurf für ein Hochschulrahmengesetz mit Begründung, Bundesratsdrucksache 689/70 (1970).

[152] –: Entwurf eines Hochschulrahmengesetzes, Bundestagsdrucksache VI/1873 (1971).

[152 a] –: Entwurf eines Hochschulrahmengesetzes Bundestagsdrucksache 7/1328 (30. 11. 1973).

[153] Bundestagsausschuß für Bildung und Wissenschaft. Vergleichende Übersicht der Entwürfe der Bundesregierung und der CDU/CSU-Fraktion eines Hochschulrahmengesetzes, der Stellungnahme des Bundesrates und der einschlägigen Vorschriften der ergangenen Länder-Hochschulgesetze (1971).

[154] –: Vergleichende Darstellung der schriftlichen Stellungnahmen der Wissenschaftsorganisationen und Hochschulverbände zu dem Entwurf eines Hochschulrahmengesetzes der Bundesregierung (1971).

[155] –: Vergleichende Übersicht der Referentenentwürfe zum Hochschulrahmengesetz (1971).

[156] –: Schriftlicher Bericht über die von der Bundesregierung (Drucksache VI/1873) und der Opposition (Drucksache VI/1784) eingebrachten Entwürfe (Drucksache 3506). Der Bericht der Berichterstatter der Fraktionen wurde als „Zu Drucksache 3506" vorgelegt (1972).

[157] Fraktion der CDU/CSU: Entwurf eines Rahmengesetzes über die allgemeinen Grundsätze des Hochschulwesens (Hochschulrahmengesetz), Bundestagsdrucksache VI/1784 (1971).

[158] Gesetz über den Landesrechnungshof Nordrhein-Westfalen (LRHG) vom 14. Dez. 1971. – Gesetz- und Verordnungsblatt für das Land Nordrhein-Westfalen, 25. Jahrg. Nr. 55. Düsseldorf 20. Dez. 1971.

[159] Gesetz über die Statistik für Bundeszwecke (StatGes) vom 3. Sept. 1953 (BGBl. I S. 1314), zuletzt geändert am 24. Mai 1968 (BGBl. I S. 503; BGBl. III Nr. 29–1).

[160] Landeshaushaltsordnung (LHO) vom 14. Dez. 1971. – Gesetz- und Verordnungsblatt für das Land Nordrhein-Westfalen. 25. Jahrg. Nr. 55. Düsseldorf 20. Dez. 1971.

[161] Staatsvertrag der Länder über die Vergabe von Studienplätzen vom 20. 10. 1972 (als letztes Bundesland hat Bremen am 25. April 73 diesen Staatsvertrag ratifiziert.).

[162] Vorläufige Grundordnungen für die Gesamthochschulen in Duisburg, Essen, Paderborn, Siegen/Hüttental, Wuppertal. In: Gemeinsames Amtsblatt des Kultusministeriums und des Ministeriums für Wissenschaft und Forschung des Landes Nordrhein-Westfalen, Ausgabe A, Düsseldorf, September 1972, Nr. 10, S. 370 ff.

2. Grundzüge eines Informationssystems

Trotz der umfangreichen Literatur über Informationssysteme läßt sich bislang noch kein allgemein anerkanntes Vorverständnis und schon gar nicht eine abschließende Definition des Begriffs „Informationssystem" erkennen [17, S. 33; 28, S. 14]. Ähnliches gilt für viele Komponenten dieses Begriffs wie z. B. Information, Informationsbedarf, Kommunikation, Sprache, Kontext, Codierung, Daten, Anweisungen etc. Deswegen erscheint es sinnvoll, den späteren Sachaussagen eine begriffliche Klärung voranzustellen.
Dabei werden Informationssysteme als Systeme mit zielgerichteter Organisation begriffen, die sich mit den Aspekten des Systemzwecks, der Systemelemente der Systembeziehungen und des Systemverhaltens hinreichend vollständig beschreiben lassen [2, S. 176 ff; 3; 10, S. 268].

2.1 Zweck eines Informationssystems

Der Zweck eines Informationssystems ist die Information eines bestimmten Adressatenkreises in bestimmten problematischen Situationen durch Kommunikation [1; 17, S. 41; 32, S. 204].
Unter Kommunikation soll im folgenden die Verständigung über Sachverhalte mit Hilfe von Zeichen verstanden werden. Dazu ist stets mindestens ein Zeichensender (Kommunikator), ein Zeichenempfänger (Rezipient) und ein physikalisches Medium zur Zeichenübertragung (Kommunikationskanal) notwendig [8, S. 43 f; 26, S. 25 ff; 32, S. 200]. Außerdem erfordert Kommunikation stets eine bestimmte Ausdrucksfähigkeit der Kommunikatoren und eine bestimmte Erlebnisfähigkeit der Rezipienten, die so aufeinander bezogen sein müssen, daß die gemeinten Sachverhalte von den Beteiligten hinreichend gleichartig verstanden werden. Beteiligte, die diese Voraussetzungen erfüllen, sollen als kommunikationsfähige Systeme bezeichnet werden [12, S. 42, 102; 18, S. 14; 29, S. 22].
Kommunikation führt nur dann zu Information, wenn sie auf eine bestimmte Erlebnisfähigkeit des (der) Rezipienten trifft. Diese ist bei allen kommunikationsfähigen Systemen stets in mehrfacher Hinsicht beschränkt.
Zunächst einmal sind jedem kommunikationsfähigen System bestimmte Wahrnehmungsgrenzen gesetzt, die es schon rein physisch unempfindlich für bestimmte Vorgänge in seiner Umwelt machen. Aber auch der innerhalb dieser Grenzen liegende Bereich physisch möglicher Wahrnehmungen ist den Systemen nicht ohne weiteres verfügbar, denn diese Wahrnehmungen könnten ohne entsprechende Ordnungsregeln nur als überwältigendes Chaos erlebt werden. Die Systeme benötigen also logische Strukturen, die ihnen eine sinnvolle Verarbeitung der physisch wahrnehmbaren Umwelteindrücke ermöglichen [12, S. 32 ff, 305].

Die logischen Erlebnisstrukturen sind bei kommunikationsfähigen Lebewesen in deren Bewußtseins- und/oder Instinktstrukturen und bei kommunikationsfähigen Maschinen in deren Dateien, Programmen und „festverdrahteten" Routinen enthalten. Sie lassen sich untergliedern in

- das „interne Außenweltmodell" und
- die „Aufnahmebereitschaft" des betreffenden Systems.

Das „interne Außenweltmodell" dient den kommunikationsfähigen Systemen als logisches Ordnungsraster. Es umfaßt alle dem jeweiligen System verfügbaren Ordnungsverfahren und bestimmt damit den Umfang und Beziehungsreichtum der logisch beherrschbaren Systemerlebnisse [9, S. 15; 17, S. 34; 21, S. 73]. Dieser Ordnungsgewinn ist allerdings nur dadurch möglich, daß mit dem „internen Außenweltmodell" die physisch wahrnehmbaren Umwelteindrücke standardisiert, tabuisiert oder in sonstiger Weise reduziert werden. Da diese Reduktionen immer auch anders möglich sind, stellt ein „internes Außenweltmodell" immer nur eines von mehreren möglichen Modellen dar. Es ist deshalb stets mit einem Auswahlrisiko belastet, das in der Regel um so höher ist, je größer der mit ihm erzielte Ordnungsgewinn ist [12, S. 31 ff, 305].
Dieses Auswahlrisiko können die Systeme – insbesondere bei einer sich ständig wandelnden Umwelt – nur dann tragen, wenn ihre Existenz durch die jeweilige Reduktion der Umwelteindrücke nicht gefährdet wird und/oder wenn sich ihr „internes Außenweltmodell" in dem erforderlichen Maße an anders nicht zu bewältigende Umwelteindrücke anpassen läßt. Letzteres wird, sofern es von dem betreffenden System selbst geleistet wird, üblicherweise als „Lernen" bezeichnet [12, S. 62; 26, S. 112]. Lernfähigkeit ist eine wesentliche Eigenschaft bewußtseinsbegabter Systeme, die dadurch einen Freiheitsgrad in der Gestaltung ihrer Umweltbeziehungen besitzen, über den andere Systeme (bislang) bei weitem nicht verfügen. Ihr „internes Außenweltmodell" kann deshalb noch viel weniger als das der anderen Systeme als starres Schema begriffen werden, sondern nur als flexible Struktur, die sich mehr oder weniger abhängig von den durch sie gesteuerten Prozessen dialektisch fortentwickelt [12, S. 37].

Die Erlebnisfähigkeit der meisten kommunikationsfähigen Systeme wird außer durch ihre physischen Wahrnehmungsgrenzen und ihr notwendig reduziertes „internes Außenweltmodell" dadurch noch weiter eingeschränkt, daß sie nur eine begrenzte Kapazität zur gleichzeitigen Wahrnehmung mehrerer Umwelteindrücke besitzen [26, S. 113]. Je begrenzter diese Kapazität ist, um so stärker sind sie gezwungen ihre Aufmerksamkeit auf jene Umwelteindrücke zu konzentrieren, die sie jeweils für bedeutungsvoll halten. Diese strukturierte Aufmerksamkeit soll als „Aufnahmebereitschaft" bezeichnet werden. Sie läßt sich als zeitpunktfixierte Bündelung der Aufmerksamkeit kommunikationsfähiger Systeme mit Hilfe einer mehr oder weniger differenzierten Staffelung von Aufmerksamkeitsschwellen begreifen.
Diese Aufnahmebereitschaft ist stets bewegungsorientiert, d. h. nur Änderungen in den Umwelteindrücken und/oder Änderungen in der Aufnahmebereitschaft können Aufmerksamkeit hervorrufen. Konstante Umwelteindrücke bei konstanter Aufnahmebereitschaft bleiben dagegen unterhalb der Aufmerksamkeitsschwellen [12, S. 31; 26, S. 113].

Die Aufnahmebereitschaft ist außerdem überraschungsorientiert, d. h. nur mehr oder weniger unerwartete Umwelteindrücke können die Aufmerksamkeitsschwellen überwinden. Diese Überraschungen sind möglich und prinzipiell unvermeidlich, weil die Systeme nur mit Hilfe bestimmter Erwartungen über die zukünftigen Umwelteindrücke ihre Aufmerksamkeit auf die für bedeutungsvoll erachteten Wahrnehmungen lenken können und diese Erwartungen stets nur eine der möglichen ,,Zukünfte" abdecken, also immer auch anders eintreffen können. Das hierin liegende Auswahlrisiko können die Systeme nur tragen, indem sie die möglichen Überraschungen durch ,,Erlebnisplanung" beherrschbar machen und die nicht zu bewältigenden Überraschungen ohne Gefährdung ihrer Existenz verdrängen können [12, S. 33, 305].

Vor dem Hintergrund der bisherigen Ausführungen läßt sich nunmehr der Begriff ,,Information" definieren. Unter ,,Information" soll im folgenden jede zeitpunktfixierte, erfolgreiche Zuordnung überraschender Umwelteindrücke zum ,,internen Außenweltmodell" eines Systems verstanden werden. ,,Information" wird hier also als zeitpunktfixiertes Ereignis auf der Grundlage eines zeitabhängigen ,,internen Außenweltmodells" und einer zeitabhängigen ,,Aufnahmebereitschaft" begriffen [1; 12, S. 34, 41, 305; 17, S. 34; 18, S. 14; 26, S. 39; 32, S. 202]. Dementsprechend kann ein und derselbe Umwelteindruck für ein und dasselbe System das eine Mal Information bewirken und das andere Mal nicht. Dabei ist der Informationswert eines verarbeiteten Umwelteindrucks um so höher, je größer die Überraschung über sein Eintreffen und je größer die Ungewißheit über seine Beziehung zu dem jeweils gültigen ,,internen Außenweltmodell" gewesen ist [12, S. 40].

,,Information" wird hier also nicht, wie dies häufig geschieht, als informierender Gegenstand begriffen, den man speichern und transportieren kann. Eine derartige Sprachregelung führt, da sie ,,Information" unabhängig von der Zeit und damit von den konkreten Rezipienten begreift, nicht nur zu unbefriedigenden Abgrenzungen (Daten-Informationen, Nachrichten-Informationen) sondern erschwert auch eine volle Entfaltung des Informationsbegriffs, insbesondere seiner pragmatischen Dimension [8, S. 46 ff; 22, S. 4 ff; 28, S. 14 f][1].

Aus diesem Grunde wird im folgenden unter einem ,,Informationssystem" auch nicht ein System verstanden, das ,,Informationen" beschafft, verarbeitet und vermittelt sondern ein System, daß ,,Information" bewirken soll. Der Begriff ,,Informationssystem" wird hier also nicht an dem Systemgegenstand ,,Informationen" sondern an dem Systemzweck ,,Information" festgemacht [17, S. 42].

Der Systemzweck ist allerdings nicht Information schlechthin, sondern, wie eingangs definiert, Information durch Kommunikation. Dementsprechend ist weder Information ohne Kommunikation, wie dies z. B. bei der Beobachtung von Sachverhalten der Fall ist, noch Kommunikation ohne Information, also z. B. die Vermittlung von Banalitäten, als Zweckerfüllung eines Informationssystems anzusehen [18, S. 14].

Der Zweck eines Informationssystems ist in der einleitenden Definition außerdem auf die kommunikative Information eines bestimmten Adressatenkreises in bestimmten

[1] Zur Bedeutung der pragmatischen Dimension für das Verständnis von Informationsprozessen siehe Abschnitt 2.3.4.3, 2.4.5 und 5.6.

problematischen Situationen eingeschränkt worden. Diese Einschränkung erscheint deshalb angebracht, weil es – außer zu definitorischen Zwecken – wenig sinnvoll ist, sich ein allgemeines, umfassendes Informationssystem vorzustellen.
Der Bezug zu einem bestimmten Adressatenkreis und bestimmten problematischen Situationen hat mehrere Aspekte. Zunächst einmal bestimmt er als die für das betreffende Informationssystem jeweils gültige adressaten- und situationsspezifische Erlebnisfähigkeit der Systembenutzer maßgeblich den Informationswert der vom System erzeugten Nachrichten. Dadurch entscheidet er letztlich über den Wert und die Existenzberechtigung jedes Informationssystems [17, S. 34 f]. Außerdem ist er als adressaten- und situationsspezifischer „Informationsbedarf" der Motor jedes Informationssystems. Unter „Informationsbedarf" soll dabei jener Spannungszustand verstanden werden, der kommunikationsfähige Systeme dazu drängt, sich oder andere kommunikationsfähige Systeme zu informieren [6; 9, S. 20 ff; 27; 30].
Der Informationsbedarf konkretisiert sich außer in bestimmten inhaltlichen Wünschen insbesondere in den Anforderungen an die Aktualität, Schnelligkeit, Differenziertheit, Genauigkeit, Vollständigkeit, Redundanzfreiheit, Übersichtlichkeit, Überprüfbarkeit und Wirtschaftlichkeit der erforderlichen Information. Diese sehr vielfältigen Wünsche und Anforderungen können jeweils nur mit spezifischen Systemstrukturen erfüllt werden. So gibt es z. B. Forschungs-Informationssysteme, Unterrichts-Informationssysteme, Politik-Informationssysteme, Verwaltungs-Informationssysteme, Management-Informationssysteme, Planungs-Informationssysteme, Monitorsysteme, etc. Der erhebliche Umfang und die große Komplexität des Begriffs „Informationssystem" resultiert denn auch im wesentlichen aus der Vielfalt der Begriffskomponente „Informationsbedarf" [1; 17, S. 43 ff; 21, S. 18 ff; 25, S. 23 ff].

2.2 Elemente eines Informationssystems

Als Elemente eines Informationssystems können je nach dem Detailierungsgrad der Betrachtung angesehen werden:
- die Faktoren, mit denen seine kleinsten selbständig leistungsfähigen Einheiten gebildet werden (Personen, Räume, Geräte, sonstige Sachmittel, Finanzmittel),
- die kleinsten selbständig leistungsfähigen Einheiten selbst (Basissysteme) oder
- Aggregate dieser kleinsten selbständig leistungsfähigen Einheiten (Teilsysteme) [2, S. 181 f; 3].

Die folgenden Ausführungen gehen von den Basissystemen als Elementen aus.

2.2.1 Einfache Kommunikatoren und Rezipienten

Informationssysteme bestehen immer aus mindestens zwei kommunikationsfähigen Elementen, deren Eigenschaften durch den jeweiligen Systemzweck und ihre Beziehungen zu anderen Systemelementen und/oder zur Systemumwelt bestimmt werden.

Diese Eigenschaften konkretisieren sich in bestimmten „Rollen". Unter einer „Rolle" soll dabei die Gesamtheit aller Merkmale eines Elements verstanden werden, die von ihm für die Umsetzung seiner Inputs in seine Outputs [19, S. 256] auf Grund der Einbettung in seine Umwelt erwartet werden können.
Zu einem bestimmten Kommunikationszeitpunkt nehmen die Elemente eines Informationssystems stets entweder die Rolle eines Kommunikators oder die eines Rezipienten ein. Innerhalb eines bestimmten Kommunikationszeitraums können sie auch beide Rollen in mehr oder weniger häufigem Wechsel nacheinander einnehmen.
Die Rolle eines Kommunikators ist durch den Output bestimmter Zeichen gekennzeichnet, die durch die jeweilige Kommunikationssituation und die Ausdrucksfähigkeit des betreffenden Kommunikators bestimmt sind. Die Ausdrucksfähigkeit besteht dabei in den physischen und logischen Ausdrucksmöglichkeiten des Kommunikators, wobei letztere sich aus den von ihm beherrschten Formulierungen und seinem damit aktualisierbaren Wissen ergeben. Der Output besteht in gerichteten, geordneten Zeichenfolgen, die die Erlebnisfähigkeit bekannter oder unbekannter Rezipienten in bestimmter Weise ansprechen sollen. Diese Zeichenfolgen werden im folgenden als „Nachrichten" bezeichnet [8, S. 46; 22, S. 2; 26, S. 35].
Der Kommunikator erzeugt die Nachrichten mit Hilfe seiner materiellen, energetischen und/oder nachrichtlichen Inputs, die er unmittelbar und/oder nach vorangegangener Speicherung bzw. vorangegangenem Transport aktualisiert. Seine Leistung besteht dabei darin, daß er mit Hilfe von Energie und/oder Materie aus Unordnung Ordnung oder aus einer Ordnung eine andere Ordnung schafft und diese Ordnung anderen kommunifikationsfähigen Systemen erlebbar macht [12, S. 77 ff, 305 ff].

Die Rolle eines Rezipienten ist durch den Input von Nachrichten bestimmt, die er mit Hilfe seines Bewußtseins und/oder seiner Instinkte bzw. seiner Programme, Dateien und „festverdrahteten" Routinen interpretiert und in ein bestimmtes Verhalten umsetzt. Dazu „zerlegt" der Rezipient zunächst die Nachrichten in die ihn betreffenden Daten (indikativen Nachrichtenelemente) und Anweisungen (imperativen Nachrichtenelemente) [8, S. 52 ff], untersucht diese dann in Beziehung zueinander und zu seinem „internen Außenweltmodell" auf ihre Bedeutung und setzt sie schließlich in ein anweisungsgerechtes oder auch anweisungswidriges Verhalten um. Dabei kann sich die Erlebnisstruktur des Rezipienten mehr oder weniger stark verändern.
Der Handlungsoutput eines Rezipienten kann in der räumlichen, zeitlichen und/oder sachlichen Transformation von Materie, Energie und/oder Nachrichten bestehen [1; 8, S. 16 ff]. Erzeugt der Rezipient dabei Nachrichten, wechselt er seine Rolle und wird zum Kommunikator.

2.2.2 Dialogpartner und Kommunikationsmittler

Informationssysteme, deren Elemente immer nur eine der beiden Rollen spielen – wobei immer mindestens ein Element Kommunikator und ein anderes Rezipient sein muß – bilden nur sogenannte einfache Kommunikationsstrukturen. Sie bilden dagegen komplexe Kommunikationsstrukturen, wenn mindestens eines ihrer Elemente im

Verlaufe eines Kommunikationsprozesses die Doppelrolle eines Kommunikators und Rezipienten spielt (siehe Abb. 2–1) [32, S. 200 f]. Dabei lassen sich drei Grundtypen von Doppelrollen unterscheiden:

- der Dialogpartner
- der monologische Kommunikationsmittler und
- der dialogische Kommunikationsmittler.

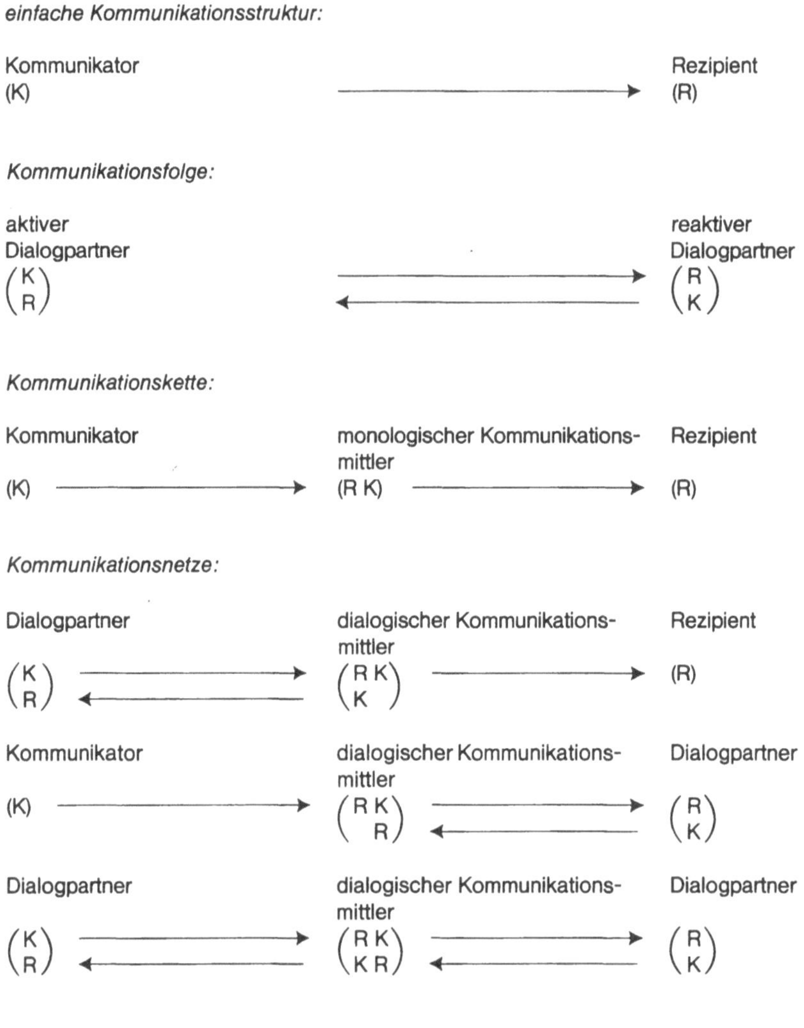

Abb. 2–1. *Rollenverteilungen in Kommunikationssystemen*

Der Dialogpartner[2] wechselt die Rolle des Rezipienten und Kommunikators, ohne dabei den (die) Kommunikationspartner zu wechseln. Eine Kommunikationsstruktur, die nur aus Dialogpartnern besteht, bezeichnet man auch als Kommunikationsfolge. Sie kann als zeitliche Abfolge einfacher Kommunikationsstrukturen mit wechselnder Kommunikationsrichtung aber gleichbleibenden Kommunikationspartnern verstanden werden. Dabei sind die Kommunikationsteilnehmer stets als aktive und reaktive Dialogpartner aufeinander bezogen.
Der monologische Kommunikationsmittler wechselt die Rolle des Rezipienten und Kommunikators bei gleichzeitigem Wechsel der (des) Kommunikationspartner(s). Eine Kommunikationsstruktur, die nur aus Kommunikatoren, Rezipienten und monologischen Kommunikationsmittlern besteht, bezeichnet man auch als Kommunikationskette. Sie kann als zeitliche Abfolge einfacher Kommunikationsstrukturen mit gleichbleibender Kommunikationsrichtung aber wechselnden Kommunikationspartnern verstanden werden, wobei immer mindestens ein gleichbleibender Kommunikationspartner an zwei aufeinanderfolgenden einfachen Kommunikationsstrukturen beteiligt sein muß.
Der dialogische Kommunikationsmittler wechselt die Rolle des Rezipienten und Kommunikators mit und ohne Wechsel der (des) Kommunikationspartner(s). Er bildet also mit mindestens einem Partner eine Kommunikationsfolge und kommuniziert dabei mit noch mindestens einem weiteren Partner. Kommunikationsstrukturen, an denen mindestens ein dialogischer Kommunikationsmittler beteiligt ist, nennt man auch Kommunikationsnetze. Sie können als zeitliche Abfolge einfacher Kommunikationsstrukturen mit wechselnder Kommunikationsrichtung und wechselnden Kommunikationspartnern verstanden werden, wobei immer mindestens ein gleichbleibender Kommunikationspartner an zwei aufeinanderfolgenden einfachen Kommunikationsstrukturen beteiligt sein muß.
Kommunikationsmittler können sich mehr oder weniger aktiv verhalten bis hin zu einer die gesamte Kommunikationsstruktur prägenden Rollendominanz. In diesem Falle spricht man auch von mittlergesteuerter Kommunikation. Die mittlergesteuerte Kommunikation ist besonders häufig in der Dokumentation anzutreffen [30, S. 9].

Die reaktiven Dialogpartner und die Kommunikationsmittler lassen sich weiter untergliedern in
- Datenverarbeiter
- Datencodierer
- Datenumsetzer

sowie im weiteren Sinne auch in
- Datenverteiler und
- Datenspeicher

Die Datenverarbeiter transformieren die stets mit einem bestimmten Inhalt empfangenen Daten in Daten mit einem anderen Inhalt. Dies macht z. B. jeder Verwaltungs-

[2] Für den hier verwendeten Dialogbegriff ist allein der inhaltliche Zusammenhang eines Zwiegesprächs maßgeblich. Dieser Begriff ist also weiter als der umgangssprachliche Dialogbegriff, der gewöhnlich nur solche Zwiegespräche umfaßt, die über den inhaltlichen Zusammenhang hinaus einem unmittelbaren räumlichen („von Angesicht zu Angesicht") und/oder zeitlichen Zusammenhang („schneller Wechsel von Rede und Antwort") aufweisen.

beamte, wenn er aus Personaldaten bestimmte Kennzahlen errechnet, oder wenn er Buchungsdaten in ein bestimmtes Konto einstellt, und auch jeder Politiker, wenn er bestimmte Sachaussagen kritisch würdigt und dabei mit einem anderen Gesamtinhalt neu gruppiert.
Die Datencodierer transformieren die stets in einer bestimmten sprachlichen Form empfangenen Daten in die möglichst bedeutungsgleichen Daten einer anderen Sprache. Die Datencodierer ändern also lediglich die sprachlogische Form der Daten. In diesem Sinne werden z. B. die Dolmetscher beim Übersetzen, die Programmierer beim Programmieren und die Dokumentare beim Indexieren tätig.
Die Datenumsetzer transformieren die stets in einer bestimmten physischen Form empfangenen Daten in Daten einer anderen physischen Form. Diese Funktion übt z. B. die Sekretärin aus, die nach Diktat schreibt, die Datentypistin bzw. der Belegleser, die handsignierte Daten auf Lochkarten oder Magnetband umsetzen, oder die Verfilmungsanlage, die papiergebundene Daten auf einen Film überträgt.
Die Datenverteiler transformieren die stets an einem bestimmten Ort anfallenden Daten in Daten, die an einem anderen Ort empfangen werden können. Dies macht z. B. die Bundespost mit ihrem Briefverteilungssystem und ihren Telefon-, Telex-, Datel- und Datexnetzen aber auch jeder Verwaltungsbote, der die Akten in den Verwaltungsgebäuden verteilt.
Die Datenspeicher transformieren die stets zu einem bestimmten Zeitpunkt anfallenden Daten in Daten, die zu einem späteren Zeitpunkt empfangen werden können. Diese Funktion üben z. B. Karteikarten-, Akten-, Bücher- und EDV-Speicher aus.

Die Datenverteiler und -speicher unterscheiden sich von den Datenverarbeitern, -codierern und -umsetzern dadurch, daß sie die zu verteilenden bzw. zu speichernden Daten lediglich als Materie bzw. Energie und nicht als sinnvolle Zeichenfolgen transformieren. Sie brauchen also diese Daten weder selbst zu interpretieren noch selbst auszudrücken. Sie sind deshalb nur insoweit als kommunikationsfähige Elemente anzusehen als sie darüber kommunizieren müssen, wie sie die materiellen oder energitischen Datenträger verteilen bzw. speichern sollen.
Im übrigen transformieren auch die Datenverarbeiter, -codierer und -umsetzer ihre Daten stets in räumlicher und zeitlicher Hinsicht, weil jedes Handeln – wenn auch in noch so geringem Umfang – Raum und Zeit beansprucht. Von Datenverteilern und -speichern soll deshalb nur dann gesprochen werden, wenn sie als selbständige Elemente mit der spezifischen Funktion der Datenverteilung und -speicherung ausdifferenziert worden sind.

2.2.3 Informationsbedarfsträger

Ein Informationssystem ist dadurch ein spezifisches Kommunikationssystem, daß es einen bestimmten Informationsbedarf befriedigen soll. Dementsprechend muß stets mindestens eines seiner Elemente über die bisher entwickelten Rollen in allgemeinen Kommunikationssystemen hinaus auch die Rolle eines Informationsbedarfsträgers spielen.

Die Informationsbedarfsträger lassen sich untergliedern in
- passive Informationsbedarfsträger, d. h. kommunikationsfähige Elemente, die den Bedarf haben, sich selbst zu informieren und
- aktive Informationsbedarfsträger[3], d. h. kommunikationsfähige Elemente, die den Bedarf haben, andere zu informieren.

Beide Arten von Informationsbedarfsträgern lassen sich ihrerseits untergliedern in
- orginäre Informationsbedarfsträger, d. h. kommunikationsfähige Elemente, die einen selbstursprünglichen Informationsbedarf haben, und
- derivative Informationsbedarfsträger, d. h. kommunikationsfähige Elemente die lediglich einen von anderen abgeleiteten Informationsbedarf haben. Letztere können auch als Informationsbedarfsmittler bezeichnet werden.

		nicht Informationsbedarfsträger	Informationsbedarfsträger			
			aktiv		passiv	
			originär	derivativ	originär	derivativ
Kommunikator			X			
Rezipient		X			X	
aktiver Dialogpartner			X		X	
reaktiver Dialogpartner	Datenverarbeiter	X	X		X	
	Datencodierer	X		X	X	
	(Datenumsetzer)	X				
	(Datenverteiler)	X				
	(Datenspeicher)	X				
Kommunikationsmittler	Datenverarbeiter	X		X		X
	Datencodierer	X		X		X
	Datenumsetzer	X		X		X
	Datenverteiler	X				
	(Datenspeicher)	X				

Abb. 2–2. *Elemente eines Informationssystems*

[3] Der aktive Aspekt des Informationsbedarfs ist in der bisherigen Diskussion um die Informationsbedarfsanalyse weitgehend vernachlässigt worden. Offenbar ist das Erkenntnisinteresse an dem Bedürfnis, sich anderen mitzuteilen, geringer, als an dem Bedürfnis, von anderen etwas mitgeteilt zu bekommen. Informationsbedarfsanalysen haben denn auch weitgehend den Charakter von „Marktanalysen für Serviceinstitutionen die Information anbieten".

Die originären aktiven Informationsbedarfsträger können als einfache Kommunikatoren bzw. als Dialogpartner auftreten, die originären passiven Informationsbedarfsträger als einfache Rezipienten bzw. als Dialogpartner, die derivativen aktiven Informationsbedarfsträger als Dialogpartner bzw. als Kommunikationsmittler und die derivativen passiven Informationsbedarfsträger als Kommunikationsmittler (siehe Abb. 2–2).

Eine weitere Differenzierung der Rollen ist nur durch Einbeziehung weiterer Bestimmungsfaktoren des Informationsbedarfs möglich. Dies wird im Kapitel 4 für den Informationsbedarf der Hochschulverwaltung und -politik andeutungsweise geschehen.

2.3 Beziehungen eines Informationssystems

2.3.1 Beziehungsarten

Das Beziehungsnetz eines Informationssystems wird gebildet aus seinen

- Aufgaben- und Kompetenzbeziehungen (wer muß bzw. darf was, wann, wo, wie, womit, wem gegenüber tun) und seinen
- Arbeitsbeziehungen (wer macht was, wann, wo, wie, womit, für wen).

Diese Beziehungen können zwischen den Systemelementen bestehen (systeminterne Beziehungen) oder, da Informationssysteme stets umweltoffene Systeme sind, auch zwischen den Systemelementen und der für sie relevanten Umwelt (systemexterne Beziehungen) [2, S. 178; 3; 19, S. 252].

Die systeminternen und -externen Aufgaben-, Kompetenz- und Arbeitsbeziehungen konkretisieren sich je nach Arbeitsgegenstand in

- Materialbeziehungen, wie z. B. der Zuteilung und Speicherung von Büromaterial,
- Energiebeziehungen, wie z. B. der Einbringung menschlicher oder elektrischer Energie in die Arbeitsprozesse, und
- Kommunikationsbeziehungen, also solchen Nachrichtenbeziehungen, die kommunikationsfähige Systeme zueinander unterhalten, um sich über bestimmte Sachverhalte zu verständigen (siehe Abb. 2–3) [3; 8, S. 33 ff].

Von diesen Beziehungen sollen im folgenden nur die Kommunikationsbeziehungen näher erläutert werden.

2.3.2 Physikalische Kommunikationsbeziehungen

Die physikalischen Kommunikationsbeziehungen dienen der für jede Kommunikation unabdingbaren Übermittlung von Zeichen. Unter Zeichen sollen dabei jene physikalischen Ereignisse verstanden werden, die zwar für sich wahrgenommen aber nur dadurch sinnvoll erlebt werden können, daß sie auf andere Sachverhalte als sich selbst verweisen. Zeichen sind also in Signalform gebrachte Repräsentanten von Sachverhalten [21, S. 73; 26, S. 34; 31, S. 118].

Die Vielfalt möglicher physikalischer Kommunikationsbeziehungen zwischen kommunikationsfähigen Systemen hängt ab von dem Umfang und der Übereinstimmung

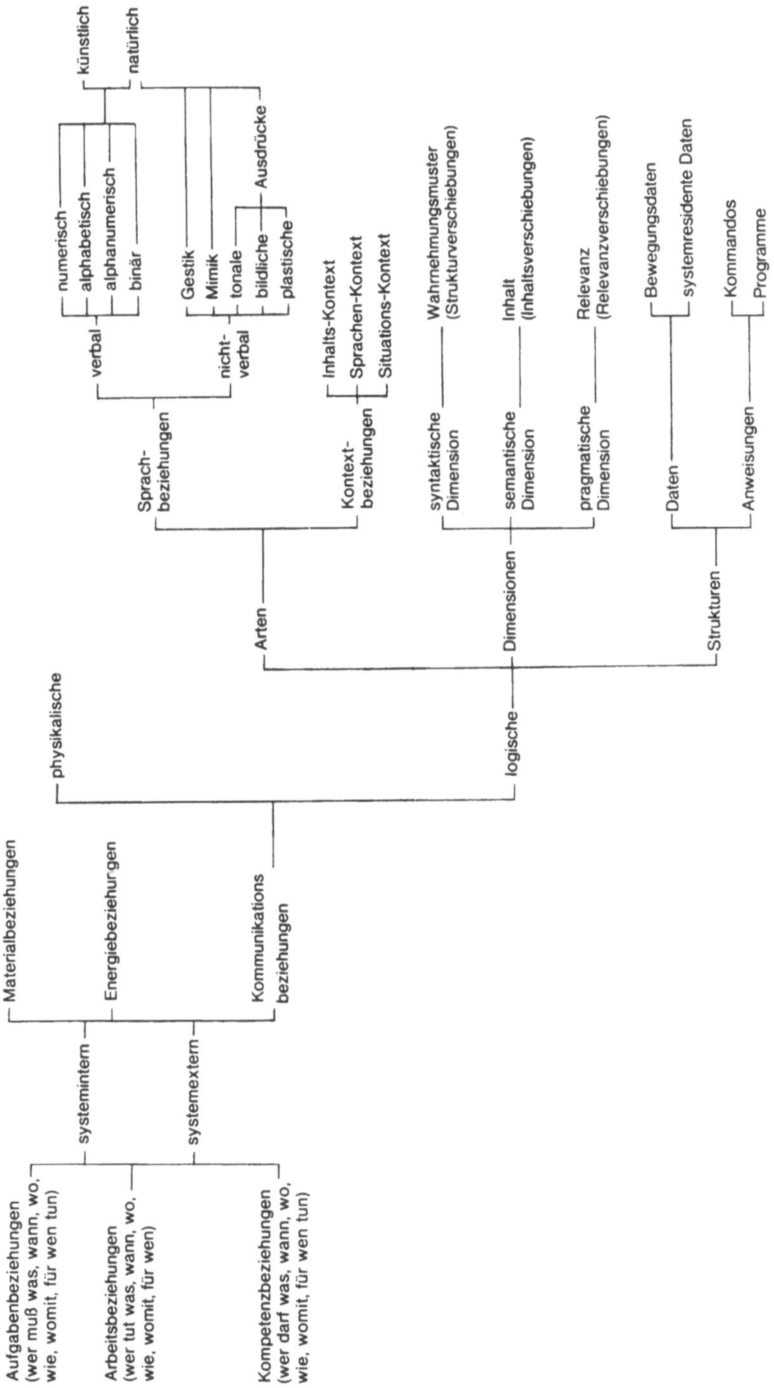

Abb. 2–3. *Beziehungen eines Informationssystems*

der physikalischen Ausdrucks- und Erlebnisfähigkeit dieser Systeme sowie von der ,,Umgebung", in der sich die Systeme jeweils befinden.
So können z. B. hochzivilisierte Menschen in der ihnen gewohnten Umgebung die größte Kommunikationsvielfalt entwickeln, denn ihnen stehen in der Regel die physikalischen Medien Luftverbindung, Sichtverbindung, Funkverbindung mit den speicherfähigen Varianten Papier, Film, Magnetband, Magnetplatte etc. zur Verfügung. Allerdings ist ihr Möglichkeitsbereich bereits erheblich eingeschränkt, wenn nur einer der Kommunikationsteilnehmer blind, taub und/oder stumm ist oder sich in einer ungewohnten Umgebung, z. B. im Weltraum oder unter Wasser befindet.
Noch stärkeren Beschränkungen unterliegt – jedenfalls beim gegenwärtig verbreiteten Stand der Technik – die Herstellung physikalischer Kommunikationsbeziehungen zu kommunikationsfähigen Maschinen. Denn diese können als Rezipienten gewöhnlich nur elektromagnetische und/oder fotoelektrische Zeichen wahrnehmen, und auch als Kommunikatoren sind sie im allgemeinen nicht in der Lage akustische, mimische, gestenhafte oder ähnliche Zeichen zu erzeugen.

2.3.3 Logische Kommunikationsbeziehungen

Die logischen Kommunikationsbeziehungen dienen der verständlichen Ordnung der den Kommunikationsteilnehmern gemeinsam verfügbaren Zeichen. Sie sind im wesentlichen Sprachbeziehungen. Dabei soll unter ,,Sprache" die Gesamtheit aller von einer bestimmten Gruppe kommunikationsfähiger Systeme logisch beherrschten Zeichen und Regeln für die Erzeugung und Interpretation dieser Zeichen verstanden werden [8, S. 41; 31, S. 119].
Die Sprachbeziehungen machen die Verständigung über Sachverhalte dadurch möglich, daß sie die Zuordnung bestimmter Zeichen zu bestimmten Sachverhalten und die logische Ordnung dieser Sachverhalte durch bestimmte Beziehungen zwischen den Zeichen regeln. Die so gekennzeichneten Sachverhalte sollen im folgenden als ,,Begriffe", die diese Begriffe repräsentierenden Zeichen als ,,Bezeichnungen", und die Beziehung zwischen den Bezeichnungen und ihren Begriffen als ,,Bedeutung" bezeichnet werden [31, S. 117].

2.3.3.1 Verbale und nichtverbale Sprachen [31, S. 121]

Die verbalen Sprachen bestehen aus Bezeichnungen, die mit
- Buchstaben (alphabetisch)
- Ziffern (numerisch) oder
- Ja–Nein–Symbolen (binär)

aufgebaut sind, und aus den logischen Beziehungen zwischen diesen Bezeichnungen.
Verbale Sprachen dienen der sogenannten digitalen Kommunikation, d. h. einer Kommunikation, bei der die verwendeten Bezeichnungen keine gewollte Ähnlichkeitsbeziehung zu den durch sie repräsentierten Begriffen haben. So hat die Zeichenfolge ,,fünf" nichts besonders Fünfartiges und die Zeichenfolge ,,Tisch" nichts besonders Tischähnliches an sich. Die Bedeutung der verbalen Bezeichnungen wird nur durch Bedeutungsvereinbarungen ihrer Benutzergemeinschaft sichergestellt. Verbale

Bezeichnungen werden deshalb auch „konventionalisierte Zeichen" genannt [29, S. 61; 31, S. 118 ff].

Die nichtverbalen Sprachen bestehen aus
- Gesten,
- Mienenausdrücken,
- tonalen Ausdrücken,
- bildlichen Ausdrücken und
- plastischen Ausdrücken

und deren zugelassenen Beziehungen. Diese Beziehungen genügen im Unterschied zu denen der verbalen Sprachen nicht den strengen Bedingungen der formalen Logik, d. h. sie gestatten keine „nicht-", „oder," bzw. „und"-Verknüpfung. Außerdem fehlt ihnen der Zeitbegriff, d. h. mit ihnen kann man nicht nach Vergangenheit, Gegenwart und Zukunft differenzieren [29, S. 61; 96].

Die nichtverbalen Sprachen dienen der sogenannten analogen Kommunikation, d. h. einer Kommunikation, bei der die verwendeten Bezeichnungen durch ihre Ähnlichkeit mit den durch sie repräsentierten Begriffen verstanden werden. Die nichtverbalen Bezeichnungen sprechen also gewissermaßen „für sich selbst" und bedürfen deswegen keiner Bedeutungsvereinbarungen.

2.3.3.2 Natürliche und künstliche Sprachen [21, S. 74 f; 31, S. 122]

Die natürlichen Sprachen sind im Rahmen der kulturellen Entwicklung ihrer Benutzergemeinschaften mehr oder weniger „wild" gewachsen. Sie spiegeln den ständigen Wandel, die Unschärfen und die Widersprüchlichkeiten im „Weltverständnis" ihrer Benutzer wider und haben dementsprechend keine logisch durchgängige Struktur. In natürlichen Sprachen formulierte Nachrichten sind deshalb häufig mehrdeutig. Um sie dennoch hinreichend eindeutig ausdrücken und interpretieren zu können, müssen die Kommunikationsteilnehmer weitere, über die Bestimmungen der jeweiligen Sprache hinausgehende Beziehungen berücksichtigen, die im folgenden als „Kontextbeziehungen" bezeichnet werden sollen [12, S. 303 f]. Dabei lassen sich drei Kontextarten unterscheiden
- der Inhalts-Kontext
- der Sprachen-Kontext und
- der Situations-Kontext.

Als Inhalts-Kontext soll die Gesamtheit aller nicht in der betreffenden Sprache geregelten Beziehungen eines mehrdeutigen Nachrichtenteils zu anderen *gleichsprachigen* Nachrichtenteilen verstanden werden, die geeignet sind, seine Mehrdeutigkeit einzuschränken. Diese Erhöhung der Eindeutigkeit ergibt sich dadurch, daß die inhaltliche Umgebung des mehrdeutigen Nachrichtenteils eine bestimmte Bedeutung nahelegt. So kann z. B. die mehrdeutige Bezeichnung „Decke" dadurch eindeutig werden, daß sie in einem Buch über Tischdecken steht, oder die mehrdeutige Bezeichnung „Krone" dadurch, daß sie in einer Abhandlung über Bäume enthalten ist [13, S. 111].

Als Sprachen-Kontext soll die Gesamtheit aller Beziehungen eines mehrdeutigen Nachrichtenteils zu *anderssprachigen* Nachrichtenteilen verstanden werden, die geeignet sind, seine Mehrdeutigkeit einzuschränken. Dies kann z. B. bei mehrdeutigen verbalen Nachrichtenteilen dadurch geschehen, daß durch eine bestimmte Geste,

Miene oder Tonlage oder durch die Verwendung bestimmter Kompetenzsymbole oder auch durch erläuternde Nachrichtenteile in anderen verbalen Sprachen eine bestimmte Interpretation nahegelegt wird [21, S. 76].
Als Situations-Kontext soll schließlich die Gesamtheit aller Beziehungen eines mehrdeutigen Nachrichtenteils zu *außersprachlichen* Kommunikationsumständen verstanden werden, die geeignet sind, seine Mehrdeutigkeit einzuschränken. So kann z. B. ein mehrdeutiger Nachrichtenteil dadurch eindeutig werden, daß er auf der Grundlage einer bestimmten Kompetenz- bzw. Aufgabenbeziehung zwischen dem Kommunikator und dem Rezipienten geäußert wird oder dadurch, daß er in einen bestimmten „bedeutungsträchtigen" örtlichen und/oder zeitlichen Zusammenhang gestellt ist [13, S. 115; 21, S. 76].
Trotz der Einbeziehung des jeweiligen Kontextes werden bei der Verwendung natürlicher Sprachen immer wieder Mißverständnisse zwischen den Kommunikationsteilnehmern auftreten. Dieser Mangel wird jedoch dadurch mehr als ausgeglichen, daß sich die natürlichen Sprachen äußerst flexibel an veränderliche bzw. unvorhersehbare Sachverhalte anpassen und selbst auf utopische Sachverhalte ausdehnen lassen, so daß sie auch den Gedankenaustausch über Alternativen zur jeweils „gültigen" Wirklichkeit ermöglichen.
Im Unterschied zu den natürlichen Sprachen sind die künstlichen Sprachen nach den Prinzipien der Eindeutigkeit ihrer Bezeichnungen und der logischen Durchgängigkeit ihrer Regeln konstruiert. Auf diese Weise sind z. B. die chemischen, biologischen, physikalischen, dokumentarischen oder sonstigen Klassifikationen, die Programmiersprachen, die Kalküle der Mathematik und formalen Logik, aber auch alle Systeme von Regeln für die EDV-gerechte Formatierung von Daten entstanden. Dagegen sind die meisten Fachsprachen nicht als künstliche, sondern als natürliche Sprachen entwickelt und lediglich mit einigen künstlichen Sprachelementen, den sogenannten Fachtermini, angereichert worden [31, S. 122].
Auf die Vor- und Nachteile der künstlichen Sprachen wird bei der Behandlung der Mensch-Maschine-Kommunikation noch näher einzugehen sein.

2.3.4 Dimensionen der logischen Kommunikationsbeziehungen

Die logischen Kommunikationsbeziehungen haben stets
- eine syntaktische Dimension,
- eine semantische Dimension und
- eine pragmatische Dimension [26, S. 37 ff].

2.3.4.1 Syntaktische Dimension

Die syntaktische Dimension betrifft die Beziehungen zwischen den einzelnen Zeichen einer Nachricht. Dabei wird von den Beziehungen dieser Zeichen zu ihren Begriffen und auch zu ihren Benutzern und ihrer Benutzungssituation abstrahiert [26, S. 41]. In dieser Dimension lassen sich für jede Sprache typische Regelmäßigkeiten in der Zeichenverwendung feststellen. Das Wissen um diese Regelmäßigkeiten ist den meisten kommunikationsfähigen Systemen in Form von bestimmten Wahrnehmungsmustern verfügbar, die eine wesentliche Komponente ihrer Aufnahmebereitschaft und Erlebnisfähigkeit sind [12, S. 68]. Mit Hilfe dieser Muster können sie nicht nur offensichtlich sinnlose Zeichenfolgen von vornherein abweisen und dadurch ihre Erlebnisstrukturen erheblich entlasten, sondern sie können auch erkennen, welche Zeichen fehlerhaft sind, und diese eventuell selbständig korrigieren. Eine solche Funktion üben z. B. bei kommunikationsfähigen Maschinen die Programme für die Plausibilitätsprüfung und Regenerierung von Daten sowie die Alpha-Erkennungsprogramme aus.

2.3.4.2 Semantische Dimension

Die semantische Dimension betrifft die Beziehungen zwischen den Zeichen und den durch sie repräsentierten Begriffen. Dabei wird ebenfalls von den Beziehungen der Zeichen zu ihren Benutzern und ihrer Benutzungssituation abstrahiert und lediglich untersucht, was die mit ihnen gebildeten Nachrichten objektiv bedeuten. Diese objektive Bedeutung soll im folgenden als „Inhalt" bezeichnet werden [26, S. 41; 29, S. 53].

Bei der Verwendung von künstlichen Sprachen ist die Inhaltsinterpretation in der Regel unproblematisch, weil ihre Zeichen eindeutig definiert und ihre Verknüpfungsregeln logisch durchgängig sind. Die Kommunikationsteilnehmer brauchen in diesem Falle also nur richtig über die entsprechenden sprachlichen Bestimmungen zu verfügen, um inhaltlich eindeutig kommunizieren zu können.

Bei der Verwendung von natürlichen Sprachen stellt sich jedoch bereits in der semantischen Dimension das Problem der Kontextabhängigkeit der Nachrichten. Da das Problem in dieser Dimension objektiv, d. h. ohne Einbeziehung des Situationskontextes gelöst werden muß, läßt sich dabei nur dann eine hinreichend eindeutige Kommunikation erreichen, wenn die Kommunikationspartner einen annähernd gleichen „kulturellen Hintergrund" haben oder entsprechende Hilfsmittel zur Überbrückung bzw. Beseitigung auftretender Bedeutungsdifferenzen einsetzen können, wie z. B. Lexika, Thesauri etc.

Ein besonderes semantisches Problem ergibt sich bei der Kommunikation zwischen Kommunikationsteilnehmern, die nicht über eine gemeinsame Sprache verfügen. Um sich dennoch verständigen zu können, müssen sie die Nachrichten mit Hilfe eines Kommunikationsmittlers oder eines entsprechenden Hilfsmittels unter möglichst weitgehender Wahrung ihres Inhalts aus der Sprache des jeweiligen Kommunikators in die Sprache des jeweiligen Rezipienten überführen. Dieser Vorgang ist bereits als „Codierung" bezeichnet worden.

Die Codierung läßt sich in vier Arten untergliedern, und zwar in

- die Übersetzung, d. h. die Überführung einer Nachricht aus einer natürlichen in eine andere natürliche Sprache,
- die Verschlüsselung, d. h. die Überführung einer Nachricht aus einer natürlichen in eine künstliche Sprache,
- die Entschlüsselung, d. h. die Überführung einer Nachricht aus einer künstlichen in eine natürliche Sprache und
- die Umschlüsselung, d. h. die Überführung einer Nachricht aus einer künstlichen in eine andere künstliche Sprache [31, S. 119].

Dabei läßt sich der Nachrichteninhalt insbesondere bei Übersetzungen häufig nur annähernd und manchmal auch gar nicht wahren. Die Kommunikation wird dann durch eine Bedeutungsverschiebung verzerrt, die im folgenden als „Inhaltsverschiebung" bezeichnet werden soll. [21, S. 77].

2.3.4.3 Pragmatische Dimension

Die pragmatische Dimension betrifft die Beziehungen zwischen den Zeichen und ihren Benutzern in einer bestimmten Benutzungssituation. Dabei wird untersucht, wie die Nachrichten gemeint sind, d. h. ob sie überhaupt für den betreffenden Rezipienten bestimmt sind, und, sofern dies der Fall ist, ob sie als Beschreibung, ironische Bemerkung, Frage, Befehl, Drohung, Empfehlung, Erläuterung oder sonstwie zu verstehen sind. Diese benutzerbezogene Bedeutung der Nachrichten soll im folgenden als „Relevanz" bezeichnet werden. Gemeinsam mit dem Nachrichteninhalt macht sie den „Bedeutungsgehalt" einer Nachricht aus [26, S. 42; 29, S. 53].
Die Relevanz muß, soweit sie sich nicht aus dem Situationskontext ergibt, genau wie der Inhalt sprachlich vermittelt werden. Insofern gelten – abgesehen von der in der pragmatischen Dimension möglichen Einbeziehung des Situations-Kontextes – die Ausführungen zur semantischen Dimension hier analog. Insbesondere stellt sich auch in der pragmatischen Dimension das Problem der Bedeutungsverschiebung von Nachrichten, die im folgenden als „Relevanzverschiebung" bezeichnet werden soll. Diese kann sich vor allem bei der Kommunikation über Kommunikationsmittler ergeben, und zwar um so mehr, je öfter dabei codiert werden muß und je kontextabhängiger die zu vermittelnde Relevanz ist [22, S. 155; 29, S. 67].

2.3.5 Strukturen der logischen Kommunikationsbeziehungen

2.3.5.1 Daten und Anweisungen

Die in Kommunikationsbeziehungen ausgetauschten Nachrichten erhalten ihren spezifischen Charakter durch das jeweils typische Zusammenspiel von zwei grundlegenden Nachrichtenelementen, den
- Daten und den
- Anweisungen.

Unter „Daten" sind solche Nachrichtenelemente zu verstehen, die bestimmte vergangene, gegenwärtige oder zukünftige tatsächliche, mögliche oder wünschenswerte Sachverhalte lediglich beschreiben [8, S. 52; 23, S. 627; 32, S. 202]. Daten haben also eine rein indikative Bedeutung. Dabei können sie auch ihresgleichen beschreiben, also die physikalischen, syntaktischen, semantischen und pragmatischen Eigenschaften anderer Daten zum Inhalt haben. Solche „Metadaten" (Daten über Daten) sind z. B. die im Abschnitt 3.2 noch zu erläuternden Steuerdaten, mit denen in der automatisierten Datenverarbeitung die eigentlichen Daten (Daten i. e. S.) beschrieben werden, um deren Ansprache und Verwertung durch die verschiedenen Programme in bestimmter Weise zu steuern.
Daten werden in der Kommunikation stets von Anweisungen begleitet, in denen der Kommunikator sein Verhältnis zum Rezipienten ausdrückt [29, S. 53 ff]. Diese An-

weisungen können sich auf die bei jeder Kommunikation zumindest impliziert geäußerte Aufforderung zum Zuhören, Lesen bzw. Zuschauen und Interpretieren beschränken. Sie können aber auch ein darüber hinausgehendes aktives Kommunikationsverhalten des Rezipienten, wie z. B. die Beantwortung einer Frage, herausfordern. Und sie können schließlich als Aufforderung zu einem bestimmten Verhalten des Rezipienten außerhalb der jeweiligen Kommunikationsbeziehung ergehen, wie dies z. B. bei der Bitte oder dem Befehl, etwas von A nach B zu bringen, der Fall ist. „Anweisungen" sind also implizit oder explizit geäußerte Nachrichtenelemente mit imperativer Bedeutung [8, S. 52; 23, S. 627].

Dabei ist zu beachten, daß Anweisungen immer nur für den Angewiesenen eine imperative Bedeutung haben, wohingegen sie allen nicht Angewiesenen lediglich einen vom Anweisenden gewünschten Sachverhalt anzeigen, also Daten sind. So besteht z. B. die Mahnung, die ein Gläubiger seiner Sekretärin diktiert, um sie von dieser mit Maschine an seinen Schuldner schreiben zu lassen, für die Sekretärin nur aus Daten, die sie entsprechend der Schreibanweisung des Gläubigers in eine maschinengeschriebene Form umsetzt, für den Schuldner dagegen aus den zur Kennzeichnung des Sachverhalts notwendigen Daten (Geldbeträge, Termine etc.) und der Anweisung, die genannte Geldsumme zum genannten Termin zurückzuzahlen. Zeichen(folgen), die als Anweisungen verstanden werden sollen, müssen also immer erst in diesen Rang erhoben werden. Geschieht dies nicht mit der erforderlichen Deutlichkeit, werden sie entweder gar nicht oder nur als Daten wahrgenommen. Hieraus ergeben sich gerade in der zwischenmenschlichen Kommunikation häufig Mißverständnisse, weil die Anweisungen dort in vielen Fällen nicht-verbal oder gar nur unter Einbeziehung des Situationskontextes erteilt werden [29, S. 63 ff.].

2.3.5.2 Bewegungsnachrichten und systemresidente Nachrichten

Daten und Anweisungen können sowohl
- als „bewegte" Nachrichtenelemente (Benachrichtigungselemente) als auch
- als „systemresidente" Nachrichtenelemente

auftreten.

Benachrichtigungselemente sind alle in einem Kommunikationsprozeß geäußerten Daten und Anweisungen, solange sie übermittelt, empfangen und interpretiert werden. Die Benachrichtigungselemente können, wenn sie in das mit ihnen angesprochene Verhalten umgesetzt worden sind, vergessen werden. Sie können aber auch, wenn sie für das zukünftige Verhalten des Rezipienten wesentlich sind, von diesem als „systemresidente" Nachrichtenelemente gespeichert werden.

Durch diese Speicherungsmöglichkeit, über die alle kommunikationsfähigen Systeme in mehr oder weniger großem Umfang verfügen, kann die Effizienz von Kommunikationsbeziehungen erheblich gesteigert werden. Denn systemresidente Daten und/oder Anweisungen braucht man nicht jedesmal wieder erneut zu übermitteln, sondern kann sie durch Angabe ihres Namens bzw. ihrer Speicheradresse in der jeweils gewünschten Weise aktivieren. Dadurch lassen sich mit sehr kurzen Benachrichtigungen äußerst komplexe Nachrichtenzusammenhänge erzeugen. Die systemresidenten Nachrichtenelemente sind dabei nichts anderes als jene Bausteine der eingangs erwähnten „internen Außenweltmodelle" der kommunikationsfähigen Systeme, die sich im Laufe ihres „Lebens" aus Benachrichtigungen anderer gebildet haben bzw. die in ihnen durch andere mit Hilfe von Benachrichtigungen erzeugt worden sind. Die vorgenommene Zergliederung der Nachrichten in

- Benachrichtigungsdaten (Bewegungsdaten)
- Benachrichtigungsanweisungen (Kommandos)
- systemresidente Daten (Datenbestände) und
- systemresidente Anweisungen (Programme)

sowie die aufgezeigten Beziehungen zwischen diesen Nachrichtenelementen sind von grundlegender Bedeutung für das Verständnis von Kommunikationsprozessen. Dies gilt insbesondere für das Verständnis der Vorgänge in computerorientierten Informationssystemen, auf die in dem Abschnitt 2.6 und in den Kapiteln 3. bis 6. näher einzugehen sein wird.

2.4 Verhalten eines Informationssystems

Mit den bisher behandelten Aspekten des Systemzwecks, der Systemelemente und der Systembeziehungen läßt sich ein Informationssystem im wesentlichen nur statisch begreifen. Denn in diese Aspekte geht die Zeit allenfalls als relativ unproblematische zeitliche Dauer der Datentransformation ein, nicht jedoch als historische Dimension, in der die Zeitgebundenheit des Handelns als Zeitknappheit und „Vergangenheitsbelastung" zum entscheidenden Problem wird. Dieser dynamische Aspekt eines Informationssystems kann erst in seinem „historischen Zeitverhalten" hinreichend begriffen werden.

In diesem Zusammenhang interessiert insbesondere das Problem des Zeitverhaltens eines Systems gegenüber Störungen seines Systembetriebs [19, S. 258 ff; 26, S. 77]. Bei Informationssystemen können diese Störungen als Unregelmäßigkeiten bei der Versorgung der Elemente mit Material, Energie und/oder Nachrichten (Inputstörungen) oder als Abweichungen von der beabsichtigten Informationswirkung der erzeugten Nachrichten, die nicht auf Input-Störungen zurückzuführen sind (Output-Störungen), auftreten.

Gegenüber diesen Störungen können sich Informationssysteme nur dann nachhaltig behaupten, wenn sie eine entsprechende Vielfalt störungsorientierter Verhaltensweisen beherrschen.[4] Diese können von der passiven Abschirmung bis hin zur Änderung des Systemzwecks reichen. (siehe auch Abb. 2–4).

[4] Dieses von W. R. Ashby zunächst nur für biologische Systeme formulierte „Gesetz der erforderlichen Varietät" von Systemen (Law of Requisite Variety) ist u. a. von H. M. Mirow [26, S. 70] und N. Luhmann [12] auf Organisationen übertragen worden. Eine Kritik hierzu findet sich bei Habermas [12, S. 158].

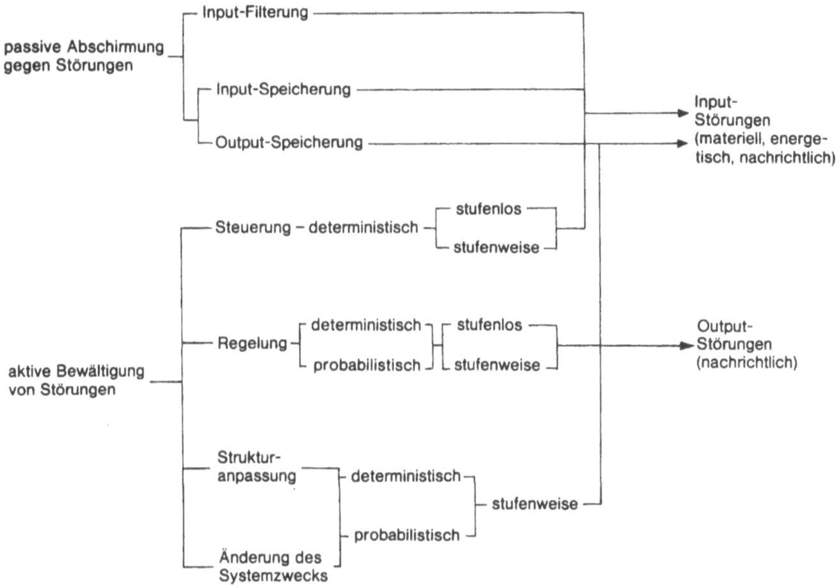

Abb. 2–4 *Verhalten eines Informationssystems*

2.4.1 Passive Abschirmung gegen Störungen

Die passive Abschirmung besteht vor allem in der zweckgerechten Filterung und Speicherung der Material-, Energie- und/oder Nachrichteninputs der Systemelemente und der zweckgerechten Speicherung ihres Nachrichtenoutputs [26, S. 78]. Während dabei die Filter alle zweckwidrigen Inputs abweisen sollen, dienen die Speicher dem Ausgleich von zeitlichen Unregelmäßigkeiten bei der Material-, Energie- und/oder Nachrichtenversorgung (Input-Speicher) und beim Absatz des Nachrichten-Outputs (Output-Speicher). Mit der passiven Abschirmung können sich die Informationssysteme vor allem gegen eine Überbeanspruchung durch die bedrohlich zunehmende „Nachrichtenlawine" schützen [18, S. 5; 21, S. 43].

Informationssysteme, die sich nur passiv abschirmen könnten, wären allerdings auf die Dauer wohl kaum den Anforderungen ihrer gewöhnlich sehr bewegten Umwelt gewachsen. Sie müssen deshalb in der Regel auch Vorkehrungen und Maßnahmen zur aktiven Bewältigung der Störungen treffen [26, S. 80 ff.]. Je nach der Art der Störung können diese als

- Steuerung
- Regelung
- Strukturanpassung und/oder
- Änderung des Systemzwecks

erfolgen.

2.4.2 Steuerung und Regelung

Die Steuerung und die Regelung haben den Sinn, die Wirkung von Störungen auf den Output der Systemelemente mit Hilfe von aktiven Kompensationsprozessen möglichst vollständig auszugleichen [19, S. 255]. Dies kann z. B. beim Ausfall der externen Stromversorgung durch das Einschalten eines systemeigenen Stromaggregates oder beim Ausbleiben benötigter Nachrichten durch deren Rekonstruktion mit Hilfe anderer Nachrichten geschehen.

Um allerdings diese Kompensationsprozesse richtig einleiten und dosieren zu können, müssen die betreffenden Störungen zunächst gemessen werden. Während dabei die Steuerung über einfache Meldungen an den Inputs und damit an den Ursachen der Störungen anknüpft, orientiert sich die Regelung über Rückmeldungen an den Outputs und damit an den Wirkungen der Störungen. Steuerungsstrukturen werden deshalb auch als ,,offene Steuerketten", Regelungsstrukturen dagegen als ,,geschlossene Regelkreise" bezeichnet (siehe Abb. 2–5) [19, S. 255].

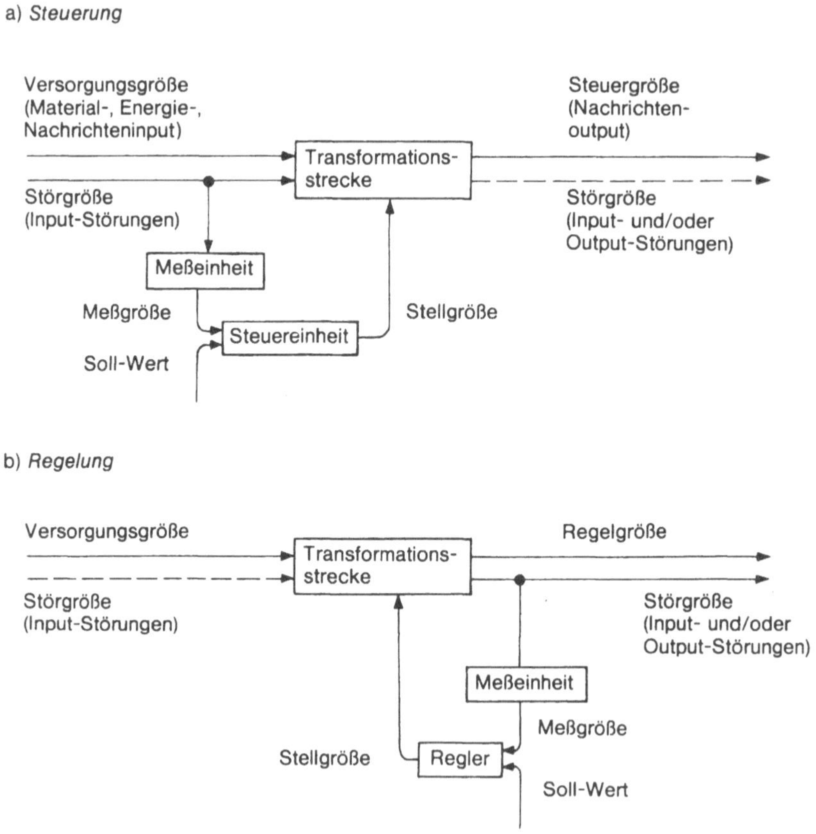

Abb. 2–5. *Kompensationsstrukturen in Informationssystemen*

Durch den andersartigen Meßansatz unterscheidet sich auch – selbst bei sonst gleichen Kompensationsstrukturen – der Verlauf der Kompensationsprozesse in der Steuerung von dem in der Regelung. Während bei der Steuerung die Störungen so kompensiert werden können, daß sie den Output erst gar nicht beeinträchtigen, müssen sie bei der Regelung immer schon den Output beeinträchtigt haben, bevor das System überhaupt auf sie reagieren kann. Bei der Regelung können die Störungen also stets nur mit einem mehr oder weniger großen Zeitverzug kompensiert werden [26, S. 97].
Dafür können bei der Steuerung nur solche Störungen gezielt kompensiert werden, deren Output-Wirkung das System von ihren Input-Ursachen her kontrollieren kann. Dies ist jedoch nur bei solchen Input-Störungen möglich, deren Ursachen und Ursache-Wirkungsbeziehungen dem System bekannt sind und von ihm entsprechend manipuliert werden können [26, S. 94].
Im Unterschied dazu kontrolliert ein System bei der Regelung die Störungen von ihrer Output-Wirkung her und kann diese deshalb im Extremfalle auch ohne jede Kenntnis ihrer Ursachen und Ursache-Wirkungsbeziehungen durch einfaches Probieren zu kompensieren versuchen. Dabei besteht allerdings die Gefahr, daß sich das System in zunehmende Eigenschwingungen versetzt und sich schließlich selbst zerstört [26, S. 98].
Im übrigen kann ein System mit der Steuerung nur auf Input-Störungen reagieren, weil nur diese von der Input-Messung der Steuerung erfaßt werden können. Dagegen kann die Regelung sowohl auf Input- als auch auf Output-Störungen angewendet werden, weil beide mit der Output-Messung der Regelung kontrolliert werden können.
Entsprechend ihrer spezifischen Leistungsfähigkeit kann die Steuerung bei Informationssystemen vor allem eingesetzt werden gegen Unregelmäßigkeiten in der personellen Energieversorgung – z. B. bei Krankheit und Personalwechsel – in der maschinellen Energieversorgung – z. B. bei Stromausfall – in der Materialversorgung – z. B. bei der Lieferung fehlerhafter Datenträger – und in der Nachrichtenversorgung – z. B. beim Versiegen wichtiger Nachrichtenquellen. Mit der Regelung können die Informationssysteme dagegen vor allem auf Schwankungen im systemrelevanten informationsbedarf reagieren und außerdem die Wirkung der Steuerungsmaßnahmen kontrollieren.

2.4.3 Strukturanpassung

Informationssysteme, die ihre Störungen weder mit passiver Abschirmung noch mit Steuerung oder Regelung beherrschen können, müssen ihre Struktur und/oder ihren Systemzweck ändern, wenn sie ihre Zerstörung verhindern wollen. Systeme, die diese Fähigkeit besitzen, werden auch als „selbstorganisierende" bzw. „lernfähige Systeme" bezeichnet [19, S. 255; 26, S. 105, 112].
Bei der Strukturänderung stellt sich das Problem der Zeitgebundenheit des Handelns in besonders scharfer Form. Denn jede Strukturänderung muß, wenn sie nicht zu einer nachhaltigen Handlungsunfähigkeit des betreffenden Systems führen soll, die beiden gegensätzlichen Forderungen nach möglichst geringfügiger Beeinträchtigung des

laufenden Systembetriebs auf der einen Seite und möglichst zeitnaher Anpassung der Systemstruktur an die jeweiligen Störungen auf der anderen Seite in Einklang bringen. Dabei können je nach dem Störungsrhythmus und den Möglichkeiten des betreffenden Systems, seinen Betrieb ohne wesentliche Beeinträchtigung seiner Zweckerfüllung zu unterbrechen, kleine, mittlere oder große Strukturänderungen in kleinen, mittleren oder großen Zeitabständen optimal sein. Außerdem kann es zur Bewältigung von Übergangsschwierigkeiten sinnvoll sein, die „alte" Struktur noch so lange neben der „neuen" Struktur in Betrieb zu lassen, bis die „neue" Struktur „trägt" (Parallellauf).

Die Festlegung des „richtigen" Änderungsumfangs und -rhythmus bei der Strukturanpassung wird gerade für Informationssysteme immer mehr zu einem zentralen Problem. Denn viele Informationssysteme können wegen der zunehmenden Schwankungen des für sie relevanten Informationsbedarfs und der zunehmenden Personalunter- und Nachrichtenüberversorgung ihre Zweckerfüllung nur noch durch eine langfristige Strukturanpassungsstrategie dauerhaft sicherstellen.

In diesem Zusammenhang gewinnt vor allem die Rationalisierung der Informationssysteme und die Steigerung ihrer Nutzungsintensität durch den stufenweisen Übergang auf immer leistungsfähigere EDV-Verfahren eine überragende Bedeutung. Dabei hat sich in der Vergangenheit eine bestimmte Stufenabfolge durchgesetzt, die auch für zukünftige Umorganisationen in ihren Grundzügen als sinnvolles Strukturanpassungsverhalten gelten kann [8, S. 24 ff; 24, S. 26 ff.]. Allerdings müßte in diesem Verhalten die Zeitknappheit und Vergangenheitsbelastung des Handelns bewußter berücksichtigt werden, als dies bislang der Fall war.

Diese Stufenabfolge setzt ein bei der Rationalisierung der Massendatenverarbeitung, um das dort gebundene Personal für andere Aufgaben frei zu setzen und/oder um zu verhindern, daß notwendige Routinearbeiten aus Personalmangel nicht durchgeführt werden können. Dabei werden zunächst nur einzelne Teilbereiche der Informationssysteme und diese auch noch weitgehend unabhängig voneinander und eventuell auch nur mit mittlerer Datentechnik rationalisiert.

In einer weiteren Stufe wird versucht, die in der Massendatenverarbeitung angefallenen Daten als Ausgangsdaten für weitere nützliche Datentransformationen zu verwenden, die bis dahin entweder gar nicht oder nur in unwirtschaftlicher Weise hätten durchgeführt werden können. In dieser Stufe geht es dann nicht mehr darum, den Mitteleinsatz für die im wesentlichen unveränderten Zwecke zu minimieren, sondern die Nutzungsintensität der gegebenen Mittel zu maximieren. Allerdings ist der Spielraum hierfür ohne entsprechende Verknüpfungsmöglichkeiten zwischen den Teilsystemen der Massendatenverarbeitung relativ eng begrenzt.

Deshalb werden in einer dritten Stufe die Datenelemente der einzelnen Teilsysteme nach einem logisch durchgängigen Normensystem einheitlich definiert, so daß sie eine zusammenhängende logische Datenbasis bilden, deren Daten in vielfältiger Weise eindeutig aufeinander bezogen werden können.

Je umfang- und beziehungsreicher der Datenbestand eines ADV-Systems allerdings wird, desto schwieriger und aufwendiger wird es auch, diesen Beziehungsreichtum im Zugriff der Anwendungsprogramme zu realisieren. So müßte man z. B. zur einfachen Wiedergewinnung der Datensätze aller Studenten, Hochschullehrer, Räume und

Geräte, die durch ihre Zugehörigkeit zum selben Fachbereich einer Hochschule implizit aufeinander bezogen sind, alle vier angesprochenen Dateien (Studentenstamm-, Personalstamm-, Raumbestands- und Gerätebestandsdatei) von Anfang bis Ende auf diese Zugehörigkeit hin durchsuchen. Von einem bestimmten Umfang und Beziehungsreichtum an lohnt es sich deshalb, in einer vierten Entwicklungsstufe zumindest die wichtigsten Beziehungen im Datenbestand durch entsprechende daten- und programmtechnische Vorkehrungen explizit zu machen, so daß das ADV-System dann jeweils nur noch die so erzeugten Verknüpfungswege und nicht mehr die gesamten Dateien durchzugehen braucht (Datenbankprinzip [8, S. 57 ff; 22, S. 58 ff; 25, S. 31 ff].

Der in der aufgezeigten Stufenentwicklung angelegte Integrationsgewinn kann allerdings nur dann realisiert werden, wenn die hierfür erforderliche durchgängige Logik des Gesamtsystems bereits beim Einstieg in die Stufenentwicklung zumindest in den Grundzügen vorgezeichnet und organisatorisch so weit wie möglich in jedem Teilsystem berücksichtigt wird. Dabei können organisatorische Vorkehrungen notwendig sein, die für den laufenden Betrieb auf der betreffenden Entwicklungsstufe völlig überflüssig sind und einzig und allein den Sinn haben, die Schwierigkeiten beim Übergang auf die nächst höhere Entwicklungsstufe auf ein tragbares Maß zu reduzieren. Diese „organisatorischen Zukunftsinvestitionen" sind insbesondere für die Entwicklung solcher Informationssysteme von entscheidender Bedeutung, die häufig Daten miteinander verknüpfen müssen, die auf unterschiedlichen Entwicklungsstufen gewonnen worden sind. So kann z. B. die Leistungsfähigkeit von Dokumentations- und Statistiksystemen durch Brüche in der logischen Struktur ihrer Datenbestände erheblich beeinträchtigt werden. Da diese Strukturbrüche, wegen des damit verbundenen gewaltigen Aufwands bei der Umformulierung der Daten, in der Regel auch nicht mehr nachträglich beseitigt werden können, müssen die zu erwartenden Strukturänderungen sehr langfristig geplant und durch entsprechende „organisatorische Zukunftsinvestitionen" abgesichert werden.

Die in der Stufenfolge angelegte zunehmende Integration kann außerdem dazu führen, daß sich die einzelnen Teilsysteme schließlich nicht mehr ohne eine nachhaltige Beeinträchtigung aller übrigen Teilsysteme ändern lassen. Der Integrationsgewinn würde in diesem Falle also mit einer zunehmenden Unfähigkeit des betreffenden Systems zu weiteren Strukturänderungen „erkauft" und bei einer sehr bewegten Umwelt schließlich fragwürdig werden.

Diesem Dilemma können Informationssysteme nur dann entgehen, wenn die Selbständigkeit ihrer Teilsysteme trotz der Integration so weit wie möglich gewahrt bleibt, sie also „modular" aufgebaut werden [23, S. 626]. Ein modularer Aufbau setzt allerdings bereits beim Einstieg in die Stufenfolge die Entwicklung zumindest eines groben Gesamtsystemkonzepts voraus, in dem die einzelnen Funktionen möglichst weitgehend auf allgemeine in sich abgeschlossene Routinen reduziert werden, die überall wiederkehren und eindeutig definierbare Schnittstellen haben. Denn nur dadurch läßt sich vermeiden, daß für immer wieder als Spezialprobleme empfundene neue Systemverknüpfungen und -erweiterungen spezielle Lösungen verwirklicht werden, die nicht für sich genommen sondern nur in Abhängigkeit von ihrer spezifischen Einbindung in das System funktionsfähig und deshalb auch nur unter Beeinträchtigung mehr oder weniger großer Teile des Gesamtsystems wieder zu ändern sind.

2.4.4 Zweckänderung

Informationssysteme, denen selbst durch eine Strukturänderung die Bewältigung einer aufgetretenen Störung nicht gelingt, können schließlich nur noch mit einer Änderung ihres Zwecks und den daraus folgenden Änderungen ihrer Struktur und ihres Verhaltens reagieren. Dabei hören sie in jedem Falle auf, als das bisherige durch seinen Zweck bestimmte Informationssystem zu existieren. Sie können darüber hinaus auch aufhören, überhaupt als Informationssystem zu existieren und können sogar dem neuen Zweck dienen, sich in geordneter Weise aufzulösen.
Die Notwendigkeit zu derart einschneidenden Maßnahmen kann sich insbesondere dann ergeben, wenn Informationssysteme die Schwankungen in dem für sie relevanten Informationsbedarf nicht hinreichend in ihrer Struktur und ihrem Verhalten berücksichtigt haben. Dies läßt sich nur dann vermeiden, wenn die Entwicklung eines Informationssystems durch ein leistungsfähiges Instrumentarium zur Feststellung des Informationsbedarfs gelenkt wird [6; 9, S. 20 ff; 27, S. 237 ff; 30]. Dabei können ganz unterschiedliche Strategien der Informationsbedarfsanalyse und -berücksichtigung in Betracht kommen.
So kann z. B. ein Informationssystem, dessen Informationsbedarf bereits bei seiner Konzeption mit großer Gewißheit vollständig bestimmt und als langfristig konstant angenommen werden kann, ganz speziell und mit relativ starren Verhaltensweisen hierauf ausgerichtet werden. Die Leistungsfähigkeit des Informationssystems wird in diesem Falle maßgeblich von der „systembegründenden" Informationsbedarfsanalyse bestimmt, die entsprechend aufwendig durchgeführt werden muß, dafür aber auch weitere „systembegleitende" Informationsbedarfsanalysen – abgesehen von vereinzelten Kontrollen – erübrigt.
Im Unterschied dazu kann ein Informationssystem, dessen Informationsbedarf bei seiner Konzeption zwar vollständig bestimmt, aber nicht als langfristig konstant angenommen werden kann, nur dann speziell auf den jeweils gültigen Informationsbedarf ausgerichtet werden und dauerhaft leistungsfähig bleiben, wenn es entsprechend flexible Verhaltensweisen und ein hinreichend leistungsfähiges Instrumentarium zur „systembegleitenden" Informationsbedarfsanalyse entwickelt. Der „systembegründenden" Informationsbedarfsanalyse kommt in diesem Falle bereits eine viel geringere Bedeutung zu.
Ein Informationssystem, dessen Informationsbedarf schließlich zu keinem Zeitpunkt vollständig bestimmt und auch nicht, soweit er bestimmbar ist, als konstant angenommen werden kann, läßt sich nur ganz allgemein auf diesen Informationsbedarf ausrichten und muß, um auf alle nicht vorhersehbaren Eventualitäten angemessen reagieren zu können, sehr flexible Verhaltensweisen und ein leistungsfähiges Instrumentarium zur „systembegleitenden" Informationsbedarfsanalyse entwickeln. Die „systembegründende" Informationsbedarfsanalyse ist in diesem Falle nahezu bedeutungslos.

2.5 Informationssysteme i. e. S.

Der in den Abschnitten 2.1 bis 2.4 entwickelte Informationssystembegriff ist zum besseren Verständnis der Kommunikationsvorgänge weiter gefaßt worden als der üblicherweise verwendete Informationssystembegriff, der nur solche Informationssysteme umfaßt, die als Dienstleistungssysteme bestimmte systemexterne Kommunikationsteilnehmer in deren Eigeninteresse oder im Drittinteresse informieren. Diese sollen im folgenden als „Informationssysteme i. e. S." und die Kommunikationsteilnehmer, die sich ihrer aktiv bedienen, als „Systembenutzer" bezeichnet werden. Die Informationssysteme i. e. S. spielen als Ganzheiten betrachtet stets die Rolle von Dialogpartnern der Systembenutzer und/oder von Kommunikationsmittlern zwischen mehreren Systembenutzern bzw. zwischen einem Systembenutzer und anderen kommunikationsfähigen Systemen. Dabei können sie definitionsgemäß nie originäre Informationsbedarfsträger sein. Die von ihnen empfangenen und abgegebenen Nachrichten bestehen mit Ausnahme der an sie gerichteten Anweisungen der Systembenutzer aus ihrer Sicht nur aus Daten, die sie nach Maßgabe der Benutzeranweisungen
- gewinnen
- speichern
- verarbeiten und
- ausrichten

müssen (siehe Abb. 2–6).

2.5.1 Datengewinnungsfunktion

Unter „Datengewinnung" soll im folgenden die Vorbereitung der eigentlichen Datenverarbeitung durch
- Datenerhebung
- Datenumsetzung und
- Datencodierung

verstanden werden. Die innerhalb der Datengewinnung notwendige Verteilung und Zwischenspeicherung (Eingangspufferung) der Daten soll hier nur erwähnt aber nicht weiter ausdifferenziert werden.
Die Datenerhebung kann ihrerseits untergliedert werden in
- die einfache Datenselektion
- die systemexterne Datenbeschaffung
- die systeminterne Datenbeschaffung und
- die Primärdatenerzeugung.

Bei der einfachen Datenselektion werden die relevanten Daten aus Nachrichten gewonnen, die auf Initiative anderer – z. B. als Frage – an das Informationssystem i. e. S. herangetragen worden sind. Die Erhebungsleistung beschränkt sich dabei auf die rein rezeptive Nachrichteninterpretation.
Bei der systemexternen Datenbeschaffung werden die relevanten Daten aus Nachrichten gewonnen, deren Zugang das betreffende Informationssystem i. e. S. – z. B. im Rahmen einer Befragung oder als Buchbestellung – selbst veranlaßt hat. Die Initia-

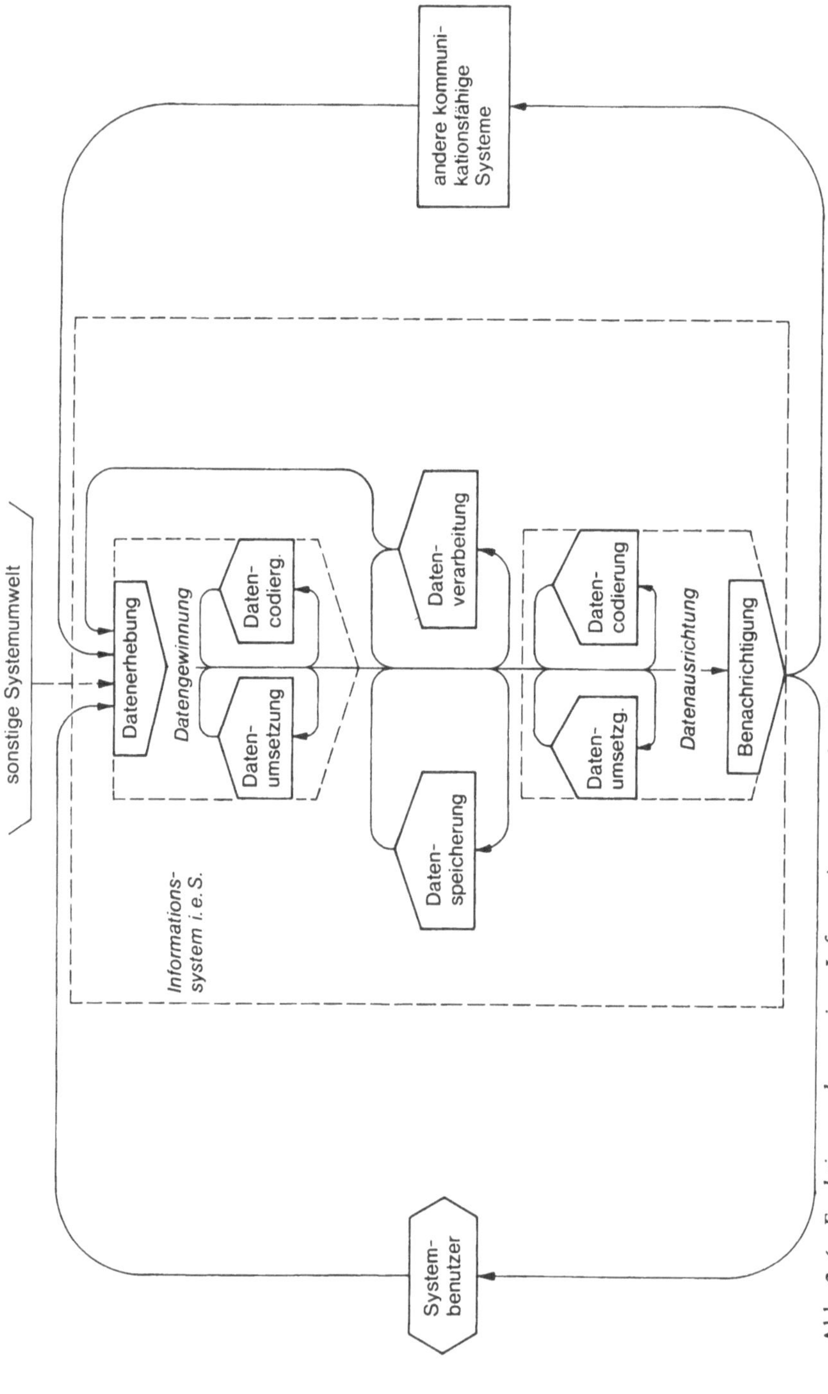

Abb. 2–6. *Funktionenschema eines Informationssystems i. e. S.*

tive für die Datenerhebung geht in diesem Falle also von dem betreffenden System selbst aus.
Die systeminterne Datenbeschaffung besteht in der Auswahl und Sammlung von relevanten Sekundärdaten und/oder Datengruppierungen, die das Informationssystem i. e. S. im Rahmen seiner Datenverarbeitung aus anderen Daten selbst erzeugt hat. Diese systemintern beschafften Daten können auch als „Rücklaufdaten" bezeichnet werden [24, S. 28].
Bei der Primärdatenerzeugung schafft sich das Informationssystem i. e. S. die relevanten Daten auf der Grundlage von Denk- und Beobachtungsprozessen aus dem „Daten-Nichts". Dies kann z. B. durch das Ausmessen eines Raumes und die anschließende Fixierung der Meßergebnisse oder durch die mündliche bzw. schriftliche Formulierung eines Gedankens geschehen.
Bevor die so erhobenen Daten endgültig verarbeitet werden können, müssen sie von den Informationssystemen i. e. S. häufig erst noch umgesetzt und/oder codiert werden. Wie oben bereits definiert, ist dabei unter Datenumsetzung die Transformation von Daten aus einer physischen Form in eine andere zu verstehen – wie z. B. die speicher- und transportfähige Fixierung mündlich erhobener Daten (Datenfixierung) oder die Umsetzung nicht ADV-fähiger Daten in eine ADV-fähige Form[5] (Datenerfassung) – und unter Datencodierung die Überführung von Daten aus einer Sprache in eine andere – wie z. B. die Umformulierung einer umgangssprachlichen Frage in einen Boole'schen Suchausdruck.[6]

2.5.2 Datenspeicherungsfunktion

Die gewonnenen Daten gehen, sofern sie nicht unmittelbar verarbeitet werden, in die Datenspeicherung, wo sie so lange in Büchern, Akten, Dateien, Mikrofilmspeichern, Tonspeichern oder ähnlichen „Zeitkanälen" [26, S. 34] zeitlich transformiert werden, bis sic ungewollt oder gewollt vernichtet werden.
Dabei können sie und der Zugriff auf sie nach den unterschiedlichsten Kriterien – wie z. B. nach der Häufigkeit ihrer gemeinsamen Benutzung, nach ihrer Aktualität oder nach ihrer Vertraulichkeit – strukturiert werden.

2.5.3 Datenverarbeitungsfunktion

Die gewonnenen und/oder gespeicherten Daten können in einem weiteren Schritt inhaltlich transformiert werden. Diese Datenverarbeitung im eigentlichen Sinne besteht

[5] Siehe hierzu die entsprechenden Ausführungen im Abschnitt 2.6
[6] Boole'sche Suchausdrücke werden durch Verknüpfung von Daten mit den Boole'schen Operatoren „und" ($\wedge$), „oder" ($\vee$), „nicht" (–) gebildet. So kann z. B. die Suchfrage nach allen Veröffentlichungen des Autors „H. Meier" über „Hochschulpolitik" bzw. „Hochschulrecht" mit Ausnahme der Veröffentlichungen zu Fragen der „Personalstruktur" mit dem Boole'schen Suchausdruck
„H. Meier $\wedge$ (Hochschulpolitik $\vee$ Hochschulrecht) $\wedge$ $\overline{\text{Personalstruktur}}$" ausgedrückt werden. Siehe im übrigen [7, S. 174].

immer in der inhaltlich bedeutsamen Zuordnung mindestens eines Datums zu mindestens einem anderen. Sie kann als
- Sekundärdatenerzeugung und/oder
- Datengruppierung
erfolgen.

Bei der Sekundärdatenerzeugung werden mindestens zwei Daten so miteinander verknüpft, daß daraus ein weiteres Datum mit einem neuen Inhalt entsteht. Dabei können die Ausgangsdaten ihrerseits in einer vorangegangenen Sekundärdatenerzeugung entstanden sein. In diesem Sinne stellen z. B. alle arithmetischen Operationen Sekundärdatenerzeugung dar [8, S. 16 f].
Bei der Datengruppierung werden mindestens zwei Daten so miteinander verknüpft, daß sie als Datengruppe einen anderen Inhalt ergeben als die Gesamtheit der gruppierten Daten ohne diese Gruppenbeziehung hätte [8, S. 17]. So sind z. B. die Zuordnung bestimmter Daten als Datennachweis zu einer Suchfrage oder die Verknüpfung von Daten mit Boole'schen Operatoren oder auch die Erstellung von Datenlisten als Datengruppierung anzusehen.
Die in der Datenverarbeitung erzeugten Sekundärdaten und/oder Datengruppierungen werden schließlich, soweit sie nicht als Rücklaufdaten wieder in die Datengewinnung eingehen, an systemexterne Adressaten ausgerichtet.

2.5.4 Datenausrichtungsfunktion

Die Datenausrichtung besteht in der
- Datenumsetzung
- Datencodierung und
- Benachrichtigung.

Bei der Datenumsetzung werden die Daten in physischer Hinsicht und bei der Datencodierung in sprachlicher Hinsicht auf die Erlebnisfähigkeit des jeweiligen Adressaten ausgerichtet. Diese Ausrichtung kann in dem Maße entfallen wie die Daten durch die Datenverarbeitung bereits in der adressatengerechten physischen und/oder sprachlichen Form bereitgestellt werden.
Im Unterschied dazu ist die Benachrichtigung ein stets notwendiger Bestandteil der Datenausrichtung. Durch sie werden die Daten
- zeitlich
- räumlich und
- relevanzmäßig

auf die Erlebnisfähigkeit des (der) jeweiligen Adressaten ausgerichtet.
Die zeitliche und räumliche Ausrichtung besteht dabei in der zeit- und ortsgerechten Übermittlung der Daten an den (die) betreffenden Adressaten. Ihr Gewicht hängt davon ab, wie konkret und anspruchsvoll die zeitlichen und örtlichen Präferenzen der Adressaten sind.
Die relevanzmäßige Ausrichtung der Daten erfolgt durch deren Einbindung in den jeweiligen adressatenspezifischen Nachrichtenzusammenhang. Dieser wird außer durch die übermittelten Daten durch die mit der Benachrichtigung angesprochenen

Komponenten des ,,internen Außenweltmodells" des (der) betreffenden Adressaten und den jeweiligen Kommunikations-Kontext gebildet. Durch diese Einbindung erhalten die Daten ihre jeweils gültige Relevanz. Dabei sind insbesondere diejenigen Zeichenfolgen, die aus der Sicht des Informationssystems i. e. S. nur Daten sind, für den betreffenden Adressaten jedoch Anweisungen sein sollen, als solche kenntlich zu machen.

2.6 Besonderheiten computerorientierter Informationssysteme

Unter einem ,,computerorientierten Informationssystem" soll im folgenden ein Informationssystem i. e. S verstanden werden, dessen Transformationsprozesse im wesentlichen von Computern bewältigt werden. Die durch die spezifische Kommunikationsfähigkeit der Computer geprägten Besonderheiten dieser Systeme sind zwar bereits vereinzelt angedeutet worden, bedürfen aber noch einer systematischen Erläuterung. Dabei sollen allerdings nur diejenigen Besonderheiten in Betracht gezogen werden, die sich aus den Eigenarten der Digital-Rechner ergeben, weil nur diese für die späteren Sachaussagen von Bedeutung sind [7, S. 11 ff].

2.6.1 Besonderheiten in der Ausstattung

Die wesentlichen Komponenten eines computerorientierten Informationssystems sind
- der technische Systemkern
- die Systemmitarbeiter und
- die internen und externen Kommunikationsbeziehungen dieser beiden Systemkomponenten.[7]

Der technische Systemkern soll hier als ,,Automatisiertes Datenverarbeitungssystem (ADV-System)" bezeichnet werden. Diese Bezeichnung ist allerdings sehr weit auszulegen, weil das damit begriffene System nicht nur Daten verarbeitet sondern auch erhebt, umsetzt, codiert, speichert, transportiert und/oder relevanzmäßig ausrichtet. Außerdem werden zum ADV-System auch solche Geräte, die die Daten nicht automatisiert transformieren (z. B. sämtlichen Datenerfassungsgeräte) und solche Speichereinheiten, die nicht im automatisierten Zugriff stehen, gerechnet.

[7] Der Begriff des computerorientierten Informationssystems wird hier weiter gefaßt als bei Th. Lutz, der ihn auf den technischen Systemkern beschränkt [22, S. 9]. Wir halten diese Erweiterung für angebracht, weil der technische Systemkern in vielen Fällen (noch ?) der menschlichen Unterstützung bedarf, so daß es sinnvoller ist, ihn als Subsystem eines auf ihn ausgerichteten (computerorientierten) Informationssystems zu betrachten.

ADV-Systeme bestehen aus
- der Hardware
- den systemresidenten Anweisungen (Software) und, sofern sie nicht reine Rechensysteme sind aus
- den systemresidenten Daten (Datenbestand).

2.6.1.1 Hardware

Die Hardware eines ADV-Systems setzt sich gewöhnlich zusammen aus
- der Zentraleinheit mit
  - Steuerwerk
  - Rechenwerk und
  - Arbeitsspeicher
- den externen Speichereinheiten und
- den Eingabe-/Ausgabeeinheiten [7, S. 48 ff.].

Die Zentraleinheit ist die einzige „intelligente" Hardwarekomponente [11, S. 131]. Ihre Intelligenz ist allerdings sehr schmal angelegt, denn sie kann
- nur solche Daten anweisungsgerecht interpretieren und transformieren, die sie als geordnete Taktfolge zweier elektrischer Zustände (binär-elektrisch) empfängt [23, S. 627] und das auch
- nur nach solchen Anweisungen, die sie in eine geordnete Abfolge der in ihrem Steuer- und Rechenwerk „festverdrahteten" Routinen überführen kann.

Diese Routinen sind für jeden Anlagentyp in einer Operationsliste zusammengefaßt, die üblicherweise die Operationsgruppen
- arithmetische Operationen für die Sekundärdatenerzeugung (Addition und daraus abgeleitete Rechenarten)
- logische Operationen für die Erhebung, Umsetzung, Codierung, Gruppierung, Löschung und relevanzmäßige Ausrichtung von Daten (mit den Operatoren „gleich", „größer, „kleiner", „und" und „oder") sowie
- Operationen zur Steuerung des Datenflusses, der Operationenabfolge und der Tätigkeiten der angeschlossenen Geräte

enthält [7, S. 34 ff, 102 ff, 155ff; 11, S. 76].

Die den Zentraleinheiten durch ihre „Intelligenz" verfügbaren sprachlichen Möglichkeiten, die auch als „Maschinensprachen" bezeichnet werden [7, S. 300], erreichen bei weitem nicht die Leistungsfähigkeit der natürlichen Sprachen. Insbesondere können die Maschinensprachen nur im Rahmen ihrer eigenen Regeln zu höherwertigen Sprachen weiterentwickelt werden, denn die Zentraleinheiten verstehen jeweils nur eine Maschinensprache, so daß man diese auch nur mit sich selbst als „Metasprache" (Sprache zur Verständigung über eine Sprache) weiterentwickeln kann. Hierin liegt die entscheidene Schwachstelle der computerorientierten Informationssysteme, auf die alle Transformationsprozesse wie auf ein Nadelöhr ausgerichtet werden müssen.

Die übrigen Hardwarebestandteile haben im wesentlichen nur eine die Zentraleinheit unterstützende Funktion. So dienen die externen Speichereinheiten lediglich dazu, den Speicherplatz des ADV-Systems über den kleinen, relativ teuren Arbeitsspeicher der Zentraleinheit hinaus zu erweitern, und mit den Eingabeeinheiten werden die an das ADV-System herangetragenen Daten lediglich in eine binär-elektrische oder an-

dere ADV-fähige Form[8] überführt, während mit den Ausgabeeinheiten die von dem ADV-System abzugebenden Daten aus der binär-elektrischen Form in eine andere ADV-fähige und/oder eine menschenlesbare Form gebracht werden.
Die skizzierte Kommunikationsfähigkeit der Hardware reicht praktisch nie aus, um die Anforderungen an ein effizientes computerorientiertes Informationssystem zu erfüllen. Sie muß stets durch Programmierung und durch den Aufbau eines ADV-fähigen Datenbestands erweitert werden.

2.6.1.2 Systemresidente Anweisungen (Software)

Die Programmierung kann als besondere Form der Benachrichtigung eines ADV-Systems verstanden werden. Durch sie werden im Arbeitsspeicher der Zentraleinheit und/oder in den externen Speichereinheiten „systemresidente" Anweisungsfolgen (Programme) aufgebaut, die bei Bedarf unter ihrem Namen wieder aufgerufen werden können und dann die festverdrahteten Routinen der Zentraleinheit in jeweils spezifischen Abfolgen aktivieren [11, S. 83; 22, S. 156].
Die Programme werden in ihrer dem jeweiligen ADV-System verfügbaren strukturierten Gesamtheit üblicherweise als „Software" bezeichnet [11, S. 106]. Sie unterscheiden sich von den der Hardware zugehörigen festverdrahteten Routinen dadurch, daß sie jederzeit geändert, gelöscht oder durch andere Programme ersetzt und damit sehr viel leichter auf spezifische Problemstellungen ausgerichtet und an geänderte Problemstellungen angepaßt werden können.[9]
Die Programmierung ist als besondere Form der Benachrichtigung stets an die jeweilige Kommunikationsfähigkeit des zu programmierenden ADV-Systems gebunden. Sie kann deshalb nur stufenweise zu immer leistungsfähigeren und spezifischeren Programmstrukturen führen. Eine voll entwickelte Programmstruktur besteht aus den folgenden aufeinander aufbauenden Programmtypen:

- Betriebssystemprogramme (Systemsoftware)
  - Grundstufe (Grundbetriebssystem)
  - Aufbaustufe und
- Anwendungsprogramme (Anwendungssoftware)
  - Grundstufe
  - Aufbaustufe (Anwendungssoftware i. e. S.) [7, S. 323 ff; 11; 20].

Die Systemsoftware macht ein ADV-System im Grunde genommen erst für einen Anwender benutzbar. Sie enthält in ihrer Grundstufe (Grundbetriebssystem) vor allem die immer wiederkehrenden Anweisungen für den automatisierten technischen Betrieb des ADV-Systems (Organisationsprogramme), für häufig wiederkehrende Daten-/Programmbewegungen, -strukturierungen und -änderungen (Dienstprogramme) sowie für die Übersetzung von Benachrichtigungen aus höheren Programmier-

[8] Daten sind ADV-fähig, wenn sie von den Eingabeeinheiten eines ADV-Systems gelesen und von dessen Zentraleinheit erkannt werden können. Die Maschinenlesbarkeit alleine genügt nicht [14, S. 12].
[9] Programmierbare Datenverarbeitungsanlagen werden deshalb auch als „Universalrechner" bezeichnet [7, S. 65].

sprachen, wie z. B. Assembler, FORTRAN, COBOL, PL 1, etc. [7, S. 304 ff], in die jeweilige Maschinensprache (Übersetzungsprogramme). Die Aufbaustufe enthält vor allem Programmgeneratoren und Testhilfen, die als Programmierungskomfort angeboten werden.
Die Systemsoftware ist in der Regel unmittelbar auf die Kommunikationsfähigkeit der Hardware abgestellt, also in Maschinensprache geschrieben. Wegen ihrer grundsätzlichen Bedeutung für den effizienten Betrieb der Hardware wird sie üblicherweise von den Hardware-Herstellern selbst erstellt und zusammen mit deren Hardware angeboten.
Die Anwendungssoftware baut auf den Leistungen der Systemsoftware auf. In ihrer Grundstufe umfaßt sie die allgemeinen Anweisungen zur Verwaltung und Abfrage des ADV-fähigen Datenbestands. Diese werden teilweise von den Hardware-Herstellern und von besonderen Softwarefirmen teilweise aber auch von den Anwendern selbst geschrieben. Dabei werden häufig noch höhere maschinenorientierte Sprachen (Assembler) in zunehmendem Maße jedoch problemorientierte Sprachen (vor allem COBOL und PL 1) verwendet. Bei Datenbanksystemen sind diese Programme als gesonderte Programmpakete (Datenbankprogramme) ausgegliedert, wo hingegen sie bei den Einzeldateisystemen üblicherweise in den Anwendungsprogrammen der Aufbaustufe aufgehen[10].
In der Aufbaustufe umfaßt die Anwendungssoftware alle auf der Leistung der Systemsoftware und/oder der Grundstufe der Anwendungssoftware aufbauenden Anweisungen zur eigentlichen Bewältigung der Sachaufgaben des Anwenders (Anwendungssoftware i. e. S.). Diese Anweisungen werden überwiegend von Softwarefirmen und teilweise auch von den Anwendern selbst geschrieben, und zwar gewöhnlich in höheren problemorientierten Programmiersprachen. Hierzu gehören z. B. die meisten Programme zur Abwicklung operativer und dispositiver Tätigkeiten im Personal-, Sachmittel- und Finanzbereich der Unternehmungen und der öffentlichen Verwaltung sowie die Programme zur Simulation strategischer Entscheidungen in der Wirtschaft, der Politik und beim Militär. Die strukturierte Gesamtheit aller Anwendungsprogramme i. e. S. eines bestimmten ADV-Systems wird auch als „Modell-" oder „Methodenbank" dieses Systems bezeichnet [8, S. 56 ff; 25, S. 78 ff].

2.6.1.3 Systemresidente Daten (Datenbestand)

Im Unterschied zu den maschinellen Rechensystemen des Wissenschaftsbetriebs, die überwiegend ohne „systemresidente" ADV-fähige Daten arbeiten und nur mit den für einen bestimmten Rechengang eingegebenen Daten und den daraus erzeugten Sekundärdaten rechnen, benötigen computerorientierte Informationssysteme für Wirtschaft, Verwaltung und Politik gewöhnlich große Bestände an „systemresidenten"

[10] Bei Datenbanksystemen können die Programme auf alle Dateien des jeweiligen Datenbestands zugreifen, bei den Einzeldateikonzeptionen dagegen nur auf die Datei, für deren Bearbeitung sie erstellt worden sind (herkömmliche ADV-Form).

ADV-fähigen Daten.[11] Der Aufbau dieser Bestände kann analog zur Programmierung als besondere Form der Benachrichtigung eines ADV-Systems verstanden werden. Da man sich mit einem ADV-System nur digital, also nur durch konventionalisierte Zeichen, verständigen kann, muß die Bedeutung der Daten des aufzubauenden Datenbestands mit dem betreffenden System vor der Dateneingabe vereinbart werden. Diese Vereinbarung erfolgt mit Hilfe der jeweiligen Datenfeldbeschreibungssprache, in der die Daten so beschrieben werden müssen, daß sie von der Software des betreffenden ADV-Systems interpretiert und in die entsprechenden hardwareverständlichen Zeichenfolgen überführt werden können [25, S. 42; 28, S. 100]. Beim gegenwärtigen Entwicklungsstand der Hardware, Software und Datenfeldbeschreibungssprachen können ADV-fähige Daten nur in zwei Grundformen beschrieben werden, nämlich als

- formatierte Daten oder als
- nicht-formatierte Daten.[12]

Unter formatierten Daten sind solche Daten zu verstehen, deren Bedeutung sich eindeutig aus ihrer Datensatzposition ergibt [14, S. 4 f; 21, S. 136 f; 22, S. 63 ff]. So erhält z. B. die Buchstabenfolge „Bonn" dadurch, daß sie im vierten Feld des Personalstammsatzes in Abb. 2–7 erscheint, den Inhalt „Wohnort Bonn", wohingegen sie „Geburtsort Bonn" bedeutet, wenn sie im dritten Feld dieses Satzes steht. Ebenso ist die Ziffernfolge „02" dadurch eindeutig als „Familienstand 02 (verheiratet)" gekennzeichnet, daß sie im sechsten Feld dieses Personalstammsatzes auftritt, wohingegen die gleiche Ziffernfolge die Zahl der Kinder angibt, wenn sie im siebenten Feld steht.

Formatierte Daten können sowohl in Feldern mit fester Länge (fest formatierte Daten) als auch in Feldern mit variabler Länge (frei formatierte Daten) stehen. Bei fest formatierten Daten braucht man das Feldende nur einmal für alle Daten eines Datenfelds zu definieren, während man bei frei formatierten Daten das Feldende jedes einzelnen Datums durch ein Feldendezeichen kennzeichnen muß. Da ADV-Systeme besser mit festen als mit variablen Feldlängen arbeiten können, wird man nur solche Daten frei formatiert organisieren, deren Länge man nicht absehen oder nur als stark schwankend in Rechnung stellen kann, wie dies bei den meisten nicht-numerischen Klarschriftbezeichnungen (Personennamen, Institutionennamen, Ortsnamen, Berufsbezeichnungen etc.) der Fall ist. Dagegen lassen sich fast alle numerischen Klar-

[11] Dieser Unterschied wird besonders dort zu einem Problem, wo die beiden Systemarten mit derselben Hardware und Systemsoftware arbeiten müssen wie dies z. B. an vielen Hochschulen der Fall ist. Denn wissenschaftliche Rechensysteme benötigen eine Ausstattung für geringe Datenbewegungen mit vielen und komplexen arithmetischen Operationen während computerorientierte Informationssysteme für Wirtschaft, Verwaltung und Politik auf eine Ausstattung für große Datenbewegungen mit überwiegend einfachen logischen Operationen (Suchen, Sortieren, Mischen etc.) angewiesen sind.

[12] Hierfür wird häufig auch das Bezeichnungspaar „numerische Daten – nicht-numerische Daten" verwendet. Damit wird jedoch der gemeinte Sachverhalt nur irreführend bezeichnet, denn bei ihm geht es nicht um das syntaktische Problem der zu wählenden Zeichenart sondern um das semantische Problem der Definition des Inhalts von Zeichenfolgen. Ob dieser Inhalt dann mit numerischen oder nicht-numerischen Zeichenfolgen dargestellt wird, ist relativ gleichgültig.

a) *formatierte Daten*

Identifikations-schlüssel	Name	Geburtsdatum	Geburtsort	Wohnort	Beruf	Familien-stand	Zahl der Kinder
10	Koch, Klaus	0 6 0 5 3 8	München	Bonn	Schreiner	01	00
11	Schreiner, Emil	1 1 0 7 2 2	Bonn	München	Koch	02	02
	frei formatiert	fest formatiert	frei formatiert			fest formatiert	

b) *nicht-formatierte Daten*

10 Der ledige und kinderlose Klaus Koch wurde am 6. 5. 1938 in München geboren. Gegenwärtig wohnt er in Bonn, wo er auch seinem Beruf als Schreiner nachgeht.

11 Der in München wohnende Koch Emil Schreiner wurde am 11. 7. 1922 in Bonn geboren. Er ist verheiratet und hat zwei Kinder.

Abb. 2–7. *Logische Datenstrukturen*

schriftdaten (Mengen-, Zeit-, Entfernungs-, Gewichtsangaben) und die numerisch und nicht-numerisch verschlüsselten Daten fest formatiert organisieren.
Nicht zu verwechseln mit den frei formatierten Daten sind die nicht-formatierten Daten. Darunter sind solche Daten zu verstehen, deren Bedeutung sich nicht allein bzw. überhaupt nicht aus ihrer Datensatzposition sondern aus anderen grammatischen Beziehungen und/oder ihrem Kontext ergibt [14, S. 5; 21, S. 136 f; 22, S. 63; 25, S. 49 ff]. So bestehen z. B. alle in natürlichen Sprachen formulierten Nachrichten, abgesehen von den darin enthaltenen Anweisungen, nur aus nicht-formierten Daten. In ADV-Systemen können diese nur als ganze Texte organisiert werden, wobei jedes Textfeld mit einem Feldendezeichen abzuschließen ist (siehe Abb. 2–7).
Wegen ihrer komplexen Beziehungen können nicht-formatierte Daten von ADV-Systemen (noch) nicht auf der semantischen Ebene verstanden werden. Sie können nicht wie die formierten Daten auch inhaltlich sondern nur räumlich, zeitlich und formal transformiert werden, d. h. ihre Zeichenfolgen können nur transportiert, gespeichert, zeichenweise auf ihre Identität mit anderen Zeichenfolgen überprüft und/oder statistisch ausgewertet werden. Soweit es auf dieser Ebene möglich ist, können sie dann auch automatisiert umgesetz, codiert, gruppiert und gelöscht werden [13, S. 111 ff; 15, S. 242 ff; 21, S. 110, 138].
Die strukturierte Gesamtheit aller systemresidenten formatierten und/oder nicht-formatierten Daten eines ADV-Systems wird üblicherweise als dessen „Datenbestand" und die strukturierte Gesamtheit ihrer Felder als dessen „Datenbasis" bezeichnet [1, S. 74 ff]. Datenbestände, deren Datensätze nicht nur durch ihr Dateikennzeichen (z. B. „S" für Studentenstammdatei, „R" für Raumbestandsdatei) sondern auch durch andere logische Beziehungen bestandsintern miteinander verknüpft sind, sollen zusammen mit den Programmen zu ihrer Verwaltung und Abfrage im folgenden als „Datenbank" bezeichnet werden.[13]

2.6.1.4 Systemmitarbeiter

Die skizzierten ADV-Systeme können zwar im Rahmen ihrer Kommunikationsfähigkeit Daten sehr viel schneller und zuverlässiger transformieren als irgendein Mensch. Ihre Kommunikationsfähigkeit ist aber auch wiederum so spezifisch, daß sie die Aufgaben komplexer Informationssysteme nicht in jedem Falle ohne menschliche Unterstützung erfüllen können.
So kann ein ADV-System z. B. keine Primärdaten erzeugen. Auch kann es Nachrichten, die in natürlichen verbalen Sprachen und/oder nicht-verbalen Sprachen ausgedrückt sind, nur sehr unzureichend bzw. überhaupt nicht interpretieren. Außerdem hat es als Kommunikator nur sehr beschränkte Möglichkeiten seinen Daten Relevanz zu verleihen, weil es weder den Situationskontext einbeziehen noch seine Aussagen durch Gestik, Mimik u. ä. verdeutlichen kann.

[13] Der Datenbankbegriff wird in der Literatur sehr unterschiedlich gefaßt. So gibt es neben der hier verwendeten software-orientierten Definition noch funktionale, inhaltliche und hardware-orientierte Definitionen. Siehe hierzu [4] und die dort angeführte Literatur.

Die computerorientierten Informationssysteme müssen deshalb für solche Datentransformationen, die vom ADV-System gar nicht oder nur sehr unzureichend erledigt werden können, um personelle Systemelemente, die im folgenden als „Systemmitarbeiter" bezeichnet werden sollen, erweitert werden. Ihre Aufgabe ist es, zwischen dem ADV-System auf der einen Seite und den Systembenutzern und einfachen Systemadressaten auf der anderen Seite zu vermitteln.
Dabei können die Systemmitarbeiter z. B. den Systembenutzern helfen, ihren Informationsbedarf in sprachlicher und/oder physischer Hinsicht computergerecht zu formulieren. Auch können sie die Systemadressaten bei der Interpretation der vom ADV-System ausgerichteten Daten unterstützen. Schließlich können sie für den erforderlichen „Datennachschub" sorgen, indem sie Daten beschaffen, aus dem „Daten-Nichts" erzeugen und/oder durch solche inhaltlichen Datentransformationen erstellen, die dem ADV-System nicht möglich sind.
Die erläuterten Besonderheiten in der technischen und personellen Ausstattung computerorientierter Informationssysteme sind in Abb. 2–8 noch einmal zusammengefaßt.

2.6.2 Besonderheiten in den Funktionen

Computerorientierte Informationssysteme können grundsätzlich alle Funktionsarten der Informationssysteme i. e. S. automatisiert durchführen, d. h. sie können Daten automatisiert gewinnen, speichern, verarbeiten und ausrichten. Sie können dies jedoch nur mit solchen Daten, die ADV-fähig sind [14, S. 12] und sich im Zugriffsbe-

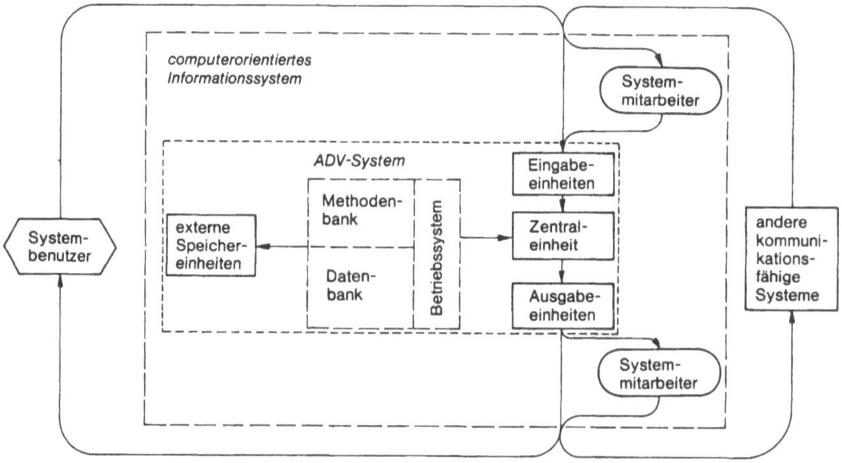

Abb. 2–8. *Ausstattungsschema eines computerorientierten Informationssystems*

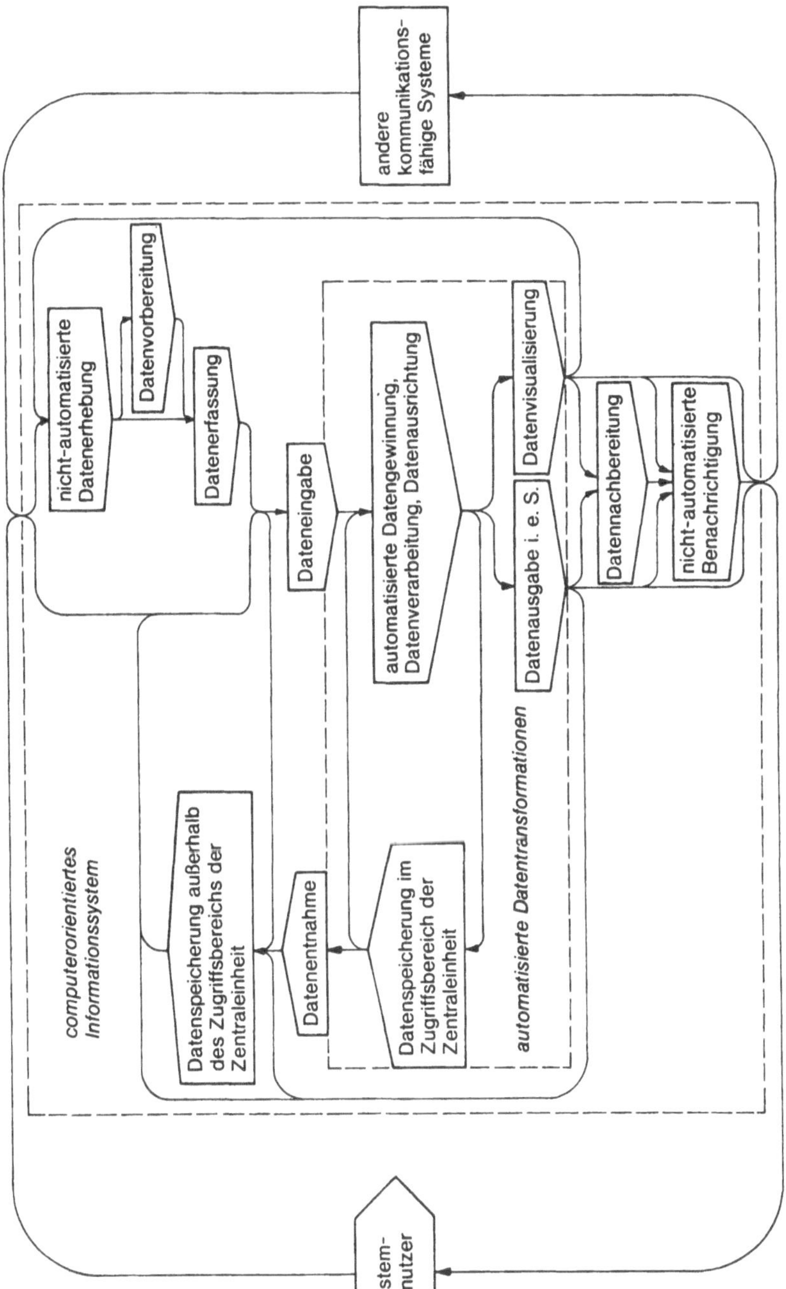

Abb. 2–9. *Funktionenschema eines computerorientierten Informationssystems*

reich der jeweiligen Zentraleinheit befinden. Die dadurch bedingten ADV-spezifischen Funktionen lassen sich in
- zentrale Sonderfunktionen und
- periphere Sonderfunktionen

unterscheiden (siehe Abb. 2–9).

2.6.2.1 Zentrale Sonderfunktionen

Die zentralen Sonderfunktionen umfassen die
- Datenerfassung,
- Dateneingabe,
- Datenentnahme,
- Datenausgabe (Datenausgabe i. e. S.) und
- Datenvisualisierung.

Mit „Datenerfassung" bezeichnet man die stets manuelle Umsetzung nicht ADV-fähiger Daten in eine ADV-fähige Form. Dies kann z. B. durch das Ablochen von Lochkarten oder Lochstreifen, durch das Beschriften von Magnetbändern oder durch das Beschriften bzw. Markieren von Erfassungsbelegen mit besonderen maschinell lesbaren Zeichen geschehen. Die Datenerfassung kann entfallen, wenn die automatisiert zu interpretierenden/transformierenden Daten bereits ADV-fähig eingehen.
Unter „Dateneingabe" ist die automatisierte bzw. manuelle Überführung ADV-fähiger Daten in den Zugriffsbereich der Zentraleinheit zu verstehen. Bei diesem Vorgang werden die eingegebenen Daten, sofern sie nicht bereits binär-elektrisch empfangen werden, automatisiert in eine binär-elektrische Form umgesetzt.
Mit „Datenentnahme" bezeichnet man die Entfernung von eingegebenen Daten aus dem Zugriffsbereich der Zentraleinheit durch die manuelle Entnahme ihrer Datenträger aus den im Zugriff der Zentraleinheit stehenden externen Speichereinheiten. Dies ist z. B. bei der Entnahme von Magnetbändern aus Magnetbandstationen der Fall.

Unter „Datenausgabe" wird üblicherweise die automatisierte Ausgabe von binär-elektrischen Daten aus dem Zugriffsbereich der Zentraleinheit verstanden. Dabei können die Daten sowohl binär-elektrisch bleiben (z. B. bei Direktübertragung an ein anderes ADV-System) als auch in eine andere nicht menschenlesbare Form (z. B. auf Magnetband oder -karte) und/oder in eine menschenlesbare Form (z. B. auf Druckfahne oder Bildschirm) umgesetzt werden.
Aus diesem weiten Begriff der Datenausgabe kann man die „Datenvisualisierung" als automatisierte Ausgabe menschenlesbarer Daten ausdifferenzieren und diese neben die „Datenausgabe i. e. S." als automatisierte Ausgabe nicht menschenlesbarer Daten stellen. Die Datenvisualisierung kann dann als automatisiertes Gegenstück zur Datenerfassung und die Datenausgabe i. e. S. als Pendant zur Dateneingabe begriffen werden.

2.6.2.2 Periphere Sonderfunktionen

Die dem ADV-System vor- und nachgelagerten (peripheren) Sondertätigkeiten können zu den Funktionen

- nicht-automatisierte Datenerhebung
- Datenvorbereitung
- Datennachbereitung und
- nicht-automatisierte Benachrichtigung

zusammengefaßt werden.

Die Datenerhebung ist bereits im Abschnitt 2.5 definiert worden. Sie muß in computerorientierten Informationssystemen immer dann manuell durchgeführt werden, wenn die zu erhebenden Daten erst noch als Primärdaten erzeugt werden müssen oder die eingehenden Nachrichten nicht bzw. nicht hinreichend ADV-fähig sind und/oder die Interpretationsfähigkeit des ADV-Systems überfordern würden.

Unter „Datenvorbereitung" sollen alle nicht-automatisierten Datentransformationen verstanden werden, die die Systemmitarbeiter im Anschluß an die nicht-automatisierte Datenerhebung noch vor der Datenerfassung und/oder -eingabe durchführen müssen, um die Daten auf die Leistungsfähigkeit des ADV-Systems auszurichten. Dabei können prinzipiell alle Transformationsarten vorkommen. Am häufigsten dürfte allerdings die Umsetzung und/oder Codierung nicht ADV-fähiger Daten in eine andere sinnvoll erfaßbare nicht ADV-fähige Form notwendig sein, wie z. B. die schriftliche Fixierung gesprochener Daten oder das Ausfüllen von Auswertungs- und Ablochbelegen.

Die „Datennachbereitung" beinhaltet als Gegenstück zur Datenvorbereitung alle nicht-automatisierten Transformationen der ausgegebenen und/oder visualisierten Daten, bevor diese in die nicht-automatisierte Benachrichtigung eingehen. Dabei werden die Daten von den Systemmitarbeitern inhaltlich, sprachlich und/oder physisch aufbereitet und auf die Kommunikationsfähigkeit der jeweiligen Adressaten ausgerichtet. Die Datennachbereitung kann in dem Maße entfallen, wie das ADV-System in der Lage ist, die Daten adressatengerecht zu präsentieren.

Die Benachrichtigung ist bereits im Abschnitt 2.5 als zeitliche, räumliche und relevanzmäßige Ausrichtung der Daten definiert worden. In computerorientierten Informationssystemen muß diese immer dann von den Systemmitarbeitern durchgeführt werden, wenn das ADV-System die Daten nicht zeit- und/oder ortsgerecht ausgeben bzw. visualisieren kann und/oder die Daten bei der Ausgabe bzw. Visualisierung nicht in den erforderlichen Nachrichtenzusammenhang stellen kann. Dies ist insbesondere dann der Fall, wenn die Daten von einem zentralen Schnelldrucker, an den die Adressaten nicht heran dürfen, weitgehend zusammenhanglos visualisiert werden, so daß sie erst noch von den Systemmitarbeitern verteilt und erläutert werden müssen, um die beabsichtigte Information zu bewirken.

2.6.3 Besonderheiten in den Kommunikationsbeziehungen

Das ADV-System und die Systemmitarbeiter eines computerorientierten Informationssystems sind mit den dargestellten Funktionen in ein Netz von systeminternen und -externen Beziehungen eingespannt, dessen allgemeine Aspekte bereits unter Punkt 2.3 aufgezeigt worden sind. An dieser Stelle ist deshalb nur noch auf die beson-

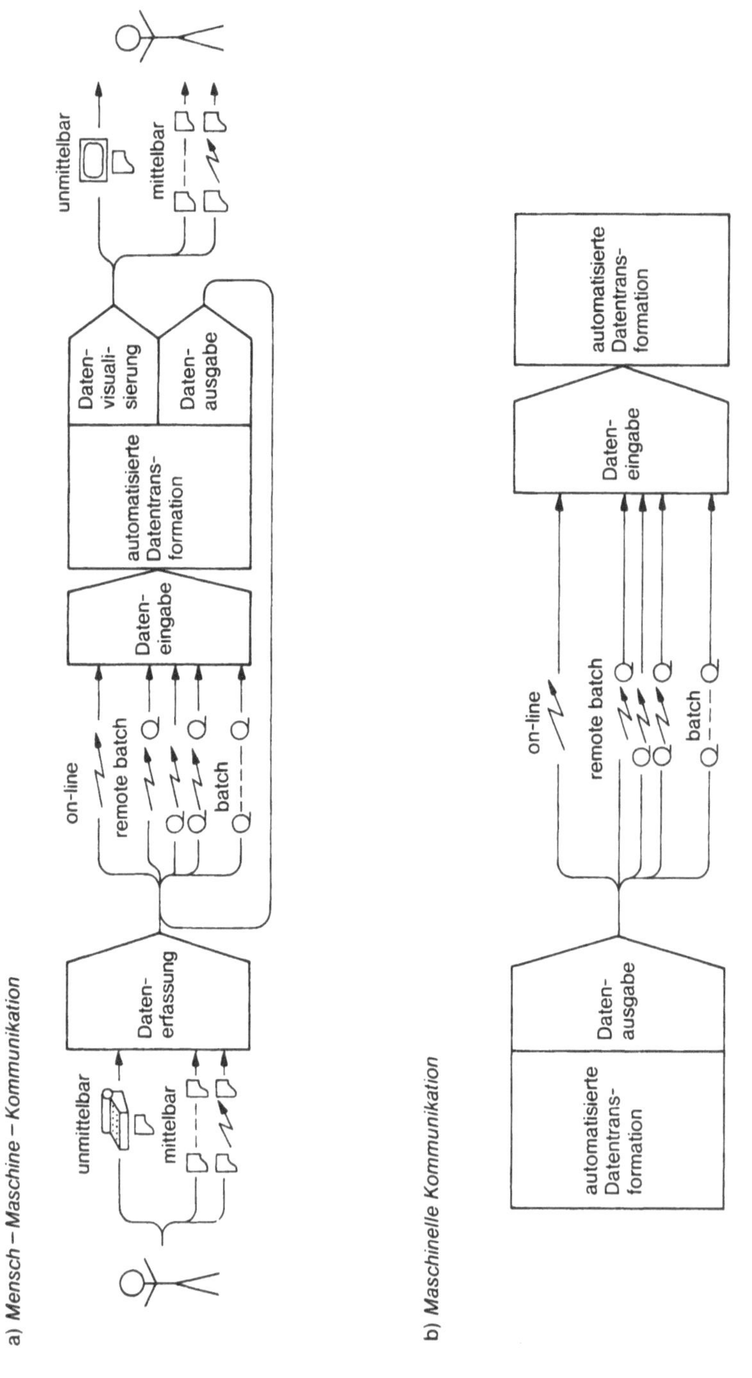

Abb. 2–10. *Kommunikationsbeziehungen von ADV-Systemen*

deren Aspekte der Teilnahme maschineller Kommunikationspartner einzugehen (siehe auch Abb. 2–10).

2.6.3.1 Menschliche Kommunikation, Mensch-Maschine-Kommunikation, maschinelle Kommunikation

Bei computerorientierten Informationssystemen sind drei Kommunikationsarten zu unterscheiden:
- die menschliche Kommunikation, bei der sich nur Menschen untereinander verständigen
- die Mensch-Maschine-Kommunikation, bei der Menschen mit ADV-Systemen kommunizieren, und
- die maschinelle Kommunikation, an der nur ADV-Systeme beteiligt sind.

Die menschliche Kommunikation dient in computerorientierten Informationssystemen fast ausschließlich der Unterstützung bzw. Ergänzung der unter Beteiligung des ADV-Systems geführten anderen Kommunikationsarten. Sie erfolgt vor allem in der Form von Arbeitsgesprächen zwischen den Systemmitarbeitern bei der Datenvor- und/oder -nachbereitung und als Kommunikationsmittlung der Systemmitarbeiter gegenüber den Systembenutzern und -adressaten bei deren mittelbarer Kommunikation mit dem ADV-System.

Die Mensch-Maschine-Kommunikation kann als unmittelbare Kommunikation des ADV-Systems mit den Systemmitarbeitern, -benutzern und/oder -adressaten und als unmittelbare Kommunikation der Systemmitarbeiter mit den ADV-Systemen anderer Informationssysteme stattfinden. Diese Kommunikationsart bestimmt weitgehend das Erscheinungsbild der computerorientierten Informationssysteme und wird immer wieder als Ausgangspunkt für euphorische oder depressive Spekulationen über das ,,Computer-Zeitalter" herangezogen. Dabei ist sie nichts anderes als eine auf die beschränkte Kommunikationsfähigkeit der ADV-Systeme ausgerichtete besondere Art der Kommunikation, die bei näherer Betrachtung eher ernüchternd als inspirierend wird [16, S. 405 ff; 25, S. 27 ff].

Die maschinelle Kommunikation wird von dem jeweiligen ADV-System mit den ADV-Systemen anderer Informationssysteme geführt. Die ADV-Systeme kommunizieren dabei als Kommunikationsmittler ,,im Dienste ihrer Herren" unmittelbar miteinander. Diese Kommunikationsart ist besonders auf Eindeutigkeit und Fehlerfreiheit der übermittelten Nachrichten angewiesen, weil bei ihr das menschliche Assoziationsvermögen als Ausgleichsfaktor für auftretende Ungenauigkeiten ausgeschlossen ist.

2.6.3.2 On-line-Betrieb, off-line-Betrieb

Die ADV-Systeme können an den Kommunikationsprozessen der computerorientierten Informationssysteme im
- On-line-Betrieb oder
- Off-line-Betrieb

teilnehmen.

Von ,,On-line-Betrieb" spricht man, wenn die Zentraleinheiten der ADV-Systeme im sogenannten Echtzeit-Betrieb, also ohne eine längere Zwischenspeicherung der

ADV-fähigen Daten an der Kommunikation beteiligt sind [14] [7, S. 319 ff; 11; 20]. Der On-line-Betrieb erfolgt in der Mensch-Maschine-Kommunikation als

- On-line-Erfassung und/oder
- On-line-Visualisierung

und in der maschinellen Kommunikation als

- On-line-Übertragung.

Bei der On-line-Erfassung (-Visualisierung) ist das betreffende Erfassungs-(Visualisierungs-)gerät über einen elektrischen Kanal an die Zentraleinheit angeschlossen, und die erfaßten (auszurichtenden) Daten werden ohne längere Zwischenspeicherung eingegeben (visualisiert). Bei der On-line-Übertragung kommunizieren die beteiligten ADV-Systeme über ihre durch elektrische Kanäle verbundenen Eingabe-/Ausgabegeräte miteinander, ohne die Nachrichten dabei längere Zeit zwischenzuspeichern.

Im Unterschied dazu werden beim „Off-line-Betrieb" die ADV-fähigen Daten während des Kommunikationsprozesses über längere Zeit – in der Regel außerhalb des Zugriffsbereichs der Zentraleinheiten – zwischengespeichert. Bevorzugte Datenträger für diese Zwischenspeicherung sind Lochkarten, Lochstreifen und Magnetbänder [7, S. 317 f; 11; 20].

Analog zum On-line-Betrieb läßt sich der Off-line-Betrieb untergliedern in

- die Off-line-Erfassung mit einer längeren Zwischenspeicherung der Daten zwischen ihrer Erfassung und ihrer Eingabe
- die Off-line-Visualisierung, bei der die auszurichtenden Daten erst nach ihrer Ausgabe (Datenausgabe i. e. S.) und erneuten Eingabe visualisiert werden und
- die Off-line-Übertragung, bei der die von dem sendenden ADV-System ausgegebenen Nachrichten erst nach längerer Zwischenspeicherung in das empfangende ADV-System eingegeben werden.

Der Off-line-Betrieb kann als

- „Batch-Betrieb" oder
- „Remote-Batch-Betrieb"

organisiert werden.

Beim Batch-Betrieb werden die Daten auf denselben Datenträgern, auf denen sie zur Zwischenspeicherung erfaßt bzw. ausgegeben worden sind, auch verteilt und dann wieder eingegeben [7, S. 317]. Beim Remote-Batch-Betrieb wird dagegen für die Verteilung der zwischengespeicherten Daten ein elektrischer Kanal – z. B. eine Telexleitung – benutzt, so daß die Daten zwischen ihrer Erfassung bzw. Ausgabe und der späteren Eingabe stets auf mindestens zwei Datenträgern – einem elektrischen und einem nicht-elektrischen – zwischengespeichert werden [7, S. 319].

[14] Der Begriff des On-line-Betriebes wird manchmal weiter, manchmal aber auch enger gefaßt. In der weiteren Fassung begreift er auch die Fälle, bei denen die Erfassungsgeräte zwar über einen elektrischen Kanal an die Zentraleinheit angeschlossen sind, die Daten jedoch längere Zeit zwischengespeichert werden. In der engeren Fassung liegt dagegen nur dann On-line-Betrieb vor, wenn nicht nur die Dateneingabe der Datenerfassung sondern auch die Datenerfassung der Datenerhebung unmittelbar folgt. Entsprechendes gilt für den Off-line-Betrieb.

Als Dialogpartner sollten ADV-Systeme möglichst im On-line-Betrieb kommunizieren können, denn Dialoge sind gewöhnlich nur sinnvoll, wenn sie mit kurzen Reaktionszeiten geführt werden können. Dagegen brauchen ADV-Systeme als Kommunikationsmittler häufig nur im Off-line-Betrieb kommunizieren zu können, weil die durch sie verbundenen eigentlichen Kommunikationspartner, also der auslösende Kommunikator und der letztlich gemeinte Rezipient, ohnehin nur mittelbar miteinander kommunizieren. Dabei können ADV-Systeme sowohl

- räumlich zentralisiert (zentraler Betrieb) als auch
- räumlich dezentralisiert (dezentraler Betrieb)

arbeiten, worauf jedoch erst im Abschnitt 7.1 näher einzugehen sein wird.

Literatur

[1] Beling, G. u. G. Wersig: Zur Typologie von Daten und Informationssystemen. Terminologie, Begriffe und Systematik. Berlin, München 1973.
[2] Bleicher, K. (Hrsg.): Organisation als System. Wiesbaden 1972.
[3] –: Organisation in programmierter Form. ZO-Kontaktstudium. In: Zeitschrift für Organisation 1/71 ff.
[4] Brandes W.: Was ist eine Datenbank? In: Öffentliche Verwaltung und Datenverarbeitung, 5/72, S. 198.
[5] Deutscher Normenausschuß: Informationsverarbeitung (Begriffe). DIN 44300. März 1972.
[6] Döring, P.: Bedarf und Verhalten der Benutzer wissenschaftlicher Information. Arbeits- und Diskussionspapier der Studiengruppe für Systemforschung. Heidelberg Aug. 1971.
[7] Dworatschek, S.: Einführung in die Datenverarbeitung. 2. Aufl. Berlin 1969. 5. Aufl. Berlin, New York 1973.
[8] –: Management-Informations-Systeme. Berlin, New York 1971.
[9] Franz, P., H. Lindeman u. R. Schwarz: Zum Begriff der Information und zur Ermittlung des Informationsbedarfs. Berlin 1970.
[10] Fuchs-Wegner, G.: Zur wissenschaftlichen Auseinandersetzung mit dem Problem der Systemgestaltung. In: Zeitschrift für Organisation 5/71.
[11] Garbe, H.: Einführung in die elektronische Datenverarbeitung. Glossar zu einem Fernsehkurs im Medienverbund. München o. J.
[12] Habermas, J. u. N. Luhmann: Theorie der Gesellschaft oder Sozialtechnologie. Frankfurt a. M. 1971.
[13] Handbuch für die maschinelle Dokumentation mit STAIRS. Hrsg. IBM, DV Anwendungsschule Wissenschaft und Verwaltung. Bonn o. J.
[14] Hasenmüller, U. u. W. Hermann: Einführung in die maschinelle Dokumentation. IBM-Beiträge zur Datenverarbeitung. Methoden und Techniken (1). München 1972.
[15] Hoffmann, D. u. a.: PASSAT-Überlegungen und Versuche zur automatischen Textanalyse als Vorbedingung für thesaurus-orientierte maschinelle Informations- und Dokumentationssysteme. In: Nachrichten für Dokumentation 6/71.
[16] Kress, H. u. P. Mertens: Die Mensch-Maschine-Kommunikation als zukünftige Form der Entscheidungsvorbereitung und Planung. In: Zeitschrift für Organisation 8/1971.
[17] Kunz, W. u. H. Rittel: Die Informationswissenschaften. Ihre Ansätze, Probleme, Methoden und ihr Ausbau in der Bundesrepublik Deutschland. München, Wien 1972.

[18] Lassiepen, K., E. Lutterbeck u. K.-H. Meyer-Uhlenried: Grundlagen der praktischen Information und Dokumentation. München-Pullach, Berlin 1972.
[19] Lehrmann, H. u. H. Fuchs: Problem einer systemtheoretisch-kybernetischen Untersuchung betrieblicher Systeme. In: Zeitschrift für Organisation 5/71.
[20] Löbel, G., P. Müller u. H. Schmid: EDV-Taschenlexikon. München 1970.
[21] Lutterbeck, E. (Hrsg.): Dokumentation und Information. Frankfurt a. M. 1971.
[22] Lutz, Th.: Das computerorientierte Informationssystem (CIS). Berlin, New York 1973.
[23] –: Informationssysteme und Datenbanken (1). Eine Informatikanalyse zu Datenbank und Datenkommunikation. In: IBM-Nachrichten 215, April 1973.
[24] Mertens, P.: Industrielle Datenverarbeitung. Administrations- und Dispositionssysteme, Bd. 1. Wiesbaden 1972.
[25] –: Industrielle Datenverarbeitung. Informations- und Planungssysteme, Bd. 2. Wiesbaden 1972.
[26] Mirow, H. M.: Kybernetik. Grundlage einer allgemeinen Theorie der Organisation. Wiesbaden 1969.
[27] Schwuchow, W.: Benutzeranalysen als Grundlage für die Organisation von Informations- und Dokumentationseinrichtungen. In: Nachrichten für Dokumentation 6/1971.
[28] Wahl, M. P.: Grundlagen eines Management-Informationssystems. Neuwied, Berlin 1970.
[29] Watzlawick, P., J. H. Beavin u. D. D. Jackson: Menschliche Kommunikation. Formen, Störungen, Paradoxien. Palo Alto 1968.
[30] Wersig, G.: Theoretische und methodologische Ansätze zur Benutzerforschung. Manuskript. Sept. 1971.
[31] Wersig, G. u. K.-H. Meyer-Uhlenried: Versuche zur Terminologie in der Dokumentation I: Sprache. In: Nachrichten für Dokumentation 3/1969.
[32] –: Versuche zur Terminologie in der Dokumentation II: Kommunikation und Information. In: Nachrichten für Dokumentation 5/1969.

II Modell eines computerorientierten Informationssystems für Hochschulverwaltung und -politik

3. Datenbank für Hochschulverwaltung und -politik (HVP-Datenbank)

3.1. Zweck und Inhalt der HVP-Datenbank

Eine Datenbank[1] sollte in
- ihrem Inhalt und Umfang
- ihrer logischen und physikalischen Datenorganisation
- ihren Programmen und
- ihrer Bedienungs- und Abfragesprache

dem Informationsbedarf ihrer Benutzer und den technisch-organisatorischen und finanziellen Möglichkeiten ihrer Trägerinstitutionen entsprechen. Je vielfältiger also die Benutzergruppen und möglichen Trägerinstitutionen in einem Tätigkeitsbereich sind, um so mehr verschiedene Datenbanken sind diesem Bereich angemessen [32, S. 73].

Der Bereich der Hochschulverwaltung und -politik ist, wie im Abschnitt 1.3 ausgeführt, durch eine große Vielfalt von Benutzergruppen und möglichen Trägerinstitutionen gekennzeichnet, so daß für ihn eine entsprechende Vielfalt von Datenbankmodellen aufzuzeigen wäre. Da dies jedoch den Rahmen eines einführenden Buches bei weitem überschreiten würde, haben wir uns auf die Darstellung eines einzigen Datenbankmodells beschränkt, das im wesentlichen die Belange der örtlichen HVP-Ebene berücksichtigt. Die örtliche HVP-Ebene haben wir vor allem auch deswegen gewählt, weil ihr wegen ihres großen Datenvolumens und ihrer Funktion als Datenbasis für alle übergeordneten HVP-Ebenen eine überragende Bedeutung für das Gesamtsystem der Hochschulverwaltung und -politik zukommt.

Eine örtliche HVP-Datenbank (im folgenden kurz: HVP-Datenbank) muß alle für die örtliche Hochschulverwaltung und -politik relevanten und in ADV-fähiger Form sinnvoll transformierbaren Daten speichern, verwalten und nach Bedarf bereitstellen können. In ihr müssen die wesentlichen Sachverhalte des im Abschnitt 1.2 skizzierten Gegenstands der örtlichen Hochschulverwaltung und -politik, also

(1) die Zwecke der Hochschulen und ihrer Funktionsbereiche

(2) die personellen, räumlichen, instrumentellen und sonstigen materiellen Elemente der Hochschulen

(3) die internen und externen Kompetenz-
Aufgaben- und Arbeitsbeziehungen der Hochschulelemente

(4) das Verhalten der Hochschulen und

(5) die monetären Aspekte der Sachverhaltgruppen (2), (3) und (4)

„greifbar" dargestellt sein.

[1] Zum Datenbankbegriff siehe Abschnitt 2.6.1.3 sowie die von der dortigen Definition teilweise erheblich abweichenden Auffassungen in [6, S. 198; 16, S. 148; 22, S. 8; 26, S. 59, 146; 29, S. 31; 42, S. 76].

Dabei könnte etwa die Sachverhaltgruppe (1) durch die entsprechenden Gesetzesaussagen und deren Interpretationen in der HVP-Datenbank repräsentiert sein und die Sachverhaltgruppe (2) durch Verwaltungsangaben über die Studenten und das Hochschulpersonal sowie über die verfügbaren Räume und Geräte und deren Nutzung oder auch durch politische Nachrichten über einzelne Hochschulmitglieder bzw. -mitgliedergruppen. Für die Sachverhaltgruppe (3) könnten Zulassungsbestimmungen, Studienpläne, Prüfungsordnungen, Forschungsprogramme, Geschäftsverteilungspläne, Stundenpläne, Wahlbestimmungen und sonstige Geschäftsordnungen sowie Daten über die materielle und energetische Ver- und Entsorgung der Hochschulen stehen, während die Sachverhaltgruppe (4) vor allem durch Aussagen zur Hochschulreform vertreten sein müßte. Die Sachverhaltgruppe (5) könnte sich schließlich in den Daten des Haushalts-, Kassen- und Rechnungswesens der Hochschulen sowie eventuell in hochschulgerechten Kosten-/Nutzenangaben ausdrücken. Sofern die genannten Daten nicht selbst in die HVP-Datenbank eingingen, könnten sie auch durch Angaben zu ihren außerhalb der HVP-Datenbank liegenden Fundstellen vertreten werden.

Welche der genannten Sachverhalte mit welchen Merkmalen in die konkreten HVP-Datenbanken auf örtlicher Hochschulebene eingehen müssen, kann selbstverständlich nur durch entsprechend konkrete Informationsbedarfsanalysen festgestellt werden [4, S. 142]. Nach unseren Erfahrungen stehen dabei gewöhnlich zunächst die formatierbaren Daten der Sachverhaltgruppen (2), (3) und (5) im Vordergrund (siehe auch Abb. 3–10). Diese „Einstiegsstufe" sollte jedoch aus Gründen, die im Abschnitt 5.8 noch näher zu erläutern sein werden, möglichst schnell durch Einbeziehung der überwiegend nicht-formatierbaren Daten der Sachverhaltgruppen (1) und (4) überwunden werden.

Eine HVP-Datenbank sollte einen Grundbestand an Transformationsleistungen eigenständig erbringen können. Hierzu gehört vor allem

- die Erstellung und Fortschreibung der Dateien
- die einfache Berichterstattung
- die Beantwortung von ad hoc Anfragen
- die weitgehende Vorstrukturierung der Daten für die Methodenbanktransformationen und
- die Bereitstellung von Daten für die amtliche Statistik.

Bei der Erstellung und Fortschreibung der Dateien sind vor allem für die formatierten numerischen Klarschriftdaten und die verschlüsselten Daten möglichst vollständige Plausibilitätsprüfungen vorzusehen. Sofern dabei die fehlerhaften Daten nicht automatisch korrigiert werden können, sollte die HVP-Datenbank wenigstens gut lesbare Fehlerlisten ausgeben können. Sollten die Fehler nur im zeitaufwendigeren Off-line-Betrieb korrigiert werden können, ist der dadurch bedingte geringfügige Aktualitätsverlust in Kauf zu nehmen. Allerdings sollte das unkontrollierte Nebeneinander von bereits korrigierten und noch zu korrigierenden Daten bei den Anwendungstransformationen durch entsprechende organisatorische Vorkehrungen ausgeschlossen werden. Die genannten Vorgänge sollten mit einer einfachen Datenbankverwaltungssprache beherrscht werden können.

Eine HVP-Datenbank sollte solche Berichte, deren Format keine besonderen Algorithmen erfordert, auch ohne Inanspruchnahme der HVP-Methodenbank selbst erstellen können ("report generating capacity") [7, S. 20]. Diese selbständige Berichterstattung ist insbesondere dann geboten, wenn, wie in dem vorliegenden Fall, die Programme der HVP-Methodenbank nur indirekt über Brückendateien auf die benötigten Daten zugreifen können, so daß deren Inanspruchnahme für den Benutzer immer mit zusätzlichen Problemen und Aufwendungen verbunden ist (siehe Abschnitt 3.4.2 und 5.5). Im übrigen sollte man den Benutzer bei einigen Berichten von der Benutzungsinitiative entlasten, indem man der HVP-Datenbank hierfür einen Berichtsterminkalender einprogrammiert.

Ebenso sollte eine HVP-Datenbank alle ad-hoc-Anfragen der Benutzer, deren Beantwortung keine besonderen Algorithmen erfordert, selbständig beantworten können. Hierzu muß sie über eine leicht erlernbare und dennoch leistungsfähige Abfragesprache verfügen.

Sofern die HVP-Datenbank den Informationsbedarf der Benutzer nicht unmittelbar durch ihre selbständige Berichterstattung und/oder Beantwortung von ad-hoc-Anfragen befriedigen kann, muß sie zumindest dessen Befriedigung über die HVP-Methodenbank durch die Bereitstellung bereits selektierter und eventuell auch vorsortierter Daten unterstützen und dadurch die Methodenbankprogramme von den immer wiederkehrenden Such- und Sortierroutinen entlasten.

Eine HVP-Datenbank muß schließlich die vom Hochschulstatistikgesetz geforderten ADV-fähigen Daten an die amtliche Statistik liefern können. Sie sollte dies ohne zusätzlichen Erhebungsaufwand also gewissermaßen als Nebenprodukt der ohnehin für die örtliche Hochschulverwaltung und -politik erforderlichen Leistungen erbringen können. Auf diese Weise kann die Datenbasis der amtlichen Hochschulstatistik erheblich verbessert werden, denn die Daten der HVP-Datenbanken könnten schneller als bisher verfügbar gemacht werden und sind vor allem durch die vielfältigen Prüfungen, denen sie als örtliche HVP-Daten unterzogen worden sind, weitgehend fehlerfrei [3, S. 89].[2]

Die Erfüllung der genannten Aufgaben einer HVP-Datenbank sollte sich an den Leistungskriterien der

- Rechnerunabhängigkeit
- Benutzerfreundlichkeit
- Rechnereffizienz
- Flexibilität
- Modularität und
- Wirtschaftlichkeit

orientieren [24, S. 25].

Der Rechnerunabhängigkeit kommt im Bereich der Hochschulverwaltung und -politik eine sehr große Bedeutung zu, weil die in diesem Bereich verfügbare Hardware

[2] Entsprechendes gilt selbstverständlich auch für die Beziehungen zu den übrigen Informationssystemen auf den überörtlichen HVP-Ebenen.

und Systemsoftware äußerst heterogen ist (siehe Abb. 8–1), und es schon allein aus wirtschaftlichen Gründen nicht zu vertreten wäre, für jede Hardware- und Systemsoftwareausstattung spezifische Programme zur Lösung von Problemen zu entwikkeln, die doch an allen Hochschulen im wesentlichen gleich sind. Deshalb sollte die HVP-Datenbank eine rechnerunabhängige Schnittstelle zu den für alle Hochschulen gemeinsam konzipierten Methodenbankprogrammen haben.

Eine solche gemeinsame Schnittstelle kann man dadurch herstellen, daß man

- entweder eine für alle Hochschulen gleiche und das bedeutet in diesem Fall herstellerunabhängige HVP-Datenbank verwendet
- oder die verschiedenen Datenbanksysteme der Herstellerfirmen um entsprechende Schnittstellenprogramme erweitert.

Bislang gibt es weder das eine noch das andere sondern lediglich erste Bemühungen, diese Systemlücke auszufüllen [1; 19]. Dabei dürfte die Entwicklung von Zusatzprogrammen zu den vorhandenen Hersteller-Datenbanksystemen sicher eher zu greifbaren Ergebnissen führen. Es muß jedoch bezweifelt werden, ob sich auf diese Weise eine für alle Datenbanksysteme der an den Hochschulen vertretenen Hersteller gemeinsame Schnittstelle finden läßt. Denn der Datenbankzugriff ist bei diesen Systemen so unterschiedlich strukturiert, daß es für die Zusatzprogramme kaum einen Kompromiß geben dürfte, mit dem sich der Entwicklungsaufwand auf alle Hersteller gleichmäßig verteilen ließe (siehe auch Abschnitt 3.2.4). Deshalb ist zu erwarten, daß die Hersteller derjenigen Datenbanksysteme für die die aufwendigsten Zusatzprogramme erstellt werden müßten, hierauf verzichten werden. Wenn man also nicht veranlassen will (oder kann), daß sämtliche Hochschulen nur mit der Hardware derjenigen Hersteller arbeiten, die bereit sind, die entsprechenden Zusatzprogramme für ihre Datenbanksysteme zu entwickeln, und wenn man nicht einfach bestimmte Hochschulen von der gemeinsamen ADV-Systementwicklung ausschließen will, dann wird man sich auch für die Hochschulverwaltung und -politik um ein herstellunabhängiges Datenbanksystem bemühen müssen. (siehe auch Abschnitt 8.3).

Nach der Rechnerunabhängigkeit kommt der Benutzerfreundlichkeit der HVP-Datenbank die größte Bedeutung zu. Denn in der örtlichen HVP fehlt es bislang an ADV-erfahrenen Benutzern und auch an Systemmitarbeitern, die als „Dolmetscher" zwischen dem jeweiligen ADV-System und seinen Benutzern tätig werden können, so daß nur durch eine entsprechend benutzerfreundliche Systemgestaltung verhindert werden kann, daß die aus anderen Gründen gebotene Einführung von ADV-Systemen nur aus personellen Gründen immer wieder aufgeschoben werden muß.

Die Forderung nach Rechnereffizienz der HVP-Datenbank ist auf der örtlichen Hochschulebene in erster Linie eine Forderung nach kurzen Rechenzeiten und wenig Operatorhandlungen und erst in zweiter Linie eine Forderung nach geringem Speicherbedarf. Kurze Rechenzeiten sind deshalb vorrangig, weil die meisten Hochschulrechner in erster Linie der Forschung und Lehre und erst in zweiter Linie der HVP dienen und das Ausweichen auf hochschulexterne Rechner in vielen Fällen nicht möglich bzw. nicht erwünscht ist. Ein Nebeneffekt dieser Prioritäten bei der Rechnerbenutzung ist, daß die HVP-Programme häufig nur in den Nachtstunden gefahren werden können, so daß es auch wenig sinnvoll ist, für eine allgemein verwendbare HVP-Datenbank eine aufwendige on-line-Lösung vorzusehen.

Mit der Forderung nach Flexibilität der HVP-Datenbank soll der durch Kulturföderalismus und Hochschulautonomie geprägten Individualität der HVP-Strukturen und des HVP-Informationsbedarfs der einzelnen Hochschulen soweit Rechnung getragen werden, wie diese Individualität politisch befürwortet wird. Insoweit muß den Hochschulen dann auch technisch-organisatorisch die Möglichkeit eröffnet werden, ihre Dateien und Datenbankein- und -ausgaben nach eigenem Ermessen zu strukturieren [30, S. 23].

Die bereits im Abschnitt 2.4 in allgemeiner Form erhobene Forderung nach Modularität muß selbstverständlich auch für eine HVP-Datenbank gelten. Denn eine solche Datenbank läßt sich nur stufenweise aufbauen, wobei man mit jedem anderen als dem ,,Baukastenverfahren" früher oder später in eine Sackgasse geraten dürfte.

Die HVP-Datenbank soll schließlich wirtschaftlich sein [35, S. 442]. Stellt man dabei nicht nur die Einführungs- und Betriebskosten dem erwarteten Nutzen gegenüber, sondern bezieht man auch die Entwicklungs- und Pflegekosten in entsprechender Weise ein, so dürfte ein einziges rechnerunabhängiges Modell einer HVP-Datenbank für möglichst viele Hochschulen insgesamt wirtschaftlicher sein als mehrere ,,maßgeschneiderte" Systeme für die einzelnen Hochschulen. Denn die höheren Betriebskosten der generellen Lösung dürften durch deren geringere Entwicklungs- und Pflegekosten mehr als ausgeglichen werden. Dies gilt um so mehr als man die durchschnittliche ,,Lebenserwartung" solcher Systeme mit nur 5–7 Jahren ansetzen muß, so daß die Entwicklungskosten einen erheblichen Teil der Gesamtkosten ausmachen [34].

Die genannten Leistungskriterien stehen, wie man ohne weiteres erkennen kann, in mehrfacher Hinsicht in Konkurrenz zueinander. Dies gilt insbesondere für das Verhältnis der Rechnerunabhängigkeit zur Rechnereffizienz aber auch für die Beziehung der Benutzerfreundlichkeit und Flexibilität zu den Entwicklungs-, Einführungs- und Betriebskosten.

Wenn die nachfolgenden Modellüberlegungen für eine HPV-Datenbank sich vor allem an den Kriterien der Rechnerunabhängigkeit und Flexibilität orientieren, so stellt dies eine Gewichtung dar, der nicht jeder unbedingt zustimmen wird. Insbesondere wird der eine oder andere das hier vorgestellte Modell bei einem Vergleich mit den von den Hardware-Herstellern und größeren Softwarefirmen angebotenen Datenbanksystemen als zu ,,hausbacken" empfinden. Wir stellen dieses Modellkonzept dennoch vor, um an einem einfachen Beispiel die Grundzüge einer HVP-gerechten Datenbank aufzuzeigen, die es trotz des vielfältigen Angebots an Datenbanksystemen bislang eben noch nicht gibt.[3]

[3] Das im folgenden dargestellte Modell einer HVP-Datenbank liegt nur im Entwurf vor. Zu seiner Programmierung wären ca. 20 Mannjahre erforderlich.

3.2 Logische Datenstruktur der HVP-Datenbank

3.2.1 Logische Datenarten der HVP-Datenbank

Daten sind, wie im Abschnitt 2.3 angedeutet, stets in drei logischen Dimensionen zu sehen und entsprechend zu klassifizieren. Diese Dimensionen sind

- die syntaktische Dimension mit den Ausprägungspaaren
  - „Klarschriftdaten – verschlüsselte Daten"
  - „numerische Daten – nicht-numerische Daten"
  - „Daten mit fester Feldlänge – Daten mit variabler Feldlänge" mit den verschiedenen Feldtrennungsarten und
  - „linksbündige Daten – rechtsbündige Daten" mit den verschiedenen Feldauffüllungs- und -strukturierungsarten (führende Nullen, blanks, Gleitkomma, Festkomma [15, S. 97, 123] etc.)
- die semantische Dimension mit den Ausprägungspaaren
  - „Daten i. e. S. – Steuerdaten"
  - „formatierte Daten – nicht-formatierte Daten" sowie
- die pragmatische Dimension mit den Ausprägungspaaren
  - „Primärdaten – Sekundärdaten"
  - „Ordnungsdaten – Anschlußdaten"
    und
  - „systemresidente Daten – Bewegungsdaten".

Die Daten des hier vorgestellten Modells einer HVP-Datenbank weisen in ihrer Gesamtheit alle Merkmale des aufgezeigten dreidimensionalen Klassifikationsschemas auf. Dabei sind folgende Spezifikationen für die weiteren Ausführungen besonders wichtig:

Die Daten i. e. S. repräsentieren die im Abschnitt 2.3.1 skizzierten Sachverhalte der HVP auf örtlicher Hochschulebene. Sie sind also die Träger des eigentlichen Inhalts der HVP-Datenbank. Dagegen beschreiben die Steuerdaten die für die Datenbanktransformation wesentlichen Sachverhalte dieser Daten i. e. S. (wie z. B. die Datenfeldbezeichnung und -länge). Beide Datenarten können sowohl als formatierte und nicht-formatierte Klarschriftdaten als auch als formatierte verschlüsselte Daten [33, S. 5] auftreten. Dabei können die Klarschriftdaten sowohl numerisch mit fester Feldlänge (z. B. als Mengen-, Zeit-, Größen- und Entfernungsangaben) als auch nicht-numerisch mit variabler Feldlänge (als Klartext) dargestellt werden, wohingegen die verschlüsselten Daten nur mit fester Feldlänge dargestellt werden sollten und dies möglichst auch nur numerisch (siehe Abschnitt 5.3).

Die Daten i. e. S. sind nach der Art ihrer Gewinnung untergliedert in Primärdaten – also solche Daten, die durch Selektion aus Nachrichten, die an das System herangetragen worden sind, und/oder durch Erzeugung aus dem „Daten-Nichts" gewonnen worden sind, – und Sekundärdaten – also solche Daten, die aus systemintern beschafften Rücklaufdaten gewonnen worden sind. Dabei enthalten die formatierten Primärdaten vor allem die für die Hochschulverwaltung relevanten Inhalte, während die nicht-formatierten Primärdaten und die Sekundärdaten überwiegend die für die hochschulpolitische Planung und Kontrolle benötigten Aussagen enthalten.

Nach der Art des Zugriffs sind bei den Daten der HVP-Datenbank Ordnungsdaten und Anschlußdaten zu unterscheiden, wobei die Ordnungsdaten ihrerseits als Haupt- oder Nebenordnungsdaten auftreten können [16, S. 160; 28; 42, S. 53].
Hauptordnungsdaten sind solche Daten, die einen logischen Datensatz der HVP-Datenbank zusammen mit dem jeweiligen Dateikennzeichen eindeutig identifizieren (z. B. die Personalnummern in einer Personaldatei, die Raumnummern in einer Raumdatei etc). Diese Daten dürfen in ihrer Hauptordnungsfunktion stets nur einmal in der HVP-Datenbank vorkommen, so daß es genauso viele Hauptordnungsdaten wie logische HVP-Datensätze gibt. Bei vorhandener direkter Zugriffstechnik (z. B. Magnetplatteneinheiten) kann man mit den Hauptordnungsdaten und ihrem Dateikennzeichen direkt auf die durch sie identifizierten logischen Datensätze zugreifen. Die Hauptordnungsdaten der HVP-Datenbank müssen stets numerisch verschlüsselte Daten sein.
Nebenordnungsdaten sind solche Daten, auf die man, obwohl sie „irgendwo" in einem oder mehreren logischen Datensätzen stehen, bei vorhandener direkter Zugriffstechnik direkt zugreifen kann, ohne die Dateikennzeichen und Hauptordnungsdaten ihrer Datensätze kennen zu müssen oder gar die gesamte Datenbank Datenfeld für Datenfeld nach ihnen durchsuchen zu müssen. Die Nebenordnungsdaten der HVP-Datenbank müssen stets numerisch verschlüsselte klassifizierende Daten (Schlüsselausprägungen) sein. Diese Schlüsselausprägungen können gleichzeitig als Hauptordnungsdaten von Sekundärdatensätzen dienen. So kann z. B. eine allen Raum-, Personal-, Geräte- und sonstigen Sätzen eines Fachbereiches als Nebenordnungsdatum gemeinsame Fachbereichsnummer als Hauptordnungsdatum eines Fachbereichssatzes dienen, der durch Aggregation von Daten aus den genannten Datensätzen gewonnen worden ist.
Unter Anschlußdaten sind alle übrigen Daten, auf die man nur über Hauptordnungs- und/oder Nebenordnungsdaten und/oder durch feldweise Durchsuchung der logischen Dateien zugreifen kann, zu verstehen. Im Unterschied zu den Haupt- und Nebenordnungsdaten können diese Daten nicht nur als numerisch verschlüsselte Daten sondern auch als nicht-numerisch verschlüsselte Daten[4] und vor allem auch als Klarschriftdaten in der HVP-Datenbank auftreten.
Die Daten der HVP-Datenbank sind schließlich nach der Dauer ihres Datenbankaufenthalts in systemresidente und Bewegungsdaten zu untergliedern. Während die systemresidenten Daten den mehr oder weniger dauerhaften Kern der HVP-Datenbank bilden, sind die Bewegungsdaten nur vorübergehend während der Datenbankverwaltung und/oder -abfrage Bestandteil der HVP-Datenbank.
In der HVP-Datenbank sind die systemresidenten Daten
- als Primärdaten zu Primärdatensätzen und -dateien,
- als Sekundärdaten zu Sekundärdatensätzen und -dateien,
- als Steuerdaten zu Datenfeldbeschreibungssätzen und zur Datenfeldbeschreibungsdatei

gruppiert sowie

[4] Es sind allerdings nur solche verschlüsselten Daten Anschlußdaten, die aus rein praktischen Erwägungen heraus nicht als Nebenordnungsdaten vorgesehen sind. Siehe [28, S. 138] und die Ausführungen zur Referenzdatei in Abschnitt 3.2.3.2.

- als numerisch verschlüsselte klassifizierende Daten außer in den Primär-, Sekundär- und Datenfeldbeschreibungssätzen/-dateien noch in Schlüsselsätzen und in der Schlüsseldatei zusammengefaßt und dort mit ihren Klarschriftbezeichnungen versehen,
- als numerisch verschlüsselte Daten mit Nebenordnungsfunktion außer in den Primär-, Sekundär-, Datenfeldbeschreibungs- und Schlüsselsätzen/-dateien noch in Zeigersätzen und in der Referenzdatei zusammengeschlossen und dort mit den Adressen der Primär- und/oder Sekundärdatensätze/-segmente ausgestattet, in denen sie als Nebenordnungsdaten auftreten,

  und schließlich
- als beim HVP-Datenbankbetrieb geänderte Daten in Archivsätzen und -dateien zusammengefaßt.

Die Bewegungsdaten werden auf der Eingangsseite der HVP-Datenbank mit den entsprechenden Anweisungen zu

- Verwaltungsstatements für die Primär-, Sekundär-, Datenfeldbeschreibungs- und Schlüsseldateien und
- Abfragestatements für die Primär- und Sekundärdateien

zusammengefaßt und dann an die HVP-Datenbank gerichtet. Dort werden die Verwaltungsstatements zu standardisierten Bewegungssätzen und -dateien gruppiert, von denen es jeweils einen Typ

- für die Satz/Segmenteröffnung
- für die Feldänderung und
- für die Satzlöschung

gibt.

Auf der Ausgangsseite der HVP-Datenbank werden die Bewegungsdaten zu Bewegungssätzen und -dateien zusammengefaßt, von denen es jeweils einen Typ

- für die Datensicherung aller Bewegungen (log file der Bewegungen)
- für die historische Aufzeichnung aller Änderungen (log file der Änderungen) und
- für die Datenausgabe aus den Primär und Sekundärdateien (Ausgabesätze/-dateien)

gibt.

Von den genannten Bewegungsdatengruppierungen werden die Verwaltungs- und Abfragestatements im Kapitel 5 (Kommunikation mit dem ADV-System für HVP) behandelt werden und die standardisierten Bewegungssätze/-dateien für die Satzeröffnung, Segmenteröffnung, Feldänderung und Satzlöschung sowie die Ausgabesätze/-dateien zusammen mit den systemresidenten logischen Datensätzen/Dateien im Abschnitt 3.2.2/3.2.3. Dagegen soll auf die log files der Bewegungen und Änderungen sowie auf die Archivdateien nur am Rande eingegangen werden.

3.2.2 Logische Datensatz-/Segmentarten der HVP-Datenbank

3.2.2.1 Datensatz- und Segmentprinzip

Unter einem logischen Datensatz soll hier eine strukturierte Datenmenge verstanden werden, die sich auf ein gemeinsames Hauptordnungsdatum bezieht. Das Hauptordnungsdatum identifiziert dabei den dieser Datenmenge gemeinsamen Bezugssachverhalt, der häufig auch als Merkmalsträger bezeichnet wird. Merkmalsträger kann z. B. ein Student, ein Raum, ein Fachbereich, ein Forschungsprojekt oder auch ein Datum (im Sinne von Daten) sein. Er ist dies aber nie mit all seinen Eigenschaften, sondern nur mit einer durch den jeweiligen Datensatzzweck bestimmten Auswahl von Merkmalen, deren Ausprägungen dann die Daten des logischen Datensatzes sind. Logische Datensätze bilden also stets nur einige Aspekte ihres Bezugsobjekts in einer bestimmten Struktur ab [43, S. 31].

Das Organisationsprinzip des logischen Datensatzes sollte immer dann durch das sogenannte Segmentprinzip modifiziert werden, wenn, wie dies bei der HVP-Datenbank teilweise der Fall ist, die logischen Datensätze eine sehr unterschiedliche oder gar unbestimmte Länge haben und dadurch nicht „griffig" genug für die Datenbanktransformation sind. In diesem Falle sollten die Datensätze aus einer oder mehreren Datengruppen mit genormter Länge, den sogenannten logischen Segmenten, zusammengesetzt werden, die dann als eigentliche „Arbeitseinheiten" bei den Datenbanktransformationen zu verwenden sind [2, S. 19; 28, S. 32; 43, S. 242][5].

Die logischen Segmente der HVP-Datenbank setzen sich stets aus einem Kopfteil und einem Rumpfteil zusammen. Der Kopfteil enthält immer mindestens das Dateikennzeichen und das Hauptordnungsdatum des logischen Datensatzes, zu dem das betreffende Segment gehört. Gehören mehrere Segmente zu einem logischen Datensatz, so werden diese innerhalb des jeweiligen Datensatzes durchnummeriert und durch ihr gemeinsames Hauptordnungsdatum als „Bausteine" dieses Datensatzes identifiziert. Über diese Identifikationsangaben hinaus kann der Kopfteil noch einige datensatzbzw. segmentbezogene Steuerdaten enthalten. Alle übrigen Daten erscheinen im Rumpfteil der Segmente.

Die Länge und Struktur des Kopfteils der Segmente ist für alle logischen Datensatzarten der HVP-Datenbank verbindlich vorgeschrieben. Ihre Datenfelder müssen also in jedem Falle in der vorgeschriebenen Reihenfolge besetzt werden. Beim Rumpfteil gilt dies nur für die Schlüssel- und Zeigersätze und für die Bewegungssätze zur Änderung und Löschung der Dateien sowie mit einigen Abstrichen auch für die Datenfeldbeschreibungssätze. Dagegen bleibt den Anwendern bei der Gestaltung der Rumpfteile ihrer Primär-, Sekundär- und Ausgabedatensätze ein erheblicher Gestaltungsspielraum.

3.2.2.2 Primär- und Sekundärdatensätze

Die Primärdatensätze der HVP-Datenbank können im Rumpfteil ihrer Segmente sowohl verschlüsselte Daten als auch Klarschriftdaten enthalten, die numerisch oder nichtnumerisch, formatiert oder nicht-formatiert sein können. Dadurch können sie sehr unterschiedliche Längen einnehmen, so daß für sie unbedingt eine Segmentierung vorgesehen werden mußte (siehe Abb. 3–1).

[5] Die Segmentierung erleichtert im übrigen den Datenschutz (siehe Abschnitt 5.7)

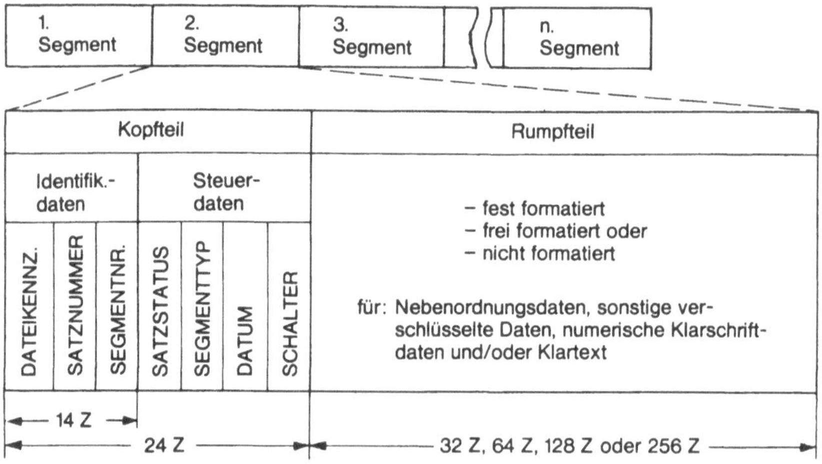

Abb. 3–1. *Logischer Aufbau eines Primärdatensatzes*

Der Kopfteil der Segmente der Primärdatensätze umfaßt die Datenfelder für das Kennzeichen der betreffenden Primärdatei (z. B. „R" für die Raumbestandsdatei), sowie für die auf dieses Dateikennzeichen bezogene Nummer des betreffenden Primärdatensatzes, die zugleich als dessen Hauptordnungsdatum dient (in den Raumsätzen ist dies z. B. die Raumnummer). Darüber hinaus enthält der Kopfteil das Feld für die Segmentnummer und einige Felder für Steuerdaten zur Kennzeichnung des Satzstatus (vollständig, unvollständig, fehlerhaft, gelöscht), des Segmenttyps (fest formatiert, frei formatiert, nicht-formatiert) und des letzten Datums der Änderung sowie einen Schalter, mit dem die Daten des betreffenden Segments gegen unbefugten Zugriff geschützt werden können [13, S. 110][6].

Der Rumpfteil eines Primärdatensegments darf jeweils nur fest formatierte, nur frei formatierte oder nur nicht-formatierte Daten enthalten, und die Segmente eines Datensatzes müssen alle die gleiche Länge haben, wobei zwischen vier genormten Längen zu wählen ist. Ansonsten können die Anwender ihre Primärdatensätze beliebig gestalten. Dabei empfiehlt es sich aus zugriffstechnischen Gründen, die fest formatierten vor die frei formatierten und diese wiederum vor die nicht-formatierten Segmente zu setzen und innerhalb der Segmente die Datenfelder, die mit größerer Wahrscheinlichkeit besetzt werden, vor die Datenfelder, deren Besetzung unwahrscheinlicher ist, sowie die Ordnungsdatenfelder vor die Anschlußdatenfelder und die numerischen vor die nicht-numerischen Datenfelder.

Die Sekundärdatensätze der HVP-Datenbank werden überwiegend nur aus wenigen Datenfeldern mit geringer Feldlänge bestehen, so daß sie praktisch nie mehr als ein logisches Segment umfassen werden (siehe Abb. 3–2).

Der Kopfteil der Sekundärdatensätze (-segmente) hat die gleiche Länge und Struktur wie der bei den Primärdatensätzen beschriebene Kopfteil. Seine einzige Besonderheit

[6] Der Schalter kann mit Geheimhaltungsstufen wie z. B. denen des Nato-Geheimhaltungscodes oder mit Benutzeridentifikationen besetzt werden (siehe auch Abschnitt 5.6 und 5.7).

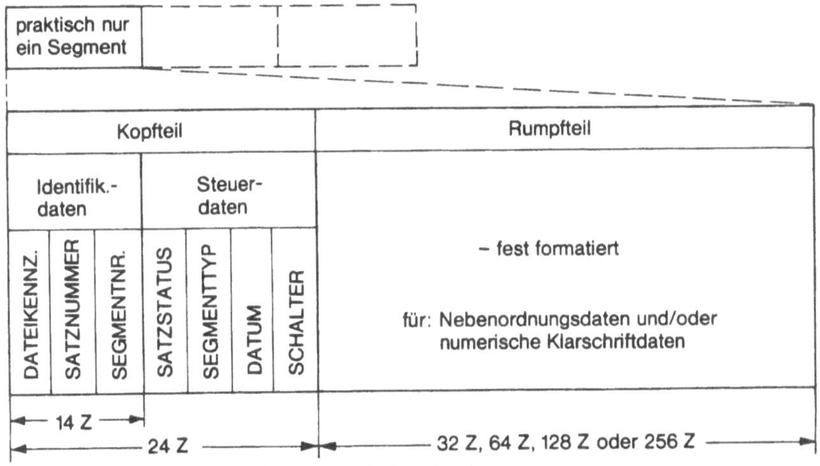

Abb. 3–2. *Logischer Aufbau eines Sekundärdatensatzes*

besteht darin, daß die als Hauptordnungsdatum dienende Satznummer (bei einem Fachbereichssatz also die Fachbereichsnummer) in diesem Falle zugleich auch als Nebenordnungsdatum in mindestens denjenigen Primär- und Sekundärdatensätzen steht, mit deren Daten die Daten des so identifizierten Sekundärdatensatzes gebildet worden sind.

Der Rumpfteil der Sekundärdatensätze (-segmente) dürfte im Unterschied zu der bei den Primärdatensätzen möglichen Vielfalt an Datenarten praktisch nur aus fest formatierten Mengendaten, die durch Aggregation von numerischen und/oder frei formatierten Primär- und/oder Sekundärdaten entstanden sein können, sowie aus fest formatierten Nebenordnungsdaten bestehen. Die Sekundärdatensätze werden also praktisch jeweils nur aus einem fest formatierten Segment gebildet. Diese Segmente können die gleichen vier standardisierten Längen einnehmen wie die Segmente der Primärdatensätze. Bei ihnen empfiehlt es sich, die Nebenordnungsdaten vor die Mengendaten zu setzen.

3.2.2.3 Strukturdatensätze

Zu den Strukturdatensätzen der HVP-Datenbank gehören
- die Datenfeldbeschreibungssätze
- die Schlüsselsätze und
- die Zeigersätze.

In den Datenfeldbeschreibungssätzen werden die für die Verwaltung und Abfrage der HVP-Datenbank relevanten Sachverhalte der Rumpfdatenfelder der Primär- und Sekundärdatensegmente mit jeweils einem logischen Datensatz pro Datenfeld beschrieben[7] [2, S. 48; 28, S. 138]. In ihnen konkretisieren sich also die Vorstellungen der Anwender zur Strukturierung ihrer Primär- und Sekundärdatenbestände. Für die Datenfeldbeschreibungssätze der HVP-Datenbank ist jeweils nur ein Segment vorgesehen (siehe Abb. 3–3).

[7] Zur Datenfeldbeschreibungssprache siehe Abschnitt 5.2.

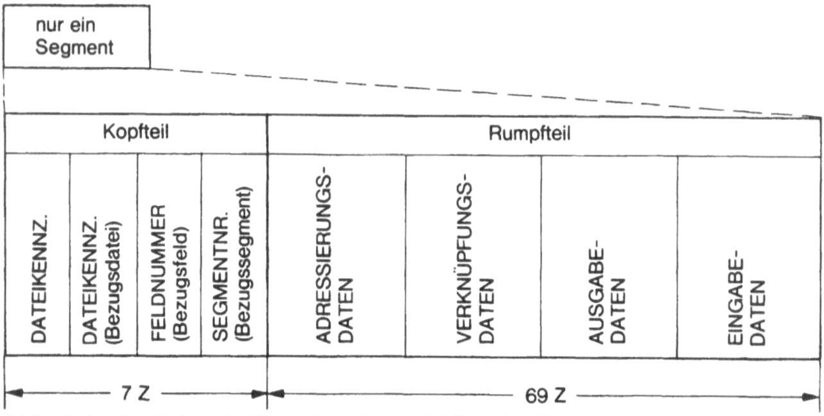

Abb. 3–3. *Logischer Aufbau eines Datenfeldbeschreibungssatzes*

Der Kopfteil der Datenfeldbeschreibungssegmente (-sätze) umfaßt die Datenfelder für das Kennzeichen der Datenfeldbeschreibungsdatei, für die als Hauptordnungsdatum dienende „Nummer" des betreffenden Datenfeldbeschreibungssatzes, die sich aus dem Dateikennzeichen und der Feldnummer[8] des zu beschreibenden Datenfeldes zusammensetzt, und für eine Segmentnummer, mit der die beschriebenen Datenfelder in ihrer Segmentgruppe angesprochen werden können.

Der Rumpfteil der Datenfeldbeschreibungssegmente (-sätze) ist in vier Datenfeldgruppen untergliedert, von denen jeweils eine für die Beschreibung

- der Adressierungsaspekte
- der Verknüpfungsaspekte
- der Ausgabeaspekte und
- der Eingabeaspekte

des betreffenden Datenfeldes vorgesehen ist.

Dabei interessieren unter dem Adressierungsaspekt vor allem die für die Speicherung, Prüfung und Verarbeitung relevanten Angaben zur Art, Adresse, Länge und Schlüsselnummer der Daten des zu beschreibenden Datenfeldes. Die hierfür vorgesehenen Datenfelder müssen immer besetzt werden.

Dagegen müssen die für die Verknüpfungsangaben bestimmten Datenfelder nur dann besetzt werden, wenn mindestens eines der Daten des beschriebenen Datenfeldes über arithmetische Operationen in das Sekundärdatum mindestens eines anderen logischen Datensatzes eingegangen ist. Die Datenfelder für die Verknüpfungsangaben enthalten dann ein Ordnungskriterium, das angibt, in welchem zur gleichen Datei wie das beschriebene Datenfeld gehörigen Datenfeld die Schlüsselausprägungen stehen, nach denen die erzeugenden Daten aggregiert und die erzeugten Sekundärdaten geordnet sind, sowie die Feldadresse (Dateikennzeichen, Feldnummer) der erzeugten Sekundärdaten und die Verknüpfungsbedingung und arithmetische Operation mit der diese aus den erzeugenden Daten des beschriebenen Datenfelds hervorgegangen sind (siehe auch Abb. 3–11 und 3–14). Aus Platzgründen sind allerdings nur zwei solche „Verknüpfungszeiger" pro Datenfeldbeschreibungssatz vorgesehen, so daß von

[8] Bei Feldern mit variabler Länge gibt die Feldnummer die Zahl der Feldtrennungsmarken vom Satzanfang bis zu dem betreffenden Feld an.

den Daten eines Datenfeldes nur zu den Sekundärdaten von maximal zwei anderen Datenfeldern verwiesen werden kann. Sollte diese Zeigerzahl nicht ausreichen, müßten die Datenfeldbeschreibungssätze (-segmente) über die hier durch die Länge einer Lochkarte bestimmte Obergrenze hinaus erweitert werden, wobei sie dann eventuell auch anders zu organisieren wären.

In die für die Angaben zur Datenausgabe bestimmten Datenfelder können die Anwender eine Kurzbezeichnung für das zu beschreibende Datenfeld und die Zahl der Kommastellen dieses Datenfeldes eintragen. Die Kurzbezeichnung kann als „Wortkonserve" bei der Visualisierung des Inhalts dieses Datenfeldes verwendet werden, während die Zahl der Kommastellen für die spaltengerechte Datenauflistung von Bedeutung sein kann.

Mit den für die Angaben zur Dateneingabe vorgesehenen Datenfeldern ist den Anwendern schließlich die Möglichkeit gegeben, ihre Daten bei der Datengewinnung anders zu strukturieren als bei der Datenspeicherung. Dadurch ist die HVP-Datenbank äußerst flexibel gegenüber den Besonderheiten der Datengewinnungsorganisation der einzelnen Anwender.

In den Schlüsselsätzen werden alle für die HVP relevanten Schlüssel mit ihren Schlüsselnummern und (numerischen) Schlüsselausprägungen sowie den dazugehörigen nicht-numerischen Kurz- und Lang-/Druckbezeichnungen festgehalten. Die Schlüsselausprägungen sind vor allem für die Plausibilitätskontrollen bei der Datengewinnung von Bedeutung, wohingegen die nicht-numerischen Bezeichnungen in erster Linie als „Wortkonserven" für die Datenvisualisierung bestimmt sind. Dabei gibt es für jeden Schlüssel einen nach Schlüsselausprägungen segmentierten Satz, so daß jedem Schlüssel soviel Schlüsselsegmente zugeordnet sind, wie er Schlüsselausprägungen hat (der Schlüssel selbst erhält dabei die fiktive Schlüsselausprägung „00").

Der Kopfteil der Schlüsselsegmente umfaßt die Datenfelder für das Kennzeichen der Schlüsseldatei, für die Schlüsselnummer, die hier als Satznummer und Hauptordnungsdatum dient, und für die Schlüsselausprägung, mit der zugleich die Schlüsselsegmente durchnumeriert werden. Im Rumpfteil sind die Datenfelder für die jeweilige nicht-numerische Kurz- und Lang-/Druckbezeichnung enthalten. Die Länge der Schlüsselsegmente ist auf das Lochkartenmaß abgestellt (siehe Abb. 3–4).

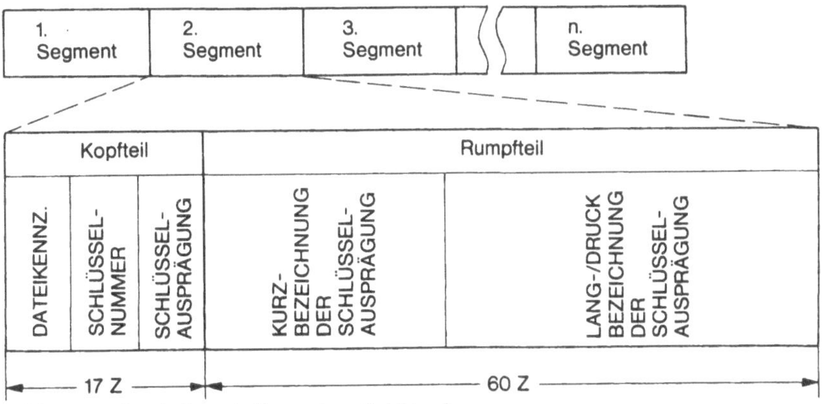

Abb. 3–4. *Logischer Aufbau eines Schlüsselsatzes*

In den Zeigersätzen werden alle Schlüsselausprägungen, die als Nebenordnungsdaten in den Primär- und Sekundärdateien der HVP-Datenbank auftreten, mit dem Dateikennzeichen und der Satz- und Segmentnummer dieser Nebenordnungsdaten verknüpft. Über die Zeigersätze kann man also mit den Schlüsselausprägungen als Suchargument in die Primär- und Sekundärdateien springen ohne die Hauptordnungsdaten der dort anzusprechenden Daten kennen zu müssen. Auf diese Weise verknüpft jeweils ein Zeigersatz alle Primär- und Sekundärdatensätze miteinander, in denen seine Schlüsselausprägung Nebenordnungsdatum ist [2, S. 39]. Die Zeigersätze bestehen dabei jeweils aus soviel Segmenten wie ihre Schlüsselausprägung als Nebenordnungsdatum auftritt (siehe Abb. 3–5).

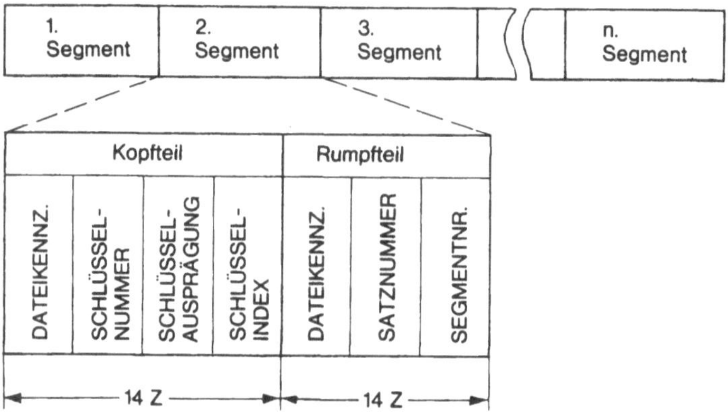

Abb. 3–5. *Logischer Aufbau eines Zeigersatzes*

Der Kopfteil der Zeigersegmente enthält die Datenfelder für das Kennzeichen der Referenzdatei und für die Schlüsselnummer und -ausprägung, die hier zusammen als Satznummer und damit als Hauptordnungsdatum dienen, sowie für den Schlüsselindex, mit dem die Zeigersegmente eines Zeigersatzes durchnumeriert werden. Der Rumpfteil der Zeigersegmente umfaßt die Datenfelder für das Dateikennzeichen und die Satz- und Segmentnummer des jeweils angezeigten Nebenordnungsdatums.

3.2.2.4 Bewegungsdatensätze

Von den Bewegungsdatensätzen der HVP-Datenbank sollen hier nur die standardisierten Bewegungsdatensätze für die Datenbankverwaltung, von denen es jeweils einen Satztyp

- für die Satz-/Segmenteröffnung (siehe Abb. 3–6)
- für die Datenänderung (siehe Abb. 3–7) und
- für die Satzlöschung (siehe Abb. 3–8)

gibt, sowie der Bewegungssatztyp

- für die Datenausgabe bei der Abfrage der Primär- und/oder Sekundärdateien (siehe Abb. 3–9)

behandelt werden.

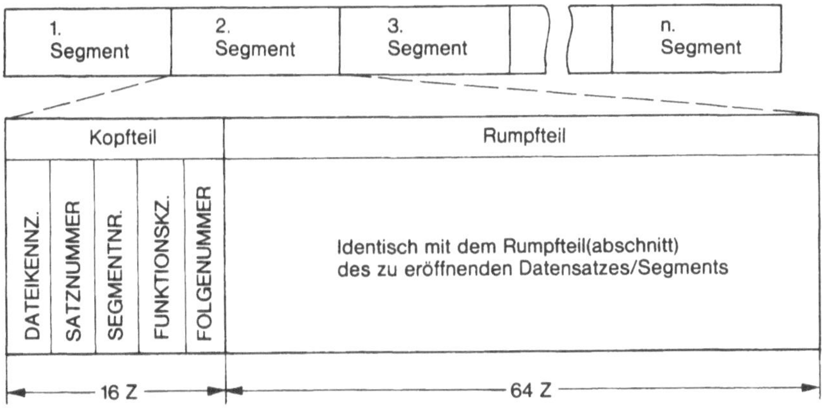

Abb. 3–6. *Logischer Aufbau eines Eröffnungssatzes*

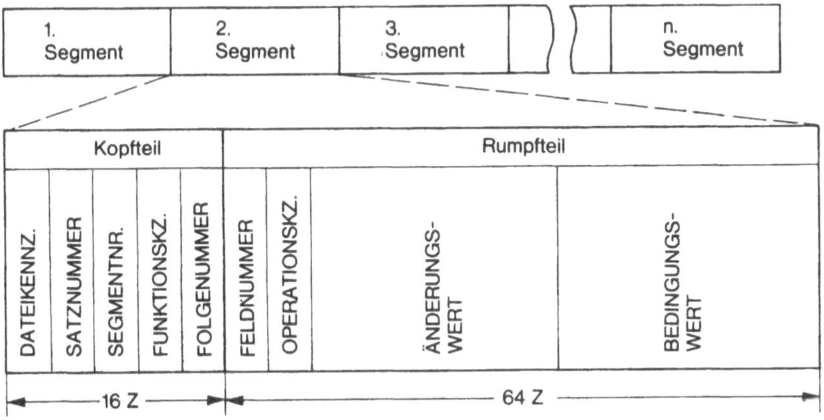

Abb. 3–7. *Logischer Aufbau eines Änderungssatzes*

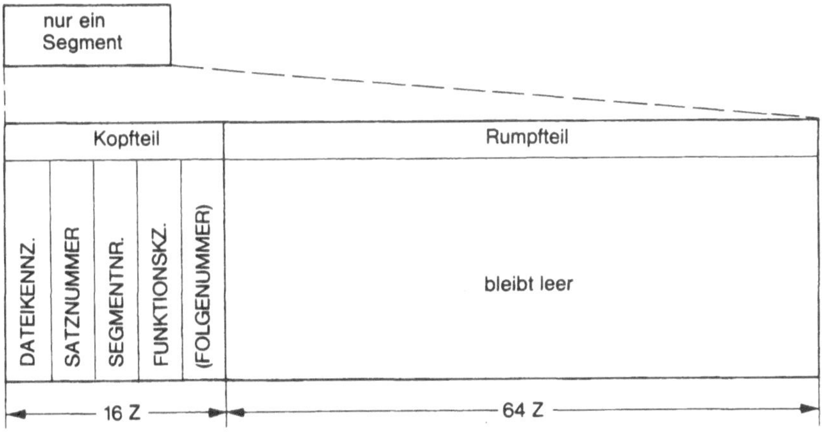

Abb. 3–8. *Logischer Aufbau eines Löschungssatzes*

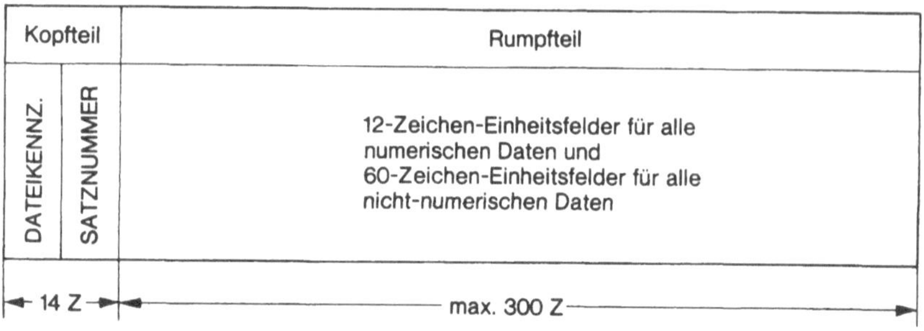

Abb. 3–9. *Logischer Aufbau eines Ausgabesatzes*

Die standardisierten Bewegungsdatensätze für die Verwaltung der HVP-Datenbank werden aus Segmenten gebildet, deren Einheitslänge der Länge einer Lochkarte entspricht. Diese Länge ist als „kleinster gemeinsamer Nenner" aller für die Speicherung der Bewegungssätze relevanten Datenträger (Lochkarte, Lochstreifen, Magnetband, maschinenlesbarer Beleg) genommen worden. Die Zahl der für einen standardisierten Bewegungsdatensatz erforderlichen Segmente hängt von dem betreffenden „Verwaltungsfall" ab. So sind bei der Satz-/Segmenteröffnung jeweils soviel Segmente notwendig, wie die Länge des zu eröffnenden Satzes/Segmentes ein Vielfaches der Länge der Eröffnungssegmente ist, und bei der Datenänderung jeweils soviel, wie die Länge des zu ändernden Datums ein Vielfaches der Länge der Änderungssegmente ist (was praktisch nur bei fortlaufendem Klartext vorkommt). Bei der Satzlöschung ist dagegen immer nur ein Löschungssegment erforderlich.
Der Segmentkopf ist bei allen standardisierten Datenverwaltungssätzen gleich. Er besteht aus den Feldern für das Dateikennzeichen, die Satznummer und die Segmentnummer des zu verwaltenden Satzes, Segments oder Datums und aus einem Anweisungsfeld, in das das Funktionskennzeichen für die gewünschte Verwaltungstransformation (Satzeröffnung, Segmenteröffnung, Datenänderung oder Satzlöschung) einzutragen ist. Außerdem enthält der Segmentkopf ein Datenfeld zur Durchnumerierung der Segmente desselben Datensatzes (Folgenummer).
Der Segmentrumpf ist bei den einzelnen Datenverwaltungssätzen sehr unterschiedlich strukturiert. Bei den Eröffnungssätzen weist er die gleiche Struktur auf wie der Rumpf des jeweils zu eröffnenden Segments, so daß er bei dieser Verwaltungssatzart so vielfältig strukturiert sein kann wie die entsprechenden Primär- und Sekundärdatensegmente. Bei den Änderungssätzen hat er dagegen eine Einheitsstruktur. Diese beginnt mit einem Datenfeld für die Feldnummer des zu ändernden Datums, gefolgt von einem Anweisungsfeld, in das das Operationskennzeichen für die gewünschte Änderung („altes" Datum durch Änderungswert ersetzen, „altes" Datum um Ände-

rungswert erhöhen, „altes" Datum um Änderungswert verringern) einzutragen ist. Daran schließen sich die Felder für den Änderungswert und den Bedingungswert an, den das „alte" Datum haben muß, wenn es geändert werden soll (siehe auch Abschnitt 5.3). Bei den Löschungssätzen ist schließlich die gewünschte Transformation durch den jeweiligen Segmentkopf hinreichend beschrieben, so daß der Segmentrumpf leer bleiben kann.
Die standardisierten Datenausgabesätze sind im Unterschied zu allen übrigen Sätzen der HVP-Datenbank nicht segmentiert. Ihr Kopfteil umfaßt die Datenfelder für das Dateikennzeichen und die Satznummer des Primär- oder Sekundärdatensatzes, dessen Daten ausgegeben werden. Der Rumpfteil enthält zur Vereinfachung der Programmierung 12-Zeichen-Einheitsfelder für alle numerischen Daten und/oder 60-Zeichen-Einheitsfelder für alle nicht-numerischen Daten bei einer maximal zulässigen Gesamtlänge von 300 Zeichen. Die Reihenfolge der Daten in den Ausgabesätzen kann vom Abfrager im Rahmen der Abfragesprache der HVP-Datenbank nach Belieben festgelegt werden (siehe Abschnitt 5.1).

3.2.3 Logische Dateiarten der HVP-Datenbank

Unter einer logischen Datei soll hier die strukturierte Gesamtheit aller logischen Datensätze einer Merkmalsträgerart – identifiziert durch das jeweilige Dateikennzeichen (z. B. „S" für Studenten, „R" für Raum, etc.) – verstanden werden [17, S. 178]. Die logischen Dateien der HVP-Datenbank sind mit Ausnahme der Datenausgabedateien, deren Struktur in das Belieben der Abfrager gestellt ist, nach aufsteigenden Satznummern (Hauptordnungsdaten) und innerhalb eines Datensatzes nach aufsteigenden Segmentnummern geordnet. Im übrigen hängt das Volumen und die Struktur der logischen Dateien von der Anzahl, der Länge und der Struktur ihrer logischen Datensätze ab.

3.2.3.1 Primär- und Sekundärdateien

Die Zahl der Primär- und Sekundärdateien der HVP-Datenbank hängt ab von der Zahl der Merkmalsträgerarten, deren Daten für die örtliche HVP relevant sind. Sie sollte jedoch aus rein praktischen Erwägungen heraus eine bestimmte Höchstzahl nicht überschreiten (für die HVP-Datenbank ist zunächst einmal vierzig als Höchstzahl angesetzt worden). Bei der Berechnung der benötigten Dateienzahl ist zu beachten, daß dieselben Objekte unter jeweils unterschiedlichen Aspekten in mehreren Dateien Merkmalsträger sein können [10, S. 23]. So dürfte es z. B. sinnvoll sein, die Hochschullehrer einmal mit ihren für die Gehaltsabrechnung und sonstige Verwaltungsvorgänge relevanten Daten in einer Personalstammdatei und zum anderen mit ihren für die Lehrbetriebsplanung relevanten Lehrbefähigungsdaten in einer Dozentendatei zu führen.
Diese „Mehrfachträgerschaft" wird vor allem bei den großen Aggregaten, also den Fachbereichen oder gar der Hochschule selbst, auftreten, denn diese Aggregate können sowohl für Primärdatensätze (z. B. unter dem Aspekt ihres Zwecks oder Verhal-

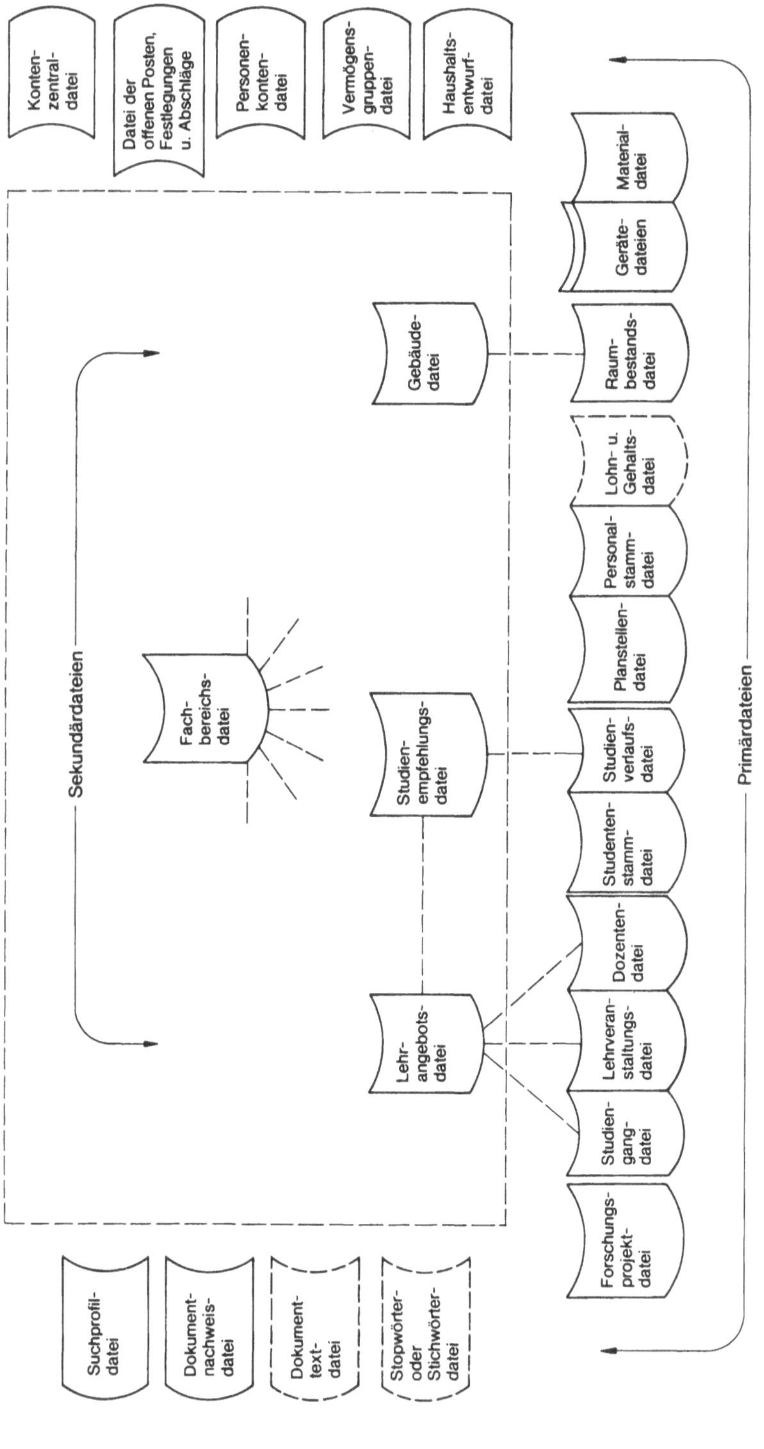

Abb. 3–10. *Überblick über die Primär- und Sekundärdateien*

tens) als auch für Sekundärdatensätze (z. B. unter dem Aspekt ihrer Elemente und Beziehungen und unter ihrem monetären Aspekt) Merkmalsträger sein. Dabei werden die sie betreffenden Primärdatensätze überwiegend aus nicht-formatierten, wertenden Klartexten bestehen während ihre Sekundärdatensätze vor allem die „harten" numerischen Fakten enthalten werden. Im übrigen sei auf die Abb. 3–10 verwiesen, die einen als Anregung gedachten Überblick über die für eine HVP-Datenbank denkbaren logischen Dateien gibt.[9]

3.2.3.2 Strukturdateien

Zu den Strukturdateien der HVP-Datenbank gehören
- die Datenfeldbeschreibungsdatei
- die Schlüsseldatei und
- die Referenzdatei.

Die Datenfeldbeschreibungsdatei umfaßt alle Datenfeldbeschreibungssätze der HVP-Datenbank. Ihr Volumen hängt also ab von der Zahl der zu beschreibenden Datenfelder in den Rumpfteilen der Primär- und Sekundärdatensegmente und von der Länge der diesen zugeordneten Datenfeldbeschreibungssätze. Die Datenfeldbeschreibungsdatei ist in Tabellen untergliedert, von denen jeweils eine jeder Primär- und Sekundärdatei der HVP-Datenbank zugeordnet ist. Innerhalb dieser Dateibeschreibungstabellen sind die Datenfeldbeschreibungssätze nach aufsteigender Feldnummer geordnet (siehe Abb. 3–11).

Jedesmal wenn eine Primär- oder Sekundärdatei bei der Datenbankverwaltung und/oder -abfrage angesprochen wird, ruft das betreffende Datenbankprogramm automatisch die dieser Datei zugeordnete Dateibeschreibungstabelle in den Arbeitsspeicher. Dadurch erübrigt sich die sonst übliche relativ zeit- und platzaufwendige Einzelfeldbeschreibung in den Anwendungsprogrammen. Die Dateibeschreibungstabellen erfüllen also in diesem Zusammenhang die Funktion von „Programmkonserven" für die Datenfeldbeschreibung [28, S. 42].

Wird ein Datenfeldbeschreibungssatz gelöscht oder hinzugefügt und dadurch die Länge und Struktur der hiervon betroffenen Primär- oder Sekundärdatensätze verändert, so werden die Feldadressen der auf das geänderte Datenfeld folgenden Daten in einem automatischen Reorganisationslauf entsprechend korrigiert. Auf diese Weise können die Anwender die Struktur und Länge ihrer Primär- und Sekundärdatensätze beliebig oft verändern, ohne daß dadurch die Überschaubarkeit ihrer Dateien beeinträchtigt wird.

Die Schlüsseldatei umfaßt alle Schlüsselsätze der HVP-Datenbank. Ihr Volumen wird durch die Anzahl der für die HVP benötigten und zugelassenen Schlüssel und durch die von der Anzahl ihrer Schlüsselausprägungen abhängige Länge ihrer Schlüsselsätze bestimmt.

[9] Eine detailliertere Darstellung dieser Dateien würde den Rahmen dieses Buches sprengen. Wir glauben auch deshalb darauf verzichten zu können, weil die meisten der in Abb. 3–10 angeführten Dateien sehr ausführlich in [4, S. 116 ff] und den im Kapitel 4 zitierten HIS-Briefen, -Arbeitspapieren und -Systembeschreibungen dargestellt sind.

Identifik.-daten				Adressierungs-daten					Verknüpfungsdaten										Ausgabe-daten		Eingabe-daten				
									1. Zeiger					2. Zeiger											
DATEIKENNZ.	DATEIKENNZ. (Bezugsdatei)	FELDNUMMER (Bezugsfeld)	SEGMENTNR. (Bezugssegment)	DATENART	FELDART	FELDADRESSE	FELDLÄNGE	SCHLÜSSELNR.	DATEIZEIGER	FELDZEIGER	VERKN. BEDINGG.	VERKNÜPFG. ART	ORDNUNGSKRITER.	DATEIZEIGER	FELDZEIGER	VERKN. BEDINGG.	VERKNÜPFG. ART	ORDNUNGSKRITER.	FELD-KURZBEZEICHNG.	KOMMASTELLEN	EINGABE-BELEGNUMMER	EINGABE-ADRESSE	EINGABE-FELDLÄNGE	UNTERE BEREICHSGRENZE	OBERE BEREICHSGRENZE
Y	P	00	1	I	F														PERSONALKZ		017	1	12	Ø	999999
Y	P	01	1	X	F	1	2	006											FACHBEREICH		018	28	2	1	20
Y	P	02	1	X	F	3	4	002	F	04	3	3	01						INSTITUT		018	30	4	1000	5000
Y	P	03	1	S	F	7	4	019	F	12	3	3	01						DIENSTBEZ.		018	22	4	0	800
Y	P	04	1	S	F	11	3	011											BESOLD.-GR.		018	13	4	A Ø 1	A 25
Y	P	05	1	N	F	14	6		F	15	3	3	01						GEHALT	2	018	51	7	10000	400000
Y	P	63	3	A	V														NAME		017	15	24		
Y	P	64	3	A	V														TITEL		017	37	10		
Y	P	65	3	A	V														ANSCHRIFT		021	10	60		

Abb. 3–11. *Logischer Aufbau einer Dateibeschreibungstabelle*

Die Schlüsseldatei ist eine zweidimensionale Matrix, die in der ersten Dimension die Schlüssel und in der zweiten Dimension die Schlüsselausprägungen mit ihren jeweiligen Klartextbezeichnungen enthält. Beide Dimensionen sind numerisch aufsteigend geordnet (siehe Abb. 3–12).

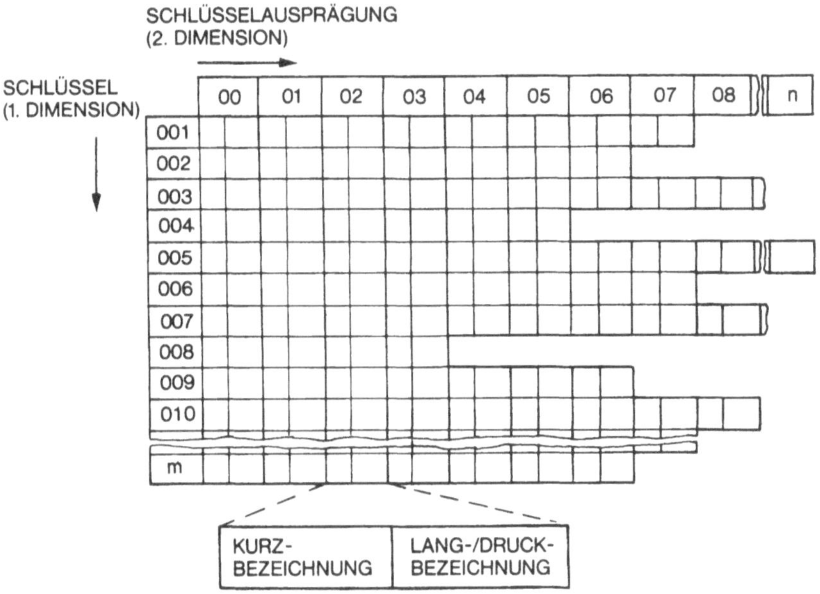

Abb. 3–12. *Logischer Aufbau der Schlüsseldatei*

Durch den geordneten Überblick über alle für die HVP zugelassenen Schlüssel und Schlüsselausprägungen ist die HVP-Datenbank in der Lage, Plausibilitätsprüfungen bei allen eingegebenen Primär- und Sekundärdaten durchzuführen, die nach diesen Schlüsseln gebildet werden müssen.

In der Referenzdatei werden alle Zeigersätze der HVP-Datenbank mit jeweils einem Zeigersegment pro Nebenordnungsdatum zusammengefaßt. Die Länge der Referenzdatei hängt also von der Zahl der Nebenordnungsdaten in den Primär- und Sekundärdateien und der Länge der Zeigersegmente ab. Geht man von 50 000 Primär- und Sekundärdatensätzen und durchschnittlich fünf Nebenordnungsmerkmalen pro Datensatz aus, so sind bereits 250 000 Zeigersegmente erforderlich. Die Referenzdatei kann also sehr speicheraufwendig und damit auch sehr schwerfällig werden, so daß es sinnvoll ist, für ihren Umfang und damit auch für die Zahl der Nebenordnungsdaten eine Obergrenze festzusetzen [28, S. 138].

Die Referenzdatei ist eine dreidimensionale Matrix, die in der ersten Dimension die Schlüssel, deren Schlüsselausprägungen als Nebenordnungsdaten auftreten, in der zweiten Dimension dann die Schlüsselausprägungen selbst und in der dritten Dimension die Adressen der Sätze/Segmente führt, in denen die Schlüsselausprägungen als Nebenordnungsdaten auftreten. Alle drei Dimensionen sind numerisch aufsteigend geordnet, wobei für die dritte Dimension der Schlüsselindex als „Zählwerk" dient (siehe Abb. 3–13).

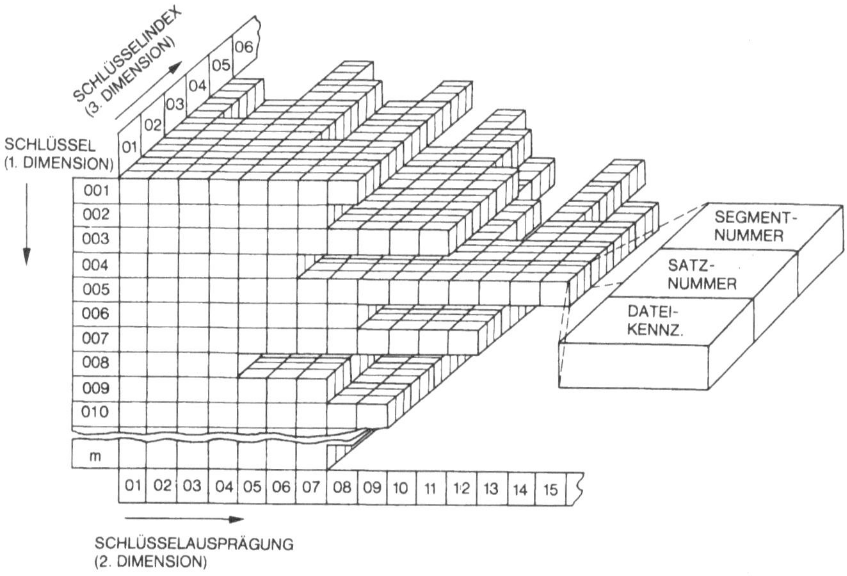

Abb. 3–13. *Logischer Aufbau der Referenzdatei*

Durch diese dreidimensionale Struktur ermöglicht die Referenzdatei nicht nur den Zugriff auf die Satz-/Segmentadressen aller Nebenordnungsdaten mit der gleichen Schlüsselausprägung sondern auch auf die Satz-/Segmentadressen aller Nebenordnungsdaten mit den Schlüsselausprägungen des gleichen Schlüssels. Die Referenzdatei verknüpft also die Datensätze/Segmente der Primär- und Sekundärdateien sowohl über eine Identitätsbeziehung (gleiche Schlüsselausprägung) als auch über einen gemeinsamen Klassifikationszusammenhang (Schlüsselausprägungen des gleichen Schlüssels) miteinander.

3.2.3.4 Bewegungsdateien

Das Problem der Zusammenstellung von Bewegungssätzen zu geordneten Dateien besteht praktisch nur in der sogenannten Stapelverarbeitung, bei der immer erst eine bestimmte Anzahl von erfaßten bzw. ausgegebenen Bewegungssätzen „gesammelt" wird, bevor diese in den nächsten Transformationsprozeß eingegeben werden [11, S. 3]. Unter einer Bewegungsdatei ist in diesem Sinne eine geordnete Menge von Bewegungssätzen für die gleiche Datenbanktransformation zu verstehen.
Die HVP-Datenbank, die auf die Stapelverarbeitung ausgerichtet ist, muß vier Arten von Bewegungsdateien führen, und zwar jeweils eine

- für die Satz-/Segmentseröffnungssätze eines Eröffnungslaufs
- für die Datenänderungssätze eines Datenänderungslaufs
- für die Satzlöschungssätze eines Satzlöschungslaufs und
- für die Datenausgabesätze eines Datenausgabelaufs.

Dabei können die Eröffnungsdateien noch weiter nach der Art der zu eröffnenden Sätze untergegliedert werden, worauf hier jedoch nicht näher eingegangen werden soll.
Das Volumen der Bewegungsdateien hängt davon ab, wie groß der Anwender die Bewegungsdatenstapel zwischen den einzelnen Transformationsläufen werden lassen will (muß). Die Satzfolge wird bei den Verwaltungsdateien von der HVP-Datenbank nach Dateikennzeichen, aufsteigender Satz- und Segmentnummer und nach Funktionskennzeichen automatisch festgelegt. Bei den Ausgabedateien ist sie in das Belieben der Abfrager gestellt.

3.2.4 Logischer Datenbankeffekt der HVP-Datenbank

Der logische Datenbankeffekt der HVP-Datenbank wird durch zwei einander ergänzende Verknüpfungssysteme erreicht:
- das funktionale Verknüpfungssystem mit den Verknüpfungsdaten der Datenfeldbeschreibungsdatei und
- das klassifikatorische Verknüpfungssystem mit den Zeigern der Referenzdatei.

Über die Verknüpfungsdaten der Datenfeldbeschreibungsdatei werden nur solche Primär- und Sekundärdatensätze miteinander verbunden, deren Daten durch arithmetische Operationen (Sekundärdatenerzeugung) auseinander hervorgegangen sind. Dabei werden diese Daten und ihre Sätze nicht direkt über jeweils einen Zeiger pro Verknüpfung aufeinander bezogen, sondern indirekt durch Angabe der sie verbindenden arithmetischen Funktion (funktionale Verknüpfung). Diese Funktion wird dargestellt durch
- die Variablenadresse der erzeugenden Daten (Dateikennzeichen, Feldnummer)
- die Variablenadresse der erzeugten Daten (Dateizeiger, Feldzeiger)
- die Verknüpfungsbedingung, der die erzeugenden Daten genügen mußten, um in die erzeugten Daten eingehen zu können (z. B. bei Raumsätzen mehr als zehn Plätze einer bestimmten Art)
- die Verknüpfungsart, also die eigentliche arithmetische Operation, mit der die erzeugenden Daten zu den erzeugten Daten aggregiert worden sind (z. B. durch Häufigkeitszählung oder durch Addition der Daten) und
- ein Ordnungskriterium, nach dem die Aggregation durchgeführt worden ist. Dieses Ordnungskriterium ist immer dasjenige Nebenordnungsdatenfeld in der Datei der erzeugenden Daten, dessen Schlüsselausprägungen die Hauptordnungsdaten der erzeugten Daten sind.

In der Abb. 3–14 sind diese Zusammenhänge für die Datensätze einer Raumbestands- und einer Fachbereichsdatei aufgezeigt. Und zwar geben die erzeugten Daten der Fachbereichsdatei fachbereichsweise (Ordnungskriterium = Fachbereichsnummer) die Zahl der Räume (Verknüpfungsart = Häufigkeitszählung) wieder, die über mehr als zehn Plätze (Verknüpfungsbedingung = Platzzahl > 10) verfügen. Alle Daten, die diese Bedingung in dem so beschriebenen Datenfeld (Feldadresse = R 04) erfüllen, sind auf diese Weise indirekt mit den entsprechenden erzeugten Daten (angezeigte Feldadresse = F 03) verbunden.

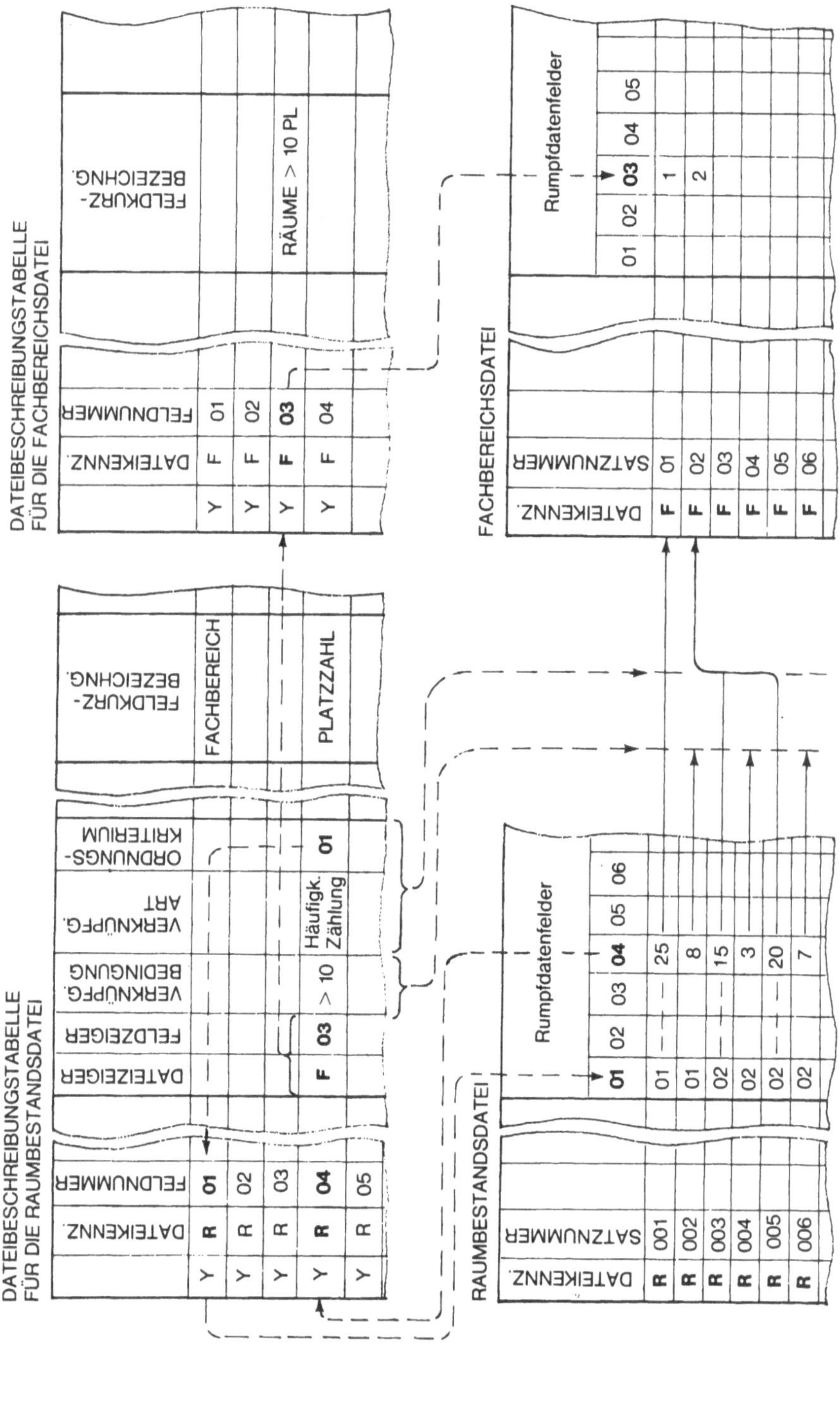

Abb. 3–14. *Funktionale Verknüpfung über die Datenfeldbeschreibungsdatei*

Der logische Datenbankeffekt wird in diesem Falle dadurch erzielt, daß bei der Erzeugung, Änderung oder Löschung eines so beschriebenen Datums alle über arithmetische Operationen auf dieses Datum bezogenen Daten über ihren in der Datenfeldbeschreibungsdatei festgehaltenen Erzeugungsweg automatisch mit korrigiert werden. Der Anwender braucht sich also nicht um die „Fernwirkungen" seiner Datenbankeingriffe zu kümmern und kann dadurch seine Datenbank auch bei einem noch so hohen funktionalen Verknüpfungsgrad der Daten jederzeit „im Griff" behalten.
In dem zweiten Verknüpfungssystem sind jeweils alle Primär- und/oder Sekundärdatensätze, die die gleiche Schlüsselausprägung als Nebenordnungsdatum enthalten oder deren Nebenordnungsdaten die Schlüsselausprägungen des gleichen Schlüssels sind, über die Referenzdatei miteinander verknüpft. Die verknüpften Daten sind hier also nicht durch arithmetische Operationen, sondern, wie bereits festgestellt, durch ihre Identität (gleiche Schlüsselausprägung) bzw. das ihnen gemeinsame Klassifikationsschema (Schlüsselausprägungen des gleichen Schlüssels) aufeinander bezogen (klassifikatorische Verknüpfung).
Der Beitrag dieses zweiten Verknüpfungssystems zum logischen Datenbankeffekt besteht darin, daß der Anwender nicht nur, wie bei den einfachen Dateisystemen, über die Hauptordnungsdaten auf die gewünschten Primär- und/oder Sekundärdatensätze zugreifen kann, sondern auch über Daten, die als Nebenordnungsdaten „irgendwo" in der Datenbank stehen, ohne daß er dabei die gesamte Datenbank Feld für Feld durchsuchen muß [26, S. 146].
Will der Anwender z. B. alle Dozenten und Räume des Fachbereiches Soziologie ausgewiesen bekommen, so steigt er zunächst mit der Nummer des Fachbereichsschlüssels (z. B. „006") und der Schlüsselausprägung für Soziologie (z. B. „04") in die Referenzdatei ein. Die HVP-Datenbank setzt dann den Schlüsselindex für den aufgerufenen Zeigersatz auf „01" und prüft, ob das Dateikennzeichen im Rumpfteil des angesprochenen Zeigersegments auf eine Personalstamm- oder Raumbestandsdatei hinweist. Ist dies der Fall, so sucht sie mit der in dem Rumpfteil dieses Zeigersegments angegebenen Satz-/Segmentadresse den angezeigten Primär- oder Sekundärdatensatz auf und stellt diesen zur Ausgabe bereit. Im Anschluß daran, wie auch in dem Fall, in dem das Dateikennzeichen in dem ersten Zeigersegment nicht auf eine Personalstamm- oder Raumbestandsdatei hinweist, erhöht die Datenbank den Schlüsselindex um eins und wiederholt den beschriebenen Selektionsvorgang bis das letzte Zeigersegment abgearbeitet ist (siehe Abb. 3–15). Die dabei bereitgestellten Datensätze können schließlich mit oder ohne vorherige Umsortierung zu einer Datenausgabedatei zusammengestellt und ausgegeben werden.
Was hier am Beispiel einer Datenbankabfrage erläutert worden ist, gilt in ganz ähnlicher Weise für die Datenbankverwaltung. Dort besteht der Beitrag der Referenzdatei zum logischen Datenbankeffekt darin, daß der Anwender bei der Änderung einer Schlüsselausprägung nicht auch alle Nebenordnungsdaten mit dieser Schlüsselausprägung zu ändern braucht – und dabei eventuell einige vergißt. Er braucht vielmehr diese Schlüsselausprägung nur in der Referenzdatei zu ändern, um dann alle betroffenen Nebenordnungsdaten automatisch – und vollzählig – von der HVP-Datenbank geändert zu bekommen.

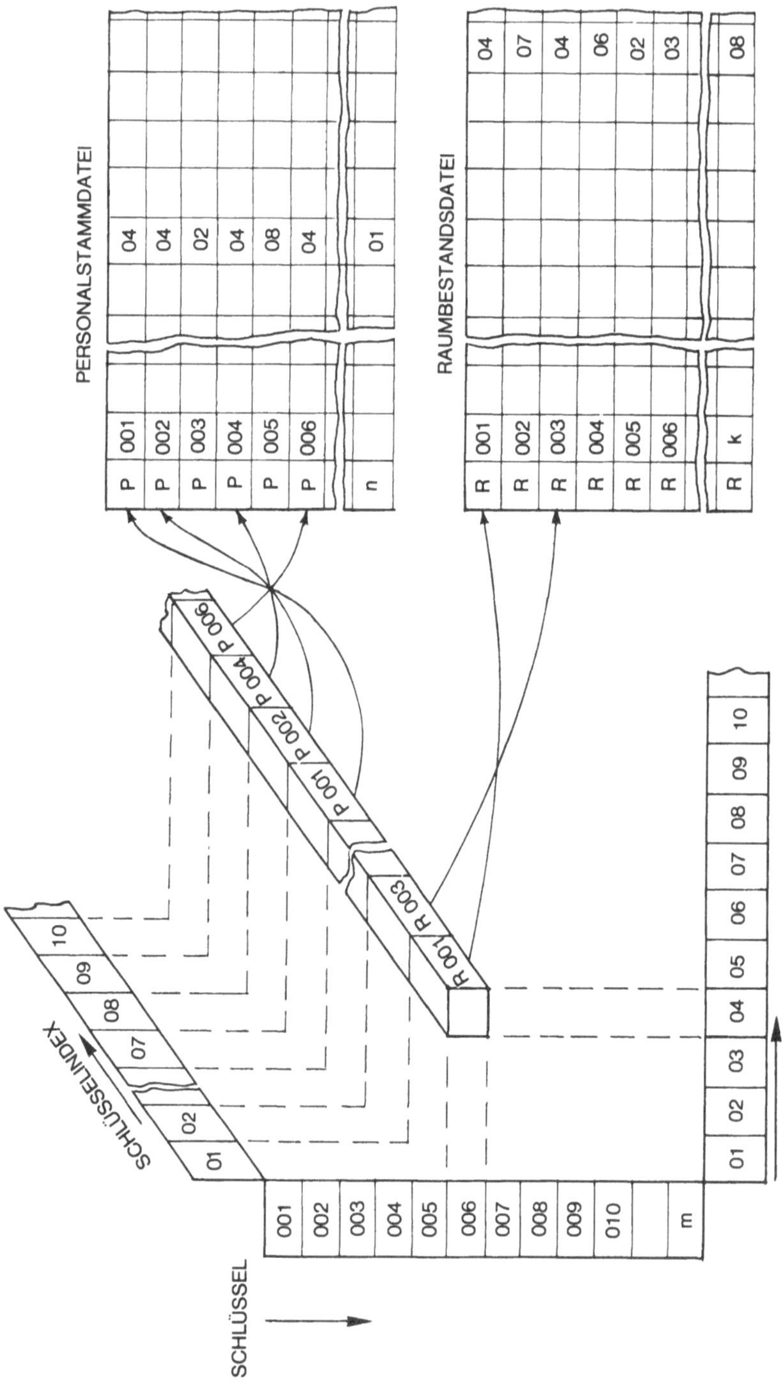

Abb. 3–15. *Klassifikatorische Verknüpfung über die Referenzdatei*

Anstelle oder neben dieser klassifikatorischen Verknüpfung über die Referenzdatei (Listenprinzip) sehen die meisten Datenbanksysteme wie z. B. IMS von IBM, DMS von UNIVAC und DBS von Telefunken eine klassifikatorische Verknüpfung über Datensatzketten vor (Kettenprinzip) [39; 41]. Die Ketten bestehen dabei jeweils aus einem Anker (owner, Kopfsatz) und mindestens einem Glied (member, Folgesatz). Als Anker können alle Datensätze verwendet werden, die irgendwelche Grunddaten zu anderen Datensätzen besitzen. Die anderen Datensätze sind dann in bezug auf ihren Anker als Glieder zu behandeln. So kann z. B. ein Kundensatz Anker für alle Auftragssätze des betreffenden Kunden oder ein Fachbereichssatz Anker für alle Studenten-, Dozenten- und Lehrveranstaltungssätze des betreffenden Fachbereichs sein. Da die Glieder einer Kette zugleich Anker einer anderen Kette sein können, lassen sich auf diese Weise

- Reihenstrukturen
- Bannstrukturen und
- Netzstrukturen

erzeugen (siehe Abb. 3–16)

Im Unterschied zum Listenprinzip werden beim Kettenprinzip die Datensatzzeiger nicht in einer spezifischen Datei (Referenzdatei) sondern in den Primär- und Sekundärdatensätzen geführt. Dabei wird, ausgehend vom Anker, auf das jeweils nachfolgende Glied verwiesen. Dementsprechend erfolgt der Zugriff auf die als Glieder eines Ankers gleichartigen Datensätze auch nicht über das ihnen gemeinsame Nebenordnungsdatum in einer gesonderten Zeigerdatei, sondern über das Hauptordnungsdatum des Ankers und die für die einzelnen Gliederarten eingerichteten Zeigerketten (siehe Abb. 3–17).

Beim Kettenprinzip müssen die Zeigerstrukturen vom Datenbankorganisator vor der Primär- und Sekundärdatenverwaltung festgelegt werden, wohingegen sie beim Listenprinzip erst während der Datenverwaltung vom System aufgebaut werden. Dementsprechend ist der Datenorganisationsaufwand beim Kettenprinzip erheblich größer als beim Listenprinzip. Dafür lassen sich mit dem Kettenprinzip aber auch Klassenarten bilden, die nicht nur wie beim Listenprinzip auf der Identität eines mehreren Datensätzen gemeinsamen Datums oder Merkmals sondern auch auf Teilmengenbeziehungen (Stücklisten), Zweck-Mittel-beziehungen, Ursache-Wirkungsbeziehungen, dokumentarischen Beziehungen (Referierungen, Zitierungen, rechtstechnischen Verweisungen) etc. beruhen können [39; 41].

Wegen der Grundverschiedenheit dieser Organisationsprinzipien können listenorganisierte Datenbanken nur dann eine gemeinsame Methodenbankschnittstelle mit kettenorganisierten Datenbanken bilden, wenn eine Datenbankart den Datenzugriff der anderen Datenbankart vollständig simuliert. Auf die damit verbundene Problematik ist bereits im Abschnitt 3.1 hingewiesen worden.

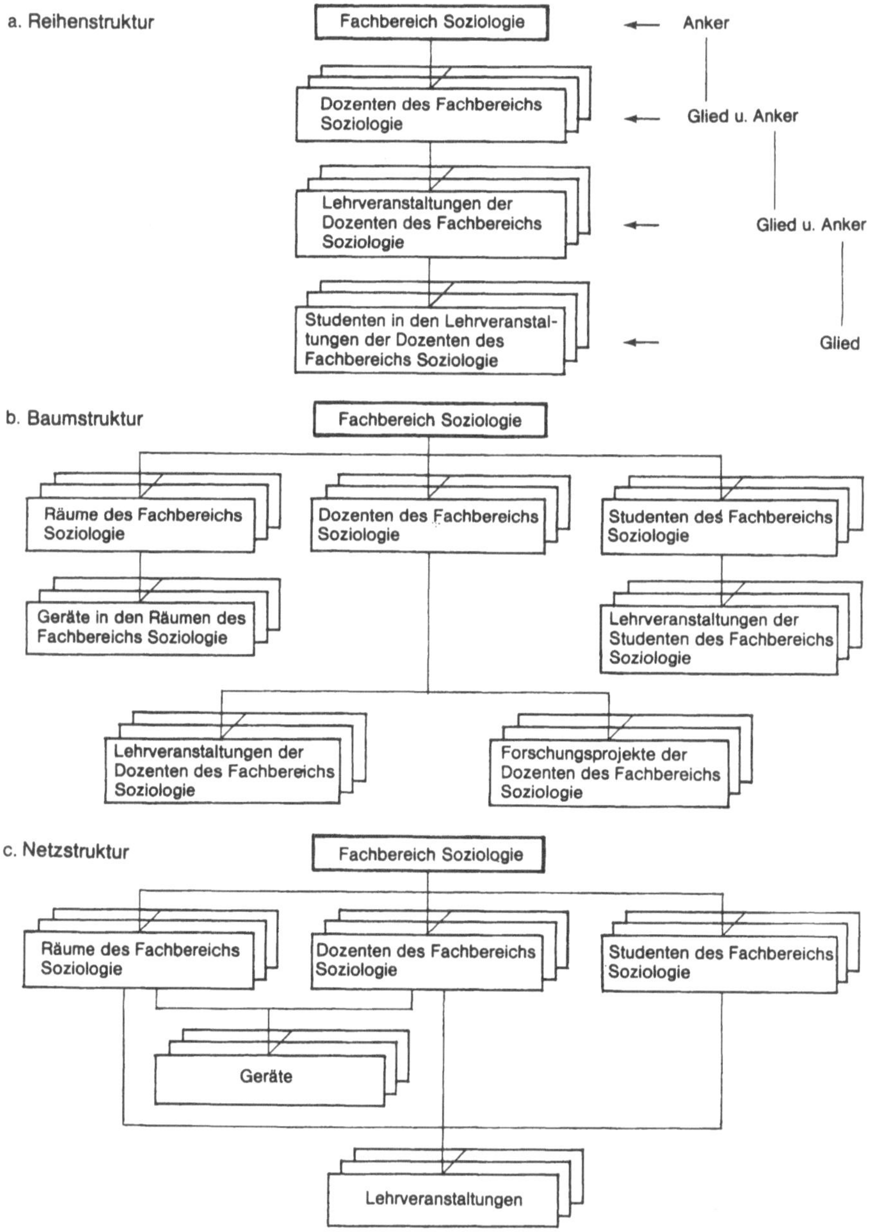

Abb. 3–16. *Kettenstrukturen*

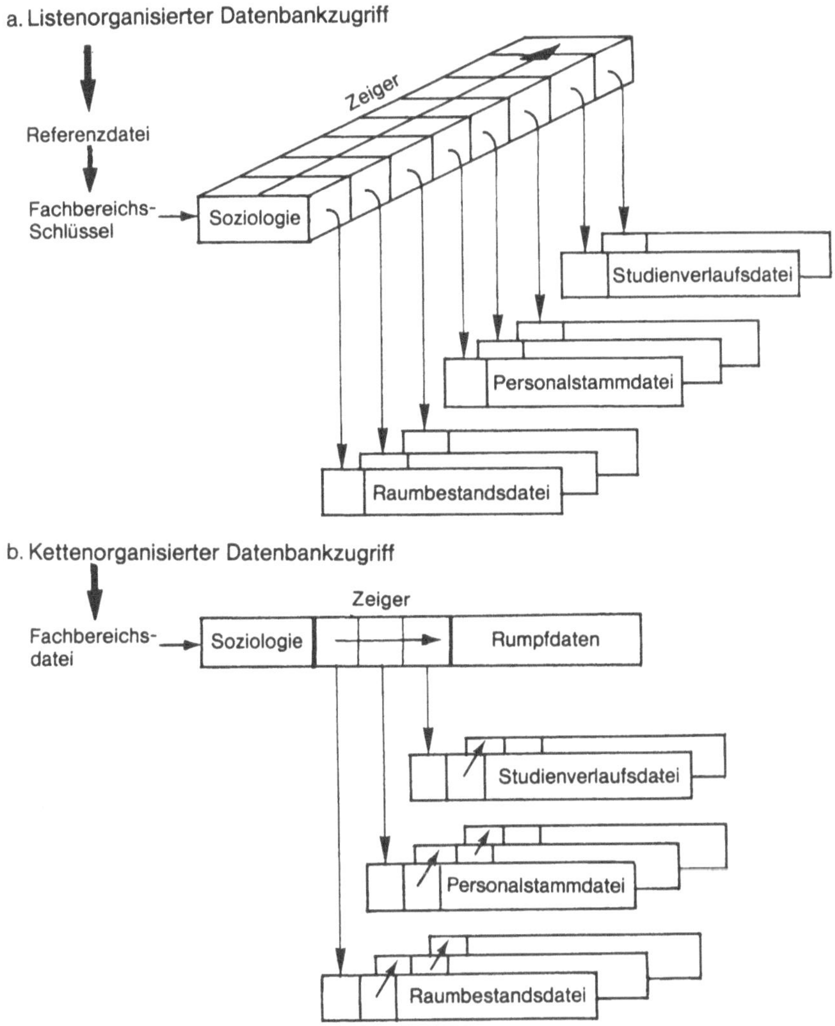

Abb. 3–17. *Listen- und Kettenprinzip*

3.3 Physikalische Datenstruktur der HVP-Datenbank

3.3.1 Bytes und Wörter in der HVP-Datenbank

Alle für Digitalrechner bestimmten Daten bestehen aus den als „bit" bezeichneten physikalischen Darstellungen der Binärwerte O und L [15, S. 96]. Zu ihrer Erzeugung werden bestimmte Datenträgerstellen gelocht oder nicht gelocht, magnetisiert oder nicht magnetisiert, links-magnetisiert oder rechts-magnetisiert etc.

Zur Bildung von Buchstaben, Ziffern und Sonderzeichen müssen stets mehrere bits zu einem Byte zusammengefaßt werden, dessen Stellenzahl (n) über die Funktion $v = 2n$ die Anzahl der mit dieser Stellenzahl zu erzeugenden Zeichen (v) bestimmt [25, S. 26]. Gegenwärtig sind zwei Bytearten verbreitet:

- das 8-bit-Byte, mit dem 256 Zeichen erzeugt werden können, und
- das 6-bit-Byte, das nur 64 Zeichen verfügbar macht.

Diese beiden unterscheiden sich vor allem in der Darstellbarkeit von Dezimalzahlen, denn deren zehn Ziffern beanspruchen jeweils nur vier bits ($2^2 > 10$), so daß in ein 8-bit-Byte zwei Dezimalziffern „gepackt" werden können (gepackte Darstellung) in ein 6-bit-Byte dagegen nur eine ($2^3 < 10$). [15, S. 92]. Um auch mit denjenigen Rechnern verträglich zu sein, die nur mit 6-bit-Bytes arbeiten können, ist die gepackte Darstellung von Dezimalzahlen für die HVP-Datenbank ausgeschlossen worden. Der hierdurch bedingte Rechnereffizienzverlust sollte in Kauf genommen werden.

Die Bytes können ihrerseits zu Wörtern zusammengeschlossen werden [25, S. 123]. Diese Wörter haben bei einem bestimmten Rechnertyp stets die gleiche Länge, können jedoch bei verschiedenen Rechnertypen unterschiedlich lang sein. So bestehen z. B. die Wörter der Rechner, bei denen das Byte die kleinste adressierbare physikalische Einheit ist (Byte-Maschinen), aus vier 8-bit-Bytes, wohingegen die Wörter der Rechner, bei denen das Wort die kleinste adressierbare physikalische Einheit ist (Wort-Maschinen), sich aus vier bis zehn 6-bit-Bytes zusammensetzen können. Da die HVP-Datenbank der Hardwarevielfalt an den Hochschulen Rechnung tragen muß, sind ihre Datenbankprogramme für alle Wortlängen ausgelegt (siehe Abb. 8–1).

3.3.2 Physikalische Datensatz-/Segmentarten der HVP-Datenbank

Unter einem physikalischen Datensatz (Block) ist die Menge der Bytes bzw. Wörter zu verstehen, die mit einem einzelnen Transportbefehl zwischen einer externen Speichereinheit und dem Arbeitsspeicher bewegt werden kann (soll) [28, S. 34; 42, S. 28]. Die Eingabe-/Ausgabesteuerung der Blöcke einschließlich ihrer Pufferbereichszuteilung und Einstellung in eine Warteschlange wird vom Betriebssystem durchgeführt, ist also nicht Aufgabe der HVP-Datenbank.

Physikalische Datensätze können eine feste, variable oder undefinierte Länge haben [2, S. 22]. In der HVP-Datenbank haben sie zur Beschleunigung des Zugriffs alle eine feste Länge. Diese Länge entspricht bei Magnetplattenspeichern der Länge einer Plattenspur, so daß beim Datentransport immer eine ganze Spur übertragen wird. Da diese Spuren jedoch nicht bei allen Platteneinheiten gleich lang sind, muß der Anwender stets die Blocklänge und den Blockfaktor für die nach innen kürzer werdenden Spuren seiner Platteneinheiten definieren. Im Unterschied zur Magnetplattenspeicherung wird bei der Magnetbandspeicherung die Blocklänge nicht von der Struktur des Datenträgers sondern allein von dem vorhandenem Pufferbereich der Zentraleinheit bestimmt, so daß der Anwender hier seine Blöcke auf den betreffenden Pufferbereich auszurichten hat.

Wie in der logischen Datenstruktur der HVP-Datenbank so ist auch in ihrer physikalischen Datenstruktur nicht der Datensatz sondern das Segment als eigentliche

Arbeitseinheit vorgesehen. Dabei kann ein physikalischer Datensatz aus einem oder mehreren physikalischen Segmenten bestehen. Bei der HVP-Datenbank entsprechen diese physikalischen Segmente bis auf die durch ,,Stauchung" und Umrechnung bewirkte geringere Länge ihres Kopfteils vollständig den beschriebenen logischen Segmenten. Es gibt dementsprechend

– vier verschieden lange physikalische Segmentarten für die Primär- und Sekundärdatensätze (siehe Abb. 3–18)

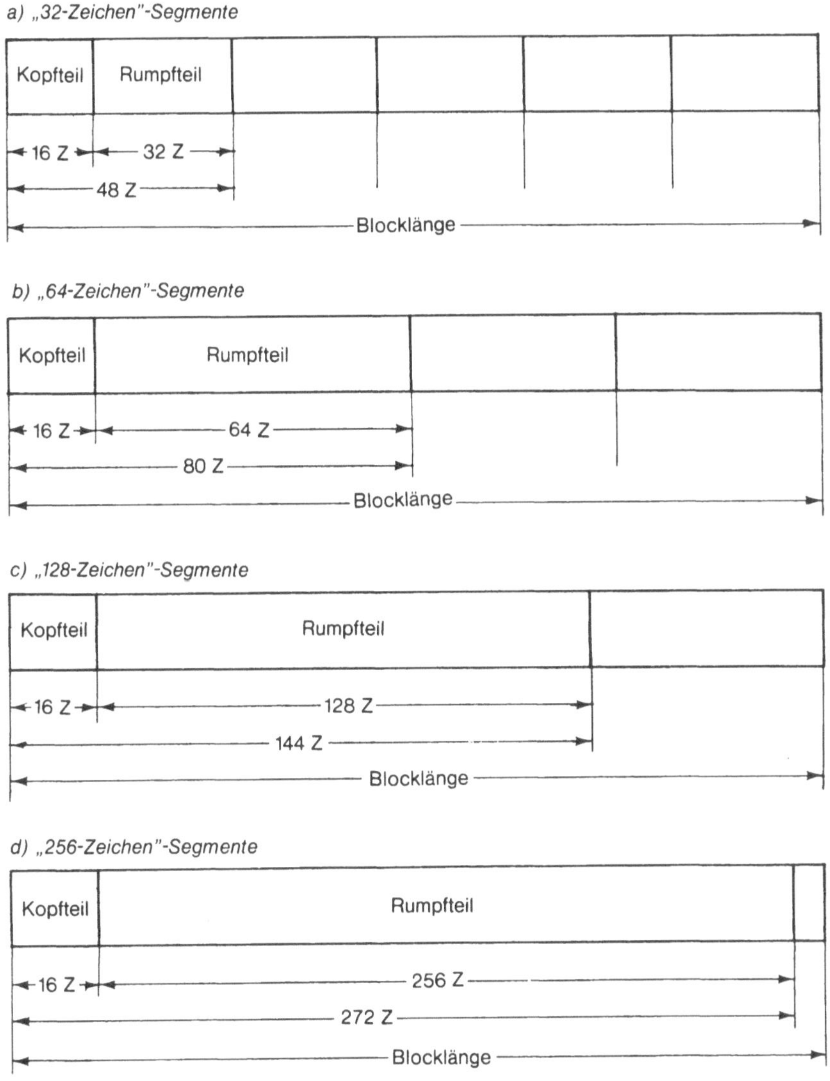

Abb. 3–18. *Physikalische Segmentierung der Primär- und Sekundärdatensätze*

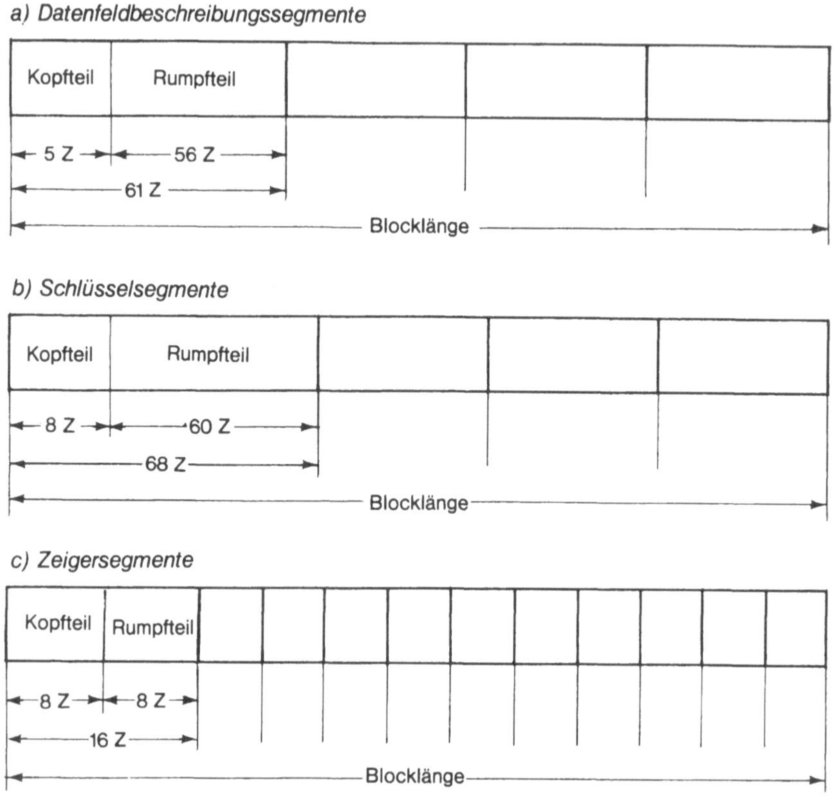

Abb. 3–19. *Physikalische Segmentierung der Strukturdatensätze*

- jeweils eine physikalische Segmentart für die Datenfeldbeschreibungs-, Schlüssel- und Zeigersätze (siehe Abb. 3–19) sowie
- jeweils eine physikalische Segmentart für die Erzeugungs-, Änderungs-, Löschungs- und Ausgabesätze.

Diese Segmente werden bei den Datenbanktransformationen in geschlossenen Blöken (physikalischen Datensätzen) aus den externen Speichereinheiten in den Arbeitsspeicher geholt und dort mit der Technik der dynamischen Speicherzuteilung zu logischen Datensätzen zusammengestellt [44, S. 12]. Die Segmente sind also die zentralen Bindeglieder zwischen der logischen und der physikalischen Datenstruktur der HVP-Datenbank. Sie ermöglichen es, diese beiden Strukturen auf den übrigen Strukturebenen (Datensatz, Datei) weitgehend unabhängig voneinander nach rein logischen bzw. rein physikalischen Optimierungskriterien zu gestalten.

3.3.3 Physikalische Dateiarten der HVP-Datenbank

Die physikalischen Dateien der HVP-Datenbank werden zur Reduktion der Zugriffszeiten und zur Vereinfachung der Programmierung aus jeweils gleich langen physikalischen Segmenten gebildet, die je nach Datenträger zu verschieden langen Blöcken (physikalischen Datensätzen) zusammengefaßt sind. Diese Dateien können auf den Datenträgerarten
- Magnetplatte und
- Magnetband

gespeichert werden.
Die Magnetplatten sind für diejenigen physikalischen Dateien vorgesehen, auf deren Daten die HVP-Datenbank schnell und wahlfrei, also direkt, zugreifen können muß. Auf den Magnetbändern werden dagegen alle physikalischen Dateien gespeichert, deren Daten nicht im direkten Zugriff zu stehen brauchen bzw. aus Mangel an Magnetplatten nicht im direkten Zugriff stehen können.

3.3.3.1 Dateien mit direktem Zugriff

Von den oben genannten elf physikalischen Segmentarten sollten auf jeden Fall die als tägliche Arbeitshilfsmittel verwendeten Datenfeldbeschreibungs-, Schlüssel- und Zeigersegmente im direkten Zugriff stehen. Dementsprechend muß es jeweils eine Datei mit direktem Zugriff
- für die Datenfeldbeschreibungssegmente
- für die Schlüsselsegmente und
- für die Zeigersegmente

geben.
Außerdem sollten zumindest diejenigen Primär- und Sekundärdaten im direkten Zugriff stehen, die ständig angesprochen und sehr komplex kombiniert werden müssen. Da diese Daten prinzipiell in allen vier Segmentarten der Primär- und Sekundärdatensätze stehen können, sollte es auch jeweils eine Datei mit direktem Zugriff
- für die 32-Zeichen-Segmente,
- für die 64-Zeichen-Segmente,
- für die 128-Zeichen-Segmente und
- für die 256-Zeichen-Segmente

geben.
Im Unterschied zu den Strukturdateien, bei denen jeweils eine logische Datei in einer physikalischen Datei abgebildet ist, kann eine Primär- oder Sekundärdatei auf vier verschiedene Dateien mit direktem Zugriff verteilt sein, und umgekehrt können in den Dateien mit direktem Zugriff für die 32-, 64-, 128- und 256-Zeichen-Segmente die Komponenten verschiedener Primär- und Sekundärdateien nebeneinander stehen. Diese Überlagerung besteht jedoch nur auf der Dateiebene, denn die logischen Datensätze bestehen definitionsgemäß nur aus gleich langen Segmenten, so daß sie jeweils auch nur in einer Datei mit direktem Zugriff stehen (siehe Abb. 3–20).
Beim Betrieb der HVP-Datenbank werden immer die Magnetplatten aller sieben Dateien mit direktem Zugriff angeschlossen. Programmtechnisch werden sie dabei durch ein SELECT-Statement identifiziert und einer externen Magnetplatteneinheit der

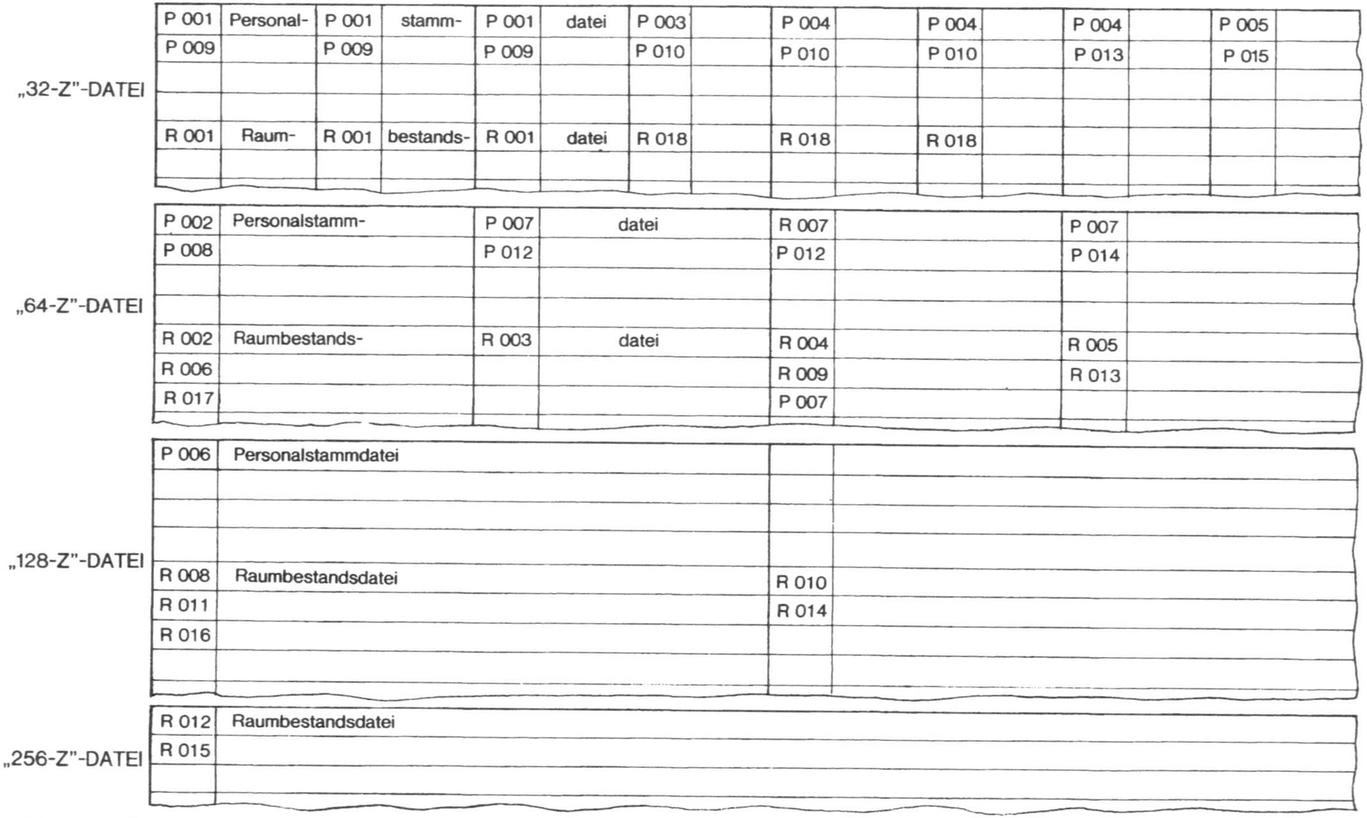

Abb. 3–20. *Überlagerung der logischen und physikalischen Dateien*

HVP-Datenbank-Hardware zugeordnet. Für das IBM-System 360 geschieht dies z. B. mit dem COBOL-Statement:

```
SELECT   P 256   ASSIGN TO SYS Ø 13  -  DA  -  2311  -  I.
```

Plattendatei für die 256-Zeichen-Segmente (zu P 256) — Index-sequentiell (zu I)

Außerdem muß jede Datei mit direktem Zugriff einem bestimmten Plattenbereich zugeordnet werden. Dies geschieht mit Hilfe von Steuerkarten. Der Plattenbereich wird dabei untergliedert in

- einen Indexbereich
- einen Hauptbereich und
- einen Überlaufbereich [43, S. 68].

Im Indexbereich werden den logischen Adressen der Segmente (Dateikennzeichen, Satz- und Segmentnummer) ihre physikalischen Adressen (Platten-, Spur- und Segmentnummer) über eine Indextabelle zugeordnet. Man nennt dies auch „einfache Indizierung". Die Pflege der Indextabellen erfolgt durch das Betriebssystem, ist also nicht Aufgabe der HVP-Datenbank [26, S. 67].

Im Hauptbereich stehen alle physikalischen Segmente der Datei mit direktem Zugriff, die in die definierten Grenzen dieses Bereichs hineinpassen und nicht erst später hinzugefügt worden sind. Alle übrigen Segmente dieser Datei werden in den Überlaufbereich eingestellt. Segmente, die logisch zusammengehören, können also in verschiedenen Plattenteilbereichen gespeichert sein. Ihre Verknüpfung erfolgt erst im Arbeitsspeicher durch das jeweilige Datenbankprogramm. Je voller allerdings der Überlaufbereich ist, um so länger sind auch die Zugriffszeiten für die betreffende Datei. Sobald deshalb die Zahl der Segmente im Überlaufbereich einen kritischen Wert erreicht hat, muß die gesamte Datei reorganisiert werden. In der HVP-Datenbank erfolgt dies automatisch nach dem COBOL-Befehl REORG CRITERIA.

Die Länge der beiden nicht vom Betriebssystem gepflegten Plattenteilbereiche (Haupt- und Überlaufbereich) kann und muß vom Anwender bei der Errichtung seiner HVP-Datenbank nach der für die betreffende Datei erwarteten Ausdehnung bestimmt werden [24, S. 132] (siehe auch Abschnitt 5.3). Bei der Strukturierung dieser Bereiche hat er dagegen keinen Ermessensspielraum, denn die Struktur des Überlaufbereichs ergibt sich aus der zeitlichen Abfolge der nicht in den Hauptbereich eingehenden Bewegungen und die Struktur des Hauptbereichs muß die Bedingungen der in den Datenbankprogrammen realisierten Zugriffslogik erfüllen. Diese sieht für die Hauptbereiche der HVP-Datenbank eine serielle Datenorganisation vor, d. h. die physikalischen Segmente müssen nach aufsteigender logischer Datensatz- und Segmentnummer geordnet werden [28, S. 35]. Dabei sind allerdings in der Datensatzordnung der Primär- und Sekundärdatensegmente insoweit Nummernlücken möglich, als die Primär- und Sekundärdatensätze aus unterschiedlichen Segmentarten gebildet werden können und dann in mehreren physikalischen Dateien stehen. Durch die serielle Datenorganisation können die Haupt- und Überlaufbereiche der Dateien mit direktem Zugriff sowohl wahlfrei (random) als auch fortlaufend (sequentiell) durchsuche werden [2, S. 27; 13, S. 101].

Die wahlfreie Suche erfolgt bei der HVP-Datenbank indexsequentiell. Dabei geht das Datenbankprogramm zunächst mit der jeweiligen logischen Adresse als Suchargument in die Indextabelle, die es sequentiell durchsucht, bis es die der logischen Adresse zugeordnete Blockadresse gefunden hat. Der adressierte Block wird dann aus dem Haupt- oder Überlaufbereich in den Arbeitsspeicher geholt und dort auf das gewünschte Segment durchsucht. Bei der sequentiellen Suche geht das Datenbankprogramm dagegen sofort in den Hauptbereich und durchsucht diesen mit der jeweiligen logischen Adresse Datensatz für Datensatz, bis es den gesuchten Datensatz gefunden hat. Wird es im Hauptbereich nicht fündig, setzt es diese Suche im Überlaufbereich fort. Beide Suchformen werden vorwiegend vom Betriebssystem abgewickelt und brauchen diesem lediglich mit ‚ACCESS IS RANDOM' bzw. ‚ACCESS IS SEQUENTIELL' angezeigt zu werden.

3.3.3.2 Dateien ohne direkten Zugriff

Auf den Dateien ohne direkten Zugriff können diejenigen Primär- und Sekundärdaten stehen, die nur in größeren Zeitabständen angesprochen und/oder überwiegend sequentiell abgearbeitet zu werden brauchen. Da diese Daten prinzipiell in allen vier Segmentarten der Primär- und Sekundärdatensätze auftreten können, muß es jeweils auch eine Datei ohne direkten Zugriff

- für die 32-Zeichen-Segmente
- für die 64-Zeichen-Segmente
- für die 128-Zeichen-Segmente und
- für die 256-Zeichen-Segmente

mit den in Abb. 3–20 dargestellten Überlagerungsmöglichkeiten geben.

Ebenfalls nicht im direkten Zugriff brauchen die Bewegungsdaten zu stehen, so daß es auch jeweils eine Datei ohne direkten Zugriff

- für die Erzeugungssegmente
- für die Änderungssegmente
- für die Löschungssegmente und
- für die Ausgabesegmente

gibt. Als Bewegungsdateien bestehen sie allerdings immer nur für die Zeit zwischen den Transformationsläufen, denen sie zugeordnet sind.

Im Unterschied zu den Magnetplattendateien werden die Magnetbanddateien nur dann angeschlossen, wenn sie tatsächlich für einen bestimmten Programmlauf benötigt werden. Programmtechnisch werden sie hierbei mit einem SELECT-Statement identifiziert und einer Magnetbandeinheit der HVP-Datenbank-Hardware zugeordnet. Beim IBM-System 360 geschieht dies z. B. mit dem COBOL-Statement:

```
SELECT      B 128        ASSIGN TO SYS Ø/ 14 – VT – 2400 – S.
              ↑                                              ↑
```

Banddatei für die 128-Zeichen-Segmente (→ B 128)

sequentiell (→ S)

Die Dateien ohne direkten Zugriff sind mit Ausnahme der Ausgabedateien ebenfalls seriell organisiert. Im Unterschied zu den Dateien mit direktem Zugriff können sie jedoch nur sequentiell abgearbeitet werden. Sie haben dementsprechend auch keinen Index-Bereich sondern als systemresidente Dateien nur einen Haupt- und einen Überlaufbereich und als Bewegungsdateien gar nur einen Hauptbereich. Wird der Überlaufbereich bei den systemresidenten Dateien zu „voll", müssen diese ebenfalls mit dem COBOL-Befehl ‚REORG CRITERIA' reorganisiert werden.

3.3.4 Physikalische Realisierung des logischen Datenbankeffekts der HVP-Datenbank

Der logische Datenbankeffekt wird, wie im Abschnitt 3.2.4 dargestellt, durch zwei einander ergänzende Verknüpfungssysteme erzielt, nämlich durch
- das funktionale Verknüpfungssystem der Datenfeldbeschreibungsdatei und
- das klassifikatorische Verknüpfungssystem der Referenzdatei.

In dem funktionalen Verknüpfungssystem werden die logischen Adressen der „erzeugenden" Primär- und/oder Sekundärdaten über die Verknüpfungsfunktion in der Datenfeldbeschreibungsdatei indirekt auf die logischen Adressen der mit ihnen „erzeugten" Sekundärdaten bezogen, während in dem klassifikatorischen Verknüpfungssystem von jeweils einer Schlüsselausprägung bzw. einer Schlüsselnummer direkt auf die logischen Satz-/Segmentadressen derjenigen Primär- und/oder Sekundärdatensätze/-segmente verwiesen wird, denen diese Schlüsselausprägung bzw. Schlüsselnummer als Nebenordnungsdatum gemeinsam ist.
Um dieses logische Beziehungsnetz physikalisch zu realisieren, müssen sowohl die logischen Adressen der miteinander verknüpften Daten bzw. Datensätze/-segmente der Primär und/oder Sekundärdateien als auch die logischen Adressen der Verknüpfungsdaten der Datenfeldbeschreibungsdatei und der Schlüssel- bzw. Schlüsselausprägungen der Referenzdatei in physikalische Adressen umgesetzt werden [28, S. 116, 458]. Diese Umsetzung erfolgt, wie im Abschnitt 3.3.3 erläutert, bei Magnetplattendateien im index-sequentiellen Zugriff über Indextabellen (Indizierung) und bei Magnetbanddateien durch den physischen Transportvorgang der sequentiellen Suche [26, S. 68]. Für die beiden Verknüpfungssysteme der HVP-Datenbank stellen sich diese Zusammenhänge wie folgt dar:
Das funktionale Verknüpfungssystem wird bei jedem Datenbankverwaltungsvorgang angesprochen, denn grundsätzlich kann jedes erzeugte, geänderte oder gelöschte Datum zu einem Datenfeld gehören, dessen Datenfeldbeschreibungssatz Verknüpfungsdaten enthält. Deshalb muß stets zunächst geprüft werden, ob in den Datenfeldbeschreibungen der betreffenden Daten auch Verknüpfungsdaten stehen. Dazu werden mit den logischen Adressen aller von dem Verwaltungsvorgang betroffenen Datenfelder die physikalischen Adressen ihrer Beschreibungssätze über die Indextabelle der Datenfeldbeschreibungsdatei ermittelt und mit diesen physikalischen Adressen die betreffenden Datenfeldbeschreibungssätze im Haupt- bzw. Überlaufbereich der Datenfeldbeschreibungsdatei aufgesucht, um dort festzustellen, ob Verknüpfungsdaten vorliegen oder nicht. Nur wenn dabei Verknüpfungsdaten gefunden werden, ist das

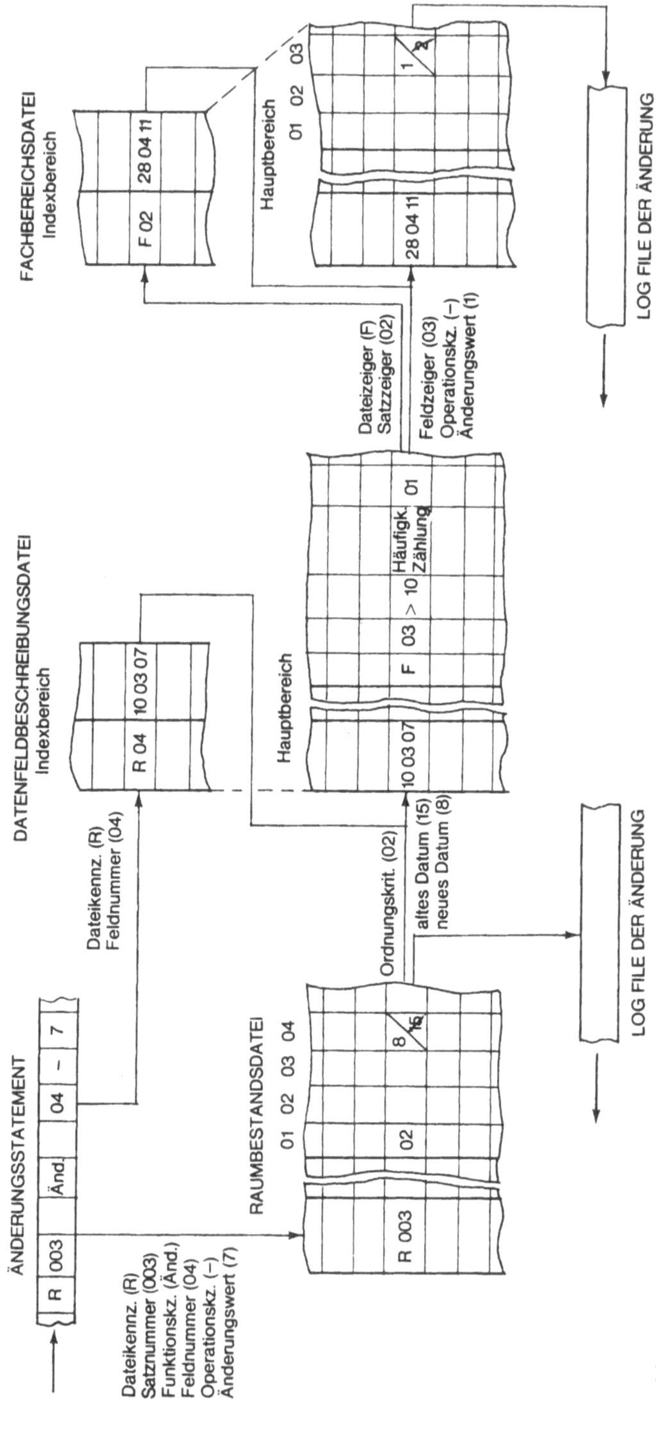

Abb. 3–21. *Physikalische Realisierung des funktionalen Verknüpfungssystems*

funktionale Verknüpfungssystem in die weiteren Transformationen einbezogen. Wie dies im einzelnen geschieht soll hier am Beispiel einer Datenänderung kurz erläutert werden (siehe Abb. 3–21).
Die im Änderungsstatement enthaltene Änderungsanweisung wird zunächst in dem betroffenen Datenfeld (04) des betroffenen Datensatzes (R003) vollzogen (altes Datum = 15, Änderungswert = 7, Operation = Subtraktion, neues Datum = 8). Der von der Änderung betroffene Datensatz wird dann mit den nach der oben beschriebenen Prüfung bereitgestellten Verknüpfungsdaten konfrontiert. Dabei werden zunächst das alte und das neue Datum mit der Verknüpfungsbedingung (> 10) verglichen und festgestellt, ob das alte Datum diese Bedingung erfüllt hat und ob sich daran durch den Verwaltungsvorgang etwas geändert hat. In dem dargestellten Beispiel hatte das alte Datum (15) die Bedingung erfüllt ($15 > 10$), wohingegen das neue Datum (8) nicht mehr der Verknüpfungsbedingung genügt ($8 < 10$). Das mit dem alten Datum erzeugte, in den Verknüpfungsdaten indirekt angezeigte Sekundärdatum muß also entsprechend geändert werden.
Dazu muß als erstes die physikalische Adresse des zu ändernden Sekundärdatums ermittelt werden. Dies geschieht mit Hilfe des Dateizeigers (F) des Feldzeigers (03) und des Ordnungskriteriums (01). Dabei zeigt das Ordnungskriterium das Datenfeld des von der Änderung betroffenen Datensatzes an, in dem das Nebenordnungsdatum steht, das für den Datensatz des zu ändernden Sekundärdatums das Hauptordnungsdatum und damit die Satznummer ist (02). Mit diesem Satzzeiger und mit dem Dateizeiger wird dann in der Indextabelle der angezeigten Datei (Fachbereichsdatei) die physikalische Adresse des betreffenden Sekundärdatensatzes ermittelt und mit dieser und dem Feldzeiger auf das zu ändernde Sekundärdatum zugegriffen. Dieses wird schließlich mit dem aus der Verknüpfungsart (Häufigkeitszählung) und der Art des Verwaltungsfalles (Datum erfüllt die Verknüpfungsbedingung nicht mehr) hergeleiteten Änderungswert (1) und Operationskennzeichen (–) entsprechend korrigiert (2–1=1).

Im Unterschied zum funktionalen Verknüpfungssystem wird das klassifikatorische Verknüpfungssystem nur von Schlüsselausprägungen, die als Nebenordnungsdaten gekennzeichnet sind, angesprochen. Die dabei erforderlichen Umsetzungen der logischen in die entsprechenden physikalischen Adressen sollen hier am Beispiel einer Datenbankabfrage erläutert werden (siehe Abb. 3–22).
Das Abfragestatement richtet sich auf alle Personalstamm (P)- und Raumbestandssätze (R), denen der Fachbereich Soziologie (Schlüsselnummer 006, Schlüsselausprägung 04) als Nebenordnungsdatum gemeinsam ist: IF X 006 = 04 AND (P01 = ALL OR R01 = ALL). In diesem Falle werden zunächst über die mit dem Dateikennzeichen der Referenzdatei (X) versehene logische Adresse der aufgerufenen Schlüsselausprägung die physikalischen Adressen der Zeigersegmente dieser Schlüsselausprägung über die Indextabelle der Referenzdatei ermittelt und mit diesen Adressen die in den Zeigersegmenten enthaltenen logischen Adressen der Datensätze, in denen die betreffende Schlüsselausprägung Nebenordnungsdatum ist, aufgesucht. Erfüllen die dort gefundenen logisthen Adressen auch die zweite Bedingung des Abfragestatements (P01 = ALL OR R01 = ALL), werden mit ihnen die angezeigten Dateien durchsucht.

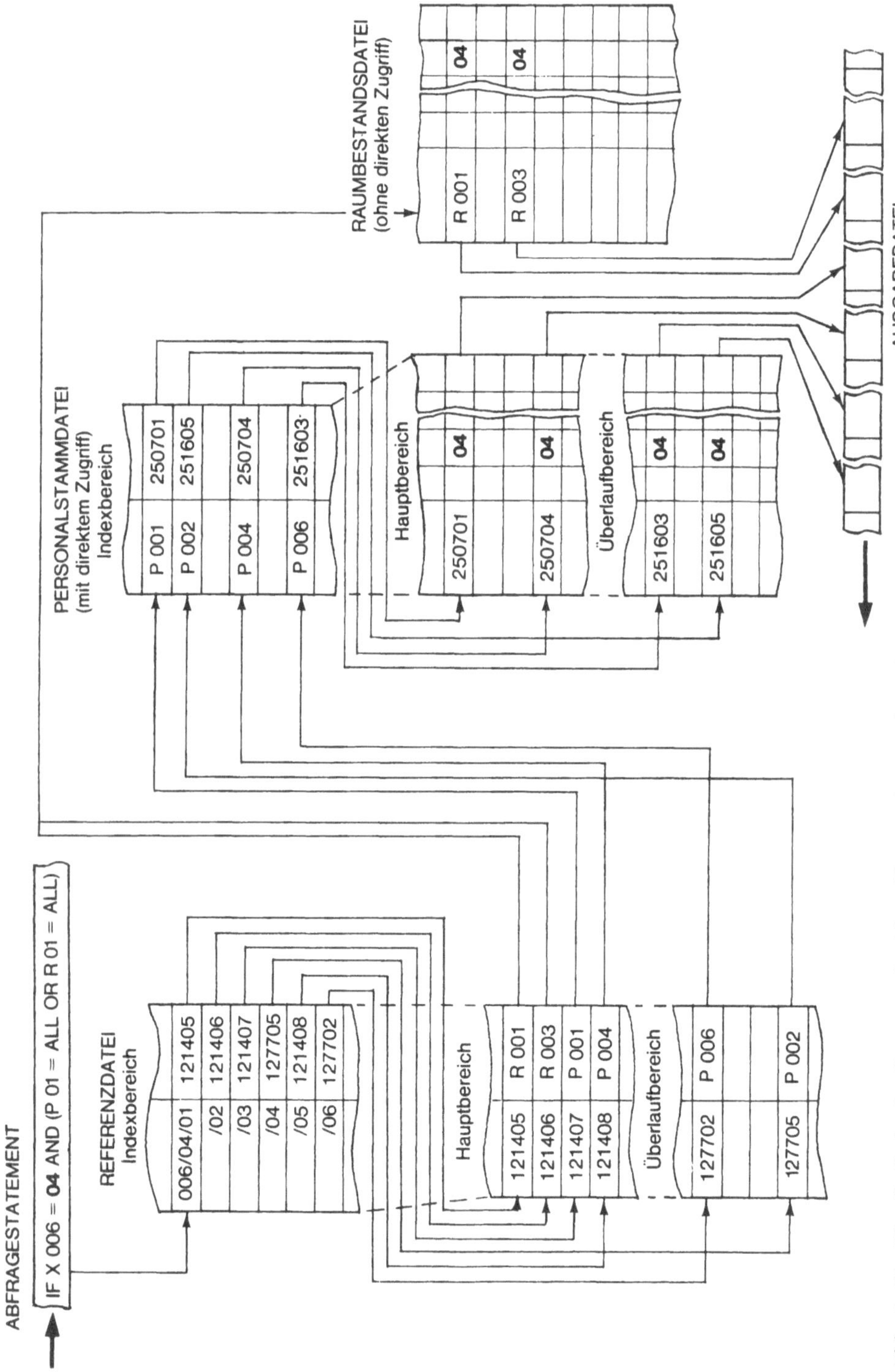

Abb. 3–22. *Physikalische Realisierung des klassifikatorischen Verknüpfungssystems*

Handelt es sich, wie bei der Personalstammdatei in dem dargestellten Beispiel, um eine Datei mit direktem Zugriff, dann werden zunächst die betreffenden logischen Adressen der angezeigten Datensätze über die Indextafel dieser Datei in die entsprechenden physikalischen Adressen umgesetzt, mit denen dann auf die gesuchten Datensätze im Hauptbereich (P001 und P004) oder Überlaufbereich (P002 und P006) der Datei zugegriffen wird. Dieser gesamte Vorgang wird, da er über zwei Indextabellen (Referenzdatei und Personalstammdatei) läuft, auch als „doppelte Indizierung" bezeichnet.
Handelt es sich dagegen wie bei der dargestellten Raumbestandsdatei um eine Datei ohne direkten Zugriff, dann müssen die gefundenen logischen Adressen im Zuge der sequentiellen Suche in die entsprechenden physikalischen Adressen umgesetzt werden, wobei gleichzeitig auf die angezeigten Datensätze (R001 und R003) zugegriffen wird.

3.4 Datenbankprogramme der HVP-Datenbank

3.4.1 Datenbankverwaltungsprogramme

Bei der Datenbankverwaltung unterscheidet man üblicherweise zwischen
- Dateiaufbau und
- Datenbankaktualisierung (Updating).

Der Aufbau der physikalischen Dateien erfolgt bei der HVP-Datenbank mit Hilfe von Steuerkarten, nach denen das Betriebssystem die Dateien blockt und bestimmten Datenträgereinheiten (Magnetplattenbereich, Magnetband) zuordnet. Hierfür ist also kein besonderes Datenbankprogramm erforderlich. Dagegen müssen die logischen Dateien mit einem besonderen Datenbankprogramm aufgebaut werden. Bei der HVP-Datenbank dient dieses Programm zugleich der Satz-/Segmenteröffnung beim Updating, in dessen Zusammenhang es im folgenden auch dargestellt werden soll.
Das Updating der HVP-Datenbank erfolgt mit jeweils einem Programmpaket für die Verwaltung
- der Primär- und Sekundärdateien unter Einbeziehung der Referenzdatei (HVP–VP1)
- der Datenfeldbeschreibungsdatei (HVP–VP2) und
- der Schlüsseldatei (HVP-VP3).

Das Primär- und Sekundärdateien-Programmpaket HVP–VP1 besteht aus jeweils einer Grundfunktion für
- das Einlesen und die Eingangssortierung, (1. Grundfunktion)
- die Bildung der standardisierten Bewegungssätze (2. Grundfunktion)
- die Plausibilitätsprüfung (3. Grundfunktion)
- die eigentliche Satz-/Segmenteröffnung, Feldänderung und/oder Satzlöschung (4. Grundfunktion) und
- die Dateireorganisation (5. Grundfunktion).

Außerdem umfaßt es noch einige Nebenfunktionen für die Datensuche, -sortierung und -übertragung. Mit Ausnahme der Plausibilitätsprüfung sind diese Funktionen so weit standardisiert, daß sich jede anwenderspezifische Ergänzungsprogrammierung erübrigt.

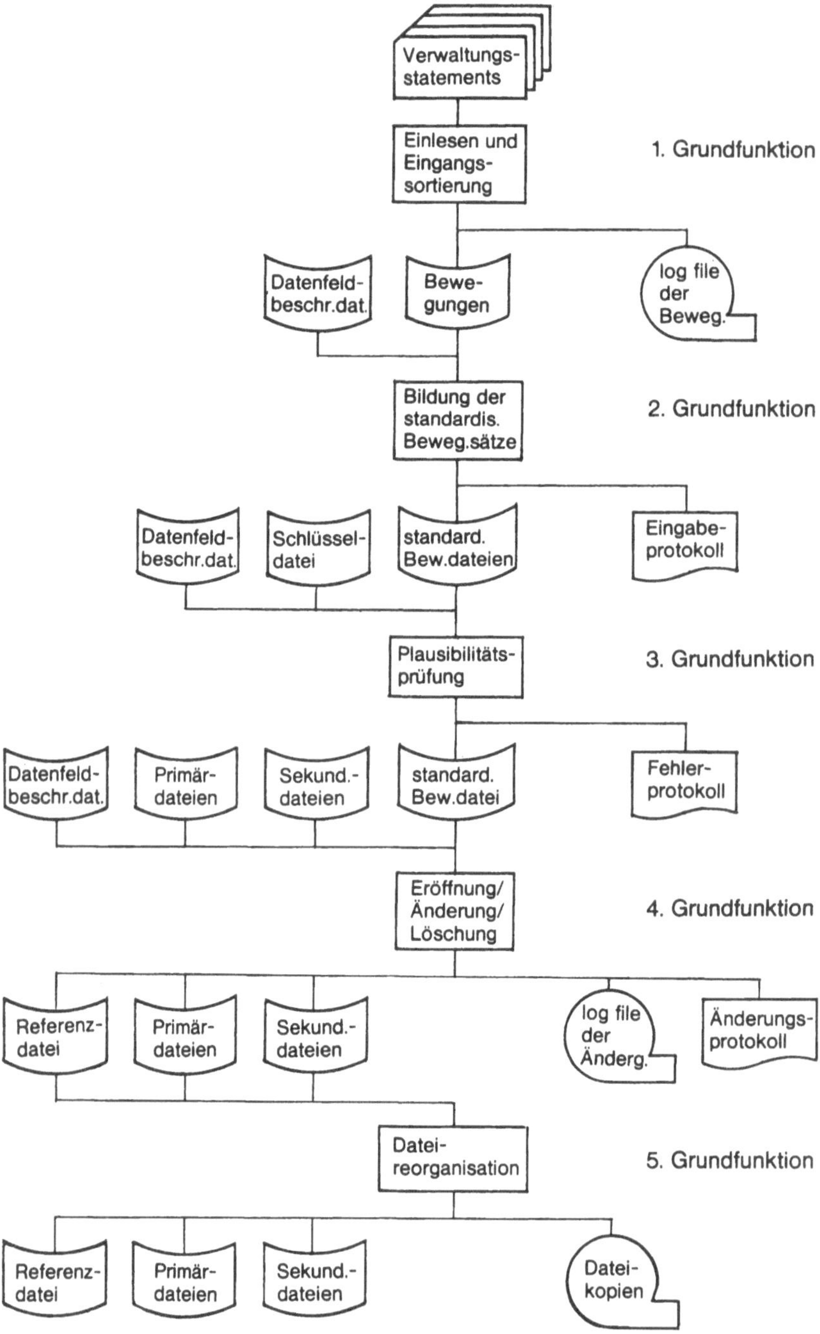

Abb. 3–23. *Datenbankverwaltungsprogramm HVP–VP 1*

Die ersten vier Grundfunktionen bilden ein geschlossenes Arbeitspaket, d. h. sie werden bei jedem Verwaltungslauf für den Aufbau oder das Updating der Primär- und Sekundärdateien in einem geschlossenen Computerlauf nacheinander abgewickelt. Die fünfte Grundfunktion ist dagegen selbständig (siehe Abb. 3–23).
In der ersten Grundfunktion werden die Bewegungssätze eines Lochkarten-, Lochstreifen-, Magnetband- oder Maschinenbeleg-„Stapel" eingelesen und dabei zugleich ein log file dieser Bewegungssätze als Datensicherungskopie erstellt [26, S. 145]. Die eingelesenen Bewegungssätze werden dann nach Dateikennzeichen, Satznummer, Segmentnummer, Funktionskennzeichen und Folgenummer sortiert und auf einem Magnetband oder einer Magnetplatte für die zweite Grundfunktion bereitgestellt.
In der zweiten Grundfunktion werden die sortierten Bewegungssätze in die Segmentstruktur der standardisierten Bewegungssätze überführt [20]. Dabei werden die Datenfelder der Satz-/Segmenteröffnungssätze in der für die zu eröffnenden Primär- oder Sekundärdatensätze/-segmente definierten Weise geordnet. Die so standardisierten Bewegungssätze werden schließlich auf einem Magnetband oder einer Magnetplatte für die dritte Grundfunktion bereitgestellt und dabei gleichzeitig protokolliert.
In der dritten Grundfunktion werden zunächst die Strukturierungszeichen, wie z. B. die Feldtrennungsmarken, auf ihre Vollständigkeit und Plausibilität überprüft. Im Anschluß daran werden alle numerischen Daten einer formalen Einzelfeldprüfung unterzogen. Dies geschieht bei den Hauptordnungsdaten über der Prüfziffer, bei den Nebenordnungsdaten und klassifizierenden Anschlußdaten über die Schlüsseldatei und bei den numerischen Klarschriftdaten über deren in der jeweiligen Dateibeschreibungstabelle definierte Bereichsgrenzen. Schließlich können die Daten auch noch in Kombination mit anderen Daten auf ihre logische Plausibilität überprüft werden. Die hierfür maßgeblichen logischen Querverbindungen müssen von den Anwendern in Entscheidungstabellen definiert werden und als Unterroutinen in die Programme der dritten Grundfunktion eingebaut werden [12, S. 55]. Alle Bewegungssätze, die sich bei diesen Prüfungen als fehlerhaft erwiesen haben, werden von der HVP-Datenbank unter Erstellung eines Fehlerprotokolls abgewiesen und können erst im nächsten Computerlauf nach entsprechenden Korrekturen erneut eingegeben werden. Die als fehlerfrei anerkannten Bewegungssätze – die durchaus noch unerkannte Fehler enthalten können – werden dagegen auf einem Magnetband oder einer Magnetplatte für die vierte Grundfunktion zusammengestellt.
In der vierten Grundfunktion werden die neu eröffneten Primär- und/oder Sekundärdatensätze/-segmente in ihre Dateien eingeordnet und die zu ändernden bzw. zu löschenden Primär- und/oder Sekundärdatensätze korrigiert bzw. mit dem Satzstatuszeichen für „gelöscht" versehen [38, S. 280]. Gleichzeitig werden für alle neuen oder geänderten Nebenordnungsdaten entsprechende Zeigersegmente erstellt und die Zeigersegmente aller gelöschten Daten entfernt, so daß der Einklang zwischen der Referenzdatei und den Primär- und Sekundärdateien stets gewahrt bleibt [28, S. 113]. Dabei werden sämtliche Änderungen und Löschungen sowohl in einem Änderungsprotokoll als auch in einem log file der Änderungen, um den dann die Archivdatei entsprechend erweitert wird, dokumentiert.

Die fünfte Grundfunktion wird nur dann benutzt, wenn die vom Anwender definierte kritische Grenze im Überlaufbereich einer oder mehrerer physikalischer Dateien überschritten worden ist. Dann werden die zu reorganisierenden Dateien aus Datensicherungsgründen zunächst auf Magnetbändern kopiert [31, S. 154]. Im Anschluß daran werden die Daten aus dem Überlaufbereich in den Hauptbereich der betreffenden Dateien eingeordnet und die physikalischen Adressen aller dadurch „verschobenen" Daten in den zugehörigen Indextabellen entsprechend geändert. Außerdem werden die in der Zwischenzeit neu hinzugekommenen Zeigersegmente mit einem Mischverfahren an ihren „vorgesehenen Platz" in der Referenzdatei gebracht.
Im Unterschied zum Programmpaket HVP–VP1 bestehen die Programmpakete für die Verwaltung der Datenfeldbeschreibungsdatei (HVP-VP2) und der Schlüsseldatei (HVP–VP3) jeweils nur aus vier Grundfunktionen, weil die hierfür zu bildenden Bewegungssätze bereits in standardisierter Form eingegeben werden müssen, so daß sie von der HVP-Datenbank nicht mehr standardisiert zu werden brauchen.
Die erste Grundfunktion dieser beiden Pakete entspricht weitgehend der beim Programm HVP-VP1 beschriebenen Grundfunktion für das Einlesen und die Eingangssortierung der Bewegungssätze. Auch die zweite Grundfunktion hat eine gewisse Ähnlichkeit mit der oben dargestellten Grundfunktion für die Plausibilitätsprüfungen. Allerdings kommen bei den Bewegungssätzen für die Datenfeldbeschreibungsdatei und für die Schlüsseldatei praktisch nur formale Einzelfeldkontrollen in Frage.
Die dritte Grundfunktion der Programmpakete HVP–VP2 und HVP–VP3 ist insofern sehr viel einfacher als ihr Pendant (die vierte Grundfunktion) im Programmpaket HVP–VP1, als bei ihr keine Feldänderungen sondern nur Satz-/Segmenteröffnungen und Satzlöschungen vorgesehen sind. Das entsprechende Programm braucht also nur mit den Adressen der Bewegungssätze in die Indextabellen der Datenfeldbeschreibungs- und/oder Schlüsseldatei zu gehen, und die dort vorgefundenen Sätze/Segmente zu löschen oder mit den Bewegungssätzen zu überschreiben bzw. die nicht vorgefundenen Sätze/Segmente mit den Bewegungssätzen zu eröffnen. Dabei werden gleichzeitig die von den Änderungen betroffenen übrigen Dateien entsprechend korrigiert.
Die vierte Grundfunktion der Programmpakete HVP–VP2 und HVP–VP3 entspricht weitgehend der beim Programmpaket HVP–VP1 beschriebenen Grundfunktion für die Dateireorganisation.

3.4.2 Datenbankabfrageprogramme

Die Abfrage der HVP-Datenbank wird im Unterschied zu deren Verwaltung von einem einzigen komplexen Programm (HVP-AP) bewältigt (siehe Abb. 3–24). Dieses ist untergliedert in
- ein Hauptprogramm, das
- drei verschiedene Suchverfahren, nämlich
  - ein Scanningverfahren
  - ein Index- (ISAM-)verfahren und
  - ein Referenzverfahren sowie

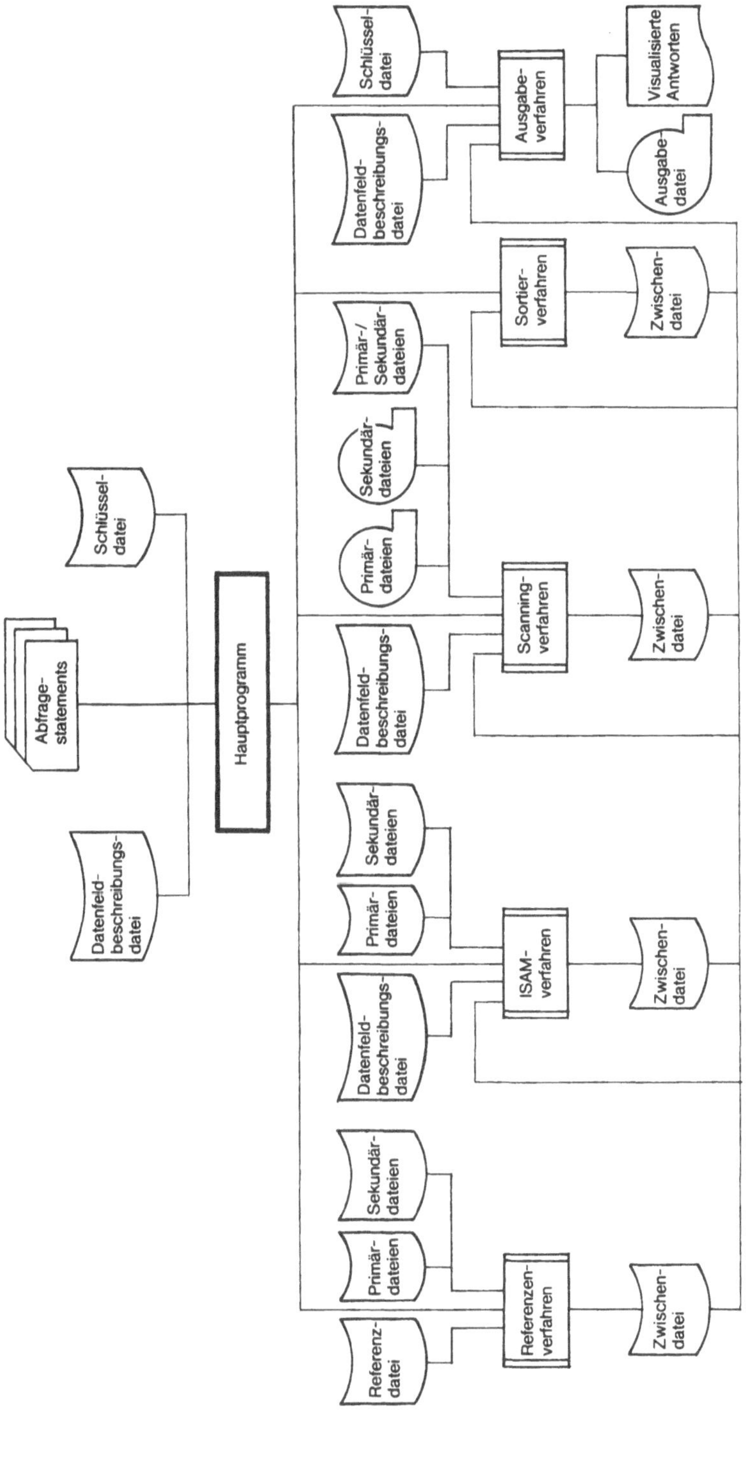

Abb. 3–24. *Datenbankabfrageprogramm HVP-AP*

- ein Sortierverfahren und
- ein Ausgabeverfahren

als Unterprogramme aufrufen kann [36, S. 487].

Das Hauptprogramm nimmt die Anfragen an die HVP-Datenbank (Abfragestatements) entgegen und überprüft diese zunächst auf ihre formale Richtigkeit. Dabei weist es alle fehlerhaften Abfragestatements zurück (auf die richtige Formulierung dieser Statements wird im Abschnitt 5.4 näher eingegangen). Die als fehlerfrei anerkannten Statements „baut" es dann „in sich ein" und ruft die von den Abfragestatements geforderten Unterprogramme auf.

Richtet sich das Abfragestatement nur auf die Daten einer Magnetbanddatei oder auf die Anschlußdaten einer Magnetplattendatei, wird zunächst das Scanningverfahren aufgerufen. Bei diesem Verfahren wird mit den Daten des Abfragestatements eine „Suchmaske" erstellt, mit der sämtliche Sätze der angesprochenen Primär- oder Sekundärdatei sequentiell (Feld für Feld) durchsucht werden. Das Scanningverfahren ist also sehr zeitaufwendig [37, S. 376]. Deshalb sollten auch möglichst nur solche Daten auf einer Magnetbanddatei bzw. als Anschlußdaten auf einer Magnetplattendatei stehen, für die kein leistungsfähigerer Zugriff notwendig ist. Alle Primär- oder Sekundärdatensätze, deren Daten sich bei dieser Suche qualifiziert haben, werden für die weiteren Transformationen auf einer Zwischendatei bereitgestellt.

Richtet sich das Abfragestatement auf Hauptordnungsdaten einer oder mehrerer Magnetplattendateien, wird zunächst das ISAM-Verfahren aufgerufen. Dieses Verfahren geht mi den Hauptordnungsdaten in die Indextabellen der aufgerufenen Primär- und/oder Sekundärdateien, ermittelt dort die physikalischen Adressen der angesprochenen logischen Datensätze, greift auf diese Sätze zu und stellt sie dann auf einer Zwischendatei bereit.

Richtet sich das Abfragestatement auf Nebenordnungsdaten einer oder mehrerer Magnetplatten- oder Magnetbanddateien, wird zunächst das Referenzenverfahren aufgerufen. Dieses Verfahren geht mit den Schlüsselausprägungen der aufgerufenen Nebenordnungsdaten in die Indextabelle der Referenzdatei, ermittelt dort die physikalischen Adressen der Schlüsselausprägungen und greift auf diese und die bei ihr gespeicherten Satzadressen der Nebenordnungsdaten zu. Stehen die angezeigten Nebenordnungsdaten auf Magnetplattendateien, übergibt das Referenzenverfahren die logischen Satzadressen an das ISAM-Verfahren, das dann in die Indextabellen der angezeigten Primär- und/oder Sekundärdateien geht, dort die entsprechenden physikalischen Adressen aufsucht, auf die gesuchten logischen Sätze zugreift und diese schließlich auf einer Zwischendatei bereitstellt. Stehen die angezeigten Nebenordnungsdaten dagegen auf Magnetbanddateien wird mit ihren in der Referenzdatei angezeigten logischen Satzadressen eine „Suchmaske" erstellt, mit der dann das Scanningverfahren die betreffenden Dateien feldweise durchsucht.

Richtet sich das Abfragestatement sowohl auf Ordnungs- als auch auf Anschlußdaten, wird die Datenbank zunächst mit dem Referenzenverfahren und/oder dem ISAM-Verfahren durchsucht. Die dabei gefundenen Datensätze werden dann dem Scanningverfahren unterzogen, das die endgültige Satzauswahl festlegt und die ausgewählten Sätze auf einer Zwischendatei bereitstellt.

Enthalten die Abfragestatements besondere Sortieranweisungen, werden die bereitgestellten Primär- und/oder Sekundärdatensätze dem Sortierverfahren des Abfrageprogramms unterzogen, bevor sie schließlich an das Ausgabeverfahren übergeben werden. Im anderen Fall gehen die bereitgestellten Primär- und/oder Sekundärdatensätze, nach aufsteigender Satznummer geordnet, unmittelbar an das Ausgabeverfahren.

Das abschließende Ausgabeverfahren wird bei jedem Abfragelauf aufgerufen. Sind in den Abfragestatements keine besonderen Ausgabeanweisungen enthalten, gibt es die mit oder ohne Einschaltung des Sortierverfahrens bereitgestellten Primär- und/oder Sekundärdatensätze in der jeweils vorliegenden Satzfolge auf einer Schnelldruckerliste aus. Wünscht der Abfrager

- ein anderes Ausgabemedium bzw. eine bestimmte Medienkombination
- eine bestimmte Feldauswahl
- eine andere Feldabfolge als die in der Datenfeldbeschreibungsdatei vorgesehene und/oder
- die Aggregation bestimmter numerischer Klarschriftdaten oder die Aggregation ganzer Datensätze über ein gemeinsames Datum bzw. eine gemeinsame Datenkombination,

dann kann er das Ausgabeverfahren mit einem entsprechenden Ausgabestatement hierzu veranlassen. Auf diese Weise können vor allem die Brückendateien zur HVP-Methodenbank sehr weit vorstrukturiert und die Läufe der Methodenbankprogramme in dem entsprechenden Umfang von Routinetransformationen entlastet werden.

Literatur

[1] Abel, H.; K. Armstädter u. H. Klimesch: Kompatible Datenbankschnittstellen (KDBS). Öffentliche Verwaltung und Datenverarbeitung Heft 9/73, S. 395 ff.
[2] Ahrens, F. u. H. Walter: Datenbanksysteme. Berlin 1971.
[3] Bartels, H.: Zum Aufbau eines statistischen Datenbanksystems. Wiesbaden 1971.
[4] Bessai, B.: Der Aufbau einer Informationsbank, insbesondere einer Datenbank als Voraussetzung für die Lösung von Managementproblemen im Hochschulbereich. Saarbrücken Sept. 1972. (Saarbrücker Studien zur Hochschulentwicklung Heft 15).
[5] –: Gegenwärtige Ausgangsposition für die Einrichtung von Informationsbanken in den Verwaltungen der Hochschulen der Bundesrepublik. In: Zeitschrift für Datenverarbeitung 2/1972.
[6] Brandes, W.: Was ist eine Datenbank?
In: Öffentliche Verwaltung und Datenverarbeitung, Heft 2/72.
[7] Brytman, R. W. u. G. R. Clerk: RPG Programming. New York 1971.
[8] Caffery, J. u. C. Mosmann: Computers on Campus. Washington 1967.
[9] Carroll, J. u. A. Ellis: Planning and Utilization of a Regional Databank for Educational Research Purposes. Harvard University 1965.
[10] Chorafas, D.: Information System Design. Manuskript. 1970.
[11] Clifton, H. D.: Data Processing System Design. London 1971.
[12] –: Systemanalysis for business data processing. London 1970.
[13] CODASYL. Data Base Task Group Report. April 1971.

[14] Daniels R., D. Yeates u. K. F. Erbach: Grundlagen der Systemanalyse. Köln 1971.
[15] Dworatschek, S.: Einführung in die Datenverarbeitung. 5. Aufl. Berlin, New York 1973.
[16] –: Management-Informations-Systeme. Berlin 1971.
[17] Flores, J.: Programmiertechnik. Stuttgart 1969.
[18] Gesellschaft für Mathematik und Datenverarbeitung (GMD): Jahresbericht 1972.
[19] –: Konzeption eines Datenbankgrundsystems (DAGS). Mündliche Auskunft.
[20] Gilman, A. M. u. Y. A. Perrin: Dynamic Organization of Files in Management Control Systems. IFIP Arbeitsbericht. Gorky (UdSSR) 1971.
[21] Hauck, E.: Be kind to your Data Codes. In: Journal of Systems Management. Dec. 1972.
[22] Informationsbankensystem für die BRD. Bericht der Interministeriellen Arbeitsgruppe beim Bundesministerium des Innern. Bonn Mai 1971.
[23] Johnson, C. u. W. Katzenmeyer (Hrsg.): Management information systems in higher education: the state of the art. Durham 1969.
[24] Koreimann, D. S.: Methoden und Organisation von Management-Informations-Systemen. Berlin 1971.
[25] Löbel, G., P. Müller u. H. Schmid: EDV-Taschenlexikon. 2. Aufl. München 1970.
[26] Lutz, Th.: Das computerorientierte Informationssystem (CIS). Eine methodische Einführung. Berlin, New York 1973.
[27] –: Informationssysteme und Datenbanken (1). Eine Informatikanalyse zu Datenbank und Datenkommunikation. In: IBM-Nachrichten 215. April 1973.
[28] Lutz, Th. u. H. Klimesch: Die Datenbank im Informationssystem. München 1971.
[29] Mertens, P.: Industrielle Datenverarbeitung. Informations- und Planungssysteme, Bd. 2. Wiesbaden 1972.
[30] Mundhenke, E. u. H. M. Sneed: University Information Systems in the Federal Republic of Germany. In: Journal of Systems Management, March 1971.
[31] Rohmert, H.: Programmtechnische Sicherung der Datenbestände. In: Computer Praxis, Heft 8, 1969.
[32] Rosove, P.: Developing Computer-Based Information Systems. New York 1967.
[33] Schlaffner, P.: Systemfreie Benummerung. IBM-Sonderdruck. Sindelfingen 1963.
[34] Schwarz, M. H.: MIS Planning. In: Datamation, Heft 1, 1970.
[35] Sharpe, W. F.: The Economics of Computers. New York, London 1969.
[36] Sneed, H. M. u. G. Jacobs: Modularprogrammierung. Technik, Methodik und Organisation. In: Zeitschrift für Datenverarbeitung, Oktober/November 1971.
[37] Stabley, D.: Logical Programming with System /360. New York 1970.
[38] Stern, N. B. u. R. A. Stern: COBOL Programming. New York 1970.
[39] Telefunken Computer: DBS-Benutzerbeschreibung. System TR 440.
[40] Thomas, V.: Computerized data banks in public administration. OECD Informatic Studies. Paris 1971.
[41] Univac: Seminarunterlagen zum Datenbanksystem DMS 1100.
[42] Walter, H. R. u. R. Fischer (Hrsg.): Informationssysteme in Wirtschaft und Verwaltung. Berlin 1971.
[43] Wedekind, H.: Datenorganisation. 2. verb. Aufl. Berlin 1972.
[44] Yourdan, E.: Advanced Programming Techniques. Manuskript. New York 1972.

4. Methodenbank für Hochschulverwaltung und -politik (HVP-Methodenbank)

4.1 Zweck und Grobstruktur der HVP-Methodenbank

Die HVP-Methodenbank soll als strukturierte Gesamtheit aller Anwendungsprogramme i. e. S. einen Beitrag zur Rationalisierung der Hochschulverwaltung und -politik leisten. Dabei ist unter Rationalisierung sowohl eine rationellere Mittelverwendung durch Automatisierung als auch eine Erhöhung der Rationalität der Zielfindung durch stärkere Differenzierung und Erhöhung der Transparenz der entscheidungsrelevanten Umstände zu verstehen. Die HVP-Methodenbank speichert und verwaltet[1] zu diesem Zweck die Programme aller sinnvoll zu automatisierenden HVP-Tätigkeiten, die nicht mit den Programmen der HVP-Datenbank durchgeführt werden können. Anders ausgedrückt: Die HVP-Methodenbank ist jener Teil der Programmbibliothek des ADV-Systems für HVP, dessen Programme zur Lösung von HVP-Problemen einzusetzen sind, die mit dem Datenbankabfrageprogramm HVP-AP allein nicht gelöst werden können.
Das hier vorgestellte Modell einer HVP-Methodenbank ist wie das bereits erläuterte Modell einer HVP-Datenbank vor allem auf die Belange der einzelnen Hochschulen, also auf die örtliche HVP-Ebene ausgerichtet. Dementsprechend gelten für diese HVP-Methodenbank im wesentlichen die gleichen Leistungskriterien mit dem gleichen Begründungstenor und der gleichen Gewichtung wie für die beschriebene HVP-Datenbank. Die HVP-Methodenbank muß also auch den Forderungen nach

- Rechnerunabhängigkeit,
- Benutzerfreundlichkeit,
- Recheneffizienz,
- Flexibilität,
- Modularität und
- Wirtschaftlichkeit

genügen.
Rechnerunabhängigkeit bedeutet in diesem Zusammenhang Programmierung der Methodenbankprogramme in problemorientierten Sprachen, also in COBOL, FORTRAN, PL 1 etc. Benutzerfreundlichkeit bedeutet vor allem einfache Kommandos für den Einsatz der Methodenbankprogramme und gut lesbare Listenbilder der Systemausgaben. Mit Recheneffizienz sind in erster Linie kurze Laufzeiten der Programme gemeint und mit Flexibilität Möglichkeiten zur individuellen Programmanpassung

[1] Die Methodenbankverwaltung wird vom Betriebssystem durchgeführt. Auf sie wird im folgenden nicht weiter eingegangen.

mit Hilfe „eingebauter" Programmparameter. Modularität konkretisiert sich hier schließlich in überschaubaren, eindeutig abgegrenzten Programmbausteinen und Wirtschaftlichkeit in einem hohen Standardisierungsgrad der Programme.
Die Struktur der HVP-Methodenbank läßt sich aus der im Abschnitt 1.1.2 entwickelten und in Abb. 4–1 noch einmal im Überblick wiedergegebenen Struktur eines politisch-administrativen Systems ableiten. Diese Struktur besteht aus

- der operativen Verwaltung als Gesamtheit aller öffentlich verbindlichen Entscheidungshandlungen (einschließlich ihrer Vorbereitung und Selbstkontrolle), die im wesentlichen nach vorgegebenen „Wenn–Dann"-Regelungen (Konditionalprogrammen) durchgeführt werden
- der dispositiven Verwaltung als Gesamtheit aller öffentlich verbindlichen Entscheidungshandlungen (einschließlich ihrer Vorbereitung und Selbstkontrolle), die im wesentlichen nach vorgegebenen Zweck-Mittel-Regelungen (Zweckprogrammen) durchgeführt werden und
- der Politik als Gesamtheit aller öffentlich verbindlichen Entscheidungshandlungen (einschließlich ihrer Vorbereitung und Selbstkontrolle sowie der Fremdkontrolle der operativen und dispositiven Verwaltung), die der Strukturierung der eigenen Handlungen und der Handlungen der Verwaltung durch Personal-, Organisations- und Programmregelungen dienen. Dabei hat die Politik die erforderliche Zustimmung der von den Entscheidungshandlungen Betroffenen sicherzustellen.

Entscheidungsphasen / Entscheidungsbereiche	Entscheidungsvorbereitung	Entscheidung	Entscheidungskontrolle	
			Selbstkontrolle	Fremdkontrolle
operative Verwaltung	operative Prüfung	operative Entscheidung	(operative Kontrolle)	
dispositive Verwaltung	dispositive Planung	dispositive Entscheidung	dispositive Kontrolle	polit. Kontrolle Rechtskontrolle Publikumskontrolle
Politik	politische Planung	politische Entscheidung	politische Kontrolle	

Abb. 4–1. *Politisch-administrative Entscheidungshandlungen*

Diese Bereiche stehen sowohl in systeminternen Beziehungen zueinander als auch in systemexternen Beziehungen zur

- Forschung, Entwicklung und Beratung, die zur Planungsunterstützung herangezogen werden können, und zur
- Rechtsprechung, die die politisch-administrativen Tätigkeiten auf ihre Rechtmäßigkeit kontrolliert.

Die Funktionen dieses Systems lassen sich in typische Entscheidungshandlungen untergliedern, die sich zu einem erheblichen Teil automatisiert durchführen lassen.
So besteht die operative Entscheidungsvorbereitung (operative Prüfung) in

- der Ermittlung aller entscheidungsrelevanten Falldaten (Erhebungsproblem und/oder Dokumentationsproblem)

- der Überprüfung und Zusammenstellung der entscheidungsrelevanten Falldaten (Datenverwaltungs- und Berichtsproblem) und
- der Auswahl der möglicherweise auf den anstehenden Fall anwendbaren „Wenn–Dann"-Regelung(en) (Dokumentationsproblem).

Von diesen Tätigkeiten lassen sich grundsätzlich alle bis auf die Erhebungstätigkeit automatisieren. Ihre Automatisierung ist dann auch sinnvoll, wenn die Daten und Anweisungen anders nicht mehr übersehen (Dokumentationsproblem) bzw. nicht mehr in dem erforderlichen Maße aufbereitet werden können (Datenverwaltungs- und Berichtsproblem).

Die operative Entscheidung besteht in
- der Festlegung des auf den jeweiligen Fall zutreffenden „Wenn" und des daraus folgenden „Dann" (Operationsproblem i. e. S.)
- der Veranlassung des „Dann" (Anweisungs- bzw. Berichtsproblem)
- der Registrierung der Fallentscheidung (Datenverwaltungsproblem).

Diese Tätigkeiten sind grundsätzlich alle automatisierbar. Bei den Operationen i. e. S. ist dies allerdings nur dann sinnvoll, wenn die Entscheidungen eindeutig durch die entscheidungsrelevanten Daten bestimmt sind, also keine Ermessenspielräume auszufüllen sind. Andernfalls sind die operativen Entscheidungen nur verantwortlich, d. h. durch persönliches Einstehen für das jeweilige Ermessen, zu fällen [102, S. 221 ff]. Dabei muß die durch die entscheidungsrelevanten Daten und Anweisungen nicht vollständig beseitigte Ungewißheit über die jeweilige Entscheidungssituation durch Erfahrung verringert und/oder durch Glauben, Risikobereitschaft u. ä. verdrängt werden. Werden die Operationen i. e. S. nicht automatisiert, dürfte es in der Regel auch nicht sinnvoll sein, die übrigen Tätigkeiten der operativen Entscheidung zu automatisieren, es sei denn, daß dies zur Automatisierung darauf aufbauender Tätigkeiten notwendig ist. Hierauf wird noch näher einzugehen sein.

Die operative Selbstkontrolle ist nur bei Ermessensentscheidungen erforderlich. Sie besteht in
- der Ermittlung der tatsächlichen „Dann"-Wirkung (Erhebungs- und/oder Dokumentationsproblem)
- der Rekapitulierung der gewollten „Dann"-Wirkung (Dokumentationsproblem)
- dem Vergleich der tatsächlichen mit der gewollten „Dann"-Wirkung und der Feststellung der Korrektur- bzw. Meldebedürftigkeit auftretender Abweichungen (Kontrollproblem i. e. S.)
- der eventuellen Veranlassung einer Entscheidungskorrektur (Anweisungsproblem) bzw. einer Meldung (Berichtsproblem) und
- der Registrierung des Kontrollvorgangs (Datenverwaltungsproblem, Lernproblem).

Diese wie auch die noch zu erläuternden dispositiven und politischen Kontrolltätigkeiten entsprechen weitgehend dem „Wenn-Dann"-Muster der beschriebenen operativen Prüfung (Erhebungsproblem, Dokumentationsproblem) und operativen Entscheidung (Kontrollproblem i. e. S., Anweisungs- bzw. Berichtsproblem, Datenverwaltungsproblem), so daß die dortigen Ausführungen hier entsprechend gelten.

Die dispositive Planung setzt sich zusammen aus
- der Rekapitulierung der Zweck-Mittel-Vorgabe (Dokumentationsproblem)

- der Ermittlung der entscheidungsrelevanten Daten über die tatsächlich gegebenen Mittel und Wirkungsbedingungen (Erhebungs- und/oder Dokumentationsproblem)
- der Überprüfung und Zusammenstellung der ermittelten Daten (Datenverwaltungs- und Berichtsproblem)
- der Auswahl möglicherweise verwendbarer Analyse-/Prognosekalküle (Dokumentationsproblem) und
- der Analyse und/oder Prognose der Wirkungen alternativer Mittelkombinationen (Analyse-/Prognoseproblem).

Die Erhebungs-, Dokumentations-, Datenverwaltungs- und Berichtsprobleme stellen sich in der dispositiven Planung im wesentlichen nicht anders als in der operativen Verwaltung, so daß die dortigen Ausführungen hier entsprechend gelten. Die Analyse-/Prognoseprobleme treten dagegen in dieser Form erst bei der dispositiven Planung auf. Sie sind nur dann automatisiert zu lösen, wenn die Mittel und Wirkungen quantifizierbar sind und außerdem geeignete

- mathematisch-analytische Verfahren (mit determinierten Ergebnissen)
- statistische Verfahren (mit wahrscheinlichen Ergebnissen) und/oder
- heuristische Verfahren (mit sinnvollen Abbruchergebnissen)

zur Verfügung stehen, mit denen sich die Alternativen „durchrechnen" lassen. In allen anderen Fällen müssen die Mittelkombinationen ganz oder teilweise durch nicht automatisierbare Interpretationen und/oder Spekulationen festgelegt werden. Dabei sind die unterschiedlichsten Formen der ADV-Unterstützung denkbar, wie z. B. die automatisierte Analyse/Prognose von Teilzusammenhängen des anstehenden Dispositionsproblems oder die automatisierte Dokumentation der nicht quantifizierbaren Daten und der auf ihre Entwicklung und Wirkungszusammenhänge bezogenen Interpretationen und/oder Spekulationen.

Die dispositive Entscheidung besteht in

- der Festlegung der bevorzugten Mittelkombination einschließlich ihrer unvermeidbaren Nebenwirkungen (Dispositionsproblem i. e. S.)
- der Veranlassung des Einsatzes der bevorzugten Mittelkombination (Anweisungsproblem) und
- der Registrierung der jeweiligen Disposition (Datenverwaltungsproblem).

Während die Automatisierung der Anweisungs- und Datenverwaltungstätigkeit grundsätzlich möglich und unter den bei der operativen Entscheidung genannten Bedingungen, die hier analog gelten, auch sinnvoll ist, trifft dies für die Disposition i. e. S. nicht in demselben Maße zu. Denn diese Tätigkeit läßt sich nur in den relativ seltenen Fällen automatisieren, in denen das jeweilige Dispositionsoptimum bzw. das jeweilige zufriedenstellende Dispositionsergebnis als eindeutiges Ergebnis eines mathematisch-analytischen Modells „errechnet" werden kann. Dispositionen i. e. S. werden deshalb überwiegend verantwortliche Entscheidungen sein, bei denen der Disponent für sein Ermessensurteil über die rechnerisch unbestimmbare Komponente der jeweiligen Dispositionssituation einzustehen hat [102, S. 221 ff].

Die dispositive Selbstkontrolle besteht in

- der Ermittlung des tatsächlichen Mitteleinsatzes und der tatsächlichen Mittelwirkungen (Erhebungs- und/oder Dokumentationsproblem)

- der Rekapitulierung des vorgegebenen Zweckprogramms (Dokumentationsproblem)
- dem Vergleich des tatsächlichen Mitteleinsatzes und der tatsächlichen Mittelwirkungen mit dem vorgegebenen Zweckprogramm und der Feststellung der Korrektur- bzw. Meldebedürftigkeit auftretender Abweichungen (Kontrollproblem i. e. S.)
- der eventuellen Veranlassung einer Entscheidungskorrektur (Anweisungsproblem) bzw. einer Meldung (Berichtsproblem) und
- der Registrierung des Kontrollvorgangs (Datenverwaltungsproblem, Lernproblem).

Diese Tätigkeiten entsprechen weitgehend denen der operativen Selbstkontrolle, so daß die dortigen Ausführungen hier analog gelten. Allerdings kommt der Selbstkontrolle in der dispositiven Verwaltung ein sehr viel größeres Gewicht zu als in der operativen Verwaltung, weil hier die Ermessensentscheidungen nicht die Ausnahme sondern die Regel sind.

Die politische Planung setzt sich zusammen aus

- der Rekapitulierung der politischen Programme (Dokumentationsproblem)
- der Ermittlung der entscheidungsrelevanten Daten des jeweiligen politischen Werthorizonts, der verfügbaren Mittel und deren Wirkungsbedingungen (Erhebungs- und/oder Dokumentationsproblem)
- der Überprüfung und Zusammenstellung dieser Daten (Datenverwaltungs- und Berichtsproblem)
- der Auswahl möglicherweise verwendbarer Analyse-/Prognosekalküle (Dokumentationsproblem) und
- der Entwicklung politischer Handlungsalternativen (Analyse-/Prognoseproblem).

Obwohl diese Tätigkeiten in formaler Hinsicht denen der dispositiven Planung sehr ähnlich sind, unterscheiden sie sich bezüglich ihrer Automatisierbarkeit erheblich von ihnen, denn der Anteil der nicht quantifizierbaren Daten ist in der Politik wesentlich größer als in der dispositiven Verwaltung und auch die Wirkungszusammenhänge sind hier sehr viel komplexer, so daß die politischen Handlungsalternativen nur in groben Zügen und in vereinzelten Details aus Rechenkalkülen abgeleitet werden können. Im Mittelpunkt der politischen Planung steht deshalb nicht so sehr das Durchrechnen von Kalkülen als vielmehr der auf Zustimmung zielende politische Willensbildungsprozeß, der sich allerdings in einzelnen Punkten durchaus mit automatisierten Analyse-, Prognose- und Dokumentationsverfahren rationalisieren läßt.

Die politische Entscheidung besteht in

- der Festlegung der bevorzugten politischen Handlungsalternative (Politikproblem i. e. S.)
- der Veranlassung der Durchführung dieser Handlungsalternative (Anweisungsproblem) und
- der Registrierung dieser Entscheidung (Datenverwaltungsproblem).

Im Unterschied zu den entsprechenden Tätigkeiten der operativen und dispositiven Verwaltung dürfte die Automatisierung dieser Tätigkeiten äußerst fragwürdig, wenn nicht gar unmöglich sein [1, S. 166 ff]. Dies gilt insbesondere für die Politik i. e. S., der zwar in der Regel auch ein Programm zugrunde liegt, das jedoch bei weitem nicht so viel Ungewißheit reduziert, wie die Konditional- und Zweckprogramme dies für die Verwaltung tun. Die von der Politik zu bewältigende Komplexität läßt sich nicht ohne Interpretationen, Spekulationen und Glaubensbekenntnisse und nicht ohne die Klärung der jeweiligen Machtfrage auf ein verwaltbares Maß reduzieren. Politische Entscheidungen müssen deshalb stets verantwortliche Entscheidungen sein.

Der Versuch, politische Entscheidungen auf ein Rechenproblem zu reduzieren, hat lange Zeit einen ganzen Zweig der Wirtschaftswissenschaften – die „welfare economics" – beschäftigt [18; 75; 77]. Er bestand darin, die individuellen Nutzenfunktionen der Bürger zu einer gesellschaftlichen Nutzenfunktion zu aggregieren und die so ermittelte gesellschaftliche Nutzenfunktion in bezug auf eine gesellschaftliche Kostenfunktion rechnerisch zu optimieren. Dieser Versuch muß heute als gescheitert angesehen werden – und zwar schon allein aus logischen Gründen [8; 66]. Denn, wie Arrow mit seinem berühmten Paradoxon nachweisen konnte, lassen sich individuelle Nutzenfunktionen nicht eindeutig zu einer gesellschaftlichen Nutzenfunktion aggregieren.[2]

Die politische Kontrolle besteht in

- der Ermittlung der tatsächlichen Durchführung der politischen Handlungsalternativen (Erhebungs- und/oder Dokumentationsproblem)
- der Rekapitulierung der gewollten Durchführung der politischen Handlungsalternativen (Dokumentationsproblem)
- dem Vergleich zwischen tatsächlicher und gewollter Durchführung der politischen Handlungsalternativen und der Feststellung der Korrekturbedürftigkeit von Abweichungen (Kontrollproblem i. e. S.)

[2] K. J. Arrow wies nach, daß es für Entscheidungssituationen, in denen mehr als zwei Personen (Parteien) bei mehr als zwei Nutzenalternativen sich auf eine Nutzenalternative einigen sollen, nicht unbedingt eine eindeutige Entscheidung geben muß.

Beispiel:

Personen (Parteien)	Alternativen		
	Tee	Kaffee	Milch
1	höchste Präferenz	mittlere Präferenz	niedrigste Präferenz
2	mittlere Präferenz	niedrigste Präferenz	höchste Präferenz
3	niedrigste Präferenz	höchste Präferenz	mittlere Präferenz

Bei dieser Konstellation ergäben sich folgende Alternativabstimmungsergebnisse
(1) Tee : Kaffee = 2 : 1
(2) Kaffee : Milch = 2 : 1
(3) Tee : Milch = 1 : 2
Bei der Abstimmungsfolge (2)–(1) entschiede man sich also mehrheitlich für Tee, bei der Abstimmungsfolge (1)–(3) dagegen für Milch. Zur Würdigung dieses Paradoxons siehe [37, S. 38 f].

- der eventuellen Veranlassung von Korrekturen (Anweisungsproblem) und
- der Registrierung des Kontrollvorgangs (Datenverwaltungsproblem, Lernproblem).

Hiervon sind die Dokumentationstätigkeiten, die Kontrollen i. e. S. und die Anweisungstätigkeiten – insbesondere bei der Termin- und Mittelüberwachung – grundsätzlich automatisierbar. Die Automatisierung dürfte allerdings in der Regel nur dann auch sinnvoll sein, wenn der hierfür erforderliche ADV-Datenbestand nicht extra erstellt zu werden braucht, sondern gewissermaßen als „Nebenprodukt" der zu kontrollierenden Tätigkeiten anfällt. Denn nur dann kann die für die Kontrolle unbedingt notwendige Datenqualität und -aktualität mit einem vertretbaren Aufwand sichergestellt werden.

Die Planungsunterstützung durch Forschung, Entwicklung und Beratung sowie die Rechtskontrolle und die Publikumskontrolle werfen in diesem Zusammenhang nur Dokumentationsprobleme auf, die den Dokumentationsproblemen der politischen Planung bzw. Kontrolle sehr ähnlich sind, so daß die dortigen Ausführungen hier analog gelten.

Diese skizzenhaften Ausführungen zur öffentlichen Verwaltung und Politik lassen sich zu dem folgenden Katalog von Grundproblemen verdichten, die ganz oder teilweise automatisiert gelöst werden können:

- Datenverwaltungsprobleme
- Berichtsprobleme
- Dokumentationsprobleme
- Analyse-/Prognoseprobleme
- Operationsprobleme i. e. S.
- Dispositionsprobleme i. e. S.
- Kontrollprobleme i. e. S.
- Anweisungsprobleme. (siehe Abb. 4–2)

Wie im Kapitel 3 dargestellt lassen sich die Datenverwaltungsprobleme vollständig und die Dokumentations- und Berichtsprobleme bis zu einem bestimmten Leistungsniveau mit Hilfe der HVP-Datenbankprogramme automatisiert lösen. Auf sie braucht deshalb im folgenden nicht weiter eingegangen zu werden. Ebenfalls im folgenden nicht weiter behandelt werden sollen die Dispositionsprobleme i. e. S., weil die für ihre automatisierte Lösung erforderliche „Rechenhaftigkeit" in der HVP bislang nicht zu erkennen ist. Für die HVP-Methodenbank bleiben somit nur

- die unter programmtechnischen Gesichtspunkten zu einer Problemgruppe gehörenden Operationsprobleme i. e. S., Kontrollproblem i. e. S., Anweisungsprobleme und spezifischen Berichtsprobleme (Operations-/Berichtsprobleme)
- die Analyse-/Prognoseprobleme und
- die spezifischen Dokumentationsprobleme

zu lösen.

Dieser Problemstruktur entspricht auch die im folgenden gewählte Untergliederung der HVP-Methodenbank in

Entscheidungs- handlungen / Trans- formations- probleme	operative Verwaltung			dispositive Verwaltung			Politik		
	operative Prüfung	operative Entscheidg.	(operative Kontrolle)	dispositive Planung	dispositive Entscheidg.	dispositive Kontrolle	politische Planung	politische Entscheidg.	politische Kontrolle
Datenerhebungsproblem	n	–	n	n	–	n	n	–	n
Datenverwaltungsproblem	a	a	a	a	a	a	a	a	a
Berichtsproblem	a	a	a	a	–	a	a	–	a
Dokumentationsproblem	a	–	a	a	–	a	a	–	a
Analyse-/Prognoseprobl.	–	–	–	(a)	–	–	(n)	–	–
Operationsproblem i. e. S.	–	a	–	–	–	–	–	–	–
Dispositionsproblem i. e. S.	–	–	–	–	(n)	–	–	–	–
Politikproblem i. e. S.	–	–	–	–	–	–	–	n	–
Kontrollproblem i. e. S.	–	–	a	–	–	a	–	–	(a)
Anweisungsproblem	–	a	a	–	(n)	a	–	n	(a)

– = fällt nicht an
a = automatisiert lösbar
n = nicht automatisiert lösbar
(a) = nur bedingt automatisiert lösbar
(n) = nur in geringem Umfang automatisiert lösbar

Abb. 4–2. *Automatisierbarkeit politisch-administrativer Entscheidungshandlungen*

- Operations-/Berichtsprogramme (Abschnitt 4.2)
- Analyse-/Prognoseprogramme (Abschnitt 4.3) und
- Dokumentationsprogramme i. e. S. (Abschnitt 4.4).

Die folgenden Ausführungen sind im übrigen nur als Skizze gedacht, die dem Leser einen gewissen Überblick über die HVP-Methodenbankprogramme vermitteln soll. Für einen weitergehenden Einstieg sei auf die jeweils zitierte Literatur verwiesen.[3]

4.2 Operations-/Berichtsprogramme

4.2.1 Einleitung

Die Struktur der Operations-/Berichtsprogramme der HVP spiegelt im wesentlichen die Struktur der örtlichen Hochschulverwaltung wieder [50; 73] (siehe auch Abb. 1–5). So gibt es Operations-/Berichtsprogramme für

- die überwiegend zentralisierten Tätigkeiten der
  - Studentenverwaltung (siehe Abschnitt 4.2.2)
  - Personalverwaltung (siehe Abschnitt 4.2.3)
  - Bauverwaltung (siehe Abschnitt 4.2.4)
  - Betriebsmittelverwaltung (siehe Abschnitt 4.2.5) und
  - Finanzverwaltung (siehe Abschnitt 4.2.6) und
- die überwiegend auf die Fachbereiche bzw. Institute dezentralisierten und zwischen diesen zu koordinierenden Tätigkeiten der
  - Lehrbetriebsverwaltung (siehe Abschnitt 4.2.7) und
  - Forschungsbetriebsverwaltung (siehe Abschnitt 4.2.8).

Die Tätigkeiten dieser Verwaltungsbereiche lassen sich in erheblichem Umfang mit den Programmen der HVP-Datenbank bewältigen und die dann noch verbleibenden Tätigkeiten sind häufig nur mit spezifischen Analyse-/Prognose- und Dokumentationsprogrammen durchzuführen, so daß für die Operations-/Berichtsprogramme der HVP nur ein relativ kleiner Wirkungsbereich übrig bleibt. Dies wird bei der Behandlung der einzelnen Verwaltungsbereiche jeweils zu konkretisieren sein.

Die Operations-/Berichtsprogramme sind von allen HVP-Programmen am wenigsten standardisierbar, weil sie am stärksten die Besonderheiten des jeweiligen Landes- und Hochschulrechts und der jeweiligen örtlichen Hochschulverwaltung berücksichtigen müssen. Sie sind dementsprechend nur in ihrem Kern für alle Hochschulen einheitlich zu programmieren. Als Programmiersprache wird hierfür überwiegend COBOL verwendet.

[3] Die Methodenbankprogramme des hier vorgestellten ADV-System-Modells entsprechen in weiten Teilen den von der HIS-GmbH für die Hochschulverwaltung und -politik entwickelten Programmen. Sie weichen jedoch teilweise auch von diesen ab oder beziehen sich auf Sachverhalte, für die es noch keine HIS-Programme gibt. Die folgenden Ausführungen sollten deshalb nicht als exakte Beschreibungen der HIS-Programme mißverstanden werden.

Die Operations-/Berichtsprogramme der örtlichen Hochschulverwaltung sind nur in einem Falle auch auf den überörtlichen HVP-Ebenen zu verwenden (siehe Abschnitt 4.2.8). Der Berichtsbedarf dieser Ebenen kann jedoch in gewissem Umfang mit einigen Standardprogrammen der deskriptiven Statistik in Verbindung mit einem Aufbereitungsprogramm zur formalen Vereinheitlichung der örtlichen HVP-Daten befriedigt werden (siehe Abschnitt 4.2.9).[4]

4.2.2 Operations-/Berichtsprogramme der Studentenverwaltung [79; 83]

Im Unterschied zu anderen Ländern wie etwa den USA und Belgien, in denen auch die laufende Studienüberwachung zur Studentenverwaltung gehört, beschränkt sich diese in der BRD auf

- Immatrikulation
- Rückmelden/Beurlauben
- Belegen/Lehrveranstaltungsauswahl
- Exmatrikulation
- Abwicklung von Wahlen
- Unterstützung der Sozialversorgung der Studenten und
- statistische Auswertungen.

Von diesen Funktionen bestehen die ersten fünf im wesentlichen aus Datenverwaltungstätigkeiten und sind insoweit nicht Gegenstand der HVP-Methodenbank. In ihnen fallen allerdings auch einige Operations- und Berichtstätigkeiten an, die zusammen mit den Operations- und Berichtstätigkeiten der restlichen drei Funktionen von den entsprechenden Programmen der HVP-Methodenbank zu bewältigen sind. Dabei sind vor allem die folgenden Ausgaben zu erstellen:

- Studentenausweise (siehe Abb. 4–3)
- Studienbescheinigungen für außeruniversitäre Institutionen, insbesondere für die Beantragung von Sozialvergünstigungen (siehe Abb. 4–3)
- Studienbuchseiten für das abgelaufene Semester
- Belegbögen für das kommende Semester (als Rücklaufbelege)
- Wählerlisten
- Gebührenlisten
- Adressenaufkleber und
- diverse Übersichtstabellen z. B. über
  - männliche Studierende insgesamt
  - weibliche Studierende insgesamt
  - Studierende nach Fachbereichen
  - Studierende nach Studienfach
  - deutsche Studierende nach Bundesländern
  - ausländische Studierende nach 1. Studienfach

[4] Zur Technik der Berichtsgestaltung siehe [70, S. 89 ff].

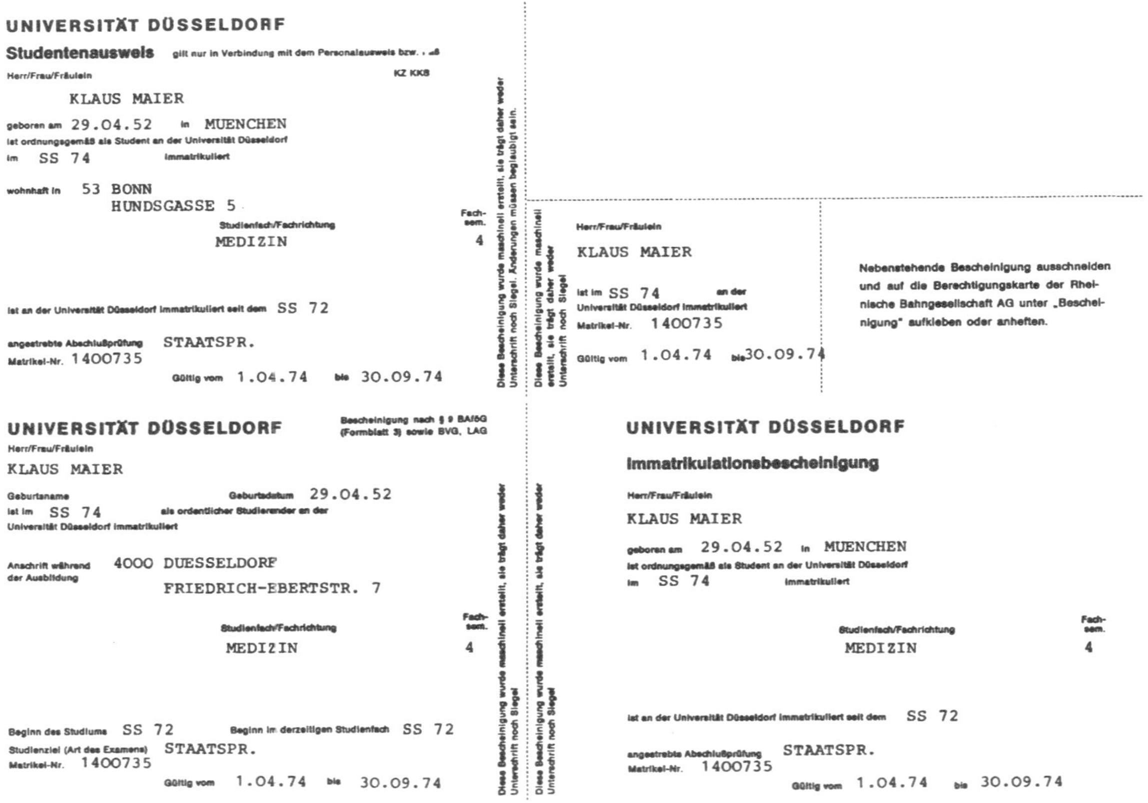

UNIVERSITÄT DÜSSELDORF
Studentenausweis gilt nur in Verbindung mit dem Personalausweis bzw. . . ß
Herr/Frau/Fräulein KZ KKS
KLAUS MAIER
geboren am 29.04.52 in MUENCHEN
ist ordnungsgemäß als Student an der Universität Düsseldorf
im SS 74 immatrikuliert
wohnhaft in 53 BONN
HUNDSGASSE 5
Studienfach/Fachrichtung MEDIZIN
Fach-sem. 4
ist an der Universität Düsseldorf immatrikuliert seit dem SS 72
angestrebte Abschlußprüfung STAATSPR.
Matrikel-Nr. 1400735
Gültig vom 1.04.74 bis 30.09.74
Diese Bescheinigung wurde maschinell erstellt, sie trägt daher weder Unterschrift noch Siegel. Änderungen müssen beglaubigt sein.

Herr/Frau/Fräulein
KLAUS MAIER
ist im SS 74 an der Universität Düsseldorf immatrikuliert
Matrikel-Nr. 1400735
Gültig vom 1.04.74 bis 30.09.74
Diese Bescheinigung wurde maschinell erstellt, sie trägt daher weder Unterschrift noch Siegel

Nebenstehende Bescheinigung ausschneiden und auf die Berechtigungskarte der Rheinische Bahngesellschaft AG unter „Bescheinigung" aufkleben oder anheften.

UNIVERSITÄT DÜSSELDORF
Bescheinigung nach § 9 BAföG (Formblatt 3) sowie BVG, LAG
Herr/Frau/Fräulein
KLAUS MAIER
Geburtsname
Geburtsdatum 29.04.52
ist im SS 74 als ordentlicher Studierender an der Universität Düsseldorf immatrikuliert
Anschrift während der Ausbildung 4000 DUESSELDORF
FRIEDRICH-EBERTSTR. 7
Studienfach/Fachrichtung MEDIZIN
Fach-sem. 4
Beginn des Studiums SS 72 Beginn im derzeitigen Studienfach SS 72
Studienziel (Art des Examens) STAATSPR.
Matrikel-Nr. 1400735
Gültig vom 1.04.74 bis 30.09.74
Diese Bescheinigung wurde maschinell erstellt, sie trägt daher weder Unterschrift noch Siegel

Diese Bescheinigung wurde maschinell erstellt, sie trägt daher weder Unterschrift noch Siegel

UNIVERSITÄT DÜSSELDORF
Immatrikulationsbescheinigung
Herr/Frau/Fräulein
KLAUS MAIER
geboren am 29.04.52 in MUENCHEN
ist ordnungsgemäß als Student an der Universität Düsseldorf
im SS 74 immatrikuliert
Studienfach/Fachrichtung MEDIZIN
Fach-sem. 4
ist an der Universität Düsseldorf immatrikuliert seit dem SS 72
angestrebte Abschlußprüfung STAATSPR.
Matrikel-Nr. 1400735
Gültig vom 1.04.74 bis 30.09.74

Abb. 4–3. *Studienbescheinigungen*

  - Studierende nach 1. Studienfach und Hochschulsemestern
  - Studierende nach 1. Studienfach, angestrebtem 1. Abschluß und Fachsemestern
  - Studierende nach Fächerkombinationen und Fachsemestern
  - Studienfachwechsler nach Studienfächern und Studiensemestern und
  - Exmatrikulierte nach Studienfächern, Fachsemestern und Exmatrikulationsgründen.

Zur Erstellung dieser Ausgaben benötigen die Operations-/Berichtsprogramme der Studentenverwaltung

- die Studentendaten aus der
  - Studentenstammdatei
  - Studienverlaufsdatei und
  - Studienempfehlungsdatei und
- die Druckbezeichnungen
  - der verschlüsselten Studentendaten aus der Schlüsseldatei und
  - der Studentendatenfelder aus der Datenfeldbeschreibungsdatei.

4.2.3 Operations-/Berichtsprogramme der Personalverwaltung [15; 82]

Die Personalverwaltung läßt sich in
- personenbezogene Funktionen und
- stellenbezogene Funktionen

untergliedern.

Die personenbezogenen Funktionen umfassen
- die Berechnung und Zahlbarmachung von personenbezogenen Leistungen wie Gehältern, Löhnen, Vergütungen, Beihilfen, etc.
- die Personalverwaltung i. e. S. mit
  - der Abwicklung der Berufungs- und Bewerbungsverfahren
  - der Personaleinstellung
  - der Führung der Personalakten
  - der Personalbetreuung
  - den Tätigkeiten beim Ausscheiden einer Person und
  - der Erstellung diverser Personalübersichten sowie
- die Personalplanung mit
  - der Personalbedarfsplanung einschließlich der entsprechenden Haushaltsanmeldungen
  - der Personaleinsatzplanung und
  - den erforderlichen Arbeitsmarktkontakten.

Zu den stellenbezogenen Funktionen gehören
- die Abwicklung des Stellenhaushalts mit Kontenführung, Abschluß und Haushaltsüberwachung
- die Stellenverwaltung i. e. S. mit
  - der Führung des Stellenplans, des Stellenrahmens, der Geschäftsverteilungspläne und der Stellenkartei

  - der Überwachung der ordnungsgemäßen Stellenbesetzung sowie
  - der Erstellung diverser Stellenübersichten und
- die Stellenbedarfsplanung mit den entsprechenden Haushaltsanmeldungen.

Diese Funktionen sind den Personalverwaltungsfunktionen in anderen Bereichen der öffentlichen Verwaltung sehr ähnlich, weshalb sie auch teilweise aus der örtlichen Hochschulverwaltung ausgelagert und zentralen Landesinstitutionen übertragen sind (wie z. B. mancherorts die Lohn- und Gehaltsabrechnung). In einigen Funktionen sind allerdings auch Sonderregelungen zu beachten, auf die hier jedoch nicht näher eingegangen werden kann.

Die Personalverwaltung besteht zu einem erheblichen Teil aus Datenverwaltungstätigkeiten wie der Führung der Personalakten, der Stellenkonten, der Überwachungslisten, des Stellenhaushalts, der Stellenpläne, des Stellenrahmens, der Geschäftsverteilungspläne und der Stellenkarteien und aus einfachen Dateiabfragen wie der Erstellung von Namenslisten, Personal- und Stellennummernverzeichnissen, Adresslisten etc. und ist insoweit von der HVP-Datenbank durchzuführen. Andere Tätigkeiten der Personalverwaltung wie insbesondere die Personal- und Stellenplanung sind zum Teil nur mit Analyse-/Prognose- und Dokumentationsprogrammen zu bewältigen. Für die Operations-/Berichtsprogramme der Personalverwaltung verbleibt deshalb im wesentlichen nur die Erstellung von

- Dienstbescheinigungen
- Krankenstandsmeldungen
- Terminlisten (Ablauf befristeter Verträge, Bewährungsaufstieg, Dienstjubiläum, Urlaubsende, Vorlagetermine, etc.)
- Telefonlisten
- Wählerlisten
- Adressetiketten
- diversen Personalübersichten nach
  - Orts- und Kinderzuschlägen
  - Institutszugehörigkeit
  - Lehrbefähigung
  - Lehrbeteiligung
  - Forschungsbeteiligung
  - Ausscheidungsgründen, etc.
- Stellenbesetzungslisten (siehe Abb. 4–4)
- Listen der nicht besetzten Stellen
- Listen der unterbesetzten Stellen und
- Stellenübersichten nach Fachbereichen und/oder Stellengruppen, etc.

Hierfür benötigen die Operations-/Berichtsprogramme der Personalverwaltung

- die Personal- und/oder Stellendaten aus der
  - Personalstammdatei und/oder
  - Stellendatei und
- die Druckbezeichnungen
  - der verschlüsselten Personal- und/oder Stellendaten aus der Schlüsseldatei und
  - der Personal- und/oder Stellendatenfelder aus der Datenfeldbeschreibungsdatei.

UNIVERSITAET STUTTGART — STELLENBESETZUNGSLISTE — SEITE 32

FACHBEREICH MATHEMATIK — DATUM 09-02-73

INSTITUT — INSTITUT FÜR ANGEWANDTE MATHEMATIK

STELLENINFORMATION			PERSONALINFORMATION				
STELLENNR	STELLENBEZEICHNUNG	BESOLDUNGS KLASSE	PERSONALNR	STELLENINHABER	BESOLDUNGS KLASSE	DIENST EINTRITT	
100101	SCHREIBKRAFT	BAT 6	456789	MEIER, SUSANNE	BAT 6	081271	
100114	PROGRAMMIERER	BAT 2A					1)
100118	PROFESSOR	H 4	099948	KERNER,HANS	H 4	011067	
100125	MATH TECH ASST	BAT 3	099959	NAGEL, HELENE	BAT 4	081169	
.	.	.	.	.	.	.	
.	.	.	.	.	.	.	
.	.	.	.	.	.	.	

ZAHL DER STELLEN = 35

ZAHL DER STELLENINHABER = 33

ZAHL DER UNBESETZTEN STELLEN = 2

1) = OFFENE STELLE

Abb. 4–4. *Stellenbesetzungsliste*

4.2.4 Operations-/Berichtsprogramme der Bauverwaltung [78]

Die Bauverwaltung läßt sich untergliedern in
- die Beschaffung und Abrechnung von Liegenschaften, Gebäuden und einzelnen Räumen
- die Führung der Liegenschafts-, Gebäude- und Raumdateien und der Gebäudeatlanten
- die Veranlassung und Überwachung der Versorgung mit Strom, Wasser, Gas, Heizung, Telefon etc., der Entsorgung (Müllabfuhr im weitesten Sinne) und der Instandhaltung der Räume
- die Raumnutzungsplanung einschließlich der Wegeplanung und der Planung von Umzügen
- die Raumnutzungskontrolle
- die Raumbedarfsplanung und deren Umsetzung in Haushaltsanträge und
- die Führung der Überwachungslisten für den Bauhaushalt.

Von diesen Tätigkeiten können die beiden ersten und die letzte, soweit sie automatisierbar sind, mit der HVP-Datenbank und spezifischen Dokumentationsprogrammen durchgeführt werden. Für die übrigen Tätigkeiten sind häufig nur einfache Standardabfragen erforderlich, die ebenfalls von der HVP-Datenbank bewältigt werden können. Die Raumnutzungsplanung, die Umzugsplanung und die Raumbedarfsplanung erfordern schließlich Analyse-/Prognoseprogramme.

Für die Operations-/Berichtsprogramme der Bauverwaltung verbleibt dann im wesentlichen nur die Erstellung von diversen Übersichtstabellen über
- die bautechnischen Flächenarten
- die Raumnutzungsarten
- die Flächen- und Platzverteilungen
- die Zuordnung von Räumen zu Geschossen und Gebäuden (siehe Abb. 4–5)
- die Zuordnung von Räumen zu Instituten und/oder Fachbereichen, etc.

Dazu benötigen sie
- die Baudaten aus der
  - Raumbestandsdatei und
  - Gebäudedatei und
- die Druckbezeichnungen
  - der Baudaten aus der Schlüsseldatei und
  - der Baudatenfelder aus der Datenfeldbeschreibungsdatei.

4.2.5 Operations-/Berichtsprogramme der Betriebsmittelverwaltung [32]

Die Betriebsmittelverwaltung läßt sich untergliedern in
- die Geräte- und Materialbeschaffung mit der Marktbeobachtung, der Angebotseinholung, den Lieferantenverhandlungen, der Auftragserstellung, der Geräte- und Materialannahme und der Führung von Lieferanten- und Überwachungsdateien
- die Geräte- und Materialabrechnung mit der Führung von Voranschlagsdateien,

BAUBESTANDSLISTE-NR 08 SEITE 001
GEBAEUDE LISTE

DIE FREIE UNIVERSITAET BERLIN 18-06-71

GEBAEUDE-NR 0100 1 BERLIN-33 ARNIMALLEE 3

RAUMNUTZART	ANZAHL DER RAEUME	SUMME DER QM NETTONUTZFLAECHE	SUMME DER EINZELPLAETZE	TISCHLAENGE IN METER
LEERRAEUME	0	0	0	0
HOERSAELE	1	127	128	0
UBUNGSRAEUME	2	65	0	15
PRAKTIKUMSRAEUME	0	0	0	0
STUD ARBEITSRAEUME	0	0	0	0
BIBLIOTHEKSRAEUME	3	280	110	3
LEHR- UND SCHAUSAMMLUNGEN	0	0	0	0
RAEUME MIT BUEROARTIGER NUTZUNG	47	925	51	18
LABORRAEUME	7	370	6	0
WERKSTAETTEN	0	0	0	0
KRANKENPFLEGE-, UNTERSUCH. UND BEHANDLUNGSRAEUME	0	0	0	0
WOHN-, AUFENTHALTS- UND SPEISERAEUME	0	0	0	0
SONSTIGE HAUPTNUTZFLAECHE	2	123	0	0
SONSTIGE RAEUME	0	0	0	0
FREIFLAECHEN	0	0	0	0

NUTZENDEN INSTITUTE

FB-20 INSTITUT FUER THEORETISCHE PHYSIK
RECHENZENTRUM DER FU

Abb. 4–5. *Gebäudeliste*

der Rechnungsüberprüfung und der Erstellung von Zahlungsanweisungen und Bedienungssätzen,
- die Geräteverwaltung i. e. S. mit der Inventarisierung, der Veranlassung und Überwachung der Wartungen und Reparaturen und der Garantie- und Auslastungskontrolle der Geräte
- die Materialverwaltung i. e. S. mit der Lagerung, Ausgabe und Bestandskontrolle des Materials
- die Geräte- und Materialbedarfsplanung und deren Umsetzung in Haushaltsanträge und
- die Führung der Überwachungslisten für den Betriebsmittelhaushalt.

Von diesen Tätigkeiten kann die Führung der Lieferanten-, Überwachungs-, Voranschlags-, Geräte-, Material- und Kontendateien und der Haushaltsüberwachungslisten mit der HVP-Datenbank erfolgen, und für die Marktbeobachtung, die Lieferantenverhandlungen und die Geräte- und Materialbedarfsplanung wird man Analyse-/Prognose- und/oder Dokumentationsprogramme einsetzen müssen.

Für die Operations-/Berichtsprogramme der Betriebsmittelverwaltung verbleibt dann im wesentlichen die Erstellung von
- Lieferantenauftragslisten
- Gerätebestandslisten
- Listen der technischen Daten der Geräte
- Listen der Garantiezeiten der Geräte
- Wartungsbescheiden (siehe Abb. 4–6)
- Wartungslisten
- Geräteauslastungslisten
- Reparaturlisten
- Listen der Folgekosten durch Wartung und Reparaturen
- Listen der Geldgeber für die Geräte
- Gerätestandortlisten
- Materialbestellscheinen nach automatischer Bestandskontrolle und
- Materialbestandslisten.

Hierfür benötigen die Operations-/Berichtsprogramme der Betriebsmittelverwaltung
- die Betriebsmitteldaten aus der
  - Lieferantendatei
  - Gerätestammdatei
  - Wartungsdatei
  - Reparaturdatei
  - Geräteauslastungsdatei
  - Materialbestandsdatei und
- die Druckbezeichnungen
  - der verschlüsselten Betriebsmitteldaten aus der Schlüsseldatei und
  - der Betriebsmitteldatenfelder aus der Datenfeldbeschreibungsdatei.

```
                    ANKÜNDIGUNG EINES WARTUNGSTERMINS

AN - DIE DATENERFASSUNGSSTELLE                          DATUM  01-03-73
     DER UNIVERSITAET KOELN

     4 KOELN - SULZ
     BERRENRATHERSTR! 38

DIE NAECHSTE WARTUNG DES FOLGENDEN GERAETS IST FAELLIG AM 01-04-73

GERAETE - NR  01564382            GERAETE-BEZ  KARTENLOCHER - IBM - 029

WARTUNGSFIRMA     IBM - GESCHAEFTSSTELLE - KOELN
```

Abb. 4–6. *Wartungsbescheid*

4.2.6 Operations-/Berichtsprogramme der Finanzverwaltung [3; 19; 27; 30; 48; 72]

Für die Finanzverwaltung der Hochschulen ist das kameralistische Rechnungswesen gesetzlich vorgeschrieben. Dementsprechend weist dieser Verwaltungsbereich die auch in der sonstigen öffentlichen Finanzverwaltung vorherrschende Funktionenstruktur auf, bestehend aus

- der Haushaltsaufstellung mit
  - der Mittelanforderung durch die mittelbewirtschaftenden Stellen
  - der Mittelplanung auf der Grundlage der Mittelanforderungen
  - der Mittelgenehmigung und
  - der Mittelbereitstellung (Konteneröffnung für die mittelbewirtschaftenden Stellen)
- dem Haushaltsvollzug mit
  - der Anodnung von Auszahlungen und Entgegennahme von Zahlungen und
  - der Führung der entsprechenden Überwachungslisten sowie
- der Haushaltsabrechnung mit
  - der Sachkontenführung
  - der Personenkontenführung
  - der Zeitbuchführung und
  - den Jahresabschlüssen.

Da mit dem kameralistischen Rechnungswesen keine Wirtschaftlichkeitskontrolle möglich ist, wäre zu prüfen, ob man die genannten Funktionen um eine

- Kostenrechnung mit
  - Kostenartenrechnung
  - Kostenstellenrechnung und
  - Kostenanalyse anhand von Kennzahlen

ergänzen sollte (siehe Abschnitt 1.5.2.2).

Von den genannten Tätigkeiten sind die Eröffnung und Führung sämtlicher Finanzdateien mit der HVP-Datenbank durchzuführen. Für die Operations-/Berichtsprogramme der Finanzverwaltung verbleibt dann die Erstellung von

- Listen mit den Haushaltsdaten der vergangenen Jahre für die mittelbewirtschaftenden Stellen (jährlich)
- Übersichten über die Mittelanforderungen (jährlich)
- Listen der festgelegten Beträge (auf Anforderung)
- Personenkontenauszügen bzw. Lieferantenstatistiken (auf Anforderung)
- Mittelverteilungslisten (auf Anforderung)
- Haushaltsüberwachungslisten (täglich) (siehe Abb. 4–7)
- Listen der Soll-Überschreitungen (täglich)
- Listen der Abschläge und Vorschüsse (periodisch)
- Vorbüchern zum Hauptzeitbuch (täglich)
- Listen mit summierten Tagesabschlüssen (täglich)
- Sachkontenauszügen (täglich, monatlich, jährlich)
- Geldkontenauszügen (täglich)
- Überweisungsanträgen mit Begleitschreiben (täglich)
- Listen der fälligen Zahlungen und offenen Posten (täglich, periodisch)
- Mahnungen (nach Anfall)
- Vermögensgruppenübersichten (halbjährlich)
- Kostenartenübersichten
- Kostenstellenübersichten und
- Listen für die amtliche Statistik.

Hierfür benötigen die Operations-/Berichtsprogramme der Finanzverwaltung

- die Finanzdaten aus der
  - Kontenzentraldatei
  - Datei der offenen Posten, Festlegungen und Abschläge
  - Personenkontendatei
  - Vermögensgruppendatei
  - Haushaltsentwurfsdatei
  - Lohn- und Gehaltsdatei
  - Kostenartendatei und
  - Kostenstellendatei sowie
- die Druckbezeichnungen
  - der verschlüsselten Finanzdaten aus der Schlüsseldatei und
  - der Finanzdatenfelder aus der Datenfeldbeschreibungsdatei.

EMPF.-NR.	HAUSHALTSUEBERWACHUNG FUER	KAPITEL/TITEL ---VERWENDER---
0000	II PHYS INST	06131.81710-5323.0000/4/0000.00

AUSZUG-NR.	BUCHUNGSDATUM	PER./RECH-JAHR		SOLL		FESTLEGUNGEN
2	9. 5.73	04/73	ALTER STAND:	+1420.000,00		

JOURNAL-NR.	BUCHUNGSTEXT/NAME	AUFTR.	BETREFF	VOA			
230010		0001		850			-400.000,00
251007	BALZERS HOCHVAKUUM GMBH	0001		430	+750,00		
230011		0002		850			-120.000,00
230012		0003		850			-60.000,00
261002	BECK VERLAG	0004		340	-21.000,00		
261003	ALTHOFF KG	0005		340	-3.600,00		
261004	AVANZO UND CO	0006		340	-3.600,00		
261005	BALZERS HOCHVAKUUM GMBH	0007		340	-4.200,00		
261006	BECK VERLAG	0008		340	-3.600,00		
			NOCH VERFUEGBAR		N E U E R		S T A N D
			+805.750,00		+1385.750,00		-580.000,00

VORZEICHENREGELN		MINUS	PLUS
BEI AUSG.-KONTEN	BESTAND -	MEHR-AUSGABEN UEBERSCHREITUNG	AUSGABEN-SOLL(A-SOLL) NOCH VERFUEGBAR
	VERAEND.-	AUSGABEN(ANORDN.) FESTLEGUNGEN A-SOLL-VERMIND.	A-SOLL-ERHOEHUNGEN A-ABSETZUNGEN STORNO/AUSGABEN+FESTLEG.

Abb. 4–7. *Haushaltsüberwachungsliste*

4.2.7 Operations-/Berichtsprogramme der Lehrbetriebsverwaltung [39; 81]

Die Lehrbetriebsverwaltung unterstützt die Planung und Durchführung des Lehrbetriebs (einschließlich der Prüfungen) in den einzelnen Fachbereichen und die dabei erforderlichen Abstimmungen zwischen den Fachbereichen. Dabei sind die Lehr- und Prüfungsinhalte nur mittelbar über ihre organisatorischen Konsequenzen Verwaltungsgegenstand.

Die Lehrbetriebsverwaltung läßt sich untergliedern in

- die Führung der Lehrveranstaltungsdatei, der Dozentendatei, der Studiengangdatei und der Lehrangebotsdatei
- die Unterstützung der Stundenplanaufstellung für das jeweils kommende Semester
- die Organisation und Durchführung der Lehrveranstaltungs- und Prüfungsankündigung für das jeweils kommende Semester mit der Vorbereitung des Vorlesungsverzeichnisses und der Erstellung von Anschlägen und Raumbelegungsplänen
- die Kontrolle des Lehrbetriebs des jeweils laufenden Semesters mit der Ankündigung von eventuellen Umdispositionen und
- die statistische Auswertung des Lehrbetriebs der vergangenen Semester.

Von diesen Tätigkeiten sind die beiden ersten im wesentlichen von der HVP-Datenbank durchzuführen, die dabei eventuell mit spezifischen Dokumentationsprogrammen zu unterstützen ist. Für die Operations-/Berichtsprogramme der Lehrbetriebsverwaltung verbleibt dann die Erstellung von

- Druckvorlagen für das Vorlesungsverzeichnis
- Anschlägen für das „Schwarze Brett"
- Raumbelegungsplänen und
- diversen Übersichtstabellen über
  - die Lehrnachfrage der Studenten (siehe Abb. 4–8)
  - das Lehrangebot der Dozenten
  - die Lehr- und Prüfungsbelastung der Dozenten
  - die Auslastung der Räume durch den Lehrbetrieb
  - die Leistungsverpflichtungen der einzelnen Fachbereiche für den Lehrbetrieb,

  etc.

Dafür benötigen die Operations-/Berichtsprogramme der Lehrbetriebsverwaltung

- die Lehrbetriebsdaten aus der
  - Lehrveranstaltungsdatei
  - Dozentendatei
  - Studienverlaufsdatei und
  - Raumbestandsdatei und
- die Druckbezeichnungen
  - der verschlüsselten Lehrbetriebsdaten aus der Schlüsseldatei und
  - der Lehrbetriebsdatenfelder aus der Datenfeldbeschreibungsdatei.

```
TECHNISCHE UNIVERSITAET HANNOVER
IMMATRIKULATIONSAMT

             HOERERSTATISTIK LEHRVERANSTALTUNG        14

             TECHNISCHE UNIVERSITAET HANNOVER         SS 1972

FAKULTAET / ABTEILUNG / LEHRSTUHL : ABTEILUNG MATHEMATIK UND PHYSIK
VERANSTALTER                      : PRALLE                      DOZENTENNUMMER 130
BEZEICHNUNG DER LEHRVERANSTALTUNG : PROGRAMMIEREN KOMMERZIELLER AUFGABEN 1
TYP:    Y THEOR.            DAUER : 4 WOCHENSTUNDEN
```

KATEGORIE	AUSBILDUNGSSTAND	STUDIENFACH/FACHRICHTUNG/ FACHKOMBINATION	HOERERZAHL
SONST	MIT EXAMEN	ANGLISTIK	1
DIPLOM	MIT VOREXAMEN	STR+KOLB	1
DIPLOM	OHNE VOREXAMEN	NACHRICHTEN	1
DIPLOM	MIT VOREXAMEN	NACHRICHTEN	5
DIPLOM	OHNE VOREXAMEN	MATHEMATIK	15
DIPLOM	MIT VOREXAMEN	MATHEMATIK	2
LA FS	MIT VOREXAMEN	ELEKTROGEWERBE	1
DIPLOM	OHNE VOREXAMEN	BAUGRUNDSTU	6
DIPLOM	MIT VOREXAMEN	BE+VERARB	1
DIPLOM	MIT VOREXAMEN	KERNTECH	1
DIPLOM	OHNE VOREXAMEN	MASCHGRUND	1
DIPLOM	OHNE VOREXAMEN	VOLKSWIRTSCH	1
DIPLOM	MIT EXAMEN	ELEKTRGRUND	1
PROMOT	MIT EXAMEN	BAUGRUNDSTU	1
SUMME			38

Abb. 4–8. *Übersichtstabelle „Lehrveranstaltungsteilnahme"*

4.2.8 Operations-/Berichtsprogramme der Forschungsbetriebsverwaltung [4; 5; 91]

Die Forschungsbetriebsverwaltung unterstützt die Planung und Durchführung des Forschungsbetriebs in den einzelnen Instituten bzw. Fachbereichen und die dabei erforderliche Kommunikation zwischen Hochschulforschern, hochschulexternen Forschern, Geldgebern und der interessierten Öffentlichkeit.
Die Forschungsbetriebsverwaltung läßt sich untergliedern in
- die Führung der Forschungsprojektdatei
- die Unterstützung bei der Aufstellung und Organisation von Forschungsprogrammen
- die Unterstützung und Kontrolle der Durchführung der Forschungsprojekte und
- die statistische Auswertung und dokumentarische Darstellung des Forschungsbetriebs.

Die Führung der Forschungsprojektdatei und die einfachen Standardabfragen bei den übrigen Tätigkeiten sind mit der HVP-Datenbank zu bewältigen. Für die Operations-/Berichtsprogramme, die im übrigen auch für die überörtlichen Ebenen verwendbar wären, verbleibt dann die Erstellung von
- Druckvorlagen für Forschungsprojektkataloge (siehe Abb. 4–9)
- Projektstandsberichten
- Projektplanungsberichten
- Listen von Forschungsprojekten mit kritischer Kosten- und/oder Terminentwicklung und
- diversen Übersichtstabellen z. B. über
  - die Forschungsbeteiligung des Hochschulpersonals und der Studenten
  - die Raum- und Geräteauslastung und den Materialverbrauch durch die Forschungsprojekte
  - die Forschungsfinanzierung
  - die Aufteilung der Forschungsprojekte über Institutionen und Fächer und die Zuordnung zu Forschungsschwerpunkten
  - die Beziehungen der Hochschulforschung zur hochschulexternen Forschung und
  - die Forschungsergebnisse (Publikationen, Patente etc.).

Hierfür benötigen die Operations-/Berichtsprogramme der Forschungsbetriebsverwaltung
- die Forschungsbetriebsdaten aus der
  - Forschungsprojektdatei
  - Personalstammdatei
  - Raumbestandsdatei
  - Geräteauslastungsdatei und
  - Materialbestandsdatei sowie
- die Druckbezeichnungen
  - der verschlüsselten Forschungsbetriebsdaten aus der Schlüsseldatei und
  - der Forschungsbetriebsdatenfelder aus der Datenfeldbeschreibungsdatei.

1–0005

10 h730608–08
20 technische universitaet, fachbereich 2, institut fuer bildungs- und gesellschafts- wissenschaften
21 berlin; technische universitaet, fachbereich 2, institut fuer bildungs- und gesellschaftswissenschaften
22 brickwell, edith, dipl.-ing., m.s.a.
24 berlin
25 12, strasse des 17. juni 135
26 (0311) 314 34 15
70 dissertation
73 laufend
74 1972–03
75 1973–12
81 demokratie und planungsfaehigkeit an den berliner hochschulen
82 planungstheoretische analyse der entscheidungsfluesse von selbstverwaltungsgremien im hinblick auf universitaere entwicklungsplanung unter zuhilfenahme von lerntheoretischen, demokratietheoretischen, organisationssoziologischen ansaetzen der rollen- und verhaltenstheorie ergebnisse: bisher planungstheoretischer ansatz
83 fallstudien in verbindung mit schriftlicher befragung aller beteiligten und einzelner intensivinterviews
84 interne memoranden, protokolle, gutachten, stellungnahmen, stellenstrukturplaene und entwicklungsplaene der universitaeten
85 20 interviews (aus ca. 400 beteiligten), willkuerlich; 400 schriftliche befragungen, total; beobachtung im gremium bei ca. 400 beteiligten, willkuerlich; fallstudien
86 tabellarische auswertung
90 hochschulen /1,2,5,6/; demokratie /1/; planungsfaehigkeit /2/; planungstheoretische analyse /3/; entscheidungsfluesse /3,4/; entwicklungsplanung /5/;
91 berlin /6/;
92 brickwell, d.: innovation durch die organisation von entscheidungsprozessen, berlin 1972, in: tub 1/1972
93 brickwell, d.: die planenden funktionen der ekp, maerz 1972 (gutachten); brickwell, die hochschule als ein beispiel von bildungsverwaltung, maerz 1972, (vorentwurf); sofort zugaenglich
94 73–06–08
95 h730608–08

1–0006

10 h730629–19; 720710–05
20 universitaet stuttgart, sonderforschungsbereich 63, hochschulbau
21 baden-wuerttemberg; stuttgart; universitaet stuttgart, sonderforschungsbereich 63, hochschulbau
22 acevedo, jaime, dipl.-ing.; heeg, sybille, dipl.-ing.; auer, wolfgang, cand.arch.; fuss, rainer, cand.arch.; runge, uta, cand. phil.
24 stuttgart
25 1, ossietzkystr. 4
26 (0711) 20 73-23 33
70 eigenprojekt
72 universitaet stuttgart (dfg-sondermittel)
73 laufend
74 1971–01
75 bis auf weiteres
81 entwicklung von grundlagen zur planung von forschung und entwicklung im problembereich hochschulplanung

Abb. 4–9. *Druckvorlage für einen Forschungsprojektkatalog*

4.2.9 Standardprogramme der deskriptiven Statistik für die überörtlichen Ebenen der HVP [13; 31; 67; 93; 98, S. 131 ff]

Das zentrale Berichtsproblem auf den überörtlichen Ebenen der HVP besteht in der informativen Verdichtung der übermäßigen Vielzahl von örtlichen Hochschuldaten. Für die Lösung dieses Problems können Standardstatistikprogramme verwendet werden, mit denen sich die örtlichen Hochschuldaten zu
- Häufigkeitsverteilungen und/oder
- Kennwerten

verdichten lassen. Hierfür eignen sich besonders die verschlüsselten Hochschuldaten. Deren Verdichtung ist allerdings nur dann möglich, wenn die Daten von allen Hochschulen einheitlich definiert werden. Auf die damit verbundenen großen Schwierigkeiten soll hier nicht näher eingegangen werden.
Die Häufigkeitsverteilungen können in
- Blockdiagrammen oder
- Tabellen

dargestellt werden, in denen die einzelnen Häufigkeiten sowohl
- in absoluten Werten als auch in
- Prozentwerten der
  - Spaltengesamtheiten
  - Zeilengesamtheiten oder
  - Tabellengesamtheiten

angegeben werden können. Die Häufigkeitstabellen können außerdem
- eindimensional oder
- mehrdimensional

angelegt werden, wobei allerdings der Mehrdimensionalität von der Anschaulichkeit her gewisse Grenzen gesetzt sind.
Die Häufigkeitsverteilungen lassen sich im übrigen zu
- Durchschnittswerten (häufigster Wert, Zentralwert, arithmetisches Mittel, geometrisches Mittel, harmonisches Mittel) und/oder
- Streuungswerten (Spannweite, mittlere Abweichung, Quantile, Standardabweichung, Variationskoeffizient)

weiter verdichten.
Bevor die örtlichen Hochschuldaten mit diesen Standardprogrammen verdichtet werden können, müssen sie allerdings in ihrer
- Formatierung
- Detailliertheit und
- Verschlüsselung

vereinheitlicht und auf die Standardprogramme ausgerichtet werden. Hierfür ist ein Aufbereitungsprogramm zu verwenden, das die von der HVP-Datenbank für die einzelnen Statistikbereiche (Studentenstatistik, Personalstatistik, Finanzstatistik etc.) erstellten Brückendateien vereinheitlicht (siehe Abb. 4–10).

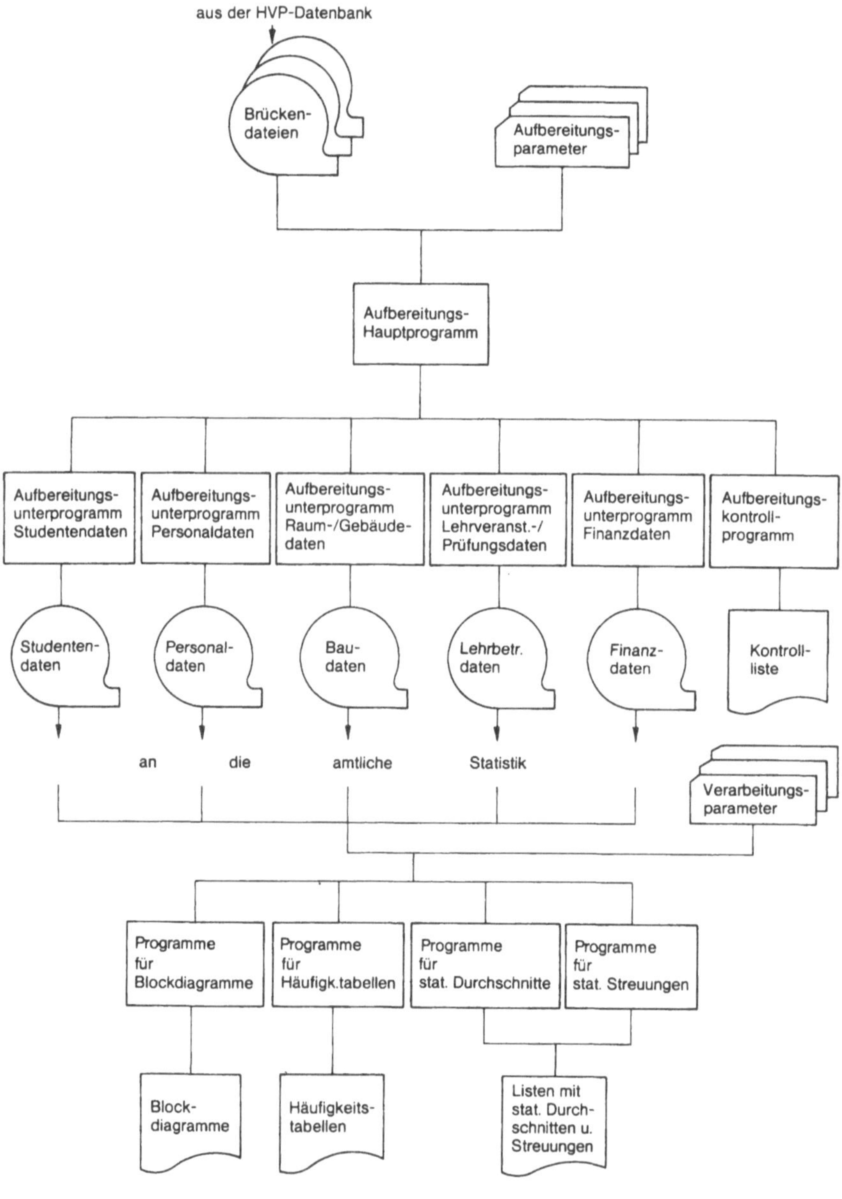

Abb. 4–10. *Standardauswertungen der deskriptiven Statistik für die überörtlichen HVP-Ebenen*

4.3 Analyse-/Prognoseprogramme

4.3.1 Einleitung

Die Analyse-/Prognoseprogramme dienen vor allem
- der Auslastungsplanung (dispositiven Ressourcenplanung)
- der Bedarfsplanung (dispositiven Ressourcenplanung und politischen Personal- und Programmplanung) und
- der Strukturplanung (politischen Organisations- und Programmplanung)

der Hochschulen, wobei sie primär den Lehrbetrieb zum Gegenstand haben, weil dessen Analyse-/Prognoseprobleme einer (teil-)automatisierten Lösung sehr viel zugänglicher sind als die Analyse-/Prognoseprobleme des Forschungsbetriebs. Die Analyse-/Prognoseprogramme können nicht wie die Operations-/Berichtsprogramme mehr oder weniger eindeutig einzelnen Verwaltungsbereichen sondern nur den für die Gesamtgestaltung der Fachbereiche und Universitäten zuständigen Gremien und deren Planungsmitarbeitern zugeordnet werden, denn eine Hochschulplanung, die nicht durch blinden Ressorteifer zu Fehlplanungen führen soll, hat die Interdependenzen zwischen den Ressourcenelementen (Hochschulpersonal, Hochschulbauten, Hochschulbetriebsmittel), den Benutzerelementen (Studenten, Forscher, Hochschulselbstverwalter) und den sie verbindenden Hochschulstrukturen zu berücksichtigen. Dementsprechend sind die Analyse-/Prognoseprogramme im Unterschied zu den Operations-/Berichtsprogrammen auch nicht auf eine einzelne, für den betreffenden Verwaltungsbereich „typische" Datei sondern auf die den jeweiligen Fachbereich oder die jeweilige Universität repräsentierende Dateiengesamtheit ausgerichtet. Die Vorteile der Datenbankorganisation der HVP-Daten kommen deshalb im Grunde genommen erst bei ihnen voll zur Geltung.

Die Analyse/Prognoseprogramme lassen sich weitgehend standardisieren, weil die Planungsprobleme an den einzelnen Hochschulen einander sehr ähnlich sind und die Planungsverfahren nicht zuletzt durch die Planungskompetenz des Bundes im Hochschulbereich immer mehr vereinheitlicht werden. Da Analyse-/Prognoseprobleme vor allem Rechenprobleme sind, eignet sich für diese Standardisierung die Programmiersprache FORTRAN am besten.

Für die Hochschulplanung, insbesondere die Lehrbetriebsplanung ist eine Vielzahl von Analyse-/Prognoseverfahren entwickelt worden, auf die und deren Kritik hier jedoch nicht im einzelnen eingegangen werden kann [2; 7; 24; 29; 33; 47; 59; 65; 69; 80; 87; 94; 99].

Statt dessen soll nur jeweils ein Programm für
- die Aufstellung von konfliktfreien Stundenplänen (siehe Abschnitt 4.3.2)
- die Prognose der Lehrveranstaltungsnachfrage (siehe Abschnitt 4.3.3)
- die Prognose der Ressourcenauslastung durch den Lehrbetrieb (siehe Abschnitt 4.3.4)
- die Simulation des Lehrbetriebs (siehe Abschnitt 4.3.5) und
- die Flächenbedarfsbemessung (siehe Abschnitt 4.3.6)

beispielhaft vorgestellt werden. Außerdem wird noch kurz auf einige Standardprogramme der analytischen Statistik einzugehen sein (siehe Abschnitt 4.3.7).

4.3.2 Programm zur Stundenplanaufstellung [10; 11; 14; 17; 57; 63; 64]

Das Stundenplanprogramm dient der konfliktfreien Zuordnung
- der Lehrveranstaltungsnachfrage von Studentengruppen
- der Lehrbefähigungen und -wünsche von Dozenten und
- der Nutzungsmöglichkeiten von Räumen für die Lehre

zu den vorgesehenen Lehrveranstaltungen des zu planenden Semesters.
Es ist also in erster Linie ein Instrument zur kurzfristigen Auslastungsplanung (dispositiven Ressourcenplanung), kann darüber hinaus jedoch auch in begrenztem Maße zur Bedarfs- und Strukturplanung verwendet werden.
Das Stundenplanprogramm besteht aus je einem Teilprogramm für
- die Eingabesteuerung
- die Zuordnung der oben genannten Faktoren in Matrizen und deren Transformation und
- die Ausgabesteuerung.

Diese Teilprogramme können sowohl in einem geschlossenen Lauf als auch in getrennten Läufen gefahren werden.
Das Teilprogramm für die Eingabesteuerung übernimmt
- die benötigten Studenten-, Dozenten-, Raum- und Lehrveranstaltungsdaten von einer Brückendatei der HVP-Datenbank und
- die angegebenen Lehrveranstaltungsprioritäten und Zeit- und Raumwünsche der Dozenten und Studenten von Parameterkarten.

Es bringt dann diese Daten in das für die Matrixverarbeitung vorgesehene Format und speichert sie auf einer Zwischendatei ab.
Das Teilprogramm für die Matrixverarbeitung stellt die Lehrveranstaltungen zunächst nach
- den vorgegebenen Wünschen und Prioritäten und
- den fest einprogrammierten Bedingungen der Konfliktfreiheit (für eine Studentengruppe, einen Dozenten und/oder einen Raum nicht mehrere Lehrveranstaltungen gleichzeitig und eine Lehrveranstaltung nicht mehrmals an einem Tag)

in eine Stundenplantafel ein. Dann ordnet es die Lehrveranstaltungen
- in der Reihenfolge ihrer Eingabe oder
- einer anderen auf Parameterkarten einzugebenden Prioritätenfolge (z. B. erst Pflichtveranstaltungen und dann Wahlveranstaltungen etc.)

den über die Brückendatei eingegebenen Studenten-, Dozenten- und Raumdaten so lange zu, bis entweder alle Daten vollständig aufeinander bezogen sind oder sich die Daten nicht weiter zuordnen lassen, weil die jeweiligen Zeit- und Raumgrenzen bereits vor der vollständigen Zuordnung erreicht worden sind. In diesem Fall müssen die Wünsche und Prioritäten solange modifiziert werden, bis eine vollständige Zuordnung erreicht wird. Die Stundenplanerstellung erfolgt also nicht durch ma-

thematische Optimierung einer Zielfunktion sondern durch systematisches Probieren (heuristisches Verfahren).
Der Programmteil für die Ausgabesteuerung gibt schließlich den in der beschriebenen Weise ermittelten Stundenplan für
- jede Studentengruppe (siehe Abb. 4–11)
- jeden Dozenten und
- jeden Raum

auf einer gesonderten Liste aus.

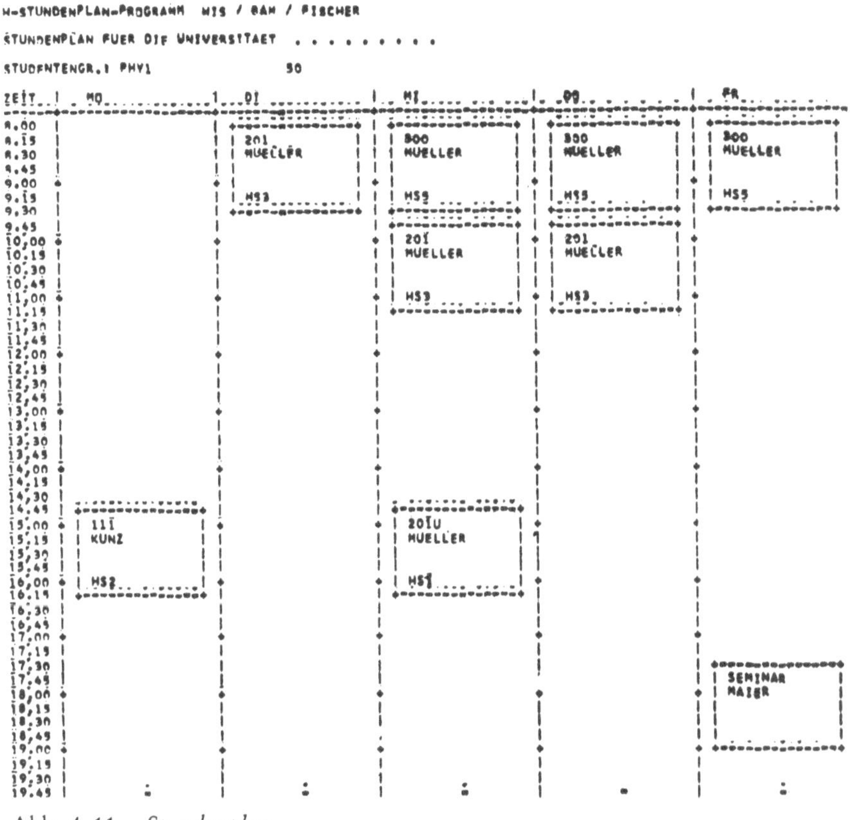

Abb. 4–11. *Stundenplan*

4.3.3 Programmpaket zur Lehrbetriebsprognose [20; 46; 74; 79; 88]

Das Programmpaket zur Lehrbetriebsprognose umfaßt
- ein Programm zur Prognose von Studentenzahlen
- ein Programm zur Umrechnung dieser prognostizierten Studentenzahlen in prognostizierte Teilnehmerzahlen der einzelnen Lehrveranstaltungen und
- ein Programm zur Bilanzierung des geplanten Lehrangebots mit dieser prognostizierten Lehrveranstaltungsnachfrage und mit den prognostizierten Lehrkapazitäten.

Diese Programme arbeiten mit einem Prognosezeitraum von vier Semestern, so daß sie vor allem für die mittelfristige Auslastungs- und Bedarfsplanung (dispositive Ressourcenplanung) eingesetzt werden können. Darüber hinaus sind sie aber auch in gewissem Umfang für die Strukturplanung zu verwenden.

Das Programm zur Prognose von Studentenzahlen besteht aus

- einem Rechenprogramm mit
  - einem Hauptprogramm, das
    - die erforderlichen Studienverlaufsdaten von einer Brückendatei der HVP-Datenbank und
    - die zur Prognose der Studienanfängerzahlen benötigten Daten von einer gesonderten Eingabedatei

    übernimmt und dann nacheinander
  - fünf Unterprogramme einsetzt, die die eigentlichen Rechenoperationen durchführen, sowie
- einem Druckprogramm.

Den Rechenoperationen liegt dabei die in Abb. 4–12 wiedergegebene Matrix zugrunde, die für jedes Studienfach aufgestellt wird. Die erste Zeile dieser Matrix wird vom Hauptprogramm mit den aus der Brückendatei übernommenen Studienverlaufsdaten der Ausgangsperiode besetzt. Mit den ersten beiden Unterprogrammen werden dann die mit den diagonalen Pfeilen angedeuteten Übergangsquoten für den Prognosezeitraum aus den entsprechenden Quoten der abgelaufenen Perioden, die ebenfalls aus der Brückendatei übernommen werden, ermittelt. Im Anschluß daran werden mit dem dritten und vierten Unterprogramm die Studienanfängerzahlen (erste Spalte der Matrix) für den Prognosezeitraum aus den hierfür gesondert einzugebenden Daten bestimmt. Aus den Basiswerten der ersten Zeile und Spalte der Matrix und den Übergangsquoten können dann mit dem fünften Unterprogramm die Werte der übrigen Matrixfelder durch Multiplikation bzw. Addition errechnet werden. Danach liegen für jedes einzelne Fach die Zahlen

- der Studienanfänger (Spalte 1)
- der Studierenden in den einzelnen Fachsemestern (Spalte 1 bis 16)
- der Studierenden insgesamt (Spalte 17)

  und
- der Studienabgänger (Spalte 18)

für jede der vier Perioden des Prognosezeitraums vor.

Die so ermittelten Zahlen können vom zugehörigen Druckprogramm aufgelistet werden und/oder an das Programm zur Prognose der Teilnehmerzahlen der einzelnen Lehrveranstaltungen weitergegeben werden.

Dieses Anschlußprogramm besteht ebenfalls aus

- einem Rechenprogramm mit
  - einem Hauptprogramm, das
    - die erforderlichen Studienempfehlungsdaten aus einer Brückendatei der HVP-Datenbank und
    - die mit dem oben beschriebenen Programm prognostizierten Studentenzahlen von einer Zwischendatei

    übernimmt und dann nacheinander

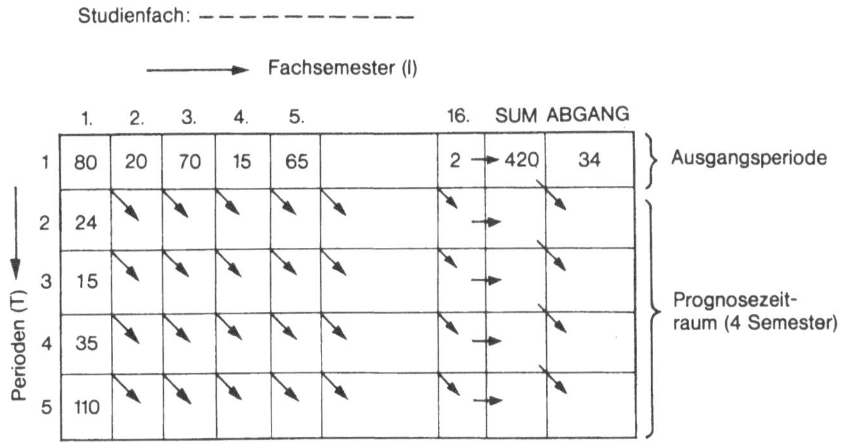

Abb. 4–12. *Grundmatrix zur Studentenprognose*

- fünf Unterprogramme aufruft, die aus diesen Daten die Lehrveranstaltungsteilnahme für die nächsten vier Semester errechnen sowie
- einem Druckprogramm.

Von den fünf Unterprogrammen dienen die ersten drei der Teilnahmeprognose wichtiger Teilnehmergruppen (insbesondere der Pflichtveranstaltungsteilnehmer) und die beiden übrigen der Prognose unwichtiger Teilnehmergruppen. Die Prognosen erfolgen mit Hilfe von Teilnehmerquoten, die aus den Belegungen der Lehrveranstaltungen in den vergangenen Perioden gewonnen werden. Mit ihnen werden die prognostizierten Studentenzahlen in die Teilnehmerzahlen der einzelnen Lehrveranstaltungen der nächsten vier Semester transformiert.

Die so prognostizierten Teilnehmerzahlen können schließlich vom zugehörigen Druckprogramm aufgelistet werden. Sie können aber auch an das Auslastungsprognoseprogramm weitergegeben werden.

Das Auslastungsprognoseprogramm umfaßt

- ein Teilprogramm, das die Daten der dem geplanten Lehrangebot entsprechenden Ressourcennachfrage (Dozenten, Räume und Geräte in Wochenstunden) von einer Brückendatei der HVP-Datenbank und/oder von Parameterkarten übernimmt,
- ein Teilprogramm, das die Daten zum geplanten Ressourcenangebot von einer Brückendatei der HVP-Datenbank und/oder von Parameterkarten übernimmt und diese Daten mit den vom ersten Teilprogramm festgestellten Daten zur Ressourcennachfrage bilanziert, und
- ein Teilprogramm, das die mit dem oben beschriebenen Programm prognostizierte Lehrveranstaltungsnachfrage mit dem vom ersten Teilprogramm festgestellten Lehrangebot bilanziert (siehe Abb. 4–13).

HOCHSCHULE ERLANGEN/NBG.	DATUM 1.4.71	PLANUNGSPERIODE SS 71	EMPFÄNGER FB PHYSIK	BL. 1

LEHRVERANSTALTUNG				NACHFRAGE				ANGEBOT				
				HÖRERZAHL (HZ)		ZAHL DER LV						
OLV-Nummer	ART	BEZEICHNUNG	MAX.TEILN. ZAHL	KRIT.	WAHR-SCHEINL.	MIND.	WAHR-SCHEINL.	AN LV	BEGRENZT DURCH)	KANN ERWEITERT WERD. UM HZ	MIT KOSTEN	WAHR-SCHEINL. KAP.AUS. LTG. %
1	2	3	4	5	6	7	8	9	10	11	12	13
0151	P	PHYS.CHEM.PRAKT.	66	132	196	2	3	1	R	33	60T	300
0154	P	PHYS.PRAKT.	90	86	135	1	2	1	R	45	70T	200
									A	15	6T	
0179	P	CHEM.PRAKT.	90	74	127	1	2	1	P	90	50T	200

DURCHSCHNITTSBELASTUNG: DOZENT 70 %, RAEUME 64 %; GERAETE 80 %

SPITZENBELASTUNG: RAUMGRUPPE C 92 %

) R = RAUM
A = ASSISTENT
P = PROFESSOR

Abb. 4–13. *Auslastungsbericht*

Beim Auslastungsprognoseprogramm wird also die Entwicklung der Studenten-, Dozenten- und Raumzahlen nicht in gegenseitiger Abhängigkeit voneinander ermittelt, sondern jede dieser Größen für sich prognostiziert und dann mit einer gemeinsamen dritten Entwicklungsgröße, nämlich dem geplanten Lehrangebot, das zugleich für die Studenten eine bestimmte Nachfrage nach Dozenten und Räumen bedeutet, bilanziert.

4.3.4 Programm zur Lehrbetriebssimulation [12; 16; 21; 23; 25; 26; 34; 38; 40; 56; 71; 76; 86; 97]

Im Unterschied zu den Lehrbetriebsprognoseprogrammen, die einen bestimmten Ausgangszustand mit programminternen Zeitfunktionen aus sich heraus über mehrere Perioden selbständig fortentwickeln und dabei die Studentenzahlen nur indirekt auf die Dozenten- und Raumzahlen beziehen, dient das Programm zur Lehrbetriebssimulation dazu, die Abhängigkeit der über Wirkungsfunktionen direkt aber zeitlos aufeinander bezogenen Studenten-, Dozenten- und Raumzahlen voneinander und von den sie verbindenden Strukturparametern für jeweils eine Periode zu analysieren. Bei diesem Programm geht es also nicht so sehr um die Extrapolation bestimmter Ausgangszustände („Was wird sein?") als vielmehr um die Wirkungsanalyse bestimmter Eingriffe in den Lehrbetrieb („Was wird sein, wenn . . .?"). Die Wirkungsanalyse wird dabei mit rein heuristischen Verfahren, also ohne Optimierungsfunktionen durchgeführt.

Das Programm zur Lehrbetriebssimulation läßt sich in gewissem Umfang durch die Vorgabe von Übergangsquoten zwischen jeweils zwei Analyseperioden „dynamisieren". Dabei kann man im Prinzip beliebig viele Übergangsstrukturen zwischen beliebig vielen Analyseperioden vorgeben, so daß man nicht wie bei den Lehrbetriebsprognoseprogrammen auf den relativ kleinen Zeitraum von vier Semestern beschränkt ist. Die gewünschten Übergangsstrukturen können geschlossen vor dem Simulationslauf oder Zug um Zug während der Simulation eingegeben werden.

Das Programm zur Lehrbetriebssimulation dient vor allem der mittel- bis langfristigen Bedarfsplanung (dispositiven Ressourcenplanung) und der Strukturplanung (politischen Programm- und Organisationsplanung). Planungsgegenstand kann dabei

- der Studentendurchlauf
- die studentische Nachfrage nach Lehrveranstaltungen
- die Belastung des Lehrkörpers und deren fachübergreifende Verflechtung und
- die Raumnutzung durch Lehrveranstaltungen

eines Fachbereichs, einer Fachbereichsgruppe oder einer ganzen Hochschule sein.

Das Programm besteht aus

- einem Hauptprogramm, das die erforderlichen Daten übernimmt und den Einsatz
- einer Vielzahl von Unterprogrammen steuert, von denen die Unterprogramme zur Berechnung und zum Ausdrucken

- der Belastungsmatrizen (siehe Abb. 4–15) und
- der Verflechtungsmatrizen

die wichtigsten sind.

Diese Programme können nur in einem geschlossenen Lauf gefahren werden. Den Simulationsrechnungen liegt eine sechsdimensionale Matrix zugrunde, in die semesterweise und studiengangweise

- die Wochenstunden der nach Fachsemestern aggregierten Studenten
- die Wochenstunden (Ist-Netto/Brutto, Soll-Netto/Brutto) der nach Gehaltsstufen aggregierten Dozenten
- die Platzzahlen der nach Nutzungsart aggregierten Räume und
- die Wochenstunden der nach Arten aggregierten Lehrveranstaltungen

eingegeben bzw. hineingerechnet werden (siehe Abb. 4.14).

Dabei können die Studenten-, Dozenten-, Raum- und Lehrveranstaltungsdaten

- als Ist-Daten über eine Brückendatei der HVP-Datenbank
- als Prognose-Daten über eine Zwischendatei der Lehrbetriebsprognoseprogramme bzw., sofern sie als Sekundärdaten verwaltet werden, über eine Brükkendatei der HVP-Datenbank und
- als Soll-Daten über Steuerkarten

eingegeben werden. Die eingegebenen Daten werden später als Vorspann zu den aus ihnen errechneten Daten wieder ausgegeben.

4.3.5 Sonderprogramme zur Flächenbedarfsberechnung und -bilanzierung [6; 9; 43; 60]

Die bisher vorgestellten Analyse-/Prognoseprogramme berücksichtigen die Räume nur als Ressourcenfaktor für den Lehrbetrieb und dies auch nur mit relativ groben Raumnutzungskategorien. Dadurch können sie den besonderen Anforderungen der Bauplanung, bei der es gewöhnlich um erhebliche Geldmengen für sehr lange Zeiträume geht, nicht in dem erforderlichen Maße gerecht werden. Die Bauplanung muß deshalb durch Sonderprogramme unterstützt werden, die mit sehr viel differenzierteren Raumnutzungskategorien arbeiten und dabei auch den mittelbaren Flächenbedarf des Lehrbetriebs sowie den Flächenbedarf des Forschungsbetriebs und der Hochschulselbstverwaltung einbeziehen.

Die Sonderprogramme zur Flächenbedarfsberechnung und -bilanzierung orientieren sich an den Anforderungen einer mittel- bis langfristigen Bauplanung. Dabei können sie die Baukomplexe eines einzelnen Fachbereichs oder einer ganzen Hochschule zum Gegenstand haben.

Das Programm zur Flächenbedarfsberechnung ist als Simulationsprogramm angelegt. Es besteht aus

- einem Hauptprogramm, das
  - die Dozenten-, Forscher-, Studienverlaufs- und Studienempfehlungsdaten von einer Brückendatei der HVP-Datenbank
  - die Studentenprognosedaten von einer Zwischendatei des Studentenprognoseprogramms und
  - die Gruppengrößen, Platzrichtwerte, Flächenrichtwerte und Zeitbudgets für die Lern-, Lehr- und Forschungstätigkeiten sowie die Zuschlagswerte für die Selbst-

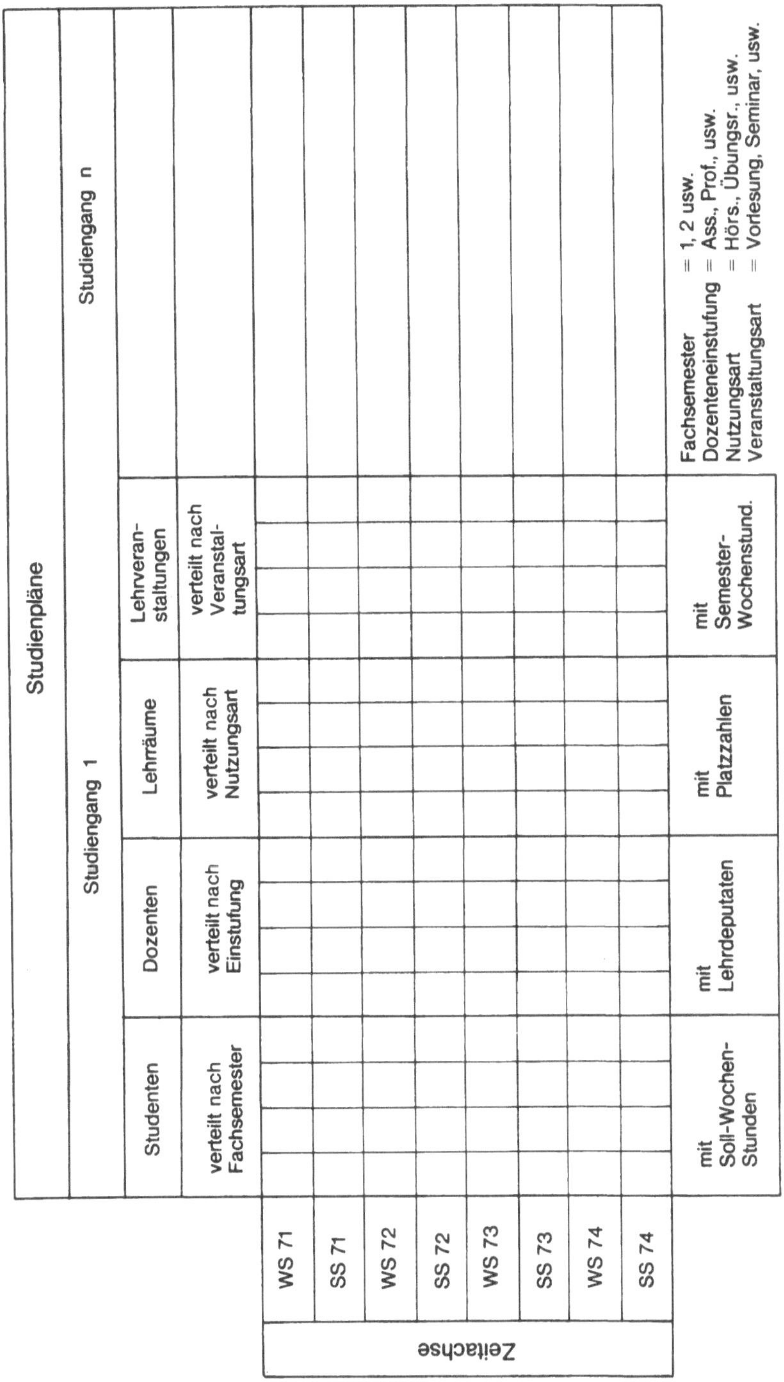

Abb. 4–14. *Grundmatrix zur Lehrbetriebssimulation*

SIMULATION DES LEHRBETRIEBS

UNIVERSITAET = X ——— X
FACHBEREICH = Y ——— Y
STUDIENGAENGE = Z ——— Z_1
Z ——— Z_2

DATUM 06-03-73
BLATT 4
SEMESTER SS-73

	STUD	SWS(SOLL)	DOZ	LD	RAEUME	PLAETZE	LVA	SWS(IST)
STUDENTEN-VERHAELTNISSE	813	813:356 2,3:1	813:66 58,1:1	813:66 12,3:1	813:7 116,1:1	813:225 1,5:1	813:20 40,6:1	813:72 11,3:1
DOZENTEN-VERHAELTNISSE	14:813 1:58,1	14:356 1:25,4	14	14:66 1:4,7	14:7 2:1	14:225 1:16,1	14:20 1:1,4	14:72 1:5,1
RAUM-VERHAELTNISSE	7:813 1:116,1	7:356 1:50,9	7:14 1:2	7:66 1:9,4	7	7:225 1:32,1	7:20 1:3,8	7:72 1:10,3
LVA-VERHAELTNISSE	30:813 1:27,1	30:356 1:11,8	30:14 2,1:1	30:66 1:2,2	30:7 4,3:1	30:225 1:7,5	30	30:72 1:2,4
SOLL-SEMESTER WOCHENSTUNDEN	356:813 1:2,3	356	356:14 25,4:1	356:66 5,4:1	356:7 50,9:1	356:225 1,6:1	356:30 11,8:1	356:72 4,9:1 +)

SOLL-SEMESTER WOCHENSTUNDEN = $\frac{\text{Gewichteter Mittelwert} \cdot \text{Studentenzahl}}{\text{Durchschnittliche Platzzahl pro Raum}}$

+) Das Ergebnis zeigt, daß bei diesem Zahlenverhältnis das Lehrangebot nur 1/5 der Lehrnachfrage abdeckt

Abb. 4–15. *Relationenliste der Lehrbetriebssimulation*

verwaltungstätigkeiten und die Nebentätigkeiten von Parameterkarten übernimmt und dann den Einsatz
- einer Vielzahl von Unterprogrammen steuert, die vor allem die vielfältigen Matrixberechnungen durchführen.

Das Hauptprogramm druckt schließlich auch die Ergebnistabellen aus (siehe Abb. 4–16) bzw. stellt diese auf einer Zwischendatei für das Flächenbilanzierungsprogramm bereit.

Das Flächenbilanzierungsprogramm besteht aus
- einem Hauptprogramm, das
  - die Ist-Flächendaten von einer Brückendatei der HVP-Datenbank und
  - die Flächenbedarfsdaten von der Ergebnisdatei des Flächenbedarfsberechnungsprogramms

  übernimmt, um sie dann
- mehreren Unterprogrammen zu übergeben, die die vielfältigen Bilanzierungsdifferenzen und -quotienten ermitteln.

4.3.6 Standardprogramme der analytischen Statistik [13; 67; 93; 98, S. 437 ff., 465 ff]

Die Standardprogramme der analytischen Statistik haben für die Lösung von Analyse-/Prognoseproblemen im wesentlichen die gleiche Bedeutung wie die bereits skizzierten Standardprogramme der deskriptiven Statistik für die Lösung von Berichtsproblemen. Allerdings eignen sie sich im Unterschied zu diesen nicht nur für den Einsatz auf den überörtlichen HVP-Ebenen sondern können mindestens ebenso gewinnbringend auf der örtlichen HVP-Ebene verwendet werden. Sie dienen vor allem der mittel- und langfristigen Bedarfsplanung (dispositiven Ressourcenplanung) und der Strukturplanung (politischen Programm- und Organisationsplanung).

Für die Lösung der Analyse-/Prognoseprobleme der HVP kommen vor allem die statistischen Verfahren
- zur Analyse und Prognose der zeitlichen Entwicklung von Variablen (Zeitreihenanalyse) und
- zur Analyse und Prognose der Abhängigkeit zwischen mehreren Variablen (Korrelationsanalyse)

in Betracht. Als Variable können dabei sowohl absolute Werte als auch Prozentwerte, Durchschnittswerte und Streuungswerte genommen werden.

Der Nutzen dieser beiden Verfahren besteht außer in dem
- Aufzeigen von Regelmäßigkeiten im Verhalten der betrachteten Variablen aufgrund der jeweils erhobenen Variablenwerte (Analyseleistung) vor allem in der
- Vorhersage des Auftretens der nicht erhebbaren zukünftigen Variablenwerte aufgrund der in den erhobenen Variablenwerten festgestellten Regelmäßigkeiten (Prognoseleistung).

Diese Regelmäßigkeiten werden bei beiden Verfahren in Funktionen ausgedrückt, die so in die jeweils erhobenen Variablenwerte eingepaßt werden, daß sie den Grundzug der Variablenentwicklung erkennen lassen. Bei der Zeitreihenanalyse können auf die-

FLAECHENBEDARFSBERECHNUNG

HOCHSCHULE: G.H. KASSEL DATUM: 23.11.71 BLATT: 3

ZU BEMESSENDE INSTITUTION: AVZ 3. STUFE 1973/74

LFD. NR.	NUTZUNGSBEZOGENE FLAECHENART/ FLAECHE FUER	RAUM-ANZAHL	PLATZZAHL BANDZAHL GERAETEZAHL	FLAECHE QM	LFD.NR. DER LEHR/LERNAKTIVITAET	BEMERKUNGEN
1	2	3	4	5	6	7
	WERKSTATT,LEICHTLAB.		P 12.			UL = 264,0
	SUMME			50.	9	UDL = 0,0
	NATURW.LABOR		P 37.			UL = 894,0
	SUMME			184.	10	UDL = 0,0
	BIBLIOTHEKSSTUDIUM		P 155.			UL = 4502,0
	SUMME			465.	11	UDL = 344,0
	STELLFLAECHE		B 50000	295.	11	
	WISS.MITARBEITER			72.	11	
	SCHREIBKRAEFTE			54.	11	
	AUSGABE			30.	11	
	KATALOGRAUM			50.	11	
	GERAETE-U.KOPIERRAUM			24.	11	
	SUMME			990.	11	
	GRUPPENARBEIT		P 105.			UL = 3040,0
	SUMME			630.	12	UDL = 0,0
	EINZELARBEIT		P 120.			UL = 3470,0
	SUMME			718.	13	UDL = 0,0
	SUMME			6293.		

Abb. 4–16. *Flächenbedarfsliste*

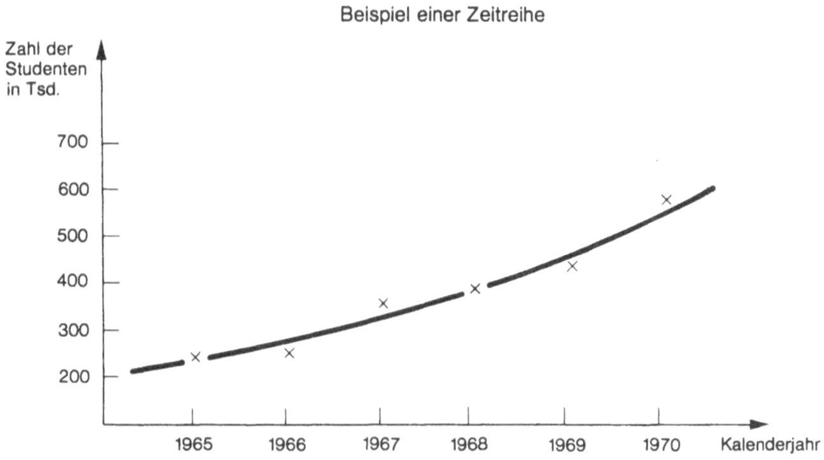

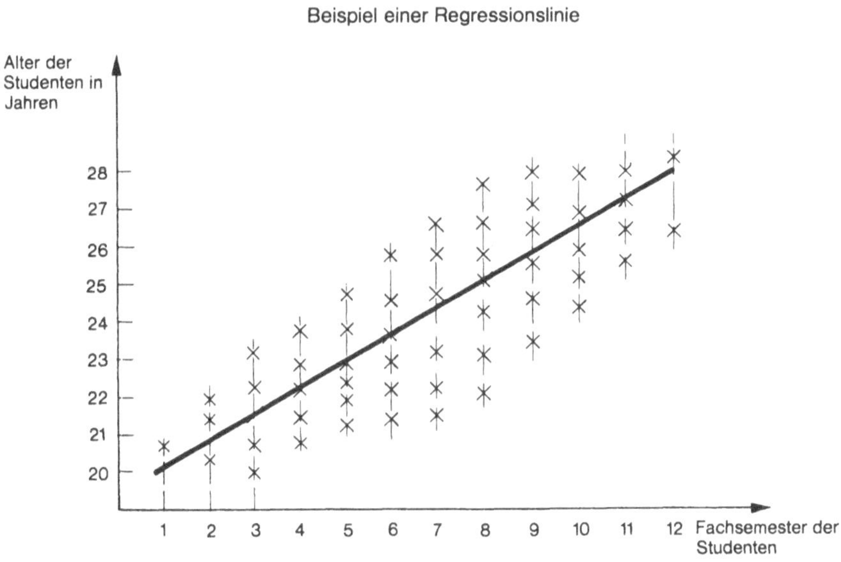

Abb. 4–17. *Zeitreihe und Regressionslinie*

se Weise Trends und regelmäßige Zyklen ermittelt werden und bei der Korrelationsanalyse Abhängigkeiten, die man auch als Regressionsbeziehungen bezeichnet (siehe Abb. 4–17). Auf die dabei verwendeten mathematischen Verfahren soll hier nicht näher eingegangen werden [98, S. 465 ff].

4.4 Dokumentationsprogramme i. e. S.

4.4.1 Einleitung

Unter Dokumentation wird üblicherweise die gezielte Wiedergewinnung und Verteilung von Daten einschließlich der dazu erforderlichen Ordnungsvorkehrungen und -maßnahmen verstanden [49; 61; 89]. Im Unterschied zu den Operationstätigkeiten werden dabei keine Sachprüfungen durchgeführt und keine Anweisungen erstellt und im Unterschied zu den Analyse-/Prognosetätigkeiten keine Sekundärdaten erzeugt. Die Dokumentation beschränkt sich vielmehr auf die geordnete Bereitstellung vorhandener Primär- und Sekundärdaten.

In diesem weiten Sinne umfaßt die Dokumentation auch die Datenbankverwaltung und -abfrage und die dokumentierende Berichterstattung. Diese Tätigkeiten werden jedoch überwiegend innerhalb der laufenden Verwaltung unter dem spezifischen Aspekt des jeweiligen Verwaltungsbereichs durchgeführt, so daß es angebracht erscheint, sie begrifflich von den übrigen im folgenden als „Dokumentation i. e. S." bezeichneten Tätigkeiten der verwaltungsübergreifenden Dokumentationsstellen zu trennen. Ebenfalls von der Dokumentation i. e. S. zu trennen sind die Dokumentbeschaffung, -verrechnung, -inventarisierung, -ablage und -ausleihe, die als Sonderfall der Betriebsmittelverwaltung anzusehen sind, so daß die dortigen Ausführungen für sie entsprechend gelten.

Die Dokumentation i. e. S. umfaßt

- die Überprüfung eingegangener Dokumente auf ihre Dokumentationswürdigkeit
- die bibliographische und inhaltliche Beschreibung der dokumentationswürdigen Dokumente
- die benutzergerechte Speicherung und/oder Weitergabe der Dokumentbeschreibungen und
- die gezielte Wiedergewinnung und geordnete Ausgabe der Dokumente und Dokumentbeschreibungen [61; 103].

Durch die Verbesserung des Zugriffs auf Texte aller Art dient sie vor allem der qualitativen politischen Planung aber auch der politischen Kontrolle auf allen HVP-Ebenen (siehe auch Abschnitt 5.8).

Die Tätigkeiten der Dokumentation i. e. S. lassen sich bis auf die Feststellung der Dokumentationswürdigkeit weitgehend automatisieren [44]. Der Automatisierung der Dokumentauswertung sind allerdings sehr enge Grenzen gesetzt, weil die hierfür in der Regel erforderliche ADV-fähige Erfassung der Dokumente sehr kostspielig ist und die Dokumente bislang auch nur auf der syntaktischen Ebene ausgewertet werden können (siehe Abschnitt 4.4.3).

Die automatisierbaren Tätigkeiten können in ihrem Kern mit den Programmen der HVP-Datenbank durchgeführt werden, so daß die Dokumentationsprogramme i. e. S. lediglich einige dokumentationsspezifische Zusatzleistungen bei
- der Datenbankverwaltung (siehe Abschnitt 4.4.2 und 4.4.3) und
- der Datenbankabfrage (siehe Abschnitt 4.4.4)

zu erbringen brauchen. Da einer bundesweiten Vereinheitlichung dieser Leistungen keine landes- und/oder hochschulspezifischen Rechtsvorschriften entgegenstehen und sich die Dokumentationsprobleme an allen Hochschulen und auch auf den überörtlichen HVP-Ebenen annähernd gleichartig stellen, lassen sich die Dokumentationsprogramme i. e. S. weitgehend standardisieren. Als Programmiersprache ist dafür COBOL am besten geeignet (siehe Abschnitt 6.2.2).

4.4.2 Programme zur maschinellen Auswertung von Dokumenten [22; 45; 49; 51; 52; 61; 68; 85; 89; 90; 92; 101]

Dokumente enthalten in der Regel nicht-formatierte Daten, also Daten, die von ADV-Systemen bislang nur auf der syntaktischen Ebene „verstanden" und dementsprechend nur zeichenweise „ausgewertet" werden können (siehe auch Abschnitt 2.6). Im Unterschied dazu können Dokumente von Menschen auch in ihrem Inhalt und pragmatischen Gehalt verstanden werden und mit signifikanten Daten aus den Dokumenten selbst oder mit zugeordneten Daten beschrieben werden.

Aufgrund dieser intellektuellen Überlegenheit des Menschen wird man insbesondere in den Dokumentationsbereichen, in denen wenig abgeklärte und stark kontextgebundene Bezeichnungen verwendet werden, der manuell-intellektuellen Auswertung den Vorzug geben müssen, auch wenn diese teurer als die maschinelle Auswertung ist. Es gibt aber auch Dokumentationsbereiche, wie z. B. die Naturwissenschaften, die Mathematik und das Recht, in denen die maschinelle Auswertung zu Ergebnissen führen kann, die denen der manuell-intellektuellen Auswertung mindestens gleichwertig sind.

Der Dokumentationsbereich „Hochschulverwaltung und -politik" ist nur in wenigen Teilbereichen, wie z. B. dem Hochschulrecht, einer maschinellen Auswertung zugänglich. Es ist deshalb fraglich, ob sich der Einsatz von Auswertungsprogrammen hier überhaupt lohnt. Der Vollständigkeit halber sollen diese Programme dennoch kurz vorgestellt werden.

Das Problem der maschinellen Auswertung besteht darin, dem ADV-System auf der syntaktischen Ebene zu erklären, welche Wörter es aus den eingegebenen Dokumenttexten als signifikante Suchdaten herausziehen soll. Für die Lösung dieses Problems gibt es bislang nur zwei Möglichkeiten, nämlich
- die normative Vorgabe der Suchdaten und
- die analytische Ermittlung der Suchdaten.

Die normative Vorgabe der Suchdaten kann nach
- der Stopwörtermethode

  oder
- der gebundenen Stichwörtermethode

erfolgen.

Bei der Stopwörtermethode gibt man dem ADV-System eine systemresidente Liste von nicht signifikanten und deshalb als Suchdaten unerwünschten Zeichenfolgen wie z. B. ‚und, oder, der, die, das etc.' vor. Diese systemresidente Liste soll hier als Stopwörterdatei bezeichnet werden. Das ADV-System interpretiert dann alle zusammenhängenden Zeichenfolgen der eingegebenen Dokumenttexte, die nicht mit diesen Stopwörtern identisch sind, als signifikante Suchdaten und stellt sie zu je einem Beschreibungssatz pro Dokument mit der betreffenden Dokumentnummer als Hauptordnungsdatum zusammen. Die ausgewerteten Dokumenttexte werden unter ihrer Dokumentnummer in einer Textdatei und die Beschreibungssätze in einer Nachweisdatei gespeichert, so daß man über jedes Suchdatum in Verbindung mit der betreffenden Dokumentnummer auf den zugehörigen Dokumenttext zugreifen kann (siehe Abb. 4–18).
Die gebundene Stichwörtermethode ist die positive Version der Stopwörtermethode. Bei ihr werden die erwünschten Suchdaten in der sogenannten Stichwörterdatei vorgegeben. Das ADV-System zieht dann aus den eingegebenen Dokumenten alle Zeichenfolgen, die mit diesen Stichwörtern identisch sind, heraus und bildet aus ihnen die Beschreibungssätze. Ansonsten ist diese Methode mit der Stopwörtermethode identisch. (siehe Abb. 4–18).
Die analytische Ermittlung der Suchdaten erfolgt mit Hilfe statistischer Verfahren, die alle in irgendeiner Form von der Häufigkeit der zusammenhängenden Zeichenfolgen in den eingegebenen Dokumenttexten auf deren Signifikanz als Suchdaten schließen. Bei dieser Methode werden also keine Zeichenfolgen (Stopwörter bzw. gebundene Stichwörter) sondern statistische Funktionen und Signifikanzbedingungen vorgegeben. Das ADV-System stellt nach diesen Regeln die signifikanten Suchdaten fest, faßt sie zu Beschreibungssätzen zusammen und speichert diese schließlich in einer Nachweisdatei und die dazugehörigen Dokumente in einer Textdatei. Dabei können die Suchdaten nach aufsteigender Signifikanz geordnet werden (siehe Abb. 4–18).
Sowohl bei der normativen Vorgabe als auch bei der analytischen Ermittlung der Suchdaten besteht die Hauptschwierigkeit darin, daß die Wörter in den Dokumenten häufig in verschiedenen Beugungen (Deklinationen und Konjugationen) vorkommen, so daß die gleichen Sachverhalte mit unterschiedlichen Zeichenfolgen dargestellt sein können. Die ADV-Systeme können diese deshalb nur dann als Bezeichnungen der gleichen Sachverhalte erkennen, wenn man ihnen entweder nur die nicht von den Beugungen betroffenen Wortstämme als Suchraster vorgibt oder die entsprechenden Grammatikregeln verständlich macht. Letzteres ist jedoch bislang nur in ersten Forschungsansätzen versucht worden [52; 53].

4.4.3 Programme zur Benachrichtigung über Dokumentzugänge [42; 61; 84]

In der nicht-dokumentarischen Datenverwaltung interessiert der Zugang von neuen Daten gewöhnlich nur den betreffenden Datenverwalter und das auch nur deswegen, weil er die Fehlerfreiheit der Dateneingaben zu gewährleisten hat. Im Unterschied dazu spielt in der dokumentarischen Datenverwaltung auch die laufende Benachrich-

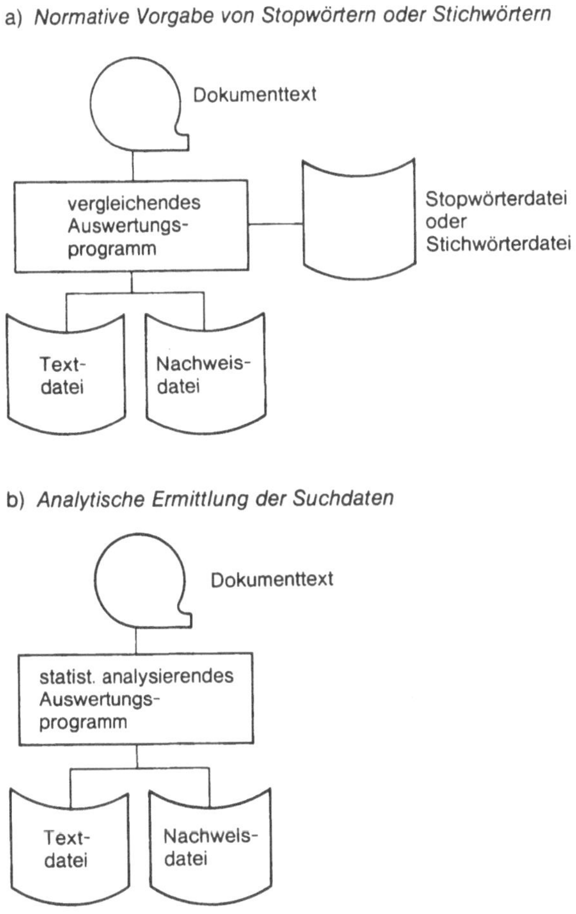

Abb. 4–18. *Maschinelle Auswertung von Dokumenten*

tigung der Systembenutzer über die Daten-/Dokumentzugänge eine wesentliche Rolle. Das hier vorgestellte Modellsystem sieht deshalb auch je ein Dokumentationsprogramm i. e. S. für

- die allgemeine Benachrichtigung und
- die individuelle Benachrichtigung

der Systembenutzer über Dokumentzugänge vor.

Für die allgemeine Benachrichtigung werden gewöhnlich Zugangslisten verwendet, die sämtliche oder nur bestimmte Dokumentzugänge eines Berichtszeitraums einem undifferenzierten Benutzerkreis mit ihren bibliographischen Angaben (Autor, Sachtitel, Quelle) nachweisen. Sofern nur eine bestimmte Auswahl nachgewiesen werden soll, müssen die hierfür vorgesehenen Beschreibungssätze bereits bei der Dokumen-

LANDTAG VON NORDRHEIN-WESTFALEN
GESETZ ÜBER DIE ERRICHTUNG VON GESAMTHOCHSCHULEN IM LANDE NORDRHEIN-WESTFALEN (GESAMTHOCHSCHULENTWICKLUNGSGESETZ – GHEG)
GESETZ VOM 30.05.72 (BEKANNTG.)
AUS:
GESETZ- UND VERORDNUNGSBLATT FÜR DAS LAND NORDRHEIN-WESTFALEN, A, 12.06.72 NR. 25
8 S.

BUNDESVERFASSUNGSGERICHT KARLSRUHE, I. SENAT
„NUMERUS CLAUSUS URTEIL"
URTEIL VOM 18.06.72 (RECHTSKR. 18.06.72)
MITTEILUNGEN DER WESTDEUTSCHEN REKTORENKONFERENZ, BONN-BAD GODESBERG (1972) NR. 21
67 S.

BESSAI, BURKHARD
DER AUFBAU EINER INFORMATIONSBANK, INSBESONDERE EINER DATENBANK ALS VORAUSSETZUNG FÜR DIE LÖSUNG VON MANAGEMENTPROBLEMEN IM HOCHSCHULBEREICH.
DISSERTATION, UNIVERSITÄT DES SAARLANDES, RECHTS- UND STAATSWISSENSCHAFTLICHE FAKULTÄT; SAARBRÜCKEN, 28.09.72
SAARBRÜCKEN: 1972.
333 S.

WESTDEUTSCHE REKTORENKONFERENZ
ZUM VORSCHLAG FÜR EINEN STAATSVERTRAG DER LÄNDER ZUM ZULASSUNGSWESEN.
STELLUNGNAHME DER 98. PLENARVERSAMMLUNG DER WRK; BONN, 04.06.72
ANL. ZU:
PROTOKOLL DER 98. PLENARVERSAMMLUNG DER WRK;
BONN, 03.06.72–04.06.72.
BONN: WESTDEUTSCHE REKTORENKONFERENZ 1972.
2 S.

Abb. 4–19. *Dokumentzugangsliste*

auswertung entsprechend gekennzeichnet werden. Das Zugangslistenprogramm entnimmt dann den vorgesehenen Beschreibungssätzen die bibliographischen Angaben und gibt diese mehr oder weniger stark strukturiert aus (siehe Abb. 4–19). Die individuelle Benachrichtigung über Dokumentzugänge wird auch als "Selective Dissemination of Information" (kurz: ,,SDI") bezeichnet. Bei ihr muß zunächst jeder SDI-Teilnehmer seine Interessengebiete mit einem Suchprofil aus bibliographischen und/oder inhaltskennzeichnenden Daten beschreiben und zusammen mit seiner Adresse als Dauersuchauftrag in die SDI-Datei eingeben. Das SDI-Programm vergleicht dann die Beschreibungssätze aller zugehenden Dokumente mit diesen Suchprofilen und erstellt für jeden SDI-Teilnehmer eine an ihn adressierte Liste mit den von ihm gewünschten Daten aus den Beschreibungssätzen derjenigen zugegangenen

Dokumente, die sich auf sein Suchprofil hin qualifiziert haben. Diese Listen werden dann den SDI-Teilnehmern nach vorheriger Prüfung zugesandt. Wünscht ein SDI-Teilnehmer anstelle der Listen Karteikarten, dann müssen die Systemmitarbeiter mit Hilfe der Dokumentnummern aus der SDI-Liste das Datenbankabfrageprogramm und das im Abschnitt 4.4.4 beschriebene Karteikartenprogramm zu den entsprechenden Druckausgaben veranlassen und diese an die ebenfalls der SDI-Liste zu entnehmende Adresse des betreffenden Teilnehmers versenden.

4.4.4 Dokumentationsspezifische Druckprogramme für die Datenabfrage [36; 41; 49; 55; 58; 61; 62]

Neben der laufenden Benachrichtigung der Systembenutzer über die Dokumentzugänge im Rahmen der Datenverwaltung sind in der Dokumentation häufig Anfragen zu beantworten, die sich auf den gesamten Datenbestand beziehen (retrospektive Anfragen). Diese Anfragen können in der Suchphase vollständig mit den entsprechenden Routinen des Datenbankabfrageprogramms HVP-AP bewältigt werden. Dabei kann die Suche auf drei Wegen erfolgen, nämlich mit

- den Dokumentennummern als Hauptordnungsdaten
- den gebundenen Deskriptoren (Stich- und Schlagwörtern) als Nebenordnungsdaten und
- den ungebundenen Deskriptoren sowie den bibliographischen Angaben als Anschlußdaten.

Die ungebundenen Deskriptoren können allerdings nur dann als Nebenordnungsdaten verwendet werden, wenn sie numerisch verschlüsselt und dann wie Schlüsselausprägungen der als Schlüssel zu führenden Deskriptoren behandelt werden. So sähe z. B. eine Suchfrage nach allen Dokumenten, die mit dem Deskriptor „Bildungsökonomie (048)" der Deskriptorliste für den Dokumentationsbereich „Hochschulplanung (091)" gekennzeichnet sind, wie folgt aus:

‚ABFRAGE = IF X091 = 048'

Die nach den Klarschriftbezeichnungen geordneten Indexlisten der gebundenen Deskriptoren werden also in diesem Falle außerhalb des ADV-Systems geführt und die Verschlüsselung der Deskriptoren den Auswertern und Systembenutzern zugemutet. Die von den Suchverfahren des HVP-AP gefundenen Datensätze können schließlich von dessen Sortier- und Ausgabeverfahren in der gewünschten Weise für den Druck aufbereitet und auf einer Brückendatei an die dokumentationsspezifischen Druckprogramme übergeben werden.

Diese Druckprogramme sind anstelle der Standarddruckroutine des Datenbankabfrageprogramms HVP-AP zu verwenden. Denn diese ist, da sie im wesentlichen nur für die Ausgabe von Datensätzen gedacht ist, deren Daten nicht zu große Unterschiede in ihrer Länge aufweisen, dafür aber in beliebiger Reihenfolge stehen können (siehe Abb. 5–7) für die Druckausgaben der Dokumentation i. e. S., die in der Regel aus weitgehend standardisierten Datenfolgen mit sehr unterschiedlicher Datenlänge bestehen, nicht geeignet.

Die wichtigsten dokumentationsspezifischen Druckausgaben sind
- die Antwortlisten auf ad hoc-Anfragen
- die Karteikarten für den SDI-Dienst
- die Druckvorlagen für
  - thematische Bibliographien zu bestimmten
    - Sachgebieten
    - Autoren und/oder
    - Zeiträumen
  - Übersichten über den Gesamtbestand (Bandkataloge), die als
    - gebundene Autorenkataloge und/oder
    - gebundene Sachkataloge

    an Interessenten versandt werden können, und
  - Register (strukturierte Zeigerlisten), die den thematischen Bibliographien und Bandkatalogen als Suchhilfsmittel beigelegt werden können.

Die ad hoc-Anfragen können sich unter anderem auch auf die Angaben zu den Zitierungen und rechtstechnischen Verweisungen in dem Beschreibungssatz eines bestimmten Dokuments beziehen. Man erhält dann auf der Antwortliste die Nummern aller in diesem Dokument zitierten oder dieses Dokument zitierenden anderen ausgewerteten Dokumente, so daß man diese in einem weiteren Schritt mit dem ISAM-Verfahren von HVP-AP aufsuchen kann. Die Antwortlisten mit den Zitierungen und rechtstechnischen Verweisungen sind also in gewissem Umfang ein Ersatz für die nicht vorhandene datenbankinterne Verkettung der Datensätze (siehe Abschnitt 3.3.4).

Ein sehr leistungsfähiger und dabei relativ einfach zu erstellender Registertyp sind die KWIC- (Keyword-in-Context-)Register. Sie werden aus den Titeln der nachzuweisenden Dokumente erstellt. Dazu kennzeichnet der Auswerter alle Stichwörter in den Titeln mit einem vorher festgelegten Sonderzeichen. Das ADV-System ordnet dann den erkannten Stichwörtern deren jeweilige Dokumentennummer zu und gibt sie alphabetisch aufsteigend mit ihrer unmittelbaren Titelumgebung aus (siehe Abb. 4–20). Auf diese Weise werden die teilweise erheblichen semantischen Probleme vermieden, die bei den übrigen Dokumentationsverfahren durch die Isolierung der Suchdaten von ihrem Kontext entstehen. Die KWIC-Register sind dafür allerdings auch nur so aufschlußreich wie die Titel der nachgewiesenen Dokumente, die bekanntlich den Dokumentinhalt häufig nur sehr unzureichend wiedergeben.

Registerauszug

```
IBM 1231/1232   SBEFUND-  DOKUMENTATION  SMEDIZIN SBELEGVERARB    71533 E
IOTHEKSWESEN UND IN DER   DOKUMENTATION  FACH BIB-10 S+IM BIBL    81537 E
E NEUE MOEGLICHKEIT DER   DOKUMENTATION  SO-23 S            EIN   78075 E
  KONSTRUKTIONSGERECHTE   DOKUMENTATION  STICHW U ABB Z REF-16    70065 M
     EINIGE GEDANKEN ZUR  DOKUMENTATION DER KRANKENGESCHICHTEN    71522 K
ZEUTISCHEN INDUSTRIE      DOKUMENTATION IN DER CHEMISCH-PHARMA    81521 K
       EUER METHODIK UND  DOKUMENTATION IN DER PSYCHIATRIE        71522 K
EKTRONISCHE+MASCHINELLE   DOKUMENTATION MIT LOCHKARTEN- UND EL    74806 E
  /CHIRURGISCHE BEFUND-   DOKUMENTATION MIT MARKIERUNGSBELEGEN    71523 K
                 IN DER   DOKUMENTATION UND DER BIBLIOTHEKSWES    78192 E
 DER KLINISCHEN BEFUND-   DOKUMENTATION UNTER BESONDERER BERUE    71511 K
  KONSTRUKTIONSGERECHTE   DOKUMENTATION VON TEILEN MIT DER        78086 E
```

Auszug des zugehörigen Katalogs

```
74805 A              44 SEITEN      HANDBUCH
          LOCHSCHRIFTUEBERSETZER 557   HB-44 S
          SYSTEMBERATUNG/360-20
          .74805  IBM 557

74806 E              12 SEITEN      SONDERDRUCK
          MASCHINELLE DOKUMENTATION MIT LOCHKARTEN- UND ELEKTRONISCHEN
            DATENVERARBEITUNGSANLAGEN SO-12 S
          ADL-NACHRICHTEN HEFT 34/64 HEILMANN
          .74806  SKWIC    SSIR  6501

74807 A             159 SEITEN      HANDBUCH
          GRUNDBEGRIFFE DES SCHALTENS  HB-159 S
          SYSTEMBERATUNG/360-20 LEHRER
          .74807  IBM  77/88   IBM  407/447  IBM  424
            IBM  514  IBM  548/557  IBM 602  IBM  604

74816 A              15 SEITEN      HANDBUCH
          SCHREIBSUMMENLOCHER 526   HB-15 S
          SYSTEMBERATUNG /360-20  HOEGERLE
          .74816  IBM  526
```

Abb. 4–20. *KWIC-Register*

Literatur

[1] Albert, H.: Traktat über kritische Vernunft. Tübingen 1969.

[2] Angermann, A.: Voruntersuchung zum Aufbau eines integrierten Informationssystems im Hochschulbereich der BRD. Heidelberg 1968.

[3] Angermann, A. u. U. Blechschmidt: Hochschul-Kostenrechnung. Pullach bei München 1972 (Hochschulplanung Bd. 12).

[4] Arbeitsgruppe FOPRODA: Hochschulforschung. Ansätze zur Entwicklung einer Forschungsprojektdatei. Hannover 1972 (HIS-Brief 29).

[5] –: Hochschulforschung. Erfahrungen zur Datenerfassung im Forschungsbetrieb. Pullach bei München 1973 (HIS-Brief 40).

[6] Arbeitsgruppe der HIS GmbH, Pädagogische Hochschule Westfalen-Lippe: Flächenbedarfsberechnung für eine neue Universität. Hannover 1972 (HIS-Brief 20).

[7] Armitage, P., C. Smith u. P. Alpert: Decision Models for Educational Planning. London 1969.

[8] Arrow, K. J.: Social Choice and Individual Values. New York 1951.

[9] Autorenkollektiv: Ermittlung des Nutzflächenbedarfs im Rahmen der Hochschulentwicklungs- und Hochschulgesamtplanung. Hannover 1973 (HIS-Brief 31).

[10] Bayer, W., K. Fischer u. H.-J. Schneider: Anwendung des Stundenplanprogramms bei der Lehrraumbedarfsermittlung durch Simulation. In: Beiträge zur Bedarfsbemessung wissenschaftlicher Hochschulen, Heft 24, Zentralarchiv für Hochschulbau Stuttgart (Hrsg.). Stuttgart 1969.

[11] Bayer, W. u. a.: Stundenplanprogramm mit natürlicher Konfliktbereinigung. In: Beiträge zur Bedarfsmessung wissenschaftlicher Hochschulen, Heft 29, (BAM-Programm-Report), Zentralarchiv für Hochschulbau Stuttgart (Hrsg.). Stuttgart 1969.

[12] Bayer, W. u. H. Oblasser: Steuerungssystem u. Kapazitätsmodell für Hochschulen. Weinheim, Berlin, Basel 1971 (Hochschulplanung Bd. 6).

[13] Bernstein, L. A.: Statistics for the Executive. New York 1970.

[14] Binder, G. u. R. Bahr: Das Hochschul-Stundenplan-Programm BAM P7H. Hannover 1972 (HIS-Brief 28).

[15] Blahusch, F. u. a.: Personal-Verwaltungs-System (PVS). Ein EDV-gestütztes System zur Verwaltung des Personals und der Stellen der Hochschulen. Pullach bei München 1973 (HIS-Brief 39).

[16] Braun, H., G. Hammer u. K. Schmid: Ein Verfahren zur Ermittlung der Ausbildungs-Kapazität Wissenschaftlicher Hochschulen. In: Forschungsergebnisse und Materialien zum Hochschulgesamtplan I Baden-Württemberg. Villingen 1969.

[17] Brunsberg, H.: Aufstellung von Stundenplänen mit Hilfe elektronischer Datenverarbeitungsanlagen. In: Technische Mitteilungen AEG-Telefunken, 2. Beiheft zur Datenverarbeitung. Berlin 1968.

[18] Buchanan, J. M. u. G. Tullock: Calculus of Consent. Ann Arbor 1962.

[19] Bundesministerium der Finanzen (Hrsg.): Das neue Haushaltsrecht. Bonn 1969.

[20] Burckhardt. V.: Ein Modell mit Computerprogramm zur Prognose von Studentenzahlen und Ausbildungskapazitäten im Hochschulgesamtbereich. In: Bildung in neuer Sicht, Schriftreihe des Kultusministeriums von Baden-Württemberg, Reihe A Nr. 20. Villingen 1969.

[21] Busch, H. u. a.: Globaler Test eines Berechnungsverfahrens zur Ermittlung der Ausbildungskapazität. Weinheim, Berlin, Basel 1972 (HIS-Hochschulplanung Bd. 9).

[22] Cleverdon, C. W.: Aslib Cranfield Research Projekt. Report on the testing and analysis of an investigation into the comparative efficiency indexing systems. Cranfield: College of Aeronautics, Oct. 1962.

[23] Clough, D. J. u. W. P. Mc Reynolds: State Transition Model of an Educational System Incorporating a Constraint Theory of Supply and Demand. Ontario Journal of Educational Research. Bd. 9 (1966), Nr. 1, S. 1–18.
[24] Correa, H.: A Survey of Mathematical Models in Educational Planning. In: Mathematical Models in Educational Planning, OECD. Paris 1967, S. 21 ff.
[25] Dettweiler, E. u. H. W. Frey: Kurz- und langfristige Kapazitätsanalyse im Hochschulbereich. Weinheim, Berlin, Basel 1970 (Hochschulplanung Bd. 2).
[26] Dettweiler, E. u. H. W. Frey: Simulationsmodelle für die Hochschulplanung. Hannover 1972 (HIS-Brief 19).
[27] Dickhoven, S. u. H. G. Klaus: Konzeption zur Automatisierung des Budgetierungsprozesses von Hochschulen. Forschungsbericht DV 72–07 Datenverarbeitung im Auftrag des Bundesministeriums für Bildung und Wissenschaft. Leopoldshafen 1972.
[28] Document Processing System (DPS). 1970 IBM-Form 80 5 99.
[29] Dressel, Pl.: Comments on the Use of Mathematical Models in Educational Planning. In: Mathematical Models in Educational Planning, OECD. Paris 1967, S. 275 ff.
[30] Dreyer, P. u. E. Mundhenke: HISKAM. Ein Computergestütztes System zur Automatisierung des Haushalts-, Kassen- und Rechnungswesens der Hochschulen. HIS-Kurzinformationen Nr. 2/73.
[31] Ehrhardt, M.: Hochschulstatistikgesetz. Kommentar. Bad Honnef 1972 (Hochschulrecht des Bundes Bd. 4).
[32] Eimer, N. u. a.: Inventar-Verwaltungs-System (IVS). Hannover 1972 (HIS-Brief 33).
[33] Elstermann, G. (Hrsg.): Ausbildungskapazität. In: Schriften des Hochschulverbandes, Heft 24. Göttingen 1971.
[34] FIDES Treuhand-Vereinigung, Abt. Operations Research: Bestimmung und Auswertung von Ausbildungskapazitäten an Wissenschaftlichen Hochschulen. Kultusministerium Baden-Württemberg u. HIS GmbH (Hrsg.), 1970.
[35] Fiedler, H.: Theorie und Praxis der Automation in der öffentlichen Verwaltung. Die Öffentliche Verwaltung 1970, S. 469 ff.
[36] Fischer, M.: The KWIC-Index concept: A retrospective view. Americ. Doc. 17/66 S. 57–70.
[37] Frey, B. S.: Polittheorie. Warum man Ökonomie und Politik nicht trennen kann. Wirtschaftswoche Heft 17/72, S. 34–40.
[38] Frey, H. W.: Kurzbericht über das Projekt: Anwendung des HIS-Simulationsmodells B an der Universität Karlsruhe. HIS-Kurzinformationen Nr. 5/73.
[39] –: VERSTAT. Veranstaltungsstatistik auf EDV-Basis. Pullach bei München 1973 (HIS-Brief 41).
[40] Frey, H. W. u. M. Utz: Untersuchung des Personal- u. Raumbedarfs im Fach Anglistik mit Hilfe eines Simulationsmodells auf EDV-Basis. Weinheim, Berlin, Basel, 1972 (Hochschulplanung Bd. 10).
[41] Freytag, J.: Wichtiges analytisches Informationsmittel: Zitierindex. ZIID – Z 15/68 S. 170–174.
[42] Fricke, W. u. F. Kretschmer: Systeme zur selektiven Verbreitung von Informationen. Informatik 16 (1969) 5, S. 30–33.
[43] Gerken, H. u. a.: Flächenbedarf für das Aufbau- und Verfügungszentrum der Gesamthochschule Kassel. Pullach bei München 1973 (HIS-Brief 8).
[44] Graml, H. u. K. Wimmer (Bearb.): Maschinelle Informationssysteme für nicht-formatierte Daten. Vorstudie zum Demonstrations-DV-Projekt Maschinelle Literaturdokumentation (DEMLID). Dokumentationszentrum der Bundeswehr. Forschungsberichte aus der Wehrtechnik 71/11 (BMVtg – FBWT 71–11. 1971) Bonn 1971.
[45] Grosse, U.: PRIMAS-Programm zum Rückgewinnen und Indexieren mit Maschinenhilfe. Tagungsbericht der ersten europäischen Tagung über Dokumentationssysteme und -netze. Luxemburg 16.–18. Mai 1973.
[46] Gulko, W. W.: The Resource Requirements Prediction Model (RRPM-I). An Overview, Planning on Management System Division, WICHE. Boulder, Colorado 1971.

[47] Guth, G., U. Ukena u. R. Vieten: Kriterien zur vergleichenden Analyse von Hochschul-Modellen. Quickborn 1970.
[48] Halpern, J.: Bounds for New Faculty Positions in a Budget Plan. Office of the Vice President-Planning and Analysis, University of California. Ford Foundation Research Program in University Administration, Paper P. 10, 1970.
[49] Hasenmüller, U. u. W. Herrmann: Einführung in die maschinelle Dokumentation. IBM-Beiträge zur Datenverarbeitung. Methoden und Techniken 1. München 1972.
[50] Hochschul-Informations-System (HIS) GmbH: Jahresbericht 1972/73.
[51] Hoffmann, D. u. a.: Automatische Textanalyse mit PASSAT. Überlegungen, Versuche und erste Ergebnisse. Zeitschrift für Datenverarbeitung 7/71, S. 495–504.
[52] Hoppe, A.: Die systematischen Grundlagen für ein linguistisch orientiertes maschinelles Dokumentationsverfahren. Nachr. f. Dok. 4/1969, S. 152–162.
[53] –: Grundzüge der kommunikativen Grammatik. Schriftenreihe zur kommunikativen Grammatik, Bd. 2. Bonn 1971.
[54] Hülck, K., D. Klugmann u. G. Peetz: GOLEM – Ein allgemein anwendbares Verfahren für die Dokumentation und das Wiederauffinden von Informationen (Siemens Schriftenreihe „data praxis", 16. 7. 1967).
[55] Indicat. Ein Programm zur Informationserschließung. Einführung in die Register-, Verzeichnis- und Katalogherstellung durch Computeranwendung. IBM-Form H 12–1054.
[56] Judy, R. W.: Simulation and Rational Resource Allocation in Universities. In: Efficiency in Resource Utilisation in Education, Technical Reports der OECD, Paris 1969, S. 255 ff.
[57] Junginger, W.: Erstellung von Stundenplänen auf Rechenanlagen. In: Nicht-numerische Informationsverarbeitung. R. Gunzenhäuser (Hrsg.), Wien 1968. S. 250 ff.
[58] Keyword-In-Context (KWIC) - Indexing. 1962. IBM-Form E 20–8091.
[59] Khan, A. G.: A Survey of Educational Planning Models in the OECD Member Contries. In: Models of Manpower Systems. A. R. Smith (Hrsg.), London 1970, S. 107–149.
[60] Küsgen, H. u. a.: Planung der langfristigen Investitionen von Hochschulen. Weinheim-Berlin-Ba el 1970 (Hochschulforschung Bd. 4).
[61] Laisiepen, K., E. Lutterbeck u. K. H. Meyer-Uhlenried: Grundlagen der praktischen Information und Dokumentation. München-Pullach, Berlin 1972.
[62] Lauther, H., R. Polacsek u. M. Rehm: VALID. Ein allgemein anwendbares Programmsystem zur Herstellung von Literaturverzeichnissen und zur Durchführung von Literaturrecherchen. Meth. Inform. Med 8/1969, S. 90–94.
[63] Leizak, D.: Ein mathematisches Modell zur Erstellung von Stundenplänen. Elektronische Datenverarbeitung Heft 3/1966, S. 102 ff.
[64] –: Variable Zielfunktionen beim Stundenplanproblem. Elektronische Datenverarbeitung Heft 3/1966, S. 112 ff.
[65] Lehmann, J., G. Portele u. K. Reif: Kritik bisheriger Denkansätze und Modelle zur Kapazitätsfeststellung der deutschen Hochschulen. In: Sozialwissenschaftliches Jahrbuch für Politik. Bd. 1. W. Wildemann (Hrsg.). München 1966. S. 219–234.
[66] Little, I. M. D.: A Critic of Welfare Economics Oxfort/Engl. 1950.
[67] Litz, H.-P.: Neue Ansätze in der Bildungsstatistik. Statistische Hefte, Bd. 11 (1970), S. 74–85.
[68] Lustig, G.: Methoden der automatischen Indexierung. In: Sprachliche Ansätze im Informations- und Dokumentationsbereich. Referate der Arbeitstagung des Komitees Automation der Dokumentation der Dt. Ges. f. Dok. e. V. am 24./25. Febr. 1970 in Frankfurt a. M. Beiheft 20 zu Nachr. f. Dok. 1970, S. 108–117.
[69] Menges, G., G. Estermann u. H. Rommelfanger: Kapazitätsmodelle. Weinheim, Berlin, Basel 1971 (Hochschulplanung Bd. 4).
[70] Mertens, P. u. J. Griese: Industrielle Datenverarbeitung. Bd. 2 Informations- und Planungssysteme. Wiesbaden 1972.
[71] Minke, E. u. M. Weichhold: Kurzbericht zum Test des FIDES-Kapazitätsmodels. Hannover 1972 (HIS-Brief 22).
[72] Mundhenke, E.: Haushaltswesen der Hochschulen. Hannover 1971 (HIS-Brief 17).

[73] Mundhenke, E., R.v. Lützau u. H. M. Sneed: Aufbau eines Informationssystems für Hochschulen, Zeitschrift für Datenverarbeitung, Heft 3/70, S. 172–177, Heft 4/70, S. 262–266 u. Heft 5/70, S. 331–335.
[74] Newton, R. D. u. E. E. Enscore: A Model for Prediction of Instructional Activity in an Institution of Higher Education. Pennsylvania State University, University Park, Pa. (XVIII International Meeting, The Institute of Management Science, Washington, D. C. March 1971).
[75] Olson, M.: Logik des kollektiven Handelns. Tübingen 1968.
[76] Perkins, W. C. u. P. E. Paschka: A Simulation Model for Higher Education in a State. 11th American Meeting. The Institute of Management Sciences. Los Angeles, Cal. 1970.
[77] Pigou, A. C.: The Economics of Welfare. London 1932.
[78] Projektgruppe BAU: Baubestandserfassung. HIS-Systemdokumentation. Hannover 1973.
[79] Projektgruppe Erlangen: Informationssysteme für die Universität Erlangen-Nürnberg. Hannover 1970 (HIS-Brief 9).
[80] Projektgruppe Gültigkeit von Kapazitätsaussagen: Zur Problematik der Anwendung von Kapazitätsmodellen. Hannover 1971 (HIS-Brief 12).
[81] Projektgruppe LVD: Entwurf einer Lehrveranstaltungsdatei. HIS-Arbeitsbericht. Hannover 1972.
[82] Projektgruppe PVS: Personal-Verwaltungs-System für die Universitäten Baden-Württembergs. HIS-Projektbericht. Hannover 1972.
[83] Projektgruppe SOS: Studenten-Operations-System. HIS-Systemdokumentation. Hannover 1972.
[84] Rimbert, D.: Die SDI, eine zweite Generation? Tagungsbericht 3.3 der ersten europäischen Tagung über Dokumentationssysteme und -netze. Luxemburg 16.–18. Mai 1973.
[85] Salton: Automatic Information Organization and Retrieval. New York 1968.
[86] Schaaf, G. u. H. D. Koch: Modelle zur Berechnung der Studienplatzkapazitäten der Pädagogischen Hochschulen in Baden-Württemberg. In: Forschungsergebnisse u. Materialien zum Hochschulgesamtplan I Baden-Württemberg. Villingen 1969, S. 198–220.
[87] Schrader, E.: Zur Berechnung der Ausbildungskapazität Wissenschaftlicher Hochschulen. Kapazitätsmodelle als hochschulsoziologisches Problem. Diss. Münster 1969.
[88] Schrammel, D. u. J. Griese: Prognose-Informations-System u. Auslastungs-Informations-System. Weinheim, Berlin, Basel 1971 (Hochschulplanung Bd. 7).
[89] Schrimpf, J.: Das Wiederauffinden von Informationen mit Hilfe von maschinellen Dokumentationssystemen. In: Dokumentation und Information. Hrsg.: E. Lutterbeck. Frankfurt a. M. 1971.
[90] Schürfeld, H., M. P. Derriens u. F. Böhme: Ein Verfahren zur automatischen Indizierung, Speicherung u. Wiedererbringung von Volltext-Dokumenten. Fachtagung Information Retrieval Systeme (IRS)/Management Informations Systeme (MIS) der Gesellschaft für Informatik. Stuttgart 9.–11. Dezember 1970, S. 83–100.
[91] Seggelke, J.: DAVOR. Informationssystem für Förderungsvorhaben im Minsterium für Bildung und Wissenschaft. Überblick und kurze Gesamtdarstellung. Bonn Juli 1972. (maschinengeschr. Manuskript).
[92] STAIRS – Storage and Information Retrieval System. IBM-Handbuch für die maschinelle Dokumentation mit STAIRS. DV-Anwendungsschule Wissenschaft und Verwaltung Bonn.
[93] Statistisches Bundesamt: Zum technischen Konzept der Datenbank beim Statistischen Bundesamt. Wiesbaden 29. Juni 1971. (maschinengeschr. Manuskript).
[94] Studiengruppe für Systemforschung: Intensivere Nutzung der räumlichen Kapazität im Hochschulbereich. Abschlußbericht 1. Projektphase. Heidelberg Januar 1972.
[95] Telefunken Computer: TELDOK (Telefunken Dokumentationssystem). Handbuch System TR 440. Bestell-Nr.: 440.GO.02.
[96] TEXTPAC – Normal Text Information Processing Retrieval and Current Information Selection System. 1969. IBM-Form E 20–0335.

[97] Thompson, R. K.: Higher Education Administration. An Operating System Study Utilizing a Dynamic Simulation Model. University of Washington, Seattle (1970).
[98] Wallis, W. A. und H. V. Roberts: Methoden der Statistik. Hamburg 1969.
[99] Weathersby, G. B. u. M. C. Weinstein: A Structural Comparison of Analytical Models for University Planning and Analysis. University of California, Ford Foundation Research Program in University Administration, Paper P. 12. 1970.
[100] Wersig, G.: Inhaltsanalyse. Einführung in ihre Systematik und Literatur. Berlin 1968 (Schriftenreihe zur Publizistikwissenschaft 5).
[101] Williams, J. M. u. M. P. Perriouns: Automatic Full Text Indexing and Searching System: Information Systems Symposium. Washington, D. C., September 4.–6, 1968, S. -36–350.
[102] Zangemeister, Chr.: Werturteil und formalisierte Planungsprozesse. Zeitschrift für Organisation 4/73 S. 217–224.
[103] Zöllner, U.: AUTOR – Ein ausbau- und verbundfähiges, textorientiertes Datengewinnungs-System für Hochschulverwaltung und -politik (maschinengeschr. Manuskript).

5. Kommunikation mit dem ADV-System für Hochschulverwaltung und -politik

5.1 Einleitung

Den folgenden Ausführungen liegt das im Abschnitt 2.6 entwickelte und in den Abbildungen 2–8, 2–9 und 2–10 dargestellte Begriffsschema für die Ausstattung, die Funktionen und die Kommunikationsbeziehungen eines computerorientierten Informationssystems zugrunde. Von den dort beschriebenen Sachverhalten sollen in diesem Kapitel allerdings nur die logischen Aspekte der Ansprache des ADV-Systems und das dadurch bewirkte Zusammenspiel von Betriebssystem, HVP-Datenbank und HVP-Methodenbank sowie die dabei notwendigen Vorkehrungen gegen Fehlleistungen und Mißbrauch behandelt werden[1].

Die Kommunikation mit dem ADV-System für HVP wird als Abfolge von Kommunikationsproblemen dargestellt, deren Lösung jeweils die Lösung der vorangehenden Probleme voraussetzt. Diese Probleme sind:

(1) Wie macht man das ADV-System mit Hilfe des jeweils vorgefundenen Betriebssystems für die Erfüllung seiner eigentlichen Aufgaben, also für die Verwaltung, Abfrage und Weiterverarbeitung der Primär- und Sekundärdaten betriebsbereit und wie erhält man diese Betriebsbereitschaft? (Abschnitt 5.2)

(2) Wie bewältigt man mit dem betriebsbereiten ADV-System die aus den verschiedensten Anlässen resultierenden Zugänge, Änderungen und Löschungen von Primär- und Sekundärdaten? (Abschnitt 5.3)

(3) Wie kann man aus dem so verwalteten ADV-System bestimmte Primär- und/oder Sekundärdaten wiedergewinnen? (Abschnitt 5.4)

(4) Wie kann man die mit dem ADV-System wiedergewonnene Primär- und/oder Sekundärdaten weiterverarbeiten? (Abschnitt 5.5)

(5) Welche Vorkehrungen und Maßnahmen sind gegen Fehlleistungen, Fehlbenutzung und Mißbrauch des ADV-Systems zu treffen? (Abschnitt 5.6, 5.7 und 5.8).

Damit durch diese schrittweise Darstellung nicht ein falscher Eindruck von der tatsächlichen Kommunikation mit dem ADV-System für HVP entsteht, sei noch einmal in Erinnerung gerufen, daß dieses System für den Off-line (Stapel-)Betrieb konzipiert ist. Die Kommunikation erfolgt also nicht sukzessiv sondern in mehr oder weniger großen physischen Nachrichtenblöcken, in denen alle Datenverwaltungs-, -abfrage- und -weiterverarbeitungsnachrichten eines Tagesabschnitts oder auch eines ganzen Tages zusammengefaßt und dann in einem geschlossenen Computerlauf abgearbeitet

[1] Die technisch-organisatorischen Voraussetzungen und Bedingungen für das hier entwickelte logische ADV-Systemmodell werden mit Ausnahme der technisch-organisatorischen Vorkehrungen gegen Fehlleistungen, Fehlbenutzung und Mißbrauch des ADV-Systems erst in den Kapiteln 6 und 7 behandelt.

werden. Die Organisation dieser Computerläufe ist Aufgabe des betreffenden ADV-Systemmanagers, der dafür zu sorgen hat, daß
- die einzelnen Stapel vollständig,
- die erforderlichen Steuerkarten vorhanden und
- die Stapel richtig, d. h. in der Reihenfolge
  - Programmstapel
  - Strukturdatenstapel
  - Primär- und Sekundärdatenstapel
  - Abfragestapel ohne Methodenbankanforderung und
  - Abfragestapel mit Methodenbankanforderung

geordnet sind. Hierauf soll jedoch an dieser Stelle nicht näher eingegangen werden.

5.2 Kommunikation bei der Programm- und Strukturdatenverwaltung

Ein ADV-System ist erst dann betriebsbereit, wenn das jeweilige Betriebssystem die Logik aller Programm- und Datenstrukturen des Systems beherrscht. Um dies zu erreichen, muß man dem Betriebssystem zunächst die Datenbankverwaltungsprogramme, dann die Strukturen der Primär- und Sekundärdateien und schließlich die Datenbankabfrage- und Methodenbankprogramme verfügbar machen. Der erste und der letzte Schritt ergeben zusammen mit der Modifikation der betreffenden Programme die Programmverwaltung, der mittlere Schritt zusammen mit der Modifikation der Primär- und Sekundärdateistrukturen die Strukturdatenverwaltung.
Die Programmverwaltung erfolgt in der dem jeweiligen Betriebssystem verständlichen Kommandosprache. Diese üblicherweise als Job Control Language (kurz: JCL) bezeichnete Sprache schreibt vor, wie man die Programme zu identifizieren und mit ihren wesentlichen Kenndaten (Programmiersprache, eingebaute Programmparameter, Unterprogrammstruktur, etc.) zu beschreiben hat. Die in ihr formulierten Nachrichten werden dann zusammen mit den beschriebenen Programmen dem Betriebssystem übergeben und von diesem „gebucht". Damit sind die Programme dem Betriebssystem logisch verfügbar und können jederzeit mit weiteren JCL-Nachrichten aufgerufen, verknüpft, geändert oder gelöscht werden. Diese Vorgänge werden stets durch Programmkopien, log files und Protokolle gesichert, so daß eventuelle Fehlleistungen oder mißbräuchliche Eingriffe festgestellt und korrigiert bzw. verfolgt werden können (siehe Abb. 5–1).
Die Verwaltung der Datenbankverwaltungsprogramme beinhaltet zugleich die Organisation und Reorganisation der Strukturdateien, denn deren Aufbau ist fest in die Data Division dieser Programme einprogrammiert. Mit den Datenbankverwaltungsprogrammen ist dem Betriebssystem also zugleich auch die logische Struktur der Datenfeldbeschreibungs-, Schlüssel- und Referenzdatei verfügbar.
Dagegen wird die Struktur und Verknüpfung der Primär- und Sekundärdateien im ADV-System für HVP nicht in den entsprechenden Programmen, also den Daten-

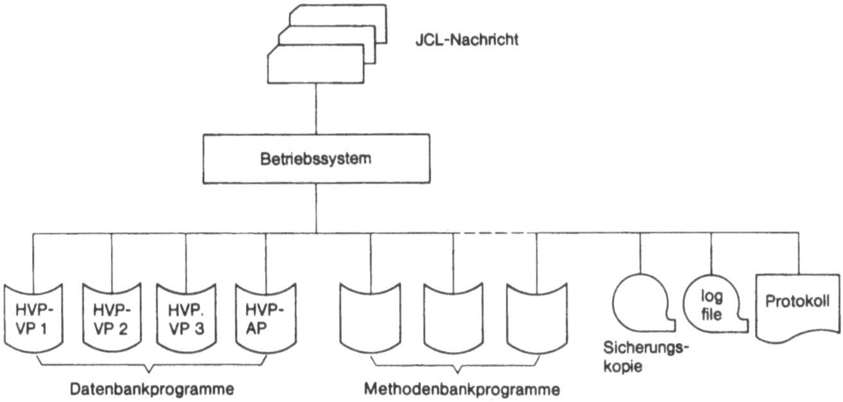

Abb. 5–1. *Kommunikation bei der Programmverwaltung*

bankabfrage- und Methodenbankprogrammen, sondern in spezifischen Strukturdateien beschrieben. Die Verwaltung der Primär- und Sekundärdatenstruktur erfolgt hier also nicht innerhalb der Programmverwaltung sondern als davon losgelöste Strukturdatenverwaltung, in der die logischen Strukturen jeweils einmal für alle Programme aufgebaut und modifiziert werden. Dabei werden
- die Datenfeldbeschreibungsdatei und
- die Schlüsseldatei

mit gesonderten Verfahren verwaltet, während
- die Referenzdatei

zusammen mit den Primär- und Sekundärdateien verwaltet wird.

Die Datenfeldbeschreibungsdatei wird mit dem in Abschnitt 3.4.1 erläuterten Programmpaket HVP-VP 2 verwaltet. Um es zum Einsatz zu bringen, muß man das Betriebssystem mit einer entsprechenden JCL-Nachricht veranlassen, das Programm zusammen mit dem erforderlichen Speicherplatz für den betreffenden Computerlauf bereitzustellen. Das bereitgestellte Programm kann dann mit Nachrichten, die in einer für das ADV-System für HVP eigens entwickelten Datenfeldverwaltungssprache (DFS) formuliert werden müssen, zu den gewünschten Transformationen veranlaßt werden. Diese Transformationen werden vom ADV-System protokolliert und mit Dateikopien und log files [28, S. 143 ff] gesichert, so daß Fehlleistungen korrigiert und unzulässige Eingriffe verfolgt werden können (siehe Abb. 5–2).

Die Datenfeldverwaltungssprache DFS tritt an die Stelle der COBOL-Regeln, die sonst zur
- Identifikation und Segmentierung der zu beschreibenden Primär- und Sekundärdateien und zur
- Eröffnung, Änderung und Löschung einzelner Primär- und Sekundärdatenfelder

hätten verwendet werden müssen. Dadurch, daß diese Sprache speziell für die Belange

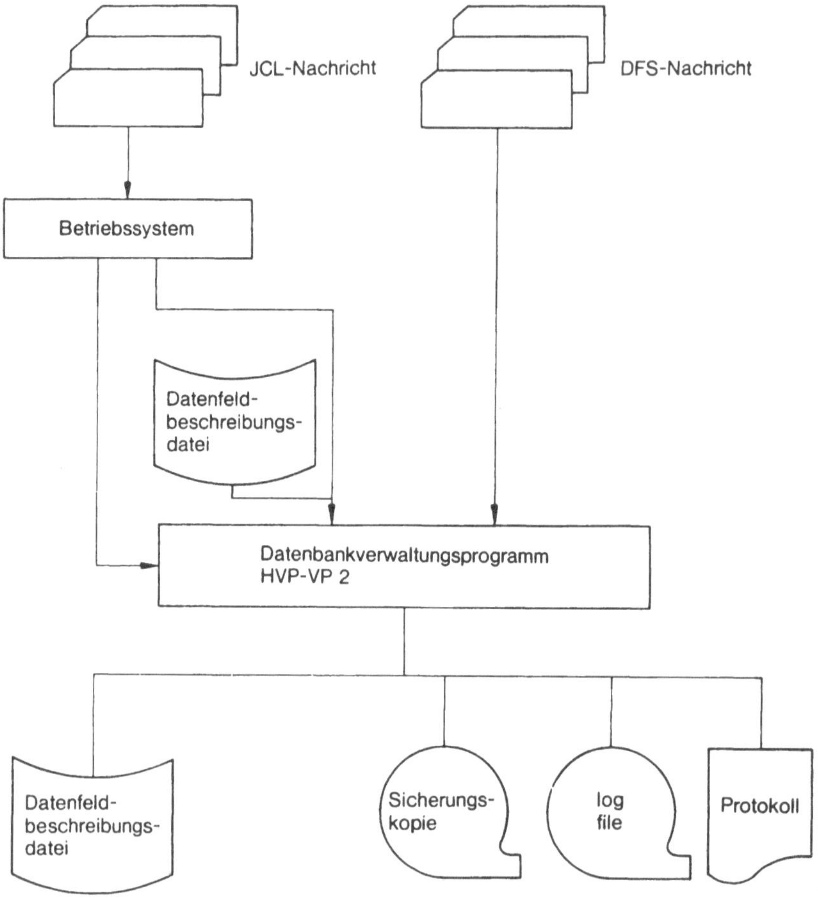

Abb. 5–2. *Kommunikation bei der Verwaltung der Datenfeldbeschreibungsdatei*

der Dateistrukturierung entwickelt werden konnte, ist sie sehr viel leistungsfähiger als die entsprechenden COBOL-Regeln [1, S. 48 ff].

Für die Dateiidentifikation und -segmentierung sieht die DFS folgende Beschreibungsmerkmale vor:

- Benutzerkennzeichen (nur wer sich mit einem zugelassenen Benutzerkennzeichen ausweisen kann, darf in die beschriebene Datei eingreifen)
- Dateibezeichnung in Klarschrift (z. B. ,,Studentenstammdatei")
- Dateikennzeichen (z. B. ,,S" für die Studentenstammdatei)
- Länge der Segmente in der Datei (danach werden die entsprechenden physikalischen Dateien gebildet)
- Zahl der fest formatierten Segmente
- Höchstzahl der frei formatierten Segmente
- Höchstzahl der nicht-formatierten Segmente
- Zahl der fest formatierten Datenfelder

- Höchstzahl der frei formatierten Datenfelder
- Höchstzahl der nicht-formatierten Datenfelder.

Für die Eröffnung, Änderung und Löschung der Primär- und Sekundärdatenfelder schreibt die DFS ein Datensatzformat vor, das aus

- einem Datenteil und
- einem Kommandoteil

besteht.

Der Datenteil dieses Satzformats hat die gleiche Struktur wie die in Abb. 3–11 dargestellten systemresidenten Sätze der Datenfeldbeschreibungsdatei. Er ist also auch in die Datenfeldgruppen für

- Identifikationsdaten
- Adressierungsdaten
- funktionale Verknüpfungsdaten
- Eingabedaten und
- Ausgabedaten

untergliedert. Von diesen Gruppen müssen die beiden ersten stets besetzt sein. Die übrigen sind dagegen nur bei Bedarf zu besetzen.

So sind die Felder für die funktionalen Verknüpfungsdaten nur dann auszufüllen, wenn das System bestimmte selbst erzeugte Sekundärdaten verwalten soll (siehe Abschnitt 5.3). In den Feldern ist dann die arithmetische Funktion zu beschreiben, über die die Sekundärdaten aus den Daten der beschriebenen Primär- und/oder anderen Sekundärdatenfelder (Basisdaten) erzeugt und ständig an deren Entwicklung angepaßt werden sollen.

Die Eingabedatenfelder sind nur dann zu besetzen, wenn für das zu beschreibende Datenfeld Plausibilitätsprüfungen vorgesehen sind und/oder das Feld aus erhebungstechnischen Gründen nicht an der in den standardisierten Bewegungssätzen reservierten Stelle eingegeben werden soll. In diesen Fällen sind die jeweiligen Plausibilitätsbedingungen und/oder die vom Standardformat abweichende Datenfeldposition in den Eingabedatenfeldern zu beschreiben.

Die Ausgabedatenfelder sind schließlich nur dann auszufüllen, wenn auf den auszugebenden Listenbildern die Namen der beschriebenen Datenfelder als Klartexte („Wortkonserven") ausgegeben werden sollen und/oder bei der Auflistung der Inhalte der beschriebenen Datenfelder bestimmte Kommagliederungen vorgenommen werden sollen. In den Ausgabedatenfeldern sind dann die betreffenden Klartexte und Kommastellen anzugeben.

Der Kommandoteil der Datenfeldverwaltungsnachrichten besteht aus einem einzigen Feld, in das eines der drei möglichen Funktionskennzeichen

1 = Satzeröffnung
2 = Satzänderung
3 = Satzlöschung

einzutragen ist. Dieses Feld muß stets besetzt werden. Geschieht dies nicht, weist das ADV-System die betreffende Nachricht ab.

Die Schlüsseldatei wird mit dem ebenfalls im Abschnitt 3.4.1 erläuterten Datenbankverwaltungsprogramm HVP-VP 3 verwaltet. Dieser Vorgang entspricht weitgehend der Verwaltung der Datenfeldbeschreibungsdatei. Allerdings wird das Programm

HVP-VP 3 nicht in einer spezifischen Sprache wie der DFS, sondern mit einer einfachen COBOL-Nachricht angesprochen und zu den gewünschten Transformationen veranlaßt (siehe Abb. 5–3).

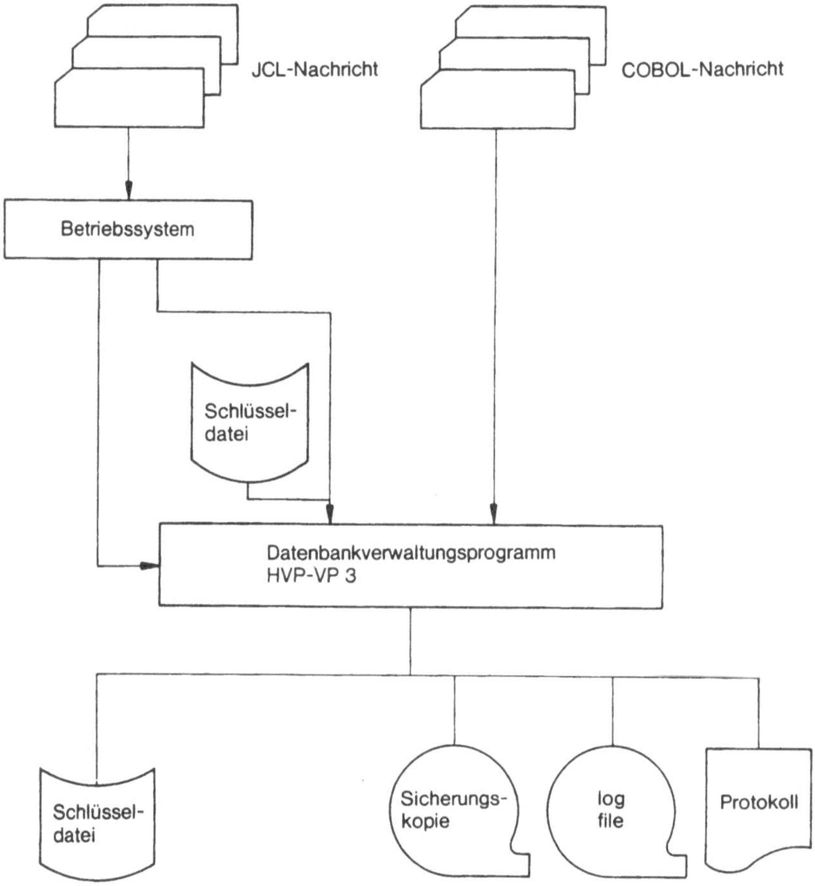

Abb. 5–3. *Kommunikation bei der Verwaltung der Schlüsseldatei*

5.3 Kommunikation bei der Primär- und Sekundärdaten verwaltung

Unter Primärdatenverwaltung wird hier der Aufbau, die Änderung und die Löschung von Primärdateien verstanden. Unter dem Aspekt der Datengewinnung sind dabei zwei Fälle zu unterscheiden:

(1) die einfache Verwaltung von Primärdaten und

(2) die Verwaltung von Primärdaten im Verlaufe von Verwaltungsakten.

Der Fall (1) ist gegeben, wenn Primärdaten im Anschluß an eine Erhebung von Daten, die erst für spätere politisch-administrative Entscheidungen bestimmt sind, zugehen, geändert oder gelöscht werden. Eine solche Erhebung kann erfolgen

- als Fragebogen- und/oder Interviewaktion (wie z. B. die Erhebung von Raumdaten, Lehrveranstaltungsdaten und Forschungsprojektdaten) oder
- als Auswertung von Dokumenten im Rahmen des laufenden Dokumentationsbetriebs bzw. in periodischen Aktionen (wie z. B. die Auswertung von Gesetzen, Verordnungen und Ordnungen).

Derartige Erhebungen haben auf die Dauer nur dann einen Sinn, wenn sie im Rahmen eines institutionell verankerten Berichtswesens laufend fortgeschrieben werden. Anderenfalls besteht die Gefahr, daß die mit ihnen gewonnenen Daten, die ja nicht unmittelbar durch das konkrete Verwaltungsgeschehen auf dem neuesten Stand gehalten werden, veralten und dann, wenn sie benötigt werden, zu Fehlinformationen führen. Das Berichtswesen muß also soweit wie möglich den Aktualisierungsdruck des Verwaltungsgeschehens simulieren, was allerdings wegen der allgemeinen Überbelastung der davon Betroffenen in der Regel sehr schwierig sein wird.

Der Fall (2) liegt vor, wenn Primärdaten im unmittelbaren Zusammenhang mit laufenden oder periodischen administrativen Entscheidungen zugehen, geändert oder gelöscht werden. Dabei geht der Verwaltungsanstoß gewöhnlich vom Verwaltungspublikum aus, so daß das Datengewinnungsproblem in diesem Fall lediglich darin besteht, die Kommunikation zu formalisieren. Ein wesentliches Medium ist dabei das viel beklagte Verwaltungsformular, das die vorgeschriebenen Dienstwege durchlaufen muß. Durch diese Formalisierung und durch den überwiegend externen Kommunikationsanstoß ist in hohem Maße sichergestellt, daß die so gewonnenen Daten auf ihre Korrektheit überprüft und auf dem neuesten Stand gehalten werden.

Die Primärdatenverwaltung wirft einige Erhebungsprobleme auf, die hier jedoch nur kurz angedeutet werden können. Diese Probleme entstehen dadurch, daß sich die menschlichen Fähigkeiten der Datenspeicherung, -umsetzung, -codierung und -verarbeitung erheblich von denen der ADV-Systeme unterscheiden. So kann sich z. B. ein Mensch im Gegensatz zum Computer in der Regel sehr viel besser nicht-numerische Daten merken und sich auch besser nicht-formatiert als formatiert verständigen. Dementsprechend stehen die Forderungen nach Benutzerfreundlichkeit der Erhebungsinstrumente und möglichst erhebungsnaher Eingabe der Daten in das ADV-System im Widerspruch zueinander.

Die Lösung dieses Widerspruchs kann nur in einem Kompromiß bestehen, der je nach den vorhandenen „Dolmetschern" zwischen Benutzern und ADV-System, der Be-

lastbarkeit der Benutzer und der Codierungsfähigkeit des ADV-Systems mehr den menschlichen oder den maschinellen Fähigkeiten entgegenkommen wird. Die HVP-Datenbank ermöglicht es, den menschlichen Fähigkeiten weitgehend entgegen zu kommen, da sie Abweichungen zwischen der Struktur der Erhebungsformulare und der standardisierten Eingabesätze über die Dateneingabebeschreibung in der Datenfeldbeschreibungsdatei ausgleichen kann. Bei ihr sollte deshalb stets der Benutzerfreundlichkeit der Erhebungsinstrumente der Vorrang vor der dateigerechten Eingabe gegeben werden, nicht zuletzt auch deswegen, weil dadurch die Fehlerquote in der Datenerhebung stark gesenkt werden kann.
Neben dieser Lösung über die Datenfeldbeschreibungsdatei bietet sich auch das Arbeiten mit Rücklaufbelegen an. Ihr Vorteil besteht darin, daß das ADV-System einen großen Teil der Belegeintragungen auf Grund seiner aus vorangegangenen Erhebungen gewonnenen Kenntnisse über den Benutzer selbst einträgt (Rücklaufdaten) und diesem dann nur noch die restlichen Eintragungen und/oder die Korrektur der Rücklaufdaten zumutet. Die Strukturierung der Rücklaufdaten kann dann vom ADV-System nach dessen eigenen Konventionen vorgenommen werden [30, S. 28].
Bei der Primärdatenverwaltung muß man in beiden Fällen zunächst das Betriebssystem mit einer entsprechenden JCL-Nachricht anweisen, das im Abschnitt 3.4.1 erläuterte Programmpaket HVP-VP 1 zusammen mit der Datenfeldbeschreibungsdatei, der Schlüsseldatei und den betreffenden Primärdateien bereitzustellen. Das HVP-VP 1 ist dann in einer speziell für diesen Zweck entwickelten Datenverwaltungssprache (DVS) zu veranlassen, die gewünschten Transformationen durchzuführen. Dabei werden automatisch die von der Primärdatenverwaltung betroffenen Zeiger in der Referenzdatei mit verwaltet [9, S. 232 ff]. Der gesamte Vorgang wird durch Dateikopien, log files und Protokolle gesichert (siehe Abb. 5–4).
Die Datenverwaltungssprache DVS regelt die Länge, Zeichendarstellung, Ausprägungen und Reihenfolge der einzugebenden Primärdaten und die Position und Ausprägungen der zulässigen Kommandos. Dabei entsprechen die in ihr vorgeschriebenen Satzstrukturen den im Abschnitt 3.2.4 erläuterten Strukturen der Bewegungsdatensätze für die Eröffnung, Änderung und Löschung von Primärdatensätzen/-segmenten. Für die darin reservierten Anweisungsfelder sind die folgenden Anweisungen vorgesehen:
- als Funktionskennzeichen
  ,1' = Satzeröffnung
  ,2' = Datenänderung
  ,3' = Satzlöschung
  ,4' = Segmenteröffnung und
- als Operationskennzeichen
  ,=' = das „alte" Datum ist durch den Änderungswert zu ersetzen
  ,+' = das „alte" Datum ist um den Änderungswert zu erhöhen.
  ,–' = das „alte" Datum ist um den Änderungswert zu verringern.

Die Operationskennzeichen dürfen nur in der Datenänderungsfunktion verwendet werden. Sie gestatten dabei nicht nur, das jeweilige „alte" Datum mit einem „neuen" Datum zu überschreiben (,=') sondern auch das „alte" Datum um einen bestimmten

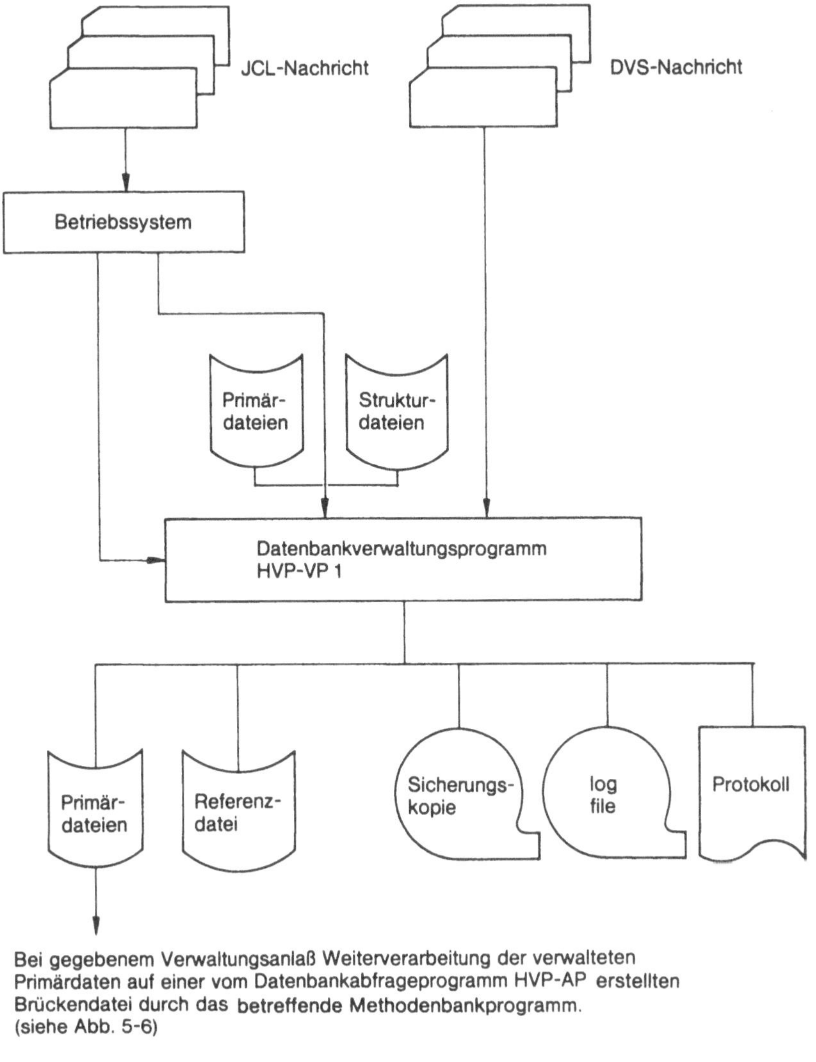

Abb. 5-4. *Kommunikation bei der Primärdatenverwaltung*

Wert zu erhöhen (‚+‘) oder zu verringern (‚–‘), was vor allem bei der Verwaltung von Finanzkonten sehr vorteilhaft ist.

In der Datenverwaltungssprache DVS wird für jeden Datenverwaltungsfall ein Nachrichtenblock gebildet, der sich jeweils aus einem einheitlich strukturierten Kopfteil und einem funktionsspezifischen Rumpfteil zusammensetzt (siehe auch Abb. 3.6, 3.7 und 3.8).

Der Kopfteil dieser Nachrichtenblöcke enthält

– die logische Adresse des von dem jeweiligen Verwaltungsfall betroffenen Segments

sowie
- das Funktionskennzeichen dieses Verwaltungsfalles.

Der Rumpfteil beinhaltet
- bei der Satz- bzw. Segmenteröffnung alle Nebenordnungs- und Anschlußdaten des zu eröffnenden Satzes bzw. Segments in der für die systemresidenten Daten vorgeschriebenen Struktur,
- bei der Datenänderung die Feldnummer des zu ändernden Datums, das Operationskennzeichen, den Änderungswert und eventuell den Bedingungswert und
- bei der Satzlöschung Leerfelder.

So wäre z. B. die umgangssprachliche Nachricht

> „Trage in den Datensatz des Universitätsangestellten mit dem Personalkennzeichen ‚500 743' die Kinderzahl ‚3' ein"

die auf eine Datenänderung zielt, zunächst wie folgt umzuformulieren

> ‚Ändere (Funktionskennzeichen ‚2') das Datum, das in der Personaldatei (Dateikennzeichen ‚P') im Datensatz mit der Nummer ‚500 743' (Satznummer in der Personaldatei) unter der Feldnummer P 09 (Zahl der Kinder) steht, indem der Inhalt dieses Feldes durch den Änderungswert ‚3' ersetzt wird (Operationskennzeichen ‚=')'

In ihrer vorgeschriebenen Form lautet diese Nachricht dann

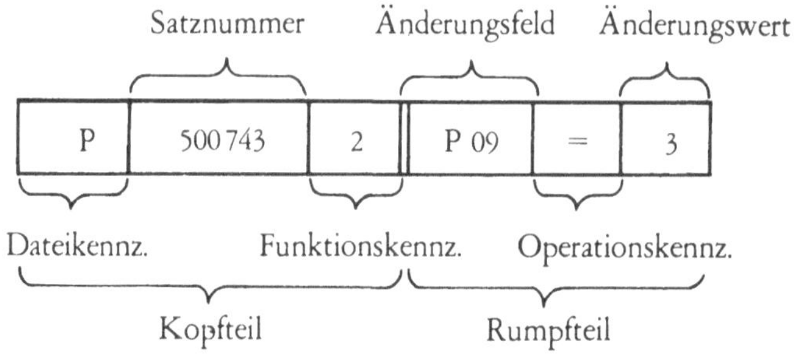

Dieselbe umgangssprachliche Nachricht könnte jedoch auch, was in manchen Fällen sinnvoller ist, für die Angaben im Rumpfteil zunächst wie folgt umformuliert werden

> ‚. . ., indem der Inhalt dieses Feldes, sofern er gleich ‚2' ist (Bedingungswert ‚2'), um den Änderungswert ‚1' erhöht wird (Operationskennzeichen ‚+')'

Dieser Formulierung entspräche dann die folgende endgültige Nachricht

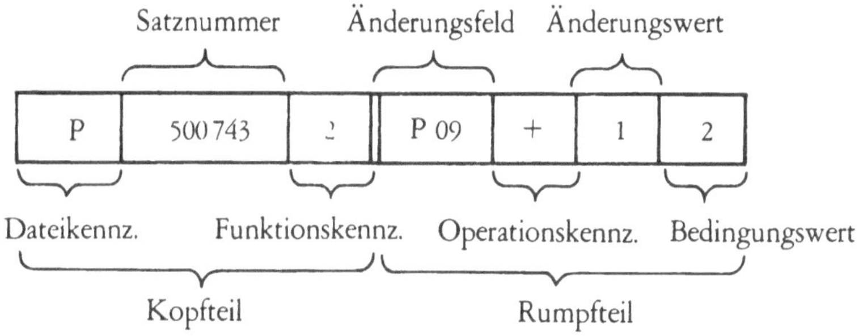

Die Angabe des Bedingungswertes bietet hierbei die Möglichkeit, auch solche „alten" Daten, deren jeweiliger Stand dem Datenverwalter nicht genau bekannt ist, ohne vorherige Vergewisserung in einer eindeutigen Änderungsnachricht anzusprechen. Dadurch erübrigt sich die sonst notwendige vorherige Datenbankabfrage, die insbesondere beim Off-line-Betrieb sehr zeitaufwendig und mühsam sein kann.

Unter *Sekundärdatenverwaltung* wird hier der Aufbau von Sekundärdateien und deren ständige Anpassung an Änderungen der Primär- und Sekundärdaten (Basisdaten), aus denen sie erzeugt worden sind, verstanden. Die Beziehung zwischen den zu verwaltenden Sekundärdaten und ihren Basisdaten wird dabei über die funktionalen Verknüpfungsdaten in den Datenfeldbeschreibungssätzen der Basisdaten hergestellt (siehe auch Abb. 3–14).

Die Sekundärdatenverwaltung schließt beim Aufbau der Sekundärdateien an die Sekundärdatenerzeugung und bei der Anpassung der Sekundärdateien an die beschriebenen Transformationen in der Primärdatenverwaltung an. Die zu verwaltenden Daten werden dabei nicht durch Mensch-Maschine-Kommunikation eingegeben sondern ADV-intern weitergegeben, und zwar beim Sekundärdateiaufbau von den erzeugenden Methodenbankprogrammen an das zuständige Programmpaket HVP-VP 1 und bei der Sekundärdateianpassung innerhalb des HVP-VP 1 von den Routinen zur Primärdatenverwaltung an die Routinen zur Sekundärdatenverwaltung.

Beim Sekundärdateiaufbau braucht man deshalb lediglich das Betriebssystem mit einer entsprechenden JCL-Nachricht zu veranlassen, das Programmpaket HVP-VP 1 zusammen mit der Datenfeldbeschreibungsdatei und der Referenzdatei bereitzustellen, und die Weitergabe der von dem betreffenden Methodenbankprogramm erstellten Sekundärzwischendatei an das HVP-VP 1 zu regeln. Das HVP-VP 1 bringt dann diese Zwischendatei in das Format der standardisierten Bewegungssätze, mit denen es schließlich die systemresidente Sekundärdatei aufbaut. Dabei werden automatisch die erforderlichen Zeiger der Referenzdatei erstellt.

Bei der Sekundärdateianpassung braucht man sogar nur die betroffenen Sekundärdateien vom Betriebssystem bereitstellen zu lassen, weil das HVP-VP 1 und die Datenfeldbeschreibungs- und Referenzdatei noch aus der jeweils vorangegangenen Primärdatenverwaltung im Zugriff stehen. Das HVP-VP 1 führt dann die erforderlichen Anpassungen durch, wobei es zugleich die betroffenen Zeiger der Referenzdatei verwaltet.

Die Vorgänge beim Sekundärdateiaufbau und bei der Sekundärdateianpassung werden wie alle anderen Vorgänge bei der Verwaltung des ADV-Systems durch Dateikopien, log files und Protokolle gesichert, so daß Fehlleistungen und mißbräuchliche Eingriffe korrigiert bzw. verfolgt werden können (siehe Abb. 5–5).

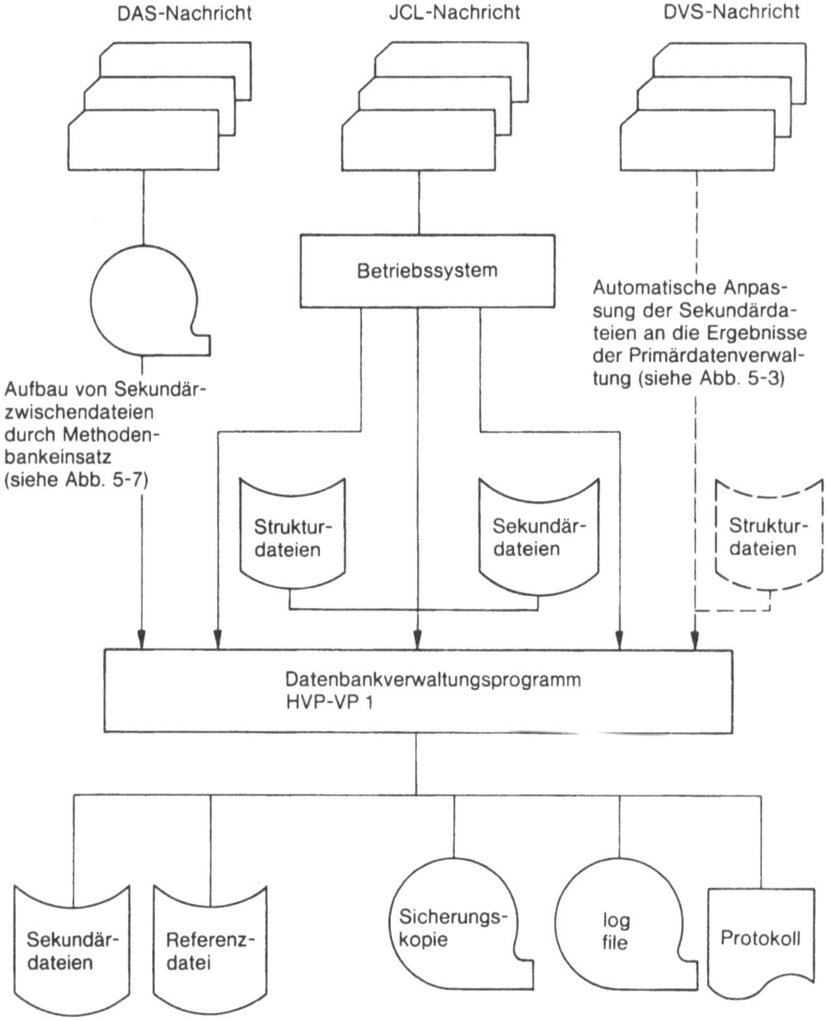

Abb. 5–5. *Kommunikation bei der Sekundärdatenverwaltung*

Die Sekundärdatenverwaltung bietet die Möglichkeit, wichtige Sekundärdaten ständig abrufbereit zu halten, so daß diese über eine einfache Datenbankabfrage verfügbar sind. Durch die Sekundärdatenverwaltung erübrigt sich also der sonst für die Erzeugung der jeweils gewünschten Sekundärdaten erforderliche Methodenbankeinsatz.

Die Sekundärdaten können auf diese Weise sehr viel schneller und für die Benutzer auch unkomplizierter bereitgestellt werden, ein Effekt, der noch dadurch gesteigert werden kann, daß man für die Abfrage der Sekundärdateien besonders benutzerfreundliche Abfrageprogramme vorsieht [29, S. 642] (Prinzip der „schnellen Managementdateien"). Diesen Vorteilen stehen allerdings auch höhere Datenverwaltungskosten gegenüber, so daß es in vielen Fällen günstiger sein wird, die Sekundärdaten bei Bedarf jeweils erneut zu erzeugen als sie zu verwalten.

Abschließend sei noch einmal der wesentliche Beitrag der dargestellten Primär- und Sekundärdatenverwaltung zur Leistungsfähigkeit des ADV-Systems für Hochschulverwaltung und -politik hervorgehoben. Dieser besteht vor allem in der geregelten Erstellung und laufenden Fortschreibung einer mehrfach geprüften Datenbasis, aus der heraus zu jedem Zeitpunkt umfangreiche und differenzierte Berichte, Textdokumentationen, Analysen und Prognosen erstellt werden können, die allenfalls noch geringfügiger Ergänzungserhebungen bedürfen. Dadurch wird insbesondere eine differenziertere und aktuellere dispositive und politische Planung und Kontrolle möglich, die gerade für den Hochschulbereich dringend notwendig ist. Daß dieser Informationsgewinn allerdings auch seine „Schattenseiten" hat und entsprechend kontrolliert werden muß, wird das Thema der Abschnitte 5.7 und 5.8 sein.

5.4 Kommunikation bei der Primär- und Sekundärdatenabfrage

Die HVP-Datenbank ist aus den im Abschnitt 3.1 dargestellten Gründen bewußt so konzipiert worden, daß sie auch ohne den Einsatz von Methodenbankprogrammen bis zu einem bestimmten Leistungsniveau auskunftsfähig ist. Diese Fähigkeit ist ihr durch das im Abschnitt 3.4.2 dargestellte Datenbankabfrageprogramm HVP-AP gegeben. Wenn man also lediglich Daten aus der HVP-Datenbank wiedergewinnen will und sich dabei mit den Aufbereitungsleistungen des HVP-AP begnügt, braucht man sich nur dieses Programm und die benötigten Dateien (einschließlich der Strukturdateien) vom Betriebssystem bereitstellen zu lassen, und es zu den gewünschten Tätigkeiten zu veranlassen (siehe Abb. 5–6). Die Ansprache des Betriebssystems erfolgt dabei mit entsprechenden JCL-Nachrichten. Für die Ansprache des Programms HVP-AP ist dagegen eine besondere Datenabfragesprache (DAS) vorgesehen [45, S. 107 ff].

Die DAS-Nachrichten entsprechen in ihrer Struktur der Einsatzfolge der Unterprogramme durch das Hauptprogramm von HVP-AP (siehe auch Abb. 3–22). Sie bestehen also aus einer Abfolge von Nachrichtenblöcken

- für die Datensuche mit dem Referenzen-, ISAM- und/oder Scanningverfahren
- für die Datenumsortierung mit dem Sortierverfahren (nur sofern dies gewünscht wird) und
- für die Datenausgabe mit dem Ausgabeverfahren.

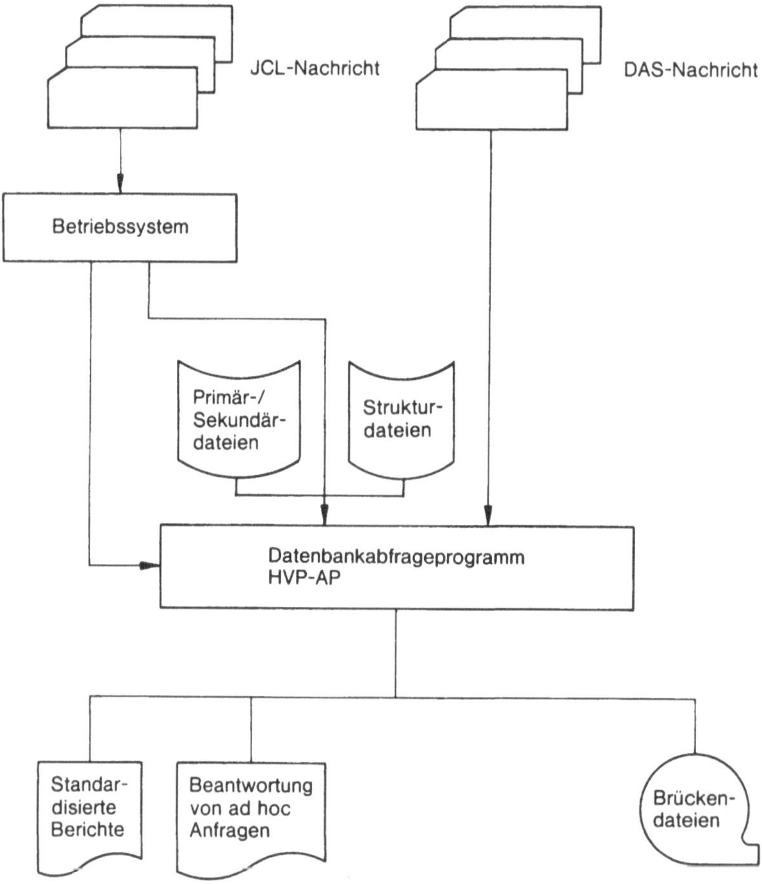

Abb. 5–6. *Kommunikation bei der Primär- und Sekundärdatenabfrage*

Dabei macht es keinen Unterschied, ob sich die DAS-Nachrichten auf Primär- oder Sekundärdaten beziehen.

Die DAS-Nachrichten für die Datensuche sind als IF-Statements in der Programmiersprache COBOL zu formulieren. Für sie stehen also die COBOL-Operatoren

=, ›, ‹, AND, OR, NOT, ( )

zur Verfügung. Als Suchoperanden sind

- Suchwerte (Werte oder Wertbereiche von Suchdaten)

und je nach Suchstrategie

- Suchadressen (Dateikennzeichen und Feldnummer der Suchdaten) und/oder
- Suchschlüssel (Referenzdateikennzeichen und Zeigersatznummer der Suchdaten in der Referenzdatei)

zu verwenden. Dabei ist jede Suchnachricht, deren Länge im übrigen aus praktischen

Gründen auf 5 Lochkarten zu 60 Zeichen (= 300 Zeichen) beschränkt ist, mit dem Kommando

‚ABFRAGE =‘

einzuleiten.

Die Suche über Suchadressen ist nur dann möglich, wenn man das Dateikennzeichen und die Feldnummer der Suchdaten kennt. Dies dürfte bei der Suche mit Hauptordnungsdaten, also der „klassischen" Dateiabfrage, am ehesten möglich sein, weil Hauptordnungsdaten immer im ersten Feld ihres Datensatzes stehen und ihre Adresse insoweit immer bekannt ist. Dagegen können alle anderen Daten im Prinzip jede beliebige Position in ihren Datensätzen einnehmen, so daß sie im Zweifel nur auf dem Umweg über die Referenzdatei adressiert werden können. Sind ihre Feldnummern jedoch bekannt, so kann man auch sie unmittelbar über ihre Suchadressen ansteuern. Suchnachrichten mit Suchadressen haben stets die Form

$$\text{‚ABFRAGE = IF Suchadresse}_{(1)} \begin{pmatrix}>\\=\\<\end{pmatrix} \text{Suchwert}_{(1)}$$

$$\begin{pmatrix}\text{AND}\\\text{OR}\\\text{NOT}\end{pmatrix} \text{Suchadresse}_{(2)} \begin{pmatrix}>\\=\\<\end{pmatrix} \text{Suchwert}_{(2)} \ldots\text{'}$$

Dementsprechend ist z. B. die umgangssprachliche Nachricht

> ‚Suche die Daten aller verheirateten Personen mit mehr als drei Kindern'

zunächst wie folgt umzuformulieren:

> ‚Suche die Daten aller Personen, bei denen im Datenfeld für den Familienstand (z. B. P 06) die Eintragung verheiratet (verschlüsselt: ‚2') und in dem Datenfeld für die Kinderzahl (z. B. P 09) eine Zahl größer drei steht'

Die endgültige Suchnachricht lautet dann:

> ‚ABFRAGE = IF P 06 = 2 AND P 09 › 3'

Bei einer einfachen Hauptordnungsdatensuche, also z. B. der Suche nach den Daten der Person mit dem Personenkennzeichen 500 743 (Suchadresse = P 01, da das Personenkennzeichen Hauptordnungsdatum der Personaldatei ist), sieht die Suchnachricht wie folgt aus:

> ‚ABFRAGE = IF P 01 = 500 743'

Auf solche Suchadressen-Nachrichten hin ruft das Hauptprogramm von HVP-AP je nach Organisation der angesprochenen Datei(en) entweder

- das ISAM-Verfahren (bei indexsequentieller Datenorganisation) oder
- das Scanningverfahren (bei sequentieller Datenorganisation)

auf. Das ISAM-Verfahren durchsucht zunächst den Indexbereich der betreffenden Datei(en) nach allen Datensätzen, die die Suchbedingung erfüllen, geht dann mit den

dort festgestellten Satzadressen in den Hauptbereich dieser Dateien und stellt schließlich die so gefundenen Datensätze auf einer Zwischendatei bereit. Das Scanningverfahren erstellt dagegen aus der Abfragenachricht zunächst eine Suchmaske, mit der es die angesprochene(n) Datei(en) Feld für Feld durchsucht, und stellt dann die so gefundenen Datensätze auf einer Zwischendatei bereit.
Im Unterschied zu dieser Adressenstrategie kann man die Suchstrategie mit Suchschlüsseln auch dann, aber nicht nur dann, anwenden, wenn man die Adressen der Suchdaten nicht kennt. Man muß dann allerdings das Dateikennzeichen der Referenzdatei (‚X') und die Schlüsselnummer derjenigen Schlüsselausprägungen kennen, die man als Suchdaten verwenden will.
Suchnachrichten mit Suchschlüsseln haben stets die Form

$$\text{‚ABFRAGE = IF Suchschlüssel}_{(1)} \begin{pmatrix}\geq\\=\\\leq\end{pmatrix} \text{Suchwert}_{(1)}$$
$$\begin{pmatrix}\text{AND}\\\text{OR}\\\text{NOT}\end{pmatrix} \text{Suchschlüssel}_{(2)} \begin{pmatrix}\geq\\=\\\leq\end{pmatrix} \text{Suchwert}_{(2)} \ldots\text{'}$$

So ist z. B. die umgangssprachliche Nachricht:

> ‚Suche alle Datensätze, in denen die dem Fachbereich Soziologie zugeordneten Hörsäle enthalten sind'

zunächst wie folgt umzuformulieren:

> ‚Suche mit Hilfe der Nummern des Fachbereichsschlüssels (z. B. „006") und des Raumnutzungsschlüssels (z. B. „011") alle Datensätze, die die Schlüsselausprägung für Soziologie (z. B. „04") und die Schlüsselausprägung für Hörsaalnutzung (z. B. „01") enthalten'

In der endgültigen Form lautet die Suchnachricht dann:

> ‚ABFRAGE = IF X 006 = 04 AND X011 = 01'

In dieser Form lassen sich auch Anfragen, die sich auf das gleiche Suchdatum in mehreren Dateien beziehen (Datenbankabfrage i. e. S.) sehr viel einfacher durchführen als mit Suchadressen – unabhängig davon, ob man die Suchadressen kennt oder nicht. So ist z. B. die umgangssprachliche Nachricht

> ‚Suche alle Datensätze in denen der Fachbereich Soziologie vorkommt'

sehr viel einfacher in der Form

> ‚ABFRAGE = IF X 006 = 04

als in der Schreibweise

> ,ABFRAGE = IF S 04 = 04 OR P 09 = 04 OR R 03 = 04 OR etc.'

auszudrücken und vom Programm zu bewältigen.

Auf eine Suchschlüssel-Nachricht hin ruft das Hauptprogramm von HVP-AP zunächst das Referenzverfahren auf, das in die Referenzdatei geht und dort die Zeiger aller Datensätze feststellt, die die Abfragebedingung erfüllen. Mit diesen Zeigern veranlaßt das Hauptprogramm dann je nach Organisation der angezeigten Dateien entweder das ISAM- oder das Scanningverfahren, auf die angezeigten Datensätze zuzugreifen und sie auf einer Zwischendatei bereitzustellen.

Die beiden dargestellten „reinen" Suchstrategien, also

- die Suchadressenstrategie und
- die Suchschlüsselstrategie

lassen sich selbstverständlich auch zu „gemischten" Strategien verbinden. Diese haben stets die Form

$$\text{,ABFRAGE} = \text{IF Suchschlüssel}_{(1)} \begin{pmatrix} > \\ = \\ < \end{pmatrix} \text{Suchwert}_{(1)}$$

$$\begin{pmatrix} \text{AND} \\ \text{OR} \\ \text{NOT} \end{pmatrix} \ldots \begin{pmatrix} \text{AND} \\ \text{OR} \\ \text{NOT} \end{pmatrix} \text{Suchadresse}_{(1)} \begin{pmatrix} > \\ = \\ < \end{pmatrix} \text{Suchwert}_{(i+1)} \begin{pmatrix} \text{AND} \\ \text{OR} \\ \text{NOT} \end{pmatrix} \ldots\text{'}$$

Durch diese Mischung lassen sich die spezifischen Leistungen der beiden Suchstrategien, nämlich

- der gezielte Zugriff mit den Suchadressen und
- der umfassende, indirekte Zugriff mit den Suchschlüsseln,

optimal kombinieren. Gemischte Suchnachrichten werden vom HVP-AP stets zunächst mit dem Referenzenverfahren und dann je nach der Organisation der angesprochenen Dateien mit dem ISAM- oder Scanningverfahren abgearbeitet.

Bei all diesen Anfragen kann man anstelle konkreter Suchwerte auch „ALL" setzen. In Verbindung mit einer Suchadresse bedeutet dies, daß man alle Datensätze haben möchte, bei denen das adressierte Feld überhaupt besetzt ist. Bezieht sich dabei die Suchadresse auf ein Hauptordnungsdatum, so richtet sich eine derartige Anfrage auf alle Datensätze der dazugehörigen Datei. Dagegen bewirkt der Suchwert „ALL" in Verbindung mit einem Suchschlüssel, daß das HVP-AP alle Datensätze sucht, die in der Referenzdatei unter der betreffenden Schlüsselnummer angezeigt sind, also ein gemeinsames Merkmal (z. B. Fachbereich) haben.

Die von den Suchverfahren des HVP-AP nach Maßgabe der Suchnachrichten auf einer Zwischendatei bereitgestellten Datensätze sind nach dateiweise aufsteigendem Hauptordnungsmerkmal sortiert. Sagt einem diese Ordnung nicht zu, kann man das Sortierverfahren des HVP-AP veranlassen, die Satzfolge zu ändern. Dabei ist für die Datensätze jeder einzelnen Datei, deren Abfolge man ändern will, eine Sortiernachricht nach spezifischen DAS-Regeln zu erstellen.

Die Sortiernachrichten sind als eine Abfolge von maximal zehn Feldadressen zu formulieren, von denen die jeweils nachfolgende Feldadresse das Sortierkriterium für die Reihenfolge der Datensätze mit gleichem Inhalt der jeweils vorangehenden Feldadresse ist. Für gleiche Inhalte in der letzten Feldadresse gilt das Hauptordnungsdatum als Sortierkriterium. Dabei werden die Datensätze innerhalb jeder Feldadresse nach numerisch oder alphabetisch aufsteigendem Feldinhalt sortiert. Als Sortierkriterium sind also nur Feldadressen (Sortierfelder) zugelassen, nicht dagegen Schlüsselnummern (Sortierschlüssel), so daß man sich auch nur solche Datensätze umsortieren lassen kann, von denen man die Adressen der betreffenden Sortierfelder kennt.
Die Sortiernachrichten sind stets mit dem Kommando

‚SORTIERFELDER ='

einzuleiten. Es folgen dann die einzelnen Sortierfelder in der gewünschten Ordnungsstufenfolge, jeweils mit einem Komma voneinander getrennt. Eine Sortiernachricht hat also die allgemeine Form

‚SORTIERFELDER = Sortierfeld($_1$), Sortierfeld($_2$), . . .'

Will man z. B. die Datensätze, die das Suchverfahren von HVP-AP auf die oben beschriebene Anfrage nach den verheirateten Personen mit mehr als drei Kindern nach dem Personalkennzeichen geordnet bereitgestellt hat, lieber nach Gehaltsgruppen (Sortierfeld P 11) und innerhalb der Gehaltsgruppen nach der Kinderzahl (Sortierfeld P 09) sortiert haben, dann muß man dies wie folgt ausdrücken:

‚SORTIERFELDER = P 11, P 09'

Das Hauptprogramm von HVP-AP veranlaßt daraufhin das Sortierverfahren, die auf der Zwischendatei bereitgestellten Datensätze in der gewünschten Weise umzuordnen und für das Ausgabeverfahren bereitzustellen.
Wenn das Hauptprogramm von HVP-AP keine weiteren Anweisungen erhält, veranlaßt es das Ausgabeprogramm, die mit oder ohne Umsortierung bereitgestellten Datensätze auf einem Endlosformular auszudrucken. Dazu holt es zunächst für jedes auszugebende Datum dessen Feldbezeichnung aus der Datenfeldbeschreibungsdatei und, sofern das Datum verschlüsselt ist, dessen Druckbezeichnung aus der Schlüsseldatei. Die so benannten und nunmehr alle in Klarschrift dargestellten Daten druckt das Ausgabeprogramm dann mit jeweils zwei Daten pro Druckzeile aus, wobei für jedes Datum eine Halbzeile mit einer Länge von 60 Zeichen vorgesehen ist. Die einzelnen Datensätze werden jeweils mit ihrem Hauptordnungsdatum in der Zeilenmitte eingeleitet und durch eine Querlinie von dem nachfolgenden Datensatz abgegrenzt. Dabei ist die Länge der einzelnen Datensätze nicht begrenzt (Prinzip der offenen Liste). Im übrigen wird auf jeder Liste, die ihr zugrundeliegende Abfragenachricht als Kopfteil und eventuelle Datenaggregationen als Abschlußteil ausgedruckt (siehe Abb. 5–7).
Wenn einem diese Standardausgabe nicht zusagt, kann man sie im Rahmen der eigens hierfür entwickelten DAS-Regeln modifizieren. Die Regeln sehen vor, daß man sich die Daten in einer bestimmten

```
ABFRAGE          = I F P 06 = 1 AND P 09 = 3                          } Kopfzone
SORTIERFELDER    = P 11, P 09
AUSGABE          = D, P 15 –, P 17 –, P 11 –, P 09 +
---------------------------------------------------------------------
                          PERSON = 47351
NAME             = MEYER, KLAUS                 WOHNORT = BONN
GEHALTSGR.       = BAT 2 A                      KINDER  = 4
---------------------------------------------------------------------
                          PERSON = 38642
NAME             = ROHDE, PETER                 WOHNORT = SIEGBURG
GEHALTSGR.       = BAT 2 A                      KINDER  = 5
---------------------------------------------------------------------
                          PERSON = 57685
NAME             = WINTER, KARL                 WOHNORT = EUSKIRCHEN
GEHALTSGR.       = BAT 1 B                      KINDER  = 4
---------------------------------------------------------------------
AGGREGATIONEN             PERSONEN = 3                                } Fußzone

                                                KINDER  = 13
---------------------------------------------------------------------
```

Abb. 5–7. *HVP-Datenbankausgabe mit Standardlistenbild*

- Feldauswahl
- Feldordnung und
- Feldaggregation

ausgeben lassen kann und für diese Ausgabe auch

- andere Medien als das Endlosformular

bestimmen kann. Zu diesem Zweck darf man bis zu zehn Ausgabebeschreibungskarten erstellen, auf denen man jeweils ein Medium bzw. eine Medienkombination und maximal zehn zu ändernde Datenfelder angeben kann.
Jede Ausgabebeschreibungskarte ist mit dem Kommando

,AUSGABE ='

einzuleiten. Im Anschluß daran sind die für die auf der betreffenden Karte adressierten Daten gewünschten Ausgabemedien anzugeben. Dabei kann man zwischen den folgenden Möglichkeiten wählen:

L = Liste
B = Band
P = Platte
D = Liste und Band
Y = Liste und Platte.

Auf dem Rest der Karte kann man die Feldadressen der aus den Datensätzen gewünschten Daten angeben, deren Reihenfolge dann zugleich die Feldabfolge bei der Datenausgabe bestimmt. Dabei muß man hinter jeder Feldadresse ein ,+' setzen, wenn man die Feldinhalte (bei Mengendaten) oder die Felder (bei allen übrigen Daten) aggregiert haben will, oder ein ,–', wenn dies nicht geschehen soll. Die so gekennzeichneten Feldadressen werden durch Kommata voneinander abgesetzt. Ausgabenachrichten haben also stets die Form

,AUSGABE = (   ), Feldadresse$(_1)$ ($\pm$), Feldadresse$(_2)$ ($\pm$), . . .'

Will man sich z. B. aus den oben ausgesuchten und vorsortierten Personaldatensätzen jeweils

- nur den Namen (P 15), den Wohnort (P 17), die Gehaltsgruppe (P 11) und die Kinderzahl (P 09) in eben dieser Reihenfolge
- mit aggregierter Kinderzahl (P 09 +)
- auf einer Liste und einem Band (D)

ausgeben lassen, so muß man diesen Wunsch wie folgt ausdrücken:

,AUSGABE = D, P 15-, P 17-, P 11-, P 09 +'

Auf diese Ausgabenachricht hin veranlaßt das Hauptprogramm von HVP-AP das Ausgabeverfahren, die gewünschte Datenauswahl, -sortierung und -aggregation vorzunehmen und die so transformierten Daten wie in Abb. 5–7 dargestellt aufzulisten und auf einem Magnetband auszugeben.
Bei der Magnetbandausgabe, wie auch bei der Plattenausgabe werden alle fest formatierten Daten in Feldern mit einer festen Länge von 12 Zeichen und alle frei und nichtformatierten Daten in Feldern mit einer festen Länge von 60 Zeichen ausgegeben. Da-

bei kann ein Datum über mehrere solcher Felder gehen. Im übrigen werden auf diesen Ausgabedateien die Feldnummern und Schlüsselausprägungen nicht durch ihre Klarschriftdaten ersetzt. Diese Brückendateien stellen eine eindeutig standardisierte Schnittstelle zwischen den Dateien der HVP-Datenbank und den Programmen der HVP-Methodenbank dar. Da sie durch prinzipiell beliebige Datensatz- und Datenfeldselektionen und -sortierungen optimal vorstrukturiert werden können, kommt ihnen eine große Bedeutung für die Beziehungen zu anderen ADV-Systemen zu, insbesondere zu den Systemen der amtlichen Statistik.

5.5 Kommunikation beim Einsatz von Methodenbankprogrammen

Der Einsatz von Methodenbankprogrammen ist bei allen Datentransformationen erforderlich, die die dargestellte Auskunftsfähigkeit der HVP-Datenbank überfordern. Gleichwohl muß man auch in diesen Fällen zunächst mit der HVP-Datenbank kommunizieren, denn das hier vorgestellte ADV-System für HVP ist so konzipiert, daß die Methodenbankprogramme im Unterschied zu den herkömmlichen dateiorientierten Anwendungsprogrammen nicht unmittelbar auf die betreffenden Dateien zugreifen können, sondern nur auf die von dem Datenbankprogramm HVP-AP zuvor bereitgestellten Brückendateien. Durch diese klare Trennung wird die Sicherung und der Schutz der Daten erheblich erleichtert (siehe auch Abschnitt 5.6 und 5.7).
In einem ersten Schritt muß man sich also die jeweils benötigten Daten von der HVP-Datenbank in der oben beschriebenen Weise auf einem Band oder einer Platte zu einer Brückendatei zusammenstellen lassen, um sie sich später von dort in den Hauptspeicher holen zu können.
In einem weiteren Schritt ist dann das gewünschte Methodenbankprogramm vollständig oder in Abschnitten in den Hauptspeicher zu laden. Da beim ADV-System für HVP sowohl die Methodenbankverwaltung als auch die Methodenbankabfrage im Unterschied zu den entsprechenden Datenbankroutinen vom jeweiligen Betriebssystem durchgeführt wird, ist hierfür die betreffende Job Control Language zu verwenden. In ihr erfolgt auch die Zuordnung der bereitgestellten Brückendateien. So ist z. B. für den Einsatz des Stundenplanprogramms auf der SIEMENS-Anlage 4004 folgende JCL-Nachricht zu erstellen:

```
// JOB        STUNDENPLANPROGRAMM
// ASSIGN     SYS Ø 11, Ø 1 BRÜCKENDATEI
// OPTION     PARAM
// EXEC       FORTRAN MOD 2 Ø
// END
```

Das Betriebssystem holt daraufhin das angeforderte Stundenplanprogramm in den Hauptspeicher, das dann auf die zugeordnete Brückendatei zugreift und schließlich die mit oder ohne Parametersteuerung transformierten Daten ausgibt. Dabei können

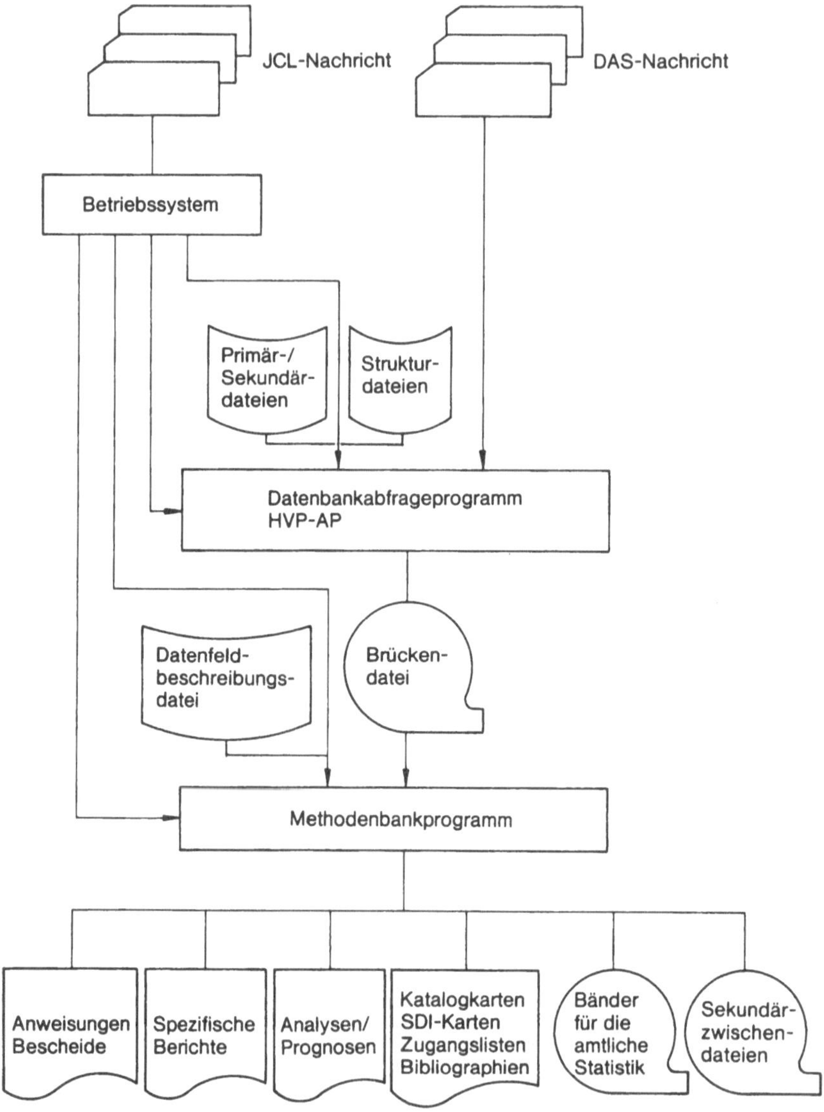

Abb. 5–8. *Kommunikation bei der Primär- und/oder Sekundärdatenverarbeitung mit Methodenbankprogrammen*

die Daten sowohl auf Endlosformularen als auch auf Magnetband oder Magnetplatte ausgegeben werden (siehe Abb. 5–8).

Die auf Magnetdatenträgern ausgegebenen Daten können in der oben beschriebenen Weise als Sekundärdaten verwaltet werden. Sie stehen dann für die Befriedigung beliebig vieler gleichartiger Informationsbedürfnisse bereit, ohne daß sie jedesmal erneut erzeugt zu werden brauchen. Dadurch werden die nachfolgenden gleichartigen Systemansprachen erheblich vereinfacht, weil sich bei ihnen jeder weitere Methodenbankeinsatz erübrigt.

Im Unterschied zu den Magnetdatenträgerausgaben, die nur von ADV-Systemen gelesen zu werden brauchen und dementsprechend eindeutig ausgedrückt werden können, sind die für die Information von Menschen bestimmten Nachrichten in vielen Fällen interpretationsbedürftig. Dies gilt sowohl für die darin enthaltenen Anweisungen, deren imperativer Gehalt häufig erst noch von den Systemmitarbeitern im Rahmen der nicht-automatisierten Benachrichtigung verdeutlicht werden muß, als auch für die Daten, deren Zusammenhänge oft nur mit Unterstützung der Systemmitarbeiter einsichtig sind.

Dieses Verständnisproblem hat es zwar schon immer gegeben, doch dürfte es sich durch den Einsatz von ADV-Systemen noch verschärft haben. Es gibt sogar gewisse Anzeichen dafür, daß die auf sehr starre Formen beschränkte Ausdrucksfähigkeit der ADV-Systeme, trotz der überragenden sonstigen Leistungen dieser Systeme, letztlich zu weniger Information im Sinne von persönlicher Vergewisserung in einer prinzipiell ungewissen Umwelt führt als die herkömmliche zwischenmenschliche Kommunikation. Denn offensichtlich benötigen Menschen zu ihrer Information nicht nur die von den ADV-Systemen fast ausschließlich beherrschte digitale Kommunikation sondern auch die analoge Kommunikation mit ihren auf Vertrauen, Gruppengefühl, Sympathien und Antipathien beruhenden Vergewisserungsmechanismen. Dieses Bedürfnis wird in der Regel um so stärker sein, je komplexer die jeweils zu begreifende Umwelt ist und je mehr sich der einzelne dadurch in seinem Selbstverständnis in Frage gestellt sieht.

Vielleicht meint auch das so häufig bemühte Negativbild der „Zahlenfriedhöfe produzierenden Computer" diesen Sachverhalt – deutet es doch an, daß die bloße Steigerung der digitalen Kommunikationseffizienz durch den Einsatz von ADV-Systemen über ein bestimmtes Maß hinaus nicht als informativ, sondern als banal oder gar verunsichernd empfunden wird.

Eine wichtige Aufgabe der Systemmitarbeiter besteht deshalb darin, das Gleichgewicht zwischen digitaler und analoger Kommunikation gegenüber den Systembenutzern und -adressaten trotz des Einsatzes der ADV möglichst weitgehend zu erhalten. Den Systemmitarbeitern kommt damit als „Eingeweihten" eine Aufgabe zu, die sie zu einer unkontrollierbaren neuen „Priesterkaste" werden lassen könnte. Deshalb müssen auf jeden Fall außer einer sorgfältigen Personalauswahl technische und organisatorische Vorkehrungen getroffen werden, die einen Mißbrauch dieser Funktion verhindern. Hierauf wird im Abschnitt 5.8 näher einzugehen sein.

5.6 Kommunikationsproblem „Datensicherung"

Bei der Kommunikation mit einem ADV-System muß stets sichergestellt sein, daß die systemresidenten Daten vollständig und fehlerfrei sind und nur an Befugte ausgegeben werden. Das Bemühen hierum, d. h. die Gesamtheit aller Vorkehrungen und Maßnahmen zum Schutz von Daten vor Verlust, Zerstörung, Entstellung und unbefugter Verwendung wird im folgenden als Datensicherung bezeichnet.[2]
Gegenstand der Datensicherung sind also sämtliche Daten, die dadurch, daß sie vollständig und fehlerfrei im Besitz bestimmter Anwender sind und der Verwendung durch Dritte entzogen sind, einen Wert haben, dessen Sicherung sich lohnt. Dieser Wert wird nicht zuletzt durch die Kosten für die erneute Gewinnung dieser Daten bestimmt [49, S. 7 f].
Die zu sichernden Daten sind vor allem durch

- Katastrophen
- maschinelle und menschliche Fehlleistungen und
- mißbräuchlichen Zugriff

gefährdet [43, S. 75 ff].
Unter Katastrophen sind hier gewaltsame Zerstörungen von Datenbeständen durch Feuer, Wasser, Sturm, Explosionen, Brachialgewalt, Strahlungen etc. zu verstehen. Ihnen kann man vor allem durch

- Baumaßnahmen, wie z. B. feuer- und strahlenhemmende Baukonstruktionen, Feuermelde- und Löschanlagen
- allgemeine Organisationsmaßnahmen, wie z. B. einen Katastrophenplan, besonderes Sicherungspersonal und Zugangssperren sowie
- Rekonstruktionsmaßnahmen, wie z. B. Wiederanlaufroutinen bei gewaltsamen Programmunterbrechungen und die getrennte Lagerung von Dateikopien und/- oder Archivdateien mit sämtlichen vom ADV-System jemals durchgeführten Änderungen (log files)

begegnen [43, S. 78 ff; 49, S. 10 ff, 38 ff].
Unter menschlichen Fehlleistungen sind unbeabsichtigte, durch Unzulänglichkeiten bedingte Verluste, Zerstörungen oder Entstellungen von Daten zu verstehen. Sie können in allen Transformationsphasen, also in der Datengewinnung, der Datenspeicherung, der Datenverarbeitung und der Datenausrichtung vorkommen. Ihr Auftreten hängt von der Zuverlässigkeit der eingesetzten Anlagen (Hardware, Klimaanlagen, Stromaggregate), Programme, Leitungen und Personen und deren Organisation ab. Als Anhaltspunkt hierfür mögen die folgenden von Steinbuch genannten durchschnittlichen Zeichenfehlerhäufigkeiten je übertragener Zeichenmenge dienen [42, S. 44]

- Datenerfassung (Mensch) 10^{-2}
- Datenübertragung mit
  - Wählleitung (einfache Sicherheit) 10^{-3}

[2] Der Begriff „Datensicherung" wird in der Literatur nicht einheitlich gefaßt. Siehe hierzu [14; 24; 43, S. 74; 49, S. 3].

  - Standleitung (einfache Sicherheit) 10^{-6}
  - Wählleitung (höchste Sicherheit) 10^{-8}
  - Standleitung (höchste Sicherheit) 10^{-11}
- Datenverarbeitung mit Rechner 10^{-9}

Maschinellen und menschlichen Fehlleistungen kann man durch
- technische Vorkehrungen, wie z. B. leistungsfähige Klimaanlagen, unterbrechungsfreie Stromversorgung, Schreibsperren für Magnetbänder und programmierten Speicherschutz,
- allgemeine organisatorische Vorkehrungen, wie z. B. Personalschulung, klare Kompetenzverteilung und regelmäßige Wartung der Anlagen,
- Prüfungen bei der Datengewinnung und -ausrichtung, wie z. B. Sichtkontrollen auf den Datenerhebungsbelegen, Datenerfassungsprotokollen und Druckausgaben oder maschinelle Kontrollen mit Mehrfacherfassung bzw. -sendung, Kontrollsummen, Prüfziffern, Formatplausibilitäten, Bereichsplausibilitäten und logischen Kombinationen und
- Rekonstruktionsvorkehrungen, wie z. B. das Duplizieren von Dateien vor ihrer Verarbeitung und die Wiederanlaufroutinen bei unbeabsichtigtem Programmabbruch

begegnen [8, S. 55 ff; 35, S. 154 ff; 43, S. 78 ff; 49].

Unter mißbräuchlichem Zugriff ist die absichtliche Zerstörung oder Entstellung von Daten und die Datenabfrage durch Unbefugte zu verstehen. Besonders anfällig hierfür sind die Programmierung, das Testen, das Operating und die Wartung des Systems, weil die dabei eingesetzten Spezialisten sehr viel leichter die Schwachstellen des betreffenden Systems erkennen und ausnutzen können als die eigentlichen Benutzer. Gegen sie gibt es auch keinen absolut sicheren Mißbrauchsschutz, so daß ihr Einsatz letztlich immer eine Vertrauensfrage sein wird.

Dem mißbräuchlichen Zugriff kann man durch
- allgemeine organisatorische Vorkehrungen, wie z. B. die Regelung und Überwachung des Zutritts zu bestimmten Räumen, der Bedienung bestimmter Geräte, der Montage und des Transports bestimmter Daten- und Programmträger und der gleichzeitigen Anwesenheit von stets mindestens zwei Befugten, sowie der Protokollierung jedes Datenzugriffs unter dem angegebenen Benutzercode
- daten- und programmorganisatorische Vorkehrungen, wie z. B. die Auslagerung der Datenfeldbeschreibungen in gesonderte Datenfeldbeschreibungstabellen, die Verschlüsselung und Verdichtung und das ,,Verstreuen" und ,,Zerhacken" von Daten, die Modularität von Programmen, die Kennzeichnung bestimmter Dateien, Datensätze, Datensegmente, Datenfelder, Programme und Unterprogramme durch Benutzer- bzw. Verwendungscodes und
- Rekonstruktionsmaßnahmen, wie z. B. die getrennte Lagerung von Dateikopien und Archivdateien

begegnen. Dabei können die Daten und Programme je nach Sicherungswürdigkeit mit unterschiedlich scharfenVorkehrungen geschützt werden [35, S. 154 ff; 43, S. 79 f; 49, S. 17 ff, 27 ff, 44 ff].

Von den genannten Vorkehrungen und Maßnahmen zur Datensicherung ist für das vorgestellte Modell eines ADV-Systems für Hochschulverwaltung und -politik nur ein Teil als „harter Kern" vorgesehen. Hierzu gehören

- als technische Vorkehrungen
  - Schreibsperren für Magnetbänder und
  - der programmierte Speicherschutz des jeweiligen Betriebssystems
- als allgemeine organisatorische Vorkehrungen
  - die Protokollierung aller Datenbewegungen und
  - die Regelung, daß die Plattendateien genau wie die Banddateien nur bei Bedarf anmontiert werden,
- als Prüfungen bei der Datenerfassung
  - Sichtkontrollen anhand der Datenerfassungsprotokolle und
  - maschinelle Kontrollen mit Format- und Bereichsplausibilitäten nach Maßgabe der entsprechenden Vorgaben in der Schlüssel- und der Datenfeldbeschreibungsdatei sowie mit logischen Kombinationen, die vom jeweiligen Anwender vorzugeben sind,
- als daten- und programmorganisatorische Vorkehrungen
  - die Auslagerung der Datenfeldbeschreibungen in eine gesonderte Datei
  - die weitgehende Verschlüsselung der Daten
  - die Streuung der Daten über mehrere physikalische Dateien
  - die Sicherung der Dateien und bestimmter Datensatzsegmente mit Benutzercodes und
  - die klare Trennung von Datenbank und Methodenbank, die lediglich über die jeweils von den Datenbankprogrammen zu erstellenden Brückendateien miteinander verbunden sind, so daß die eigentlichen Anwendungsprogramme nicht in die Datenbank eingreifen und
- als Rekonstruktionsvorkehrungen
  - die Erstellung von Magnetbandkopien von sämtlichen Bewegungsdateien, die so lange aufbewahrt werden, bis die entsprechenden Datenbankverwaltungsläufe abgeschlossen sind,
  - die Erstellung und Ergänzung einer Archivdatei (log file), mit der sämtliche Änderungsvorgänge rekonstruiert werden können,
  - die Erstellung von Magnetbandkopien von sämtlichen Plattendateien nach jedem abgeschlossenen Datenbankverwaltungslauf, die bis nach drei weiteren Verwaltungsläufen aufbewahrt werden, und
  - die Wiederanlaufroutinen des betreffenden Betriebssystems.

Weitere Sicherungsvorkehrungen und -maßnahmen müssen die Anwender des ADV-Systems für Hochschulverwaltung und -politik selbst treffen.

5.7 Kommunikationsproblem „Datenschutz"

In einem ADV-System für Hochschulverwaltung und -politik wird wie auch in anderen ADV-Systemen eine Vielzahl von Daten enthalten sein, die in Verbindung miteinander einzelne Personen oder Personengruppen in bestimmter Weise beschreiben (personenbezogene Daten). Dabei werden die Personen oder Personengruppen praktisch nie vollständig sondern immer nur unter bestimmten Aspekten, die für die Zweckerfüllung des ADV-Systems von Bedeutung sind, beschrieben. Diese Aspekte sind mit Ausnahme des allgemeinen Identifikationsaspekts im wesentlichen ein Ausdruck der jeweiligen Rollenbeziehungen der beschriebenen Personen oder Personengruppen zu dem betreffenden Anwender des ADV-Systems [31, S. 63 ff]. So wird z. B. die Auswahl personenbezogener Daten einer Ärztedatenbank vor allem durch

Rollenbeziehungen		
Datenbesitzer	beschriebener Personenaspekt	herkömmliche Datensatzidentifikation
Familie	Angehöriger	Vorname
Einwohnermeldeamt	Einwohner	Meldenummer
Krankenkasse	Mitglied	Mitgliedsnummer (K)
Arzt	Patient	Name
Kirche	Mitglied	Name
Schule	Schüler	Name
Sportverein	Mitglied	Mitgliedsnummer (S)
Bibliothek	Benutzer	Name
Reisebüro	Tourist	Name
Geschäft/Versandhaus	Kunde/Abonnent	Kundennummer (G)
Bank	Kunde	Kundennummer (B)
Arbeitgeber	Arbeitnehmer	Personalnummer
Sozialversicherung	Mitglied	Versicherungsnummer (S)
Finanzamt	Steuerzahler	Steuernummer
Bundeswehr	Wehrpflichtiger	Personenkennziffer
Autoversicherer	Autobesitzer	Versicherungsnummer (A)
Hochschule	Student	Matrikelnummer
Standesamt	Ehepartner	Name
Bausparkasse	Bausparer	Bausparnummer
Post	Telefonbesitzer	Telefonnummer
Gewerkschaft	Mitglied	Mitgliedsnummer (G)
Partei	Mitglied	Mitgliedsnummer (P)

Abb. 5–9. *Rollenstrukturiertes Gesamtbild einer Person*

die Rollenbeziehung „Arzt–Patient" und die Auswahl personenbezogener Daten in einer Hochschuldatenbank durch die Rollenbeziehungen „Lehrende–Lernende", „Arbeitgeber–Arbeitnehmer", „Anstalt–Anstaltsbenutzer" und „Kunde–Lieferant" bestimmt sein. Von einer einzelnen Person oder Personengruppe können also im Extremfall soviel verschiedene Sätze mit personenbezogenen Daten bestehen, wie sie in unterschiedlichen Rollenbeziehungen zu anderen Personen oder Institutionen gestanden hat und noch steht (siehe Abb. 5–9).

Dieser Sachverhalt ist keineswegs neu sondern seit langem ein fester Bestandteil unserer sozialen Wirklichkeit. Allerdings war bislang durch die regional und institutional gestreute Speicherung der Daten, die rollenspezifische Identifikation der Datensätze (mit Kundennummern, Mitgliedsnummern, Matrikelnummern etc.) und die technischen Unzulänglichkeiten der Datenübertragung weitgehend sichergestellt, daß personenbezogene Daten nicht einfach zu einem Gesamtbild einer Person oder Personengruppe zusammengefaßt werden konnten. Dies hat sich durch den Einsatz der ADV grundlegend geändert und wird sich durch die geplante Einführung eines ADV-gerechten allgemeinen Personenkennzeichens noch weiter ändern [5; 43, S. 48 f]. Denn in einem mit Datenfernübertragungsleitungen verknüpften Netz von Datenbanken, in denen für alle personenbezogenen Daten eines Bürgers das gleiche Personenkennzeichen Hauptordnungsdatum ist, stehen einer Zusammenfassung dieser Daten keine nennenswerten technischen Hindernisse mehr entgegen [40, S. 82 ff]. Dadurch wird zwar die Effizienz der datenverarbeitenden Institutionen erheblich gesteigert werden können, was nicht zuletzt auch den beschriebenen Personen und Personengruppen zugute kommen wird. Es werden aber auch Verfassungsprinzipien infrage gestellt, deren Wirksamkeit bislang vor allem durch die technischen Unzulänglichkeiten der Informationssysteme gewährleistet war.

Dies gilt insbesondere für das in Artikel 2 Absatz 1 GG gewährte Grundrecht auf freie Entfaltung der Persönlichkeit [43, S. 84 ff]. Denn zu diesem muß auch das Recht gehören, das in den personenbezogenen Daten fixierte Persönlichkeitsbild unter Berücksichtigung der rechtlichen Beschränkungen und Verpflichtungen selbst zu bestimmen. Es muß also Vorkehrungen und Maßnahmen geben, die die einzelnen Personen oder Personengruppen davor schützen, daß von ihnen aus unberechtigten Interessen Persönlichkeitsbilder erzeugt werden, die nicht ihren Vorstellungen entsprechen. Die Gesamtheit dieser Vorkehrungen und Maßnahmen soll im folgenden als „Datenschutz" bezeichnet werden.[3]

Gegenstand des Datenschutzes sind also personenbezogene Daten, die nur unter bestimmten rechtlich zulässigen Bedingungen gespeichert, abgefragt, weitergegeben, geändert oder gelöscht werden dürfen. Der Datenschutz stellt somit eine Reglementierung des Verhaltens der Datenbesitzer im Interesse der in den betreffenden Daten beschriebenen Personen und Personengruppen dar. Diese Reglementierung ist erforderlich, weil der Datenschutz im Unterschied zur Datensicherung nicht im Eigeninteresse der Datenbesitzer liegt. Dieses fehlende Eigeninteresse der Datenbesitzer

[3] Der Begriff „Datenschutz" wird in der Literatur sehr unterschiedlich gefaßt, wobei häufig die Grenze zur Datensicherung sehr verschwommen ist. Siehe hierzu [4; 14; 37; 43, S. 244; 49, S. 3 f].

dürfte zusammen mit der Tatsache, daß kaum eine Person oder Personengruppe genau weiß, welche Personen (Institutionen) von ihnen Daten speichern, der wesentliche Grund dafür sein, daß es bislang nur ein sehr schwach entwickeltes allgemeines Datenschutzbewußtsein und nur vereinzelte Datenschutzregelungen gibt [7]. Es bleibt deshalb nur zu hoffen, daß das inzwischen auf den parlamentarischen Weg gebrachte Bundes-Datenschutzgesetz hier einen grundlegenden Wandel herbeiführt [6].

Nach dem geplanten Bundes-Datenschutzgesetz können die Besitzer personenbezogener Daten veranlaßt werden,

- die oben genannten Datensicherungsmaßnahmen und -vorkehrungen gegen maschinelle und menschliche Fehlleistungen und den mißbräuchlichen Zugriff durch Dritte auch dann zu treffen, wenn die personenbezogenen Daten ihnen nicht sicherungswürdig erscheinen,
- die rechtswidrige Speicherung, Änderung, Weitergabe und Löschung personenbezogener Daten zu unterlassen,
- die Änderung und Löschung unzutreffender bzw. ,,verjährter" personenbezogener Daten vorzunehmen und
- die Speicherung, Änderung, Weitergabe und Löschung personenbezogener Daten den betreffenden Personen oder Personengruppen anzuzeigen.

Ausgenommen von dieser Regelung sind die sogenannten freien Daten (Namen, Titel, akademische Grade, Geburtsdatum, Beruf, Branchen- oder Geschäftsbezeichnung, Anschrift und Rufnummer) und alle personenbezogenen Daten, die unmittelbar aus allgemein zugänglichen Quellen entnommen worden sind. Außerdem können die Besitzer von personenbezogenen Daten nur zu solchen Maßnahmen, Vorkehrungen und Unterlassungen angehalten werden, die ihnen zuzumuten sind und denen keine überwiegenden berechtigten Interessen Dritter oder der Gemeinschaft entgegenstehen [6, S. 5 ff]. Diese Ausnahmeregelungen sind jedoch sehr umstritten, so daß es fraglich ist, ob sie das Parlament unverändert passieren werden [40, S. 87].

Bei der Entwicklung und dem Betrieb des ADV-Systems für Hochschulverwaltung sollte den derzeit erkennbaren Gesetzgebungstendenzen schon jetzt voll entsprochen werden, d. h. personenbezogene Daten sollten

- nur in dem Umfang erhoben und gespeichert werden, wie dies zur Erfüllung des Zwecks der Hochschulen und der ihnen übergeordneten Institutionen erforderlich ist,
- mindestens mit dem oben genannten Vorkehrungen und Maßnahmen gegen Fehlleistungen und mißbräuchlichen Zugriff gesichert werden,
- nur nach Maßgabe von Gesetzen und Verordnungen an Dritte weitergegeben werden und dies auch möglichst nur anonymisiert und
- periodisch und/oder bei Bedarf den Hochschulangehörigen und -bediensteten gegen eine entsprechende Gebühr vollständig mitgeteilt werden.

Im übrigen ist die weitere Entwicklung der Datenschutzgesetzgebung abzuwarten.

5.8 Kommunikationsproblem „Datenkontrolle"

ADV-Systeme arbeiten am effizientesten mit formatierten Daten, also mit Daten, deren Bedeutung sich allein aus ihrer Position in den betreffenden Datensätzen ergibt (siehe Abschnitt 2.6). Da diesen Daten alle sonstigen Sprach- und Kontextbeziehungen, mit denen zusammen sie einmal entstanden sind, durch die Formatierung „abgeschnitten" worden sind, besteht bei ihrer Verwendung immer die Gefahr, daß sie aus Unzulänglichkeit, Spielwitz oder böswilliger Absicht in einen unzulässigen Zusammenhang gestellt werden und dann zu einer Fehlinformation führen. Formatierte Daten sind deshalb besonders manipulationsanfällig.
Dies gilt vor allem für formatierte qualitative Daten mit strittigem Wertgehalt, wie z. B. im Bereich der HVP die Regelstudiendauer, die optimale Gruppengröße in Lehrveranstaltungen, die vorgeschriebene Lehrveranstaltungsabfolge in Studiengängen, die Übergangs- und Jahrgangsquoten für bestimmte Bildungsstufen, etc. Denn diese Daten sind stark kontextabhängig, d. h. sie können nur dann eindeutig verstanden werden, wenn der Empfänger weiß, wer sie, weshalb, wann, wo, wie wem gegenüber geäußert hat – wenn er also jene Beziehungen kennt, die gerade durch die Formatierung abgeschnitten worden sind. Bedenkt man, daß ausgerechnet die folgenschwersten Planungsdaten, nämlich die Strukturparameter der Analyse- und Prognosemodelle der HVP zu dieser Datenart gehören, dann kann man die dadurch gegebene Manipulationsgefahr zumindest andeutungsweise erkennen.
Diese Gefahr wird noch dadurch verstärkt, daß der Wertgehalt der Strukturparameter häufig im mathematischen Symbol- und Formelwirrwarr ihrer Modelle vollständig verschüttet wird: „Algebraische Formeln, griechische Buchstaben und andere Symbole, wie nützlich sie auch immer für die Bewältigung komplizierter Zusammenhänge sein mögen, erleichtern das Ausweichen vor einer klaren Feststellung der Ausgangshypothesen, besonders das vor einer. . . [Auseinandersetzung] mit den wertbesetzten Hauptbegriffen" [32, S. 63]. Die mathematische Sprache ist deshalb besonders geeignet, wertbesetzte Daten als vorgebliche „harte Fakten" aus dem politischen Streit herauszuhalten und die für ihre Bedeutung wesentlichen Tatbestände der Herrschaft und des Konflikts zu verschleiern [2, S. 171].
Dieses Problem ist keineswegs neu, sondern seit Jahrzehnten ein Streitpunkt in den Sozialwissenschaften und ein Grundproblem der Statistik [2, S. 166 ff; 43, S. 53 ff]. Durch den Einsatz von miteinander verknüpften Datenbanksystemen erhält es jedoch eine neue Dimension. Denn bislang werden die Daten meistens in dem Sachbereich verwendet, in dem sie auch entstanden sind. Durch den Integrationseffekt der Datenbanken und Datenfernübertragungsnetze ist dies jedoch nicht mehr gewährleistet [28, S. 155]. Will man auf die Effizienzvorteile dieses Integrationseffektes nicht verzichten, sollte man deshalb unbedingt sicherstellen, daß die Zusammenhänge, aus denen die formatierten Daten gewonnen worden sind, jederzeit mit vertretbarem Aufwand wiedergewonnen werden können. Andernfalls wächst die Manipulationsgefahr ins Unermeßliche.
Mindestens ebenso manipulationsanfällig wie die formatierten Daten sind die programmierten Modelle. Denn diese werden wie die formatierten Daten durch Aus-

schluß der für ihre Verwendung „irrelevanten" Beziehungen ihres Sachverhalts gebildet. Dadurch ermöglichen sie es zwar dem Menschen, sich mit Problemen auseinanderzusetzen, die ihn eigentlich überfordern [34; 41, S. 17 ff]. Sie öffnen aber auch – vor allem als Modelle sozialer Sachverhalte – der Manipulation Tor und Tür, denn: was ist schon „irrelevant"?

Diese Gefahr ist ebenfalls nicht erst durch den Einsatz von ADV-Systemen entstanden, sondern schon seit langem ein wissenschaftlicher und politischer Streitpunkt. Gleichwohl wird auch heute noch vielfach nicht gesehen, daß die Modelle sozialer Sachverhalte in der Regel nur Definitionensysteme (Tautologien) und keine echten Theorien sind, daß sie also nur brauchbar oder unbrauchbar – und damit auch mißbrauchbar – nicht jedoch wahr oder falsch sein können [16, S. 273 ff; 18, S. 235 ff; 34, S. 3]. Zu dieser Verschleierung trägt nicht zuletzt die mathematische Darstellung der Modellstrukturen bei. „[Denn] sowohl mathematische Sprache als auch mathematisches Argumentieren können dadurch besonders heimtückisch sein, daß sie es zulassen, logisch einwandfreie Schlußfolgerungen aus unrichtigen Prämissen zu ziehen. Sie schaffen den Schein eines koordinierten, kohärenten Systems, obwohl in Wirklichkeit kein derartiges System existiert" [3, S. 45]. Solange deshalb dieser Schein von den daran interessierten Personengruppen aufrechterhalten werden kann, werden diese auch die Modellergebnisse als schicksalhafte Sachzwänge „verkaufen" und daraus politischen Gewinn ziehen können [36, S. 71].

Auch diese Manipulationsgefahr erhält durch den Einsatz von ADV-Systemen eine neue Dimension. „Denn diese oftmals gigantischen Systeme werden von Programmierteams in Zeitspannen häufig von vielen Jahren zusammengesetzt. Wenn dann das System schließlich wirklich in Gebrauch genommen wird, sind die meisten früheren Programmierer nicht mehr da oder haben sich anderen Aufgaben zugewandt. Und genau dann, wenn solche riesigen Systeme endlich benutzt werden, kann weder eine einzelne Person noch ein kleines Team von Spezialisten ihre inneren Arbeitsläufe überblicken.

Dies hat Folgen:

- Entscheidungen werden auf der Grundlage von Regeln und Kriterien gefällt, die niemand kennt;
- das System der Regeln und Kriterien ist nicht mehr änderbar. Denn ohne Kenntnis der inneren Arbeitsabläufe solcher Systeme würde jede wesentliche Änderung das System lahmlegen" [46].

Man verläßt sich also immer mehr auf Supersysteme, „. . .die vielleicht als Hilfe bei Analysen und Entscheidungen gedacht waren, seit dem aber das Wissen ihrer Benutzer überfordern und doch für sie unentbehrlich geworden sind" [46].

Trotz dieser Gefahren sind die Vorteile der modellgestützten Planung so evident, daß es nicht darum gehen kann, auf die Verwendung von Modellen einfach zu verzichten, sondern nur darum, den dabei möglichen Mißbrauch weitgehend auszuschließen. Dazu muß unbedingt sichergestellt werden, daß die Setzung der Modellprämissen jederzeit nachvollzogen werden kann und daß sowohl die mit diesen Prämissen erzeugten Wirkungszusammenhänge verstanden als auch die vom Modell ausgeschlossenen Aspekte der Wirklichkeit zur Bewertung der Modellergebnisse herangezogen werden können [36, S. 72].

Die Gesamtheit aller Vorkehrungen und Maßnahmen zur Einschränkung der angedeuteten Mißbrauchsgefahren soll hier als ,,Datenkontrolle" bezeichnet werden.[4] Gegenstand der Datenkontrolle sind also Daten, die dadurch, daß sie in reduzierten Sprachstrukturen (Formatierung) oder Wirklichkeitsbeschreibungen (Modellen) verwendet werden, zur Fehlinformation von Argumentations- bzw. Interessengegnern mißbraucht werden können.

Die Datenkontrolle liegt also im Interesse der jeweiligen Gegner der ADV-Systemanwender, so daß man von den Anwendern nicht unbedingt erwarten kann, daß sie freiwillig die hierfür erforderlichen Vorkehrungen und Maßnahmen treffen. Aber auch die Gegner sehen hierzu vielfach keinen Anlaß, weil die meisten Menschen offenbar solche Daten, die ihnen als ,,harte Fakten" oder ,,Sachzwänge" vermittelt werden, eher akzeptieren als ,,weiche" Daten [44, S. 106]. *Kirsch* bezeichnet dieses Phänomen als ,,Greshamsches Gesetz der Systementwicklung" [20, S. 565]. Es besagt, daß die ,,hard facts" in jeder Argumentation die ,,soft facts" verdrängen, wenn diese nicht von einer ungleich höheren Machtposition aus vertreten werden. Daraus mag es sich auch erklären, daß es für die Notwendigkeit einer Datenkontrolle bislang nur ein sehr schwach entwickeltes allgemeines Bewußtsein gibt, so daß die Datenkontrolle wie der Datenschutz nur mit entsprechendem rechtlichen und politischen Druck wird realisiert werden können [2, S. 174; 17, S. 111].

Erste verfassungsrechtliche Überlegungen hierzu sind in dem bereits zitierten Gutachten zu Grundfragen des Datenschutzes zusammengefaßt und weiterentwickelt worden. Diese Überlegungen betreffen zum einen

- das Grundrecht einzelner Personen oder Personengruppen auf Information durch den Staat und zum anderen
- die Kontrollrechte der parlamentarischen Opposition gegenüber dem Machtblock Regierung, Regierungsfraktion(en), Verwaltung.

Das Grundrecht auf Information wird wegen der ständig zunehmenden gegenseitigen Durchdringung von Staat und Gesellschaft gefordert: ,,Der Staat habe sich heute nahezu in alle gesellschaftlichen Bereiche hinein ausgedehnt, weil er weitgehend Voraussetzung für die Gesellschaft geworden sei. Umgekehrt hätten wirtschaftliche und soziale Kräfte den Staat in ihren Bann gezogen" [43, S. 66]. ,,Der Staat benötigt. . . dementsprechend für seine Zukunfts- und Wirtschaftsplanung immer mehr Unterlagen über die Persönlichkeit des einzelnen Staatsbürgers und über das Verhalten der gesellschaftlichen Gruppierungen. . ." [43, S. 65]. Deshalb erscheint die Forderung, daß die Bürger im Gegenzug mehr Einblick in das Staatsgeschehen nehmen können sollen, durchaus als angemessen. Sofern diese Forderung durch die herkömmlichen Medien nicht hinreichend erfüllt werden kann, muß der Staat den verbleibenden zulässigen Informationsbedarf direkt decken [43, S. 66 f].

Zu diesem Verfassungsproblem finden sich allerdings in den Gesetzen, in der Rechtsprechung und in der Literatur nur vereinzelte Regelungen und Hinweise. Dabei fehlt

[4] Die Bezeichnung ,,Datenkontrolle" für den beschriebenen Sachverhalt wird unseres Wissens hier zum erstenmal verwendet. Wir halten diese Bezeichnung für griffiger als die von Simitis für etwa den gleichen Sachverhalt verwendete Bezeichnung ,,Datenschutz i. w. S." [39, S. 675 ff].

in der Rechtsprechung bisher jeglicher verfassungsrechtlicher Bezug, und in der Literatur wird ein solcher Bezug zwar behandelt, aber abgelehnt [43, S. 63 f]. Eine entsprechende Neuinterpretation des Artikels 5 Absatz 1 GG (Freiheit der Meinungsäußerung und -bildung) dürfte dennoch bald unumgänglich sein. Denn die vorherrschende individualistische Interpretation dieser Norm berücksichtigt nicht hinreichend die zunehmende Eingliederung des einzelnen in die verschiedenen Systeme des staatlichen und gesellschaftlichen Bereichs, von denen er immer abhängiger wird. Durch diese Abhängigkeit ,,. . . wird sein Freiheitsstatus gegebenenfalls ebenso geschwächt wie durch staatliche Eingriffe, weil er sich mangels genügenden Wissens von seiner Stellung im System von den Zusammenhängen und Auswirkungen nicht frei entscheiden kann. Ein zeitgemäßes Rechtsverständnis muß dieser im Verhältnis zu den sozialen Gewalten veränderten Stellung des Individuums Rechnung tragen. Der einzelne muß seine durch Ungewißheit eingeschränkte Freiheit dadurch wiedergewinnen, daß ihm das Recht Mitbestimmungs- und Informationsrechte bezüglich dieser Systeme gewährt – also nicht nur gegenüber dem Staat sondern ebenso (oder noch mehr) gegenüber den anderen sozialen Gewalten" [43, S. 67].
Sehr viel intensiver als das Grundrecht auf Information wird seit einiger Zeit die Anpassung der parlamentarischen Kontrollrechte an die veränderten Machtverhältnisse zwischen Legislative, Exekutive und Interessengruppen und an die vor allem durch den Einsatz von ADV-Systemen veränderten Methoden der Entscheidungsfindung in der Exekutive diskutiert [43, S. 181 ff]. Im Mittelpunkt dieser Diskussion steht die bereits im Abschnitt 1.1 behandelte Feststellung, daß die Parlamente heute weitgehend ihre Kontrollfunktion verloren haben, weil in der Regel die Parlamentsmehrheit als Regierungsfraktion(en) zusammen mit der Regierung und der Verwaltung einen geschlossenen Machtblock bildet, dem die parlamentarische Opposition mehr oder weniger machtlos gegenüber steht. Die eigentliche Kontrolle dieses Machtblocks üben die Interessengruppen und die öffentliche Meinung (,,intermediären Gewalten") durch ihren Einfluß auf die Wiederwahl der jeweiligen Machthaber aus. Die Kontrollfunktion des Parlaments kann deshalb im wesentlichen nur noch von der parlamentarischen Opposition durch Offenlegung der Entscheidungsfindung der Regierung gegenüber den intermediären Gewalten erfüllt werden]43, S. 185 ff].
Die gegenwärtigen parlamentarischen Informationsrechte sind hierfür allerdings völlig unzureichend. ,,Sie stellen Reaktionen auf ein Instrumentarium dar, das mit der elektronischen Datenverarbeitung nicht verglichen werden kann" [39, S. 677]. ,,Sie gestatten es der Exekutive, frei über die Informationen zu verfügen und verhindern damit für die Zukunft jede wirksame Kontrolle. Das weitere Festhalten an dieser Auffassung kann für unsere parlamentarische Demokratie lebensgefährlich werden" [43, S. 188]. Der Exekutive muß also eine entsprechende mit anderen Verfassungsgrundsätzen abzustimmende Informationspflicht auferlegt werden [43, S. 189 ff].
Diese verfassungsrechtlichen Regelungen dürften jedoch allein kaum ausreichen. ,,Denn wir stehen nicht nur vor Auslegungsschwierigkeiten, denen mit normalen juristischen Techniken beizukommen wäre, und nicht vor der Gefahr eines hier oder da rechtswidrigen Verhaltens. Das Problem liegt tiefer, gleichsam unterhalb der Alternative von verfassungsmäßig und verfassungswidrig. Es besteht in der Frage, ob die Verfassung angesichts neuer, potenter, analytischer und technischer Möglichkeiten und

angesichts der Risiken, die in diesen Chancen stecken, die Entscheidungsvorgänge noch ordnet" [27, S. 47]. Die Verfassungsregelungen laufen leer, wenn die von der Manipulation durch die Besitzer der ADV-Systeme Betroffenen nicht lernen, sich gezielt und auf dem gleichen technischen Niveau wie die ADV-Besitzer gegen ihre Manipulation zu wehren. Diese Lernprozesse sind jedoch besonders schwierig, weil sie in der Regel gegen die herrschenden Interessen durchgestanden werden müssen [10, S. 7; 15, S. 285 ff; 22, S. 118 ff].

Ein erster Versuch in dieser Richtung wurde bereits 1967 an der Universität Berkely/Kalifornien unternommen [22, S. 54]. Dort ließ man Politiker und Fachleute auf einem Fernsehpodium miteinander diskutieren und die Fernsehzuschauer über Telefon wertend in die Diskussion eingreifen. Zur Sachinformation stand ein leistungsfähiges ADV-System zur Verfügung. Es war also ein Experiment mit der direkten Demokratie per Fernsehen, Telefon und ADV. Ein ähnliches Experiment wurde 1971 unter der Bezeichnung ORAKEL (*O*rganisierte, *R*epräsentative *A*rtikulation *K*ritischer *E*ntwicklungs-*L*ücken) von der Studiengruppe für Systemforschung in Zusammenarbeit mit der Bundespost und dem WDR in der Bundesrepublik zum Thema „Umweltschutz" durchgeführt. Dieses Experiment fand zwar ein reges Interesse – ein durchschlagender Erfolg war ihm jedoch nicht beschieden [22, S. 54 ff].

Auf der Grundlage dieser beiden Experimente hat *H. Rittel* ein Hochschulplanungssystem (HPS) konzipiert, das hier etwas ausführlicher behandelt werden soll [34]. Das System geht von folgenden Postulaten aus:

(1) HPS soll für jeden offen (partizipatorisch) sein, d. h. jeder Hochschulangehörige soll Probleme, Vorschläge und Argumente, die einen Bezug zur Hochschulplanung haben, unter Beachtung der Datensicherheit eingeben können, und HPS soll ihn dazu auch anregen. Begründung: „Die Probleme einer Hochschule sind zu vielfältig, und es gibt zu viele Arten von Betroffenheit durch planerische Maßnahmen, daß es keine Experten gibt, die alle Probleme, Möglichkeiten und deren Konsequenzen kennen". Im übrigen wissen die Betroffenen häufig am besten Bescheid. Dies gilt es zu nutzen.

(2) HPS soll eine argumentative Struktur haben und minderheitenfreundlich sein, „. . . d. h. es soll als Wechselspiel von aufgeworfenen Problemen, Argumentationen für und wider verschiedene Positionen, Entscheidungen, Folgeprobleme usw. verstanden und entsprechend organisiert werden". Dabei ist sicherzustellen, daß Minderheiten nicht einfach „überfahren" werden können. Begründung: „Für Probleme der Hochschulplanung gibt es keine falschen Lösungen. Vielmehr hat jede Maßnahme verschiedene Für und Wider für die verschiedenen Betroffenen. Die Verteilung der Vor- und Nachteile über die Betroffenen ist eine Sache der Diskussion und Aushandlung." Dies gilt es ständig bewußt zu machen.

(3) HPS soll die Transparenz erhöhen, das Konsequenzenbewußtsein fördern und dazu anregen, Planungsprobleme systematisch als Symptome tieferliegender Probleme zu begreifen.

Begründung: Bei der Problemformulierung werden häufig die Probleme zu früh auf das „wesentliche" reduziert und die dabei ausgeschlossenen oder gar nicht erst berücksichtigten Sachverhalte bei der Bewertung der späteren Lösungsvorschläge vergessen oder verdrängt. Dies gilt es zu verhindern.

Zentrales Hilfsmittel der Hochschulplanung soll ein streitfragenorientiertes Informationssystem (Issue Based Information System = IBIS) sein, das die folgenden Unterlagen liefern soll:

„– die Liste der zur Behandlung angebotenen Planungsprobleme,
– die Agenda der Planungsprobleme, deren Behandlung beschlossen worden ist,
– die Liste der Positionen, die zu den einzelnen Planungsproblemen eingenommen worden sind, zusammen mit den Argumenten, die für oder gegen sie vorgebracht worden sind,
– die zu den einzelnen Problemen vorgeschlagenen Maßnahmen, zusammen mit ihren Konsequenzen für die verschiedenen Arten von Betroffenen,
– das Protokoll der bereits getroffenen Planungsentscheidungen über behandelte Probleme
– die festgestellten Verknüpfungen zwischen den Planungsproblemen, Argumenten und Lösungsmöglichkeiten
– die im Zusammenhang mit den Problemen aktivierte oder erzeugte Sachinformation."

Für den Betrieb des IBIS soll der Planungsstab der betreffenden Hochschule zuständig sein. Er hat auch sicherzustellen, daß geeignete Sachverständige herangezogen werden, wenn die Dokumentations-, Analyse- und Prognoseleistungen aus den vorhandenen Datenbeständen nicht ausreichen. Vor allem aber hat der Planungsstab dafür zu sorgen, daß die bei den Analysen und Prognosen verwendeten Richtwerte und Modelle ständig unter „argumentativer Kontrolle" gehalten werden.

Eine solche argumentative Kontrolle (Datenkontrolle) ermöglicht auch das in diesem Buch vorgestellte ADV-System für Hochschulverwaltung und -politik. Es bedient sich dazu der besonderen Fähigkeit von Dokumentationssystemen, die durch die Datenformatierung und Modellbildung „abgeschnittenen" Sprach-, Kontext- und Wirkungsbeziehungen so festzuhalten, daß diese bei Bedarf gezielt wiedergewonnen werden können. Dadurch bleiben die entsprechenden Vorgänge bei der Gewinnung und automatisierten Verarbeitung der manipulationsanfälligen Daten nachvollziehbar, und die „abgeschnittenen" Zusammenhänge können bei der Ausrichtung dieser Daten zu deren endgültiger Bewertung herangezogen werden (siehe auch Abb. 5–10). Diesen Effekt erreicht man für Daten, die bei ihrer Gewinnung durch Formatierung manipulationsanfällig geworden sind, dadurch, daß man ihre Speicheradressen als Suchbegriffe in einem ergänzenden Dokumentationssystem vorsieht [50]. Die Speicheradressen sind dann in die Nachweissätze aller Dokumente einzutragen, in denen etwas über die durch sie angezeigten Daten steht. Bei Daten, die durch Dokumentauswertung gewonnen worden sind, müssen auf diese Weise zumindest die entsprechenden Quellendokumente nachgewiesen werden. Bei Daten, die durch Fragebogen- und/oder Interviewaktionen entstanden sind, gilt entsprechendes für die verwendeten Fragebögen, Interviewleitfäden und sonstigen Erhebungsinstruktionen. Darüber hinaus sollten jedoch möglichst auch alle sonstigen Dokumente, in denen die betreffenden Daten und die durch sie angedeuteten Sachverhalte behandelt werden, in der beschriebenen Weise und eventuell auch über weiterführende Referat-, Zitat- und/oder rechtstechnische Verweisungsketten aufgefunden werden können, so daß man

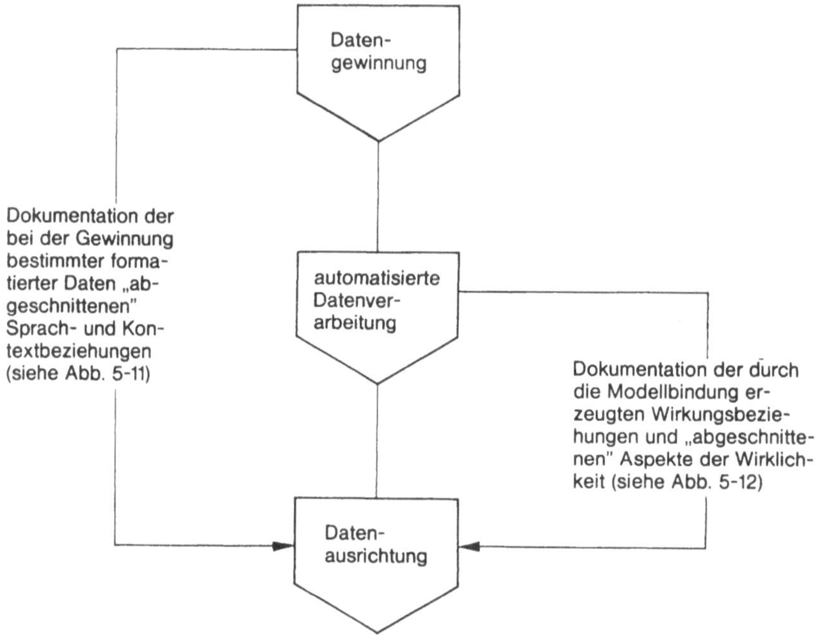

Abb. 5–10. *Ansatzpunkte der Datenkontrolle*

auf alle Dokumente, die für das Verständnis der manipulationsanfälligen Daten relevant sind, gezielt zugreifen kann [50] (siehe Abb. 5–11).

Bei den manipulationsanfälligen Modellen wird der Kontrolleffekt dadurch erreicht, daß das ergänzende Dokumentationssystem

- die Beschreibungen dieser Modelle, insbesondere die Beschreibungen ihrer wichtigsten Wirkungszusammenhänge und ihrer Sensibilität gegenüber Variationen ihrer wichtigsten Strukturparameter, und
- die Beschreibungen der durch die Modellprämissen ausgeschlossenen, aber für das Verständnis der Modellergebnisse relevanten Sachverhalte

gezielt nachweist. Dies kann für die Modellbeschreibungen über die Modellnamen als Suchbegriffe und für die Beschreibungen der ausgeschlossenen Sachverhalte über geeignete Schlüsselwörter insbesondere über die Namen der Strukturparameter geschehen [50] (siehe Abb. 5–12).

Der angestrebte Kontrolleffekt kann dadurch noch gesteigert werden, daß der Streitgehalt der nachgewiesenen Dokumente durch entsprechende Ergänzungen und Verknüpfungen (Relatoren) der Suchbegriffe wie z. B. durch die Relatoren „pro", „contra" und „neutral" verdeutlicht wird [25, S. 3 ff; 50].

Voraussetzung für den Einsatz der skizzierten Dokumentationstechniken ist allerdings eine problem- und dokumentationsgerechte Formulierung der Streitfragen. Dokumentationsgerechtigkeit bedeutet dabei vor allem, daß die Streitfragen über einen längeren Zeitraum hinweg (ca. 5 Jahre) als Auswertungsvorgaben gültig sein

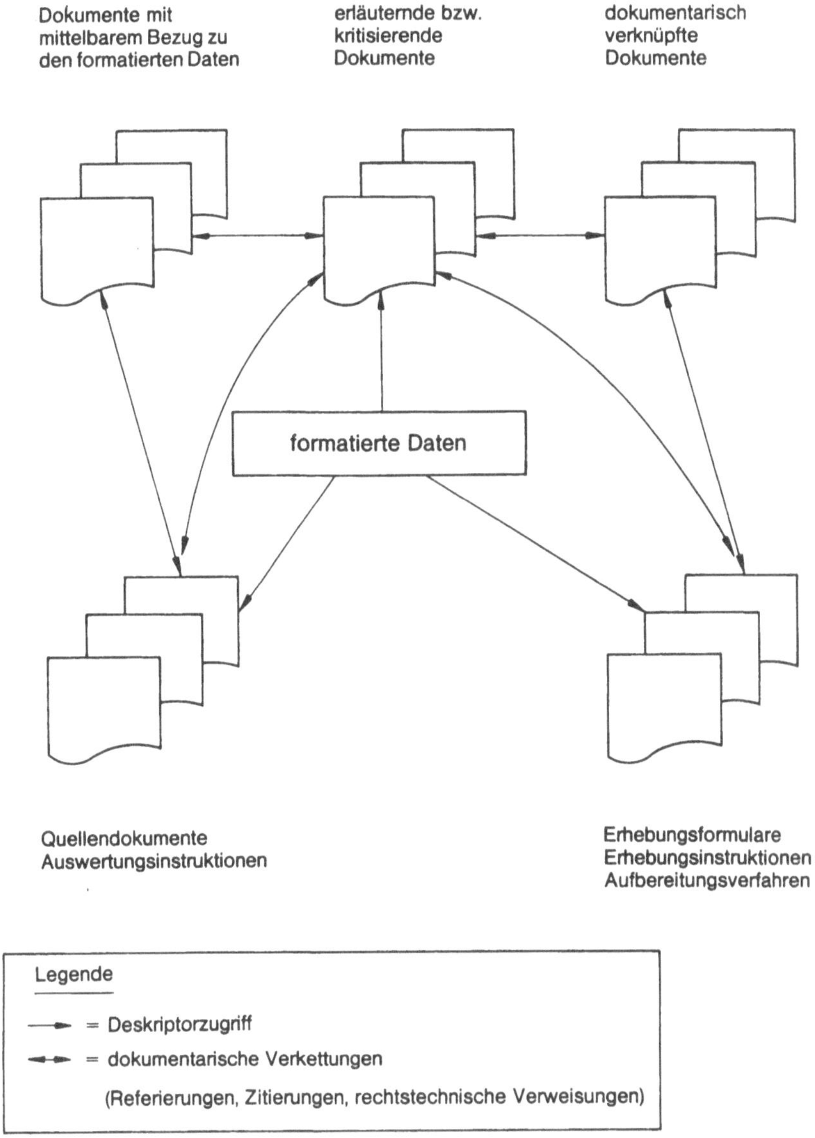

Abb. 5–11. *Dokumentarische „Einbettung" manipulationsanfälliger formatierter Daten*

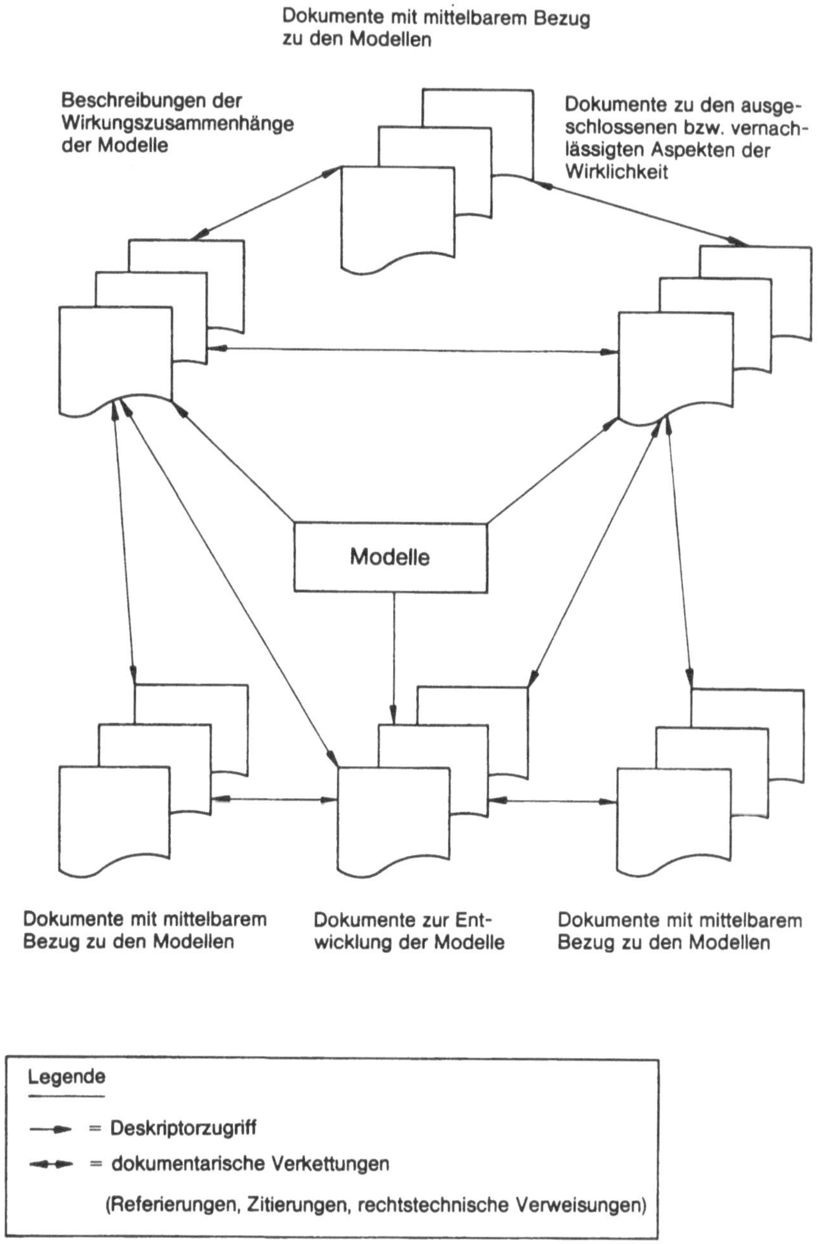

Abb. 5–12. *Dokumentarische „Einbettung" manipulationsanfälliger Modelle*

müssen, weil man Dokumentation nur bei einer entsprechenden Auswertungskontinuität sinnvoll betreiben kann. Deswegen dürfte es auch äußerst problematisch sein, die Streitfragen, wie bei ORAKEL und IBIS vorgesehen, durch Prognosen also auf dem analytischen Wege zu ermitteln, weil man sich dadurch von sehr wechselhaften und nur schwer bestimmbaren Erwartungen abhängig macht, die den Wert des gesamten Verfahrens in Frage stellen können.
Für das Informationssystem für Hochschulverwaltung und -politik wird deshalb eine andere, auf die spezifischen Belange der Datenkontrolle abgestellte Regelung vorgeschlagen. Bei ihr wird das Prognoseproblem dadurch umgangen, daß bestimmte manipulationsanfällige Daten und Modelle einfach als Streitfragen definiert werden, auch wenn sie dies möglicherweise im Bewußtsein der Betroffenen gerade nicht sind, um dadurch ihren Streitgehalt immer wieder bewußt zu machen. Das Problem der Streitfragenfeststellung wird hier also auf dem normativen Wege gelöst. Die Streitfragen bleiben dann jeweils solange als Auswertungsvorgaben gültig, wie die entsprechenden Daten und Modelle verwendet werden [50].
Die skizzierten systeminternen Vorkehrungen zur Datenkontrolle müssen selbstverständlich durch geeignete organisatorische Vorkehrungen ergänzt werden, die die Betroffenen dazu anregen, von ihren Kontrollmöglichkeiten auch Gebrauch zu machen (siehe ORAKEL und Rittel-Konzept). Vor allem aber müssen sie mit einem entsprechenden politischen Engagement genutzt werden. „Denn Informationseinrichtungen können eine Entwicklung zu einer bereits einmal eifrig propagierten ‚formierten Gesellschaft' begünstigen. . . Informationseinrichtungen können aber auch einer solchen Entwicklung zur ‚programmierten Gesellschaft' entgegenwirken, indem sie gerade die Auseinandersetzung über die gesellschaftlichen Ziele und die Mittel zu ihrer Erreichung stimulieren und unterstützen. Wieweit dies gelingt, ist nicht eine Frage der Technologien, sondern eine Frage unserer gesellschaftspolitischen Phantasie und unseres Engagements gerade auch gegenüber mächtigen Interessen" [10, S. 7].

Literatur

[1] Ahrens, F. u. H. Walter: Datenbanksysteme. Berlin 1971.
[2] Albert, H.: Traktat über kritische Vernunft. Tübingen 1969.
[3] Baran, P. A.: Zur politischen Ökonomie der geplanten Wirtschaft. Frankfurt a. M. 1968.
[4] Blau, H.: Sind ausreichende Sicherungen gegen Manipulationen bei der EDV möglich? In: Bürotechnik und Automation, 1/1971, S. 8 ff.
[5] Bundesregierung: Entwurf eines Gesetzes über das Meldewesen (Bundesmeldegesetz – BMG) Bundestagsdrucksache 7/1059 vom 4. 10. 73.
[6] –: Entwurf eines Gesetzes zum Schutz vor Mißbrauch personenbezogener Daten bei der Datenverarbeitung (Bundes-Datenschutzgesetz – BDSG). Bundestagsdrucksache 7/1027 vom 21. 09. 73.
[7] Burhenne, W. u. K. Perband (Hrsg.): EDV-Recht. Systematische Sammlung der Rechtsvorschriften, organisatorischen Grundlagen und Entscheidungen zur elektronischen Datenverarbeitung. Berlin 1970.

[8] Clifton, H. D.: Systemanalysis for business data processing. London 1970.
[9] CODASYL: Data Base Task Group Report. April 1971.
[10] Ehmke, H.: Öffentliche Kontrolle der Fachinformationszentren erforderlich. Vortrag zum Deutschen Dokumentartag 1973 in Frankfurt. Mitteilungen aus dem BMFT 11/73.
[11] Finkenstadt, Th.: Kapazitätsbemessung und Hochschulpolitik. In: G. Elstermann (Hrsg.): Ausbildungskapazität. Schriften des Hochschulverbands. Heft 24 S. 9–16. Göttingen 1971.
[12] Gehrig, N.: Parlament – Regierung – Opposition. Dualismus als Voraussetzung für eine parlamentarische Kontrolle der Regierung. München 1969.
[13] Görlitz, A.: Informationsmonopole durch Datenbanken. ZRP 1970, S. 95 ff.
[14] Hanter, A.: Datenschutz – Datensicherung. Datascope Heft 7/72 und 8/72.
[15] Hirsch, J.: Wissenschaftlich-technischer Fortschritt und politisches System. Frankfurt a. M. 1970.
[16] Hutchison, T. W.: Theoretische Ökonomie als Sprachsystem. In: Theorie und Realität. Ausgewählte Aufsätze zur Wissenschaftslehre der Sozialwissenschaften. Hrsg. H. Albert. Tübingen 1964.
[17] Jensen, S.: Bildungsplanung als Systemtheorie. Bielefeld 1970.
[18] v. Kempski, J.: Handlung, Maxime und Situation. Zur Logischen Analyse der mathematischen Wirtschaftstheorie. In: Theorie und Realität. Ausgewählte Aufsätze zur Wissenschaftslehre der Sozialwissenschaften, Hrsg. H. Albert. Tübingen 1964.
[19] Kewenig, W. A.: Zur Revision des Grundgesetzes: Planung im Spannungsverhältnis von Regierung und Parlament. Die Öffentliche Verwaltung Heft 1/2 Januar 1973. S. 23–32.
[20] Kirsch, W.: Auf dem Weg in einen neuen Taylorismus? IBM-Nachrichten Nr. 215 April 1973. S. 561–566.
[21] Koreimann, D. S.: Methoden und Organisation von Management-Informations-Systemen. Berlin 1971.
[22] Krauch, M.: Computer Demokratie. Düsseldorf 1972.
[23] –: Die organisierte Forschung. Neuwied, Berlin 1970.
[24] Kraushaar, R. u. W. Vollmeyer: Datensicherung beim Erfassen, Übertragen und Ausgeben von Daten. Siemens-Zeitschrift 3/69. Beilage: Datenfernverarbeitung S. 27 ff.
[25] Kunz, W. u. H. W. J. Rittel: Issues as Elements of Information Systems. Center for Planning and Development Research, Working Paper No. 131, Juli 1970.
[26] Luhmann, N.: Recht und Automation in der Öffentlichen Verwaltung. Berlin 1966.
[27] –: Verfassungsmäßige Auswirkungen der elektronischen Datenverarbeitung. Öffentliche Verwaltung und Datenverarbeitung Heft 2/72. S. 44–47.
[28] Lutz, Th.: Das computerorientierte Informationssystem (CIS). Eine methodische Einführung. Berlin, New York 1973.
[29] Mertens, H.: Die Organisation eines Datenbanksystems. Zeitschrift für Datenverarbeitung 8/72.
[30] Mertens, P.: Industrielle Datenverarbeitung Bd. 1. Administrations- und Dispositionssysteme. Wiesbaden 1972.
[31] Müller, P. J.: Die Gefährdung der Privatsphäre durch Datenbanken. In: Dammann, U. u. a.: Datenbanken und Datenschutz. Frankfurt a. M. 1973. S. 63–90.
[32] Myrdal, G.: Objektivität in der Sozialforschung. Frankfurt a. M. 1971.
[33] Podlich, A.: Verfassungsrechtliche Probleme öffentlicher Datenbanken. Die Öffentliche Verwaltung 1970, S. 473 ff.
[34] Rittel, H.: Vorschlag für ein Planungssystem an Hochschulen. Berkeley Oktober 1971. (maschinengeschr. Manuskript).
[35] Rohmert, H.: Programmtechnische Sicherung der Datenbestände. Computer Praxis Heft 8/69.
[36] Schrader, E.: Über die politische Relevanz „wertfreier" Modelle. In: Kommunikation, Zeitschrift für Planung und Organisation, Quickborn Heft 2/71, S. 69–72.
[37] Schulze, J. H.: Datenschutz in der Datenverarbeitung. IBM-Nachrichten 205/1971, S. 640 ff.

[38] Schuster, H. J.: Ausbildungskapazität als Entscheidungsproblem. In: G. Elstermann (Hrsg.): a. a. O. S. 213–226.
[39] Simitis, S.: Chancen und Gefahren der elektronischen Datenverarbeitung. Zur Problematik des Datenschutzes. In: NJW. 1971, S. 643 ff.
[40] Spiegel-Report über Personenkennzeichen und Datenschutz. Spiegel Nr. 48/73 S. 66–87.
[41] Steinbuch, K.: Kurskorrektur. Stuttgart-Degerloch 1973.
[42] –: Taschenbuch der Nachrichtenverarbeitung. Berlin, Göttingen, Heidelberg 1967.
[43] Steinmüller, W. u. a.: Grundfragen des Datenschutzes. Gutachten im Auftrag des Bundesministeriums des Innern. Juli 1971.
[44] Wallis, W. A. u. H. V. Roberts: Methoden der Statistik.
[45] Walter, H. u. R. Fischer: Informationssysteme in Wirtschaft und Verwaltung. Berlin 1971.
[46] Weizenbaum, Jos.: Alptraum Computer. Zeit Nr. 3/73, S. 43.
[47] Westin, A. F.: Der Mensch und seine Privatsphäre. IBM-Nachrichten 201/70 S. 189 ff und 202/70, S. 298 ff.
[48] Wiener, N.: Mensch und Menschmaschine. Kybernetik und Gesellschaft. Frankfurt a. M., Bonn 1966.
[49] Wortmann, H.: Datensicherung in der Datenverarbeitung. Kiel 1973.
[50] Zöllner, U.: AUTOR – Ein ausbau- und verbundfähiges, textorientiertes Datengewinnungssystem für Hochschulverwaltung und -politik (maschinengeschr. Manuskript).

6. Technische Voraussetzungen und Bedingungen

Für die Verwirklichung des in den Kapiteln 3 bis 5 dargestellten Modells eines Informationssystems der HVP sind vor allem

- psychologische
- finanzielle
- rechtliche
- technische
- organisatorische

Voraussetzungen und Bedingungen zu beachten. Die technischen und organisatorischen Voraussetzungen und Bedingungen werden in den Kapiteln 6 und 7 im einzelnen erörtert. Zu den anderen Voraussetzungen und Bedingungen beschränken wir uns auf einige Bemerkungen und Hinweise.

Die psychologischen Voraussetzungen betreffen vor allem die Einführung von ADV-Systemen. Es ist zwar richtig, die zu automatisierende Umwelt nach den Möglichkeiten des Computers zu betrachten, wobei überflüssige oder verbesserungswürdige Abläufe oder Vorschriften zu kritisieren und zu überwinden sind. Dabei darf jedoch nicht die Tatsache aus dem Auge verloren gehen, daß jedes ADV-System dem Benutzer zu dienen hat und darin sein („sozio-technisches") Optimum erfährt. Demgegenüber neigen manche Systemanalytiker fälschlicherweise dazu, den Benutzer in die Rolle des Dieners eines technisch optimal konzipierten ADV-Systems zu drängen, was die betroffenen Personen in der Regel ablehnen. Ein ADV-System, das den Benutzern keine Vorteile bringt, läßt sich nur mit Schwierigkeiten einführen. Argumente wie z. B. das Management beziehe durch das ADV-System bessere Informationen für Planungszwecke, werden den Sachbearbeiter kaum überzeugen, wenn nicht gleichzeitig seine Arbeit dabei erleichtert wird. ADV-Systeme müssen immer im sozialen Zusammenhang mit ihren Benutzern betrachtet werden.

Zu den (organisations-)psychologischen Voraussetzungen gehört auch, daß die Betroffenen an der Konzeption des sie betreffenden ADV-Systems mitwirken und daß sich die Hochschulleitung engagiert (siehe Abschnitt 8.2, insb. Ziffer 1, 9).

Finanzielle Voraussetzungen und Bedingungen besagen, daß die Einführung von ADV-Systemen höhere finanzielle Ressourcen erfordert, zumindestens in der Einführungszeit. Daran ändert die Hoffnung nichts, daß nach einigen Jahren das ADV-System wirtschaftlicher[1] sein wird als die bestehende Organisation. Die für die Einführungsphase erforderlichen Mittel müssen bereitgestellt werden können, was eine rechtzeitige Haushaltsanmeldung voraussetzt.

[1] Das Wirtschaftlichkeitsprinzip, das die bestmögliche Relation zwischen Aufwand und Ertrag fordert, suggeriert das Ideal einer vollständigen Trennung der Systemprinzipien von Politik und Verwaltung [21]: Denn bei der Entscheidung zur Automatisierung handelt es sich nicht um die bloße Wahl eines neuen Mittels, „sondern um eine Strukturentscheidung, deren Rationalität

Rechtliche Voraussetzungen und Bedingungen beziehen sich auf den Einklang der ADV-Systeme mit den Rechtsvorschriften sowie auf die Berechtigung zur Beschaffung und Auswertung von Daten. Die Übereinstimmung mit den Rechtsvorschriften ist nicht immer zu erreichen, wenn z. B. überaltete Vorschriften bestehen (z. B. im Finanzbereich Verwaltungsvorschriften aus den 20er Jahren) oder wenn keine Vorschriften bestehen, obwohl sie bestehen sollten (z. B. nicht verabschiedete Ordnungen der Hochschulen).
Für den Betrieb eines Informationssystems der HVP muß die Hochschule das Recht haben, Daten zu beschaffen und auszuwerten, sowie die gewonnenen Nachrichten weiterzugeben. Besonders relevant ist die Beschaffung von Daten. Soweit Daten in Hochschulen selbst erhoben werden müssen, gibt das Selbstverwaltungsrecht den Hochschulen die rechtlichen Möglichkeiten dafür. Für die Beschaffung von hochschulexternen Daten (dazu gehören auch die von den Studenten zu liefernden Daten) brachte erst das Hochschulstatistikgesetz (vgl. 1.2.3.4) die gesetzliche Grundlage, Personen/Institutionen zur Auskunft in Pflicht zu nehmen.
Technische Voraussetzungen und Bedingungen sind für Aufbau bzw. Einführung eines Informationssystems für HVP in der einzelnen Hochschule auf drei Ebenen zu beachten:
- Hardware (Geräte und Zubehör)
- Software (Anweisungen an die Geräte)
- Rechnerkompatibilität (Programme für verschiedene Rechner mit gleichen ähnlichen Aufgaben).

Die folgenden Ausführungen (Abb. 6–1 gibt vorab eine Zusammenfassung) orientieren sich an dem in Abschnitt 2.6. erläuterten Begriffsschema (siehe auch Abb. 2–8 und 2–9).

6.1. Hardware

6.1.1 Zentraleinheit und Externspeicher

Bei der Beschaffung eines Hochschulrechners haben die mit Hochschulverwaltung und -politik befaßten Stellen allenfalls ein Mitspracherecht. Die Entscheidung über einen Hochschulrechner wird derzeit vorwiegend nach den Bedürfnissen von Lehre/-Studium und Forschung (wissenschaftlich-technische Datenverarbeitung) getroffen, diese stehen den Anforderungen der Hochschulverwaltung und -politik (kommerzielle Datenverarbeitung) entgegen.

sich im Grunde durch Kostenvergleiche nicht adäquat ermitteln läßt. Daher wird man die allgemeinen Systemleistungen und die Abhängigkeit der Verwaltung von ihrer Umwelt, Fragen der System-Autonomie und der Verhaltenslasten, die das Verwaltungssystem den handelnden Menschen auferlegt, berücksichtigen und bewerten müssen." [21, S. 130].
Zu Problemen und Methoden der Wirtschaftlichkeitsanalyse siehe u. a. [8; 14; 25; 33].
Bei Wirtschaftlichkeitsberechnungen ist auch zu beachten, daß die im Maschinenangebot eines Herstellers genannten Kosten nur etwa 40 % des gesamten Aufwandes darstellen, der beim Computereinsatz erwächst [20, S. 14].

Hardware			Software	
Dateneingabe (i. w. S.)	Zentraleinheit Externspeicher	Datenausgabe (i. w. S.)	Betriebssystem-software	Anwendungssoftware
– Magnetbanderfassung [1] sonst: Büromaschinen mit Lochstreifenkupplung – Magnetbandeinheit zur [1] Dateneingabe i. w. S.: sonst: Lochstreifenleser – Kartenlocher und -leser (für Steuerkarten) Im Einzelfall zu prüfen: „Intelligentes Terminal" oder Kleincomputer als Datenerfassungsgerät (auch: Datensammel-stationen)	– Hauptspeicher mit 128 K Zeichen bzw. 75 K Wort – 3 Magnetband-einheiten – 3 Magnetplatten-einheiten	– Magnetbandeinheit [1] (für Ausgabe i. e. S.) – Schnelldrucker (off line oder on line)	– Steuerungs-programme – Übersetzungs-programme – Programme für die Eingabe-/Ausgabe-steuerung – Dienstprogramme	– Programm-Module für Dateiverwaltung – Programm-Module für Dateiabfrage – Operations- und Berichtsprogramme – Analyse-/ Prognoseprogramme – Dokumentations-programme i. e. S.

Im Einzelfall zu prüfen: Datenübertragung für remote-batch-Betrieb

[1] bzw. Magnetplatte

Abb. 6-1. *Übersicht zu technischen Voraussetzungen und Bedingungen für das Informationssystem für HVP im Batch-Betrieb*

Ein Informationssystem für HVP beansprucht eine ADV-Anlage mit einem mittleren bis großen Leistungsvermögen, vor allem weil
- viele Programme der HVP-Methodenbank 128 KB beanspruchen (einige sogar noch mehr)
- das Leistungsvermögen eines Computers im Quadrat der (linear steigenden und angemessenen) Kosten wächst [1].

Eine ADV-Anlage dieser Größenordnung kann aber von einem Informationssystem für HVP quantitativ nicht voll genutzt werden. Zwar werden in der Zukunft noch mehr Aufgaben in technisch anspruchsvolleren Verfahren automatisiert werden, dem steht aber die zu erwartende zunehmende Leistungssteigerung der ADV-Anlagen gegenüber. Auch bei Übernahme der Hochschulbibliothek dürfte eine Auslastung einer ADV-Anlage der vorgesehenen Größenordnung im Zwei-Schichtbetrieb kaum erreichbar sein. Die günstigste Lösung – ein eigener Rechner für die Anwendungen der HVP – erscheint daher nicht vertretbar[2]; zu empfehlen ist daher nur eine kooperative Datenverarbeitung (vgl. auch [17, S. 26 ff]):

(1) Kooperation mit Rechnern „im Haus"
(1.1) mit dem Rechner für Lehre/Forschung
(1.2) mit einem Rechner für spezielle Aufgaben wie Bibliothek, Klinikverwaltung
(1.3) mit einem Rechner, der allen Nutzern im gleichen Maße zur Verfügung steht
(2) Kooperation mit Rechnern „außer Haus"
(2.1) mit einem Rechner, den mehrere Hochschulverwaltungen gemeinsam benutzen
(2.2) mit regionalen Rechenzentren
(2.3) mit kommerziellen Service-Büros.

Der Fall (1.1) ist nicht die beste Lösung, weil Hardware, Software und „Manware" auf technisch-wissenschaftliche Aufgaben ausgerichtet sind, die Hochschulverwaltung wird mit ihren ADV-Anwendungen in der Regel in einer Außenseiterrolle bleiben.[3] Die Bereitstellung fester Rechenzeiten bereitet häufig große Schwierigkeiten,

[2] In den USA haben die Hochschulverwaltungen in der Regel eigene Rechner, teilweise neben Rechnern für die Klinikverwaltung. Ursachen dafür sind vor allem die durchschnittlich höheren Studentenzahlen, technisch aufwendigere Verfahren (on-line-Betrieb) und die Tatsache, daß die Bewilligung von Computern für ausschließliche Benutzung durch die Hochschulverwaltung offenbar nicht problematisch ist. Beispielsweise waren in der Ohio State University im Jahre 1970 für Lehre/Forschung u. a. eine 360/75 mit fünf 1130 (als Terminals), eine 360/50 mit einigen Dutzend 2741 (Terminals); in der Hochschulverwaltung eine 360/50 mit 256 K und zwei großen Magnetplattenspeichern; in dem Bereich „Public Services" eine 360/40 (für die Krankenhausverwaltung und Computer Aided Instruction) sowie in dem Lernmittelcenter eine 360/50 mit mehreren Dutzend Terminals (für Bibliothek und Computer Aided Instruction) installiert [28, S. 42 f].

[3] Vgl. dazu die von Jacobs absichtlich pointierten Ausführungen [17, S. 29 f]: „Der Verwaltungsmann findet also den ‚falschen' Rechner vor, und dies auch noch in der ‚falschen' Organisationsform. Ihn interessieren nicht große Gleitkommagenauigkeiten und hohe interne Geschwindigkeiten; er braucht große periphere Speicher, eine leistungsfähige Ein-/Ausgabe und erstklassige Software. . ., er verlangt Eigenschaften, die nicht gut entwickelt sind, und nutzt die gut entwickelten nicht aus.
Er bekommt nicht die Art von Softwareberatung, die er braucht, denn die Rechenzentren sind darauf weder von der personellen Kapazität noch von ihrem offiziellen Aufgabenprogramm her eingerichtet. Unter Umständen existiert ein Teil der von ihm benötigten Software nicht oder ist nicht implementiert, weil sie für den wissenschaftlichen Betrieb nicht benötigt wird und infolgedessen bei der Entscheidung über die Anlagenauswahl keine Rolle spielte.

insbesondere wenn das Rechenzentrum darauf verweisen muß, daß die ADV-Anlage nur für wissenschaftliche Zwecke zur Verfügung gestellt worden ist (z. B. bei Rechnern, die von der Deutschen Forschungsgemeinschaft (DFG) finanziert werden). Die Mitbenutzung z. B. des Bibliothek- oder Klinikrechners dürfte insofern weniger schwierig sein, als diese Anwendungen mit denen eines Informationssystems für HVP mehr verwandt sind. Aber hier erscheint die Auslastung eines gemeinsamen Rechners nicht immer gesichert.

Die günstigste Lösung einer Mitbenutzung von Rechnern im Haus ist dann gegeben, wenn das Hochschulrechenzentrum keine Nutzergruppe der Hochschule bevorzugt bedienen würde, also eine echte Partnerschaft für alle Benutzergruppen. Das bedeutet, daß die Belange der HVP bereits bei der Auswahl der ADV-Anlage und bei der Steuerung des Rechenzentrumsbetrieb (z. B. Festlegung von Prioritäten) zur Geltung kommen müssen. Eine solche partnerschaftliche Lösung eignet sich insbesondere bei einem Großrechner im Time-Sharing-Betrieb, wenn die Nutzergruppen eigene Terminals erhalten.

Für die Lösung (2.1) spricht vor allem, daß eine ADV-Anlage auf nur einen Verwendungszweck spezialisiert werden kann, außerdem die Integration der Bedienung im Rechenzentrum und der Pflege der Anwendungs-Software.[4]. Der Fall (2.1) setzt jedoch Datenfernübertragung voraus, weil sonst der organisatorische Ablauf zu schwerfällig würde. Das gilt auch für den Fall (2.2), der in Zukunft an Bedeutung gewinnen wird, wie an der Errichtung von Datenzentralen für ADV-Anwendungen der öffentlichen Verwaltung auf Landesebene und von kommunalen Gebietsrechenzentren deutlich wird. Demgegenüber dürfte die Nutzung von Service-Rechenzentren nur für Übergangsregelungen interessant sein, vor allem wegen der Abneigung, Belege oder Datenträger außer Haus zu geben und aus Haushaltsgründen.

Aus der Sicht der HVP ist eine Lösung zu favorisieren, die die Vorteile des höheren Leistungsvermögens (und relativ geringer Kosten) eines Großrechners bietet, aber dessen Nachteile (Auslastung, Bereitstellung des gesamten ADV-Personals) vermeiden kann. Das dürfte am ehesten bei der Lösung (1.3) gegeben sein, ggf. auch (2.1), z. B. bei einer Kooperation mehrerer Hochschulverwaltungen eines Bundeslandes.

Die vorhandenen ADV-Anlagen (vgl. Abschnitt 8.1) erfüllen zum großen Teil die Mindestvoraussetzungen an Hardware. Jedoch sind häufig Ergänzungen der Peripherie erforderlich, insbesondere Magnetspeicher mit direktem Zugriff (vgl. Abb. 6–2), aber auch schnellere Ein-/Ausgabegeräte (vgl. Abb. 6–3, 6–4 und 6–8). Random-Speicher sind in einem Informationssystem für HVP unabdingbar, weil einzelne Dateien nur bei direktem Zugriff sinnvoll verarbeitet werden können.

Er wartet lange auf die Erledigung seiner Aufgaben im Rechenzentrum, weil sie „nur" von der Verwaltung kommen oder weil die durchaus notwendigen Prioritätsregelungen zwischen den einzelnen Jobs sich aufgrund der problembedingten Eigenschaften seiner Jobs ständig zu seinem Nachteil auswirken".

[4] Beispiele für eine kooperative Datenverarbeitung sind die beiden großen Münchener Hochschulen und die Universität Augsburg, die einen im Kultusministerium aufgestellten Rechner der staatlichen Gebietsrechenstelle des Bayrischen Landesamts für Datenverarbeitung benutzen. Zu weiteren Beispielen siehe Abb. 8–1, Fußnote 4.

Speicherart		Kapazität KB = 1000 Bytes MB = 1 000 000 Bytes	∅ Zugriffszeit s = Sek. ms = 10^{-3} Sek. us = 10^{-6} Sek.	Zugriffs-art	Kosten/ Bit (Näherungs-werte)
Arbeits-speicher	Drahtspeicher	4 - 1024 KB	0,5 µs	direkt	0,4 DM
	Magnetkern-speicher	4 - 1024 KB	1 µs	direkt	0,5 DM
	Magnettrommel-speicher	1 - 100 MB	10 ms	direkt	0,05DM
Extern-speicher	Magnetplatten-speicher	3 - 800 MB	80 ms	direkt	10^{-3} DM
	Magnetkarten-speicher	50–1000 MB	0,5 s	direkt	10^{-4} DM
	Magnetband-speicher	4 - 40 MB	1–100 s	sequen-tiell	10^{-6} DM

Abb. 6-2. *Kosten-/Leistungsspektrum von ADV-Speichern*

Das in den Kapiteln 3 bis 5 vorgestellte Informationssystem für HVP wurde rechnerunabhängig konzipiert, damit es auf möglichst vielen an den Hochschulen vorhandenen Rechnern laufen kann, sowohl auf Zeichen- als auch auf Wortmaschinen.[5]
Jedes ADV-System setzt eine bestimmte Mindestkonfiguration voraus. In ihrer primitivsten Form, ohne die Referenzdatei und ohne klassifikatorische Datenverknüpfung (Abschnitt 3.2.4 und 3.3.4) erfordert das Datenbanksystem eine Hauptspeicherpartition von mindestens 64 K-Zeichen bzw. 40 K-Wort, 3 Bandstationen und 1 Platteneinheit (für die Schlüssel- und Datenfeldbeschreibungsdateien). Dabei müssen die Primär- bzw. Sekundärbänder häufig ausgewechselt werden, weil diese Dateien nur sequentiell verarbeitet werden können.
Will man aber das Datenbanksystem mit seiner vollen Kapazität und seinem Komfort einsetzen, so sind eine Hauptspeicherpartition von mindestens 128 K-Zeichen bzw. 75 K-Wort, ferner 2 Bandstationen und 2–3 Platteneinheiten erforderlich. Die genaue Anzahl der benötigten Platteneinheiten hängt von den Plattentypen und der Größe der Dateien ab.
Ähnliche Anforderungen stellen die Programme der Methodenbank. Die meisten Operations- und Berichtsprogramme können mit 64 K-Zeichen bzw. 40 K-Wort Hauptspeicher, 2 Bandstationen und 1 Platteneinheit auskommen. Analyse-/Prognoseprogramme beanspruchen jedoch bei gleicher Peripherie mindestens 128 K-Zeichen bzw. 75 K-Wort-Speicher. Für Simulationsprogramme und schwierige Dokumentationsprogramme sind sogar mehr als 128 K-Zeichen erforderlich.

[5] Zum Unterschied zwischen Byte-(Zeichen-) und Wortmaschinen siehe u. a. [6, S. 89].

6.1.2 Eingabegeräte

Eingabe (i. w. S.) [2; 5; 6; 26; 27] umfaßt die Datenerfassung (Umsetzen von Daten in maschinenlesbare Form) und die Dateneingabe i. e. S. (die Eingabe von Daten in den Hauptspeicher, also Umsetzen der maschinenlesbaren Datenträger in binär-elektrische Zeichenfolgen).

6.1.2.1 Datenerfassung

Bei der Datenerfassung werden mit Hilfe von Datenerfassungsgeräten oder manuell ADV-Datenträger erzeugt. Diese Datenträger werden von korrespondierenden Eingabegeräten gelesen und in den Hauptspeicher gebracht. Bei On-line-Erfassung fallen Datenerfassung und Dateneingabe in einem Gerät, z. B. in Terminals, zusammen.
Die zunehmende Geschwindigkeit und Speicherkapazität der heutigen Rechner läßt die Datenerfassung immer mehr zum technischen Engpaß der ADV werden. Die Geschwindigkeit der heutigen Großrechner beträgt nur 1 Milliardstel der Geschwindigkeit der konventionellen Erfassungsgeräte.[6] Um den Engpaß in der Datenerfassung zu mildern, sind mehrere Alternativen zu den konventionellen Datenerfassungsverfahren entwickelt worden, und zwar verbesserte Off-line-Erfassung und On-line-Erfassung (Echtzeitbetrieb).
Empfehlungen zur Datenerfassung haben mehrere, oft miteinander verbundene Ebenen zu beachten:
- Datenerfassungsgeräte (Abb. 6–3)
- ADV-Datenträger
- Datenerfassungsorganisation.

Neben der Wirtschaftlichkeit ist vor allem die Fehlerhäufigkeit das wichtigste Kriterium. Fehler resultieren vor allem aus der Qualität des Datenvorbereitungs- und -erfassungspersonals, der Qualität der Geräte, der Qualität der Erfassungsbelege (wie datenerfassungsgerecht?) und der Länge der Übertragungskette (vom Urbeleg bis zum ADV-Datenträger). Über gerätebedingte Fehler gibt es keine genauen Angaben, sie sind um Größenordnungen kleiner als Bedienungsfehler. Es wird angenommen, daß Lochgeräte aufgrund der aufwendigeren Mechanik fehleranfälliger sind.
Die erfaßten Daten müssen geprüft werden, damit begangene Fehler erkannt werden können. Dafür gibt es drei Möglichkeiten:
- durch ein zweites Erfassen
- durch visuelle Prüfung (Sichtkontrolle)
- durch maschinelle Prüfungen.

Ein zweites Erfassen, auch als Prüfen bezeichnet, ist sehr zeitaufwendig, bindet in der Regel mehr Personal und Geräte. Für die Sichtkontrolle spricht zwar die Schnelligkeit sowie die Unabhängigkeit vom Datenerfassungsgerät, dafür ist sie am wenigsten genau. Am schnellsten und genauesten sind maschinelle Prüfungen, die sich auf die

[6] Vergleicht man die Bearbeitungszeiten je Zeichen, dann arbeitet der Kernspeicher schon im Nanosekundenbereich (8ns), die mechanischen Eingabegeräte im Millisekundenbereich (1 Zeichen oder mehr in 1 ms); dagegen benötigt man für die Erfassung der Daten etwa 1 Sekunde/Zeichen. (1 Sekunde = 10^3 Millisekunden (ms) = 10^6 Mikrosekunden (μs) = 10^9 Nanosekunden (ns).)

Typen von Datenerfassungsgeräten[1]	Datenerfassungsgeräte[2]	Erzeugter ADV-Datenträger	Prüfen der erfaßten Daten	Korrespondierendes Eingabegerät (vgl. Abb. 6-4)
1. Reine Erfassungsgeräte	Kartenlocher Streifenlocher Magnetbandbeschriftung Magnetplattenbeschriftung	Lochkarte Lochstreifen Magnetband (-kassette) Magnetplatte	Nochmaliges Erfassen (N)	Kartenleser[4] (bzw. Lesestanzer) Streifenleser Magnetbandstation[4] (bzw. Umsetzgerät) Magnetplattenstation[4]
2. Büromaschinen mit Erfassungszusatz (z. B. Schreibmaschinen, Buchungsmaschinen, Registrierkassen)	mit Kartenlocher mit Streifenlocher mit Klarschrifttypen mit Magnetschrifttypen mit Magnetbandbeschriftung mit Magnetplattenbeschriftung	Lochkarte Lochstreifen optisch lesbare Belege Magnetschriftbelege Magnetband (-kassette) Magnetplatte	Maschinelle (Teil-) Prüfungen (M), Sichtkontrolle (S) oder Nochmaliges Erfassen (N)	Kartenleser[4] (bzw. Lesestanzer) Streifenleser Klarschriftleser Magnetschriftleser Magnetbandstation[4] (bzw. Umsetzgerät) Magnetplattenstation[4]
3. Reine on line-Erfassungsgeräte (Datenendstationen)	Fernschreiber Datensichtgerät	(Telekommunikation)[3]	(S) oder (N)	(Telekommunikation)[3]
4. Erfassungsgeräte mit Kernspeicher (auch als Datensammelstationen)	Intelligentes Terminal Kleincomputer	Magnetband (-kassette) oder Magnetplatte bzw. Telekommunikation[3]	(M), (S) oder (N) zusätzlich Plausibilitätsprüfungen, die sonst nur im Hauptspeicher möglich sind.	Magnetband-[4] oder -plattenstation[4] (bzw. Bandumsetzgerät) oder Telekommunikation[3]

[1] Daten können auch manuell erfaßt werden, insbesondere das Markieren von Markierungsbelegen (Eingabegerät: Markierungsleser) und von Zeichenlochkarten (Eingabegerät: Marksensing-Leser)

[2] Die Geschwindigkeiten der Datenerfassung variieren stark, denn sie hängen vor allem von der Datenerfassungskraft ab. Innerhalb dieser Grenzen wird die Erfassungsgeschwindigkeit bei Magnetband-, -platten- und Lochstreifenerfassung höher sein (ca. 6000 – 12000 Zeichen (Stunde) als bei Lochkartenerfassung (4000 – 8000 Zeichen/Stunde)

[3] vgl. Abb. 6-5.

[4] im allgemeinen keine zusätzliche Beschaffung eines Eingabegerätes erforderlich

Abb. 6-3. *Geräte der Datenerfassung*

wichtigsten Daten des erfaßten Datensatzes beschränken. Sie können nur in bestimmten Fällen, wie z. B. bei der Errechnung einer Prüfziffer, beim Vergleich zweier Felder und bei Beträgen, die durch Saldenkontrollen geprüft werden, angewandt werden.[7]

Die Fortschritte in der Entwicklung von Datenerfassungsgeräten beziehen sich vor allem auf die Magnetbanderfassung (s. u.), auf die Entwicklung von Datensammelstationen (ein Kleincomputer oder ein sog. intelligentes Terminal sammelt die von mehreren Eingabestationen (Datenerfassungsplätze) erfaßten Daten, damit entfallen die „Lochsäle") und auf die (elektrische) Übertragung der erfaßten Daten an den Hauptrechner, so daß physische Transporte der ADV-Datenträger entfallen können. Gleichzeitig wurden Geräte für eine On-line-Erfassung entwickelt. Sie gestatten die sog. Sachbearbeitererfassung: der Sachbearbeiter füllt keine Datenerfassungsbelege mehr aus, sondern kommuniziert mit Hilfe eines Terminals direkt mit dem Computer (z. B. bei Auftragsbearbeitung im Industriebetrieb).

Bei einer Off-line-Erfassung der HVP-Daten kommen als ADV-Datenträger vor allem Lochkarte, Lochstreifen und Magnetband/Magnetplatte infrage.

Im Vergleich der beiden erstgenannten Datenträger sprechen die meisten Argumente gegen die Lochkarte: Höhere Kosten sowohl beim Datenträgermaterial als auch bei den Erfassungs-, Eingabe- und Stanzgeräten; kein zusammenhängender Datenträger, Gefahr, daß einzelne Karten verloren gehen, keine variable Länge des physikalischen Datensatzes, daher selten volle Ausnutzung des Datenträgers, größerer Raumanspruch. Für die Lochkarte spricht allerdings, daß sie (off line) sortier- und karteifähig, für die Programmeingabe einfacher ist und daß Lochkartenleser zur Normalausstattung eines Hochschulrechenzentrums gehören. Die Lochkarte eignet sich jedoch gut für den Testbetrieb: leichtes Austauschen fehlerhafter Karten, keine zusätzlichen Eingabegeräte erforderlich.

Noch vorteilhafter ist die Magnetbanderfassung (vgl. [32]). Sie eignet sich ebenfalls für variable Feldlängen, wie sie im Informationssystem für HVP vorgesehen sind. Außerdem lassen sich einige Gerätetypen für bestimmte Datenformatierungs- und maschinelle Prüfverfahren, wie z. B. die Bildung der Segmente, die Kontrolle der Hauptordnungsmerkmale programmieren. Darüber hinaus sind folgende Vorteile der Magnetbanderfassung zu nennen:

- höhere Erfassungsgeschwindigkeit und Fehlerfreiheit, da weniger Mechanik
- wesentlich geräuschärmere Datenerfassung (wichtig für die Beschaffung von Datenerfassungspersonal)
- geringere Materialkosten, da einmal beschaffte Magnetbänder immer wieder verwendet werden können (jedoch höhere Lager- und Transportkosten)
- Unempfindlicheres Material gegenüber Lochstreifen (kann leicht reißen, insbesondere beim Rückspulen) und auch gegenüber der Lochkarte

[7] Das ist vor allem im Bereich des Finanzwesens wichtig. Bei der sog. Nullkontrolle werden die zu erfassenden Belege zu Abstimmeinheiten (ca. 30–50 Belege) zusammengefaßt, diesem Belegstapel liegt ein Additionsstreifen bei, auf dem die Beträge der Belege addiert sind. Die Datentypistin tastet diese Summe in ein Saldierwerk ein. Wenn der letzte Beleg erfaßt worden ist, muß das Saldierwerk eine Null ausweisen.

- bessere Korrekturmöglichkeiten (z. B. Leichtes Zurücksetzen auf fehlerhafte Sätze)
- besonders rationelle Dateneingabe, Geschwindigkeit im Vergleich zum Lochstreifen wie 100 : 1.

Die auf Magnetband erfaßten Daten können entweder auf Papier (hardcopy) oder auf einem Bildschirm (CRT) zur Sichtkontrolle ausgegeben werden, durch entsprechende Zusätze sind auch maschinelle Prüfungen möglich.

Neben Lochkarte, Lochstreifen und Magnetband (-kassette) gibt es Belege als Datenträger, die z. B. mit einer Schreibmaschine beschrieben werden können. Für die Erstellung dieser Belege, die keine speziellen Datenerfassungsgeräte bedingt, genügt der Austausch der vorhandenen Schrifttypen einer Schreibmaschine gegen spezielle Schrifttypen z. B. OCR-A-Schrift. Die Belegerfassung eignet sich vor allem für die Erfassung von Texten, die höhere Fehlerrate bei Erfassung der Texte und bei Eingabe durch den Belegleser kann bei Texten eher in Kauf genommen werden. Die Belegerfassung dürfte vorerst aus Gründen der Unwirtschaftlichkeit der Belegleser im Hochschulbereich (siehe 6.1.2.2.) ausscheiden.

Die Datenerfassungsorganisation betrifft vor allem die Frage der zentralen oder dezentralen Datenerfassung. Für HVP wird derzeit vor allem aufgrund des relativ niedrigen Belegaufkommens nur eine zentrale off line-Datenerfassung infrage kommen.[8] Das bedeutet einen Verzicht auf eine „synchrone Datenerfassung". Bei synchroner Datenerfassung werden Urbeleg und Datenträger gleichzeitig, also synchron erzeugt. Hier fallen Datenerhebung und Datenerfassung zusammen, es gibt also keinen Übertragungsweg. Bei nicht-synchroner Datenerfassung wird dagegen der Urbeleg auf einen speziellen Datenerfassungsbeleg übertragen, im Rahmen der Datenerhebung können mehrere Übertragungen der gleichen Daten auf unterschiedliche Belege vorkommen. Eine synchrone Datenerfassung ist nur dann möglich, wenn die Urbelege ohnehin mit einer Schreib- oder Buchungsmaschine bzw. durch Markieren angefertigt werden müßten – abgesehen von der sog. Sachbearbeitererfassung (on line). Bei der synchronen Datenerfassung können keine Übertragungsfehler vorkommen.

6.1.2.2 Dateneingabe (i. e. S.)

Bei der Dateneingabe (i. e. S.) ist auf die Dateneingabegeräte (Abb. 6–4) und auf die Verbindung zwischen Datenerfassung und Dateneingabe einzugehen.

Eingabegeräte sind Lochkarten-, -streifenleser, Magnetband, -plattenstation und Belegleser. Auf Karten- und -streifenleser soll nicht näher eingegangen werden, da die Entscheidung für die Magnetbanderfassung eine Magnetbandstation als Eingabegerät erfordert. Die Magnetbandstation ist das bekannteste externe Speichermedium, es hat mit Ausnahme der Magnetplatteneinheiten die höchsten Übertragungsgeschwindigkeiten vom Eingabegerät in den Kernspeicher. Das bei der Datenerfassung erzeugte Magnetband bedarf keiner Übertragung mehr. Jedoch müssen Magnetbandkassetten oft erst auf ein normales ADV-kompatibles Band umgesetzt werden, dazu ist ein besonderes Bandumsetzungsgerät erforderlich.

[8] Vgl. Abschnitt 7.1.2.1

Eingabegerät	Zu lesender Datenträger	Einlese-geschwindigkeit[3]	Fehlerrate[3]	Rückwei-sungsrate[3]
1. Kartenleser[1]	Lochkarte	600–1000 Karten/min (ggf.: 2000 K/min)	niedrig	niedrig
2. Mark-Sensing-Leser[2]	Lochkarte mit Strich-markierungen	400–2000 Zeichen/min	annehmbar	hoch
3. Streifen-leser	Lochstreifen	100–500 Zeichen/sec (ggf.: 2000 Z/sec)	niedrig	niedrig
4. Bandstation	Magnetband	10.000–400.000 Zeichen/sec	niedrig	niedrig
5. Platten-einheit	Magnetplatte	30.000–500.000 Zeichen/sec	niedrig	niedrig
6. Klarschrift-leser	optisch les-barer Beleg	200–300 Zeichen/min	annehmbar	hoch
7. Magnet-schrift leser	Beleg mit OCR-A-Schrift	1.200–1.600 Zeichen/min	niedrig	annehmbar
8. Markierungs-leser	Beleg mit Strich-markierungen	200–300 Zeichen/min	annehmbar	hoch
9. Mehr-funktions-leser	Datenträger der Geräte 6, 7, 8	(siehe Geräte 6, 7, 8)	annehmbar	hoch
10. Mikrofilm-leser	Mikrofilm	(noch nicht wirtschaftlich gelöst)[4]		

[1] auch als kombiniertes Eingabe-/Ausgabegerät (Lesestanzer)
[2] Kartendoppler, der die Markierungen auf der Zeichenlochkarte als Lochungen in eine Lochkarte überträgt.
[3] Vgl. [4, S. 53]
[4] [9, S. 14]

Abb. 6–4. *Geräte der Dateneingabe (i. e. S.)*

Derzeit noch nicht zu empfehlen sind die Belegleser (Mehrfunktions-, Klarschrift-, Magnetschrift-, Markierungsleser). Der Mehrfunktionsleser liest alle Schriftarten der in Abb. 6–4 genannten Belegleser, der Klarschriftleser genormte Schriftzeichen z. B. OCR-A-Schrift. Die Belegleser sind für eine Erfassung von Massendaten sehr geeignet.
Sie kommen für ein ADV-System für HVP derzeit aus folgenden Gründen nicht in Frage

- Ihre Lesekapazität übersteigt bei weitem das Belegvolumen einer einzelnen Hochschule.
- Sie müssen für jeden Belegtyp programmiert werden.
- Sie sind sehr teuer in der Anschaffung. Das ist deshalb bedeutsam, weil sie im Gegensatz zur Bandstation nicht zur Normalausstattung eines Hochschulrechenzentrums gehören.

Bei den Verbindungen zwischen Datenerfassung und -eingabe (Abb. 6–5) stellt das darin zuerst genannte Verfahren den Normalfall dar: Die ADV-Datenträger werden dezentral erzeugt, darauf in ein Auto verladen und zum Rechenzentrum transportiert. Analog werden Computerausdrucke (Datenvisualisierung) auf dem gleichen Wege zurück vom Rechenzentrum zum Interessenten transportiert. Dem Fortfall dieses „reitenden Boten" dient eine Datenübertragung z. B. vom Gebäude der Hochschulverwaltung zum Hochschulrechenzentrum.

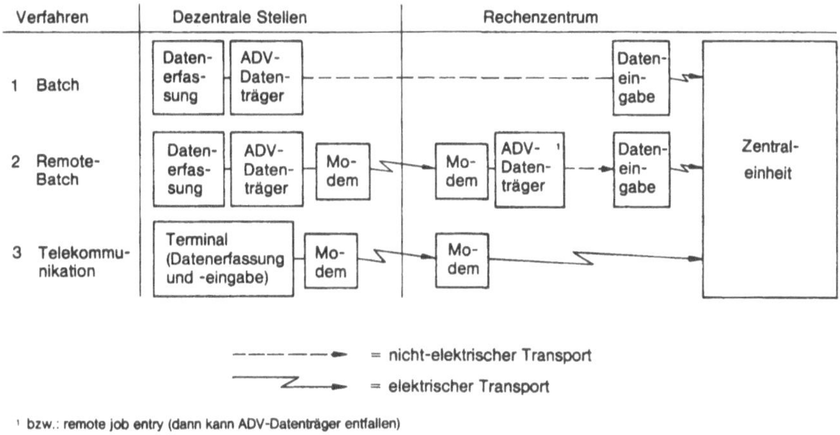

Abb. 6–5. *Verbindungen zwischen Datenerfassung und -eingabe*[9]

Bei der Datenübertragung sind zu unterscheiden
- Remote-Batch-Verfahren (Fall 2 der Abb. 6–5)
- Telekommunikation (Fall 3 der Abb. 6–5).

Im sog. Remote-Batch-Verfahren entfällt der körperliche Transport der ADV-Datenträger ins Rechenzentrum. Dafür müssen die ins Rechenzentrum per Datenübertragung übermittelten Daten, z. B. auf einem Magnetband, das zum Abschluß der Datenübertragung beschrieben wird, in den Zugriffsbereich des Hauptspeichers gebracht werden: Das Magnetband muß der Off-line-Bandstation entnommen und in eine On-line-Station, die als Eingabegerät dient, eingesetzt werden, oder die Daten werden auf eine Magnetbandstation des Hauptrechners übertragen, die nur zeitweise

[9] Dabei handelt es sich um die wahrscheinlichsten Fälle, über alle denkmöglichen Fälle informiert Abb. 2.10.

im Zugriff des Hauptspeichers ist, z. B. nach Abschluß der Datenübertragung („remote job entry"). Dabei kann die Jobsteuerung (Handhabung der einzelnen „Jobs" (Datenverarbeitungsaufgaben im Rechner)) vom Datenerfassungsgerät aus erfolgen. Zur Datenübertragung müssen die z. B. auf einem Erfassungsband gespeicherten Daten in Frequenzen umgesetzt werden (Modulation) und am Ende der Datenübertragung aus der Frequenz zurück in den Magnetbandcode (Demodulation). Für Zwecke der Datenübertragung[10] stellt die Bundespost grundsätzlich zwei Typen von Datenübertragungswegen zur Verfügung: Telegrafen- und Fernsprechleitungen. Abb. 6–6 informiert über die fünf verschiedenen Möglichkeiten für die Datenübertragung. Bei termingebundenen Arbeiten, wie z. B. beim Buchungsschnitt im Finanzwesen, kann die Übertragungsgeschwindigkeit leicht zum Engpaß werden; dann werden Leitungen mit höherer Übertragungsrate angemietet werden müssen.

			Übertragungsgeschwindigkeit in: Bd = Baud = bit/s	Fehlerwahrscheinlichkeit (ungesichert) $\cdot 10^{-6}$
Telegrafen leitungen	Telex-Netz	Ö	50	5 ... 10
	überlassene Telegrafenleitungen	M	50, 75, 100, 200	0,2 2
	Datex-Netz	Ö	$\leqslant$ 200	2 8
Fernsprech-leitungen	Fernsprech-Netz	Ö	600/1200	10 ... 100
	überlassene Fernsprechleitungen	M	$\geqslant$ 2400	1 ... 10

Ö = öffentliches Netz
M = gemietete Standverbindung

Abb. 6–6. *Fünf Übertragungswege für die Datenübertragung* [7, S. 282]

Bei der Telekommunikation fallen Datenerfassung und -eingabe (i. e. S.) in einem Gerät zusammen; dabei handelt es sich meistens um kombinierte Ein-/Ausgabegeräte. Telekommunikation eignet sich vor allem für den Dialogverkehr zwischen Benutzer und Computer, wofür eine Echtzeit-Verarbeitung wünschenswert ist. Telekommunikation bedeutet also noch keine Echtzeitverarbeitung, z. B. wenn der Dateneingabe bei gleichzeitiger Verarbeitung mehrerer Programme („multiprogramming") nicht die höchste Priorität eingeräumt worden ist.
Geräte, die durch Datenübertragung mit der Zentraleinheit verbunden sind, werden in der Regel als Terminals oder Daten(end)stationen bezeichnet. Diese Geräte können je nach Bedarf des Anwenders und nach der jeweiligen Ausstattung des Rechenzentrums sehr unterschiedlich sein. Im Unterschied zum Remote-Batch-Verfahren er-

[10] Datenfernübertragung bedingt noch keine Datenfernverarbeitung, wie am Beispiel der Datenübertragung im remote-batch-Verfahren (vgl. Abb. 6.5 und 6.7) deutlich wird. Zur Datenfernverarbeitung und Datenfernübertragung s. u. a. [16].

möglichen Terminals je nach der Zahl der angeschlossenen Geräte und der Belastung des Rechners eine sofortige Rückkoppelung und damit einen Dialog zwischen dem Bediener des Terminals und dem ADV-System. Die wichtigsten Geräte sind Fernschreiber und Datensichtgerät.
Der Fernschreiber ist vielseitig zu nutzen, er bietet Eingabemöglichkeiten über Tastatur oder Lochstreifenleser (und Ausgabemöglichkeiten über Lochstreifenstanzer und Formulardruckwerk). Beim Datensichtgerät spielt sich die Kommunikation zwischen Mensch und Maschine auf dem Bildschirm ab. Der Hauptvorteil der Datensichtgeräte [36] gegenüber dem Fernschreiber liegt in ihrem visuellen Komfort, in ihrer Fähigkeit, Nachrichten graphisch darzustellen. Der Bediener des Datensichtgerätes hat aufgrund der graphischen Darstellung einen besseren Überblick über die visualisierten Daten und kann einzelne Werte mit Hilfe eines Leuchtzeigers leicht hervorheben.
„Intelligente Terminals" sind programmierbare Terminals mit einem meistens kleinen Kernspeicher. Intelligente Terminals können ebenso wie Kleincomputer die Dateneingabe (i. w. S.) dadurch verbessern, daß sie die erfaßten Daten auf Plausibilitäten prüfen können, wodurch die Zentraleinheit von Plausibilitätsprüfungen entlastet werden kann. Das führt gleichzeitig zu einer Entlastung der Datenübertragung, weil eine Übertragung fehlerhafter Datensätze an die Zentraleinheit und eine Rückmeldung dieser Sätze entfällt. Außerdem kann ein Teil dieser Datensätze in der Regel von der Datentypistin selbst korrigiert werden. Der Einsatz intelligenter Terminals ist auch im Remote-Batch-Verfahren möglich, auch wenn es begrifflich nicht korrekt ist, von einem „Terminal" zu sprechen. Noch leistungsfähiger sind Kleincomputer, weil sie im allgemeinen einen größeren Kernspeicher haben. Intelligente Terminals und Kleincomputer können auch als Datensammelstationen eingesetzt werden.

6.1.2.3 Empfehlungen zur Dateneingabe (i. w. S.)

Eine generelle Empfehlung zur Dateneingabe (i. w. S.) für ein Informationssystem für Hochschulverwaltung und -politik ist nicht möglich. Beispielsweise sind in Abhängigkeit von der Größe der Hochschule, des bereits erreichten Automatisierungsgrades sowie der Lage des Rechenzentrums zum Verwaltungsgebäude vor allem die Datenmengen und Entfernungen an den Hochschulen sehr unterschiedlich. Jedoch läßt sich die Zahl der Alternativen reduzieren, weil das Datenbanksystem aus wirtschaftlichen Gründen auf die stapelweise Verarbeitung der Daten ausgerichtet ist (Kapitel 3). Daher scheiden für die Dateneingabe (i. w. S.) die Telekommunikations-Geräte aus (Ausnahme: bei Anschluß der Zentralbibliothek).
Die HVP-Datenbank läßt alle ADV-fähigen Datenträgerarten zu. Als günstigste Möglichkeit erwies sich die Magnetbanderfassung (bzw. Magnetplatte), danach eine Erfassung durch Büromaschinen mit Lochstreifenkopplung. Die Zahl der erforderlichen Magnetbanderfassungsgeräte hängt vom Datenvolumen, der Zeitstruktur der Datenerfassung sowie von der Organisation der Datenerfassung (zentrale Datenerfassung oder dezentrale Erfassungsplätze) ab.
Ob für die Magnetbanderfassung das Remote-Batch-Verfahren und ob „intelligente Terminals" bzw. Kleincomputer infrage kommen, ist hochschulindividuell durch

Vergleich von Kosten und Nutzen zu entscheiden. Dem Vorteil in der Datenübertragung (Gewinn an Zeit und Sicherheit) stehen höhere Kosten gegenüber. Die Datenübertragung kann die Hochschule von Schwierigkeiten in dem sonst erforderlichen Transport der Datenträger zum Rechenzentrum befreien, insbesondere wenn Programme täglich laufen und die Ergebnisse schnell zurückgemeldet werden müssen und ein „reitender Bote" als nicht zuverlässige Lösung angesehen wird. Unter diesen Bedingungen erscheint auch die Anschaffung des teureren intelligenten Terminals bzw. Kleincomputers erwägenswert, zumal es die Zentraleinheit des Hauptrechners entlastet und Zeitgewinne in der Fehlererkennung und -korrektur bringt.
Der On-line-Erfassung mit Terminals wird die Zukunft gehören, auch im Bereich der Hochschulverwaltung und -politik. Zur Zeit sind diese Geräte und das damit verbundene Kommunikationssystem wirtschaftlich aber kaum zu rechtfertigen, das kann auch für die Datensammelstation gelten, deren Kapazität nur wenig ausgenutzt werden kann. Meistens ist es auch nützlich, mit konventionellen Geräten die ersten ADV-Erfahrungen zu sammeln. So wird die sog. Sachbearbeitererfassung noch Zukunftsmusik bleiben, zumal teilweise rechtliche Vorschriften diesem Verfahren entgegenstehen können.

6.1.3 Ausgabegeräte

Die Ausgabe von Daten umfaßt die Datenausgabe i. e. S. (Umsetzen der binär-elektrischen Zeichenfolgen in ADV-Datenträger) und die Datenvisualisierung (Umsetzen dieser maschinenlesbaren Datenträger in menschenlesbare Form). In den Hochschulen fallen Datenausgabe und -visualisierung meistens zusammen, weil der Drucker als Visualisierungsgerät on-line mit der Zentraleinheit verbunden ist (Fall 1 in der Abb. 6–7).

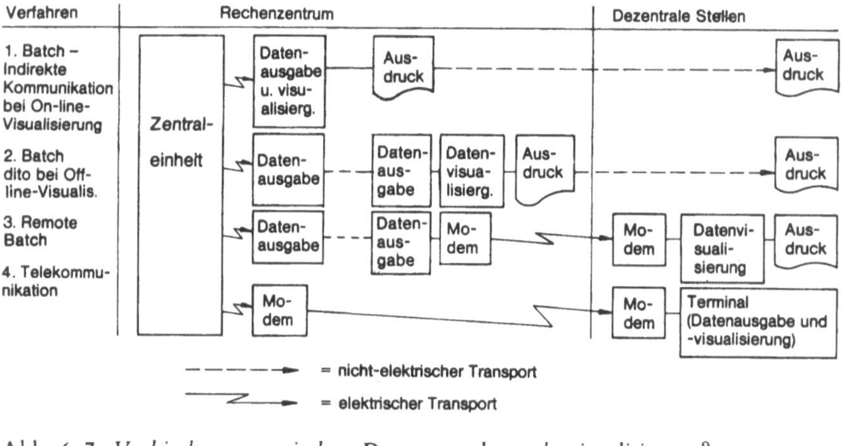

Abb. 6–7. *Verbindungen zwischen Datenausgabe und -visualisierung*[9]

6.1.3.1. Datenausgabe (i. e. S.)

Die bei der Datenausgabe (i. e. S.) erzeugten maschinenlesbaren Datenträger werden von Datenvisualisierungsgeräten in menschenlesbare Form gebracht, bzw. in eine für Menschen verständliche Form, wenn z. B. eine Sprachausgabe in Frage kommen sollte.
Nicht alle von den Ausgabegeräten (Abb. 6–8) ausgegebenen ADV-Datenträger müssen aber visualisiert werden, wenn die Systemadressaten nicht Hochschulangehörige

Geräte	Leistung	Medium
Ausgabegeräte (i. e. S.):		nicht direkt menschenlesbar
Kartenstanzer	100 – 400 Karten/Minute	Lochkarte
Streifenstanzer	150 Zeichen/Sek.	Lochstreifen
Magnetbandstation	60.000 – 1,2 Mio. Zeichen/Sek.	Magnetband
Magnetplatteneinheit	800.000 – 3 Mio. Zeichen/Sek.	Magnetplatte
Mikrofilm		Film (binär codiert)
Visualisierungsgeräte:		direkt menschenlesbar
Schnelldrucker	600 – 2.000 Zeilen/Minute	Papier
Fernschreiber	7 Zeichen/Sek.	Papier
Datensichtgerät		Bildschirm
Koordinatograph		Papier
Plotter		Papier
Mikrofilm		Film (nicht codiert)

Abb. 6–8. *Geräte der Datenausgabe (i. w. S.)*

sondern Externe sind. Beispiel: die Hochschule liefert ein Magnetband mit ausgewählten Studentendaten an das Statistische Landesamt für Zwecke der Studentenstatistik. Ein anderes Beispiel ist der Datenträgeraustausch, z. B. wenn eine Hochschule Überweisungsdaten nicht als Überweisungsträger visualisiert, sondern beispielsweise auf Magnetband an ihr Geldinstitut schickt; es erhält von diesem Geldinstitut ein Magnetband mit Daten der auf das Konto der Hochschule geleisteten und empfangenen Zahlungen zurück, so daß sich Hochschule und Geldinstitut die Datenerfassung sparen können. Ein anderes Beispiel für die Übermittlung von Datenträgern an Externe ist der Lochstreifen, der eine lochstreifengesteuerte Setzmaschine steuert, so daß manuelle Satzarbeiten entfallen.

6.1.3.2 Datenvisualisierung

Bei der Datenvisualisierung ist auf Geräte (Abb. 6–8) und auf die Verbindung zwischen Datenausgabe i. w. S. und Datenvisualisierung (Abb. 6–7) einzugehen.
Das bekannteste Datenvisualisierungsgerät ist der Schnelldrucker, der meistens im Rechenzentrum aufgestellt wird und on-line mit der Zentraleinheit verbunden ist. Dieser Drucker, der „parallel" mehrere Zeilen gleichzeitig druckt, kann 600 bis zu 2000 Zeilen/Minute mit bis zu 132 Schreibstellen (und mehr)/Zeile visualisieren.
Andere Visualisierungsgeräte sind die Zeichengeräte, der Koordinatograph und der Plotter. Diese Geräte können die von der Zentraleinheit errechneten Ergebnisdaten in Kurvenform ausgeben, sie werden für Zwecke der Hochschulverwaltung und -politik jedoch kaum benötigt. Für Dokumentationsaufgaben eignet sich das COM (Computer Output on Microfilm), also die direkte Übertragung von Computerausgaben auf Mikrofilm an. Hierfür sind zusätzliche Visualisierungsgeräte notwendig, ibs. eine Lichtsetzanlage, die von den Programmen für die Informationsaufbereitung gesteuert wird [22; 34].
Bei der Verbindung zwischen Datenausgabe und -visualisierung stellt das in Abb. 6–7 zuerst genannte Verfahren den Normalfall dar: Die Daten werden z. B. vom Schnelldrucker on-line ausgegeben und gleichzeitig visualisiert. Die Computerausdrucke müssen dann zum Empfänger (Systembenutzer) und/oder -adressat) transportiert werden. Es handelt sich bei diesem Fall um eine indirekte Kommunikation bei einer On-line-Visualisierung. Fall 2 unterscheidet sich von Fall 1 nur durch die Off-line-Visualisierung und entspricht dem Fall 1 der Abb. 6–5. Ebenso entsprechen sich die Fälle 3 bzw. 4 in Abb. 6–7 und 2 und 3 in Abb. 6–5, nämlich das Remote-Batch-Verfahren und die Telekommunikation.

6.2 Software

6.2.1 Betriebssystemsoftware

Neben einer Mindestkonfiguration an Hardware setzt das ADV-System für HVP auch ein Mindestmaß an (Betriebs)Systemsoftware, also der z. B. vom Hersteller mitgelieferten maschinengebundenen Grundprogramme voraus. Vier Arten dieser Grundprogramme sind zu unterscheiden (Abb. 6–9) [10]:
- Steuerungsprogramme
- Übersetzungsprogramme
- Programme für die Ein-/Ausgabesteuerung
- Dienstprogramme.

Das ADV-System für HVP muß unterschiedlichen Hardware- und Software-Bedingungen genügen. Wegen der angestrebten Neutralität darf es nicht an ein Betriebssy-

Art des Grund-programms:	Zweck:	Dazu gehören vor allem Programme für:	Anforderungen des Informationssystems für Hochschulverwaltung und -politik an das Betriebssystem:
Steuerungs-programme	Verbindung der Benutzer-programme mit dem Rechner	Binden und Laden der Benutzer-Programme, Ausführen und Überwachen dieser Programme, Zuteilen des Hauptspeichers	Laden, Binden, Ausführen der Anwendungsprogramme muß gewährleistet werden
Über-setzungs-programme	Übersetzung der gängigen Computer-sprachen (Assembler und Compiler)	Übersetzungsprogramme für jede zulässige Programmsprache vom Assembler bis zu den Simulationssprachen	COBOL-, FORTRAN-Compiler müssen verfügbar sein
Programme für die Eingabe-/Ausgabe-steuerung	Steuerung der Ein- und Ausgabe	Zuordnen der Dateien zu den externen Speichermedien, Zugriffs- und Pufferungstechniken, Datenfernübertragung	Betriebssystem muß index-sequentielle Zugriffstechnik für Querindizierung der Dateien unterstützen. Bei Anschluß einer Datenstation muß die Verbindung durch ein vom Betriebssystem abhängiges Kommunikationsprogramm geleistet werden
Dienst-programme	Lösung häufig wieder-kehrender Benutzer-probleme	Datenübertragung zwischen den Speichermedien, Sortieren und Mischen, Einrichten und Pflegen der Programmbibliothek sowie der Speichermedien mit direktem Zugriff	Datenübertragungsprogramme für alle benutzten Speichermedien, Sort/Misch-Routine, Routinen für Einrichten und Reorganisation der ISAM-Tafeln und der Datenbereiche

Abb. 6–9. *Übersicht zur Betriebssystemsoftware*

stem nur eines Computer-Herstellers gebunden werden. Es muß daher – was nicht vorteilhaft ist – auf manche potentiell nützliche herstellerspezifischen Routinen verzichten. Das betrifft vor allem die meisten Routinen für die Optimierung der Verarbeitungszeit. Das ADV-System für HVP kann also nur auf diejenigen Routinen zurückgreifen, über die die Mehrheit der Betriebssysteme der einzelnen Hochschulrechner gemeinsam verfügt.

Bei den in Abb. 6–9 zusammengefaßten Mindestanforderungen sind die Ergebnisse maßgebend, nicht dagegen die Funktionen, mit deren Hilfe ein Ergebnis hervorgebracht wird. Dazu ein Beispiel: die Funktion „Datenzugriff" unterscheidet sich bei IBM und Siemens einerseits und Control Data andererseits – Index-sequentiell

(ISAM) gegenüber Linked Index-sequentiell. In beiden Fällen ist das Ergebnis, der erfolgte Zugriff, für die Programme gleich, unabhängig davon, nach welcher Methode zugegriffen worden ist.

6.2.2 Anwendungssoftware und Programmiersprachen

Programmiersprachen[11] sind formale Vorschriften, nach denen Programmierer bzw. Codierer die einzelnen Verarbeitungsbefehle an den Computer auf dem sog. Codierblatt aufzeichnen. Es lassen sich drei Typen von Programmiersprachen unterscheiden (Abb. 6–10):

- Maschinensprache
- Maschinenorientierte Symbolsprache
- Problemorientierte Symbolsprache.

Bei der Maschinensprache – eine Sprache aus Folgen der Binärstellen 0 und 1 – müssen die Befehlsfolgen genau die bit-Kombinationen enthalten, die auch bei der maschineninternen Verarbeitung verwendet werden. Programme in Maschinensprache lassen sich auf einen anderen Computer (fast) nicht übernehmen. Daher hat diese Sprache an Bedeutung verloren.

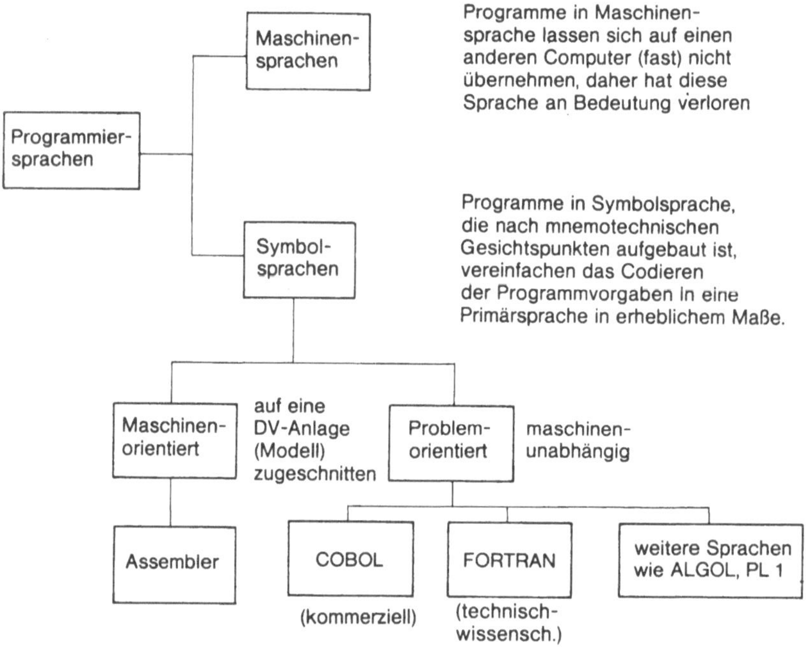

Abb. 6–10. *Übersicht zu den Programmiersprachen (vgl. [18, S. 32])*

[11] Zu den Programmiersprachen siehe [18], mehr in [12] (COBOL wird vernachlässigt) [15; 30]; speziell zu COBOL: [13; 19; 23].

Symbolsprachen sind nach mnemotechnischen Gesichtspunkten aufgebaute Sprachen, die das Codieren der Programmvorgaben in eine Primärsprache erheblich vereinfachen. Die Symbolsprachen werden von bestimmten Umwandlungsprogrammen (Assembler und Compiler) in eine Maschinensprache übersetzt, bei maschinenorientierten Sprachen entspricht jedem Befehl dieser Sprache ein Befehl in der Maschinensprache, bei problemorientierten Sprachen wird ein Befehl in mehrere Befehle in Maschinensprache umgewandelt. Dieses Programm enthält häufig noch logische Fehler, die beim Übersetzungsvorgang nicht entdeckt werden konnten, daher müssen solche Programme ausgetestet werden.
Im Gegensatz zu den maschinenorientierten Symbolsprachen sind die Befehlselemente der problemorientierten Programmiersprachen maschinenunabhängig, also nicht nur auf eine Datenverarbeitungsanlage (Modell) zugeschnitten. Dagegen sind die maschinenorientierten Programmiersprachen effizienter, denn durch die Ausrichtung auf eine Anlage kann die absolute Leistungsfähigkeit dieser Anlage genutzt werden. Somit können bei problemorientierten Symbolsprachen der Speicherbedarf für das erzeugte Maschinenprogramm und die Laufzeit dieses Programms um bis zu 20 % höher liegen als bei Verwendung einer maschinenorientierten Symbolsprache.
Es kommt des öfteren vor, daß Compiler [30] nicht alle Befehlselemente einer problemorientierten Symbolsprache interpretieren und übersetzen können. Dann muß der Programmierer auf diese Befehlselemente verzichten und maschinenorientiert programmieren – sofern nicht ein leistungsfähigerer Compiler bereitgestellt werden kann. Derzeit existieren für eine Anlagenserie eine Reihe verschiedener Compiler für eine Programmiersprache, die sich in Inhalt und Leistung teilweise beträchtlich unterscheiden. Daher ist die Maschinenunabhängigkeit der symbolischen Programmiersprachen in der Praxis nicht immer erreichbar.
Die gängigen Sprachen zur symbolischen Programmierung von kommerziellen Aufgabenstellungen sind COBOL (Common oriented language) und von technisch-wissenschaftlichen Aufgabenstellungen FORTRAN (Formula Translation).
Als Programmiersprache für die Programmodule der Datenbank ist – mit Ausnahme der Betriebssystemmodule – aus Gründen der Normung und der Kompatibilität die Programmiersprache ANSI COBOL vorgesehen. Die derzeit einzige Alternative, FORTRAN, eignet sich weniger für die Funktionen der Datenbank. FORTRAN ist zwar weniger umständlich als COBOL in der Tabellenverarbeitung sowie in der Schleifenbildung, dennoch ist COBOL aus folgenden Gründen vorzuziehen:

- COBOL ist als Dateiensprache, d. h. für die Behandlung von Dateien, entwickelt worden [23]
- COBOL ist die Basis für die neuen Datenbanksprachen [3]
- COBOL-Programme laufen im allgemeinen schneller[12]
- COBOL hat von allen Programmiersprachen derzeit den höchsten Normungsgrad [15, S. 75].

Die Programmiersprache PL 1, die sich besonders als Datenbanksprache eignet, scheidet aus, weil sie nicht von allen Herstellern angeboten wird.

[12] Diese Aussage beruht auf Erfahrung mit Bytemaschinen, bei Wortmaschinen dürfte FORTRAN effizienter sein.

Die Programme, insbesondere die standardisierten Programme, sind weitgehend modular aufzubauen [35], damit Änderungen – auch bei Einführung an anderen Hochschulen – nicht eine Neuprogrammierung von Programmpaketen erfordern. Einer Programmflexibilität dient auch die Parametersteuerung [24, S. 4 ff]: Für allgemeine Programme ist es sehr wichtig, ähnliche Probleme ohne Umprogrammierung lösen zu können. Dazu werden Parameter in Abhängigkeit von den besonderen Aufgaben, die das Programm erfüllen soll, festgelegt, z. B. durch Parameter für automatische Programmodifikationen. Je größer die Zahl der Parameter ist – sie können in einer Parameter-Datei geführt werden – d. h. je mehr Möglichkeiten in der Programmierung beachtet werden, um so flexibler wird das Programm.
Die Programmodule in der Methodenbank werden zum Teil in COBOL und zum Teil in FORTRAN V geschrieben. Wegen der mathematischen Problematik empfiehlt es sich, die meisten Analyse/Prognoseprogramme in FORTRAN zu programmieren. Dagegen sind die Operations- und Berichtsprogramme grundsätzlich in COBOL zu programmieren. Dokumentationsprogramme werden in der Regel vom Hersteller geliefert und sind demzufolge rechnerspezifisch, also in ASSEMBLER geschrieben (Abb. 6–11).

Art des Programms	Grad der Standardisierung	Programmiersprache
1. Operations- und Berichtsprogramme	weitgehend standardisierbar	COBOL
2. Analyse-/Prognose-programme		FORTRAN (COBOL)
3. Dokumentations-programme	im wesentlichen Herstellersoftware	ASSEMBLER (COBOL)

Abb. 6-11. *Übersicht zur Methodenbanksoftware*

Die Hardware-Hersteller liefern zwar auch einen Teil der Software, ibs. die Betriebssystemsoftware; der optimale Einsatz der Hardware ist jedoch weitgehend dem Anwender selbst überlassen. Damit ist dieser fast immer überfordert, ibs. wegen der qualitativen und quantitativen Personalprobleme und der steigenden Programmierkosten. So wird bei der Programmierausbildung noch vor allem Anwendung und Wirkungsweise der einzelnen Instruktionen gelehrt, dagegen tritt die Ausbildung in Logik und Methodik der Programmierung zurück. Programmierer entwickeln zwangsläufig ihren eigenen Programmierstil, der aufgrund folgender Nachteile insgesamt zu höheren Kosten führt: er macht den Programmierer (bewußt oder unbewußt) unentbehrlich und dadurch die Leitung der Datenverarbeitung vom Programmierer abhängig, macht Programmier- und Testzeiten unkontrollierbar, verhindert Transparenz in den Programmen, läßt nachträgliche Änderungen in den Programmen zum Problem werden und bindet immer größere Kapazität in der Programmierung.[13]

Um dem Mangel an qualifiziertem Personal und um den steigenden Kosten der Programmierung entgegenwirken zu können, sollten soweit wie möglich normierte Programmierverfahren und anwendungsneutrale (Standard)Software eingesetzt werden. Als Beispiele für rationelle Programmierverfahren folgen Kurzdarstellungen der

- Normierten Programmierung ([1 a]) und der
- Strukturierten Programmierung ([34 a]).

Das erste Verfahren einer „Normierten Programmierung" wurde bereits Anfang der 60er Jahre von der Unternehmensberatung ADV/ORGA entwickelt und zwischenzeitlich erweitert. Diese Methode der Normierten Programmierung wurde Mitte 1974 als DIN-Norm 66 220 publiziert.

Die „Normierte Programmierung" geht davon aus, daß die Programmarbeiten in zwei Phasen aufgeteilt werden: in die Ablaufplanung eines Programms und in die Codierung. Die Codierung, die in hohem Maße von der anzuwendenden Programmiersprache abhängig ist, konnte durch die Entwicklung der problemorientierten Symbolsprachen (s. o.) vereinfacht und verbessert werden. Der Entwurf eines durchdachten Programmablaufplans ist jedoch für viele Programmierer, ibs. als Folge der komplexer werdenden Programme mit Schwierigkeiten verbunden, weil eine Methodik zur logischen Programmgestaltung nicht gelehrt wird und damit nicht verfügbar ist. Die Normierte Programmierung ist eine Methode, die einfacher, übersichtlicher, weniger zeitaufwendig, dabei universell anwendbar ist. Sie verringert den Aufwand für die Ausarbeitung der logischen Programmzusammenhänge, also der Programmablaufpläne, und nicht zuletzt für die Pflege der fertigen Programme.

Die beiden hervorstechenden Merkmale der Normierten Programmierung sind die Steuerungen aufgrund der Bereichseinteilung und der Gruppenbegriffe. Als Folge der klar konzipierten Ablauflogik eines Programms sind alle in einem DV-Programm durchzuführenden Aktivitäten nach logischen und funktionellen Gesichtspunkten einheitlich gegliedert und bestimmten Programmbereichen zugeordnet (Abb. 6–12). Die schematisierte Programm-Ablaufsteuerung regelt die Reihenfolge der Verarbeitung. Diese fundamentale Ablauflogik beruht auf der Überlegung, daß die Dateien nach vorgegebenen problemabhängigen Prioritäten satzweise verarbeitet werden. Die satzweise Verarbeitung steuert aufgrund der Gruppenbegriffe der einzelnen eingelesenen Datensätze die Kontrolle der Sortierfolge innerhalb der einzelnen eingelesenen Dateien, die Auswahl des nächsten zur Verarbeitung anstehenden Datensatzes und die Prüfung, ob der ausgewählte Satz einen Gruppenwechsel auslöst.

Die Methode der Normierten Programmierung ist über die Normierung hinaus immer dann wirtschaftlich, wenn mindestens

- eine sequentiell zu verarbeitende Datei und
- ein Gruppenwechsel

gegeben sind.

[13] Nach einer Lehrgangsunterlage der ADV/ORGA über ORGWARE III, S. 2100–3.

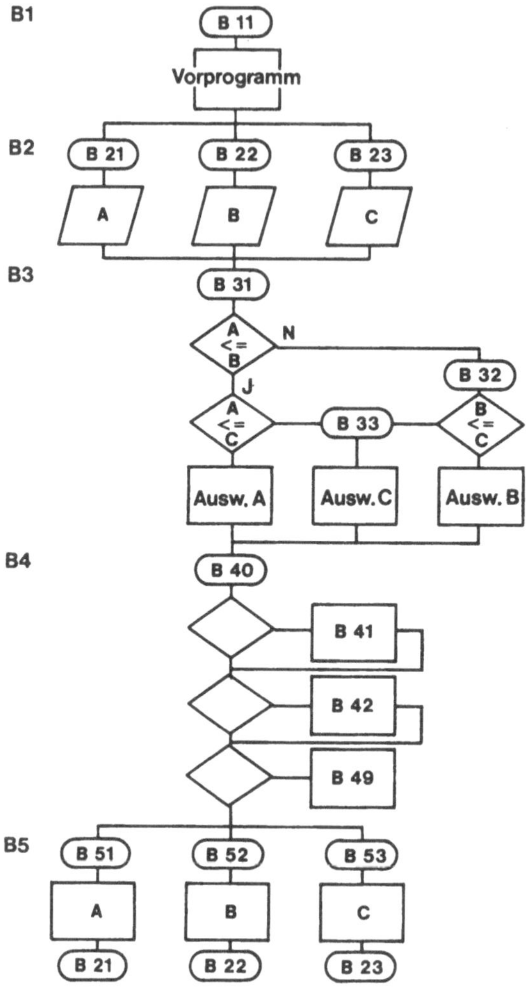

B1 – Vorprogramm

Erledigung aller vorbereitenden Arbeiten, wie Dateieröffnung, Consolverständigung, Tabellenbereitstellung, usw.

B2 – Eingabe

Einlesen aller sequentiellen Eingabedateien, Bereitstellen der Gruppenbegriffe unter Berücksichtigung der Datei-Ende-Anzeige.

B3 – Ablaufsteuerung

Auswahl der als nächstes zu verarbeitenden Eingabedatei unter Berücksichtigung der Priorität.

B4 – Gruppenablauf

Ergebnisermittlung und Ausgabe je Gruppenbegriff/-stufe.

Durchführung der bei Programmende auszuführenden Arbeiten (Endergebnisse, Abschließen d. Dateien, EOJ).

B5 – Einzelverarbeitung

Je Eingabeeinheit ist die dateibezogene Einzelverarbeitung durchzuführen und zum entsprechenden Nachlesen der Datei zurückzuspringen.

Abb. 6–12. *Beispiel eines Programmiersystems der Normierten Programmierung [1 a, S. 12]*

Die effizienteste Version der Normierten Programmierung ist der Generator für Normierte Programmierung, also ihre automatisierte Version. Er erzeugt in Abhängigkeit von wenigen Parametern ein Programmgerüst, das die individuellen Programmteile (Ein-/Ausgabe- und Verarbeitungsroutinen) zu einem geschlossenen Kreislauf verbindet. Daraus resultieren:

- Verringerung des Programmier-, Test- und Dokumentationsaufwands,
- Sinnvolle Gliederung der Gesamtaufgabe, ohne daß der Programmierer durch viele starre Vorschriften zu sehr eingeengt würde,
- Befreien des Programmierers von Routinearbeiten, der dann mehr Zeit für das eigentliche Problem hat,
- Kernspeicherminimales und zeitoptimales Generieren aller Steuerungselemente eines Programms.

Die „Strukturierte Programmierung" ist eine Programmiertechnik, die mit der modularen Programmierung verwandt ist und die sich für die Datenbank- und Methodenbankprogrammierung empfiehlt.

Bei der Strukturierten Programmierung werden die Programme hierarchisch bzw. baumartig strukturiert. An der Spitze jedes Programms steht ein Steuerungsmodul, der die Funktion einer MONITOR- oder EXEC-Routine erfüllt. Darunter werden auf unterschiedlichen hierarchischen Ebenen die einzelnen Verarbeitungsmodule geordnet. Jeder dieser Module hat nur eine Einsprung- und eine Ausgangsstelle und ist nur über den nächst übergeordneten Modul zu erreichen. Nach der Ausführung eines Moduls geht die Ablaufsteuerung auch immer zurück an den übergeordneten Modul. Jeder Modul ist logisch unabhängig, somit kann er als selbständiger Objektmodul übersetzt und gebunden werden. Der Datenaustausch zwischen den Verarbeitungsmodulen folgt über die CALLING Parameter oder über einen gemeinsamen Datenbereich. Angesichts der strengen Baumstruktur müssen lediglich die Module in einer CALLING Sequenz kernspeicherresident sein, die anderen können ausgelagert werden. In manchen Fällen wird es sogar möglich sein, zwei verschiedene Zweige des gleichen Programms parallel abzuarbeiten (Coroutines).

Innerhalb der Module sind die auszuführenden Operationen in verschachtelten Blökken kodiert, wobei die inneren Blöcke nur durch den nächst äußeren Block aktiviert und abgebrochen werden (mit DO- oder PERFORM-Befehlen). Laterale bzw. horizontale Sprünge von Block zu Block werden vermieden. Ein weiteres wichtiges Merkmal der Strukturierten Programmierung ist die Aufhebung der Rücksprungadressen einer CALLING Sequenz in einem gesonderten gesicherten Kontrollbereich (SAVE AREA).

Die Strukturierte Programmierung bietet sich vor allem für die Datenbankprogrammierung an. Sie ist besonders geeignet für komplexe Anwendungen wie z. B. Datenbankverwaltung und on line-Verarbeitung. Für die stapelweise Verarbeitung sequentiell organisierter Dateien, z. B. Methodenbankprogramme, ist die Normierte Programmierung vorzuziehen, da sie dafür speziell entwickelt wurde.

6.3 Rechnerkompatibilität

Die Rechnerkompatibilität stellt das größte technische Problem bei der Realisierung des hier dargestellten Informationssystems für die HVP dar. Derzeit sind insgesamt acht Hersteller mit ca. 30 unterschiedlichen Computermodellen an den Hochschulen der Bundesrepublik vertreten, darunter fast ebensoviel Zeichenmaschinen wie Wortmaschinen (Abschnitt 8.1). Daher muß im Rahmen der technischen Voraussetzungen und Bedingungen auch das Problem der technischen Kompatibilität erörtert werden. Die einzelnen Computer unterscheiden sich hardware- und softwaremäßig, d. h. durch

- den Aufbau der Zentraleinheit
- die vorhandenen peripheren Geräte
- die Leistungen des Betriebssystems.

Hinsichtlich des Aufbaus der Zentraleinheit ist die Einteilung des Hauptspeichers für die Adressierung der Daten maßgeblich: Bei den Zeichenmaschinen ist das Zeichen bzw. Byte und bei den Wortmaschinen das Wort die kleinste adressierbare Einheit. Die Wortmaschinen haben außerdem unterschiedliche Wortlängen (von 24–60 Bit). Für die Schnelligkeit bei der Verarbeitung ist es bedeutsam, ob auf ein alphanumerisches Zeichen direkt zugegriffen werden kann (Zeichenmaschine) oder ob es erst innerhalb eines Wortes gesucht werden muß (Wortmaschinen). Eine Wortmaschine kann dagegen Zahlen kompakter speichern und schneller berechnen [u. a. 33, S. 375].

Die vorhandene Peripherie entscheidet darüber, ob das ADV-System für HVP in seiner Gesamtheit überhaupt eingeführt werden kann, dagegen beeinflußt der Aufbau der Zentraleinheit „nur" die Effizienz. Den vorwiegend für technisch-wissenschaftliche Aufgaben beschafften Hochschulrechnern fehlt häufig eine ausreichende Speicherkapazität für den direkten Zugriff: ca. 20 % der Hochschulen erfüllen nicht diese Mindestanforderung an die Peripherie, weitere ca. 20 % der Hochschulen benutzen die Platten- bzw. Trommelspeicher nur als Arbeitsspeicher. Nach diesem Stand könnte das ADV-System für HVP nur an ca. 60 % der Hochschulen voll eingeführt werden, an den restlichen Hochschulen wäre allenfalls eine abgemagerte Form denkbar. Andererseits ist die Ergänzung der peripheren Geräte mit Plattenspeichern bei den meisten Datenverarbeitungsanlagen kein technisches und auch kein unüberwindbares finanzielles Problem.

Die Kompatibilitätsschwierigkeiten auf der Softwareseite sind weniger transparent als die auf der Hardwareseite, dafür können sie gravierender sein. Sie betreffen

- Programmiersprachen
- Zugriffsroutinen.

Zwar gehören zu allen Betriebssystemen auch COBOL- und FORTRAN-Compiler, aber die COBOL-Compiler sind bislang nur wenig benutzt und damit nicht voll erprobt worden. Einige sind sogar längst überholt. Erschwerend wirkt vor allem, daß es sowohl für COBOL als auch für FORTRAN mehrere Compiler-Versionen gibt, die nicht voll kompatibel sind. Demnach ist es nicht möglich, ein Programm von einem Betriebssystem auf ein anderes ohne Änderungen zu übertragen. Je komplexer das Programm ist, z. B. mit Unterprogrammen und direkten Zugriffsroutinen, desto mehr Änderungen sind erforderlich. Dabei verursacht die Übertragung eines für eine

Zeichenmaschine programmierten ADV-Systems auf eine Wortmaschine mehr Änderungen als die Übertragung auf eine gleichartige Maschine. Hinzu kommt der Unterschied in der Zeichendarstellung, denn die Wortmaschinen verwenden den BCD-Code, die Zeichenmaschinen dagegen den EBCDIC-Code. Es ist jedoch zu hoffen, daß mit der Einführung der neuen Compiler für ANSI COBOL und FORTRAN V die Unterschiede reduziert werden können. Derzeit ist eine Kompatibilität selbst innerhalb von Rechnerfamilien des gleichen Herstellers nicht immer gegeben[14].
Bei den Zugriffsroutinen lassen nur ca. 2/3 der Hochschulrechner das index-sequentielle Zugriffsverfahren zu, wobei für diese noch unterschiedliche Regeln bestehen: So ist die Länge des Suchbegriffs bei manchen Betriebssystemen auf sechs Zeichen beschränkt. Daraus folgt, daß die Hauptordnungsmerkmale in dem Datenbanksystem entweder verkürzt oder binär gespeichert werden müssen.
Aufgrund der technischen Voraussetzungen und Bedingungen könnte derzeit streng genommen das Informationssystem für HVP nur an etwa zwei Drittel der Hochschulen eingeführt werden – obwohl es in rechnerunabhängigen Sprachen programmiert wird. Jedoch ist aufgrund der Erweiterung der Rechenkapazität in Hochschulen (z. B. auch Speicher mit direktem Zugriff) und der fortschreitenden Softwarenormung zu erwarten, daß die Schwierigkeiten in der Rechnerkompatibilität abnehmen werden.

Literatur

[1] Adams, C. W.: Grosch's Law repeated, Datamation 8/1962, Heft 7, S. 38 ff.
[1 a] ADV/ORGA (Hrs.): Ein Beispiel für die „Organisation der Organisationsarbeit": Normierte Programmierung. Wilhelmshaven o. J.
[2] Auerbach: On: Data Collection Systems. Princeton 1972.
[3] Codasyl, Data Base Task Group Report. April 1971.
[4] Daniels, A., D. Yeates u. K. F. Erbach: Grundlagen der Systemanalyse. Köln 1971.
[5] Dürr, H.: Datenerfassung in der kommerziellen Datenverarbeitung. Berlin, New York 1973.
[6] Dworatschek, S.: Einführung in die Elektronische Datenverarbeitung – Ein Fernsehkurs im Medienverbund 1, München o. J.
[7] –: Einführung in die Datenverarbeitung. 5. verb. Aufl. Berlin, New York 1973.

[14] Die Kompatibilitätsumfrage der Gesellschaft für Mathematik und Datenverarbeitung (GMD) für den Bundesminister für Forschung und Technologie [11] ergab vor allem, daß
- Kompatibilitätsprobleme überwiegend in der Software auftreten, vor allem bei Betriebssystemen. So nannten 129 Antworten (= 27 %) die Kompatibilität zwischen Betriebssystem – Betriebssystem; 123 (= 26 %) die zwischen Betriebssystem und Programm, und 98 (= 21 %) die zwischen Programm und Programm als problematisch. Erst weit danach wurden Kompatibilitätsprobleme in der Hardware genannt (S. 15 f).
- bei den verwendeten Programmiersprachen mit Abstand (= 72 %) ASSEMBLER am häufigsten genannt wird. Es folgen COBOL (= 51 %), FORTRAN (= 41 %), dann RPG, PL 1, ALGOL, sonstige Sprachen (S. 7 f).
- es für den Anteil der ASSEMBLER-Programme (sowohl am Rechenbetrieb als auch am Rechenzeitbedarf und an den Anwenderprogrammbibliotheken) eine charakteristische Verteilung gibt: bei kleineren Anlagen (bis 0,4 Mio. DM Kaufpreis) zwischen 14 und 19 %, bei Anlagen bis 1 Mio. DM Kaufpreis etwa 30 %, bei Anlagen von 2 bis 8 Mio. DM Kaufpreis recht konstant etwa 50 % und bei noch größeren Anlagen nur noch 25 %. Dieses Ergebnis überrascht insofern, als man üblicherweise mit einem Absinken des Assembleranteils bei wachsender Anlagengröße rechnet (S. 9 ff).

[8] Dworatschek, S. u. H. Donike: Wirtschaftlichkeitsanalysen von Informationssystemen. Berlin, New York 1972. IS-Informations-Systeme, hrsg. von S. Dworatschek).
[9] Enzinger, A. E.: Datenbank – digital und analog. Ein neues Konzept für die Massenspeicherung von Informationen, ADL-Nachrichten 80/73, S. 14 ff.
[10] Flores, I.: Software-Technik. Stuttgart 1969.
[11] GMD (Hrs.), Kompatibilitätsumfrage. Auswertungsergebnisse des ersten Teils der Umfrage. Berlinghoven September 1973 (Gesamtbericht folgt)
[12] Güntsch, F. R. u. H. J. Schneider: Einführung in die Programmierung digitaler Rechenautomaten, 3. völlig neu bearb. Aufl. Berlin, New York 1972.
[13] Hambeck, K.: Einführung in das Programmieren in COBOL. Berlin, New York 1973.
[14] Heilmann, H.: Beispiel einer Wirtschaftlichkeitsanalyse für eine elektronische Datenverarbeitungsanlage, Zeitschrift für Organisation 7/1970, S. 69 ff.
[15] Higman, B.: Comparative Study of Programming Languages. New York 1967.
[16] Hoffmann, M. J. A.: Datenfernverarbeitung – Verkehrsarten und Wirtschaftlichkeit der Datenübertragung. Berlin, New York 1973.
[17] Jacobs, G.: Strategien für den Aufbau von Informationssystemen an Hochschulen. (unveröff. Manuskript). Hannover 1973.
[18] Knorz, P. u. H. Bressler: Einführung in die elektronische Datenverarbeitung. Ein Fernsehkurs im Medienverbund 3, München o. J.
[19] Kreis, P.: COBOL – Die Programmiersprache für kommerzielle Aufgaben. 3. Aufl. München, Wien 1968.
[20] Leue, G.: Wohin geht die technische Entwicklung? Zeitschrift für Datenverarbeitung 8/1970, S. 14 ff.
[21] Luhmann, N.: Recht und Automation in der Öffentlichen Verwaltung – Eine verwaltungswissenschaftliche Untersuchung. Berlin 1966. (Hochschule Speyer, Band 29).
[22] Lutterbeck, E.: Dokumentation und Information. Frankfurt 1972.
[23] Lutz, I.: COBOL – Profil einer Datensprache, Computer-Praxis 1/1969, S. 2 ff.
[24] Matt, G.: Simulationsprogramme: Aufbau, Ablauf und Anwendungsmöglichkeiten, IBM Fachbibliothek. IBM Form 81 565. 1969.
[25] Mertens, P.: Zur Wirtschaftlichkeit und Wirtschaftlichkeitsschwelle der EDV. Neue Betriebswirtschaft 20/1967, S. 42 ff.
[26] –: Industrielle Datenverarbeitung Band 1, Administrations- und Dispositionssysteme. Wiesbaden 1972.
[27] Mrachacz, H. P. u. R. Bauer: Daten optimal erfassen. München 1970.
[28] Mundhenke, E.: Hochschul-Informations-Systeme in Nordamerika. HIS-Brief 13. Hannover 1971.
[29] Ortner, G. E.: Optimierungskriterien in der Organisation der betrieblichen Datenverarbeitung. Berlin, New York 1971.
[30] Schneider, H. J.: Aufbau und Arbeitsweise von Compilern. Berlin, New York 1974.
[31] Schiero, H. u. R. Herzog: Wie sag ich's dem Computer? Eine Einführung in die wichtigsten Programmiersprachen. München 1970.
[32] Schramm, H. F. W.: Datenerfassung mit Magnetband, Computer Praxis 1/1971 S. 11 ff.
[33] Sharpe, W.: Economics of Computers. New York, London 1970.
[34] Simon, H. u. G. Saul: FILMDATA, ein Dokumentationssystem mit codiertem Mikrofilm als Weiterentwicklung des Filmorexsystems, Nachrichten für Dokumentation 20/1969 Nr. 6, S. 254 ff.
[34 a] Sneed, Harry M.: Programmorganisation; in: On Line–Zeitschrift für Datenverarbeitung. Oktober 1973, S. 688 ff.
[35] Sneed, H. u. G. Jacobs: Modularprogrammierung, Zeitschrift für Datenverarbeitung, 1/1971, S. 487 ff.
[36] Zeidler, H.: Datensichtgeräte auf dem deutschen Markt, Computer-Praxis 4/1972,S. 109 ff.

7. Organisatorische Voraussetzungen und Bedingungen

7.1 Organisatorische Voraussetzungen und Bedingungen auf der Ebene der einzelnen Hochschule

Die organisatorischen Voraussetzungen und Bedingungen auf der Ebene der einzelnen Hochschule betreffen
- die laufenden ADV–Aufgaben (Einführung und Betrieb von Systemen, also modularen Teilen des Informationssystems für HVP wie Studenten, Personal usw.)
- die dafür erforderliche Aufbau- und Ablauforganisation

7.1.1 ADV-Aufgaben

7.1.1.1 Einführung von Subsystemen

Die Einführung eines Informationssystems umfaßt alle Aufgaben von der Entscheidung zur Automatisierung im Bereich der HVP bis zum erfolgreich abgeschlossenen Parallellauf mit der zu ersetzenden manuellen und/oder maschinellen Datenverarbeitung. Die Einführung eines Informationssystems ist nur stufenweise, d. h. in selbständigen Modulen, also in Subsystemen möglich.
Von Einführung ist auch dann zu sprechen, wenn bereits betriebene Subsysteme an neue gesetzliche, organisatorische, technische oder örtliche Gegebenheiten angepaßt werden sollen. Allerdings wird sich der Einführungsaufwand je Subsystem verringern, weil es sich dann im allgemeinen nur noch um partielle Korrekturen handeln wird; gleichwohl ist der Anpassungsaufwand nicht zu unterschätzen.
Es wird kaum möglich sein, das in Teil II vorgestellte Informationssystem für HVP völlig reibungslos, ohne Terminverzögerungen und ohne Fehler einzuführen[1]. Daher geht es – nachdem viel von ,,Planung der Planung" gesprochen wurde – nun um die ,,Organisation der Organisation". Dafür wurden z. B. die Arbeitssysteme ,,Orgware" [55, 32] entwickelt, die die Organisationsarbeit bei der Einführung von ADV-(Sub)Systemen rationalisieren, und zwar durch
- eine normierte Vorgehensweise (z. B. Checklisten je Projektaktivität)
- eine aktivitätenbegleitende Dokumentation (z. B. Checklisten, Formularketten)
- spezielle Arbeitsmethoden (z. B. zur Hardwareauswahl, Wirtschaftlichkeit)

[1] [13] führt aus, daß selbst qualifizierte Kräfte nicht die für ein bestimmtes Projekt erforderliche spezielle Erfahrung mitbringen (spezielle Aufgabe, spezielle Bedingungen). Die erforderliche Erfahrung wird im allgemeinen erst während der Projektarbeit erworben. Der Autor vermutet, daß 90 % der Projektarbeit in der Sammlung von Erfahrungen und in Organisation bestehen. Er begründet diese Feststellung u. a. damit, daß ein erneutes Design in dem jeweiligen Aufgabengebiet im allgemeinen weniger als 10 % des Gesamtaufwands beansprucht [13, S. 37].

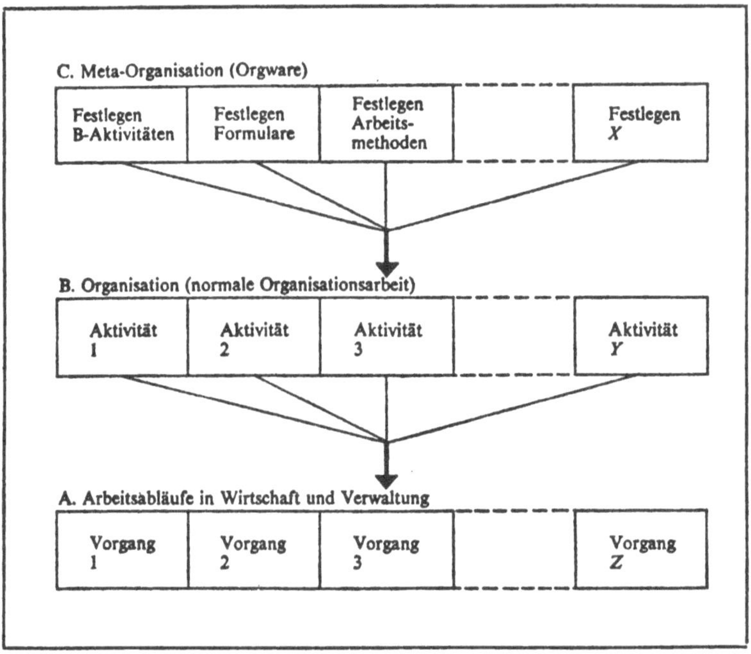

Abb. 7–0. *ORGWARE als Meta-Organisation [55, S. 477]*

Hardware und Software-Entwicklungen beziehen sich nur auf die ADV-Anlage selbst. Daneben ist eine ,,Orgware"[2] erforderlich, die sich mit der organisatorischen Einbettung der Hardware und Software in die jeweiligen Verhältnisse des Anwenders befaßt. ORGWARE ist eine Meta-Organisation, weil sie Anweisungen zur Erledigung der üblichen Organisationsarbeit gibt, d. h. diese in hohem Maße rationalisiert (Abb. 7–0): Es lassen sich drei Ebenen unterscheiden [55, S. 477]:

- A-Ebene, wozu auch die Abläufe der ADV gehören
- B-Ebene, auf der die unter A genannten Abläufe organisiert werden, z. B. bei der ADV: Aktivitäten von der Systemanalyse bis hin zur Einführung,

[2]ORGWARE® ist ein eingetragenes Warenzeichen und wurde von der Unternehmensberatung ADV/ORGA entwickelt. Es gibt miteinander verknüpfbare ORGWARE-Arbeitssysteme für fünf Problemfelder: Planung von Integrationsmodellen, Planung und Realisierung aktueller DV-Aufgaben, Normierte Programmierung, Planung von Informationssystemen und Planung von Datenbanken. Ende 1972 wurde der ORGWARE-Benutzerring ins Leben gerufen, der der Fortschreibung einheitlicher ORGWARE-Systeme aufgrund der Erfahrungen der Benutzer dient. Einen allgemeinen Überblick über ORGWARE-Systeme geben [55; 32].

- C-Ebene, auf der Arbeitssysteme entwickelt werden, die der Organisation und damit der Rationalisierung der unter B genannten Organisationsarbeit dienen („Meta-Organisation").

Die Arbeitssysteme sichern, weil sie unmittelbar auf die B- und mittelbar auf die A-Ebene einwirken, eine besonders rationelle Organisationsarbeit, das gilt vor allem für die Einführung von ADV-(Sub)Systemen. Neben den Arbeitssystemen ORG-WARE gibt es weniger detaillierte Verfahren zur Rationalisierung der Einführungsarbeit von Subsystemen. Ein Beispiel für ein ADV-Einführungsverfahren geben [42] (Abb. 7–1), die matrixartig für jede Aktivität Organisationsstufen (Abb. 7–2) und Organisationsebenen (Abb. 7–5) unterscheiden:[3]

Das in Abb. 7–1 und 7–2 dargestellte Schema gilt für die Einführung eines alle Bereiche der Hochschulverwaltung und -politik umfassenden Informationssystems, das sich aus mehreren Subsystemen zusammensetzt.

Zur Voruntersuchung gehören vor allem diejenigen Tätigkeiten, die eine Entscheidung der Hochschulleitung darüber vorbereiten, ob und in welchem Umfang ein Informationssystem für HVP eingeführt werden soll (Rahmenvorschlag). Dazu gehört neben der Spezifizierung der zu automatisierenden Bereiche der HVP auch eine Empfehlung, ob man vorgefertigte Teilsysteme eines ganzen Informationssystems für die HVP (z. B. von der HIS GmbH) einführen oder man einzelne Teilsysteme selbst entwickeln will; ferner eine Empfehlung zur Reihenfolge der Automatisierung von Bereichen der HVP, wobei man sich nach einem Kriterienkatalog, z. B. Aufgeschlossenheit der jeweils betroffenen Fachabteilungen, Dringlichkeit richten sollte. Der erarbeitete Rahmenvorschlag muß wegen der zu erwartenden Änderungen technischer, politischer und anderer Art ständig à jour gehalten werden.

Der Rahmenvorschlag hat die Verknüpfung zwischen „Integrationskreisen"[4], also Teilbereichen erster Ordnung, zu beachten, wie z. B. Studenten-, Finanz-, Personalbereich. Diese Integrationskreise sollen im Rahmenplan bereits in „Problemkreise" untergliedert und mit Prioritätsstufen versehen werden. Durch die Beachtung der integrativen Beziehungen zwischen formal getrennten Teilbereichen wird die geforderte Integration des Gesamtsystems erreicht [55, S. 479].

Soweit die Hochschule vorgefertigte Subsysteme eines Gesamtsystems für HVP bezieht, können die Organisationsstufen 2 und die ersten fünf Unterstufen der Stufe 4 zumindestens teilweise übersprungen werden: Das vorgefertigte Subsystem braucht nur noch an die in der Voruntersuchung festgestellten unabdingbaren Besonderheiten

[3] Die Abb.7–1 wurde [42] entnommen (S. 22 f). Dieser Leitfaden für die methodische Verfahrensweise bei der Einführung von Informationssystemen beschreibt in Form von Richtlinien, welche Personen zu welchem Zeitpunkt welche Maßnahmen in welcher Weise zwecks Realisierung eines ADV-Systems zu treffen haben und auf welche Weise ein einzelnes ADV-Projekt im Detail realisiert werden soll. Zu anderen Verfahren zur Einführung von Informationssystemen siehe u. a. [6; 12; 22; 29; 43; 52].

[4] Der Begriff „Integrationskreis" geht auf [1] zurück (siehe auch [54, S. 50ff]. Heute wird der Begriff allgemeiner verwendet [55, S. 479]. Neben der horizontalen Integration (zwischen Teilbereichen 1. Ordnung) gibt es die vertikale Integration (innerhalb eines Integrationskreises). Zu weiteren Arten der Integration siehe u. a. [27; 35; 36, S. 713].

ORGANISATIONS-EBENEN	ORGANISATIONS-STUFEN				
	Voruntersuchung	Grund-Konzeption	Vorbereitung		
Leitung	Zielsetzung Entscheidung	Wirtschaftlichkeit Realisierungsplan Entscheidung	Planung Kontrolle	Einrichtg. DV-Abtlg.	Arbeits-Richtlinien
Personal		Kapazitäts-Erfordernis		Leiter DV-Abtlg.	Chef-Analytik. Analytik.
Maschinen		Kapazitäts-Erfordernis		Aus-schrei-bung	Auswahl Be-stellung
Raum		Kapazitäts-Erfordernis		Auswahl	Personal-raum
Sachgebiet 1	Istzustands-Aufnahme	Sachgebiets-Analyse		Projekt x1 Andere Projekte	Projekt-Planung
Sachgebiete 2 bis N-1		System-Synthese	Gliederung und Reihung nach Projekten	Projekt x2 Andere Projekte	
Sachgebiet N	Grobanalyse	Grundkonzept je Sachgebiet		Projekt x3 Andere Projekte	

Abb. 7–1. *Schema eines ADV-Einführungs-Verfahrens* ⌊*nach 42, S. 22/23*⌋

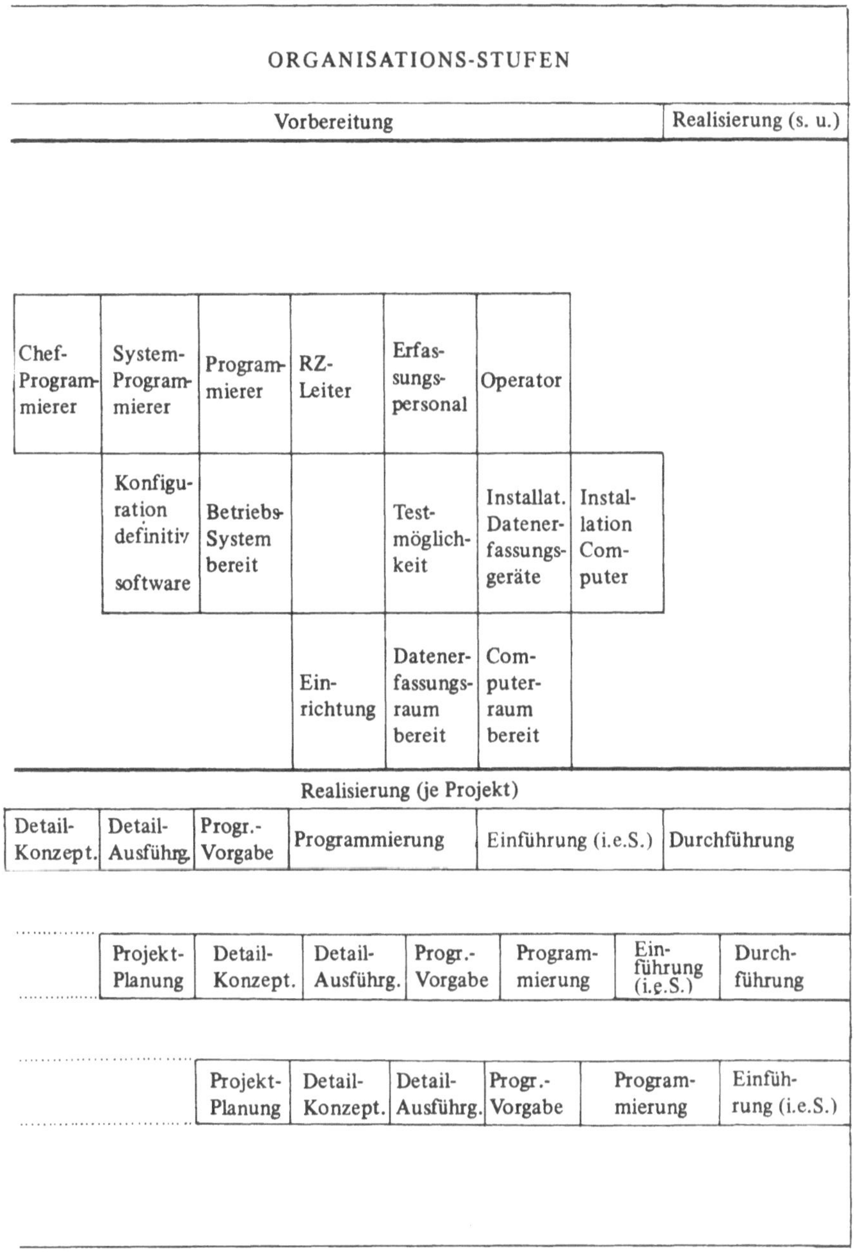

Anmerkung:
Die Stellung der Eintragungen deutet deren zeitlichen Zusammenhang an
Die Größe der Unterteilungen sagt nichts über die Relationen zueinander aus

Organisationsstufen	Erläuterungen zum Inhalt der Stufen
1. Voruntersuchung	Prüfung, ob ein ADV-System eingeführt werden soll
2. Grundkonzeption	Konzipierung des (gesamten) ADV-Systems
3. Vorbereitung	Schaffung der konkreten Voraussetzungen für die Realisierung des ADV-Systems
4. Realisierung mit folgenden Unterstufen:	Verwirklichung des ADV-Systems
4.1 Projektplanung	Maßnahmen zur Realisierung von ADV-Projekten
4.2 Detail-Konzeption	Verfeinerung und Vertiefung des Grundkonzeptes für das jeweilige Sachgebiet
4.3 Detail-Ausführung	Inhaltliche und formale Ausfertigung aller Projektunterlagen, die die Programmvorgabe ermöglichen
4.4 Programmvorgabe	Detaillierte Vorgabe für die Programmierung
4.5 Programmierung	Übersetzen der Programmieranweisungen in funktionstüchtige Maschinenprogramme
4.6 Einführung (i. e. S.)	Maßnahmen zum praktischen Inbetriebsetzen des ADV-Systems
4.7 Durchführung	Maßnahmen zur endgültigen Überleitung des Projektes in den praktischen Betrieb, z. B. Parallellauf, Benutzerhandbuch

Abb. 7–2. *Organisationsstufen eines ADV-Einführungsverfahrens* [*42, S. 24*]

der jeweiligen Hochschule angepaßt zu werden. Wenn dagegen die Hochschule selber ein Informationssystem aufbauen will, dann müssen auch die Stufen 2 und 4 voll durchlaufen werden, aber die Stufen 1 bis 3 insgesamt nur einmal. Das setzt voraus, daß die Zusammenhänge – also die Scharnierstellen zwischen den einzelnen Subsystemen – aufgrund der Arbeit in den ersten Organisationsstufen definiert werden. Denn die nacheinander eingeführten Subsysteme müssen für den späteren Betrieb miteinander verbunden werden können, um eine Integration zu erreichen.
Die Organisationsstufe 4 ist mit ihren Unterstufen dagegen für jedes Sachgebiet, also für jedes einzuführende Subsystem zu durchlaufen, beim Bezug von vorgefertigten Subsystemen nur teilweise. Es empfiehlt sich im Hochschulbereich, gleichzeitig nicht mehr als zwei Subsysteme einzuführen, weil es sonst zu einer Überforderung der (personellen) Ressourcen käme, außerdem die üblichen Fehler einer ,,Null-Serie" vervielfacht werden würden.

7.1.1.2 Betrieb von Subsystemen

Beim Betrieb bereits eingeführter (Sub-)Systeme ist zu unterscheiden zwischen der organisatorischen Sicherstellung

- des täglichen oder periodischen ADV-orientierten Ablaufs (Systembetrieb) und
- der Pflege der Programme (Systempflege).

Zum täglichen ADV-orientierten Ablauf gehören (chronologisch):

- Vorbereitung, d. h. Ausfüllen und Signieren von Datenerfassungsbelegen für Bewegungs- und Stammdaten (Änderungsdienst)
- Erfassung dieser Daten
- Transport der ADV-Datenträger zum Rechenzentrum[5]
- Zusammenstellen der Computerläufe (Steuer-, Parameter-, Datenkarten)
- Operating im Rechenzentrum und/oder am Vorrechner
- Transport der Computer-Ausdrucke bzw. ausgegebener ADV-Datenträger an die zentrale Kontaktstelle Rechenzentrum (vgl. 7. 1. 2.4)
- Ggf. Nachbereitung der Computer-Ausdrucke (inhaltlich, sprachlich, physisch) und
- Verteilen (ggf. auch Vereinzeln) der Computer-Ausdrucke bzw. ADV-Datenträger an interne und externe Adressaten.

Zur Organisation der o. g. Abläufe gehört ein täglicher Zeitplan, der z. B. bestimmt, bis wann von welcher Stelle der Änderungsdienst durchgeführt sein muß, bis wann die Datenträger im Rechenzentrum angeliefert sein müssen. Die dazu erforderlichen organisatorischen Regelungen hängen vor allem davon ab, welche Subsysteme bereits betrieben werden, z. B. ob nur periodisch (z. B. Studenten, Baubestand) oder täglich (Haushalts-, Kassen- und Rechnungswesen mit genauen zeitlichen Anforderungen an den Buchungsschnitt) laufende Subsysteme betrieben werden.

Der Routine-Betrieb von Subsystemen bedingt die Pflege der bereits eingeführten Programme, also die Anpassung der Programme an Änderungen. Die Programmpflege entscheidet somit über die Gebrauchsfähigkeit und Lebensdauer des Subsystems. Eine wesentliche Voraussetzung für die Pflege ist eine Dokumentation der zu pflegenden Programme, einschließlich Systementwurf.[6] Der Systempfleger wird auch dann

[5] Der Transport der ADV-Datenträger zum Rechenzentrum und der Transport der Computerausdrucke zur Kontaktstelle Rechenzentrum (7.1.2.4.) kann bei Einsatz von Datenfernübertragung entfallen (vgl. Abb. 6–5 und 6–7). Dennoch wird es hin und wieder vorkommen, daß ADV-Datenträger und Computerausdrucke physisch transportiert werden müssen.

[6] Die HIS GmbH unterscheidet in der Dokumentation ihrer generalisierten Subsysteme drei Stufen:

- Pflichtenheft. Es soll den Abschluß der inhaltlichen Entwicklung des betroffenen Projekts dokumentieren. Es dient als Grundlage für den ADV-Systementwurf und für die Programmierung. Mit dem Pflichtenheft soll auch erreicht werden, daß die Programmierung nicht durch fortwährende inhaltliche Änderungen behindert wird.
- ADV-Systementwurf. Er umfaßt vor allem die ADV-technische Auslegung des zu automatisierenden Systems, z. B. funktionale Beschreibung des Systems, Beschreibung der Systemein- und -ausgaben, der Dateien, Datenkataloge
- Programmdokumentation. Sie umfaßt die Dokumentation der fertigen (!) Programme. Dazu gehören u. a. Funktionsbeschreibungen der Programme, Beschreibung der Programmaus- und -eingaben, des Arbeitsspeichers, Programmablaufplan.

benötigt, wenn es programmbedingte Störungen im Ablauf der ADV-Prozesse gibt. Er kann am ehesten die Ursachen feststellen und dafür sorgen, daß die Programme weiterlaufen können.
Der Verantwortliche für die Pflege der Programme eines Subsystems sollte in der Einführungsphase bereits an der Programmierung dieses Subsystems mitgewirkt haben. Die Programmpflege für ein Subsystem lastet ihn jedoch nur teilweise aus. In der restlichen Arbeitszeit kann er mit Einführungsarbeiten an anderen Subsystemen beschäftigt sein, so daß er nicht ausschließlich mit der manchmal weniger beliebten Programmpflege zu tun hat.
An einen Systempfleger sind im Idealfall folgende Anforderungen zu stellen. Er muß [5, S. 12 f]:
- in der Lage sein, auftretende Probleme und ihre Auswirkungen auf das von ihm zu betreuende Sachgebiet zu erfassen und zu analysieren und die sich daraus ergebenden Änderungen durchzuführen
- in der Lage sein, z. B. Schlüssel und Formulare zu entwerfen und in das bestehende System einzubauen
- vertiefte Sachkenntnisse auf dem von ihm zu betreuenden Sachgebiet haben
- fähig sein, anhand von Flußdiagrammen Maschinenprogramme zu schreiben, zu testen und schließlich einzuführen. Er muß also eine der ADV-Anlage entsprechende Programmiersprache beherrschen
- die jeweilige ADV-Anlage und deren Hilfsgeräte auch bedienen können.

Denkbar ist, daß im Anfangsstadium der Einführung von Subsystemen, insbesondere bei einfachen Subsystemen, die Aufgaben des Systembetriebs und der Systempflege von einer Person wahrgenommen werden können, auch wenn es sich prinzipiell um unterschiedliche Aufgaben handelt.

7.1.1.3 Sonstige ADV-bezogene Aufgaben

Zu den sonstigen ADV-Aufgaben zählen vor allem die Beratung, z. B. der Hochschulorgane in ADV-Fragen; Kontakte zu internen und externen Stellen (s. u.), Schulung des vom Informationssystems für HVP betroffenen Personals (s. 7.1.2.3), administrative Maßnahmen, wie z. B. Bereitstellen von Personal und Raum, Beschaffung von Material, Vereinbarungen mit dem Rechenzentrum über Computerläufe für Anwendungen der HVP.
Die Kontakte zu internen und externen Stellen[7] (z. B. Fachbereiche, Prüfungsämter, zentrale Organe, Studentenwerk, Stellen der amtlichen Statistik, Wissenschafts-/Kultusministerien) dürfen nicht unterschätzt werden. Es geht u. a. darum, den Informationsbedarf vor allem bezüglich Inhalt, Stichtag, Berichtszeitraum und Art der zu liefernden Auswertungen (Listen, Graphiken, Lochkarten, Magnetbänder) zu analysieren. Diejenigen Stellen, die die Hochschule zur Lieferung von Auskünften auffordern können (Statistische Landesämter, Statistisches Bundesamt, Wissenschafts-/Kultusministerien) sollten auf unkoordinierte Datenanforderungen hingewiesen werden, weil diese in den Hochschulen manchen unnütze Arbeit verursachen. Dies ist um so wichtiger, weil die Hochschulen im zunehmenden Maße zur Lieferung von Daten

[7] nach [5, S. 16 f]

verpflichtet werden (vgl. Hochschulstatistik-, Hochschulbauförderungsgesetz sowie einzelne Hochschulgesetze der Länder).[8]

7.1.2 ADV-Organisation

7.1.2.1 Aufbau einer zentralen DVO-Stelle

ADV-Aufgaben der HVP sollten von einer Stelle zentral betreut werden. Nur so ist die erforderliche Integration der Subsysteme in der Einführungs- und Betriebsphase zu einem Gesamtsystem zu erreichen (z. B. Integration von Dateien, kompatible Schlüssel, Programme, Abläufe). Neben diesen technisch-organisatorischen Gründen sprechen wirtschaftliche Argumente (einheitliche ADV-Verwaltung, Koordinierung, wirtschaftlicher Umgang mit beschränkten Ressourcen, Schnelligkeit und Transparenz) für eine zentrale Verantwortlichkeit der ADV-Aufgaben im Bereich der HVP [5, S. 6] ein. Diese Überlegung führt zur Einrichtung einer zentralen ADV-Stelle für Einführung und Betrieb von Subsystemen für Hochschulverwaltung und -politik.

Derzeit existieren an den Hochschulen kaum solche zentralen ADV-Stellen. Dafür gibt es an einigen Hochschulen Organisationsabteilungen, an anderen Hochschulen Planungsstäbe; auch gibt es Hochschulen, an denen weder Linien- noch Stabseinheiten für Probleme der Organisation oder der Planung vorhanden sind. Die bestehenden Organisationsabteilungen befassen sich teilweise auch mit der Datenverarbeitung in der Hochschulverwaltung, die bestehenden Planungsstäbe (dem Präsidenten/Rektor zugeordnet bzw. in die Hochschulverwaltung eingeordnet) sind dagegen mit Fragen der Struktur- und Entwicklungsplanung, Kapazitätsfeststellungen usw. befaßt.[9]

Es empfiehlt sich, die Aufgaben der ADV und der Organisation in einer Stelle zusammenzufassen, die man als DVO-Stelle (Datenverarbeitung und Organisation) bezeichnen kann.[10] Denn die Einführung der ADV eröffnet neue organisatorische Möglichkeiten, sie bedingt immer eine organisatorische Bestandsaufnahme, ferner organisatorische Maßnahmen auch zur Anpassung der Organisation an die ADV – ohne daß dabei allerdings die inhaltliche Zielsetzung beeinflußt werden darf.

Die fachgebietsübergreifend tätige DVO-Stelle wird sich im organisatorischen Aufbau von anderen Verwaltungsstellen dadurch unterscheiden, daß der gleiche Mitarbeiter zu unterschiedlichen Zeiten unterschiedliche Aufgaben wahrzunehmen hat. So kann z. B. ein Mitarbeiter in einer Einführungsgruppe in unterschiedlichen Reifephasen des Projekts tätig sein (z. B. Ist-Analyse, Detail-Konzeption, Programm-Vorgabe). Er kann nach Abschluß der Einführung z. B. teilweise mit Systempflege betraut sein, oder über die Pflege hinaus bereits bestehende Subsysteme verbessern oder parallel dazu Schulungsaufgaben wahrnehmen.

Eine graphische Darstellung der internen Organisation der DVO-Stelle (siehe Abb. 7–3) wird dadurch erschwert, daß sich funktions- (z. B. Systemanalyse, Organisation, Programmierung) und sachgebietsorientierte (z. B. studentische Angelegenheiten, Personalwesen) organisatorische Regelungen überschneiden.

[8] Zu diesen Gesetzen siehe im einzelnen Abschnitt 1.2.3.4.

[9] Eine Übersicht über die Organe und Institutionen der Hochschulen, die sich mit Planung und Organisation befassen, hat die HIS GmbH zusammengestellt [23].

[10] Diese Lösung ist an der Universität des Saarlandes verwirklicht worden.

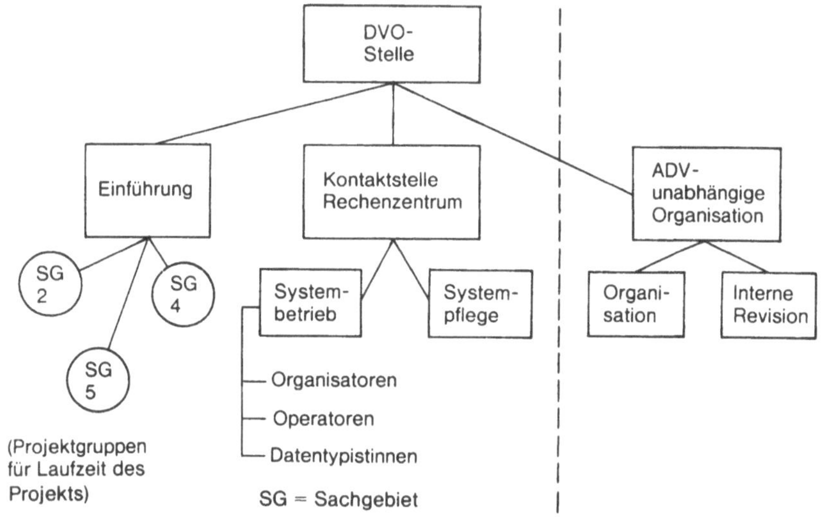

Abb. 7–3. *Möglicher Aufbau einer DVO-Stelle*

Die sachgebietsorientierte Zusammenfassung von Personal empfiehlt sich bei Einführungen. Dabei kommt es meistens darauf an, daß die Belange vieler Funktionsgruppen vertreten sind, insbesondere auf der Organisationsstufe Grund- und Detailkonzeption. Eine flexible Einsatzmöglichkeit in mehreren Projekten ermöglicht eine effizientere Personaldisposition.
Die funktionsorientierte Zusammenfassung von Personal empfiehlt sich bei einzelnen Funktionen wie Datenerfassung, Operating, Programmierung, letztere mit Einschränkung (z. B. bei Einführungen s. o.). Eine funktionsorientierte Zusammenfassung führt zur Bildung von Arbeitspools, die eine gleichmäßige und damit bessere Auslastung des vorhandenen Personals ermöglichen. Beispielsweise ist eine dezentrale Erfassung der HVP-Daten wirtschaftlich nicht zu rechtfertigen, vor allem wegen des zu geringen und darüber hinaus unregelmäßig anfallenden Datenvolumens sowie der höheren Personalbereitstellung als Vertretungsreserve für Urlaubs- und Krankheitsfälle. Diese Vorteile einer zentralen Datenerfassung wiegen den Nachteil – Umstellung der Datentypistin auf wechselnde Bereiche der HVP – bei weitem auf, ganz abgesehen davon, daß lediglich die Datenerfassung für das Haushalts-, Kassen- und Rechnungswesen und für Dokumentation (je nach angestrebter Leistungsfähigkeit) eine Datentypistin den ganzen Tag über auslasten können.
Die ADV-unabhängige Organisation und die Planung – die Organisation der Einführung und des Betriebs werden in den Abschnitten 7.1.2.3 und 7.1.2.4 erörtert – müssen nicht in die zentrale DVO-Stelle einbezogen werden.
In Zukunft werden sich die meisten Organisationsaufgaben aus der Einführung von ADV ergeben, was zu Änderungen der Aufbau- und Ablauforganisation führen wird (z. B. nützliche Zentralisierungen, neue Belegflüsse), so daß sich eine Zusammenfas-

sung aller Organisationsaufgaben in einer zentralen Stelle empfiehlt. Jedoch gibt es auch einige ADV-unabhängige Aufgaben wie z. B. Aufstellen eines Geschäftsverteilungsplans, was nicht zwingend in eine zentrale DVO-Stelle eingegliedert werden müßte. Bei einer Zentralisierung aller Organisationsaufgaben sollte auch die Einrichtung der in den Hochschulen noch unbekannten Einrichtung einer internen Revision erwogen werden. Sie könnte neben der externen Revision in stärkerem Maße zu einer wirtschaftlichen Verwendung der Mittel führen. Denn die externe Revision, die den Landesrechnungshöfen obliegt, bezieht sich auftragsgemäß vorwiegend auf die formale Kontrolle, z. B. Ordnungsmäßigkeit der Buchführung in den Hochschulen.[11] Die „Planung", ibs. die Hochschulentwicklungsplanung, wird häufig einer Senatskommission für Planung zugeordnet (vgl. Abb. 1–12). Sie könnte auch – je nach den Inhalten der Planung – in die DVO-Stelle eingeordnet werden – sofern sichergestellt ist, daß die Betroffenen Einfluß auf die Planung nehmen können.

7.1.2.2 Einordnung der DVO-Stelle

Zur organisatorischen Eingliederung dieser DVO-Stelle gibt es drei Möglichkeiten, so auch [5, S. 8 ff]. Diese Stelle (Abb. 7–4)

a) wird einer bestimmten Fachabteilung zugeordnet

b) tritt gleichrangig neben die Fachabteilungen bzw. Dezernate als selbständige Linienabteilung bzw. selbständiges Dezernat

c) wird als Stabsabsabteilung organisiert und der Hochschulleitung direkt unterstellt.

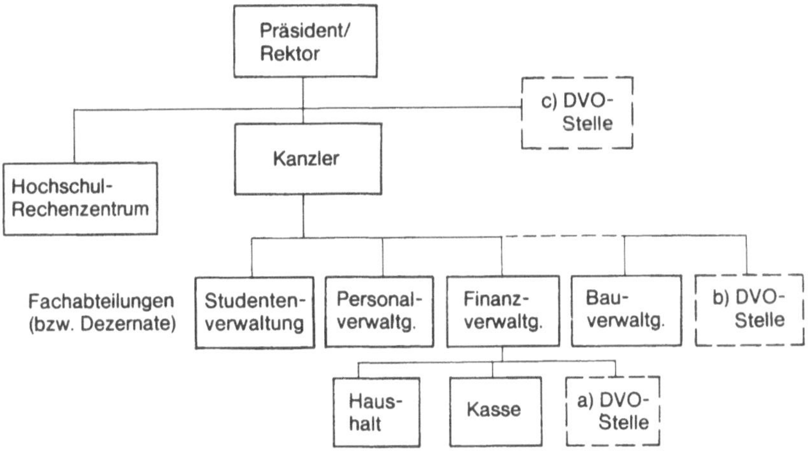

Abb. 7–4. *Mögliche Einordnungen der DVO-Stelle*

[11] Zur Rechnungsprüfung vgl. auch 1.1.2.2., vorletzter Absatz. In Schweden [26] wurde neben dieser formalen Revision eine „ökonomische Revision" eingerichtet: Sie will prüfen, inwieweit ein gestecktes Ziel erreicht worden ist.

Die Möglichkeit a) scheidet aus, weil die Gefahr besteht, daß die dem Gesamtbereich der HVP dienende DVO-Stelle die ADV-Aufgaben der ihr übergeordneten Fachabteilung aufgrund deren Weisungsbefugnis zu Lasten anderer Fachabteilungen bevorzugen muß. Sie könnte dann den Gesamtbelangen der HVP nicht gerecht werden. Die Leistungen der DVO-Stelle sind abteilungsübergreifend, daher muß sie der Hochschulleitung unterstellt werden. Die Unterstellung unter den Kanzler als eigener Fachabteilung (Fall b) hat den Vorteil, daß der Kanzler sich im allgemeinen eher um ADV-Fragen kümmert als der Präsident bzw. Rektor. Nachteilig ist dagegen, daß bei dieser Zuordnung die Fragen der Hochschulverwaltung gegenüber denen der Hochschulpolitik in den Vordergrund treten werden. Für die Anbindung als Stabstelle an den Präsidenten bzw. Rektor (Fall c) spricht auch die Tatsache, daß die DVO-Stelle für mehrere organisatorische Einheiten der Hochschule Service-Leistungen (ADV-Einführung und -Betrieb, Beratung) ausführt, eine gleichrangige Eingliederung als Fachabteilung gerade für die Einführungsphase eher Konflikt bringen könnte als eine übergeordnet eingegliederte Stabstelle.
Zu erwägen ist die Errichtung eines Steuerungsgremiums für die DVO-Stelle. Es dürfte jedoch nur Arbeitsschwerpunkte bestimmen, für den täglichen ADV-Betrieb muß die DVO-Stelle autonom sein, sonst ist ein störungsfreier Ablauf nicht gesichert. In jedem Fall sollten die DVO-Stelle und ein entsprechendes Universitätsgremium (z. B. die Planungskommission) miteinander verzahnt werden, beispielsweise kann der Leiter der DVO-Stelle geborenes Mitglied des entsprechenden Universitäts-Gremiums sein. Dann können auch die ADV-Interessen durch den Leiter der DVO-Stelle eingebracht werden wie umgekehrt der Leiter der DVO-Stelle die Interessen des Universitäts-Gremiums insbesondere im Bereich der Politik berücksichtigen wird.

7.1.2.3 Einführungsgruppe

Die Einführungsgruppe besteht aus einer oder mehreren Projektgruppen, die jeweils ein Subsystem einführen. Sie arbeiten im allgemeinen sachgebietsorientiert, sie umfassen dafür verschiedene Funktionsgruppen (z. B. Systemanalytiker, Programmierer, Hochschulbedienstete des betroffenen Sachgebiets). In jeder Gruppe sollten unbedingt Sachbearbeiter aus dem betroffenen Sachgebiet mitarbeiten, und zwar aus sachlichen (Einbringen der Praxis), wirtschaftlichen (weniger Änderungen der Detail-Konzeption erforderlich) und aus psychologischen Gründen (falsche Vorstellungen, unbegründete Widerstände können abgebaut werden). Nach beendetem Parallellauf löst sich die Projektgruppe auf, ein Mitglied muß sich nun der Systempflege annehmen, die anderen Mitglieder (mit Ausnahme der Verwaltungsbediensteten, die sich aus der Einführungsgruppe zurückziehen werden) werden ein anderes Einführungsprojekt bearbeiten oder Sonderaufgaben erledigen.
Die Einführungsgruppe hat zur Realisierung eines Projektes organisatorische Maßnahmen auf fünf sog. Organisationsebenen [42, S. 24] zu treffen (Abb. 7–5). Diese fünf Organisationsebenen sind auf fast allen Organisationsstufen (Abb. 7–2) zu beachten. Dabei umfaßt die Ebene 1 das Projektmanagement i. w. S., die Ebenen 2–4 die Ressourcen und die Ebene 5 das jeweils von der Einführung betroffene Sachgebiet (Subsystem). Die von dem Sachgebiet gestellten Aufgaben sind der materiell inhaltliche Kern des Einführungsverfahrens, denn sämtliche Aktivitäten auf den anderen

Ebenen dienen lediglich dem Zweck, die Erfordernisse des Informationssystems auf der Sachgebiets-Ebene zu erfüllen:

Organisationsebenen	Erläuterungen zum Inhalt der Ebenen
1. Leitungs-Ebene	Zielsetzung, Planung, Koordinierung, Kontrolle
2. Personal-Ebene	Bedarfsermittlung, Auswahl, Ausbildung und Einsatz des erforderlichen Fachpersonals
3. Maschinen-Ebene	Bedarfsermittlung, Auswahl, Installation und Inbetriebnahme der maschinellen Einrichtungen und Ergänzungen
4. Raum-Ebene	Bedarfsermittlung, Auswahl und Einrichtung der erforderlichen Räume
5. Sachgebiets-Ebene	Organisatorische Lösung der Sachaufgaben, die in das Informationssystem einzubeziehen sind

Abb. 7-5. *Organisationsebenen eines ADV-Einführungsverfahrens [42, S. 24]*

Die Leitungs-Ebene besteht entweder aus einer Universitäts-Kommission, dem Präsidenten bzw. Rektor und dem Kanzler. Sie beauftragt einen Verantwortlichen für das Projekt[12], dem Planung, Koordinierung, Kontrolle und Entscheidung obliegt, mit Ausnahme derjenigen Aktivitäten, die sich die „Leitung" selbst vorbehält.
Dieser Projektverantwortliche benötigt die uneingeschränkte Unterstützung durch die Hochschulleitung, um mit den Fachabteilungen besser zusammenarbeiten zu können. Er sollte gegenüber den mit der Einführung beschäftigten Personen Weisungsbefugnis haben, denn es hat sich erwiesen, daß eine allzu emanzipatorische Projektorganisation ein effizientes Einführungsverfahren behindert.

Das Hauptproblem auf Personalebene (siehe auch [57] ist, das erforderliche Personal für die Einführung von ADV-Systemen zu gewinnen. Man sollte nach Möglichkeit bei der Auswahl des Personals zwei Extreme vermeiden: Einerseits solches Verwaltungspersonal, das sich gegenüber Innovationen grundsätzlich ablehnend verhält und andererseits solche Hochschulabsolventen, die noch zu sehr in reinen Theorie-Diskussionen verhaftet sind. Ideal ist eine Gruppe mit aufgeschlossenen Verwaltungsbediensteten und nicht rein technisch orientierten ADV-Fachleuten mit Erfahrung.
Die Schulung des Personals betrifft einmal das mit Einführung und Betrieb befaßte ADV-Personal (Datentypistinnen, Organisatoren, System-Analytiker, Programmierer) und zum anderen das von der Einführung betroffene Fachpersonal des jeweiligen Sachgebietes (auch solche Personen, die die Leistungen des ADV-Systems verwerten,

[12] [42] sprechen vom „Delegierten der Geschäftsführung". Der Projektverantwortliche muß nicht ein Hochschulangehöriger sein. Jedoch spricht für einen Hochschulangehörigen als Projektleiter vor allem die Tatsache, daß er sich in der Hochschulverwaltung eher durchsetzen kann als ein Externer.

z. B. Mitglieder von Planungsgruppen). Das ADV-Personal wird funktionsspezifisch meistens auf ADV-Seminaren geschult, das Fachpersonal benötigt nicht die in die Tiefe gehende Schulung des ADV-Personals, jedoch ist die allgemeine und sachgebietsspezifische ADV-Schulung des Fachpersonals für eine erfolgreiche ADV-Einführung unabdingbar. Es empfiehlt sich, die Schulung für das Fachpersonal in drei Schulungsstufen zu gliedern:
- allgemeine Einführung in die ADV
- spezielle Einführung in das jeweilige Subsystem
- Unterweisung am Arbeitsplatz.

Die Schulung des vorhandenen oder neu einzustellenden Personals sollte durch sachgebiets- bzw. funktionsspezifische Handbücher und Arbeitshilfsmittel unterstützt werden. Beispiele für Handbücher sind: Systembeschreibung, Programmbeschreibung, Handbuch für die bürotechnischen Verfahren, für die Computerbedienung, für die Software, Lochanweisungen. Die jeweils betroffene Person kann dann sachgebiets- bzw. funktionsspezifisch in den für sie relevanten Handbüchern Details nachschlagen. Neben den Handbüchern können Arbeitshilfsmittel (z. B. Vordrucke, Schilder, Farben, Arbeitsanweisungen) zu einem störungsfreien Ablauf des eingeführten Systems beitragen, sie unterstützen die betroffene Person in der Arbeitsausführung [14, S. 167 f].

Die Schulung des Personals muß rechtzeitig, d. h. mit Beginn der Organisationsstufe ,,Realisierung" beginnen und muß ständig fortgesetzt werden [52, S. 107]. Schulung ist ein nie endender Prozeß, auch weil die Subsysteme fortwährend Änderungen unterliegen. Die ADV-Ausbildung hat im Bereich der Hochschulverwaltung und -politik aber gerade erst begonnen, der Ausbildungsstand ist sehr heterogen und überwiegend noch ziemlich niedrig. Der zu geringe Ausbildungsgrad des Hochschulpersonals wird zunächst eines der größten organisatorischen Hemmnisse beim Aufbau des Informationssystems für HVP bleiben.

Die Maschinen- und die Sachgebietsebenen sind in den Kapiteln 6 und 4 ausführlich dargestellt worden, so daß die Besonderheiten gegenüber dem allgemeinen Schema der Abb. 7–1 (wie z. B. kein eigenes Rechenzentrum für die HVP) nicht näher eingegangen werden soll. Die organisatorischen Maßnahmen auf der Raumebene beschränken sich im allgemeinen auf die Bereitstellung von Räumen für die zentrale DVO-Stelle und ggf. für die zentrale Datenerfassung. Ein zusätzlicher Raumbedarf ist dann gegeben, wenn für die HVP ein eigenes Rechenzentrum eingerichtet wird.

7.1.2.4 Kontaktstelle Rechenzentrum

Zur Erfüllung der Aufgaben von Systembetrieb und -pflege sollte als Verbindungsstelle eine ,,Kontaktstelle Rechenzentrum" eingerichtet werden. Sie hat einen störungsfreien ADV-Betrieb zu gewährleisten. Dieser kann insbesondere bei täglich zu fahrenden Subsystemen bzw. nach abgeschlossener Einführung mehrerer Subsysteme von den betroffenen Fachabteilungen oder vom Rechenzentrum nicht mehr garantiert werden. Die Kontaktstelle Rechenzentrum erfüllt somit Mittlerfunktionen; sie ist gleichsam die Datenschleuse zwischen den Fachabteilungen und dem Rechenzentrum. Diese Funktion geht über den physischen Transport von Belegen, ADV-Datenträgern und Ausdrucken hinaus: Sie umfaßt auch die Aufgaben des Systemmitarbeibeiters[13], die inhaltliche, sprachliche und physische Nach- und Vorbereitung von Daten.

Die Kontaktstelle Rechenzentrum besteht aus Organisatoren, sie umfaßt auch die o. g. Datentypistinnen- und Operator-Pools sowie die mit der Systempflege befaßten Personen, ggf. auch einen Programmiererpool (soweit dieser nicht der Einführungsgruppe zugeordnet wird).

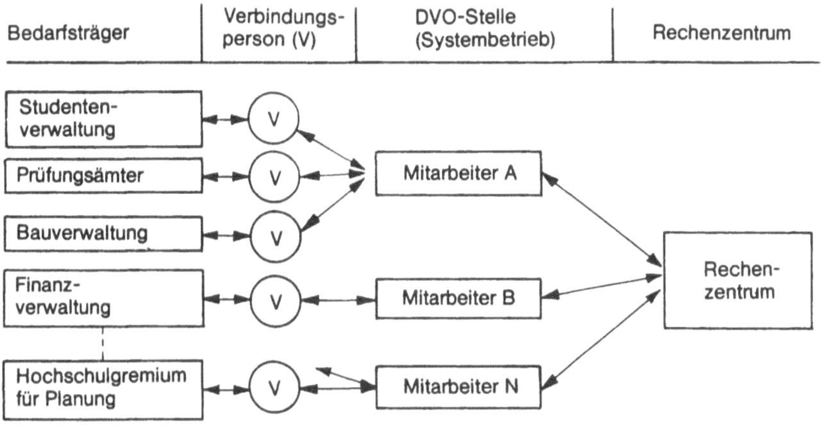

Abb. 7–6. ***Beziehungen zwischen Bedarfsträger, DVO-Stelle und Rechenzentrum***

Die Qualität des Systembetriebs hängt vor allem von dem Zusammenspiel der betroffenen Stellen ab, also von Abläufen von der Fachabteilung über die Kontaktstelle Rechenzentrum zum Rechenzentrum und wieder zurück (Abb. 7–6). Die Beziehungen zwischen der Kontaktstelle Rechenzentrum und der jeweiligen Fachabteilung sind am besten organisiert, wenn jede vom Informationssystem für HVP betroffene Fachabteilung eine Verbindungsperson zur Kontaktstelle Rechenzentrum benennt [5, S. 22]. Das bedeutet, daß diese Verbindungsperson mit nur einem Mitarbeiter der Kontaktstelle Rechenzentrum kommuniziert, denn die Mitarbeiter der Kontaktstelle Rechenzentrum sind im allgemeinen ihrerseits auf bestimmte Sachgebiete spezialisiert. Die Benennung von Verbindungspersonen hat den Vorteil, daß die Kontaktstelle Rechenzentrum und die jeweilige Fachabteilung nicht mit einer Vielzahl von Personen kommunizieren muß, sondern daß vielmehr der Datenverkehr konzentriert und gebündelt wird und so Störungen wie z. B. Mehrfach- oder Nichtunterrichtungen vermieden werden können.
Die Kontaktstelle Rechenzentrum benötigt im Rechenzentrum keine Verbindungspersonen, wenn die Mitarbeiter der Kontaktstelle Rechenzentrum Zugang zum Rechenzentrum haben. Es muß gewährleistet sein, daß für den Betrieb feste Rechenzei-

[13] Siehe Abschnitt 2.2. Durch die Tätigkeit der Systemmitarbeiter können Daten erst zu Nachrichten werden, und zwar durch die o. g. Nach- und Vorbereitungsarbeiten.

ten und darüber hinaus weitere Rechenzeiten für periodische Auswertungen und Tests bereitgestellt werden. Für den Fall eines Ausfalls der ADV-Anlage im Rechenzentrum muß eine Notorganisation die Durchführung der termingebundenen Arbeiten sicherstellen.

7.2 Organisatorische Voraussetzungen und Bedingungen auf überbetrieblicher Ebene

Bislang wurde das Informationssystem für HVP nur auf der Ebene der einzelnen Hochschule betrachtet. Auswertungen über den Gegenstand der HVP von anderen Bedarfsträgern als der einzelnen Hochschule selbst erfordert eine Gleichnamigkeit in den Informationssystemen der einzelnen Hochschulen. Neben diesem horizontalen Aspekt ist auf die Beziehungen des Informationssystems für HVP zu den über- und nebengeordneten Informationssystemen der Öffentlichen Verwaltung einzugehen.

7.2.1 Hochschulebene

Die Informationsbedarfsträger auf Landes-, Bundes- und gegebenenfalls auf internationaler Ebene benötigen Daten aus möglichst allen Hochschulen. Als wichtigste Voraussetzungen und Bedingungen eines Informationssystems für HVP auf horizontaler Ebene sind

- begriffliche Kompatibilität der Informationssysteme der einzelnen Hochschulen
- überbetriebliche Auswertung der Daten- und Methodenbanken der einzelnen Hochschulen

zu nennen.

Eine überbetriebliche Auswertung der Daten- und Methodenbanken ist erst dann sinnvoll, wenn Tatbestände in den Informationssystemen aller Hochschulen gleichnamig sind, d. h. gleich definiert werden. Nur wenn z. B. ein einheitlicher Begriff[14] für „Fachbereich" in allen Informationssystemen dieser Hochschulen verwendet wird, sind sinnvolle Aggregationen wie z. B. die Ausgaben oder die Studentenzahlen oder die Dozentenzahlen im Fachbereich Informatik an allen Hochschulen der Bundesrepublik überhaupt möglich. Die beiden zentralen Begriffe, für die ein Informationsbedarf nach (aggregierten) Daten besteht, sind Instanz (z. B. Lehrstuhl in einem Fachbereich) und Studiengang.

Der theoretisch ideale Fall wäre eine gleiche Schlüsselausprägung für den gleichen Sachverhalt an allen Hochschulen, dann hätte z. B. der Fachbereich Informatik an allen Hochschulen, an denen er vertreten ist, beispielsweise die Nummer 2305. Dieser

[14] „Begriff" bezieht sich im Gegensatz zu „Bezeichnung" (als Etikett für Begriffe) auf den logischen Inhalt, der durch den Begriff gekennzeichnet wird.

Fall erscheint angesichts der unterschiedlichen Strukturen an den Hochschulen utopisch. Außerdem werden diese Strukturen im Rahmen der Hochschulselbstverwaltung autonom bestimmt, so daß eine Festlegung von Schlüsselausprägungen, wie z. B. bei den sogenannten Festtiteln in der neuen Haushaltssystematik [38, S. 6 f], nicht möglich ist. Daher muß gewährleistet sein, daß die hochschulspezifischen Schlüssel sich den überbetrieblichen Schlüsseln zuordnen lassen. Dafür sind vor allem zwei Möglichkeiten zu nennen:

- Index, d. h. Zuordnung des/der hochschulspezifischen Schlüssel zu den überbetrieblichen Schlüsseln
- Mitführen des überbetrieblichen Schlüssels im jeweiligen Datensatz, so daß bei Auswertung die Datei nach überbetrieblichen Schlüsseln abgefragt werden kann.

Die überbetriebliche Auswertung von Daten der HVP obliegt gemäß § 18 des Hochschulstatistikgesetzes dem Statistischen Bundesamt. Das Gesetz verpflichtet das Statistische Bundesamt, die bei ihm gespeicherten Daten den Statistischen Landesämtern und den übrigen interessierten Stellen zur Verfügung zu stellen[15]. Das setzt voraus, daß das Statistische Bundesamt die entsprechenden Daten von den Hochschulen erhält und daß das Statistische Bundesamt diese Daten aller Hochschulen sinnvoll auswerten kann. Die Daten können periodisch durch Ausfüllen von Erhebungsformularen durch die Auskunftspflichtigen erhoben oder als Beiprodukt automatisierter Verwaltungsvorgänge bereitgestellt werden.

Die von HIS vorgefertigten Operations- und einige andere Programme enthalten Statistikmodule, so daß die Daten für die Statistischen Landesämter bereitgestellt werden können – soweit diese Subsysteme an den Hochschulen bereits eingeführt worden sind. Das Statistische Bundesamt kann die vom Hochschulstatistikgesetz genannten Aufgaben um so schneller erfüllen, je eher an allen Hochschulen Subsysteme mit Statistikmodulen eingeführt worden sind.

Die Aufstellung eines Aufbereitungs- und Erhebungsprogramms gemäß § 20 und 21 des Hochschulstatistikgesetzes ist mit unerwarteten Schwierigkeiten verbunden [48], so daß sich der Aufbau der Datenbank beim Statistischen Bundesamt weiter verzögern wird.

7.2.2 Über- und nebengeordnete Ebenen

Angesichts der Entwicklung von Informationssystemen in vielen Teilen der Gesellschaft ist das Informationssystem für HVP auch in seiner Beziehung zu über- oder nebengeordneten Informationssystemen zu betrachten. Ähnlich wie eine Kompatibilität auf Hochschulebene erreicht werden muß, sollte eine Koordination zwischen den relevanten über- und nebengeordneten Informationssystemen angestrebt werden. Abb. 7–7 stellt eine denkbare Gliederung von Informationssystemen in mehreren institutionalen und funktionalen Ebenen vor.

Auf allen Ebenen ist zwischen Informationssystemen zur Automatisierung von unmittelbaren Aufgaben und mittelbaren Aufgaben[16] (z. B. Verwaltung) zu unterscheiden. Beispielsweise umfaßt das Informationssystem für HVP die Hochschul-

[15] Zum Hochschulstatistikgesetz siehe die beiden letzten Absätze des Abschnitts 1.3.2.2.

[16] Unmittelbare Aufgaben dienen direkt dem Zweck einer Institution, mittelbare dagegen nur als Voraussetzung zu Erfüllung der unmittelbaren Aufgaben (vgl. Kapitel 1, Fußnote 9).

verwaltung und -politik, nicht aber die Automatisierung von Lehr- und Lernprozessen (z. B. Computer-Aided-Instruction) und von Forschungsprozessen. Es umfaßt jedoch die Daten über Lehre/Studium (z. B. Lehrveranstaltungsdatei) und über Forschung (z. B. Forschungsprojektdatei), weil Lehre und Forschung (und externe Dienste) Gegenstand der Hochschulverwaltung und -politik sind.
Im Bereich der Öffentlichen Verwaltung werden auf allen Ebenen Informationssysteme geplant, teilweise bereits betrieben [20; 45; 53]. Angesichts der nicht immer vorhandenen Transparenz[17] beschränken wir uns auf einige Bemerkungen. Nach unserem Überblick werden (Teil-)Informationssysteme vor allem im Bereich der Kommunalverwaltungen [1; 35; 36; 46; 47] und Sozialversicherungsträger [50] betrieben. Es gibt Konzepte und abgeschlossene Teileinführungen für Bundes- und Landesverwaltung [2; 10; 19], wo ebenfalls die Automatisierung des Finanzwesens am weitesten vorangeschritten ist. Die Automatisierung der Finanzverwaltung, bei der gleichzeitig eine Kassenkonzentration realisiert werden soll [15; 44], setzt Bedingungen für die Automatisierung des Finanzwesens der Hochschulen als Datenbedarf und -formate [33; 38, S. 11 ff].
Auch im Bereich der Krankenanstalten macht der Einsatz der ADV große Fortschritte [11; 28; 37], unabhängig davon, ob Kommunen, Land oder private Organisationen Träger dieser Krankenanstalten sind. Das Schwergewicht liegt auch hier auf der Automatisierung der Verwaltungsabläufe.
Aus dem Bildungsbereich, für den im Auftrag des Bundesministers für Bildung und Wissenschaft ein Zielsystem für die Förderung von Datenverarbeitung im Bildungswesen [21] erarbeitet wurde, sind vor allem zu nennen

- Informationssystem für Hochschulverwaltung und -politik, wie sie von der HIS GmbH konzipiert wurden; mehrere Subsysteme sind bereits in Betrieb [24]
- Informationssysteme der Schulverwaltung [30; 31; 51].
- Informationssysteme für Computer im Unterricht [16].

Aus der Beziehung des Informationssystems für HVP zu über- und nebengeordneten Informationssystems für HVP zu über- und nebengeordneten Informationssystemen erwachsen neben den Bedingungen im Finanzwesen weitere Bedingungen wie z. B. eine Kompatibilität zur Amtlichen Statistik, insbesondere zum Statistischen Bundesamt, die Beachtung des allgemeinen Datenerhebungskatalogs für die Dokumentationsstellen beim Aufbau von Fachinformationssystemen nach dem Förderungsprogramm „Information und Dokumentation".
Die verschiedenen Ebenen (Abb. 7–7) beziehen sich vorwiegend auf Informationssysteme für mittelbare Aufgaben, denn hier stellt sich das Problem einer Abstimmung zwischen den verschiedenen Informationssystemen am nachhaltigsten. Mehrere Informationssysteme auf unterschiedlicher oder gleicher Ebene führen Daten über die gleichen Sachverhalte z. B. wird der Student einer Hochschule mit seinen Stammdaten gleichzeitig in der Einwohnerdatei einer Gemeinde und in der Studentendatei

[17] „Symptomatisch für den Status der Automation in der Öffentlichen Verwaltung als Angelegenheit vor allem der Praxis ist die Schwierigkeit, sich aus allgemein zugänglichen Quellen darüber zureichende Informationen zu verschaffen. . . Die Automation ist zunächst ein Internum jedes Verwaltungsträgers und wird als solches behandelt. Auf diese Weise ergibt sich allerdings keine Gesamtsicht, keine übergreifende Perspektive" [17, S. 93].

einer Hochschule geführt, werden Daten über ein Kraftfahrzeug sowohl von Gemeinden (Zulassung) als auch von Finanzämtern (Kraftfahrzeugsteuer) geführt. Die historisch gewachsenen Kompetenzabgrenzungen zwischen Kommunen, Ländern und Bund und innerhalb dieser drei Bereiche erschweren eine Datenintegration.[18]. Ideal

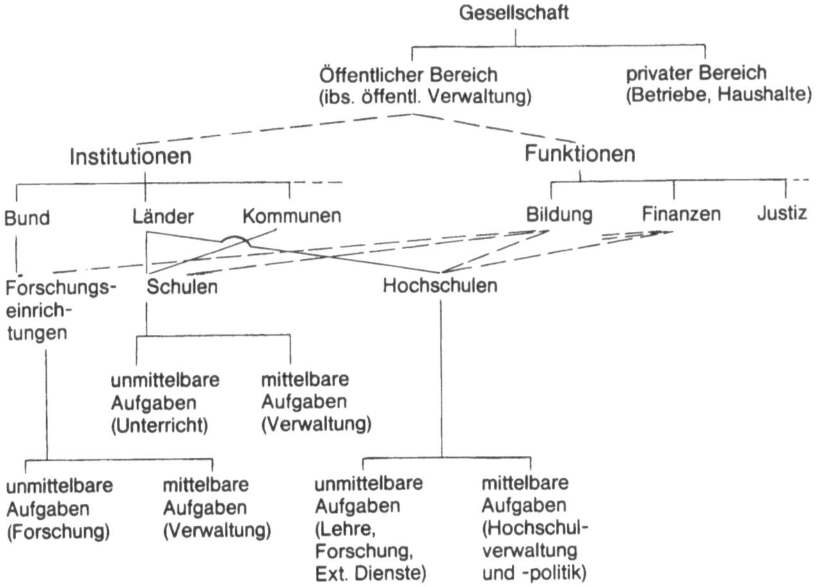

Abb. 7–7. *Ebenen von Informationssystemen in der öffentlichen Verwaltung*

wäre eine Integration der von mehreren Informationssystemen geführten Daten und/oder die Möglichkeit der Kommunikation zwischen einzelnen Informationssystemen in Form der Maschine-Maschine-Kommunikation. Ebenso wie in einem einzelnen Betrieb sollte es auch auf der Ebene der Gesellschaft keine „Insellösungen" geben – nur dürfte eine Integration auf der Ebene der Gesellschaft kaum möglich sein. Dies kann – wenn überhaupt – nur nach und nach erreicht werden. Man wird auf den bereits verwirklichten oder geplanten Informationssystemen aufbauen und diese koordinieren müssen, denn angesichts der bereits geleisteten Entwicklungsarbeiten erscheint ein Vorgehen „von oben nach unten" nicht erfolgversprechend.

Ein Denkmodell eines globalen Informationssystems wurde in einer Studie der Interministeriellen Arbeitsgruppe beim Bundesminister des Inneren erarbeitet [25]. Diese Studie gibt „Vorschläge für die Planung und den Aufbau eines allgemeinen arbeitsteiligen Informationsbankensystems für die Bundesrepublik Deutschland". Dieses Informationsbankensystem soll alle Wissensgebiete und Lebensbereiche umfassen und

[18] Zu Überschneidungen dieser Art siehe das Schema [25, S. 27]; [39, S. 335] geben ein graphisches Beispiel für die Beziehungen zwischen Informationssystemen aus dem Bereich der öffentlichen Verwaltung. Einen Überblick über die ADV-Organisationsgesetze und die Vereinbarungen der Bundesländer gibt [3].

soll Daten aus der Öffentlichen Verwaltung, der Wirtschaft, Wissenschaft und Technik bereitstellen.
Dieses Informationsbankensystem soll aus
- Fachinformationsbanken
- Stellen für den Zugang zu den Informationen und
- einer Dachorganisation als grundlegenden Elementen bestehen.

Das Konzept sieht ,,Bereichsbanken" als kleinste Einheit vor, das sind Stellen, die bereits eine Datenbank betreiben. Mehrere, nach fachlichen und regionalen Gesichtspunkten zusammenzufassende Bereichsbanken bilden eine ,,Fachinformationsbank". Jede Fachinformationsbank soll eine Leitstelle für Koordinierungsaufgaben haben. Die Fachinformationsbanken bilden dann das arbeitsteilige Informationsbankensystem.

Den Zugang zu den gespeicherten Informationen soll ein Netz von Informations-Vermittlungsstellen, und zwar allgemeine und benutzereigene Stellen gewährleisten. Die Autoren dieser weit gefaßten Untersuchung glauben, daß man 10 bis 20 Jahre benötige, bis eine ,,annähernde Vollständigkeit des Systems erreicht ist".

Die Ergebnisse dieser Studie sind aufgrund neuerer Überlegungen und Gegebenheiten offenbar nicht ganz realisierbar, die Diskussion darüber ist noch nicht endgültig abgeschlossen, die Beratung des zuständigen Kabinettsausschusses steht noch aus. Auf jeden Fall dient die Studie als Denkmodell für weitere Planungen. Das sind vor allem:
- das Bundesförderungsprogramm ,,Information und Dokumentation"
- das ,,Bundesinformationssystem" (Bundesdatenbank).

Das Förderungsprogramm ,,Information und Dokumentation" der Bundesregierung" [9] ist mit dem 2. DV-Programm der Bundesregierung [8] abgestimmt. Das erstgenannte Förderungsprogramm sieht nach dem derzeitigen Stand der Überlegungen zwei Schwerpunkte vor:
- Aufbau von ca. 15 Fachinformationssystemen
- Förderung der Infrastruktur (Forschung und Entwicklung; Ausbildung und Fortbildung; Standardisierung; Service, also Technisierung des Informationswesens).

Die Bundesregierung hält eine Bereitstellung der erforderlichen wissenschaftlichen und technischen Informationsdienstleistungen nur dann für möglich, wenn auf der Grundlage der zahlreichen und kaum koordinierten Dokumentationsaktivitäten etwa 15 leistungsfähige Fachinformationssysteme gebildet werden. Dabei strebt man folgende Sachbereichsgliederung an:

1. Gesundheitswesen, Medizin, Biologie
2. Ernährung, Land- und Forstwirtschaft
3. Chemie
4. Mathematik, Physik, Elektrotechnik, Maschinenbau
5. Hüttenkunde, Werkstoffe, Metallbe- und -verarbeitung
6. Geowissenschaften und Rohstoffgewinnung
7. Verkehr
8. Bauwesen, Raumordnung, Städtebau
10. Wirtschaft
11. Recht

12. Bildung
13. Sozialwissenschaften
14. Geisteswissenschaften
15. Internationale Entwicklung (Länderforschung und Entwicklungspolitik)

Diese Fachinformationssysteme dienen vor allem der Dokumentation. Neben dem Betrieb einer Datenbank haben sie zentral weitere Dienstleistungen zu erbringen: ibs. Recherchen und periodische Informationen über einschlägige Literatur und Daten; Informationsanalyse, Herausgabe oder fachliche Mitarbeit bei Nachschlagewerken, Fortschrittsberichten usw.; übersichtliche und allgemein verständliche Informationsbereitstellung für Massenmedien und Bürger; Dokumentation von Forschungsprojekten; Literaturversorgung (subsidiär).

Die Fachinformationssysteme müssen – um diese Leistungen erbringen zu können – auch vorbereitende und begleitende Aufgaben wahrnehmen wie Informationsbedarfsanalysen; Erfassung, inhaltliche Erschließung und Speicherung von Dokumenten und Daten; Forschung und Entwicklung; Schulung.

Zur Institutionalisierung der Fachinformationssysteme sollen als Kern organisatorisch selbständige Fachinformationszentren geschaffen werden. Diese Zentren haben neben Planungs- und Kontroll- auch Koordinierungsaufgaben, weil es nicht zweckmäßig erscheint, bereits bestehende und für den Aubau von Fachinformationssystemen wichtige Dokumentationsstellen von ihren derzeitigen Trägern herauszulösen.

Für die in den Bereich des Bundesministeriums für Forschung und Technologie fallenden acht Fachinformationssysteme wurde mit den Planungsarbeiten begonnen. Im Bereich der Infrastruktur soll eine „Gesellschaft für die Information und Dokumentation" gegründet werden, die im wesentlichen bereits bestehende Organisationen in diesem Bereich zusammenfassen soll.

Das Bundesinformationssystem,[19] das im Bundesministerium des Inneren ausgearbeitet wird, soll neben der Organisation des Datenaustausches und der Vermeidung von Mehrfacherfassungen von Daten einheitliche Kompatibilitätsrichtlinien für den in fast allen Ressortbereichen erfolgenden Aufbau von Datenbanken, Dokumentationssystemen, Verwaltungs- und Planungsinformationssystemen gewährleisten. Ziele sind

- die Schaffung eines Informationsverbunds, in dem alle Verwaltungsebenen im Bund zusammenarbeiten, auch Länder und Gemeinden sollen einbezogen werden
- die bessere Nutzung der amtlichen Statistik durch ein umfassendes statistisches Informationssystem.
- die weitgehende Reformierung und Automatisierung der Schriftgutverwaltung und des behördlichen Bibliothekswesens,
- der zentrale Nachweis aller im öffentlichen Bereich existierenden und entstehenden Dateien, Datenbanken und Informationssysteme.

Ein möglicher Datenmißbrauch soll auch dadurch ausgeschaltet werden, daß das System gemeinsam von Regierung und Parlament als ein objektives, neutrales Dienstleistungsinstrument aufgebaut und betrieben wird.

[19] Zum Konzept eines Bundesinformationssystems wurde ein Gutachten [2a] vorgelegt, das noch nicht veröffentlicht wurde. Die obigen Ausführungen wurden aus [41] übernommen.

Literatur

[1] Angermann, A., E. Mundhenke u. G. Widdel: Integrierte elektronische Datenverarbeitung in der Kommunalverwaltung, Gutachten für die Stadt Frankfurt/M., Göttingen 1966

[2] Angermann, A., W. G. Crusen u. W. Schmidt: Analyse zum Datenvolumen und Datenverkehr. In: Beiträge zur integrierten Datenverarbeitung in der Öffentlichen Verwaltung Bayerns, Heft 2. München 1970.

[2a] Angermann, A., G. Beuermann, W. G. Crusen, W. Schmidt u. R. Thome: Das Bundesinformationssystem; Studie zum Aufbau eines Informationssystems für Bundesregierung, -verwaltung und Parlament (noch unveröffentlichtes Manuskript) Heidelberg Juni 1973.

[3] von Berg, M.: Datenverbund in der Öffentlichen Verwaltung. Referat auf der BIFOA-Tagung „Informationszentren in Wirtschaft und Verwaltung" am 17./18. 9. 73 in Köln.

[4] Bessai, B.: Der Aufbau einer Informationsbank, insbesondere einer Datenbank als Voraussetzung für die Lösung von Managementproblemen im Hochschulbereich. In: Saarbrückener Studien zur Hochschulentwicklung, hrsg. von H. J. Schuster, Band 15. Saarbrücken 1972.

[5] –: Organisatorische, bewußtseinsmäßige, rechtliche und ressourcenmäßige Voraussetzungen für ein Hochschul-Informationssystem (unveröff. Manuskript, Saarbrücken, März 1973).

[6] Blumenthal, S. C.: Management Information Systems. A Framework for Planning and Development. Englewood Cliffs/New Yersey 1969.

[7] Bundesminister der Justiz (Hrs.): Das Juristische Informationssystem – Analyse, Planung, Vorschläge. Bericht der Projektgruppe BMJ/GMD/CEIR. Bonn 1972.

[8] Bundesminister für Bildung und Wissenschaft: 2. Datenverarbeitungsprogramm der Bundesregierung, Bonn 1973.

[9] Bundesminister für Forschung und Technologie: Förderungsprogramm „Information und Dokumentation der Bundesregierung", (erscheint noch 1974)

[10] Bundesregierung, Stand der Automation in der Bundesverwaltung, Bericht vom 7. 4. 1970, Bundestagsdrucksache VI/648.

[11] Chorafas, D. N.: Computer in der Medizin. Berlin, New York 1972 (IS-Informations-Systeme, hrsg. von S. Dworatschek.)

[12] –: Analysis and Design of Information Systems. (Seminarunterlage) Zürich 1970.

[13] Cosgrove: Needed: A New Planning Framework. Datamation Dez. 1971. S. 37 ff.

[14] Daniels, R., D. Yeates u. K. F. Erbach: Grundlagen der Systemanalyse. Köln 1971.

[15] Deutsche Revisions- und Treuhand-Aktiengesellschaft: Grundkonzeption für das Haushalts-, Kassen- und Rechnungswesen des Bundes bei Einsatz von automatisierter Datenverarbeitung (mit mehreren Anhängen). Frankfurt 1971.

[16] FEOLL: Beschreibung und Analyse des Forschungsprogramms des Forschungs- und Entwicklungszentrums for objektivierte Lehr- und Lernverfahren GmbH. Paderborn 1973.

[17] Fiedler, H.: Theorie und Praxis der Automation in der Öffentlichen Verwaltung. In: Öffentliche Verwaltung und Datenverarbeitung 3/1971, S. 92 ff.

[18] Futh, H.: Organisationshandbuch der DV-Abteilung. Köln 1972.

[19] Goller, F. u. A. Trageser: Das KI-System. Automatisierte Kommunikation und Information in Politik und Verwaltung. Stuttgart 1972.

[20] Göttlinger, F.: EDV-Planung in der Öffentlichen Verwaltung. Berlin, New York 1972.

[21] Haefner, K. (Redaktion): Zielsystem für die Förderung im Bereich Datenverarbeitung im Bildungswesen, hrsg. vom Bundesminister für Bildung und Wissenschaft als Forschungsbericht DV 7205, o. O., Sept. 1972.

[22] Heany, D. F.: Developing of Information Systems. New York 1968.
[23] HIS (Hrsg.): Übersichten über Organe und Institutionen der Hochschulen, die sich mit Planung und Organisation befassen. HIS-Kurzinformationen, Sonderausgabe vom 8. 1. 1973.
[24] –: Jahresbericht 1972/73. Hannover 1973.
[25] Interministerielle Arbeitsgruppe beim Bundesministerium des Inneren; Das Informationsbankensystem – Vorschläge für die Planung und den Aufbau eines allgemeinen arbeitsteiligen Informationsbankensystems für die Bundesrepublik Deutschland. (3 Bände: Bericht, Materialband und Auswahlbibliographie mit Annotationen). Köln, Berlin, Bonn, München 1971.
[26] Ivarson, S. I.: Program Budgeting in Sweden. Experiments, Experiences Effects. Stockholm 1970.
[27] Kalscheuer, H. D. u. P. J. Gsell: Integrierte Datenverarbeitungssysteme für die Unternehmensführung, 3. verb. und erw. Aufl. Berlin, New York 1972.
[28] Köhler, C. O.: Integriertes Krankenhaus-Informationssystem – Bestandsaufnahme und Modellvorstellungen. Meisenheim/Glan 1973. (Beiträge zur Datenverarbeitung Unternehmensforschung, hrsg. von A. Angermann, Bd. 5).
[29] Koreimann, D. S.: Methoden und Organisation von Management-Informations-Systemen. Berlin 1971. (IS-Informations-Systeme, hrsg. von S. Dworatschek).
[30] Krommweh, B. u. a.: Datenverarbeitung im Schulwesen (RSD). Köln 1970. (Schriften zur neuen Unterrichtspraxis 3).
[31] Kultusministerium Nordrhein-Westfalen: EDV in der Schulverwaltung. Einführung eines Systems von Schulverwaltungsdateien. Wuppertal 1970.
[32] Lüth, G.: Orgware: Ein System für Analyse und Organisation. In: Output Nr. 5/1973, S. 48 ff.
[33] Maaß, W. u. G. Niehus: Das System DATAPORT – ein Organisationssystem für die Datenerfassung, Datenfernübertragung und Datenvermittlung. ADL-Nachrichten 70/71, S. 10 ff.
[35] Meincke, E.: Integrierte Datenverarbeitung in der Öffentlichen Verwaltung unter besonderer Berücksichtigung der Kommunalverwaltung. Stuttgart, Berlin, Köln, Mainz 1970. (Veröffentlichungen der Kommunalen Gemeinschaftsstelle für Verwaltungsvereinfachung (KGSt).
[36] Mundhenke, E.: Automatisierung der Datenverarbeitung in der Kommunalverwaltung. Betriebswirtschaftliche Forschung und Praxis 20/1968, Seite 706 ff.
[37] –: Elektronische Datenverarbeitung der Krankenhausverwaltung, Zeitschrift für Datenverarbeitung 7/1969, S. 391 ff.
[38] –: Haushaltswesen der Hochschulen, HIS-Brief 17. Hannover 1971.
[39] Mundhenke, E., R. v. Lützau u. H. M. Sneed: Aufbau eines Informationssystems für Hochschulen, Zeitschrift für Datenverarbeitung 8/1970, S. 172 ff, 262 ff und 331 ff.
[40] Ortner, G. E.: Optimierungskriterien in der Organisation der betrieblichen Datenverarbeitung. Berlin, New York 1971. (Kommerzielle Datenverarbeitung, hrsg. von A. Schulz).
[41] o. V.: Bericht über die Bundesdatenbank. In: Wissenschaft, Wirtschaft, Politik, hrsg. vom Deutschen Forschungsdienst Bonn – Bad Godesberg, 3/Nr. 29 vom 20. 7. 73, S. 7.
[42] Parisini, E. u. O. Wächter: Organisationshandbuch für die Einführung von ADV-Systemen; Systemplanung, Systemanalyse, Systemeinführung. Berlin 1971. 2. Aufl. Berlin, New York 1974.
[43] Rosove, P. E.: Developing Computer-Based Information Systems. New York, Sidney, London 1967.
[44] Roth, W.: Neuordnung des Kassen- und Rechnungswesen des Bundes (unveröff. Manuskript), Bonn 1971.
[45] Ruckriegel, W.: Quo vadis, ADV? Wo stehen wir und wohin gehen wir in der Datenverarbeitung. In: Öffentliche Verwaltung und Datenverarbeitung 1/1973, S. 3 ff.
[46] Stadtverwaltung Augsburg: Integrierte Verfahren im Finanzwesen. Ausgaben. Augsburg o. J.

[47] Stadtverwaltung Duisburg: Handbuch zum Aufbau eines Informationssystems in der Stadtverwaltung Duisburg, Duisburg 1972.
[48] Statistisches Bundesamt (Hrs.): Entwurf des Berichts nach § 21 (2) Hochschulstatistikgesetz an die gesetzgebenden Körperschaften. o. O. 1973.
[49] Steinmüller, W.: EDV und Recht. Einführung in die Rechtsinformatik. Berlin 1970.
[50] Verband Deutscher Rentenversicherungsträger (Hrs.: Integrierte Datenverarbeitung in der Rentenversicherung. Schriften zur Fortbildung, Hefte 6, 16, und 19, Frankfurt 1970 1973 und 1974.
[51] Wachsmann, T.: Schul-Informationssysteme. In: Schulmanagement 1/1971 S. 21 ff.
[52] Wahl, M.: Grundlagen eines Management-Informationssystems. Neuwied/Berlin 1969.
[53] Walter, H. R. u. R. A. Fischer: Informationssysteme in Wirtschaft und Verwaltung. Berlin 1971.
[54] Widdel. G.: Datenverarbeitung im kommunalen Einwohnerwesen. Integrationsmodelle für den Einsatz elektronischer Rechenanlagen. Königswinter 1967.
[55] -: ORGWARE-Systeme zur rationellen Organisation der EDV. Industrielle Organisation 42 (1973) Nr. 42, S. 477 ff.
[56] Zielinsky, D.: Das Juristische Informationssystem. In: Datenverarbeitung im Recht, Band 2 Heft 1. Berlin 1973, S. 36 ff.
[57] Zwicker, E.: Personelle Organisation in der elektronischen Datenverarbeitung 2. Aufl. Berlin 1970. (Kommerzielle Datenverarbeitung, hrsg. von A. Schulz).

III Praxis der Automatisierung in der Hochschulverwaltung und -politik

8. Bundesrepublik Deutschland und West-Berlin

8.1 Stand der ADV an den „Wissenschaftlichen Hochschulen" in der BRD und West-Berlin

Der Stand der ADV ist vor allem dadurch gekennzeichnet, inwieweit die technischen und organisatorischen (ibs. personale) Voraussetzungen und Bedingungen (Kapitel 6 und 7) erfüllt werden und welche Sachgebiete bereits automatisiert worden sind. Die Darlegungen zum Stand der ADV beschränken sich auf die sog. Wissenschaftlichen Hochschulen (Hochschule mit „Universitätsrang"), vor allem weil an den anderen Hochschulen kaum Computer für HVP eingesetzt werden. Der eigenständige Klinikbereich wurde wegen seiner Besonderheiten nicht in die Darlegungen einbezogen.

8.1.1 Hardware und Systemsoftware

Abb. 8–1 informiert über die Hardware- und Systemsoftwareausstattung derjenigen 42 von 63 Hochschulen, die Aufgaben der Hochschulverwaltung und -politik in nennenswertem Umfang auf ADV übernommen haben. Sie wurde aufgrund von Umfragen und Schriftstücken (auch von der HIS GmbH, die eine ausführliche Übersicht vorbereitet) zusammengestellt und beschränkt sich auf die wesentlichsten Merkmale: Detail-Fakten wie z. B. Güte von Compilern können durch Umfragen ohnehin nicht mit ausreichender Genauigkeit von allen Hochschulen erhoben werden[1].

Außer den in Abb. 8–1 genannten DV-Anlagen (Stand: 1. 1. 74) existieren an vielen Hochschulen noch weitere Rechner, die jedoch nicht für Aufgaben aus dem Bereich der HVP vorgesehen sind. Dazu gehören auch Prozeßrechner z. B. an den Universitäten Erlangen-Nürnberg, Tübingen.

Zum Stand der technischen Ausstattung ergeben sich aus Abb. 8–1 folgende Erkenntnisse[2].

1. Fast alle großen Computer-Hersteller sind im Bereich der HVP vertreten: 8 Hersteller mit über 30 Modellen (am häufigsten: IBM 370 (9mal), Siemens 4004 (7mal), TR 440 und IBM 360 (je 5mal)). Es gibt also keine Hardware-Kompatibilität.
2. Keine der symbolischen Programmiersprachen wird von allen DV-Anlagen verstanden. Obwohl für die meisten Probleme der HVP COBOL die geeignete Sprache ist (vgl. 6.2.2) wird FORTRAN noch sehr häufig verwendet, weil FORTRAN die an den Hochschulrechenzentren am weitesten verbreitete und damit am besten

[1] Daher wurde auch auf eine Fragebogenaktion zur Erhebung der Merkmale der Abb. 8–1 verzichtet.
Übersichten zum Computereinsatz in der Hochschule, insbesondere der Hochschulverwaltung, sind seit 1970 vorgelegt worden [19; 23; 5; insbesondere 1; 2].

[2] Sie bestätigen weitgehend die detaillierten Ergebnisse von [1; 2]; Ziffer 5) wurde daraus übernommen.

Wissenschaftliche Hochschulen	Studenten WS 72/73[2]	Rechnermodell	Kernspeicher		Externspeicher[3]		Compiler			
			Kapazität (in K)	Bits pro Einheit	mit Direkt-zugriff	Band-einheiten	COBOL	FORTRAN	ALGOL	PL 1
1 TH Aachen	16.150	CD 6400	96 KW	60	1	7	X	X	X	
		CD 1700	32 KW	16	1	2				
2 U Augsburg	1.930	IBM 370/158[4]	512 KB	8	6	8	X	X		X
3 FU Berlin	22.380	S 4004/151[4]	512 KB	8	6	2	X	X		
4 TU Berlin	15.000	CD 6500	96 KW	60	4	6	X	X	X	
5 U Bielefeld	1.680	S 4004/45	256 KB	8	8	4	X	X	X	
6 U Bochum	15.700	TR 440	256 KW	48	1	6	X	X	X	
		TR 86 S	64 KW	24						
		S 3003	64 KW	24	–	6	X		X	
7 U Bonn	20.440	IBM 370/168[4]	3000 KB	8	8	8	X	X		X
8 TU Braunschweig	6.600	ICL 1907	96 KW	24	3	4	X	X	X	
		ICL 1906 S	128 KW	24	4	4	X	X	X	
9 U Bremen	1.350	CII IRIS 80	128 KW	32	6	3	X	X	X	
10 TU Clausthal	1.900	TR 4	32 KW	48	1	4	X	X	X	
11 TH Darmstadt	8.540	IBM 370/168	2048 KB	8	12	6	X	X	X	X
12 U Dortmund	1.320	IBM 370/158	1024 KB	8	3	3	X	X	X	X
13 U Düsseldorf	3.170	S 4004/45	256 KB	8	4	4	X	X	X	
14 U Erlangen-Nürnberg	11.700	CD 3300	128 KW	24	4	7	X	X	X	

Abb. 8–1. *Übersicht zum Stand der Hardware und Systemsoftware an den Hochschulen der BRD*[1]

[1] Abb. 8–1 wurde vor allem nach im 2. Quartal 1974 erhaltenen Angaben der Hochschulen zusammengestellt. Sie enthält alle Hochschulen, die entweder eine eigene DV-Anlage haben oder bereits mit Rechenzentren der öffentlichen Hand bzw. untereinander kooperieren (siehe Fußnote 4). Dadurch reduzierte sich die Zahl der wissenschaftlichen Hochschulen von 63 (vgl. Abb. 1–10) auf 42. Bei den 21 nicht aufgeführten Hochschulen handelt es sich mit Ausnahme der fünf Gesamthochschulen in Nordrhein-Westfalen um Hochschulen mit unter 1000 Studenten, meistens sind es Philosophisch-Theologische oder Kirchliche Hochschulen. Die fünf Gesamthochschulen Duisburg (3390 Studenten), Essen (6000 Studenten), Paderborn (4290 Studenten), Siegen (4570 Studenten) und Wuppertal (3540 Studenten) behelfen sich derzeit mit gemieteten Rechenzeiten, sie sollen in Zukunft an Gebietsrechenzentren (z. B. Siegen an Bonn) angeschlossen werden.

[2] nach [4 a, S. 68 ff.].

[3] Wegen der unterschiedlichsten Größen der verwendeten Speichereinheiten wurde auf eine Differenzierung nach Speichervolumen verzichtet. Mehrere Hochschulen setzen Großraumplatten unterschiedlicher Größe ein wie z. B. TH Aachen, GHS Kassel, U und TU München.

[4] Beispiele für eine Kooperation mit einem Rechenzentrum oder mehrerer Hochschulen untereinander sind: U Augsburg, U und TU München – Bayrisches Landesamt für Datenverarbeitung in München; U Bonn – Regionales Rechenzentrum an der Universität Bonn; U Hamburg – Datenverarbeitungszentrum der Hamburger Finanzbehörde; U Hannover – Regionales Rechenzentrum des Landes Niedersachsen (CYBER 76 und 73) und Rechenzentrum des Landesversor-

gewartete Sprache ist. Jedoch nimmt auch durch die zunehmende Einführung von HIS-Systemen bedingt – COBOL an Bedeutung ständig zu. Die vorhandenen COBOL-Compiler sind jedoch nicht alle ausgetestet, sie sind auch nicht innerhalb einer Rechnerfamilie kompatibel. Es gibt also keine Systemsoftware-Kompatibilität.[3]

[3] Eine Kompatibilitätsumfrage [9] ergab, daß Kompatibilitätsprobleme überwiegend bei der Software auftreten. (Siehe auch Kapitel 6, Fußnote 14)

Wissenschaftliche Hochschulen	Studenten WS 72/73[2]	Rechnermodell	Kernspeicher: Kapazität (in K)	Kernspeicher: Bits pro Einheit	Externspeicher[3]: mit Direktzugriff	Externspeicher[3]: Bandeinheiten	Compiler: COBOL	Compiler: FORTRAN	Compiler: ALGOL	Compiler: PL 1
15 U Frankfurt	19.420	IBM 360/25	48 KB	8	3	4	X	X	X	X
		UNIVAC 1108	256 KW	36	10	8	X	X	X	
		UNIVAC 9300	16 KB	8						
16 U Freiburg	14.410	UNIVAC 1106	196 KW	36	12	4	X	X	X	
17 U Gießen	11.500	CD 3300	112 KW	24	8	4	X	X	X	
18 U Göttingen	14.750	UNIVAC 1108	256 KW	36	10	6	X	X	X	
19 U Hamburg	24.820	IBM 370/145[4]	512 KB	8	6	12	X	X		X
		IBM 370/145[4]	384 KB	8	4	12	X	X		X
		S 4004/150[4]	512 KB	8	8	8	X	X		X
		S 4004/150[4]	512 KB	8	8	8	X	X		X
20 TU Hannover	10.160	IBM 360/40[4]	256 KB	8	7	7	X	X		X
		CD CYBER 76 }[4]	282 KW	60	1	} 4	} X	X	X	
		CD CYBER 73 }	173 KW	60	4					
21 Mediz. Hochschule Hannover	840	IBM 360/67	1024 KB	8	9	6	X	X	X	X
22 Tierärztliche Hochsch. Hann.	940	IBM 1130	16 KW	16	3	–	X	X	X	X
23 U Heidelberg	15.350	IBM 360/44	256 KB	8	8	4	X	X	X	X
24 U Hohenheim	1.800	ICL 1904	64 KW	24	3	4	X	X	X	
25 U Karlsruhe	10.070	UNIVAC 1108	256 KW	36	8	10	X	X	X	
26 GHS Kassel	3.940	IBM 370/155[4]	512 KB	8	12	8	X	X		X
27 U Kiel	11.430	IBM 370/145[4]	512 KB	8	10	8	X	X	X	X
28 U Köln	20.920	Honeywell Bull 50/58[5]	81 KB	8	4	–	X			
29 U Konstanz		TR 4	32 KW	48	1	7	X	X	X	
	1.480	TR 86	32 KW	24	1	3				
30 U Mainz	14.330	CD 3300	112 KW	24	8	9	X	X	X	
31 U Mannheim	5.900	S 4004/65	256 KB	8	4	8	X	X	X	
32 U Marburg	11.310	TR 4	28 KW	48	–	6	X	X	X	
33 U München 34 TU München	31.860 10.970	} IBM 370/158[4]	512 KB	8	6	8	X	X		X
35 U Münster	22.750	IBM 360/50	512 KB	8	6	5		X	X	X
36 U Regensburg	7.000	S 4004/45	132 KB	8	2	3	X	X	X	
37 U Saarbrücken	10.280	TR 440	96 KW	48	10	3	X	X	X	
		CD 3150	16 KW	24	3	3	X	X	X	
38 U Stuttgart	9.800	TR 4[6]	32 KW	48	–	6	X	X	X	
		UNIVAC 1108	128 KW	36	5	2	X	X	X	
		CD 6600	320 KW	60	2	4	X	X	X	
39 U Trier/ Kaiserslautern	1.990	TR 440	128 KW	48	16	6	X	X	X	
		TR 86 S	64 KW	24						
40 U Tübingen	14.870	CD 3300	112 KW	24	6	5	X	X	X	
41 U Ulm	670	TR 440	32 KW	48	1	3	X	X	X	
42 U Würzburg	10.290	TR 440	128 KW	48	4	4	X	X	X	

Abb. 8–1. (Fortsetzung)

gungsamts (IBM 360) in Hannover; GHS Kassel – Kommunales Gebietsrechenzentrum in Kassel (und die CD 3300 der U Gießen); U Kiel – Datenverarbeitungszentrale Schleswig-Holstein in Kiel (in Verbindung mit dem Statistischen Landesamt); FU Berlin, Fachhochschule für Wirtschaft und Pädagogische Hochschule nutzen gemeinsam die Siemens 4004.

[5] Die Universität zu Köln hat als einzige Hochschule einen eigenen (kleinen) Rechner für Aufgaben der Hochschulverwaltung. In Zukunft soll auch die Universität zu Köln den Rechner des zukünftigen Regionalen Rechenzentrums benutzen.

[6] Die meisten Verwaltungsaufgaben werden mit Hilfe der mittleren Datentechnik (Kienzle 6000 mit 16 Stellen) erledigt, die genannten DV-Anlagen werden nur am Rande für Anwendungen der Hochschulverwaltung und -politik genutzt. (Auch an andere Hochschulen werden teilweise Anlagen der mittleren Datentechnik eingesetzt, z. B. TH Aachen, U Bochum, U Tübingen).

3. Die meisten Hochschulen verfügen über eine eigene DV-Anlage, auf der sowohl Anwendungen von Forschung und Lehre und der Verwaltung gefahren werden.[4] Nur wenige Hochschulen nutzen eine DV-Anlage mit Datenübertragung oder eine DV-Anlage außer Haus (Kassel) oder haben eine eigene kleine DV-Anlage ausschließlich für Aufgaben der HVP (Köln). Die Voraussetzung für die Verwendung von Datenfernverarbeitungsmethoden (für Dialog- und Stapelverarbeitung sowie den Anschluß von Satellitenrechnern) sind dagegen nur in geringerem Umfang vorhanden. Gerade diese Voraussetzung ist für die HVP von besonderem Interesse, auch wegen des Datenschutzes.
4. Bislang gibt es im Bereich der HVP noch keine On-line-Verarbeitung; Dialogverarbeitungsformen werden in der Regel nur für Dateiabfrage und Änderungsdienst (Bonn) praktiziert.
5. Die Hälfte der DV-Anlagen wird von der Deutschen Forschungsgemeinschaft[5], die übrige Hälfte von den Ländern und anderen Stellen finanziert.

Die Vielfalt der Hardware- und Systemsoftware-Ausstattung stellt besondere Probleme für den Aufbau kompatibler Informationssysteme im Hochschulbereich (vgl. Abschnitt 6.3). Schwierigkeiten bei der Übertragung weitgehend standardisierter Programme auf weitere Rechnermodelle konnten durch ANSI COBOL-Compiler bislang zwar beträchtlich vermindert, aber nicht beseitigt werden. Es gibt vor allem noch Unterschiede in den Job Control Languages und in der Behandlung von Direktzugriff-Speichern. Ein Transferieren von Programmen von einem Rechner zu einem anderen ist bislang nur in Ausnahmefällen möglich, auch nicht immer innerhalb der gleichen Rechnerfamilie.

8.1.2 ADV-Personal

Zwar gibt es an Hochschulen hochqualifizierte Systemanalytiker, diese sind jedoch fast immer im Bereich der Wissenschaft und nicht in der Verwaltung tätig. Dagegen findet man für die Einführung und den Betrieb von Informationssystemen an den Hochschulen zuwenig ADV-Personal (Systemanalytiker, Organisatoren, Operatoren, Programmierer, Datenerfassungspersonal), zumal der zunehmende Einsatz der ADV den Bedarf an qualifiziertem Fachpersonal noch erhöht.

ADV-Personal (also neben „manware" auch „brainware" [vgl. [7, S. 23]) kann im Wege der üblichen Stellungsausschreibung innerhalb der Verwaltung kaum gefunden werden. In Zukunft sind daher weit mehr als bisher Verwaltungsangehörige und – weil dies nur begrenzt möglich ist – Externe durch Schulung für eine Mitarbeit an der

[4] Das 2. DV-Programm der Bundesregierung zählt die Hochschulverwaltung zu den „Grundfunktionen, die bei allen Hochschulen von dem System der DV-Anlagen ausgefüllt werden müssen" ([4, S. 31]).

[5] Die von der DFG finanzierten DV-Anlagen sind im Jahresbericht der DFG genannt [5, S. 64/65]. Bei DFG-finanzierten Computern gibt es im allgemeinen Schwierigkeiten in der Bereitstellung von Rechenzeit für Anwendungen der Hochschulverwaltung und -politik, weil die Richtlinien [6] vorsehen, daß die Rechner nur für Lehre und Forschung eingesetzt werden sollen.

ADV zu gewinnen[6]. Die Hochschulen konkurrieren bei der Personalwerbung nicht nur gegen bessere Angebote der Privatwirtschaft sondern auch der Öffentlichen Verwaltung (ibs. wenn es am Hochschulort Landes- oder Bundesministerien gibt). Eine weitere Schwierigkeit besteht darin, die Datentypistinnen, Operatoren aus den Hochschulrechenzentren in ausreichendem Umfang für Anwendungen der HVP einzusetzen.

Es gibt nur wenige Hochschulen, die unter weitgehendem Verzicht auf Unterstützung durch Externe Teilaufgaben der HVP automatisieren konnten, z. B. einzelne Sachgebiete in den Hochschulen Aachen, Bochum, Bonn, Saarbrücken. Es gibt kaum eine Kooperation der Hochschulen untereinander; Ursachen dafür dürften die unterschiedlichen Organisationsformen der Fachabteilungen bei den einzelnen Hochschulen, der unterschiedliche Bestand von Datenverarbeitungsressourcen und nicht zuletzt auch die Befürchtung sein, durch Zusammenarbeit nicht gleich qualifizierter Partner bei Einführungen zeitliche Verzögerungen zu erleiden [23, S. 7]. Indirekt findet eine Kooperation über HIS statt: an einer Hochschule eingeführte Subsysteme werden an weiteren Hochschulen implementiert, so daß diesen die Erfahrungen des Pilotanwenders zugute kommen.

Dem Personalengpaß versucht HIS dadurch zu begegnen, daß es Personal finanzierte (als ersten Schritt), ausbildet oder eigenes Personal an einzelnen Hochschulen einsetzt. HIS konzentrierte einen Teil seines Arbeitspotentials für die Einführung von Subsystemen auf mehrere Schwerpunkte: Universitäten Berlin (FU), Düsseldorf, Freiburg, Hamburg, Hannover (TU), Heidelberg[7]. Diese Hochschulen haben im allgemeinen einen Kooperationsvertrag mit HIS abgeschlossen, in diesen Hochschulen arbeiten Universitäts- und HIS-Mitarbeiter gemeinsam an der Einführung von Subsystemen.

Das vorhandene ADV-Personal verteilt sich sehr ungleichmäßig auf die einzelnen Hochschulen, offenbar weil der Stand der Automatisierung im Bereich der HVP an den Hochschulen teilweise sehr unterschiedlich ist. [1, S. 14 ff] ermittelte Anfang 1971, daß in 40 % der Hochschulen 90 % der ADV-Bediensteten beschäftigt sind und daß weitere 40 % der Hochschulen über kein ADV-Personal verfügen. Der Aufbau von ADV-Gruppen an den Hochschulen verzögert sich vor allem wegen der Bewilligung von Planstellen und der Schwierigkeiten in der Personalbeschaffung.[8]

Für die Zukunft wird der Schulung des vorhandenen und des einzustellenden Personals eine noch bedeutendere Rolle zukommen. Es bedarf noch großer Anstrengungen, bis das erforderliche ADV-Personal herangebildet sein wird. Dies ist besonders bedeutend angesichts der relativ hohen Fluktuation in der ADV einerseits und des

[6] Im öffentlichen Dienst sind daher Berufsbilder für ADV-Berufe zu entwickeln und laufbahnrechtlich zu regeln (vgl. [24, S. 18 f]).

[7] Diese Konzentration beruhte vor allem auf der Überlegung, daß es sinnvoller sei, an wenigen Hochschulen viele Systeme einzuführen als umgekehrt, um somit eher eine ADV-Integration aller automatisierbaren Bereiche verwirklichen zu können.

[8] Eine Arbeitsgruppe im Rahmen des Ausschusses für Hochschulstatistik beim Statistischen Bundesamt hat den Stellenbedarf für Einführung bzw. Betrieb von Subsystemen und der weitgehend integrierbaren Lieferung von Daten nach dem Hochschulstatistikgesetz (vgl. 1.2.3.4) ermittelt [3, S. 30] und ist dabei auf die umstrittene Zahl von 23 Personen gekommen.

steigenden Personalbedarfs aufgrund der zunehmenden bzw. schwieriger werdenden ADV-Aufgaben andererseits. Neben ADV-Ausbildungskursen, die von den Computer-Herstellern veranstaltet werden (z. B. Programmierkurse), ist vor allem das auf Hochschulprobleme zugeschnittene Schulungsprogramm der HIS GmbH zu nennen, das neben Themen allgemeineren Charakters auch in die von HIS entwickelten ADV-Systeme einführt[9].

8.1.3 Bereits automatisierte Sachgebiete

Die Ausführungen darüber, welche der in Kapitel 4 dargestellten Subsysteme bereits in einzelnen Hochschulen betrieben werden, erheben keinen Anspruch auf Vollständigkeit. Sie nennen jedoch alle bis zum 31. 12. 1973 eingeführten HIS-Systeme [11], die den weitaus größten Anteil stellen.[10]

Am weitesten fortgeschritten ist der Einsatz der EDV im studentischen Bereich. Weitgehend automatisierte Systeme laufen an den Universitäten Berlin (FU), Bonn, Bochum, Braunschweig, Bremen, Düsseldorf, Erlangen-Nürnberg, Frankfurt, Freiburg, Gießen, Göttingen, Hamburg, Hannover (TU und MedHo), Marburg. Diese Systeme liefern die erforderlichen Daten nach dem Hochschulstatistikgesetz, umfassen aber noch nicht das Prüfungswesen.

Mehrere Hochschulen haben lediglich die Studentenstatistik automatisiert, z. B. die TH Aachen, die Universität Bielefeld und Münster sowie die meisten Hochschulen in Baden-Württemberg; die TH Aachen hat bereits einen Teil des Prüfungswesens auf ADV übernommen.

Eine Raumbestandsdatei ist an folgenden Hochschulen eingeführt worden und wird entweder mit den HISBAU- oder anderen Programmen ausgewertet: TH Aachen, Berlin, Bonn, Düsseldorf, Erlangen, Freiburg, Hamburg, Heidelberg, Kassel, Mannheim, München (TU), Münster, Saarbrücken.

Der Bereich Personalverwaltung ist an der Universität Karlsruhe automatisiert worden, die Universitäten Heidelberg und Mannheim stehen vor Abschluß der Einführung. Eine Teilversion läuft an der FU Berlin.

Ein umfassendes Verfahren, das den Bereich des Haushalts-, Kassen-, Rechnungswesens abdeckt, läuft noch nicht. In Betrieb ist lediglich ein Verfahren, das Haushaltsüberwachung und Überweisungsträger liefert (Universität Bochum). Das umfassende System HISKAM, das im Vergleich zu den genannten Systemen wesentlich leistungsfähiger ist, soll Ende 1974 an der Universität Düsseldorf im Parallellauf abgeschlossen sein. An mehreren Hochschulen in Baden-Württemberg werden für das Haushalts-, Kassen-, Rechnungswesen Anlagen der mittleren Datentechnik eingesetzt.

Das Inventarverwaltungssystem von HIS wird an den Universitäten Hamburg und Regensburg eingeführt, die nächsten Einführungen sind in Düsseldorf und Heidelberg vorgesehen.

[9] Die HIS GmbH veranstaltet Kurse in den Bereichen Verwaltungsinformatik, -management und Bildungsplanung; siehe dazu das HIS-Ausbildungsprogramm [12], das sich jeweils auf eine Jahreshälfte erstreckt.

[10] In diesem Abschnitt sind über den Jahresbericht [11] hinausgehende Informationen eingeflossen, die uns die HIS GmbH dankenswerterweise zur Verfügung gestellt hat.
Zu den genannten Subsystemen siehe [11] und Kapitel 4.

Modelle sind an folgenden Hochschulen erprobt worden: in Heidelberg das A-Modell und in Karlsruhe das B-Modell von HIS (Einführung in Mannheim steht bevor), in Erlangen-Nürnberg das Prognose- und Auslastungsinformationssystem; in Bielefeld, Hamburg, Kassel und Konstanz und an der Pädagogischen Hochschule Westfalen-Lippe das Flächenbedarfsmodell HISFLA; an den Universitäten Stuttgart und Hamburg sowie an der TU Berlin das HIS-Stundenplanprogramm.
In mehreren Hochschulen ist die Abrechnung der Fernsprechgebühren automatisiert. Die Zahlbarmachung von Löhnen und Gehältern wurde in einigen Bundesländern teilweise oder ganz den Landesbesoldungsämtern übertragen, in den anderen Bundesländern haben die meisten Hochschulen die Zahlbarmachung selbst auf ADV umgestellt, und zwar für Beamte, weniger häufig für Angestellte und am wenigsten für Arbeiter.
Soweit man den bisherigen Stand der Automatisierung in mehreren Sachgebieten der HVP beurteilen kann (z. B. Vollständigkeit, Komfort) kann mit diesem Vorbehalt pauschal davon ausgegangen werden, daß die Universitäten Berlin (FU), Bonn, Düsseldorf, Erlangen-Nürnberg, Karlsruhe und Saarbrücken in der Automatisierung im Bereich der HVP am weitesten fortgeschritten sein dürften.

8.2 Bisherige Erfahrungen bei der Einführung von Informationssystemen

Bei der Einführung (von Subsystemen) eines Informationssystems werden sich Fehler nicht vermeiden lassen.[11] Die wesentlichsten Erfahrungen, die bislang in der Einführung von Subsystemen im Bereich der Hochschulverwaltung und -politik gesammelt wurden, werden im folgenden thesenhaft dargelegt.
1. Die Entwicklung eines Subsystems bedarf der intensiven Mitwirkung des Erstanwenders. Nur so ist gewährleistet, daß die Belange des Anwenders eingebracht werden, damit eine Arbeit am grünen Tisch vermieden werden kann. Es empfiehlt sich, den zukünftigen Benutzer sehr früh einzuschalten: Eine bereits fertiggestellte Systemkonzeption nachträglich zu ändern, ist äußerst zeitaufwendig und für Systemanalytiker und Benutzer nicht befriedigend.
Eine anwenderorientierte Systementwicklung setzt voraus, daß die Systemanalytiker und der Anwender gleiche Ziele verfolgen, daß die Bedürfnisse des Anwenders trotz aller Schwierigkeiten einer Informationsbedarfsanalyse[12] ermittelt werden und daß der Anwender kooperativ mit den Systemanalytikern zusammenarbeitet.

[11] Vgl. Kapitel 7, Fußnote 1.
[12] Der Informationsbedarf wird meistens durch Befragung der Entscheider ermittelt, danach wird ein System konzipiert, das die erforderlichen Daten in der vom Entscheider gebilligten Art und Anzahl liefern kann. Es stellt sich dann meistens heraus, daß der Entscheider diese Daten nicht verwendet. Darauf folgt meistens ein Informationsbedarfs-Review mit ähnlichem Ergebnis. Dafür geben [10, S. 7 f] zwei Erklärungen: Der Entscheider benötigt entweder mehrere Schritte, um sich seines Entscheidungsprozesses bewußt zu werden oder er wendet sich gegen die ermöglichte Rationalität von Entscheidungen, weil sie dann nachvollziehbar und ggbfs. kritisierbar werden.

Zu empfehlen sind gemischte Arbeitsgruppen aus Fachleuten der betroffenen Fachabteilungen und Systemanalytikern/Organisatoren der DVO-Gruppe (7.1.2.1.) sowie die teilweise Freistellung kompetenter Vertreter der Fachabteilungen für Mitarbeit in der Entwicklungsgruppe. Diese Forderungen waren aufgrund der angespannten Personalsituation nicht immer zu erfüllen.[13]
Bei Entwicklungsarbeiten durch wissenschaftliche Institute ist manchmal zu beobachten, daß die Verbindung zum Anwender nachläßt, insbesondere wenn vorrangig ein wissenschaftliches Ziel verfolgt wird (z. B. Dissertation oder Institutspublikation). Entwickler und Anwender entfremden sich mehr und mehr, nicht zuletzt aufgrund der häufig angewendeten praxisfernen Terminologie der Entwickler und der Tatsache, daß der Anwender Grundsätze seines Sachgebiets verletzt sieht. Der Anwender wird mißtrauisch, was zu Innovationsängsten und -widerständen führt. Das ist mit Sicherheit der Fall, wenn eine Einführung der Betroffenen in ADV vernachlässigt wird und die Entwickler ihre Modellvorstellungen auf Kosten der Realisierbarkeit (Wirtschaftlichkeit, Benutzerfreundlichkeit) perfektionieren.
2. Vor der Entwicklungsphase eines Subsystems ist eine objektive Voruntersuchung erforderlich, die nicht nur vorher bestimmte Resultate begründen soll [20]. Die folgende Ist-Analyse soll die speziellen Anforderungen des Sachgebietes aufzeigen; lückenhafte Ist-Analysen führen nach der Entwicklungsphase immer zu einem längeren „Design Review".
Häufig setzt man zuviel Zeit ein, um im ersten Wurf ein optimales System zu erreichen (was kaum gelingt). Angesichts der knappen Ressourcen müssen „20 : 80-Relationen" beachtet werden: Es ist nicht mehr wirtschaftlich, für die letzten 20 % Erfolg 80 % Aufwand zu investieren, insbesondere, wenn mehrere Anwender auf ein fertiges ADV-System warten. Die Korrektur der „zweitbesten Lösung" führt schneller zum Ziel als ein langes Suchen nach der anscheinend besten Lösung.
In diesem Zusammenhang ist auch vor der Zwangsvorstellung zu warnen, alle Informationen sollten mit Hilfe der ADV bereitgestellt werden. Es ist z. B. nicht immer wirtschaftlich, einmal im Jahr benötigte Statistiken mit Hilfe der ADV bereitzustellen. Es müssen auch nicht alle gewünschten Merkmale gespeichert werden („Datenleichen"). Übertriebene Perfektion führt oft auch zu überlangen Schlüsseln, wodurch die Gefahr von Erfassungsfehlern, insbesondere bei bewegungsintensiven Daten, überproportional zunimmt.
3. Bei der ADV-technischen Auslegung des zu entwickelnden Subsystems sollte zwischen einem Kern- und einem Randsystem unterschieden werden. Das Kernsystem umfaßt die allgemeinen (also für jeden Anwender verwendbaren), das Randsystem dagegen die anwenderspezifischen Programme. Diese Spaltung der Anwendungssoftware erleichtert eine Übertragung der Programme bei einem anderen Anwender, weil Änderungen dann auf das (weniger umfangreiche) Randsystem beschränkt werden können.

[13] Bei Mitwirkung des Fachpersonals in der Einführungsgruppe kommt es vor, daß nach Abschluß der Einführung das Fachpersonal gern weiter in der Gruppe bleiben möchte. Auch in der betroffenen Fachabteilung können sich psychologische Probleme ergeben, wenn durch die Mitarbeit einige wenige Personen ein ADV-know how und damit einen Wissensvorsprung erworben haben.

Die Übertragbarkeit sollte außerdem durch einen weitgehend modularen Aufbau gefördert werden, z. B. ausgelagerte Module für Datensatz-Erklärungen, Parameter. Angesichts der Vorteile in der Generalisierbarkeit sollte der Nachteil der nicht ganz optimalen Auslegung der Anwendungssoftware beim Erstanwender in Kauf genommen werden (vgl. auch 8.3.1).

4. Während der Entwicklungsarbeiten wird des öfteren versäumt, rechtzeitig Verständnis und Interesse aller Betroffenen an der Einführung zu erreichen, damit nicht eine automationsfeindliche Atmosphäre erzeugt wird [vgl. 24, S. 28]. Mit fortschreitender Entwicklung sollte die Information und Schulung (7.1.2.3) der Betroffenen intensiviert werden.

Diese Maßnahmen sind so bedeutsam, weil die Einführung der ADV den bisherigen Arbeitsvollzug teilweise einschneidend verändert. So müssen die ADV-Formulare oft penibler ausgefüllt werden als die alten Formulare. Für manchen Bediensteten entsteht der Eindruck, daß die ADV ihm nur Unannehmlichkeiten (bis zur Umgestaltung seines Arbeitsplatzes zum Datensammler), aber keine unmittelbaren Vorteile bringt [vgl. 24, S. 27].

5. Die Programmierung sollte nicht zu früh beginnen, was aus Terminnöten des öfteren geschieht, sondern erst, wenn die inhaltlichen Anforderungen an das ADV-System festgelegt sind. Diese sind vom Anwender zu präzisieren und sollten zwischen ihm und der ADV-Gruppe verbindlich festgelegt werden. Werden diese beiden Forderungen nicht beachtet, lassen sich zeitraubende Umprogrammierungen nicht vermeiden.

Für die logischen Programmtests werden häufig die Testdaten nur unzureichend bereitgestellt, so daß Programmfehler manchmal nicht früh genug erkannt werden. Testarbeiten werden erschwert oder verzögern sich häufig, wenn nicht ausreichend Rechenzeit zur Verfügung steht und wenn während der Testphase Hardware- und Systemsoftware-Umstellungen erfolgen.

Die Programmierer sollten häufiger „Trockentests" durchführen, viele Fehler lassen sich bei sorgfältiger Durchsicht der Programmlisten erkennen, das spart Testzeit. Ein „closed-shop-Betrieb" (Programmkarten werden im Rechenzentrum abgeliefert, später können die Programmlisten abgeholt werden) zwingt die Programmierer zu sorgfältiger Arbeit, eignet sich aber vorwiegend nur für Kompilationen, keinesfalls mehr für Kettentests.

Für ein effizientes Testen ist eine gute Kommunikation zwischen Programmierern, Jobsteuerung und Operatoren erforderlich, die aus psychologischen Gründen nicht immer erreicht werden kann.

6. Weil der Parallellauf zusätzliches Personal beansprucht, fehlt trotz Bereitstellungsplanung angesichts der angespannten Personalsituation im Hochschulbereich häufig personelle Kapazität für die erforderlichen Vorarbeiten (z. B. Sichern der Datenerfassungskapazität, Übertragungen) und vor allem für Vergleiche zwischen dem bisherigen „Output" und den Ergebnissen des ADV-Laufs sowie für die Durchführung von Korrekturen.

Der Parallellauf sollte grundsätzlich unter Echtbedingungen laufen, z. B. sollten (bei verwaltungsintegrierten ADV-Systemen) die ADV-gerechten Belege bereits eingeführt sein, weil auch die neue Organisation „getestet" werden muß und weil ein

Übertragen vom Ist-Beleg auf die neuen ADV-gerechten Formulare zu zusätzlichen Fehlern führt, die den Parallellauf behindern.

7. Von besonderer Bedeutung für einen reibungslosen Betrieb eines Subsystems ist ein Benutzer-Handbuch. Es soll dem Benutzer des Subsystems als Handbuch und Nachschlagewerk dienen, es muß demnach speziell auf die organisatorischen Verhältnisse des Anwenders bezogen sein. Unnötige ADV-Begriffe sind zu vermeiden, die Verständlichkeit soll durch plausible graphische Darstellungen und ortsübliche Bezeichnungen gefördert werden. Wichtiger Bestandteil eines Benutzerhandbuchs sind Arbeitsanweisungen bei geänderter Organisation (zum Ausfüllen der ADV-gerechten Formulare, zum Belegfluß, zur Vergabe von Schlüsselausprägungen, zur Bedienung von Geräten) und Funktionsbeschreibungen (bei neuen Organisationseinheiten und Arbeitsplätzen).

Neben diesem anwenderspezifischen Teil kann es auch einen allgemeinen Teil enthalten. Dieser ist bei organisatorischen Änderungen nützlich und soll den nächsten Anwendern die erforderlichen Informationen über die Benutzung des jeweiligen Subsystems liefern. Das Benutzerhandbuch kann auch um einen Erfahrungsteil (z. B. aufgrund eines Projekttagebuches) ergänzt werden, der sich an die Projektgruppe richtet, die das Subsystem an einer anderen Hochschule einführt [17].

8. Hinsichtlich einer Zweiteinführung begegnet man manchmal noch der Auffassung, daß ein Subsystem „laufe", sobald die ausgetesteten Programme verfügbar seien. Weil dem ADV-Komplex im allgemeinen das Hauptinteresse gilt, wird die organisatorische Einbindung der Anwendungssoftware (z. B. Schlüssel, Belegwesen, Aufbau- und Ablauforganisation wie Zentralisierungen und Belegflüsse) meistens unterschätzt.

Der größte Teil des Einführungsaufwands entfällt auf die organisatorische Einbindung der Programme in die jeweiligen organisatorischen Verhältnisse des Anwenders – die durch die Einführung von ADV-Systemen zum Teil geändert werden können. Der organisatorische Einführungsaufwand kann durch Flexibilität in der Anwendungssoftware (vgl. 3.) etwas reduziert werden.

Beim Zweitanwender und weiteren Anwendern ist der ADV-Einführungsaufwand wesentlich geringer als beim Erstanwender, da nur Änderungen am Randsystem sowie Anpassungen aufgrund mehr oder weniger großer Änderungen zwecks Systemsoftware- (und Hardware-) Kompatibilität (vgl. 8.1.1) anfallen. Dagegen kann der organisatorische Einführungsaufwand – je nach dem einzuführenden Subsystem – ebenso hoch wie beim Erstanwender sein [17]. In der Regel wird das angesammelte „know how" zu einer Minderung auch des organisatorischen Einführungsaufwands führen. Eine Vernachlässigung der organisatorischen Einführung rächt sich spätestens im Parallellauf bzw. im Echtlauf. Dann sind Details der organisatorischen Einbindung oft nur mit großen Schwierigkeiten zu lösen, des öfteren werden Umprogrammierungen erforderlich.

9. Der Projektverantwortliche soll prinzipiell sein Projekt durch Überzeugen der Projektmitarbeiter und der Betroffenen leiten. Das gilt vor allem, wenn der Terminplan noch Pufferzeiten enthält. In terminkritischen Situationen sollte er entscheiden und anordnen. Es wird immer wieder Situationen geben, in denen Projektinteressen

z. B. gegenüber Verwaltungsstellen, gegenüber dem Rechenzentrum aber auch gegenüber den Mitgliedern der Projektgruppe durchgesetzt werden müssen.
Der Projektverantwortliche muß – vor Projektbeginn! – mit den erforderlichen Kompetenzen ausgestattet sein, sonst gibt es beträchtliche Reibungsverluste durch Kompetenzdiskussionen. Es empfiehlt sich, den Projektverantwortlichen dem Präsidenten/Rektor bzw. dem Kanzler direkt zu unterstellen (vgl. 7.1.2.2), insbesondere, wenn er einem Stab angehört und keine Weisungsbefugnis hätte.
Bei einer kooperativen Projektleitung (2 oder mehrere an dem Projekt mitarbeitenden Institutionen haben jeweils ihren eigenen Projektleiter) ist sicherzustellen, daß diese „mit einer Stimme" spricht.
Entscheidend ist nicht zuletzt auch das Engagement der Hochschulleitung: Wenn diese eine ADV-Entwicklung in der Rolle einer Versuchsperson nur duldet, werden die anderen Hochschulangehörigen durch diese passive Haltung nicht gerade zur Begeisterung animiert werden.
10. Das mit der Einführung befaßte ADV-Personal, insbesondere Systemanalytiker und Organisatoren, sollten über Kenntnisse in ADV, Organisation und im Idealfall im jeweiligen Sachgebiet verfügen. Das Personal sollte Verwaltungserfahrung haben, mindestens aber Verständnis für die Belange der Verwaltung aufbringen.
11. Hochschulen haben meistens Schwierigkeiten, Personal aus den Fachabteilungen im erforderlichen Umfang für die Einführung von ADV-Systemen freizustellen. Darin ist eine der größten Behinderungen in der Entwicklung und Einführung von ADV-Systemen zu sehen.
Beim betroffenen Hochschulpersonal ist manchmal ein zu geringes Abstraktionsvermögen für Sollvorstellungen einer ADV-gestützten Organisation zu beobachten, teilweise eine größere Ablehnungsbereitschaft gegenüber ADV-Neuerungen, die teils im Individuum verwurzelt, teils einfach auf Mangel an ausreichender Information zurückzuführen ist [20].
12. Der Bereich der Hochschulverwaltung und -politik ist häufig ein untergeordneter Nutzer im Rechenzentrum. Daraus folgt, daß insbesondere für die Testphase das Rechenzentrum die erforderlichen Rechenzeiten nicht bereitstellen kann. Hinzu kommt, daß die vorwiegend auf die Bedürfnisse der Wissenschaft ausgerichteten Rechenzentren den ADV-Anforderungen der Hochschulverwaltung und -politik nicht immer genügen (siehe 6.1.1).
13. Der Zeitbedarf für die Einführung von ADV-Systemen wurde bislang in allen Phasen von der Entwicklung bis zur Einführung fast immer unterschätzt. Ursachen dafür sind vor allem unrealistische Zeitschätzungen (Aufschreibungen helfen besser schätzen!), fehlender Aktivitätenplan und Terminplan und vor allem fehlende Terminkontrolle [17]. Es traten Schwierigkeiten oder Pannen auf, mit denen man vorher nicht gerechnet hatte, auch wenn bereits Erfahrungen in der Einführung von ADV-Systemen vorhanden waren (z. B. bei nicht beeinflußbaren Aktivitäten Externer, z. B. ministerielle Genehmigungen). Das Projekt gerät dann schnell in einen zeitlichen Verzug. Ein Zeitdruck ist teilweise notwendig, um das Projekt in schwierigen Phasen voranzubringen, teilweise aber auch gefährlich, insofern daß übereilte Maßnahmen getroffen werden können wie z. B. zu früher Beginn der Programmierung bei noch nicht fixiertem Detailkonzept.

Bei der Terminplanung ist auch ein Plan für eine Notorganisation aufzustellen, der Verfahrensalternativen vorsieht, z. B. bei Terminverzug, zu hoher Fehlerrate, Geräteausfall, Ausbleiben von Entscheidungen Externer [17].

14. Die Einführung von ADV-Systemen erfordert eine überdurchschnittliche Sorgfalt. Häufig resultieren Terminverzögerungen aus ungenauen Arbeiten wie z. B. schlecht lesbares Ausfüllen von Codierblättern, nicht bereitgestellte Kapazitäten (z. B. Rechenzeit, Lochkapazität, Personal), ungenaues Zusammenstellen von Steuerkarten. Die Einführung von ADV-Systemen verlangt eine ,,Pingeligkeit", sie haben bereits einen so hohen Grad an Arbeitsteilung erreicht, daß nur ein Flüchtigkeitsfehler einen Zeitverlust von mehr als einem Tag zur Folge haben kann.

15. Infolge des Personalengpasses, der nicht immer gegebenen Sorgfalt und der ADV-immanenten Terminüberschreitungen sollte man nicht zu viele Subsysteme gleichzeitig einführen und nachfolgende Einführungen mit zeitlicher Reserve planen: Häufig ist es vorgekommen, daß das spätere Projekt bereits anlaufen soll und daß das/die vorhergehenden Projekt(e) noch nicht abgeschlossen worden ist/sind, was in der Regel zu Reibereien zwischen den Betroffenen führt. Dann ist jedoch zu empfehlen, aufgrund des bisher geleisteten Arbeitsaufwandes zunächst das alte Projekt abzuschließen und den Beginn des neuen Projekts hinauszuzögern.

16. Der Zweitanwender sollte ein Subsystem so weit wie möglich unverändert übernehmen, und zwar auch Teile des Randsystems. Hochschulindividuelle Anpassungen sind häufig zeitraubend. Die von diesem Subsystem betroffenen Personen werden sowieso Änderungen fordern, wenn sie eine Zeitlang dieses Subsystem betrieben und dabei ihre Kenntnisse erweitert haben. Dann würde sich der Anwender eine Menge Änderungen (insbesondere einen ,,Kreisverjehr" von Änderungen) sparen, wenn er erst nach seiner Lernphase Programme und auch zum Teil die Organisation verändert.

17. Automationshemmende Vorschriften mindern die Wirtschaftlichkeit von ADV-Systemen. Diese Vorschriften sollten durch automationsgerechte Regelungen abgelöst werden (sofern es sich nicht ausnahmsweise um die Wirtschaftlichkeit dominierende Prinzipien handelt).

Für Unwirtschaftlichkeiten gibt es Beispiele aus dem Studentenbereich (persönliches Vorlegen des Abiturzeugnisses, Belegungen (vorher als Rechnung) und verschiedene Prüfprogramme der Universitäten, des Statistischen Landesamts und Statistischen Bundesamts) und aus dem Finanzwesen (Verwaltungsvorschriften aus den 20er Jahren).

18. Die Einführung mancher Subsysteme ist durch langwierige Abstimmungsprozesse oder durch Genehmigungsverfahren verzögert worden. Als zeitraubend erwiesen sich Abstimmungen mit der Amtlichen Statistik, denn die von ihr zu erhebenden Merkmale müssen im Interesse einer Rationalisierung im jeweiligen Subsystem enthalten sein. Längere Genehmigungsverfahren lassen sich bei Subsystemen zur Automatisierung des Haushalts-, Kassen- und Rechnungswesens, die auch die Kasse umfassen, nicht umgehen: In einem Fall haben das Fachministerium (drei Referate), das Finanzministerium (drei Referate) und der Landesrechnungshof (zwei Stellen) zu genehmigen. Weil außerdem in diesen Referaten noch jeweils mehrere Personen mit dem ,,Vorgang" befaßt sind und die bürokratische Verfahrensweise (schriftliche

Kommunikation bei Existenz eines Bezugsschreibens und bei Wahrung von Ressortinteressen und -empfindsamkeiten anstatt einer direkten Kommunikation aller Beteiligten in einer Gesprächsrunde, die die Informationswege enorm abkürzt, und die üblichen Mißverständnisse mit erneutem Schriftwechsel weitgehendst ausschaltet) gepflegt wird, werden die Genehmigungszeiten unerträglich lang – selbst wenn sich die eine oder andere Person tatkräftig einsetzt, was leicht einen „overkill" zur Folge haben kann.

19. Schwierigkeiten in der Einführung ergaben sich durch mehrdeutige Definitionen von Merkmalen. Ein typisches Beispiel ist die unterschiedliche Definition der Begriffe Studienfach, Fachrichtung und Studiengang [17].

20. Die HIS GmbH führt ihre Subsysteme an ausgewählten Hochschulen unentgeltlich ein. Dies wird von vielen Hochschulen als selbstverständlich betrachtet, so daß bei ihnen das Bewußtsein für den Wert der unentgeltlich empfangenen Leistungen schnell nachläßt. Hätten die Hochschulen für die Einführung von Subsystemen marktübliche Preise zu entrichten – was sie im allgemeinen nicht könnten –, so wären sie wahrscheinlich in manchen Fragen der Projektabwicklung (z. B. Termine, Bereitstellung von Personal aus den Fachabteilungen) um einiges aktiver.

8.3 Trends für die weitere Entwicklung[14]

Die folgenden Ausführungen konzentrieren sich vor allem auf die Entwicklung von ADV-Systemen, nachdem deren Betrieb bereits in Abschnitt 6.1.2.1 (Datenerfassung) und 6.1.1 (Rechenzentrum) erörtert wurde.

8.3.1 Sinkendes Preis-/Leistungsverhältnis in der ADV

Als allgemeiner Trend für die Zukunft zeichnet sich ab, daß das Preis-/Leistungsverhältnis abnimmt:[15] aufgrund des technischen Fortschritts steigen die Computerleistungen stärker als die Kosten für den Einsatz des Computers. Insofern wird es in Zukunft nicht sicher sein, ob die HVP einen mittleren Rechner allein auslasten wird, es sei denn, Aufgaben der Klinikverwaltung oder der Bibliotheken würden zusätzlich auf den für HVP vorgesehenen Rechner verlagert werden können.

Als Folge des sinkenden Preis-/Leistungsverhältnisses von Computern einerseits und der zu erwartenden Arbeitszeitverkürzung bei gleichzeitiger Personalkostenerhöhung andererseits ist die Forderung abzuleiten, jegliche automatisierbare Arbeit unverzüglich von Menschen auf ADV-Anlagen zu übertragen. Menschliche Leistung ist

[14] Diese Ausführungen folgen im wesentlichen [14].

[15] Nach [15] hat sich das „durchschnittliche Preis-Leistungs-Verhältnis aller Computer in der BRD" im Zeitraum von 1959 bis 1970 in jeweils knapp 2 Jahren halbiert. Dieser Trend wird sich – allerdings verlangsamt – fortsetzen. Für 1972 prognostiziert [15] ein Preis-Leistungs-Verhältnis 426,7 und für 1975 113,2. Bei gleichem Preis wäre die Leistung im Jahr 1975 3,8 mal höher als 1972.

Kostenstelle / Kostenarten	Entwicklung		Betrieb		
	inhaltliche Entwicklung	ADV-technische Entwicklung	Datenerfassung	Rechenzentrum	
Personalkosten und sonstige Sachkosten	15	7	23	11	56
Kosten von ADV-Anlagen einschließlich Erfassungsgeräten	--	6	3	35	44
Summe:	15	13	26	46	100

Abb. 8-2. *Schätzung von Kostenrelationen bei ADV-Systemen*

knapp und teuer, daher sollten solche ADV-Systeme entwickelt werden, die bei mehreren Anwendungen insgesamt einen möglichst geringen Arbeitsaufwand erfordern. Daraus folgt als Maxime: Einmal ein ADV-System entwickeln, daß an möglichst vielen Hochschulen mit möglichst wenig Änderungen eingeführt werden kann, also die Entwicklung generalisierter Problemlösungen.

Wie hoch ist nun der Anteil der Entwicklungskosten von ADV-Systemen? Abb. 8–2 nennt Schätzwerte für die einzelnen Kostengruppen.

Die für den Bereich der HVP einzusetzenden Prozentzahlen können – da empirisches Material fehlt – nur geschätzt bzw. aus anderen Bereichen abgeleitet werden. Die folgenden Werte wurden von [14, S. 10] unter Beachtung seiner eigenen Erfahrungen und der Ergebnisse von [16] abgeleitet.

Schätzwerte zeigen zumindest Tendenzen auf. Das Erkennen von Tendenzen ist jedoch vorteilhafter, als wenn man überhaupt keine Vorstellungen über die Kostenrelationen hätte. Auf den Bereich der Entwicklung dürften demnach normalerweise 30 % der Kosten entfallen.

Zur Entwicklung generalisierbarer Systeme ist es erforderlich, zunächst einen „Produktionsumweg" einzuschlagen: Weil generalisierbare Problemlösungen schwieriger zu erarbeiten sind, muß zunächst das knappste Gut, die personelle Entwicklungskapazität, in stärkerem Maße als bei einer hochschulindividuellen Problemlösung für ein Sachgebiet eingesetzt werden. Bei der Einführung des generalisierbaren Systems an der zweiten und an weiteren Hochschule(n) wird jedoch weniger menschliche Arbeit erforderlich sein, so daß von einem bestimmten Punkte an, z. B. der 2., 3. Hochschule ein generalisierbares Verfahren gegenüber individuellen Lösungen an jeder Hochschule wirtschaftlicher wird[16] (Abb. 8–3). Der Kurvenverlauf und damit der Schnitt-

[16] Das bezieht sich nur auf den ADV-mäßigen, nicht aber auf den organisatorischen Einführungsaufwand (siehe 8.2 Ziffer 8).

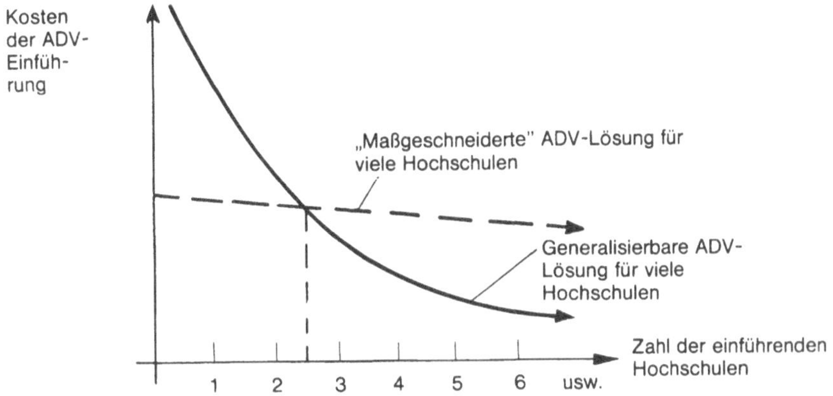

Abb. 8–3. *Tendenzielle Kostenverläufe bei Einführung von ADV-Lösungen*

punkt hängt vor allem von dem Ausmaß der Änderungen des ADV-Systems sowie von seiner Komplexität ab.

Anwenderspezifische inhaltliche Änderungen können sogar soweit gehen, daß sie fast ebenso hohe Kosten verursachen wie die Entwicklung selbst, jedoch dürfte dies die Ausnahme sein. Änderungen der organisatorischen Einbettung z. B. Belege, Belegfluß müssen nicht immer zu Programmänderungen führen. Der sich aufgrund unterschiedlicher Hardware- und Systemsoftwarebedingungen ergebende Zusatzaufwand wird – von einzelnen Programmierungen abgesehen – weitgehend von der ADV übernommen (Verwendung höherer Programmiersprachen (6.2.2)), die den Programmieraufwand erheblich reduzieren und Verwendung eines herstellerunabhängigen Datenbanksystems (Kapitel 3), wodurch auch auf Änderungswünsche der Benutzer flexibler (geringer Änderungsaufwand) reagiert werden kann und wodurch Grundfunktionen für mehrere Subsysteme nicht jedesmal neu programmiert zu werden brauchen.

Ungeachtet dieser allgemein abgeleiteten Vorteile wird es immer wieder Fälle geben, in denen Speziallösungen sinnvoll sein können, z. B. wenn inhaltliche Änderungen zu umfangreich würden. Nur sollte die Notwendigkeit einer Speziallösung jeweils nachgewiesen werden.

8.3.2 Strategien zur ADV-technischen Entwicklung

Unter „ADV-technische Entwicklung" soll hier das Design und die Programmierung eines zu erstellenden oder die Anpassung eines von anderer Seite entwickelten Softwarepakets verstanden werden. [14, S. 15] unterscheidet vier Strategien (Abb. 8–4): Die mit dem Schlagwort „Assemblerprogrammierung" benannte Strategie kennzeichnet die Entwicklung von Speziallösungen, die in maschinenabhängiger Sprache programmiert werden. Diese Strategie ist überholt, denn die durch sie erreichte effi-

ADV-Hersteller- \ Anwendungsbereichs-	abhängig	unabhängig
abhängig	Assembler-programmierung	Hersteller-Datenbank
unabhängig	Höhere Programmiersprachen	Herstellerunabhängige Datenbank

Abb. 8-4. *Strategien zur ADV-technischen Entwicklung*

ziente Auslastung der EDV-Anlagen hat heute nicht allein hohe Priorität, konkurrierende Optimierungskriterien sind inzwischen hinzugekommen (z. B. Programmieraufwand).[17]

Die mit dem Schlagwort ,,Höhere Programmiersprachen" bezeichnete Strategie kennzeichnet die Entwicklung von speziellen Programmen für jeden Anwendungsbereich der HVP, die jedoch in einer höheren Programmiersprache geschrieben werden, wodurch im hohen Maße ADV-technische Entwicklungskosten eingespart werden können. Diese derzeit dominierende Strategie ist jedoch nicht zukunftsicher:

- auf Änderungswünsche kann man nur schwerfällig reagieren, weil diese einen ziemlichen Arbeitsaufwand verursachen,
- mit wachsender Komplexität und Größe der Anwendungen und wachsender Zahl der Anwender wird es immer schwerer, ein Softwarepaket mit allen Varianten (aufgrund von Änderungswünschen) im Griff zu behalten.[18]

Die mit dem Schlagwort ,,Hersteller-Datenbanksysteme" benannte Strategie kennzeichnet die Entwicklung von allgemeinen Programmen, die zwar unabhängig vom Anwendungsbereich, aber abhängig vom jeweiligen Hersteller sind.

Datenbanksysteme enthalten generell verwendbare Programm-Bausteine z. B. für Aufbau, Pflege, Abfrage, Sicherung des jeweiligen Datenbestandes (s. im einzelnen Abschnitt 3.4), die Funktionen für viele Anwendungsbereiche erfüllen.

[17] Diese Strategie hat im Bereich der HVP nur im Ausnahmefall Bedeutung, z. B. wenn es sich lohnen würde, durch Einbau einer Assemblerroutine im Softwarepaket das Programm an dieser Stelle ,,schneller" zu machen.

[18] ,,Gerade bei den großen Softwareprojekten. . . tritt neben den Kosten und Terminen ein weiteres gravierendes Problem auf. Diese Systeme werden in mehrjähriger Arbeit von einer großen Anzahl von Fachleuten erstellt. Nach der Fertigstellung zeigt sich in vielen Fällen, daß der Gesamtüberblick über das System verlorengegangen ist. Der Grund dafür liegt in Koordinations- und Kooperationsfehlern, mangelnder Aktualität der Dokumentation, Zielkonflikten der Planer und dgl. mehr. Trotzdem werden diese Programmsysteme vom Management als Entscheidungshilfen benutzt, ohne daß die Regeln und Kriterien, nach denen diese Programme erstellt wurden, noch bekannt sind" [21, S. 559].

Gegenüber der Strategie „Höhere Programmiersprachen" sind für die Strategie „Hersteller-Datenbanksysteme" folgende Vorteile zu nennen:

- die ADV-technische Entwicklung wird billiger, weil ein Teil der Arbeiten bereits bei der Entwicklung der Datenbanksysteme investiert wurden. Jedoch unterscheiden sich die Datenbanksysteme der an den Hochschulen vertretenen Hersteller erheblich voneinander, so daß die Hersteller-Datenbanksysteme – überspitzt formuliert – als „machtvolle Erweiterung einer höheren Programmiersprache" anzusehen sind [14, S. 19]
- die ADV-technische Entwicklung wird gegenüber Benutzeranforderungen flexibler, vor allem, wenn mehrere Subsysteme betrieben werden, z. B. sich Wünsche für Auswertungen „quer durch die Dateien" mehren, so daß die ursprünglich vorgesehenen Speicherungs- und Zugriffsarten schnell änderungsbedürftig werden
- die ADV-technische Entwicklung wird gegenüber den Nutzeranforderungen reaktionsschneller. Ihnen kann statt in Monaten nun in Tagen entsprochen werden, außerdem kann eine „Programmierung auf Verdacht" eingeschränkt werden.

Flexibilität und Reaktionsfähigkeit der Datenbanksysteme erfordern größere ADV-Anlagen und relativ mehr Rechenzeit. Angesichts des zunehmenden Preis-/Leistungsverhältnisses (s. o.) sind diese Anforderungen vertretbar. Jedoch können sie in einigen Hochschulrechenzentren, wo für den Bereich der HVP ungünstige Nutzungsbedingungen bestehen, zu Schwierigkeiten führen.

Die mit dem Schlagwort „Herstellerunabhängige Datenbanksysteme" benannte Strategie kennzeichnet die Entwicklung von allgemeinen Programmen, die vom Anwendungsbereich und vom Hersteller unabhängig sind.

Für herstellerunabhängige Datenbanksysteme sprechen:

- Herstellerbezogene parallele Entwicklungsarbeiten lassen sich vermeiden.
- In mehreren Hochschulen können keine Hersteller-Datenbanksysteme eingeführt werden, denn die Software-Häuser beschränken sich auf eine Software-Entwicklung, die nur auf den Anlagen der zwei bis vier größten Hersteller läuft. Damit würden die sogenannten „Exoten" von der Einführung eines Informationssystems für HVP abgeschnitten, es wären dann zusätzliche ADV-technische Entwicklungsarbeiten für die davon betroffenen Hochschulen erforderlich.
- Sie ermöglichen eine Neutralität gegenüber den verschiedenen Computerherstellern und machen den Anwender von den Herstellern unabhängig.
- Die Anforderungen der HVP können unterhalb des Leistungsvermögens der Hersteller-Datenbanksysteme liegen. Diese sind zwar sehr leistungsfähig, dieser hohe Leistungsumfang kann aber durch Aufgaben der HVP nicht ausgenutzt werden. Insbesondere bei ungünstigen Rechnerbedingungen ist die Entwicklung einer hochschulunabhängigen Lösung sinnvoll.[19]
- Realisierung von Hersteller-Datenbanksystemen wird aus Gründen der Finanzierung und Lieferzeit wahrscheinlich zu lange dauern.

[19] Die Anforderungen der HVP sind an sich komplex genug, aber es geht um Anforderungen, die angesichts der begrenzten Ausstattung mit Personal- und Rechnerkapazität in angemessener Zeit realisiert werden.

- Sammeln von Erfahrungen sowohl mit Hersteller-Datenbanksystemen als auch mit hochschulunabhängigen Datenbanksystemen z. B. als großer und als Normallösung, so daß dann endgültig die Vorzüge von herstellerabhängigen und -unabhängigen Datenbanksystemen abgewogen werden können.

Das vorliegende Buch will Anregungen geben, wie ein herstellerunabhängiges Datenbanksystem entwickelt werden könnte (Kapitel 3). Selbst wenn in Zukunft die Weichen nicht für hochschulunabhängige Datenbanksysteme gestellt werden würden, so hätte das in Kapitel 3 vorgestellte Modell eine große Bedeutung: An ihm läßt sich die Funktionsweise eines Datenbanksystems viel leichter darlegen als an den vorliegenden Hersteller-Datenbanksystemen.

Neben den Datenbanksystemen werden in Zukunft – wenn auch im Bereich der Öffentlichen Verwaltung langsamer – batch-Verfahren durch on-line-Verfahren ersetzt werden. On-line-Verfahren erscheinen in der Gegenwart aus mehreren Gründen generell noch nicht sinnvoll:

- Im allgemeinen fehlt der erforderliche ständige Zugriff auf den Rechner.
- Im allgemeinen ist die Wirtschaftlichkeit nicht gegeben, wobei diese Wirtschaftlichkeit durch das in der Verwaltung vorherrschende Prinzip der Sparsamkeit noch schwerer zu erreichen sein wird.
- Als „Lernstufe" ist der Betrieb von batch-Verfahren wohl unentbehrlich.

Das in Kapitel 3 dargestellte Datenbanksystem könnte durch ein zusätzliches Programmpaket für die Abwicklung des on-line-Betriebs erweitert werden.

Eher als eine on-line-Verarbeitung wird eine Datenfernübertragung zum Zuge kommen, insbesondere wenn mehrere Hochschulen den gleichen Rechner nutzen oder wenn zwischen den verschiedenen Nutzern einer Hochschule und dem Rechenzentrum größere Entfernungen zu überwinden sind.

Literatur

[1] Bessai, B.: Der Einsatz von EDV-Anlagen in den Hochschulverwaltungen der Bundesrepublik. (Heft 11 der Saarbrücker Studien zur Hochschulentwicklung. Saarbrücken 1971); (ebenfalls erschienen als Band 5 der Reihe Hochschulplanung, Weinheim-Berlin-Basel 1971).

[2] –: Gegenwärtige Ausgangsposition für die Errichtung von Informationsbanken in den Verwaltungen der Hochschulen der Bundesrepublik. In: Zeitschrift für Datenverarbeitung 2/1972, S. 88 ff.

[3] –: Organisatorische, bewußtseinsmäßige, rechtliche und ressourcenmäßige Voraussetzungen für ein Hochschul-Informations-System (unveröffentlichtes Manuskript). Saarbrücken 1973.

[4] Bundesminister für Bildung und Wissenschaft: Zweites Datenverarbeitungsprogramm der Bundesregierung. Bonn 1971.

[4 a] –: Grunddaten. Bonn März 1974.

[5] Deutsche Forschungsgemeinschaft: Jahresbericht 1972. Bonn 1973.

[6] –: Grundsätze für die Errichtung und Betriebsordnung von Hochschulrechenzentren (2 S.). Bonn 1962.

[7] Dworatschek, S.: Management-Informations-Systeme. Berlin, New York 1971. (Infor-

mations-Systeme, hrsg. von S. Dworatschek).
[8] Fiedler, H.: Theorie und Praxis der Automation in der Öffentlichen Verwaltung. In: Öffentliche Verwaltung und Datenverarbeitung 3/1971, S. 92 ff.
[9] GMD: Kompatibilitätsumfrage, Auswertungsergebnisse des ersten Teils der Umfrage. Birlinghoven September 1973.
[10] Griese, J., D. Schrammel u. J. Steinchen: Erfahrungen mit einem Informationszentrum in der Universitätsverwaltung. Referat auf der BIFOA-Tagung „Informationszentren in Wirtschaft und Verwaltung" am 17./18. 9. 73 in Köln.
[11] HIS: Jahresbericht 1972/73. Hannover 1973.
[12] –: Ausbildungsprogramm 2. Jahreshälfte 1973. Hannover 1973.
[13] –: Übersichten über Organe und Institutionen der Hochschulen, die sich mit Planung und Organisation befassen. In: HIS-Kurzinformationen. Sonderausgabe vom 8. 1. 73.
[14] Jacobs, G.: Strategien für den Aufbau von Informationssystemen an Hochschulen (unveröffentlichtes Manuskript). Hannover 1973.
[15] Jungemann, H.: Die Entwicklung des Computer-Bestandes – Analyse und Prognose für verschiedene Märkte. In: Forschungsbericht DV 72-01 des Bundesministeriums für Bildung und Wissenschaft. Bonn 1972.
[16] Kearny, A. T. (Unternehmensberatung) und Manager-Magazin: Milliarden werden verschwendet. Untersuchung über Kosten, Nutzung und Management von EDV-Anlagen in der BRD. In: Management-Magazin 1972 Heft 9, S. 58 ff.
[17] v. Lützau, R.: Erfahrungen bei der Implementation von computergestützten Informationssystemen (unveröffentlichtes Manuskript). Hannover 1973.
[18] Müller, B.: Elektronische Datenverarbeitung und Hochschulverwaltung. In: Wissenschaftsrecht/Wissenschaftsverwaltung/Wissenschaftsförderung 4/1971, S. 193 ff.
[19] Mundhenke, E., R.v. Lützau u. H. M. Sneed: Aufbau eines Informationssystems für Hochschulen. Zeitschrift für Datenverarbeitung 8/1970, S. 172 ff, 262 ff und 331 ff.
[20] Salesch, S. W.: Vermeidbare Fehler bei der Entwicklung und Einführung von ADV-Systemen. Referat auf der HIS-Ausbildungsveranstaltung „Einführungen in die EDV-Systementwicklung" vom 19. 3. bis 21. 3. 1973 in Hannover.
[21] Sedlmayer, H.: Die Entscheidungstheorie als Rationalisierungsinstrument für Software-Projekte. Zeitschrift für Datenverarbeitung 7/1972, S. 559 ff.
[22] Statistisches Bundesamt, Fachserie A. Bevölkerung und Kultur, Reihe 10 Bildungswesen, V. Hochschulen, Hochschulbesuch (kleine Hochschulstatistik), Wintersemester 1971/72. Stuttgart und Mainz.
[23] Sternberger, K.: Der Einsatz von EDV-Verfahren an den Verwaltungen der Universitäten und der Technischen Hochschule des Landes Nordrhein-Westfalen (Manuskript). Bonn Februar 1973.
[24] Wirth, U.: Probleme der Implementation von ADV-Systemen in der Hochschule. Universität Tübingen Planungsamt 1973 (Referat auf der HIS-Ausbildungsveranstaltung „Informationssysteme für die Hochschulplanung und -verwaltung vom 18. 6. bis 20. 6. 1973 in Hannover).

9. Ausgewählte Beispiele aus dem Ausland

Es können nicht alle Entwicklungen und Anwendungen von Informationssystemen für Hochschulverwaltung und -politik aufgezeigt werden. Wir beschränken uns daher vor allem auf die Bemühungen einzelner überbetrieblicher Organisationen und Hochschulen, unter besonderer Beachtung des National Center for Higher Education Management Systems (NCHEMS) at WICHE in den USA.

9.1 Nordamerika

Die jüngste Entwicklung[1] in den USA ist dadurch gekennzeichnet, daß auf Grund der knapper werdenden Finanzmittel die Hochschulen immer mehr unter Druck geraten, ihr „Management" zu verbessern:
- Die Hochschulen sehen sich aufgrund der knapper werdenden Mittel gezwungen, ihre Ressourcen noch effektiver als vorher einsetzen zu müssen
- die den Hochschulen zugewiesenen Mittel werden zunehmend an Bedingungen geknüpft.

Der Zwang einer intensiveren Nutzung der Ressourcen ist zwar eine graduelle Änderung, denn Ressourcen waren auch vorher nicht in Überfluß vorhanden. Dagegen bedeuten die auferlegten Bedingungen eine prinzipielle Änderung: das Rechnungswesen soll nicht nur die ordnungsgemäße Verwendung der Mittel dokumentieren, die finanzierenden Stellen verlangen darüber hinaus den Nachweis, daß auch der gewünschte Nutzen aus den gewährten Ressourcen fließt, die in das „Unternehmen Bildungswesen" gesteckt werden ("are the products of higher education worth the costs?", "what are we buying for our educational dollars?").
Diesem Druck auf den Hochschulbereich trägt auch das Arbeitsprogramm des National Center for Higher Education and Management Systems at WICHE Rechnung.

9.1.1 National Center for Higher Education Management Systems (NCHEMS) at WICHE

9.1.1.1 Ursprung des NCHEMS

Die uns bekannte bedeutendste überbetriebliche Institution ist das National Center for Higher Education Management Systems (NCHEMS) at WICHE in Boulder/Colorado in USA.[2] NCHEMS ist bei der Western Interstate Commission for Higher

[1] Als „Klassiker" für computergestützte „Management-Informationssysteme" im Bereich der Hochschulen werden in den USA Baugham/Brady [6], Judy/Levine [44] und Keeney/Koenig/-Zemach [47] angesehen. In den USA spricht man durchweg von „management" und differenziert nicht nach Verwalung und Politik (siehe Kapitel 1.1).

[2] Die Entwicklung des NCHEMS Ende 1970 ist ausführlicher in [58], S. 3 ff. dargestellt. Diese Darlegungen konnten aufgrund der Auswertung jüngerer Veröffentlichungen sowie aufgrund von Gesprächen aktualisiert werden (Stand: Ende 1973).

Education (WICHE) angesiedelt. Das ist eine Non-profit-Organisation im tertiären Bildungsbereich, die 1953 von 13 westlichen Staaten der USA gegründet worden ist und bald die beiden Abteilungen Division of General Regional Programs und Division of Mental Health and Related Areas umfaßte.

Im Jahre 1965 schlug ein Ausschußmitglied des Staates Utah zum erstenmal vor, WICHE solle sich mit dem Einsatz der ADV im Hochschulmanagement befassen, um auch vergleichbare Informationen zwischen den einzelnen Mitgliedsstaaten austauschen zu können.

Der Weg dieser Idee war Gegenstand zahlreicher, teils komplizierter Verhandlungen, die nicht ohne Auswirkungen auf das Arbeitsprogramm waren, bis sie sich 1971 als ein National Center konkretisieren konnte.

Nach mehreren vorbereitenden Sitzungen[3] wurde bei WICHE 1967 als dritte Abteilung das „Management-Informations-Systems-Program" (MISP) eingerichtet. Die vom Office of Education unterstützte Arbeit begann im Februar 1968, dem Programm traten auch die beiden nichtwestlichen Staaten New York und Illinois bei. Im Dezember 1969 wurde die Ausdehnung des MISP auf alle Staaten der USA beschlossen. Dies ließ bereits den nationalen Rahmen gegenüber der ursprünglichen Beschränkung auf 13 westliche Staaten erkennen. Im September 1970 wurde das MISP, inzwischen auch von der Ford-Foundation unterstützt, in Planning and Management Systems Division (PMS) umbenannt.

Seit Mai 1971 firmiert das etwas modifizierte PMS-Programm als National Center for Higher Education Management Systems at WICHE, weil

- dieser neue Name dem nationalen Charakter der PMS-Aktivitäten besser gerecht wird,

Fortsetzung Fußnote[2]

Zu NCHEMS siehe vor allem die eigenen Darstellungen [60; 61; 62 und 63] sowie folgende laufende Informationen: Higher Education Management (2–3/Jahr à 4 Seiten, meistens einem Generalthema gewidmet) und Newsletters (unregelmäßig, 1–2 Seiten mit vorwiegend technischen und organisatorischen Informationen).

Als Beispiel einer weiteren überbetrieblichen Institution in diesem Arbeitsbereich sei vor allem auf „College and University Exchange System" (CAUSE) hingewiesen. CAUSE ist eine nationale Institution, die Informationssysteme im Bereich der Hochschulverwaltung fördert. Die Hauptziele von CAUSE sind [55]:

- Clearingstelle für den Austausch von Informationen, Anwenderprogrammen und Informationssystemen zwischen Hochschulen
- Katalysator und Unterstützung von kooperativen Bemühungen in der Entwicklung verbesserter Systeme, Operationen und Standards
- Unterstützung der allgemeinen Förderung der Technologie von Informationssystemen und des Managements der ADV im Hochschulwesen.

CAUSE will diese Ziele vor allem mit folgenden Programmen erreichen

- Austausch von Systemen (vor allem durch zentralen Nachweis austauschbarer operationaler ADV-Systeme im Verwaltungsbereich)
- Publikation (Newsletters „CAUSE Information" und andere Schriften)
- Projektaktivitäten (vor allem Zusammenführen von Experten im Bereich der ADV in der Verwaltung, um Berichte über den aktuellen Stand auf verschiedenen Gebieten des Arbeitsbereichs zu veröffentlichen).

[3] Das Ergebnis dieser Sitzungen wurde in [97] niedergelegt.

- das Office of Education[4] das NCHEMS als ,,National Center" anerkannt hat, womit das Ministerium sich gegenüber NCHEMS zur Grundfinanzierung der Arbeiten verpflichtet. Die Basisfinanzierung durch das Ministerium beträgt für den Zeitraum vom 1. 12. 1973–30. 11. 1974 1,72 Mio. Dollar.[5]

Das Jahresbudget von NCHEMS beläuft sich auf 1,88 Mio. Dollar. Am NCHEMS-Programm partizipieren derzeit alle Staaten der USA mit insgesamt über *700* Hochschulen bzw. Institutionen im tertiären Bildungsbereich. Der Grad der Zusammenarbeit mit NCHEMS reicht von der Ernennung eines Verbindungsmanns zu NCHEMS bis zur speziellen Verpflichtung einer konkreten Zusammenarbeit einschließlich des Abstellens von Personal.

9.1.1.2 Ziele des NCHEMS

Die wesentlichen Ziele des NCHEMS sind die Verbesserung
- des ,,Managements" der Hochschulen
- der Koordinierung im Hochschulbereich auf Landesebene ("statewide coordination")
- der Entscheidungsfindung auf der höchsten nationalen Ebene.

Diese Ziele sollen durch Design, Entwicklung und Implementierung von Methoden für die Gewinnung von relevanten Informationen über den tertiären Bereich verwirklicht werden – und zwar auf der Ebene der Hochschulen, der Staaten und des Bundes – sowie durch Schulung der (potentiellen) Anwender. Dabei wird auch der Austausch von vergleichbaren Daten zwischen den teilnehmenden Hochschulen angestrebt.

NCHEMS geht von einem allgemeinen einheitlichen Konzept des Planungs- und Managementprozesses im tertiären Bereich aus (Abb. 9–1)[6]. Dabei hat sich NCHEMS auf zwei Problemkreise beschränkt, weil man sich davon den größten Erfolg verspricht: Modelle für Programmplanung und Zuteilung von Ressourcen ("Program planning and resource allocation") sowie Entwicklung einer Kommunikationsbasis ("communication base"). Beides bedingt Entscheidungen über alternative Wege zur Problemlösung, die zwar zum selben Ergebnis kommen, aber auf unterschiedlichen Methoden beruhen und unterschiedliche Kosten verursachen.

Die Programmplanung und Zuteilung von Ressourcen lassen sich in vier Elemente zerlegen:
- Auswahl operationalisierter Ziele;
- Auswahl brauchbarer Programme zur Realisierung der ausgewählten operationalisierten Ziele. Für jedes Programm muß ein output spezifiziert werden.

[4] Das US Office of Education ist eines der drei Ressorts des Bundesministeriums für Health, Education und Welfare (HEW) in Washington D. C.

[5] Hinzu kommen Zuwendungen für spezielle vom HEW gewünschte Projekte wie HEGIS VIII (Bundesstatistik für tertiären Bereich), Cost Finding Principles, Higher Education Finance Manual, Facilities Inventary Classification Manual, Manpower Accounting Manual, National Planning Model, Space Analysis Manual mit insgesamt 0,3 Mio. Dollar. (Zahlen aus [63]).

[6] [60, S. 5] und [28, S. 51]. Eine Zuordnung einzelner NCHEMS-Projekte zu diesem Prozeßmodell gibt [28, S. 58].

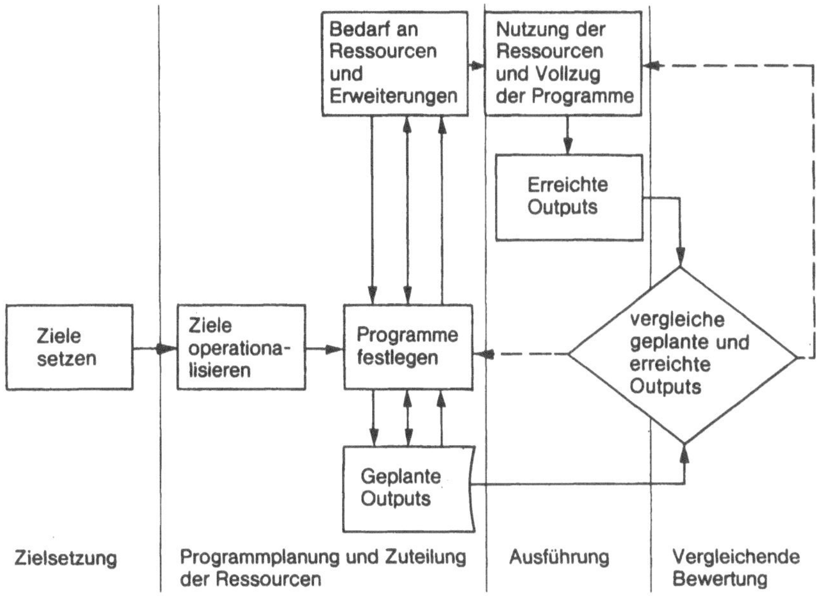

Abb. 9–1. *Prozeßmodell des „Managements" in Hochschulen*

- Für jedes Programm müssen die erforderlichen Ressourcen kalkuliert werden (Raum, Personen, Ausstattung, finanzielle Mittel)
- Vergleich alternativer Programme durch die Entscheider. Das bedingt einen iterativen Vergleichsprozeß der geplanten outputs mit den zu erwartenden Kosten, bis ein brauchbarer Plan zu vertretbaren Kosten ermittelt werden konnte.

Diese vier miteinander verbundenen Vorgänge (Zielsetzung, Programmplanung und Zuteilung der Ressourcen, Ausführung, vergleichende Bewertung) laufen im allgemeinen auf allen Ebenen des tertiären Bereichs ab (vom Bundesminister bis zur Ebene des Departments), die Vorgänge sind interdependent. NCHEMS vertritt die Auffassung, daß dieser „Planungs- und Managementprozeß" im hohen Maß von den Informationen über diesen Prozeß sowohl auf einer Ebene als auch zwischen den Ebenen abhängt. Das erfordert eine einheitlich definierte Datenbank, die den Informationsbedürfnissen aller Ebenen genügen muß.
Der Informationsprozeß wird durch eine umfassende Kommunikationsbasis organisiert, die die vier Bereiche (horizontal) und zugleich auch alle Ebenen (vertikal) verbindet (Abb. 9–2).
Das NCHEMS-Programm „Kommunikationsbasis" soll ein standardisiertes, umfassendes und integriertes Kommunikationssystem entwickeln, das die Verwendung und den Austausch von vergleichbaren Daten zwischen und innerhalb der im Rahmen von NCHEMS kooperierenden Institutionen erleichtern soll. Teilnehmer des NCHEMS werten die Entwicklung einer Kommunikationsbasis als primäres und grundlegendes Programm gegenüber allen anderen Bemühungen zur Einführung

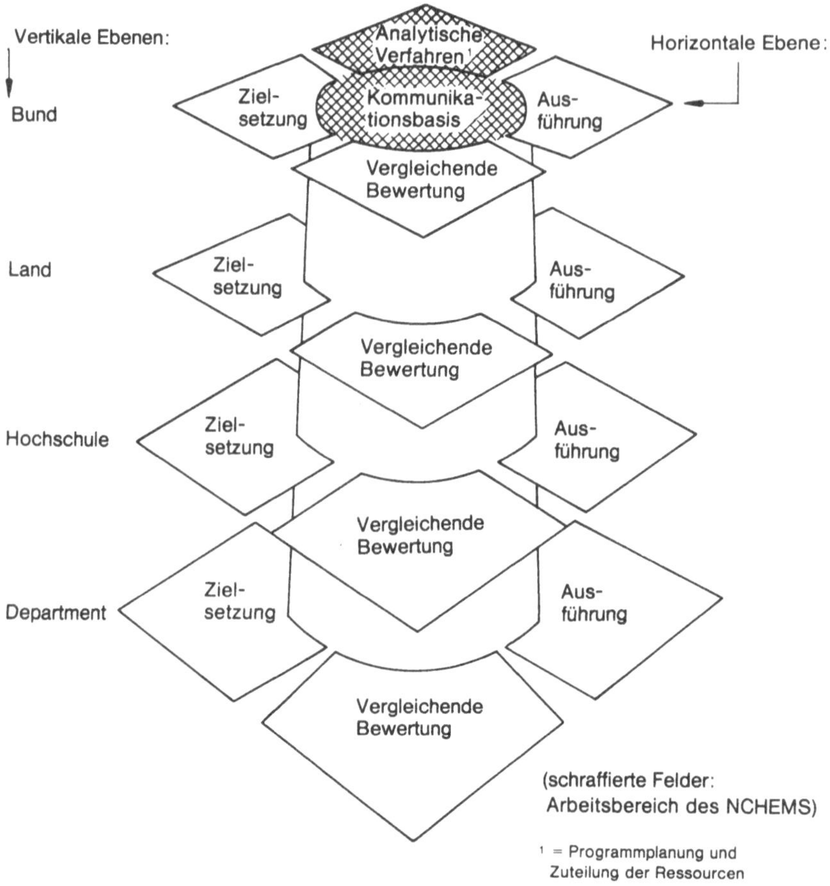

Abb. 9–2. *Kommunikationsbasis – horizontal und vertikal*

kompatibler „Management-Informationssysteme". Ohne eine standardisierte Kommunikationsbasis kann der interne Managementprozeß nicht für Zwecke der Analyse, Planung und Zuteilung von Ressourcen integriert werden; weiterhin könnten auch nicht Daten, die bei den gleichen Managementprozessen auf anderen organisatorischen Ebenen benötigt werden, zwischen den Institutionen für sinnvolle Vergleiche ausgetauscht werden.
Das NCHEMS-Programm „Analytische Verfahren" (Programmplanung und Zuteilung der Ressourcen) richtet sich an die Entscheider, Informationen aus der Kommunikationsbasis auf aktuelle Entscheidungen über Ressourcenzuteilung zu beziehen. Verfahren und Techniken sind erforderlich, die den Entscheidern erlauben, komplexe Beziehungen zwischen Aktivitäten und Ressourcen modellhaft zu betrachten und die Auswirkung alternativer Entscheidungen auf diese Verhältnisse schnell zu bestimmen.

9.1.1.3 Organisation des NCHEMS

NCHEMS ist aufgrund seiner historischen Entwicklung eine Abteilung von WICHE. Es gliedert sich in die beiden Abteilungen „Forschung und Entwicklung" und „Anwendung und Einführung" (einschließlich Ausbildung), in denen fast 50 wissenschaftliche Mitarbeiter tätig sind.

Abb. 9–3 informiert über das Zusammenspiel der organisatorischen Einheiten bei NCHEMS: Die institutions (Colleges and Universities) und die coordinating agencies (z. B. California Coordinating Council for Higher Education, Colorado Commission of Higher Education) entsenden Vertreter in die drei Beiräte des NCHEMS. Diese beraten die Arbeit der beiden Abteilungen. Über das NCHEMS-Personal hinaus ist auch die „Basis" in die Projektarbeit eingeschaltet: es werden „task forces" gebildet, also spezielle Arbeitsgruppen, die aus anerkannten Computer- und Verwaltungsfachleuten vorwiegend aus Hochschulen bestehen. Diese task forces, im allgemeinen etwa zehn Personen, diskutieren etwa alle zwei Monate mit dem NCHEMS-Projektverantwortlichen über dessen Projekt.

NCHEMS hat die alte Beiratsstruktur im wesentlichen beibehalten. In diesen Beiräten sind Mitglieder von allen Typen von Hochschulen und Institutionen (regionale, Landes- und Bundesebene) vertreten.

Das National Advisory Panel dient als Resonanzboden und steuert die Beratung von Institutionen auf nationaler Ebene bei.

Das Board of Directors entscheidet über das Arbeitsprogramm des NCHEMS und wacht über den Fortgang der Arbeiten.

Das Technical Council dient der Beratung des Board of Directors und des NCHEMS hinsichtlich der allgemein technischen Entwicklung des Programms.

9.1.1.4 Projekte des NCHEMS – Übersicht

Die folgenden Kurzbeschreibungen gliedern die NCHEMS-Projekte nach den beiden Arbeitsbereichen:[6a]

A. Kommunikationsbasis mit Projekten über
1 Definitionen
2 Strukturierungen
3 Prinzipien und Verfahren

B. Programmplanung und Zuteilung von Ressourcen mit Projekten über
1 Allgemeine Verfahren
2 Analytische Instrumente
3 Spezielle Anwendungen.

Lediglich das Resource Requirements Prediction Model (gehört zu B.2) wird unter 9.1.1.5 etwas ausführlicher dargestellt.

Nach der Umwandlung des PMS in das National Center sind mehrere Projekte, die die Landesebene betreffen, hinzugekommen; außerdem wurden mehrere Problemkreise näher differenziert, was eine Ausweitung der Zahl der Projekte zur Folge hat: Aus dem Projekt Student Flow Model wurden z. B. nun die Projekte Statewide Stu-

[6a] Während der Drucklegung erschien der NCHEMS-Jahresbericht 1973 [63 a].

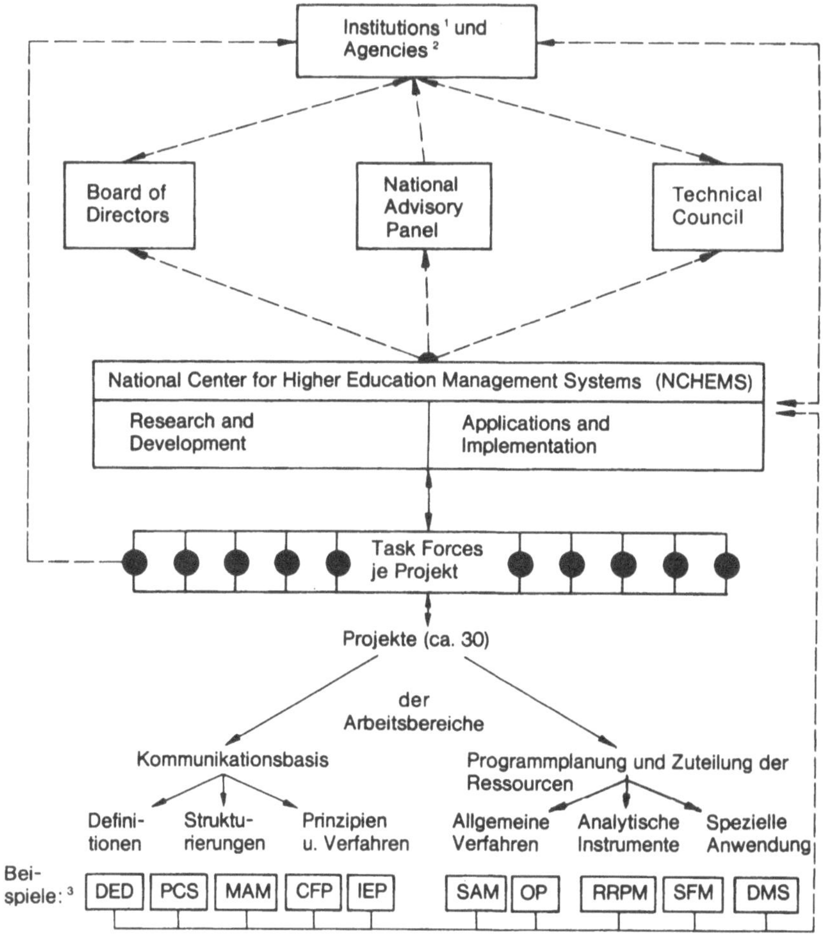

1 Das sind vor allem: colleges und universities, gegliedert nach öffentlicher und privater Trägerschaft sowie nach Größe; ferner community colleges und multi-campus-institutions

2 Das sind: Councils, Boards, Agencies, Regional Associations und (hier aus anderer Sicht: multi-campus-institutions)

3 DED = Data Element Dictionaries; PCS = Program Classification Structure, MAM = Manpower Accounting Manual, CFP = Cost Finding Principles, IEP = Information Exchange Procedures; SAM = Space Analysis Manuals; OP = Outcomes Planning, RRPM = Resource Requirements Prediction Model; SFM = Student Flow Model; DMS = Departmental Management Systems

Abb. 9–3. *Organisation des NCHEMS*

dent Flow Model II-A, Student Flow Analysis, Student Flow Model I-A und Student Flow Model Research.
Teilweise werden auch zwei Ausbildungsprogramme zu den Projekten gerechnet: Die Ausbildung für die Zustimmung der Anwender und für die Einführung der NCHEMS-Management-Instrumente und -Techniken (Training and Implementation) sowie ein zeitweiser Aufenthalt in NCHEMS, um das Programm kennenzulernen und gegebenenfalls daran mitzuarbeiten (Visiting Professionals Training Program).

Zu A1: *Kommunikationsbasis – Definitionen*
1. Data Element Dictionary (2. Aufl.)
Entwicklung einer standardisierten Zusammenstellung einer Terminologie von Datenelementen, die in den verschiedenen Produkten des NCHEMS verwendet werden. Es ist die Grundlage der meisten Projekte des NCHEMS. Es bietet jenen Institutionen einheitliche Datenelemente, die ihre Datenbanken so aufbauen wollen, daß sie an den verschiedenen NCHEMS-Projekten teilhaben können. Außerdem erfordert ein späterer Austausch von Informationen zwischen den einzelnen Hochschulen eine gemeinsame Teilmenge von Datenelementen in allen am Austausch partizipierenden Hochschul-Datenbanken.
Data Element Dictionaries gibt es für Studenten, Personal, Facilitäten, Lehrveranstaltungen und Finanzen [82; 83; 84; 85; 86][7].
2. Glossary
Eine Zusammenstellung der Definitionen der Datenelemente (vor allem jene, die durch Kombinationen der grundlegenden Datenelemente entstanden) und andere grundlegende Terminologien, die von den verschiedenen Produkten des NCHEMS verwendet werden.
3. Statewide Data Elements
Kennzeichnung und Definition ausdrücklich jener Datenelemente, die für Planung auf Landesebene benötigt werden. Diese Aktivität wird die Arbeiten an der 2. Ausgabe des Data Element Dictionary ergänzen.

Zu A 2: *Kommunikationsbasis – Strukturierungen*
4. Program Classification Structure [26]
Entwicklung einer Programmstruktur[8], die ein standardisiertes Mittel der Kennzeichnung, Organisation und Beschreibung der Aktivitäten im tertiären Bildungsbereich liefert. Die Program Classification Structure ist die Grundlage für die Entwicklung einer für den interuniversitären Austausch von Informationen erforderlichen gemeinsamen Sprache; damit sollen gleichzeitig Planung und Analyse erleichtert werden.

[7] 2. Ausgabe steht vor dem Abschluß.
[8] Als Programme werden die Aufgaben einer Institution bezeichnet; die noch tiefer gegliedert werden in Subprogramme, Programmsektoren, -Subsektoren und schließlich in Programmelemente. Siehe dazu [26].

5. Manpower Accounting Manual
Umfassende und systematische Zusammenstellung von Kategorien, wodurch der Einsatz von manpower, einschließlich des Lehrkörpers, mit beruflichen Aktivitäten und Funktionen der Hochschule verbunden werden kann.
6. Program Measures [88]
Kennzeichnung und Beschreibung der quantitativen Indikatoren, die dazu dienen sollen, die Ressourcen und Aktivitäten zu messen, die mit den Programmelementen (definiert durch die Program Classification Structure) verbunden sind.
7. Higher Education Finance Manual [19]
Bestimmung der für Planung, Budgetierung und Berichtswesen erforderlichen Finanzdaten, die den tertiären Bildungsbereich betreffen sowie Aufzeigen empfohlener Verfahren zur Sammlung und Bereitstellung solcher Daten für den Higher Education General Information Survey (HEGIS)[9].
8. Facilities Inventory Classification Structure
Prüfen und Novellieren der Federal Higher Education Facilities Classification und Inventory Procedures Manual entsprechend der Erfahrung, die mit der Verwendung des derzeitigen Handbuchs gewonnen wurde und der Erfahrung mit jüngsten Entwicklungen der Planung und des Managements im tertiären Bildungsbereich [69].
9. Statewide Program Structure
Entwicklung einer Programmstruktur, die als Basis für die Datensammlung und Analyse zur Unterstützung der Planung und des Managements im tertiären Bildungsbereich auf Landesebene dienen soll. Diese Struktur soll auch als Rahmen für die Entwicklung generalisierter Modelle dienen, die speziell für die Verwendung auf Landesebene konzipiert werden.

Zu A 3: *Kommunikationsbasis – Prinzipien und Verfahren*
10. Cost Finding Principles [102]
Entwicklung von Verfahren zur Durchführung von Kostenanalysen in Hochschulen. Diese Verfahren werden die Methodologie zur Kennzeichnung, Verteilung und Zuteilung von Kosteninformationen auf die Programm-Aktivitäten von Hochschulen definieren.[10]
11. Faculty Activity Analysis Procedures [68]
Entwicklung eines Handbuchs, das eine standardisierte Methodologie für die Kategorisierung von Leistungen des Lehrkörpers usw. und einer Verteilung der Leistungen des Lehrkörpers auf die Programme einer Hochschule liefert.
12. Information Exchange Procedures [70]
Definition der Konventionen, wie Daten aggregiert und für den Austausch zwischen jenen Institutionen bereitzustellen sind, die solche Daten als Teilnehmer am NCHEMS austauschen möchten.

[9] „HEGIS" ist die Statistik über den tertiären Bildungsbereich, die das National Center for Educational Statistics (NCES) herausbringt. Die „HEGIS-Taxonomy" wurde vom NCHEMS-Direktor der Abteilung Applications and Implementations vor allem auf der Basis der Data Element Dictionary und der Program Classification Structure geschrieben. NCHEMS unterstützt NCES dabei, die Wünsche der HEGIS-Benutzer zu ermitteln.
[10] Dazu wurde auch die entsprechende Software [8] entwickelt.

Zu B 1: *Programmplanung und Zuteilung von Ressourcen – Allgemeine Verfahren*
13. Space Analysis Manual
Zusammenstellung von Methoden (auf Hochschulebene) zur Bewertung der gegenwärtigen Kapazität von Gebäuden, Raumnutzung, Ermittlung des zukünftigen Raumbedarfs.
14. Outcomes Planning
Entwicklung von Maßstäben (Indikatoren oder andere Maßstäbe) der Ergebnisse des tertiären Bildungsbereichs und Einsatz dieser Maßstäbe in der Bildungsplanung in der Weise, daß sie gebrauchsfähig sind.[11]
15. Federal Financing for Higher Education
Entwicklung brauchbarer Verfahren für die Gewährung von Bundesunterstützung an Studenten, Hochschulen und/oder Länder, die spezielle Voraussetzungen erfüllen.
16. Programm Budgeting Manual
Entwicklung von generalisierten Verfahren und Richtlinien für die Aufstellung eines Programmbudget-Systems in einer Hochschule.
17. Faculty Activity Analysis Manual [7]
Entwicklung eines Handbuchs, das Richtlinien für die Analyse der Aktivitäten des Lehrkörpers liefert. Dieses Handbuch enthält auch empfehlenswerte Verfahren für verschiedene analytische Untersuchungen und Richtlinien für die Datensammlung.
18. Student Flow Analysis
Entwicklung und Veröffentlichung eines Handbuchs über die verschiedenen Verfahren und statistischen Techniken für die Analyse des Studienverlaufs und der Projektion der Präferenzen von Studenten.

Zu B 2: *Programmplanung und Zuteilung von Ressourcen – Analytische Instrumente*
19. Resource Requirements Prediction Model[12]
Entwicklung und Anwendung einer Reihe von generalisierten Computerroutinen, die den Hochschulmanagern bei der schnellen Bestimmung zukünftiger Ressourcenzuteilung (und der daraus sich ergebenden Implikationen) und den Planungsentscheidungen helfen sollen.
20. Student Flow Model I-A [40; 41]
Entwicklung eines computergestützten Simulationsmodells, das die historischen Erfahrungen einer Hochschule im Studienverlauf (z. B. strukturelle Charakteristiken) nutzt, um zukünftiges Immatrikulationsverhalten zu schätzen, und zwar nach Studienabschnitt[13] und Hauptfach.
21. Student Flow Model Research [53]
Entwicklung analytischer Modelle, die bei der Vorhersage der Immatrikulationen und des Studienverlaufs helfen sollen.

[11] Vgl. dazu die Vorstudien [50]; ferner die Untersuchungen von [89] außerhalb von NCHEMS.
[12] Siehe im einzelnen 9.1.1.5.
[13] "student level": Das Studium an US-Hochschulen ist stärker in Studienabschnitten gegliedert z. B. Freshman (1. Studienjahr), Sophomore (2. St.), Junior (3. St.), Senior (4. St.) im Undergraduate Studium.

22. Resource Utilization Analysis
Entwicklung von Techniken, die die Hochschulen in der effizienteren Nutzung der ihnen verfügbaren Ressourcen unterstützen sollen.
23. Program Budget Estimator
Entwicklung eines aktivitätengestützten, departmentorientierten Simulationsmodells, um die Anwendung von Program-Budgeting im tertiären Bildungsbereich zu unterstützen.
24. Statewide Student Flow Modell II-A
Ausweitung der Ergebnisse des ursprünglichen Student Flow Models auf der Hochschulebene (Projekt I-A) auf die Probleme der Studentenbewegungen zwischen den Hochschulen.
25. Statewide Higher Education Resource Prediction Model
Entwicklung eines computergestützten Simulationsmodells, das die Schätzung des Ressourcenbedarfs im tertiären Bildungsbereich auf Landesebene erleichtern soll.

Zu B 3: *Programmplanung und Zuteilung von Ressourcen: Spezielle Anwendungen*
26. Statewide Planning
Konzipierung der Probleme der Planer und Entscheider auf Landesebene aus der Sicht moderner Managementprinzipien. Wenn das Konzept entwickelt worden ist, wird man sich mit der Bestimmung der Notwendigkeit für und der Durchführbarkeit der spezifischen Aktivitäten und Instrumente für Planung und Management auf Landesebene befassen [66].
27. Departmental Management Systems
Entwicklung einer Zusammenstellung grundsätzlicher Instrumente, die ein Dekan zur Durchführung seiner Arbeiten wie Zuteilung von Ressourcen, maximale Nutzung der Ressourcen, Personalmanagement, Forschung, Projektion der Entwicklung des Departments, Ergänzung von Lehrprogrammen usw. nutzen kann.

9.1.1.5 Projekt: Resource Requirements Prediction Model

Das Resource Requirements Prediction Model (RRPM 1) soll (vor allem durch Beantwortung von „What if?"-Fragen) die Auswirkungen alternativer Entscheidungen auf den Bedarf an bestimmten Ressourcen vorhersagen und Alternativen hinsichtlich langfristiger Auswirkungen beurteilen [25; 27; 32].
RRPM-1 ist ein hochschulorientiertes, computergestütztes Simulationsmodell, das die Kosten des Hochschulbetriebs für einen Zeitraum von 10 Jahren simuliert. RRPM will die bisherigen Schwierigkeiten in der Anwendung von Modellen (zu komplex, zu schwierig verständlich, zu groß, zu teuer) vermeiden, ohne dabei zu sehr vereinfachen zu müssen. RRPM-1 liefert eine mathematische Umwandlung von Programmaktivitäten in Ressourcenbedarf. Es soll Entscheidern dadurch helfen, daß es quantifizierte Ermittlungen des Bedarfs an allen Ressourcen für die jeweilige Hochschule liefert.
Bei der Entwicklung von RRPM-1 waren folgende Kriterien maßgeblich: pragmatische Konzeption, minimaler Datenbedarf für Planungsentscheidungen auf der ausführenden Ebene, Beschränkung auf die Rechenkapazität eines Computers mittlerer

Größe. Wichtig für die Entwicklung dieses Modells war auch die Tatsache, daß ein für viele Hochschulen in wirtschaftlicher Weise verwendungsfähiges, also generalisiertes Modell zu entwickeln war.

RRPM basiert auf der Program Classification Structure (s. Projekt Nr. 4), das als gemeinsame Sprache für einen Austausch von Informationen dient. Jede Hochschule kann Verfahren erarbeiten, das die Übersetzung (cross over) des eigenen Formats in das von RRPM verwendete standardisierte Format ermöglicht.

Einen Einblick in den Beitrag des RRPM-1 zum Planungs- und Entscheidungsprozeß gibt Abb. 9–4: Auf den (operationalisierten) Zielen aufbauend, bestimmen die Entscheider die Zuteilung der Ressourcen auf die sieben Hauptprogramme der einzelnen Hochschule. Die Hochschuldatenbank enthält die historischen Daten der Aktivitäten und des Ressourcenbedarfs der einzelnen Programme. Diese historischen Daten werden als input herangezogen, z. B. Prognose der zukünftigen Immatrikulationen, Präferenzen der Studenten usw. Aufgrund zahlreicher Computerroutinen wird der Ressourcenbedarf (Personal, Facilitäten, Dollar) ermittelt.

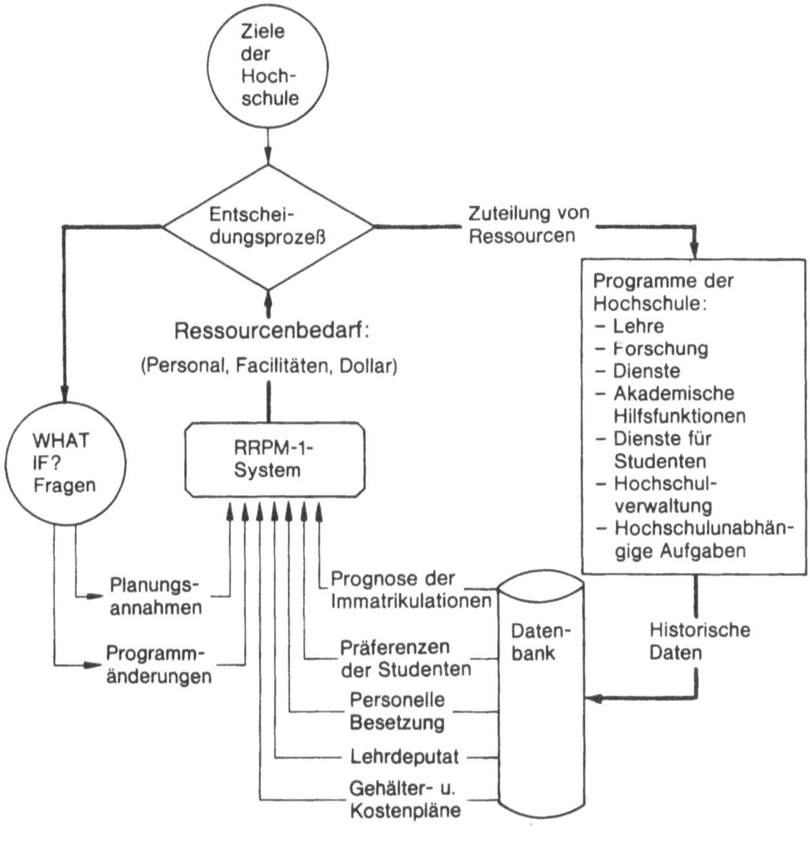

Abb. 9–4. *Grundstruktur des RRPM-1*

Das Modell erlaubt die Verarbeitung von Daten aus neun Kategorien: bis zu 30 Programme der Hochschule (einschließlich Lehre, Forschung, Dienste); bis zu 90 Departments oder Disziplinen; 4 Typen der Lehre; 4 Ebenen der Lehrveranstaltungen; 7 Studienabschnitte; bis zu 90 Hauptfächer; 6 Typen des akademischen und 4 Typen des nicht-akademischen Personals sowie 22 Raumtypen. RRPM kann für prognostizierende (zukünftiger Ressourcenbedarf) und für experimentelle Zwecke (Untersuchung relativer Änderungen aufgrund alternativer Ziele) verwendet werden.
Zum Betrieb des Modells benötigt eine Hochschule eine Person full-time, eine weitere wichtige Voraussetzung ist die Bereitschaft der Entscheider, dieses Modell auf ihre Verhältnisse hin zu überprüfen und zu implementieren.
Die erste Version des RRPM–1, die Version RRPM 1.1, basierte auf dem an der University of California konzipierten und von NCHEMS-Mitarbeitern sowie einer task force weiterentwickelten cost simulation model [92, 18]. Die Version RRPM 1.2 war eine daraus abgeleitete erste operable Version. Sie wurde von 8 Pilotanwendern implementiert, diese repräsentierten die unterschiedlichen Typen und Größen (1.100 bis 30.000 Studenten) von Hochschulen der USA. Aufgrund der Ergebnisse dieser Pilotanwendungen [36] – mehrere Hochschulen nutzten sie auch als Stimulans für Entwicklung eigener Modelle – wurde das RRPM 1.2 weiter modifiziert und Mitte 1971 als RRPM 1.3 von NCHEMS für den Einsatz an Hochschulen freigegeben.
Die Version 1.3 wurde an rund 70 Hochschulen implementiert. Sie war als generalisiertes Modell konzipiert, gleichzeitig wurden jedoch speziellere Versionen vorbereitet: Version 1.4 für „Community-Colleges" und Version 1.5 für „State-Colleges". Trotz der angestrebten generellen Einsetzbarkeit der Version 1.3 führten weitere Modifikationen zur Version 1.6. Das RRPM 1.6 benötigt weniger Kernspeicher und ist – infolge einiger Aggregationen – noch generalisierbarer und konzeptionell einfacher als die Version 1.3. Die Version 1.6 [16; 17; 64; 65] wurde 1972 zum erstenmal implementiert, bislang haben ca. 175 Hochschulen der USA das RRPM 1.6 eingeführt. Derzeit sind die RRPM-Versionen 1.3 und 1.6 einsatzfähig und werden von NCHEMS gepflegt.
Neben NCHEMS haben auch andere Institutionen Simulationsmodelle [56, S. 183 ff] entwickelt und in amerikanischen Hochschulen eingeführt. Das wichtigste konkurrierende Simulationsmodell ist das von der Systems Research Group (S. R. G.) entwickelte CAMPUS-Modell. CAMPUS ist ein Akronym für „Comprehensive Analytical Methods of a Planning in University Systems". S. R. G. erhielt ebenso wie NCHEMS eine Unterstützung durch die Ford-Foundation zur Weiterentwicklung dieses Modells.
Derzeit werden CAMPUS-Modelle in den Versionen VII [78] und VIII [79] angeboten. Der bedeutendste Vorläufer ist die Version V [43], sie mußte komplett neu programmiert werden, damit ein modularer Aufbau erreicht werden konnte (CAMPUS VI). Die umfassendste Version ist das CAMPUS VIII.
CAMPUS-Modelle wurden an ca. 50 Hochschulen implementiert. Sie laufen nur auf IBM-Anlagen, mit Ausnahme des CAMPUS-COLORADO, eine spezielle Anwendung der Version VI für CDC-Anlagen im Staate Colorado [33].
Im Vergleich zu RRPM ist CAMPUS umfassender und detaillierter [35; 37; 95; 98]: CAMPUS geht von der Ebene der Lehrveranstaltungen aus, bezieht auch (gewichte-

te) Nicht-Lehraufgaben mit ein, ferner den Dozentenfluß und verfügt über mehr Planungsvariable, wohingegen RRPM auf der Ebene des Faches bzw. Departments operiert. RRPM ist dagegen einfacher einzuführen (geringerer Kernspeicherbedarf, geringerer Einführungsaufwand und -kosten, hardwareunabhängig, benutzerfreundlicher). Mehrere Hochschulen, die bereits RRPM implementiert hatten, haben danach die anspruchsvolle CAMPUS-Version eingeführt. Daraus darf nicht eine Überlegenheit von CAMPUS gegenüber RRPM gefolgert werden, vielmehr ergänzen sich beide Simulationsmodelle: RRPM kann als eine Art Lernstufe verstanden werden, die vor einer Einführung der CAMPUS-VIII-Version durchlaufen werden muß. Denn bevor man mit den Ergebnissen aus der Simulation auf der Lehrveranstaltungsebene plant, sollte man für Planungen die Simulationsergebnisse auf der Ebene des Departments im Griff haben.

9.1.2 Hochschulen

Die amerikanischen Hochschulen haben die ersten Verwaltungsbereiche bereits etwa 1960 auf ADV-Anlagen übernommen, z. B. die Universitäten Illinois (Finanzdaten, Lohn/Gehalt), Ohio State (Studentendaten). In mehreren Hochschulen gibt es nur noch wenige operationale Bereiche, die noch nicht automatisiert sind. Diese Hochschulen arbeiten aber noch heute teilweise mit diesen Systemen, die inzwischen von der Entwicklung überholt worden sind. Beispielsweise hatte die Ohio State University die gesamten Daten ihrer 50.000 Studenten 1972 noch auf Lochkarten (8 Karten/-Student) gespeichert. Während man in der Bundesrepublik Deutschland erst Ende der 60er Jahre begann, einzelne Verwaltungsvorgänge zu automatisieren, betreiben viele US-Hochschulen bereits die Sanierung der bestehenden Datenverarbeitungssysteme. Dies gibt ihnen einen nicht zu unterschätzenden Erfahrungsvorsprung: in den USA hält man es durchweg für einen Trugschluß zu meinen, man könne mit einem großen Wurf ein anspruchsvolles Informationssystem errichten – ohne vorangehenden Erfolg auf der operationalen Ebene.

9.1.2.1. Stanford University

Als das anspruchsvollste Informationssystem für Hochschulverwaltung und -politik im Ausland ist wohl das System OASIS (*O*n-line *A*dministrative *I*nformation *S*ystem) anzusprechen [74; 75; 76; 77].[14] Es wurde im Rahmen des von der Ford-Foundation mit bisher 890.000 $ (4 Jahre von 1969–1973) geförderten Projekts INFO (*I*nformation *N*etwork *f*or *O*perations) an der Stanford University in Kalifornien/USA entwikkelt, die sich mit 300.000 $ an der Finanzierung des Projekts beteiligte. Am Projekt arbeiten insgesamt (incl. Programmierer und Datenerfassungskräfte) 15 Personen. Man nahm bewußt die Möglichkeit in Kauf, daß sich nach Entwicklung und Austesten dieses Demonstrationsprojektes ergeben kann, daß der Betrieb von OASIS unwirtschaftlich ist. Daher ging die Stanford University auch keine Verpflichtung ein, das System tatsächlich einzuführen. Inzwischen hat sie die ersten Teile bereits implementiert.

[14] Vierteljährlich werden „OASIS-Newsletter" herausgegeben, die vor allem über aktuelle Entwicklung und Anwendung von Systemteilen berichten. Die Publikationen sind zu beziehen bei Project INFO, Stanford University, Stanford/California 94305.

Der Hauptbestandteil des im on-line- und batch-Betrieb zu fahrenden Systems ist die OASIS-Datenbank, eine Gesamtheit der Datenbestände verschiedener Verwaltungsstellen, die die Mehrgleisigkeit der Informationen ausmerzen, den Umfang von Datenbeständen verringern und eine geringere Fehlerquote herbeiführen soll. Man hat sich besonders um eine benutzerfreundliche Auslegung bemüht.
Die Daten sind auf einer Magnetplatte mit direktem Zugriff so organisiert, daß bei sequentieller Verarbeitung z. B. auch längere Listen ausgedruckt werden können. Außerdem hat die Datenbank mehrfache Eingänge, um wahlfreie Abfrage und Dateiverwaltung zu erleichtern. Der Datenschutz wird sowohl auf der Ebene der einzelnen Datenelemente als auch auf höheren Ebenen, z. B. der Dateien, gewährleistet.
Allgemeine (Assembler) wie auch spezielle Programme ermöglichen die on-line-Verbindung über Datensichtgeräte (SANDERS 720 CRT). Die speziellen Programme bestehen aus COBOL- oder Assembler-Anwenderprogrammen, die für spezielle Bedürfnisse der einzelnen Dienststellen geschrieben wurden. Zwei allgemeine Programme, die Abfrage und der Report-Generator, erlauben eine Dateiabfrage und eine schnelle Definition und Erstellung von Berichten (vgl. Abb. 9–5).

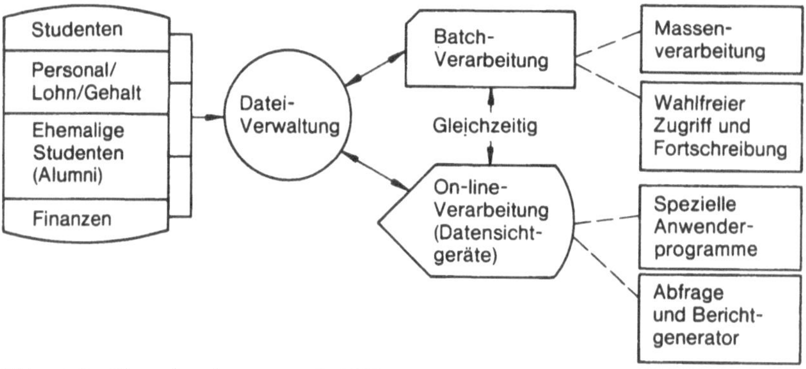

Abb. 9–5. *Grundstruktur von OASIS*

Der Kern des Systems ist die OASIS-Dateiverwaltung, die Anfragen von Programmen höherer Ebene annimmt und diese in detaillierte Anweisungen an die Datenbank übersetzt. Datenmerkmale können namentlich aufgerufen werden, d. h. ohne Rücksicht auf ihre Anordnung in der Datei. Damit ist man bei Anfragen im hohen Maße von der Dateistruktur unabhängig.
Während des Förderungszeitraums liegt das Schwergewicht auf der Entwicklung und Einführung von vier administrativen Sub-Systemen in den Bereichen Studenten, ehemalige Studenten und Spenden, Personal und Lohn/Gehalt, Finanzen. Die Förderung gilt jedoch auch der Weiterentwicklung von OASIS sowie seiner Einführung an anderen Hochschulen.
Das OASIS-System soll an der Stanford University auf einer IBM 370/145 mit 256 K laufen. Die Stanford University arbeitet mit DOS, die meisten interessierten Hochschulen sind aber an der OS-Version interessiert. Die OASIS-Software-Entwicklung

will die Möglichkeiten neuer Betriebssysteme, z. B. Nutzung virtueller Speicher, ausschöpfen.
In Stanford wurde bislang lediglich das Subsystem Studenten eingeführt. Es ist in den wesentlichen Zügen des Quartal-Zyklus (also vier „Semester"/Jahr) komplett. Noch nicht eingeführt worden sind einzelne Erweiterungen, wie Möglichkeiten der on-line-Erfassung sowie Berichte außerhalb des Quartal-Zyklus. Das Studentensekretariat verfügt nun über 3 Terminals. Weitere Subsysteme sind im Test.
Das Subsystem Studenten liefert folgende Ausdrucke: Zulassung, Immatrikulationsbescheinigung, Lehrveranstaltungsteilnehmer, Prüfungsergebnisse, Adressaten, 15 Änderungsprotokolle, Gebührenabrechnung, Studentenausweise, Adressetiketten.

9.1.2.2 University of California

Die University of California ist eine sog. „Multi-Campus-Institution" mit insgesamt 9 Campi und über 100.000 Studenten. Die Information Systems Division des Office of Vice President Business und Finance arbeitet an der Einführung eines Informationssystems mit den Subsystemen Finanzen, Studenten, Personal sowie in abgestufter Priorität: Facilitäten und Logistik.
Die University of California erhielt im April 1968 eine Zuwendung der Ford Foundation von 500.000 $, um Forschung über Hochschulverwaltung zu initiieren und im August 1971 zusätzlich 250.000 $, um dieses Forschungsprogramm fortführen zu können. Richtschnur dieses Programms ist die quantitative Forschung; ihre Ergebnisse sollen den Hochschulverwaltungen dabei helfen, sowohl die Grundfunktionen der komplexen Hochschulsysteme zu verstehen als auch die Instrumente in der Zuteilung der Ressourcen für die Bildung zu nutzen.
Die Forschungsergebnisse der ersten Jahre ergaben den konzeptionellen Rahmen, für die restliche Laufzeit des Projektes waren darauf fußende Detailstudien vorgesehen. Die bisherigen Forschungsergebnisse haben Erkenntnisse in drei großen Bereichen gebracht:[15]

1. The Outcomes of Education
   1.1. Outputs [3, 46]
   1.2. Individual and Social Benefits of Higher Education [101]
   1.3. Supply and Demand for Educated Manpower [94]
2. New Concepts and Analytical Techniques for Resource Analysis
   2.1. Concepts of the Decision Process [93, 95]
   2.2. Analytical Planning Models [96, 23, 73]
   2.3. Cost and Efficiency Analysis [52, 99, 14, 5]
3. Policy Analysis
   3.1. Finance [4]
   3.2. Academic Program Effectiveness [12, 13, 54, 100]
   3.3. Educational and Institutional Changes [1]

[15] Die im folgenden genannten Forschungsberichte stellen nur eine kleine Auswahl der erschienenen ca. 50 Berichte dar. Die Titel aller Berichte sowie Näheres zur Projektorganisation, zu den Forschungsergebnissen und ihrer Verbreitung und den zukünftigen Vorhaben ist dem Jahresbericht [90] zu entnehmen.

Im Rahmen dieses Forschungsprogramms werden auch Kongresse und Workshops veranstaltet, außerdem werden Studienaufenthalte für einige Monate gewährt.

9.2 Europäisches Ausland

Die folgenden Ausführungen beschränken sich auf kurze exemplarische Darstellungen zu einer überbetrieblichen Institution – das CERI-Programm der OECD, das jedoch nur mittelbar dem Aufbau von Informationssystemen dient – und zu einzelnen Hochschulen in Belgien und in der Schweiz.

9.2.1 Center for Higher Education and Innovation (CERI) bei der OECD

Das Center for Higher Education and Innovation (CERI) in Paris ist eine eigene Abteilung der OECD. CERI initiierte im Sommer 1969 ein Forschungsprogramm über Hochschul-Management („Institutional Management in Higher Education"). Es wird vorwiegend von der Ford-Stiftung, der Firma Shell und den am CERI-Programm partizipierenden Ministerien der OECD-Mitgliedsländer finanziert. Ziel des Programms war es, das „Management" der Hochschulen durch bessere Methoden der Zuteilung von Ressourcen und der Entscheidungsfindung zu verbessern.
In der 1. Phase des CERI-Programms (endete im November 1971) wurden zwei miteinander verbundene Aktivitäten gestartet: In acht ausgewählten OECD-Mitgliedsländern wurden Entwicklungsprojekte in Verbindung mit den zuständigen Ministerien und den Hochschulen gestartet. Daneben liefen vorwiegend unterstützende Projekte in der OECD-Zentrale in Paris. Stand und Ergebnisse dieser Projekte wurden auf der Evaluation Conference of Institutional Management in Higher Education im November 1971 in Paris vorgestellt. [15; 45; 59], siehe auch Abb. 9–6.

Ziel der 2. Phase des Programms ist[16]
- innerhalb der am Programm interessierten und ausgewählten Hochschulen sowie in einschlägigen Institutionen im Hochschulbereich eine Kapazität für ein besseres Management zu schaffen, und zwar durch Kooperation zwischen den Hochschulen untereinander und zwischen Hochschulen und Institutionen;
- eine breitere Streuung von praktikablen Methoden zu ermöglichen, und zwar durch Austausch von Informationen und Experten sowie Veranstaltung von Seminaren.

Mehrere Verbundprojekte sind bereits gestartet worden, vor allem:
- Im französischen Sprachraum wollen 8 Hochschulen (5 französische, 2 belgische und 1 schweizerische) an einem Forschungsprojekt u. a. über Methoden zur Be-

[16] Über den Fortgang des CERI-Programms berichtet das Bulletin/Programme on Institutional Management in Higher Education „Phase 2", das bei der OECD in Paris zu beziehen ist.

Hochschule/ Institution	Projekt-verantwortlicher	Thema des Forschungsprojektes
1. Technische Hochschule von Dänemark	Prof. Arne Jensen	Planning and Control of a University Management System at the University of Copenhagen [39]
2. Katholische Universität von Nijmegen, Niederlande	J. L. M. Goossens	Models Relating Educational Programmes, Research Programmes and Student Numbers to Personnel and Space Requirements at the University of Nijmegen [24]
3. University of Lancaster, United Kingdom	Prof. M. G. Simpson	Planning University Development: Cost Projections and Academic Implications for Alternative Development Strategies for Five Years and Upward at the University of Lancaster [72]
4. Universität von Novi Sad, Jugoslawien	Prof. Stjepan Han	Development and Testing of an Information System for Forecasting Student Entrants, Flows and their Success Rates at the University of Novi Sad [29]
5. Chalmers University of Technology, Gothenburg, Sweden	Claes Appelquist	Development of a Preliminary Planning, Programming and Budgeting Framework for Graduate Training and Research Activities at the Chalmers University of Technology [2]
6. University of Paris-X, Nanterre, Frankreich	Prof. Guy Terny	Faculty-Student-Industry Cooperation in the Design and Management of the Post-graduate Programme in Economics at Nanterre [81]
7. University of Bradford, Großbritannien	Prof. J. A. Bottomley	Cost-Effectiveness: A Study of Potential Economies per Student Year at the University of Bradford [9]
8. CERI	Birger Fredriksen	Report of the Results of the Survey on University Staff, Facilities and Expenditures [22]
9. Loughborough University of Technology, Großbritannien	Prof. Keith Legg	Comparative Studies in Costs and Resource Requirements for Universities [51]

Abb. 9–6. *CERI-geförderte Projekte (1. Phase des Programms)*

wertung von Einheitskosten arbeiten. Dieses Projekt soll operationale Instrumente für ein modernes „Hochschulmanagement" erarbeiten. [2 a]

- In Österreich/Schweiz wollen je drei Hochschulen in einem Forschungsprojekt über die Effizienz von Studienprogrammen, insbesondere im Hinblick auf den Studienverlauf, zusammenarbeiten. Das Projekt soll die Einflußgrößen für Erfolg bzw. Mißerfolg im Studienabschluß analysieren. Neben den bisher betrachteten vor allem sozio-ökonomischen Faktoren sollen vor allem studienorganisatorische Fragen (z. B. Wahlmöglichkeiten von Fächern) untersucht werden.

Weitere Projekte sollen u. a. Forschungsfinanzierung, Studien- und Berufsberatung, Strukturvergleiche von Hochschulen untersuchen.

Die bisher vorgelegten Ergebnisse der Forschungsprojekte schließen in der Regel mit Berichten ab, Computer-Programme werden nicht vorgelegt. Der Nutzen einer internationalen Zusammenarbeit ergibt sich vorwiegend aus dem Gedankenaustausch, den daraus folgenden Denkanstößen; er besteht kaum in der Lösung von Detailproblemen. Das liegt auch an den Unterschieden in den Hochschulstrukturen der einzelnen Länder, die meistens noch Mühe haben, im eigenen Lande zu Vereinheitlichungen, z. B. Standards, zu gelangen.

9.2.2 Hochschulen

Es gibt auch noch keine Hochschule im europäischen Ausland, die ein komplettes Informationssystem eingeführt hat. Am frühesten haben Universitäten der Schweiz und die belgische Universität Leuven damit begonnen, ADV im Bereich der Hochschulverwaltung und -politik einzuführen.

Bereits im Oktober 1969 veranstaltete die ETH Zürich ein Seminar über „Computereinsatz in der Hochschulverwaltung", in dem über die bisherigen Ergebnisse der Automatisierung von Verwaltungsaufgaben in der ETH Zürich und den Universitäten Zürich, Bern und Basel berichtet wurde [30; 48].

Derzeit sind ADV-Subsysteme in den Verwaltungen von 8 Hochschulen eingeführt worden, die beiden restlichen Hochschulen haben mit Vorarbeiten begonnen. An der Automation von Verwaltungsarbeiten sind im allgemeinen gemischte Arbeitsgruppen aus Verwaltungspersonal und einzelnen wissenschaftlichen Institutsangehörigen beteiligt. Am weitesten fortgeschritten ist die ETH Zürich, danach die EPF Lausanne und schließlich die Universitäten Genf, Zürich, Basel und Bern.

Bei der Einführung der ADV dominierte die Automatisierung der Studenten-Administration [67]. Aufgrund des Kulturföderalismus (kantonale Schulhoheit) sind die hochschulindividuellen Besonderheiten jedoch so bedeutend, daß bislang kein Austausch von Programmen möglich war. Erst die seit 1972/73 angelaufene „Schweizerische Studentendatenbank", die ADV-mäßig von der Sektion Bildungs-Statistik des Eidgenössischen Statistischen Amtes in Bern sowie von der Koordinationsgruppe für Datenverarbeitung an der ETH Zürich entwickelt wurde, ist gesamtschweizerisch ausgelegt und daher von „normierender Bedeutung". Als Nebeneffekt kamen dabei eine Schweizer Studenten-Matrikel-Nr. sowie einige (inhaltliche) Definitionstabellen heraus. Gesamtschweizerisch ist daneben noch die gemeinsame mit Hilfe der ADV erzeugte Legitimationskarte (Studentenausweis) [48, S. 91] für alle Studierenden der

Schweizer Hochschulen. Das Eidgenössische Statistische Amt (ESTA) ist gegenwärtig in der Zusammenarbeit mit der Abteilung Wissenschaft und Forschung des Eidgenössischen Departements des Inneren und dem Wissenschaftsrat bemüht, die Erneuerung der Studenten-Statistik im Sinne einer Verlaufstatistik zu konkretisieren. Im Wintersemester 1972/73 wurde die Zentrale Studentendatei in Betrieb genommen. Nun stellen die Hochschulen individuelle Angaben über die Studierenden für das ESTA bereit. Um jeglichen Mißbrauch der anfallenden Daten auszuschließen, wurde ein anonymes Matrikel-System gewählt.

An der ETH Zürich sind außer der Studentenadministration folgende Bereiche automatisiert worden: Prüfungspläne (Berechnen und Ausdrucken; seit 1964); Semesterstundenpläne (Aufbereiten, Überprüfen und Ausdrucken für alle laufenden Semester, automatische Hörsaalzuweisung nur für die Planung; seit 1968); Raumdatenbank (für die Bereitstellung der Unterlagen zur Raumbewirtschaftung; seit 1972). An der Universität Zürich [49] werden Studenten-, Dozenten- und Vorlesungsdaten gespeichert. Automatisiert sind die Immatrikulation und Exmatrikulation der Studenten, ferner die Kontrolle der Kolleggeldzahlungen. Außerdem werden mit Hilfe der ADV Studenten-, Vorlesungs- und Dozentenverzeichnisse angefertigt und Statistiken (Dozenten-, Studentenstatistik) erstellt.

An der Universität Leuven (Belgien) wurde bereits Mitte der 60er Jahre ein Konzept für ein integriertes Informationssystem entworfen. Die ,,Unité d'Analyse" begann zuerst mit der Realisierung des Subsystems ,,Studenten" und entschloß sich im Juni 1968 zu einer komfortablen organisatorischen Lösung: ,,Rückmeldung" der Studenten per Telefon [91].

Lediglich bei der Neueinschreibung hält man das persönliche Erscheinen des Studenten in der Immatrikulationsstelle für erforderlich, um die Identität des Studierenden feststellen und Fragen über das Studium beantworten zu können. Der Rückmelder kann seit Herbst 1969 die Annahmestelle für Rückmeldungen anwählen und nennt seine Matrikelnummer. Die Operatrice tastet sie in ein Display ein, das mit dem Computer per Teleprocessing verbunden ist. Auf dem Bildschirm erscheinen dann neben der Matrikelnummer die Stammdaten des Studenten wie Name, Vorname, Adresse, Nationalität, Telefonnummer. Nach dieser Kontrolle der Identität des Anrufenden erhält die Operatrice auf dem Bildschirm die Daten über das abgelaufene Studienjahr des anrufenden Studenten zwecks Vergleich. Der Student gibt dann seine Belegungen für das neue Studienjahr an, die von der Operatrice in das Display eingetastet werden und zur Sichtkontrolle auf dem Bildschirm erscheinen. Der Computer prüft die Zulässigkeit der Belegungen (Existenz dieser Lehrveranstaltungen, studienplankonformes Belegen) und gibt bei Beanstandungen eine Fehlermeldung aus. Infolge des telefonischen Kontaktes mit dem Studenten können Belegungsfehler unmittelbar korrigiert werden.

Mit einem Display können täglich fast hundert Studenten eingeschrieben werden, denn die Erfahrungswerte belaufen sich auf durchschnittlich fünf Minuten pro Anrufer. Das Einschreibprogramm wurde im Assembler geschrieben, es beansprucht 52 KB.

Das Subsystem ,,Studenten" hat Informationen über folgende Teilbereiche zu liefern [10, S. 39 ff; 11].

- Einschreibungen
  Sie sind zur Hochschulführung und zum Treffen von Entscheidungen erforderlich (siehe z. B. bei Hörsaalbelegung und Kapazitätsplanung),
- Adressen
  Sie dienen auch der Führung eines ständig à jour gehaltenen Wohnungsnachweises. Der Rücklauf der für jeden Studenten ausgegebenen Änderungskarte wird vom Computer überwacht. Dieses Verfahren kommt zum Zuge, wenn nicht auf telefonischem Wege eingeschrieben wurde,
- Gebühren
  Für jeden Studenten wird ein Konto geführt, auf dem alle Gebührenarten festgehalten werden. Damit ist eine Automatisierung des Mahnwesens ermöglicht,
- Unterstützungszuwendungen
  Aufgrund der bei der Einschreibung vom Studenten abzugebenden Erklärung über die Finanzierung seines Studiums ist eine frühzeitige Verteilung der verfügbaren Mittel möglich,
- Hörsaalbelegung und Kapazitätsplanung
  Für die zeitliche und räumliche Koordination der Lehrveranstaltungen, der Hörsaalverteilungen sowie der Kapazitätsplanung sind die erforderlichen Informationen [10, S. 51] zu liefern.
- Prüfungen
  Die Daten über abgelegte Zwischen- und Hauptprüfungen werden nach verschiedenen Gesichtspunkten statistisch aufbereitet. Sie vermitteln wesentliche Erkenntnisse z. B. über die Einflüsse der sozioökonomischen Herkunft der Studenten auf ihre Prüfungsergebnisse und ermöglichen Anforderungs- und Leistungsvergleiche. Die Prüfungsinformationen erleichtern aufgrund einer Analyse der Prüfungsleistungen eine mögliche Umgruppierung oder Schwerpunktverlagerung im Rahmen des Angebots an Lehrveranstaltungen.
  Schließlich werden das Zulassungsverfahren und die mit der Zulassung und Durchführung der Prüfungen verbundenen Verwaltungsarbeiten wesentlich vereinfacht, z. B. Rücklaufbelege für Prüfungen, die automatisierte Kontrolle der Ordnungsmäßigkeit des Studiums,
- Sonstige Informationen
  Dazu zählen die Auswertung der medizinischen Daten wie Daten von Röntgenuntersuchungen, ferner der Daten von psychologischen Untersuchungen, der Daten über soziale und kulturelle Aktivitäten der Studenten.

Literatur

[1] Adams, R. F. u. J. B. Michaelsen: Assessing the Benefits of Collegiate Structure: The Case at Santa Cruz: University of California. February 1971 Berkeley/California. (Ford Foundation Program for Research in University Administration, Paper P-14).

[2] Appelquist, C. G. u. S. Zandrén: The Development of Planning, Programming and Budgeting System. Paris 1971. (Studies in Institutional Management in Higher Education, hrs. von CERI; IM 71.35).

[2 a] Babeau, A., C. Cossu u. S. Cuenin: Méthode de Calcul des coûts unitaires d'activités et de produits dans les universités françaises. o. O. März 1974 (Zwischenbericht).
[3] Balderston, F. E.: Thinking About the Outputs of Higher Education: University of California. Berkeley/California May 1970. (Ford Foundation Program for Research in University Administration, Paper P-5).
[4] –: Varieties of Financal Crisis: University of California. Berkeley/California March 1972. (Ford Foundation Program for Research in University Administration. Paper P-29).
[5] –: Cost Analysis in Higher Education. University of California. Berkeley/California July 1972. (Ford Foundation Program for Research in University Administration, Paper P-33).
[6] Baugham, G. W. u. R. W. Brady: University Program Budgeting, The Ohio State University, Columbus/Ohio, 13. 6. 1968.
[7] Baugham, G., J. Doi u. D. Lelong: Faculty Activities Data Analysis Manual, Revised First Draft: NCHEMS at WICHE. Boulder/Colorado 1972.
[8] Beatty, J. G.: Cost Finding Principles, Software Documentation: NCHEMS at WICHE. Boulder/Colorado 1972.
[9] Bottomley, J. A. u. a.: Costs and Potential Economics. Paris 1971. (Studies in Institutional Management in Higher Education, hrs. von CERI; IM 71.45).
[10] Boxus, L., A. Dodet, A. Gysels u. P. Walckiers: Vers un Système d'Information Universitaire. Beitrag zum Seminar über Planning the Development of Universities, veranstaltet vom International Institute for Educational Planning in Paris vom 3.–7. Juli 1972.
[11] Boxus, L., A. Gysels u. P. Walckiers: Organisation d'un sous-système d'information „etudiants" (unveröff. Manuskript). Leuven 1969.
[12] Brenemann, D. W.: An Economic Theory of Ph. D. Production: University of California. Berkeley/California June 1970. (Ford Foundation Program Research in University Administration, Paper P-8).
[13] –: The Ph. D. Production Function: The Case at Berkeley: University of California. Berkeley/California. December 1970 (Ford Foundation Program for Research in University Administration, Paper P-16).
[14] (Ed.): Internal Pricing within the University – A Conference Report: University of California. Berkeley/California December 1971. (Ford Foundation Program for Research in University Administration, Paper P-24).
[15] Centre for Educational Research and Innovation (CERI), Institutional Management in Higher Education. Report of a Conference to discuss the results of research initiated and coordinated by the Centre for Educational Research and Innovation in the O. E. C. D. Paris 1972.
[16] Clark, D. G., R. A. Huff, M. J. Haight u. W. J. Collard: Introduction to the Resource Requirements Prediction Model 1.6. NCHEMS at WICHE. Boulder/Colorado October 1972. (Technical Report 34 A).
[17] Collard, W. J. u. M. J. Haight: RRPM 1.6. System Documentation: NCHEMS at WICHE. Boulder/Colorado December 1972.
[18] Collard, W. J. u. C. H. Springer: Cost Estimation Model: System Documentation: NCHEMS at WICHE. Boulder/Colorado April 1971.
[19] Collier, D. J.: Higher Education Finance Manual: An Overview: NCHEMS at WICHE. Boulder/Colorado 1972.
[20] Dahnke, H. L., D. P. Jones, T. R. Mason u. L. C. Romney: Higher Education Facilities, Planning and Management Manuals: NCHEMS at WICHE. Boulder/Colorado 1971. (Technical Report 17).
[21] Farmer, J.: Why Planning, Programming, Budgeting Systems for Higher Education? WICHE. Boulder/Colorado 1970.
[22] Fredriksen, B.: Subject Field and Regional Variations in Student/Staff Ratios, Academic Programmes and Recurrent Expenditures. Paris 1971. (Studies in Institutional Management in Higher Education. hrs. von CERI; IM 71.38).
[23] Geoffrion, A. M., J. S. Dyer u. A. Feinberg: Academic Departmental Management: An Application of an Interactive Multi-criterion Optimization Approach. University of Cali-

fornia. Berkeley/California October 1971. (Ford Foundation Program for Research in University Administration Paper P-25).

[24] Goossens, J. L. M. u. a.: Development of a Model for Some Aspects of University Policy. Paris 1971. (Studies in Institutional Management in Higher Education. hrs. von CERI; IM 71.41).

[25] Gulko, W. W.: The Resource Requirements Prediction Model 1 (RRPM-1), An Overview: NCHEMS at WICHE. Boulder/Colorado October 1972. (Technical Report 16).

[26] –: Program Classification Structure. NCHEMS at WICHE. Boulder/Colorado January 1972. (Technical Report 27).

[27] Gulko, W. W. u. K. M. Hussain: A Resource Requirements Prediction Model (RRPM-1), An Introduction to the Model: NCHEMS at WICHE. Boulder/Colorado October 1971. (Technical Report 19).

[28] Hamelman, P. W. (Ed.): Managing the University: A Systems Approach. New York, Washington, London 1972.

[29] Han, S. u. a.: Forecasting Student Entrants, Flows and Success Rates. Paris 1971. (Studies in Institutional Management in Higher Education hrs. von CERI; IM 71.46).

[30] HIS (Hrs.): EDV an schweizer Hochschulen, Hannover Mai 1970. (HIS Brief 5); (weitgehend identisch mit [48]).

[31] Huff, R. u. a.: Implementation of the NCHEMS Planning and Management Tools at California State University, Fullerton: NCHEMS at WICHE. Boulder/Colorado August 1972.

[32] Hussain, K. M.: A Resource Requirements Prediction Model (RRPM-1): Guide for the Project Manager: NCHEMS at WICHE. Boulder/Colorado 1971. (Technical Report 20).

[33] –: CAMPUS-COLORADO: Logic of the Model – A Self Instructional Approach: Office of Institutional Studies, University of Colorado. Boulder/Colorado 1972.

[34] –: Development of Information Systems for Higher Education. Englewood Cliffs N. J. 1973.

[35] –: Institutional Planning Models in Higher Education I. Vortrag auf dem CERI-Seminar über Programme Budgets for University Management and Planning. Paris Oktober 1973.

[36] Hussain, K. M. u. J. S. Martin: A Resource Requirements Prediction Model (RRPM-1), Report on the Pilot Studies: NCHEMS at WICHE. Boulder/Colorado 1971. (Technical Report 21).

[37] Hussain, K. M. u. H. L. Freytag: Resource, Costing and Planning Models in Higher Education. Pullach 1973. (Hochschulplanung 17, hrs. von HIS).

[38] Jadot, J.: Un Exemple d'Information Continué sur les Activités de Bade d'une Université. Vortrag auf dem CERI-Seminar über Programme Budgets for University Management and Planning. Paris Oktober 1973.

[39] Jensen, A. u. a.: Decision, Planning and Budgeting. Paris 1971. (Studies in Institutional Management in Higher Education, hrs. von CERI).

[40] Johnson, R. S.: NCHEMS Student Flow Model SFM-1 A, An Introduction: NCHEMS at WICHE. Boulder/Colorado 1972.

[41] –: NCHEMS Student Flow Model SFM-1 A, User's Guide: NCHEMS at WICHE. Boulder/Colorado May 1972.

[42] Johnson, C. B. u. W. G. Katzenmayer (Eds.): Management Informations Systems in Higher Education, The State of the Art: Duke University Press. Durham/North Carolina 1969.

[43] Judy, R. W., J. B. Levine u. S. I. Centner: CAMPUS V Documentation, Vol. I-VI. Toronto 1970.

[44] Judy, R. W. u. J. B. Levine: A New Tool for Educational Administrators. A Report to the Comission on the Financing of Higher Education. Toronto 1965.

[45] Khan, A. G., P. M. Le Vasseur u. B. Fredriksen: Programme on Institutional Management in Higher Eduction: CERI/IM 71.47. Paris 1971.

[46] Keller, J. E.: Higher Education Objectives, Measures of Performance and Effectiveness: University of California. Berkeley/California. May 1970 (Ford Foundation Program for Research in University Administration, Paper P-7).

[47] Keeney, M. G., H. E. Koenig u. R. Zemach: A Systems Approach to Higher Education: Division of Engineering Research, Michigan State University. East Lansing/Michigan 27. 3. 1967 (NSF-Projekt C-396).
[48] Koordinationsgruppe für Datenverarbeitung der ETH Zürich (Hrsg.): Computereinsatz in der Hochschulverwaltung. Zürich März 1970; weitgehend identisch mit [30].
[49] Kurth, H.: Ein Informationssystem for schweizerische Hochschulen. Diss. Zürich 1970.
[50] Lawrence, B., G. Weathersby u. V. W. Patterson (Eds.): Outputs of Higher Education, Their Identification, Measurement and Evaluation (Beiträge des von WICHE mit ACE veranstalteten Seminars vom 3.–5. Mai 1970). Boulder/Colorado 1970.
[51] Legg, K.: Comparative Studies in Costs and Resource Requirements for Universities. Paris 1971. (Studies in Institutional Management in Higher Education, hrs. von CERI; IM 71.39).
[52] Leimkuhler, F. u. M. Cooper: Cost Accounting and Analysis for University Libraries: University of California. Berkeley/California January 1970. (Ford Foundation Program for Research in University Administration, Paper P-2).
[53] Lovell, C. C.: Student Flow Models, A Review and Conceptualisation: NCHEMS at WICHE. Boulder/Colorado 1971. (Technical Report 25).
[54] Llubia, L.: An Analysis of the Schools of Business Administration at the University of California: University of California, Berkeley/California. (Ford Foundation Program for Research in University Administration, Paper P-18).
[55] Manning, S. F.: CAUSE: A Higher Education Association for Information System Professionals. Typoskript. Boulder/Colorado o. J.
[56] Millard, R., K. Sweeney u. N. Eklund (Eds.): Planning and Management Practices in Higher Education: Promise or Dilemma? Denver May 1972. – Proceedings of the National Forum on New Planning and Management Practices in Higher Education, held in Denver, January 26–28, 1972.
[57] Minter, W. J. u. B. Lawrence (Eds.): Management Information Systems: Their Development and Use in Higher Education: WICHE. Boulder/Colorado 1969.
[58] Mundhenke, E.: Hochschul-Informationssysteme in Nordamerika. Hannover März 1971. (HIS-Brief 13).
[59] –: „Evaluation Conference" der OECD über Hochschulmanagement. In: HIS-Kurzinformationen 1/1972, S. 18 ff.
[60] NCHEMS, The National Center for Higher Education Management Systems: Its Nature and Mission. Typoskript. Boulder/Colorado 1972.
[61] –: NCHEMS – A Brief Explanation (training document). Boulder/Colorado January 1972.
[62] –: NCHEMS Program-Activity Structure, Typoskript. Boulder/Colorado 1972.
[63] –: Director's Annual Report 1971–1972. Boulder/Colorado 1972.
[63 a] –: Director's Annual Report 1973. Boulder/Colorado 1974.
[64] –: RRPM 1.6. Report for NCHEMS Training Seminar (Micro U II). Boulder/Colorado October 1972.
[65] –: RRPM 1.6 Program Listings (October 1972).
[66] –: Statewide Planning for Postsecondary Education: Issues and Design. Boulder/Colorado 1972.
[67] Nussbaum, R. W.: Der Einsatz der Datenverarbeitung in der Hochschulverwaltung, insbesondere bei der Organisation und administrativen Durchführung des Studienbetriebs. Diss. Zürich 1970.
[68] Romney, L. C.: Faculty Activity Analysis, Overview and Major Issues: NCHEMS at WICHE. Boulder/Colorado 1971. (Technical Report 24).
[69] –: Higher Education Facilities Inventory and Classification Manual: NCHEMS at WICHE. Boulder/Colorado 1972.
[70] –: Information Exchange Procedures, Overview and General Approach. A Synopsis: NCHEMS at WICHE. Boulder/Colorado September 1972.

[71] Schroeder, R. G.: A Survey of Management Science in University Operations. Management Science, Vol. 19, No 8./1973, S. 895 ff.
[72] Simpson, M. G. u. a.: Planning University Development. Paris 1971. (Studies in Institutional Management in Higher Education, hrs. von CERI).
[73] Smith, D. E. u. W. G. Wagner: SPACE: Space Planning and Cost Estimating Model for Higher Education: University of California. Berkeley/California. July 1972 (Ford Foundation Program for Research in University Administration. Paper P-34).
[74] Stanford University (Ed.): OASIS – System Description. Stanford 1970.
[75] – (Ed.): OASIS Application Programmer's Guide (Volume II of a trilogy. Stanford 1971.
[76] – (Ed.): Project INFO Progress Report. Stanford April 1972.
[77] – (Ed.): OASIS General Introduction. Stanford April 1973.
[78] Systems Research Group (S. R. G.): CAMPUS VII, General Description. Toronto 1972.
[79] –: CAMPUS VIII Planning Model, Introduction to CAMPUS VIII. Toronto 1973.
[80] –: CAMPUS Planning and Budgeting Manual for the Colleges of Applied Arts and Technology. Typoskript. Toronto January 1973.
[81] Terny, G. u. a.: Méthodologie pour la Rénovation du Diplôme d'Etudes Supérieures de Sciences Economiques. Paris 1971. (Studies in Institutional Management in Higher Education, hrs. von CERI; IM 71.40).
[82] Thomas, C. R.: Data Element Dictionary, Student: WICHE. Boulder/Colorado 1970. (Technical Report 7).
[83] –: Data Element Dictionary, Staff: WICHE. Boulder/Colorado 1970. (Technical Report 8).
[84] –: Data Element Dictionary, Facilities: WICHE. Boulder/Colorado 1970. (Technical Report 9).
[85] –: Data Element Dictionary, Course: WICHE. Boulder/Colorado 1970. (Technical Report 11).
[86] –: Data Element Dictionary, Finance: WICHE. Boulder/Colorado 1970. (Technical Report 12).
[87] Topping, J. R.: Cost Analysis Manual: NCHEMS at WICHE. Boulder/Colorado August 1972.
[88] Topping, J. R. u. G. K. Miyataki: Programme Measures: NCHEMS at WICHE. Boulder/Colorado 1972.
[89] Trask, T.: CUPID: An Exploratory Construct for Outcomes Budgeting, SP 73-0003: Systems Research Inc. Guthrie, Oklahoma März 1973.
[90] University of California (Ed.): A Program of Research in University Administration. Final Report. Berkeley/California October 1973. (Ford Foundation Program for Research in University Administration).
[91] Walckiers, P.: Une première européenne. Les Inscriptions par Téléphone. In: Education et Gestion, Nr. 19. Januar 1970, S. 5 ff.
[92] Weathersby, G.: The Development and Applications of a University Cost Simulation Model, Office of Analytical Studies, University of California. Berkeley/California June 1967.
[93] –: Educational Planning and Decision Making: The Use of Decision and Control Analysis: University of California. Berkeley/California May 1970. (Ford Foundation Program for Research in University Administration, Paper P-6).
[94] –: Structural Issues in the Supply and Demand for Scientific Manpower: Implication for National Manpower Policy: University of California. Berkeley/California May 1972. (Ford Foundation Program for Research in University Administration, Paper P-30).
[95] Weathersby, G. B. u. F. E. Balderston: PPBS in Higher EducationPlanning and Management: From PPBS to Policy Analysis: University of California. Berkeley/California May 1972 (Ford Foundation Program for Research in University Administration, Paper P-29).
[96] Weathersby, G. B. u. M. C. Weinstein: A Structural Comparison of Analytical Models for University Planning: University of California. Berkeley/California August 1970. (Ford Foundation Program for Research in University Administration, Paper P-12).

[97] WICHE (Ed.): A Proposal to Design and Implement Management Information Systems with Common Data Elements for Western Higher Education Institutions and Agencies, Typoskript. Boulder/Colorado 1967.
[98] Van Wijk, A. P. u. R. S. Russell: State of the Art in Educational Cost Modelling. A Paper represented at the O.R.S.A. Meeting. Atlantic City 1972.
[99] Wing, P.: Costs of Medical Education: University of California. Berkeley/California September 1971. (Ford Foundation Program for Research in University Administration, Paper P-19).
[100] –: Planning and Decision Making for Medical Education: An Analysis of Costs and Benefits: University of California. Berkeley/California January 1972. (Ford Foundation Program for Research in University Administration, Paper P-28).
[101] Winkler, D. R.: The Social Benefits of Higher Education: Implications for Regional Finance: University of California. Berkeley/California July 1973 (Ford Foundation Program for Research in University Administration, Paper P-40).
[102] Ziemer, G. M. Young u. J. Topping: Cost Finding Principles and Procedures: NCHEMS at WICHE. Boulder/Colorado November 1971. (Technical Report 26).

HIS – Versuch eines Informationssystems am untauglichen Objekt?

Von *Waldemar Krönig*

1. Ausgangslage für die Gründung von HIS

Angesichts des alarmierenden Mangels an Rationalisierungs- und Entscheidungsgrundlagen im Hochschulbereich (z. B. kein Zusammenhang zwischen Schulwesen – Hochschulwesen – Berufswelt, zu späte, zu ungenaue und zu unterschiedliche Statistiken) entschloß sich die Stiftung Volkswagenwerk, eine der größten Wissenschaftsstiftungen der Welt, zur Gründung von HIS (Hochschul-Informations-System GmbH in Hannover), das am 1. 4. 1969 seine Arbeit begann.
Die quantitative Bildungsexplosion war um die Jahreswende 1967/1968, als bei der Stiftung Volkswagenwerk die Notwendigkeit besserer Informationsgrundlagen für bildungspolitische Maßnahmen erkannt wurde, bereits abzusehen. Es war zu erwarten, daß eine Aufblähung des Hochschulapparates ohne tiefgreifende organisatorische und inhaltliche (d. h. curriculare) Änderungen chaotische Folgen haben müßte. Es wurde daher in der Stiftung Volkswagenwerk die Vorstellung entwickelt, die Menschenströme vom Schulsystem zum Hochschulsystem, die Verzweigungen innerhalb des Hochschulsystems und die Rückversetzungen innerhalb des Systems oder auch zum Schulsystem sowie den Abstrom aus dem Hochschulsystem zur Arbeitswelt durch eine Vielzahl von Meßinstrumenten zu messen. Aufgrund dieser Feststellungen wären eine den Anforderungen der Gesellschaft entsprechende Lehre und Forschung zu ermöglichen, dabei die vorhandenen menschlichen und materiellen Kapazitäten optimal zu nützen, die Investitionen an den Punkt des höchsten Nutzens zu leiten und die laufenden Kosten zu minimieren, zugleich aber auch die notwendige Anpassungsfähigkeit der Hochschulen an wechselnde Anforderungen zu gewährleisten.
Es war ein Novum, von den bestehenden und neu entstehenden Hochschulen in der Bundesrepublik und in West-Berlin als einem Gesamtsystem zu sprechen, vergleichbar einem sehr differenzierten Unternehmen, das mit Hilfe von sehr verstreuten und unterschiedlich strukturierten Produktions- und Distributionsanlagen, unterschiedlichen Organisationsformen sowie unterschiedlichen personellen und sachlichen Mitteln und Produktionsmethoden sehr differenzierte Produkte herstellt bzw. bereitstellt.
Das „Hochschulsystem" war und ist aber ein System, dessen anzustrebender Erfolg – im Gegensatz zu einem nach kaufmännischen Prinzipien geführten Unternehmen – sehr viel weniger exakt definierbar ist, über dessen investierte, personelle und laufende finanzielle Ressourcen ebensowenig Informationen vorhanden sind wie über die Interdependenz der einzelnen Teile dieses Systems untereinander und dem obendrein eine einheitliche Leitung fehlt. Damit sind alle Voraussetzungen für Fehlentscheidungen, für Fehlinvestitionen, Fehlleitung von Menschen- und Geldströmen, „Fehlproduktionen" gegeben. Diese Verhältnisse waren vielleicht als „schöpferische Verschwendung" zu tolerieren, solange das Hochschulwesen im Gesamtrahmen der Volkswirtschaft eine quantité négligeable war. Heute beanspruchen die Hochschulen einen erheblichen Teil des Sozialproduktes, und allmählich werden die Parlamentarier hellhörig, ob sie für die investierten Mittel auch genügend Gegenleistung bekommen oder ob der gesellschaftliche Nutzen in anderen Bereichen (z. B. des Umweltschutzes, der sozialen Sicherung, Steigerung der „Lebensqualität", Sicherung der Energiebasis, usw.) nicht größer sei.

Eine derartige Nutzenkontrolle ließe sich heute ebensowenig wie 1968 anstellen. Denn ein Optimum für ein System kann erst gefunden werden, wenn man genügend über die Struktur des Systems weiß (also über seine Produktionsmethoden, Losgrößen usw.), wenn man die verfügbaren menschlichen und sachlichen Ressourcen und deren Inanspruchnahme kennt.
Die meisten Informationen dieser Art fehlen für das Hochschulsystem bis heute oder sind unbrauchbar. Schon 1968 war bekannt, daß die Investitionskosten für durchaus vergleichbare Objekte in der Bundesrepublik um bis zu 100 % differierten, daß die Baukosten deutscher Hochschulinstitute weit über jenen vergleichbarer englischer lagen, daß in bestehenden Hochschulen extrem teuer gebaut wurde. Schon damals erschien es unerträglich, daß in einem Bereich der Gesellschaft „weitergewurstelt" werden sollte, der gerade für sich ein besonders hohes Potential an Rationalität in Anspruch nahm. In die hochschulpolitische Diskussion wurden Begriffe wie „Blockstudium", „Baukastenstudium", „Regelstudienzeit", „Kleingruppenstudium", „Kurz- oder Langstudium", „Studienjahr", „Gesamthochschule" oder „Projektstudium" aufgenommen, ohne daß im einzelnen Konsequenzen solcher Überlegungen im realen Bereich personeller und materieller Anforderungen bedacht wurden. Nicht untersucht wurde, wieviele Voraussetzungen für solche vom didaktisch-pädagogischen Standpunkt her vielleicht wünschenswerte Veränderungen der Ausbildungsfunktion der Hochschulen schon vorhanden sind und welche Ressourcen im Hochschulsystem hierfür durch Umlenkungen freigemacht werden können und was derartige Veränderungen wirklich kosten. Bis heute kann in der Bundesrepublik niemand feststellen, ob die Gründung einer neuen Hochschule wirtschaftlicher und funktionsgerechter ist als die Erweiterung einer bestehenden.
Die Stiftung Volkswagenwerk bekam diese mißliche Situation, die im Prinzip heute ebenso wie 1968 besteht, bei ihren Projekten bitter zu spüren. Als eine Institution, die ihre doch verhältnismäßig sehr begrenzten Mittel nicht à fonds perdu in die Hochschulen pumpen wollte, versuchte sie, ihre Projekte an spezifischen Engpässen der Entwicklung anzusetzen.
Dabei stieß man jedoch immer wieder auf das Faktum, daß keine vernünftigen qualitativen und quantitativen Beurteilungskriterien zu finden waren. So mußten viele Projekte im Bereiche des Studiums und der Studienreform angesetzt werden, ohne daß man etwas Exaktes darüber in Erfahrung bringen konnte, wie lange oder mit welchem Erfolg Studenten studieren und wovon dieser Erfolg abhängig ist. Eines dieser Projekte befaßte sich mit der Unterstützung künftiger Lehrer für mathematischen und naturwissenschaftlichen Schulunterricht. Es war nicht festzustellen, wie die Altersstruktur der einschlägigen Lehrer aussah, wann ein Defizit unter bestimmten schulpolitischen Voraussetzungen auftreten wird, wieviel Studenten an welchen Hochschulen die entsprechenden Fächer in welchem Semester studieren. Ähnliche Beispiele für Aufwendungen ohne genügende informatorische Grundlagen waren Stipendienförderungen für Doktoranden und Zweitstudien und natürlich die ganze Forschungsförderung. Im Bereiche des Hochschulbaues förderte die Stiftung Volkswagenwerk das Zentralarchiv für Hochschulbau in Stuttgart und lernte die dortigen Bemühungen kennen, das über die Hochschulen zu erfahren, was ein Architekt für Planung und Bau der Hochschulen oder für Hochschulerweiterungen wissen muß – in

der Regel die Probleme eines Architekten, dem entweder gar kein oder ein völlig unwissender Bauherr gegenübersteht, unwissend hinsichtlich des Vorhandenen und unwissend, was er eigentlich will.

2. Umfassendes HIS-Konzept der Stiftung Volkswagenwerk

Um den Hochschulen selbst eine bessere Basis für ihre eigene Planung, den Kultusministerien mehr Kenntnisse über die ihnen zugehörigen Hochschulen, den Architekten mehr Unterlagen für die Bauplanung, sich selbst mehr Informationen für spezielle Programmplanungen zu verschaffen, wurde in der Stiftung Volkswagenwerk der Gedanke eines Datenpools, einer „zentralen Datenbank" geboren. Dieser wäre von allen Hochschulen zu speisen und auf dem laufenden zu halten, er sollte es gestatten, mit den Methoden der Simulationstechnik die Voraussetzungen und Konsequenzen wissenschafts- und bildungspolitischer Forderungen und Entscheidungen sowie die personellen, technischen und finanziellen Aspekte möglicher Alternativen festzustellen. Ein solches Datenverbundsystem, dem die Daten aller Hochschulen zufließen sollten, sollte seine Daten im wesentlichen aus den Verwaltungsvorgängen beziehen. Die Verwaltungen der Hochschulen sollten nicht mehr ihre zahllosen Karteien und Aufstellungen führen, sondern in der jeweiligen Hochschule eine Datenbank aufbauen und für alle routinemäßigen Verwaltungsoperationen nutzen. Diese „örtliche" Datenbank sollte wiederum, unter Wahrung des Persönlichkeitsschutzes, Daten – zweckmäßig verdichtete und verkürzte Datensätze – an die zentrale Datenbank abgeben. Als Gegenleistung sollten die „liefernden" Hochschulen bevorzugt mit Informationen versorgt werden, die aus der zentralen Datenbank zu gewinnen wären (z. B. Aufschlüsse über durchschnittliche, typische Entwicklungen oder Zahlenverhältnisse, Kennzahlen usw.).

Es war an der Wende 1968/1969 bereits klar, daß ein solches Verbundsystem nicht sehr schnell aufzubauen sein werde und daß es vielleicht für die in den nächsten Jahren unmittelbar anstehenden Planungsprobleme im Hochschulbereich zu spät kommen könne. Daher wurde überlegt, ein System „repräsentativer Datenlieferer-Hochschulen" zu schaffen (wobei „Repräsentanz" nicht im streng statistischen Sinne einer Stichprobenauswahl gemeint war). Es war daran gedacht, an verschiedenen Hochschulen bestehende Interessen an einer Unterstützung der Stiftung Volkswagenwerk bei Verwaltungsrationalisierung und an einer Einführung von Datenverarbeitung dazu auszunutzen, ein solches Netz von etwa fünf bis sieben „repräsentativen" Hochschulen einzurichten. Jede dieser Hochschulen sollte hinreichend Mittel erhalten, ein örtliches Informationssystem zu schaffen, und sollte sich verpflichten, bestimmte Daten in vergleichbarer Form an die zentrale Datenbank abzugeben. Aus den Materialien dieser Hochschulen, jede für sich einen bestimmten Typus repräsentierend (bestehende – in Gründung befindliche Hochschule, Technische Hochschule – Universität mit Medizinischer Fakultät, Großstadthochschule – Kleinstadtuniversität usw.) sollten zunächst die Verhältnisse des gesamten Hochschulsystems grob „hochgerechnet" werden. Es bestand die Vorstellung, daß solche Hochrechnungen in einem späteren Stadium durch gezielte partielle Datenerhebung in anderen Hochschu-

len für „sensible" Bereiche präzisiert werden sollten, ohne damit bei den restlichen Hochschulen die gleichen Kosten zu verursachen wie in den „repräsentativen". Die Möglichkeit, gerade bei diesen „repräsentativen" Hochschulen atypische Verhältnisse anzutreffen, wurde zwar gesehen, aber gegenüber dem totalen Mangel an Information als das kleinere Übel angesehen. Schon damals wurde darauf hingewiesen, daß gerade die von Hochschulseite oft betonte Individualität deutscher Hochschulverhältnisse nicht zu hoch bewertet werden dürfe, da sich dahinter auch eine Abneigung gegen jede Kontrolle durch Vergleich und Durchschnittsrechnung verberge. Die Stiftung Volkswagenwerk hat sich damals zu dieser zwar methodisch nicht gerade erstklassigen, dafür aber vielleicht innerhalb kürzerer Frist und billiger zu realisierenden Teillösung nicht verstehen können, sie bevorzugte vielmehr den damals aktuellen von der Fachwelt empfohlenen „Total-system-approach", in diesem Falle Einbeziehung sämtlicher Hochschulen in ein Gesamtsystem und Verknüpfung aller informatorischen Funktionen von der Operationsebene in der Hochschulverwaltung über die Ebene der Leitung der einzelnen Hochschulen bis hin zur politischen Entscheidungsebene bei Bund und Ländern. Wie man heute zugeben muß, war dies eine Überforderung sowohl in technischer als auch in organisatorischer, vor allem auch in politischer und psychologischer Hinsicht.
Die Stiftung hat sich gegen ein System „repräsentativ berichtender Hochschulen" erklärt, auch auf die Gefahr hin, mit dem Aufbau eines umfassenden Systems politisch wichtige Zeit zu versäumen. Der Entschluß ist verständlich auf dem Hintergrunde des Mißvergnügens an den ständigen Teilproblemlösungen, an den zahllosen in Auftrag gegebenen ad-hoc-Untersuchungen ohne irgendeinen Zusammenhang und unvereinbar nach Terminologie und Methodik, angesichts des allgemeinen Überdrusses am unreflektierten Zusammentragen der Forderungen der Hochschulen, an unzusammenhängenden Empfehlungen für Teilbereiche, an den in den Ländern entwickelten Hochschul-„Gesamt"-Plänen ohne Rücksicht auf die Verhältnisse in den Nachbarländern, an der Ausweitung „billiger" Disziplinen ohne Beachtung der Berufsaussichten der Studierenden und schließlich an der Erwartung der fast greifbaren Inkompatibilität der zahlreichen, völlig unkoordinierten Entwicklungen. Man befürchtete, daß bei Fortsetzung dieser Methoden in einigen Jahren gewaltigere Engpässe als je zuvor und groteske Zielkonflikte auftreten würden und daß, da die Ausreifungszeit korrigierender Maßnahmen sehr lang sein würde, für viele Jahre das erwartete Chaos nicht mehr geändert werden könnte.
Um die Hochschulplanung in ein vernünftiges Geleise zu lenken, sah man drei Feststellungen als besonders wichtig an:

1. Feststellung des Bestandes, d. h. der personellen, baulichen, technischen und finanziellen Kapazität und deren absehbare Entwicklung und Zusammenhänge untereinander;
2. Feststellung der Zuströme zu den Hochschulen, differenziert nach Quantität und Qualität einschließlich der Wünsche der Studierenden hinsichtlich des Studienortes;
3. Feststellung der Anforderungen der Gesellschaft an Hochschulabsolventen der verschiedensten Qualitäten und Fachrichtungen, also der Berufschancen und deren absehbaren Entwicklungen und Feststellung der absehbaren oder möglichen Veränderungen der Berufsinhalte.

Es bestand die Vorstellung, daß ein zentrales Datenverbundsystem für das Hochschulwesen diese Feststellungen permanent treffen sollte. Ein solches Datenverbundsystem sollte Unterlagen für Entscheidungen über „Einzelzellen" innerhalb der einzelnen Hochschulen (z. B. für bestimmte Studiengänge, Fachbereiche usw.), über die Hochschule insgesamt und für das ganze Hochschulsystem liefern können.
Um die Planung elastisch zu halten und um neutral gegenüber politischen Zuständigkeiten zu bleiben, sollte vor allem den örtlichen Vorschlags- und Entscheidungsinstanzen die für ihre rationale Entscheidung notwendige Information beschafft werden. Zu rationalen örtlichen Entscheidungen sollten jedoch auch Erkenntnisse, die nur überörtlich zu gewinnen sind, herangezogen werden können (z. B. über Parallelentwicklungen in Nachbarhochschulen, anderen Orts gewonnene Erfahrungen usw.).
Soweit entsprechend aufsteigender Wertigkeit der zu treffenden Entscheidungen diese bei überörtlichen Instanzen (z. B. bei den Ländern) liegen, sollten diese wiederum spezielle Einsichten über die eigenen Einrichtungen wie über die Gesamtsituation gewinnen können.
Für die wichtigsten Entscheidungen bezüglich des Gesamtoptimums des gesamten Hochschulwesens, die unbedingt durch eine zentrale Instanz zu treffen wären, sollten einer solchen zentralen Instanz die Einzeldaten in zweckmäßiger Verdichtung dargereicht und somit ein Überblick über alle Größen und Zusammenhänge im Hochschulsystem geboten werden.
Die Grunddaten sollten als „Abfallprodukt" von computergestützten Verwaltungsvorgängen anfallen und entsprechend den Informationsbedürfnissen der Entscheiderhierarchie verdichtet und verarbeitet dargeboten werden – nach dem Prinzip der stufenweisen Verdichtung von Daten.
Mit einem solchen System sollten alle Entscheidungsebenen eine Möglichkeit erlangen, die Voraussetzungen und Konsequenzen ihrer Entscheidungen in der für die jeweiligen Zwecke ausreichenden Gründlichkeit und Schnelligkeit kennenzulernen. Es wurde die Hoffnung ausgesprochen, daß die verworrenen Verhältnisse im Hochschulbereich transparent und die Beteiligten dann von gleichen Grundlagen, Begriffen und Erkenntnissen ausgehen werden. Gerade die Intransparenz, die Begriffsverwirrung, die Materialarmut schienen beliebiger ideologischer Interpretation jeden Sachverhalts Tür und Tor zu öffnen – jeder konnte jedes behaupten, zu beweisen war fast nichts.
Von Anfang an war klar, daß das zu schaffende Informationssystem hauptsächlich der Planung dienen sollte, wobei es jedoch galt, den falschen Eindruck zu vermeiden, daß HIS etwa selbst Hochschulplanung betreiben wolle. Im Anfang seiner Tätigkeit stand HIS im Verdacht, heimlich die Hochschulplanung in der Bundesrepublik okkupieren zu wollen, ein Verdacht, der von Hochschulen ebenso wie von Ministerialbeamten, von Linken – denen HIS zu „technokratisch" –, ebenso wie von Konservativen – denen HIS zu „links" – erschien, mehr oder weniger zurückhaltend geäußert wurde. Tatsächlich richtete sich der Anspruch von HIS niemals darauf, Planungen verantwortlich durchzuführen oder gar administrative und politische Entscheidungskompetenzen zu unterlaufen. Um jedoch das Informationssystem nicht am Informationsbedarf der Planer und Entscheider vorbeizuplanen, mußte man versuchen, etwas über

die Planung zu erfahren, an den Planungsprozessen teilzunehmen und damit die informatorischen Behinderungen der Planung kennenzulernen.
HIS-Mitarbeiter sollten an Planungen in Hochschulen und Ministerien und sonstigen zentralen Planungsstellen teilnehmen und über die auftretenden informatorischen Schwierigkeiten an die HIS-Zentrale berichten, die HIS-Zentrale sollte für eine entsprechende systematische Ergänzung des zu erhebenden Datenkataloges sorgen, die Erhebung der Daten sollte mit einer Rationalisierung der Verwaltung durch Umstellung auf Datenverarbeitung einhergehen. Dieses Problem, einerseits intime Problemkenntnis erwerben zu wollen, andererseits aureichende Distanz zu den bestehenden organisatorischen Strukturen zu wahren, um die Möglichkeit der Kritik zu behalten und nicht unter den Druck von Sonderinteressen zu geraten, ist HIS trotz aller sonstigen Wandlungen bis heute treu geblieben.

3. Schwierigkeiten bei der Realisierung dieses Konzeptes

Zur Konzeption des HIS gehörte es von Anfang an, die Hochschulen und die einschlägigen Verwaltungen „planungsfähig" zu machen: Hochschulen wie Ministerien wurden angeregt, Planungsgruppen aufzustellen, und wurden darin durch Hilfe bei der Personalbeschaffung, vorübergehende Übernahme der Personalkosten, Ausbildung des eingestellten Personals und ständige Beratung der Planungsgruppen unterstützt. Es gibt heute, nicht zuletzt ein Verdienst von HIS, kaum eine Hochschule oder Hochschulverwaltung, die nicht eine Planungsgruppe unterhält, womit allerdings nichts über die Zielrichtung und Nützlichkeit der vielen Planungsstellen ausgesagt ist. Die Kommunikation der Planungsgruppen untereinander sollte vor allem durch die Vergleichbarkeit der Daten und der daraus gebildeten Informationen und durch offenen Zugang zu den Informationen gesichert werden.
Da HIS eine zentrale Datenbank begründen wollte, die mit örtlichen Datenbanken kooperieren sollte, war von Anbeginn klar, daß ein verhältnismäßig starker zentraler Apparat geschaffen werden müßte. Bei den Gründungsintentionen wurde nicht übersehen, daß eine neue Institution mit einem starken zentralen Personalstamm in der interessenzerrissenen hochschulpolitischen Landschaft der BRD auf Mißtrauen stoßen würde. Die notwendige Informationsbedarfsanalyse durch Mitarbeit an Planungen in Hochschulen und in Ministerien war nur in sehr kleinen Schritten und unter faktischer Aufgabe des „total-system-approach" im Wege der Vertrauenswerbung durch zahlreiche kleinere und größere überzeugende Projekte möglich.
Auf dem Wege zu mehr Transparenz über die Hochschulverhältnisse mußte zunächst begriffen werden, daß nicht nur technische Probleme einer schnellen Entwicklung eines Informationssystems entgegenstehen, sondern rechtliche, nicht zuletzt verfassungsrechtliche und vor allem politische Hemmungen. Angesichts der zahlreichen Konfliktfronten innerhalb der Hochschulen, der Hochschulen gegen die Kultusverwaltungen, der politisch unterschiedlich orientierten Kultusverwaltungen gegeneinander und der Kultusverwaltungen im Verhältnis zum Bund fanden und finden sich

immer wieder Planungsbeteiligte, die ein Interesse an Verschleierung von Daten und Zusammenhängen haben. So war HIS bei der Entwicklung seiner Systeme teilweise darauf angewiesen, die gängigen Vorstellungen von den Informationen, die für Hochschulplanung vermutlich benötigt werden würden, zu Hilfe zu nehmen.
Die Situation besserte sich auch nicht durch die Verabschiedung eines Bundesgesetzes über die Hochschulstatistik, mit dem der Gedanke einer zentralen Hochschuldatenbank aufgegriffen wurde, die freilich nicht bei HIS, sondern bei dem Statistischen Bundesamt angesiedelt werden sollte. Damit war der dem HIS zugrunde liegende Kerngedanke der sektoralen, ressortorientierten Integration von Verwaltungsrationalisierung, Informationsaufbereitung und Planung zunächst durchbrochen. Immerhin blieb der Verflechtungsgedanke durch die Gesetzesvorschrift erhalten, wonach die im Rahmen dieses Hochschulstatistikgesetzes zu erhebenden und aufzubereitenden Daten in einer Art und Weise zu erheben und aufzubereiten seien, wie sie auch für die Zwecke der Länder und der Hochschulen brauchbar ist. Nach den für die Statistik bestehenden rechtlichen Vorschriften war der Katalog der zu erhebenden Daten im Hochschulstatistikgesetz zwar einerseits ziemlich genau und damit auch nur relativ schwer veränderlich niederzulegen, andererseits hatte man sich im konventionellen Rahmen dessen zu halten, was man als wichtig für Planung vermutete. Insgesamt hat man sich damit ein ziemlich inflexibles und auf absehbare Zeit für praktische Planungszwecke wohl weniger brauchbares Instrument geschaffen.
Angesichts der Schwierigkeiten bei der notwendigen Mitarbeit in Planungen auf der Ebene der Ministerien und der Versagung der Funktion einer zentralen Datenbank konzentrierte sich HIS zunächst darauf, das Informationswesen in den einzelnen Hochschulen zu verbessern. Diese Beschränkung erwies sich nicht nur als politisch geboten, sondern auch als psychologisch und praktisch sinnvoll. Durch die viele Monate und fast Jahre dauernden Beratungen über das sich schließlich erwartungsgemäß als nicht tauglich erweisende Hochschulstatistikgesetz und wegen der durch die ins Nichts verlaufenden Hochschulreformdiskussionen ausgelösten Frustrationen war es dringend notwendig, der Organisation HIS erreichbare Ziele zu setzen und damit auch den Mitarbeitern Befriedigung bei der Arbeit zu verschaffen.
Vom Gedanken des „Total-System" wurde endgültig abgerückt, in dieser Hinsicht von der allgemein eingetretenen Ernüchterung in Bezug auf die Realisierbarkeit von allumfassenden Management-Informations-Systemen bestärkt. Statt dessen wurde der Gedanke in den Vordergrund gestellt, mit der Datenerhebung zugleich die Rationalisierung der Verwaltung zu betreiben, um so einerseits das Interesse der Hochschulen an der Erhebung zu wecken und ihnen die Möglichkeit zu geben, mit den erhobenen Daten zu arbeiten und die Erhebung sicherer und schneller und womöglich auf längere Sicht auch wirtschaftlicher zu machen.
In die Funktionen, die dem Gründungsprogramm von HIS entsprechen, teilen sich somit Amtliche Statistik und HIS. Es ist mittlerweile deutlich geworden, daß die Gesamtkonzeption von HIS, „Mikroplanung" auf Hochschulebene und „Makroplanung" auf Länder- und Bundesebene zu ermöglichen, mit den vorhandenen technischen, rechtlichen und politischen Mitteln kaum zu realisieren ist. Die ursprüngliche Konzeption von HIS sah Planungen auf verschiedenen Ebenen als prinzipiell gleichberechtigte, sich gegenseitig kooperativ fördernde und auf gleichen Informations-

grundlagen basierende Vorgänge. Die technischen Probleme sind dabei grundsätzlich lösbar, sie liegen für HIS vor allem in der unterschiedlichen technischen Ausrüstung der Hochschulen einerseits und der unterschiedlichen Organisationsstruktur der Hochschulen andererseits. Problematischer erscheint, daß politisch ungeklärt ist, welches Gewicht in der Planung „oben" und „unten" haben soll und daß Planung einerseits rechtlich ungesichert und andererseits unkontrolliert bleibt.

Ein aufzubauendes Informationssystem muß der Struktur des Planungs- und Entscheidungssystems folgen. Wenn es auch richtig ist, daß im gesamten Hochschulsystem – das aus seinen vielen mehr oder minder autonomen Hochschulen besteht, die wiederum in viele Fachbereiche zerfallen – Planung auf den verschiedensten Ebenen, von der detailliertesten Mikroebene bis zur globalsten Makroebene stattfindet, muß doch ein Vorrang der Makroplanung auf höchster Ebene vermutet werden. Dieser politische Primat der Makroplanung vor der zwangsläufig detaillierteren, damit zeitraubenderen örtlichen Planung wird noch verstärkt durch den Handlungsdruck, der aus den Terminzwängen einer jeden Reformpolitik ausgeht, und der zur Abwägung zwischen der Erfolgserwartung kurzfristigen, aber planerisch unzulänglich fundierten oder langfristigen, aber besser geplanten Handelns zwingt. Das Hochschulstatistikgesetz ist in erster Linie darauf angelegt, die Bedürfnisse der obersten Planungsebenen zu decken, wenngleich das Gesetz auch fordert, die Daten so zu erheben, daß sie für Planung und Verwaltung in den Hochschulen selbst Verwendung finden können.

4. Heutiges Arbeitsfeld von HIS

Die Rolle von HIS hat sich somit gründlich gewandelt: HIS verstärkt nach wie vor die Planungs- und Verwaltungsfähigkeit der Hochschulen – jedoch in der Rolle des sachverständigen Beraters, es sorgt nach wie vor für Einheitlichkeit der Datenerhebung, der Begriffsdefinitionen, der Programme – jedoch in der Rolle des Beraters der Statistik. Allmählich dringt HIS auch auf dem Felde der Planung vor, was ihm lange versagt blieb.

Nachdem HIS nicht mehr die Verantwortung dafür trägt, daß innerhalb einer bestimmten Zeit ein Hochschul-Informations-System mit bestimmten Minimalfunktionen und -informationen für bestimmte Entscheidungsebenen zustande kommt (diese Verantwortung ist durch das Hochschulstatistikgesetz der Amtlichen Statistik auferlegt worden), ist es in der Disposition über seine Kräfte und in der Wahl der örtlichen und thematischen Arbeitsfelder freier geworden. Nachdem HIS-Mitarbeiter zeitweilig an 20 verschiedenen Hochschulen mit verschiedenen Aufgaben tätig waren, konnten nunmehr Arbeitsschwerpunkte gebildet werden. Das Ziel ist zunächst die Entwicklung von funktionsfähigen Informationssystemen für die Hochschulen selbst. Als Vorstufe zu derartigen örtlichen Informationssystemen entstehen zunächst einzelne Dateien (z. B. Studenten-, Personal-, Raumdatei), dazugehörige Operationssysteme und darüber sich aufbauende Modelle (z. B. Stundenplanprogramm, Kapazitätsmodelle usw.), die ihren Datenbedarf aus den genannten Dateien decken sollen.

Entwicklung und Einführung einer Vielfalt von EDV-Systemen an einer Vielfalt von Hochschulen führen zu zwei Koordinationsaufgaben: zwischen der Einführung des gleichen Subsystems an verschiedenen Hochschulen (fachliche Koordination) und zwischen der Einführung verschiedener Subsysteme an einer Hochschule (örtliche Koordination). Es ist klar, daß beide Koordinationsbemühungen miteinander zuweilen im Widerstreit liegen: Die fachliche Koordination strebt die optimale und möglichst von den örtlichen Besonderheiten abstrahierende Entwicklung seines Einzelsystems an, die örtliche dagegen die optimale Funktionsfähigkeit am Ort. Zwischen beiden Gesichtspunkten müssen Kompromisse geschlossen werden (z. B. durch Anpassungsprogrammierungen, die jedoch keinen zu großen Umfang annehmen sollen).
Aus dieser praktischen Mitarbeit an den Problemen der Hochschulen, von der Rationalisierung der Verwaltung bis hin zur Aufstellung langfristiger Entwicklungspläne, werden sich neue Erkenntnisse für den Informationsbedarf ergeben. Daraus können die gegenwärtig festgelegten Erhebungsprogramme der Amtlichen Statistik weiter entwickelt werden, da HIS sich zur ständigen Beratung der Amtlichen Statistik in solchen Fragen verpflichtet hat. Soweit die Amtliche Statistik bestimmten Informationsbedürfnissen nicht folgen kann, wird es wiederum Sache von HIS sein, geeignete Vorschläge zu machen, evtl. auch Erhebungen zu veranstalten.
Dies wird um so leichter möglich sein, als HIS in letzter Zeit durch seine praktische Arbeit zunehmend das Vertrauen sowohl der Ministerien als auch der Hochschulen gewonnen hat. HIS wird ab Anfang 1974 von Bund und Ländern finanziert werden (Budget: 10 bis 12 Mio. DM).
Für die kommenden Jahre bleibt für HIS eine Fülle von Aufgaben: Längst sind noch nicht alle notwendigen Systeme entwickelt, darüber hinaus gilt es, die entstandenen Subsysteme zu einem Ganzen, zumindest auf örtlicher Ebene, zusammenzufügen. Die so gefundenen exemplarischen Lösungen sind an möglichst allen Hochschulen der BRD einzuführen. Darüber hinaus sind die Übergangsstellen zur zentralen Datenbank der Amtlichen Statistik im Auge zu behalten, außerdem wird die Statistik zum Aufbau einer solchen Datenbank zu beraten sein, dazu werden zusätzliche Komplementärerhebungen notwendig werden.
Im gleichen Maße, wie die abzusehende Verknappung der Haushaltsmittel für den weiteren Ausbau der Hochschulen bei Erweiterung der Ausbildungskapazität die Forderung nach Erhöhung der Effizienz der Hochschulen verstärkt, wird sich HIS in zunehmender Intensität den Fragen der Kapazitäts- und Kostenanalyse zuwenden müssen. Während bisher die Kostenfrage gegenüber der Kapazitätserweiterung fast um jeden Preis im Hintergrund stand, dürfte in den nächsten Jahren das Kostenproblem alle anderen Diskussionen in der Betriebsführung und Planung der Hochschulen überschatten. Es wird notwendig sein, sich darauf rechtzeitig einzustellen und Grundlagen einer Kostenrechnung und Kostenplanung zu schaffen und die Kategorien von Kosten-Nutzen-Analysen auf den Hochschulbereich anzuwenden. Hier dürfte in den nächsten Jahren der Schwerpunkt der Arbeit von HIS liegen.

Sachregister

W DE G

Walter de Gruyter Berlin · New York

IS-Informations-Systeme

Herausgegeben von Sebastian Dworatschek

Donald H. Sanders

Computer und Management

Übersetzt aus dem Englischen von Klaus Jäger. Groß-Oktav. 554 Seiten. Mit 48 Abbildungen und Tabellen. 1972. Gebunden DM 86,– ISBN 3 11 001979 5

Sebastian Dworatschek

Management-Informations-Systeme

Groß-Oktav. 214 Seiten. Mit 92 Abbildungen im Text. 1971. Gebunden DM 42,– ISBN 3 11 003549 9

Dieter S. Koreimann

Methoden und Organisation von Management-Informations-Systemen

Groß-Oktav. 154 Seiten. Mit 38 Abbildungen. 1971. Gebunden DM 34,– ISBN 3 11 003551 9

Sebastian Dworatschek
Hartmut Donike

Wirtschaftlichkeitsanalyse von Informationssystemen

Groß-Oktav. 130 Seiten. Mit 31 Abbildungen. 1972. Gebunden DM 38,– ISBN 3 11 004107 3

Gerhard Niemeyer

Ein integriertes Datenverarbeitungs- und Informationssystem mit Programmen für einen Modellbetrieb

Groß-Oktav. 212 Seiten. Mit Abbildungen. 1972. Gebunden DM 52,– ISBN 3 11 003807 2

Stefan Ramer

Konfigurations- und Anwendungsplanung von EDV-Systemen

Groß-Oktav. 160 Seiten. Mit 8 Abbildungen und 5 Tabellen. 1973. Gebunden DM 58,– ISBN 3 11 004319 X

Horst Stevenson

Informationssysteme für Kreditinstitute

Groß-Oktav. 158 Seiten. Mit 23 Abbildungen. 1970. Gebunden DM 48,– ISBN 3 11 004149 9

Preisänderungen vorbehalten

FSC
www.fsc.org
MIX
Papier | Fördert gute Waldnutzung
FSC® C083411

Kolibri 360 GmbH
Ferdinand-Jühlke-Straße 7
99095 Erfurt, Deutschland
produktsicherheit@kolibri360.de